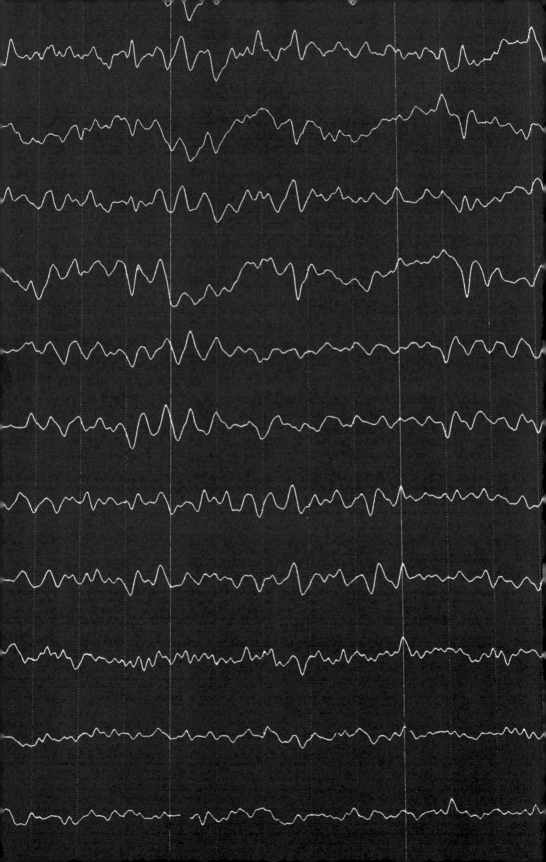

MICHAEL H. STONE : GARY BRUCATO

ÍNDICE DA MALDADE

MICHAEL H. STONE : GARY BRUCATO

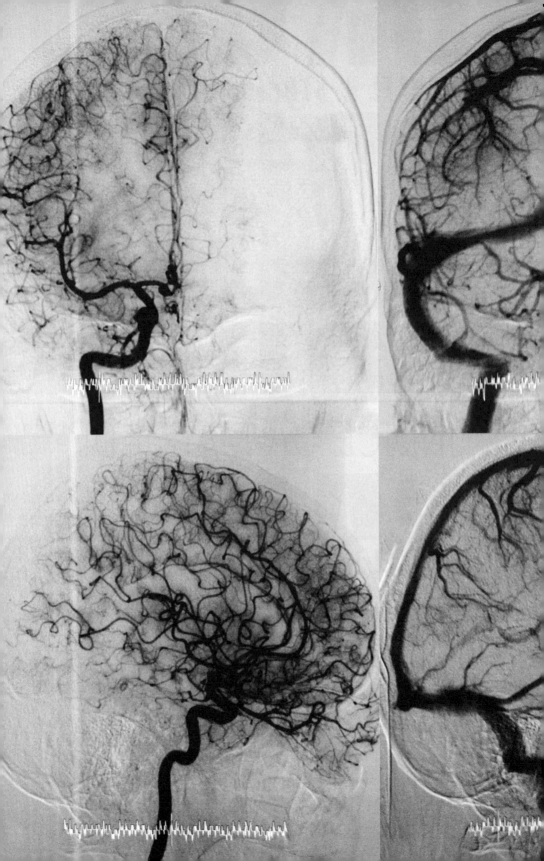

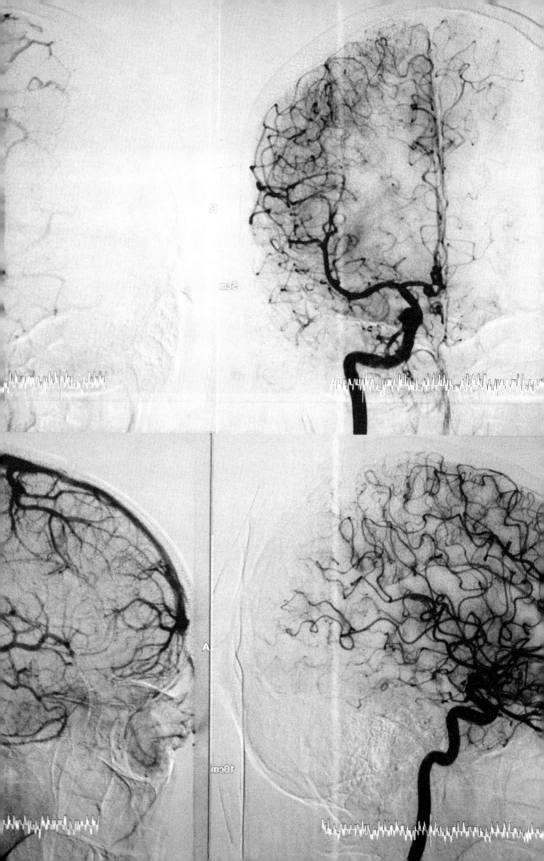

CRIME SCENE
DARKSIDE

THE NEW EVIL
© 2019 by Michael H. Stone and Gary Brucato
Translated from the English Language edition of The New Evil
('the work'), by Michael H. Stone and Gary Brucato, originally published by
Prometheus, an imprint of The Rowman & Littlefield Publishing Group, Inc.,
Lanham, MD, USA. 2018, Copyright © by the author(s). Translated into
and published in the Portuguese language by arrangement with
Rowman & Littlefield Publishing Group, Inc. All rights reserved.

Imagens: DarkSide, ©Dreamstime, ©Getty Image.
Tradução para a língua portuguesa
© Paulo Cecconi, 2023

Diretor Editorial
Christiano Menezes

Diretor Comercial
Chico de Assis

Diretor de MKT e Operações
Mike Ribera

Diretora de Estratégia Editorial
Raquel Moritz

Gerente Comercial
Fernando Madeira

Coordenadora de Supply Chain
Janaina Ferreira

Gerente de Marca
Arthur Moraes

Gerente Editorial
Marcia Heloisa

Editora
Talita Grass

Capa e Projeto Gráfico
Retina 78

Coordenador de Arte
Eldon Oliveira

Coordenador de Diagramação
Sergio Chaves

Finalização
Sandro Tagliamento

Preparação
Ana Cecília Agua de Melo

Revisão
Francylene Silva
Iriz Medeiros
Lúcio Medeiros

Impressão e Acabamento
Leograf

DADOS INTERNACIONAIS DE CATALOGAÇÃO NA PUBLICAÇÃO (CIP)
Jéssica de Oliveira Molinari - CRB-8/9852

Stone, Michael H.
 Cruel : índice da maldade / Michael H. Stone, Gary Brucato ; tradução
de Paulo Cecconi. — Rio de Janeiro : DarkSide Books, 2023.
 608 p.

 Bibliografia
 ISBN: 978-65-5598-245-9
 Título original: The New Evil

 1. Psicologia criminal 2. Bem e mal 3. Homicidas em série – Estados Unidos
 I. Título II. Brucato, Gary III. Cecconi, Paulo

22-1484   CDD 364.3

Índices para catálogo sistemático:
1. Psicologia criminal

[2023]
Todos os direitos desta edição reservados à
DarkSide® Entretenimento LTDA.
Rua General Roca, 935/504 — Tijuca
20521-071 — Rio de Janeiro — RJ — Brasil
www.darksidebooks.com

OS 22 PADRÕES QUE DISSECAM
OS LIMITES DA CRUELDADE HUMANA

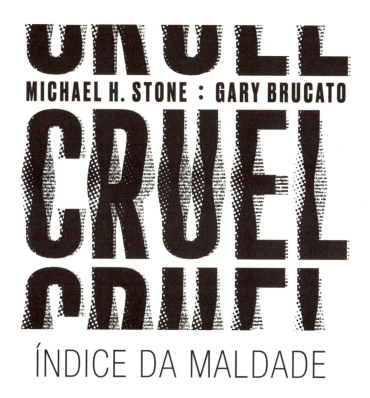

MICHAEL H. STONE : GARY BRUCATO

ÍNDICE DA MALDADE

TRADUÇÃO **PAULO CECCONI**

DARKSIDE

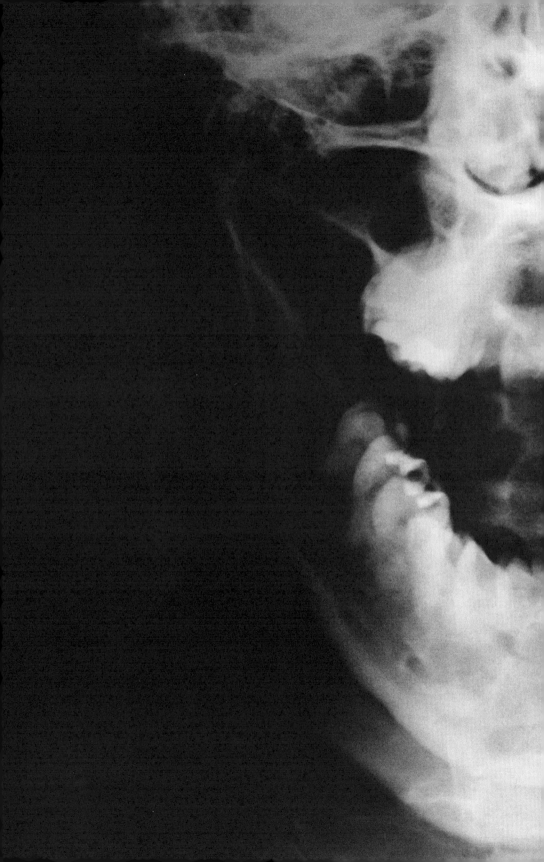

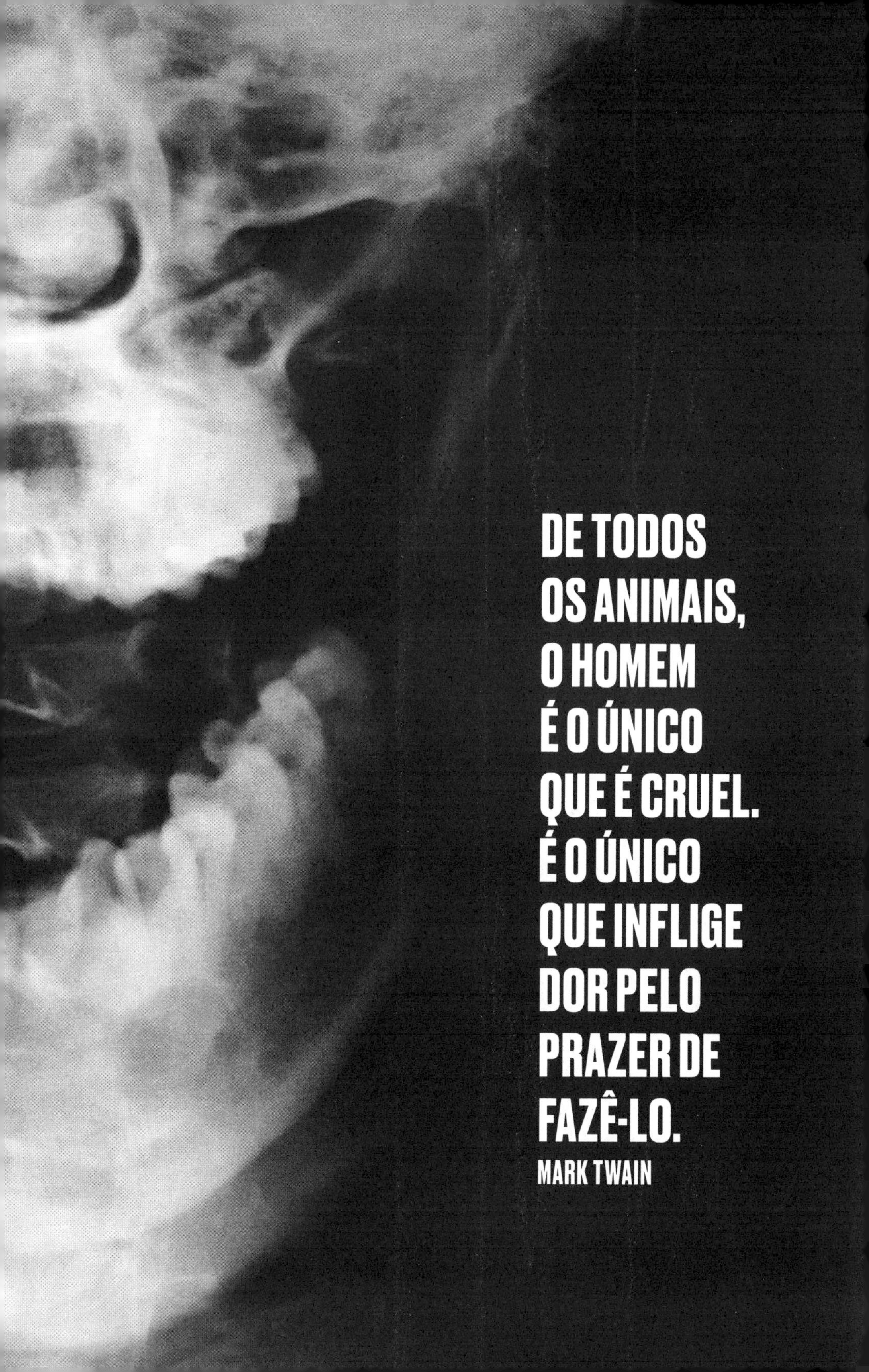

DE TODOS
OS ANIMAIS,
O HOMEM
É O ÚNICO
QUE É CRUEL.
É O ÚNICO
QUE INFLIGE
DOR PELO
PRAZER DE
FAZÊ-LO.
MARK TWAIN

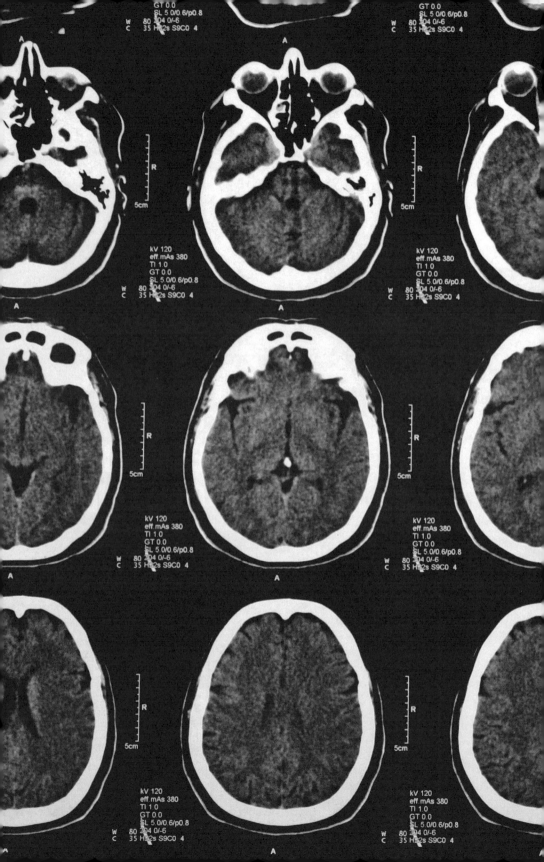

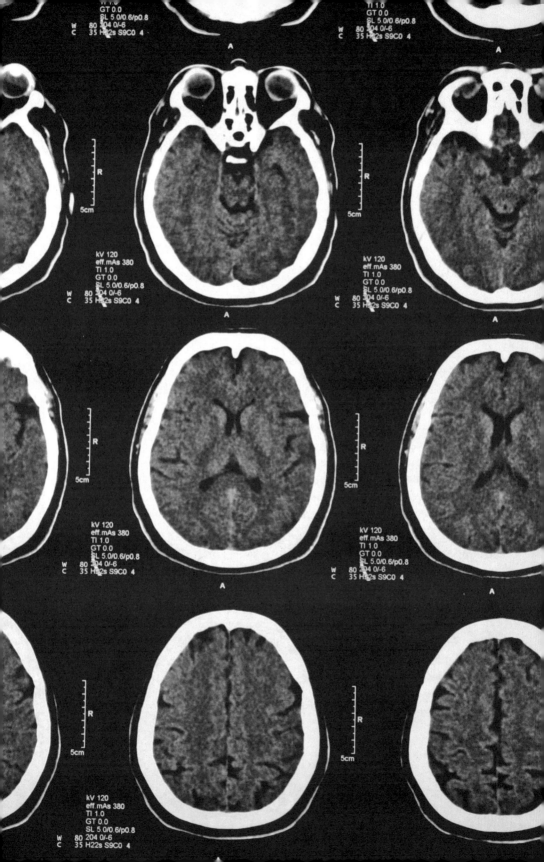

MICHAEL H. STONE : GARY BRUCATO

SUMÁRIO

ÍNDICE DA MALDADE
22 PADRÕES

PARTE UM

INTRODUÇÃO | 19

1 CATEGORIA :
ASSASSINATOS EM LEGÍTIMA DEFESA
OU IMPULSIVOS COMETIDOS POR
PESSOAS SEM SINAIS DE PSICOPATIA

PADRÃO 1 | Homicídio justificado, assassinatos em legítima defesa
cometidos por pessoas sem traços de psicopatia | 31
PADRÃO 2 | Assassinos passionais, egocêntricos e imaturos | 33
PADRÃO 3 | Cúmplices assassinos, movidos por impulsos e com traços antissociais | 35
PADRÃO 4 | Assassinatos em legítima defesa extremamente violentos | 39
PADRÃO 5 | Parricídio proveniente de traumas e sem remorso | 42
PADRÃO 6 | Assassinos impetuosos e sem traços de psicopatia | 45

2 CATEGORIA :
ASSASSINATOS SEVEROS COMETIDOS
POR PESSOAS COM NENHUM OU
POUCOS SINAIS DE PSICOPATIA

PADRÃO 7 | Assassinos narcisistas e passionais com traços psicóticos | 52
PADRÃO 8 | Assassinatos motivados por raiva que podem resultar em massacre | 61

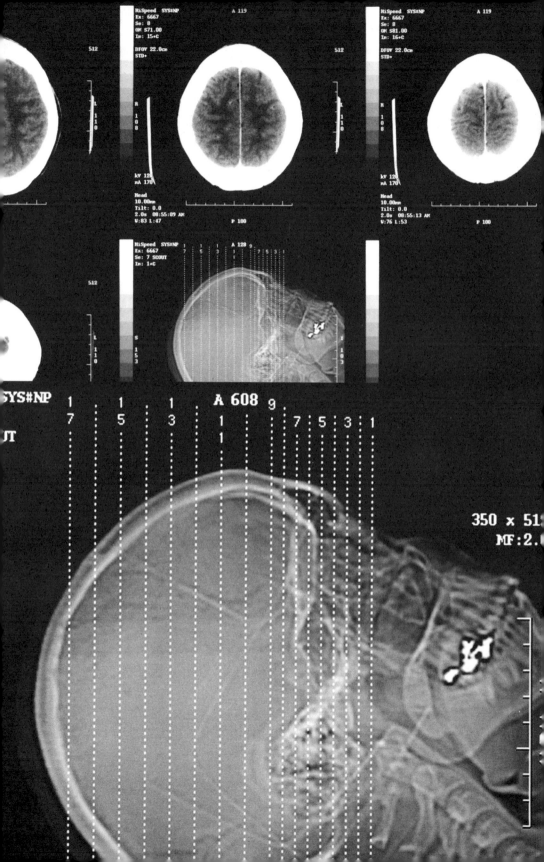

CRUEL
MICHAEL H. STONE : GARY BRUCATO

3 CATEGORIA:
ASSASSINATOS PREMEDITADOS COMETIDOS POR PESSOAS COM CARACTERÍSTICAS PSICOPATAS

PADRÃO 9 | Assassinos passionais com traços ou total psicopatia | 74
PADRÃO 10 | Assassinos egocêntricos movidos por conveniência | 78
PADRÃO 11 | Assassinos psicopatas que eliminam obstáculos | 84
PADRÃO 12 | Psicopatas ambiciosos que matam quando encurralados | 88
PADRÃO 13 | Psicopatas inadequados e furiosos que podem cometer múltiplos assassinatos | 96
PADRÃO 14 | Psicopatas maniqueístas,ególatras e sem remorso | 110

4 CATEGORIA:
ASSASSINATOS MÚLTIPLOS OU EM MASSA COMETIDOS POR PESSOAS COM PSICOPATIA APARENTE

PADRÃO 15 | Assassinos frios e psicopatas que cometem massacres | 124
PADRÃO 16 | Psicopatas que praticam múltiplos atos de violência | 133

5 CATEGORIA:
ASSASSINOS EM SÉRIE, TORTURADORES E SÁDICOS

PADRÃO 17 | Assassinos em série pervertidos que ocultam evidências e não torturam | 167
PADRÃO 18 | Assassinos-torturadores sem prolongamento de tortura | 178
PADRÃO 19 | Psicopatas terroristas que praticam dominação, intimidação, estupro e poucos assassinatos | 186
PADRÃO 20 | Assassinos-torturadores com psicoses distintas | 189
PADRÃO 21 | Psicopatas torturadores que não deixam rastro | 204

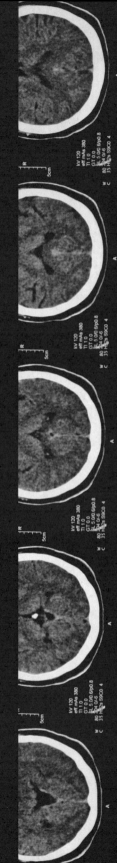

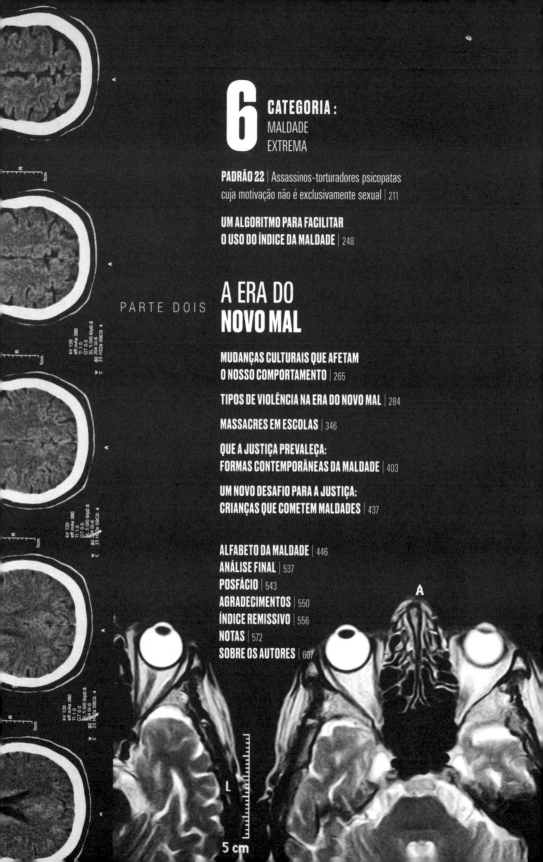

6 CATEGORIA: MALDADE EXTREMA

PADRÃO 22 | Assassinos-torturadores psicopatas cuja motivação não é exclusivamente sexual | 211

UM ALGORITMO PARA FACILITAR O USO DO ÍNDICE DA MALDADE | 248

PARTE DOIS — A ERA DO NOVO MAL

MUDANÇAS CULTURAIS QUE AFETAM O NOSSO COMPORTAMENTO | 265

TIPOS DE VIOLÊNCIA NA ERA DO NOVO MAL | 284

MASSACRES EM ESCOLAS | 346

QUE A JUSTIÇA PREVALEÇA: FORMAS CONTEMPORÂNEAS DA MALDADE | 403

UM NOVO DESAFIO PARA A JUSTIÇA: CRIANÇAS QUE COMETEM MALDADES | 437

ALFABETO DA MALDADE | 446
ANÁLISE FINAL | 537
POSFÁCIO | 543
AGRADECIMENTOS | 550
ÍNDICE REMISSIVO | 556
NOTAS | 572
SOBRE OS AUTORES | 607

Gary Brucato, PhD

Editado por Michael Stone, MD

COMPREENDENDO OS 22 PADRÕES DO ÍNDICE DA MALDADE

INTRODUÇÃO

Em abril de 1996, James Patterson Smith, 49 anos, foi até uma delegacia na região de Gorton, em Manchester, Inglaterra, para comunicar a morte de sua namorada, Kelly Anne Bates, 17 anos. Lá explicou que, durante uma discussão no chuveiro, ela havia engolido água e se afogado, apesar da valente tentativa do namorado de ressuscitá-la. Durante a investigação, a polícia encontrou sangue nas paredes e no chão de praticamente todos os cômodos da casa de Smith, o que desmentiu a história duvidosa de uma discussão que acabou em tragédia.

O dr. William Lawler, patologista experiente, declarou que jamais havia se deparado com um corpo cujas marcas de violência se espalhassem tanto por toda sua extensão, como as que identificou em Bates. A garota havia sido encontrada nua no quarto de Smith, coberta de mais de 150 tipos distintos de ferimentos. Ela havia passado o último mês de sua vida detida na casa com uma amarra no pescoço, ou com o cabelo preso a uma cadeira ou aquecedor. Tinha perdido cerca de 20 kg por inanição e sido privada de beber água nos dias que antecederam sua morte. Smith a torturou de maneira sistemática, desfigurando-a com brutalidade — para isso, usou ferro de passar roupa e água fervente;

a carne foi perfurada repetidas vezes com vários instrumentos afiados; os dedos e os joelhos foram esmagados; o rosto, a boca e o corpo de Bates foram mutilados. O escalpo havia sido parcialmente removido. Os olhos foram arrancados cerca de três semanas antes da morte. Por fim, espancou a adolescente com um chuveiro metálico e afogou-a na banheira. Durante o julgamento, Smith não aceitou responsabilidade pelo assassinato e declarou que, antes da morte "acidental", teria sido provocado repetidas vezes por Bates e desafiado a machucá-la, e que a própria vítima havia infligido aqueles ferimentos para indicar abuso e acabar com sua reputação. O juiz do caso destacou o "catálogo de depravações" do assassino sádico e o sentenciou à prisão perpétua, com mínimo de vinte anos. *

Que sentido é possível encontrar em uma tragédia tão grotesca e dolorosa? Que diagnóstico, psiquiátrico, psicológico ou médico poderia justificar as ações de um homem como James Patterson Smith, que tinha uma longa história de agressão contra mulheres, chegara a espancar uma namorada grávida e tentara afogar outras duas durante ataques violentos? Existe alguém que não considere esses atos como mal moral, além da compreensão humana? O pai da garota, que viveu a terrível experiência de identificar o cadáver brutalizado, declarou sobre o assassino: "As pessoas o chamam de animal, mas um animal não faz isso com outro. Ele é um homem maligno".

O dr. Stone e eu concordamos que o conceito de mal, universalmente compartilhado em um nível básico, porém, bastante difícil de ser articulado e compreendido, é digno de uma investigação séria. Dedicamos partes consideráveis de nossa carreira a esta área, e passamos anos concentrados no estudo, avaliação e, às vezes, no tratamento de assassinos violentos, estupradores, abusadores de crianças e outros mais — pessoas cujos crimes seriam considerados "malignos" pela grande maioria — em prisões, hospitais e outros lugares. Dentro desse amplo contexto, o dr. Stone especializou-se naquilo que chamamos de transtornos de personalidade, caracterizados por padrões de comportamento, pensamentos e experiência subjetivos inflexíveis e de pouca capacidade adaptativa que, como vemos, constituem o aspecto-chave do comportamento violento. Quanto a mim, em anos de experiência forense, tenho me concentrado na psicose, ou estados mentais

---

* O condenado à prisão perpétua pode sair da prisão depois de vinte anos. Devido à pena ser perpétua, caso seja concedida a liberdade condicional, havendo infração das normas de conduta em qualquer momento da vida do condenado, ele volta para a prisão. [As notas são da editora]

anormais, nos quais a percepção, os pensamentos e as emoções estão comprometidos a ponto de o sujeito perder contato com a realidade. Em meu trabalho clínico, bem como nas minhas pesquisas com um grupo de investigadores, exploro a relação entre pensamentos, comportamentos violentos e doenças psicóticas, principalmente a emergência delas na adolescência e no início da fase adulta.

Por "mal" não nos referimos a pecados espirituais ou atitudes socialmente rejeitadas, pois o que é considerado abominável por uma religião ou cultura é passível de ser aceito por outra. Em nosso ponto de vista, nos referimos aos tipos de atitudes que praticamente qualquer um, independente da fé, época ou local, consideraria terríveis e absurdamente depravadas. Além disso, percebemos que atitudes comumente chamadas "malignas" compartilham três outros elementos principais, a saber: costumam ser precedidas por *planejamento maligno* — ou seja, são premeditadas —, infligem carga de sofrimento excessiva e, também, seriam consideradas incompreensíveis pelo cidadão comum. Consideramos que, independentemente do que o indivíduo compreenda como causa ou origem do mal, em um nível psicológico, biológico ou espiritual, as atrocidades associadas a esse termo possuem universalmente essas quatro características fundamentais. Inclusive, todas podem ser observadas, de modo inequívoco, na tortura e assassinato metódicos de Kelly Anne Bates e na reação do público chocado e confuso. É necessário perceber que, no cotidiano, quando o adjetivo "mau" é usado para descrever alguém, está implícita a ideia de que o indivíduo tem o hábito de cometer atos malignos repetidas vezes. Contudo, percebemos que mesmo os criminosos mais notórios não cometem perversidades todos os dias, da hora que acordam até a noite. Alguns, inclusive, demonstram ter, durante anos, relações agradáveis e inócuas com seus familiares, vizinhos, colegas de trabalho e outros, enquanto levam "vidas duplas", nas quais cometem crimes terríveis em segredo. Portanto, o termo "mal", como o empregaremos de agora em diante, não designará pessoas, mas atitudes tão violentas e horríveis que evocam a reação emocional típica que descrevemos. Apenas em casos raros algumas pessoas cometem crimes abomináveis e sádicos com frequência e regularidade a ponto de justificar serem chamadas pessoas más, e não apenas indivíduos que cometem atitudes malignas.

Com esses conceitos-chave estabelecidos, voltamo-nos à pergunta central: algumas atitudes e impulsos internos de certos indivíduos são maus em um grau maior do que outros? Caso sim, como os classificaremos em categorias distintas e significativas que podem ser ordenadas segundo níveis de severidade? O dr. Stone propôs um Índice da Maldade, em que, pela primeira vez, tentamos quantificar o grau de mal associado às atitudes violentas e/ou homicidas de um indivíduo.

Ao utilizar um continuum de 22 pontos, o instrumento leva em conta a moralidade de uma motivação principal que sustenta o crime de um indivíduo ou repetidos atos criminosos, do justificável até a crueldade sem fundamento. Embora a classificação abarque um conjunto amplo de crimes, o assassinato, em um número de contextos e associados a uma variedade de motivações, ganha ênfase especial. O índice considera, por exemplo, se um homicídio é impulsionado por legítima defesa ou por sentimento de vulnerabilidade em contexto de abuso. Captura aqueles que matam por causa de ciúmes ou ira, sentimentos intensos e incontroláveis. Considera aqueles que matam por lealdade a outra pessoa, ou pessoas, ou que desejam eliminar qualquer um que impeça a conquista de um objetivo egoísta. Ao avançar para os padrões superiores, o índice classifica indivíduos que cometem assassinatos por esporte, para ocultar evidências de um crime, por falta de contato com a realidade ou pela gratificação de uma perversão sexual. No ponto mais extremo estão aqueles que sujeitam as vítimas a tormentos prolongados e inimagináveis, sem exibir o mínimo de compaixão ou arrependimento, tormentos seguidos, ou não, de assassinato. Em resumo, classificações elevadas refletem padrões mais severos de *psicopatia* — uma constelação de traços de personalidade e tendências, como ludíbrio, indiferença, ausência de remorso, manipulação, delírio de grandeza, loquacidade e charme superficial, além de *sadismo,* o prazer derivado da dor e humilhação de outrem. Em acréscimo a essas distinções comumente ignoradas, os padrões do Índice delineiam atitudes "malignas" a que o espectador comum talvez reaja com menor intensidade, ou até mesmo com certo grau de compreensão e simpatia, e outras que provocam horror, perplexidade e repulsa, caso da tortura intencional, necrofilia ou agressão sexual e assassinato de crianças.

Portanto, o índice do dr. Stone explica de maneira eficaz por que assassinos, por exemplo, não devem ser agrupados em uma única categoria apenas pelo fato de terem matado alguém. Isso é ainda mais verdadeiro no caso dos que chamamos de *assassinos em série,* um tema que discutiremos com calma. O assassinato em série é definido atualmente pelo Federal Bureau of Investigation (FBI) como "o assassinato ilícito de duas ou mais vítimas pelo(s) mesmo(s) criminoso(s) em eventos distintos". Como veremos, essa definição é problemática, pois desconsidera por completo a noção de motivo, de modo que um ladrão que atira contra dois proprietários de casas em duas situações diferentes é agrupado ao lado de alguém como Ed Gein, que exumou cadáveres de um cemitério e criou peças de roupa e itens domésticos a partir de ossos e pele. Também desconsidera o intervalo entre homicídios, o que elimina a principal distinção entre assassinos em série e o que chamamos de *assassinos em massa* ou *assassinos relâmpago*, categorias a serem definidas adiante. Segundo uma definição mais antiga, assassino em série é alguém que mata três ou mais indivíduos, geralmente em nome de uma gratificação psicológica anormal, quando os crimes ocorrem dentro de um período de mais de um mês e com diferença considerável entre as datas dos assassinatos. Aqui, o problema é que "gratificação psicológica anormal" é uma expressão vaga, que não distingue entre os estímulos específicos que o indivíduo procura satisfazer quando mata, o que faz com que John Wayne Gacy, o torturador sexual sádico, estuprador e assassino de 33 garotos e adolescentes, possa ser classificado ao lado de Dorothea Puente, que roubava cheques da previdência social de idosos e hóspedes inválidos da pensão que administrava e envenenou nove pessoas. Veremos que, na verdade, assassinos em série podem ser motivados por vários processos psicológicos diferentes, ou exibir perfis de personalidade altamente distintos. Os padrões do dr. Stone ajudam a esclarecer essas importantes diferenças.

É imprescindível perceber que o índice se restringe a crimes que ocorrem em tempos de paz, já que períodos de guerra alteram as justificativas de uma atitude "maligna" na mente do indivíduo. Por exemplo, alguém que detona um explosivo durante um conflito militar e causa imensa destruição e morte pode experimentar mais tarde, na vida civil, peso na consciência diante do simples pensamento de matar um mosquito. Atos de terrorismo, que tendem a ser cometidos por pessoas que se percebem como parte de exércitos com motivações religiosas ou filosóficas, também não são avaliados pelo índice. De modo similar, estão excluídas atividades do crime organizado, em que um sindicato do crime está em constante "guerra" com vários outros.

Ao longo dos vários capítulos iniciais, discutiremos cada classificação do índice e descreveremos as distinções-chave em detalhes.

A experiência mostra que, em geral, aqueles que utilizam o índice abrangem, sem dificuldade, os oito primeiros padrões, nas quais pessoas sem psicopatia cometem assassinato ou outros atos de violência grave em legítima defesa, ou em contextos de abuso, impulsividade ou sentimentos intensos de ciúme ou ira. Os Padrões de 9 a 22 tendem a se mostrar mais desafiadores, pois necessitam que passemos das motivações evidentes, situacionais e de tom humanizado para as egoístas, perversas e cruéis em níveis geralmente impensáveis ao indivíduo comum. Ademais, uma boa compreensão das categorias exige familiaridade com elas e habilidade de distinguir entre conceitos psicológicos, como *psicopatia, narcisismo, psicose* e *sadismo*; todos serão definidos e discutidos nos capítulos consecutivos.

Para esclarecer as distinções por vezes complexas entre os padrões, fornecemos detalhados estudos de caso de vários indivíduos designados a cada um deles. Os nomes e fatos fornecidos são de conhecimento público e foram amplamente divulgados pela mídia, assim como o diagnóstico específico de alguns criminosos. Serão interligados com observações a respeito das motivações estabelecidas de cada indivíduo, bem como os *cartões de visita* de alguns criminosos — ou seja, características que não são necessariamente componentes de seu modus operandi, mas que estão ligadas a motivos pessoais, psicológicos, dos criminosos. Por exemplo, estrangular mulheres pode ser o método de determinado assassino, mas sua particularidade pode ser fazer isso com uma meia de nylon preta; isso constitui o "cartão de visitas". Tais elementos em crimes fornecem pistas-chave das necessidades e impulsos fundamentais de determinados assassinos, e, às vezes, são tão idiossincráticos que facilitam a identificação do perfil criminoso, a relação do suspeito com uma série de homicídios conectados e, por fim, a captura pelas autoridades. Também analisaremos questões da literatura acadêmica a respeito da genética, disposição e antecedentes ambientais de violência, bem como vários sistemas de categorização de comportamento criminal. Ao final da Parte I, que constitui a exposição mais abrangente do sistema de classificação do dr. Stone publicada até hoje, apresentaremos um algoritmo que desenvolvemos para facilitar o processo de determinação da classificação mais apropriada de um indivíduo violento no Índice da Maldade.

Na Parte II, o dr. Stone discutirá a frequência cada vez maior da hediondez sem precedentes presente em estupros, assassinatos em série e outros crimes violentos desde a turbulenta era dos anos 1960, e esclarecerá vários fatores culturais, psicológicos e filosóficos que consideramos ter contribuído para essa perturbadora tendência. Ele também cataloga vários tipos de violência que surgiram durante esta era do "novo mal", como designamos, incluindo tiroteios em massa por civis com emprego de armas semiautomáticas, crimes relacionados à internet, rapto de fetos e outras atrocidades contemporâneas.

Conforme avançamos pelo continuum do dr. Stone, o índice se move até os padrões mais altos, porém, talvez o melhor seja visualizar como uma viagem para baixo, do mesmo modo como Dante Alighieri, em seu imortal *Inferno,* escoltado pelo poeta Virgílio, desceu cada vez mais o círculo infernal sem fim, onde o próprio diabo mora. A descrição do submundo de Dante, com os nove círculos de tormento para várias abominações morais, inspirou o dr. Stone a criar esse instrumento. Os leitores são avisados desde já que, ao realizarmos a descida, em direção aos padrões mais altos, alguns dos detalhes dos crimes que descrevemos serão difíceis de ler. É importante lembrar a relativa raridade dos exemplos de mal extremo, principalmente no caso de assassinatos em série. Ao longo do tempo e do espaço, e de bilhões de pessoas, no passado e no presente, o que mais ganha atenção é sempre o pior do comportamento humano. Não esqueçamos de que existem pessoas maravilhosas e altruístas no mundo, que são dignas do próprio índice, e que circulam às alturas do Paraíso, como Dante também fez.

Enfim, paremos por um momento para lembrar dos homens, mulheres e crianças que se tornaram vítimas de comportamentos monstruosos dos criminosos que encontraremos aqui. Falaremos de pessoas jovens, acostumadas a dormir em suas camas ou brincar em lugares públicos, e que foram sequestradas e levadas a escuridões inimagináveis. Encontraremos mulheres cujos caminhos se cruzaram com predadores sexuais que lhes suprimiram o direito de escolha e arrancaram-lhes de suas vidas e seus amores e outros destinos. Discutiremos pessoas que jamais feriram uma única mosca ou um fio de cabelo de alguém, nem mesmo de seus assassinos e torturadores. Essas histórias nos obrigam a refletir sobre a brutal realidade de que essas vítimas foram pessoas reais, que poderiam ser nossos próprios filhos, netos, pais, irmãos e irmãs, esposas, parceiros, amigos ou vizinhos — você ou eu. Qualquer um de nós. E lembremos, contudo, que a existência do mal acaba por provar a existência da sua contraparte, que é o bem, movido pela abnegação e pelo amor.

MICHAEL H. STONE : GARY BRUCATO

PRIMEIRA CATEGORIA

ASSASSINATOS EM LEGÍTIMA DEFESA OU IMPULSIVOS COMETIDOS POR PESSOAS SEM SINAIS DE PSICOPATIA

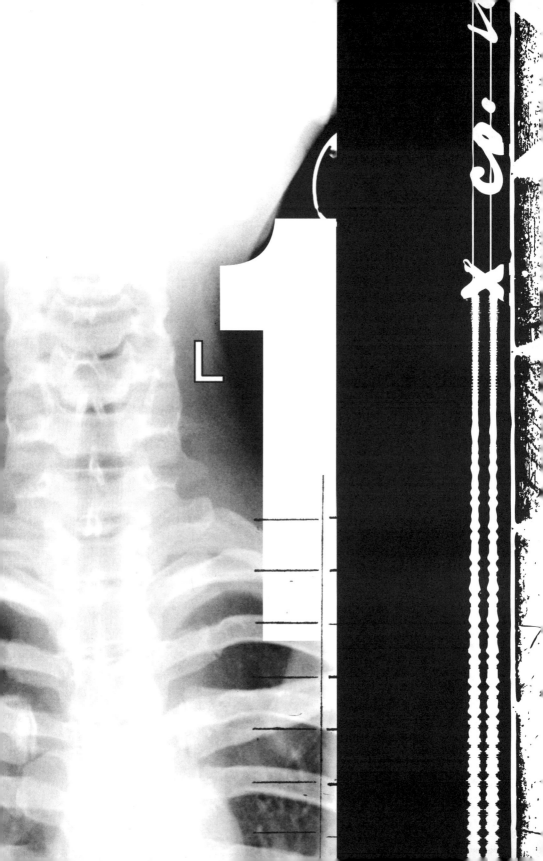

DEFINIÇÃO DE PADRÃO

No conto clássico de Sherlock Holmes, "A aventura do pé do diabo"*, escrito por Sir Arthur Conan Doyle, a investigação conclui que o dr. Leon Sterndale, célebre explorador e caçador, vingou o assassinato de sua amante ao envenenar o assassino com uma toxina vaporizada. Holmes se comove com a motivação humana de Sterndale e não é capaz de considerá-lo um homem puramente maligno, declarando a seu amigo e biógrafo: "Nunca amei, Watson, contudo, se assim fosse, e a mulher de meus afetos sofresse um fim tão trágico, é possível que agisse como nosso infrator à caça de leões. Quem sabe?".[1]

O crime do dr. Sterndale é um exemplo plausível do tipo de violência geralmente designado aos seis primeiros padrões do Índice da Maldade — e a reação expressa por Holmes é exatamente o tipo de reação exibida por indivíduos que ouvem histórias similares. Pessoas classificadas nesse extremo do espectro teriam sentido vontade de matar ou de cometer outras atitudes hediondas no contexto de fatores situacionais específicos, como a necessidade de escapar de abusos ou legítima defesa, ou sob a pressão de emoções intensas, como ciúmes ou raiva. Essas pessoas podem apresentar traços superficiais de comportamento narcisista ou antissocial, mas não em graus associados à psicopatia — mais uma vez, um conceito que discutiremos em detalhes nos próximos capítulos. Esses indivíduos raramente cometem assassinatos ou outros crimes sérios em ocasiões posteriores, e tendem a exibir sentimentos sinceros de remorso e desejo de reforma na vida pessoal, embora esses prognósticos morais precisem ser examinados caso a caso. Analisaremos agora os primeiros Padrões individualmente, fornecendo exemplos de casos relativos a cada um deles.

---

* No original, "*The adventure of the Devil's Foot*", publicado originalmente em 1910.

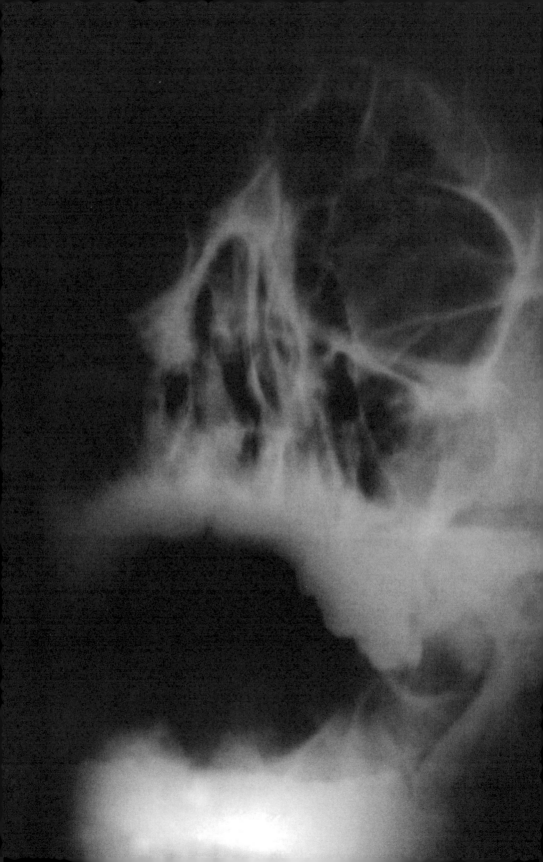

CATEGORIA 1

ÍNDICE DA MALDADE

Nº 01

PADRÃO

HOMICÍDIO JUSTIFICADO, ASSASSINATOS EM LEGÍTIMA DEFESA COMETIDOS POR PESSOAS SEM TRAÇOS DE PSICOPATIA

Os indivíduos classificados neste padrão mataram, porém, em legítima defesa, durante uma tentativa de assassinato, estupro ou assalto à mão armada. Esses homicídios tendem a ser "justificáveis" aos olhos da lei e, portanto, são classificados como atitudes "não malignas". Não envolvem premeditação, não são perversos ou de natureza extrema; são cometidos por pessoas sem traços de personalidade psicopata ou sádicos e, além disso, o indivíduo é acometido por genuínos sentimentos de remorso. Portanto, esses homicídios são incluídos no Índice apenas para estabelecer um ponto de distinção dos tipos de atitudes associadas com os outros 21 Padrões, que envolverão, em contraste, em escalas cada vez maiores, as características de "mal" propostas na introdução. O exemplo seguinte recebeu considerável atenção midiática em 2009.[2]

John Pontolillo, 20 anos, aluno de química da Universidade Johns Hopkins, fez um boletim de ocorrência depois de descobrir que dois laptops e um videogame foram roubados da casa onde residia com três amigos. Ao decidir que deveria verificar seu carro, ele saiu de casa com uma espada samurai que guardava no quarto e viu Donald Rice, 49 anos, debaixo da varanda atrás de casa. Rice, que havia deixado a prisão dois dias antes, era um criminoso profissional que fora preso mais de duas dúzias de vezes por invasão de domicílio, arrombamento e roubo de carros.

Ao vê-lo, Pontolillo ergueu a espada, ordenou que Rice não se movesse e ordenou que os amigos ligassem para a polícia. Rice esticou os braços, avançou na direção do estudante e o pressionou contra a parede. Temendo por sua vida, o estudante atingiu Rice com a espada, o que gerou um ferimento enorme no peito do criminoso e quase decepou sua mão. O invasor morreu no local.

Durante o processo concluíram que Pontolillo realmente acreditou que sua vida corria perigo, ou que sofreria graves ferimentos físicos, de modo que sua atitude seria justificada. Ele não foi considerado culpado pela morte de Rice.

Um segundo exemplo é o caso de Faith Martin, 26 anos de idade, Illinois. Em novembro de 2010, ela discutiu com o namorado abusivo e alcoólatra, Willie Arrington, 44 anos de idade, com quem tinha um filho. Arrington tinha histórico de várias agressões contra outras pessoas, e chegou a chutar o melhor amigo escada abaixo e arrancar a bochecha de um homem com uma mordida durante uma briga. Ela o comparou a "um trem desgovernado a 1500 km/h" quando ficava bêbado e possesso. No dia seguinte à discussão, ele foi até o apartamento dela e começou a espancá-la e sufocá-la. Durante os golpes, os dois acabaram na cozinha. Certa de que o namorado queria matá-la, Faith pegou uma faca que estava na pia e fugiu até outro cômodo. Arrington correu atrás dela, jogou-a contra um armário e empurrou-a até o chão. Ela cravou a faca no peito do agressor, o que provocou uma perfuração na aorta. Martin, horrorizada com o que havia feito, correu até o apartamento de um amigo para pedir ajuda, porém Arrington morreu no local. "Eu o amava, não queria machucá-lo", ela disse mais tarde. "Só queria assustá-lo — queria que parasse." Martin foi acusada de homicídio qualificado e detida no presídio por mais de um ano. Porém depois foi absolvida, pois foi constatado que Arrington era um companheiro abusivo e também porque, durante o ataque violento, ela desferiu um golpe fatal movida por real temor pela própria segurança. Segundo o *Chicago Tribune*, "o juiz considerou como o mais evidente caso de legítima defesa que já viu".[3]

CATEGORIA 1

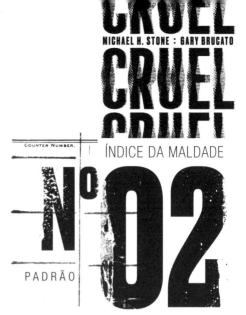

ÍNDICE DA MALDADE

PADRÃO

ASSASSINOS PASSIONAIS, EGOCÊNTRICOS E IMATUROS

O impulso específico que serve como ímpeto no Padrão 2 é o ciúme no contexto de amor romântico rejeitado e/ou não correspondido. Por vezes chamados *crimes passionais,* esses assassinatos costumam ser cometidos por indivíduos egocêntricos e imaturos que, em circunstâncias diferentes, são racionais e "normais", sem antecedentes criminais, que agem em momentos de fúria cega e violenta. Encontramos exemplo desse tipo de homicídio no caso de Samuel Collins, do Maine.[4] Em 1996, Collins, que na época tinha 42 anos, fez uma visita surpresa ao supermercado onde trabalhava sua amada esposa Lucinda, com quem era casado havia dez anos. Ao surpreendê-la beijando um colega de trabalho, Collins voltou para casa, chocado e consumido por um ciúme incontrolável. Quando a esposa voltou do trabalho, a atacou, arrastou-a pelo chão, espancou-a e a esfaqueou pelo menos uma dúzia de vezes. Após praticar esses atos, cortou os próprios pulsos e o peito, e telefonou para a mãe informando a intenção de assassinato-suicídio: "Não posso viver sem ela, ela não pode viver sem mim, e esta é a melhor solução". A polícia encontrou Collins ao lado do corpo da esposa no chão do banheiro. Conseguiram salvar a vida dele e, dois anos depois, Collins foi considerado culpado do pavoroso homicídio.

Em particular, alguns assassinatos por ciúme merecem posições mais elevadas no Índice da Maldade devido ao narcisismo, premeditação, níveis incomuns de violência ou falta de remorso posterior. Considere-se, por exemplo, o caso amplamente divulgado na Bélgica da "Assassina do Paraquedas", no qual uma mulher foi condenada por matar uma rival romântica de modo cruel, agindo não por impulso, mas do modo mais metódico possível.

Els "Babs" Clottemans, uma professora de ensino médio de 22 anos, e Els Van Doren, 38 anos, casada, mãe de dois filhos, conheceram e ficaram apaixonadas por Marcel Somers, em um clube de paraquedistas em Zwartberg. Os três saíram para beber e o belo rapaz de 25 anos conseguiu um acordo para dormir com as duas: visitaria Clottemans às sextas-feiras e Van Doren aos sábados. Em novembro de 2006, Clottemans, que dormia no sofá de Somers, ouviu o rapaz e Van Doren fazer amor no quarto. Acredita-se que, ao ver o paraquedas de Van Doren, a professora tenha cortado as cordas que liberam o velame. Quando o trio foi saltar de paraquedas na semana seguinte, ambos os velames de Van Doren, tanto o principal quanto o reserva, não foram liberados, e ela sofreu uma queda de 3200 metros enquanto agitava freneticamente os braços e pernas, aterrissando em um jardim na cidade de Opglabbeek. Imagens horrendas da tragédia foram capturadas pela câmera no capacete da vítima. Os investigadores perceberam que, diferente das vezes em que os três saltavam juntos, na ocasião, Clottemans ficou no avião alguns segundos a mais e viu a rival cair. Ao declarar inocência, ela tentou suicídio durante o interrogatório. Clottemans foi sentenciada a trinta anos de prisão em 2010.[5]

Nesse caso, o motivo foi ciúme, porém, mesmo após uma semana de intervalo, Clottemans não abortou o aparente plano de homicídio, e a morte de Van Doren parece ter sido premeditada com crueldade, sem chance de sobrevivência. Já que os componentes de impulsividade e fúria cega do caso de Collins não estão presentes nesta situação, uma classificação no Padrão 2 não seria suficiente para caracterizar a natureza desse crime. Como veremos, o caso apresentado seria mais bem designado ao Padrão 9 no Índice da Maldade.

CATEGORIA 1

CÚMPLICES ASSASSINOS, MOVIDOS POR IMPULSOS E COM TRAÇOS ANTISSOCIAIS

Esta classificação incomum serve para indivíduos impulsivos, por vezes antissociais, que tomam parte nas atitudes depravadas de um assassino ou líder de uma seita mortal, por passividade, medo, lavagem cerebral ou algum outro fator. É comum que uma mistura de pavor, adoração ou necessidade pessoal leve alguém a seguir de forma cega um mestre manipulador. Quando o estado de transe é rompido, essa pessoa costuma sentir genuíno remorso e aceitar a responsabilidade por suas ações — ao contrário daqueles cujos crimes terríveis instigaram e auxiliaram a cometer. Consideremos, com algum detalhe, a história de Leslie Van Houten, que participou dos assassinatos em massa que ocorreram durante 22 dias, orquestrados pela seita de Charles Manson em 1969.

Seria difícil exagerar o controle que Manson — um ex-presidiário miúdo e desgrenhado, de personalidade psicótica e altamente carismática — detinha sobre sua "família". Os seguidores de Manson, adolescentes e jovens no início dos 20 anos, que viviam conflitos familiares, consideravam o sujeito uma figura de autoridade que, diferente dos pais, compreendia suas verdadeiras necessidades e desejos. Em troca, deveriam sofrer a "morte do ego", um abandono completo do eu.[6] Um misógino que acreditava que as mulheres eram criaturas menores, Manson ordenava que o grupo participasse de orgias no rancho isolado onde viviam, as quais, às vezes, envolviam visitantes masculinos, estranhos a todos os membros da comunidade.[7]

Manson também desintegrava as identidades pessoais de seus seguidores com o uso de LSD e os encurralava constantemente com retórica pseudoespiritual[8], com declarações de que ele era Jesus, Deus e o diabo[9], e que todos os aspectos da sociedade tradicional, inclusive o núcleo familiar, a lei e a moral, deveriam ser desconsiderados e desintegrados[10]. Ele convenceu os seguidores de que, quando a grande guerra racial, chamada *Helter Skelter*, acontecesse, eles sobreviveriam ao migrar para o subsolo e construir uma população de 144 mil membros da seita, que, enfim, ressurgiria e conquistaria o mundo.[11] Os Beatles, Manson dizia, eram os Quatro Cavaleiros do Apocalipse descritos no Livro do Apocalipse do *Novo Testamento*, e se comunicavam diretamente com ele através do *White Album*[12]. Embora para alguns que o encontravam pela primeira vez ele parecesse completamente iludido e desorganizado ao falar sobre as coisas, Manson era, na verdade, um golpista hábil que, durante o período na Penitenciária McNeil Island, na década de 1960, absorvera ideias a respeito de influência interpessoal e manipulação na convivência com presidiários envolvidos com hipnose, cientologia, psicologia e as ideias de Dale Carnegie sobre como influenciar pessoas[13]. A paranoia de Manson e outros traços psicóticos estavam fortemente enraizados em um quadro mais amplo de psicopatia e uso de drogas que alteram a mente — conceitos que discutiremos mais tarde neste livro.

Manson dizia que se a família cometesse crimes de grande visibilidade contra brancos ricos, a culpa recairia sobre afro-americanos, e a guerra racial profetizada irromperia imediatamente. Em 9 de agosto de 1969, Charles "Tex" Watson, Linda Kasabian, Susan Atkins e Patricia Krenwinkel, membros da seita, foram enviados à casa da atriz Sharon Tate, na época grávida do diretor Roman Polanski, durante uma festa, com ordens de "destruir por completo" todos que lá estavam "do modo mais grotesco possível".[14] Steven Parent, amigo do caseiro da propriedade, foi imediatamente esfaqueado e levou um tiro. Watson anunciou a chegada declarando que era o diabo e chutou a cabeça de Wojciech Frykowski, um hóspede que dormia na casa havia alguns dias. Watson amarrou Tate e Jay Sebring juntos, com cordas envoltas nos pescoços, e ergueu ambos pelas vigas no teto, antes de os protestos de Sebring serem calados em definitivo com um tiro. Frykowski e Abigail Folger, herdeira da indústria do café, foram brutalmente esfaqueados 28 e 51 vezes, respectivamente. Watson e/ou Atkins esfaquearam Tate dezesseis vezes[15]. Um "X", que alguns acreditam ser um símbolo do afastamento da sociedade, foi cravado na barriga da atriz grávida.[16] Tendo recebido de Manson a ordem de "deixar uma marca... algo que remetesse à bruxaria",[17] Atkins escreveu a palavra "porco" com o sangue de Tate na porta da frente da residência.[18]

Na noite seguinte, após o culto celebrar o "triunfo" em uma orgia de sexo e marijuana, Manson instruiu os mesmos membros da seita a matar outra vez, e acrescentou ao grupo Van Houten e Steve Grogan além de acompanhá-los pessoalmente. Selecionaram de forma aleatória a casa de Leno LaBianca, 44 anos de idade, dono de uma cadeia de mercearias, e sua esposa Rosemary LaBianca, 38 anos, que gerenciava uma elegante loja de vestidos. Depois que Manson e Watson amarraram o casal e garantiram que aquilo seria apenas um roubo, Atkins, Grogan e Kasabian deixaram o local ao lado do líder e os outros começaram o trabalho, como formigas obedientes. Watson colocou fronhas de travesseiro sobre a cabeça das vítimas, que estavam em cômodos diferentes, antes de envolverem o pescoço de cada um em fiação elétrica, arrancada de um abajur[19]. Watson, então, matou o sr. LaBianca a facadas. O cadáver seria encontrado com uma faca e um garfo cravados no corpo e a palavra "guerra" gravada a faca no estômago.[20] Os gritos fizeram com que a esposa, que estava com Van Houten e Krenwinkel, avançasse sobre as duas. Van Houten a segurou enquanto Krenwinkel tentava, sem sucesso, esfaqueá-la no peito usando uma faca de cozinha. A lâmina entortou na clavícula da vítima. Watson, então, entrou no aposento e esfaqueou a sra. LaBianca várias vezes. Em seguida, lembrou Van Houten das instruções de Manson para que "fizesse alguma coisa" naquela noite, então ela também esfaqueou a sra. LaBianca, já morta, doze vezes, na parte baixa das costas e no traseiro. A autópsia revelaria quarenta ferimentos no total. Krenwinkel escreveu na parede com o sangue da sra. LaBianca, e Van Houten tentou remover possíveis impressões digitais depois que o trio comeu queijo e bebeu leite da geladeira das vítimas.[21]

Em outubro de 1969, Manson e vários de seus seguidores, incluindo Van Houten, foram colocados sob custódia da polícia.[22] Nos meses seguintes aos assassinatos, Van Houten e os outros membros da seita que participaram de vários episódios da onda de crimes foram julgados em Los Angeles. Van Houten era a mais jovem, e por ser considerada um membro menos devoto de Manson, acreditava-se que receberia uma sentença branda. Porém, ela atrapalhou os procedimentos do julgamento várias vezes com risadas, sobretudo durante as discussões sobre os assassinatos. Também demonstrou pouco remorso na época, ao declarar: "Perdão é só uma palavra de seis letras". Em 1971, todos os acusados receberam a pena capital, porém, todas as sentenças de morte foram comutadas.[23]

Van Houten parece ter passado por uma relevante mudança pessoal ao final da década de 1970. Em 2002, um juiz da Suprema Corte declarou que a garota foi um modelo de prisioneira por trinta anos. Ela concluiu todos os programas disponíveis aos presidiários e auxiliou outros encarcerados.[24] Passou por décadas de psicoterapia na tentativa de compreender como caiu sob o controle mental de Manson. Van Houten, desde então, expressa remorso e renunciou ao antigo líder que, em contraste, não aceitou responsabilidade por seu papel nas mortes.[25] Manson morreu de parada cardíaca em 2017, aos 83 anos de idade.

Talvez Manson, Atkins, Krenwinkel e Watson sejam mais bem encaixados no Padrão 15 do Índice da Maldade, designado a psicopatas, assassinos em massa de sangue-frio e de múltiplos crimes. No caso único de Manson, os assassinatos foram cometidos por participantes voluntários, em nome dele. Van Houten, em contrapartida, é classificada no Padrão 3. Ela não participou dos assassinatos na residência de Tate. Apesar de ajudar a subjugar os LaBianca, ela esfaqueou a mulher apenas depois de Watson matá-la. Além disso, com o passar do tempo, reflexão e emancipação do feitiço de Manson, Van Houten demonstrou arrependimento e devotou os anos na prisão a comportamentos altruístas e cura pessoal.

CATEGORIA 1

ASSASSINATOS EM
LEGÍTIMA DEFESA
EXTREMAMENTE VIOLENTOS

Semelhante ao Padrão 1, o Padrão 4 é associado a indivíduos que matam em legítima defesa. Porém, não são inocentados no julgamento devido a uma diferença expressiva: aqui, as atitudes adotadas pela vítima de algum crime ultrapassam o limite aceitável para repelir a injusta agressão, cometendo excessos desnecessários e, por isso, também considerados criminosos. Considere-se o exemplo a seguir.

Em 9 de agosto de 2010, Jose Rodriguez Elizondo, 31 anos de idade, um oficial da Alfândega e Proteção de Fronteiras dos EUA (CBP), que estava de folga, visitou a casa noturna Punto 3, no Texas, com a esposa e o irmão. A esposa alegou que, ao serem expulsos do local por causa de uma discussão, foi empurrada pelo segurança Fermin Limon Jr., filho do dono do estabelecimento. Elizondo e Limon começaram a discutir e vários seguranças juntaram-se à confusão. O policial escapou e percorreu quase 65 metros até sua caminhonete, onde estavam a arma e o distintivo de agente. Ele exibiu a arma enquanto os seguranças batiam nas janelas e tentavam removê-lo do veículo. Quando Limon o agarrou, Elizondo começou a golpeá-lo com a pistola. Repentinamente, o CBP foi abordado por Limon pai, 49 anos de idade, que segurava uma pistola 9mm. Segundo sua versão, ele gritou pelo menos duas vezes para que o dono do clube abaixasse a arma antes de se sentir obrigado a disparar em legítima defesa. Os seguranças do bar contaram uma história diferente. Na versão deles, o homem que foi expulso do bar disparou imediatamente, enquanto Limon tentava acalmá-lo. Após disparos contra o peito e a perna, Limon pai escondeu-se atrás de um veículo enquanto um dos seguranças, que assumira o controle da pistola, disparou várias vezes contra Elizondo. O dono da casa noturna morreu devido aos ferimentos. No ano seguinte, concluiu-se que foi o oficial da Alfândega que havia provocado a confusão e se excedido ao reagir à agressão, que consistiu em um simples empurrão, sendo, por isso, condenado a cumprir 25 anos de prisão por homicídio. A defesa, mais tarde, apelou, e Elizondo conseguiu um novo julgamento, devido a um erro da acusação. Fez um acordo, declarando-se culpado, sem oposição à sentença de cinco anos, da qual já cumpriu boa parte.[26]

Também classificamos aqui o caso de Susan Cummings, uma de duas irmãs gêmeas fraternas nascidas em Mônaco em 1962, filhas de Samuel e Irma Cummings, um comerciante de armas bilionário e sua esposa suíça. Em 1984, o pai das gêmeas comprou uma propriedade luxuosa em Warrenton, Virgínia, chamada Fazenda Ashland, com uma casa senhorial de pedra, dois chalés, 22 baias e 60 m² de uma arena de equitação interna.[27] Em 1995, Susan Cummings começou a namorar Roberto Villegas, um encantador jogador de polo argentino. Ele havia acabado de sair de um relacionamento longo com uma mulher da Flórida, então grávida do filho dele. Pouco depois do nascimento da criança, Villegas começou a passar os verões na Virgínia, para participar do circuito de polo, e foi contratado como instrutor de Cummings.[28] Não demorou até que ele se mudasse para a propriedade e, no ano seguinte, a dinâmica do casal havia se tornado truculenta. Segundo relatos, ele era mal-humorado e verbalmente agressivo, e Cummings afastou-se cada vez mais. A suposta frugalidade da garota, apesar da vasta fortuna, era um dos principais motivos de discussão. Villegas não foi pago pelos serviços prestados e passou a odiar sua dependência financeira.[29] Surgiram boatos de que tinha casos com outras mulheres.[30] O relacionamento, por fim, tornou-se bastante explosivo e, em 7 de setembro de 1997, Cummings disparou contra Villegas quatro vezes com uma semiautomática 9mm — uma das armas importadas pelo pai — enquanto ele tomava café da manhã na mesa da cozinha.

Após confessar o crime para a polícia, Cummings foi presa e acusada de homicídio. Ela disse que Villegas havia se tornado fisicamente abusivo, que a agarrou pela garganta e cortou os braços lentamente com uma faca, dizendo que ia lhe dar uma lição. Ela disse que implorou para que ele parasse e sugeriu que conversassem durante o café da manhã. Quando ela foi até a pia, ouviu a cadeira dele se mover e pensou que seria atacada pelo namorado. Ela agiu rápido e pegou a arma que guardava em uma despensa próxima e atirou contra o rapaz.[31] O advogado de defesa declarou que, duas semanas antes dos disparos, ela havia feito um boletim de ocorrência na delegacia local, tendo declarado que o amante era "opressivo, temperamental, tinha pavio curto e comportava-se como um louco". Ela descreveu como ele se recusou a terminar o relacionamento e que, no mês anterior, havia começado a mostrar sinais agressivos, dizendo que ia "colocar uma bala na cabeça dela e pendurá-la pela ponta dos pés até que o sangue encharcasse a cama". Em 1987, um B.O. contra Villegas com acusações de agressão também foi emitido.[32] Villegas foi acusado de dizer: "Trato minhas mulheres e meus cavalos do mesmo jeito... se não posso domá-los, eu os mato".[33]

A acusação, por outro lado, postulou que o assassinato foi premeditado e que Cummings havia cortado a si mesma para forjar a hipótese de legítima defesa. No fim, apesar de ser condenada por homicídio culposo, ela foi sentenciada apenas a sessenta dias de prisão e a pagar uma multa de 2500 dólares.[34] Neste caso, não encontramos uma situação em que uma pessoa inofensiva é maltratada por alguém de modo completamente unilateral, conforme observamos no Padrão 1. Este caso envolveu duas pessoas que viviam uma dinâmica tensa e negativa, para a qual ambos contribuíram até certo nível, o que resultou em um incidente no qual uma das partes sentiu a necessidade de se defender contra a ameaça a sua integridade física ou, até, de morte. Portanto, sentimos que o Padrão 4 é a classificação mais apropriada para a morte de Villegas no Índice da Maldade.

CATEGORIA 1

PADRÃO

PARRICÍDIO PROVENIENTE DE TRAUMAS E SEM REMORSO

Indivíduos do Padrão 5, que não apresentam sinais de psicopatia, sentem o impulso de matar devido a circunstâncias traumáticas ou desesperadas e, em seguida, experimentam genuíno remorso ou sentimento de culpa. Esses assassinatos costumam ser impulsivos, sem planejamento. As vítimas costumam ser membros da família ou parceiros, porém, outras pessoas consideradas como responsáveis em relação às circunstâncias negativas vividas pelo indivíduo também podem tornar-se alvos. Ao analisarmos vários casos desta classificação, percebemos que as emoções envolvidas frequentemente têm relação com estados de fraqueza ou desamparo, que surgem da convergência de duas forças: primeiro, existe um problema externo, como agressão ou maus-tratos por parte do cônjuge ou parceiro, dificuldades financeiras ou alguma outra condição adversa no lar. Segundo, há um fator psicológico interno, como intensa ansiedade, trauma relacionado a um abuso anterior, ou depressão profunda, às vezes permeada por pensamentos psicóticos. O indivíduo, por fim, sente-se indefeso, perdido e à beira do abismo, antes de retornar a um nível de funcionamento básico. Também percebemos que esses homicídios podem, às vezes, ser mais violentos no quesito intensidade, como se o indivíduo concentrasse a dor, o rancor e a frustração acumulados em uma única expressão agressiva.

Detectamos esses elementos no caso de Diane Clark, da Inglaterra, que, aos 42 anos, viveu uma situação-limite em seu casamento e esfaqueou de forma brutal o marido Graham Clark, 46 anos de idade.[35] O sr. Clark, alcoólatra e viciado em jogo, tinha histórico de condenações por comportamento criminoso desde a adolescência. Os dois se casaram em 1974, após apenas dois meses de namoro, e quase que de imediato a sra. Clark viu-se envolvida em um relacionamento abusivo, devido ao comportamento agressivo do marido, que se acentuava quando bebia. Em três anos, ela se tornou retraída, ansiosa e perdeu peso. O sr. Clark raramente trabalhava e a obrigava a ser a única provedora do lar, que, além do casal, incluía cinco filhos — foi pelo bem deles que ela permaneceu com o marido. Ele a espancava, o que a obrigava a usar roupas de manga longa durante o ano inteiro para ocultar os hematomas, e frequentemente forçava o sexo; no começo, enquanto estava bêbado e, mais tarde, até quando sóbrio. O sr. Clark acusava a esposa de ter casos extraconjugais e, uma vez, teve um acesso de fúria quando ela disse que queria consultar um médico que por acaso era do sexo masculino.

Em setembro de 1997, o sr. Clark expulsou a esposa de casa, e ela passou a morar em um hotel, trabalhando como garçonete. Ao decidir que comunicaria ao marido o desejo de acabar com o casamento, a sra. Clark voltou até sua casa e encontrou o lugar vandalizado, coberto de tinta, e o marido em um estado de fúria, alcoolizado. Ele desferiu um soco no rosto da mulher, arrancou sua blusa e estraçalhou um buquê de rosas que levara para casa como oferta de paz. O sr. Clark exigiu que a mulher deixasse a casa novamente e, enquanto ele procurava por uma mala, ela, utilizando uma faca de cozinha, o esfaqueou quatro vezes nas costas e no ombro esquerdo. Ele morreu no corredor. A sra. Clark foi detida e contou às autoridades que não suportava mais as agressões do marido.

No julgamento, ficou claro que a sra. Clark se arrependia genuinamente do que havia feito e não possuía traços de personalidade psicopata. O juiz falou da "gota d'água de provocação" que a levou a tomar uma atitude "completamente fora do normal".[36] Após se declarar culpada por homicídio culposo, foi libertada e retornou para seus filhos, com a chance de começar uma nova vida.

Um segundo exemplo, também da Inglaterra, é o caso do encanador aposentado Dennis Long, 59 anos, que matou sua namorada de longa data, Judith Scott,[37] 62 anos. Segundo Long dizia, foi abusado com frequência por Scott, tanto física quanto emocionalmente, durante as três décadas que passaram juntos, período em que criaram duas filhas de um relacionamento anterior da namorada. Ela também tinha quatro netos.

Scott ridicularizava e humilhava Long, o espancava diversas vezes com um atiçador e uma vez quebrou o dedão do homem. Acontecia de ele terminar o relacionamento, porém, reatava pouco depois. Em março de 2010, na saída de um pub, Long foi agredido por um valentão local e, além de não se defender, se recusou a informar a polícia. Enfurecida, Scott zombou da sua falta de coragem, lhe disse para usar vestido, enquanto ela usaria calças, e o chamou de "maricas" e "frouxo". Isso fez Long explodir, como explicaria mais tarde. Pegando uma faca, apunhalou Scott no braço e duas vezes no peito. Ele chamou uma ambulância imediatamente e informou ao telefonista: "Perdi o controle — ela me provocou, então, a esfaqueei". Ele foi preso e julgado por assassinato.

Long foi inocentado das acusações com base em "acúmulo de provocações" ao longo dos anos, mas foi condenado por homicídio culposo. Ele foi sentenciado a quatro anos e oito meses de prisão. Durante o julgamento, é importante ressaltar, foi constatado que, durante sua vida, Long não apresentou traços de psicopatia. Sendo descrito como um sujeito gentil e trabalhador, bom caráter, que abominava violência e evitava até mesmo dizer palavrões. O juiz o descreveu como um homem "tranquilo, tímido e até fraco" e ficou claro que Long sentia profundo remorso pela morte de Scott.

CATEGORIA 1

ASSASSINOS IMPETUOSOS
E SEM TRAÇOS DE
PSICOPATIA

O Padrão 6 é a designação para um indivíduo de pavio curto que comete homicídio de forma completamente impetuosa. Não envolve legítima defesa. Pelo fato de o temperamento da pessoa ser agressivo, é possível que exista histórico de comportamento violento ou mesmo de atos criminosos. Contudo, esses incidentes relacionados a temperamentos agressivos não seriam associados a uma personalidade psicopata implícita. Os crimes cometidos no calor da hora e sem qualquer planejamento atribuídos a este padrão podem ser impulsionados por praticamente qualquer emoção ou experiência opressiva — por exemplo, humilhação intensa. Caso o gatilho seja ciúmes, a atitude violenta é de um extremismo tão incomum que não pode ser classificada no Padrão 2.

Vale mencionar que a violência associada a esta classificação pode abarcar o assassinato de vários indivíduos em uma única ocasião. Portanto, é tecnicamente possível que um indivíduo classificado aqui cometa *assassinato em massa*. Até tempos recentes, o termo era descrito pelo FBI como "quatro ou mais vítimas em um único evento, em um único local", porém, por causa do resultado de um estatuto federal de 2012,[38] a definição mudou para "três ou mais mortes em um único evento". Qualquer uma dessas definições incluiria o caso de Coy Wayne "Elvis" Wesbrook, que discutiremos agora, ao considerar os assassinatos em massa.[39]

Em 13 de novembro de 1997, a polícia da região de Houston atendeu a várias chamadas do mesmo condomínio. Havia notícia de cinco tiros disparados durante um período de mais ou menos quarenta segundos. Os relatos também davam conta de um homem parado próximo a uma caminhonete no estacionamento, que gritava coisas como "Fiz sim" e "Fiz o que tinha que fazer". Lá, as autoridades encontraram Wesbrook, na época com 39 anos de idade, e, no chão, o corpo de Anthony Rogers, 41 anos de idade. Wesbrook disse que tinha acabado de matar a ex-esposa, Gloria Coons, 32 anos de idade. Os dois ficaram casados por um ano até se divorciarem em 1996, devido a conflitos na relação. Depois disso, continuaram a se encontrar e até moraram juntos por um tempo. Ele se mudara do apartamento cerca de três meses antes do incidente.

Na sala do apartamento, oficiais encontraram os corpos de Antonio Cruz, 35 anos, e Ruth Money, 43. Uma terceira pessoa, Kelly Hazlip, 32 anos de idade, estava no chão, viva. No quarto, encontraram a ex-esposa, também viva. Todos sofreram disparos à queima-roupa na cabeça, peito e abdômen. Coons morreu pouco depois da chegada da ambulância, e Hazlip faleceu cinco dias depois.

Segundo Wesbrook, ele e Coons jantaram juntos na noite anterior ao crime, quando ela expressou interesse em uma possível reconciliação. Ainda apaixonado pela ex-esposa, ele ficou feliz com a ideia. Foi até o apartamento da mulher na noite fatídica e a encontrou com a colega de quarto, Money, além de dois homens, Rogers e Hazlip. Todos pareciam ter bebido muito. Wesbrook se sentiu desconfortável com a situação, mas concordou em ficar com o grupo. Cruz apareceu pouco depois. Wesbrook bebeu várias cervejas e ficou "alegre". Então, quando Coons exibiu os seios para todos os presentes, o homem se sentiu humilhado. Ela foi com Hazlip até o quarto, para onde Rogers também se dirigiu poucos minutos depois. Wesbrook relatou que, quando Rogers voltou para a sala com o zíper aberto, Coons disse que tinha acabado de fazer sexo oral nele e que estava prestes a ter relações sexuais com Hazlip.

No relato, Wesbrook declara que se sentiu triste e perturbado e saiu do apartamento, mas foi seguido por Cruz, que pegou as chaves da caminhonete para impedir que ele fosse embora. Wesbrook foi até o veículo e pegou um rifle de caça calibre 36 e seguiu Cruz de volta ao apartamento com o objetivo de recuperar as chaves, que foram, realmente, encontradas no bolso da calça de Cruz. No apartamento, a situação se deteriorou rápido. O grupo passou a provocar Wesbrook verbalmente, ameaçá-lo e, enfim, partiu para a agressão física. Money jogou cerveja nele, e Wesbrook disparou a arma — a morte foi instantânea. Quando

Cruz e Rogers avançaram, Wesbrook disparou contra ambos. Ele, então, foi até o quarto onde Coons e Hazlip faziam sexo e, cego de raiva, atirou nos dois. Em seguida foi até o estacionamento e aguardou pela polícia. Rogers conseguiu sair do apartamento e morreu no estacionamento.

No julgamento, Wesbrook disse que não tinha intenção de matar ninguém naquela noite, mas "perdeu o controle".[40] Um psicólogo da defesa declarou que o acusado havia "ultrapassado o limite do suportável" no momento dos assassinatos. Foi revelado que, pouco tempo antes do crime, ele descobrira que sua filha de 9 anos, de um relacionamento anterior, havia sofrido abuso sexual. Os limites da capacidade intelectual do acusado também foram questionados. Wesbrook não tinha antecedentes criminais. Porém, o estado alegou um histórico de atitudes em contexto de impulsividade jamais relatados à polícia, inclusive a ameaça de incendiar a casa da primeira esposa, tentativa de incendiar a casa de antigos senhorios após despejo e atos de intimidação contra Coons e seus amigos em outra ocasião.[41]

Em 1998, Wesbrook foi declarado culpado de homicídio qualificado e recebeu a sentença de morte. Ele declarou profundo remorso e disse: "Já me arrependi de tudo um trilhão de vezes... se pudesse trazer aquelas pessoas de volta à vida, eu traria". Ele foi executado pelos crimes com injeção letal em 2016.[42]

MICHAEL H. STONE : GARY BRUCATO

SEGUNDA
CATEGORIA

ASSASSINATOS SEVEROS COMETIDOS
POR PESSOAS COM NENHUM OU
POUCOS SINAIS DE PSICOPATIA

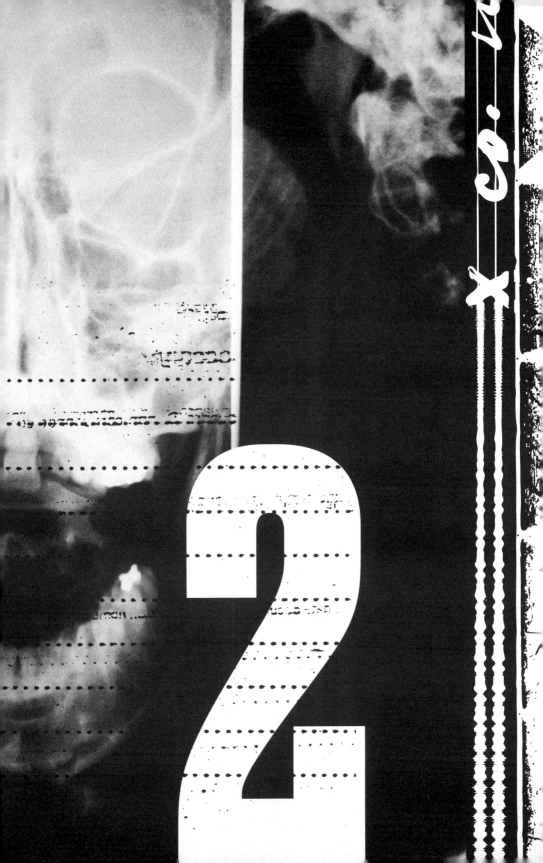

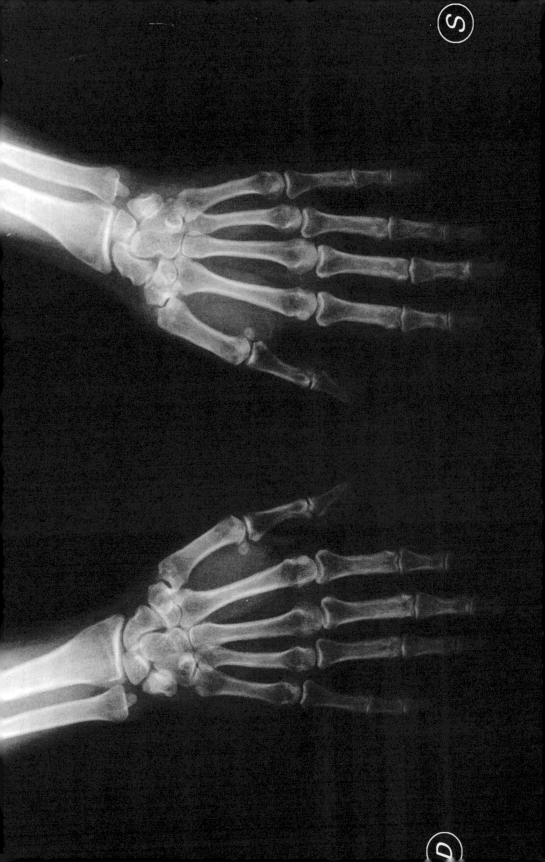

DEFINIÇÃO DE PADRÃO

Os Padrões 7 e 8 do Índice da Maldade se afastam um pouco das circunstâncias não planejadas, impetuosas, de agressão, relacionadas a legítima defesa, ciúmes, ira ou adversidades. Aqui, encontraremos indivíduos cujas estruturas de personalidade implícita — não meras tendências a impulsividade ou pavio curto — parcialmente montam o contexto para assassinatos e outros atos de extrema violência. Como veremos, existem distinções-chave entre os tipos de indivíduos classificados nos Padrões 7 e 8. Porém, ambas envolvem pessoas que, ao fim de um período em que se sentem cronicamente ignoradas ou desprezadas, nutrindo por isso muito rancor, são levadas à violência. Os assassinatos costumam ser de natureza mais severa do que as vistas nos padrões anteriores e — ponto fundamental — existe planejamento e maquinações. Além disso, apesar da presença de alguns traços de personalidade anômalos, esses indivíduos não exibem psicopatia total.

CATEGORIA 2

ASSASSINOS NARCISISTAS E PASSIONAIS COM TRAÇOS PSICÓTICOS

Indivíduos classificados neste padrão são impulsionados a matar devido a intensos graus de narcisismo — leia-se, elevados níveis de autocentrismo, delírio de grandeza e constante ânsia pela admiração de outros. Essas necessidades podem, às vezes, levar esses indivíduos a desenvolver pensamentos grandiosos que são parcial, ou mesmo totalmente, delirantes, como a ideia de possuírem uma ligação especial com uma celebridade ou com Deus, ou de serem o centro da atenção de outras pessoas. Também são capazes de matar ou de agir de maneira agressiva pela mera satisfação de suas necessidades egocêntricas. Por exemplo, o objetivo pode ser obter reconhecimento ou, em alguns casos, encenar uma situação vitimista para conseguir compaixão de terceiros. Isso confere a esses indivíduos uma qualidade quase-psicopata. Indivíduos classificados neste padrão matam no contexto de intenso ciúme, em geral por orgulho ferido e ressentimento, associados ao sentimento de que são menos desejáveis do que outras pessoas. Consideremos o caso seguinte, amplamente divulgado.

Em outubro de 1980, Mark David Chapman, 25 anos de idade, comprou um revólver calibre 38, deixou sua esposa em casa no Havaí e viajou até Nova York. Seu plano era matar o músico John Lennon, que, em

1966, declarara que sua banda, os Beatles, eram "mais populares do que Jesus", comentário que ofendeu a sensibilidade cristã de Chapman[43]. Além disso, dois anos antes do crime, o perturbado solitário tornara-se obcecado pelo célebre romance que J. D. Salinger publicara em 1951, *O Apanhador no Campo de Centeio*, no qual um adolescente raivoso fala a respeito de sentimentos de alienação, confusão existencial e perda da inocência da infância.[44] Chapman começou a ver Lennon como um dos chorões de araque que aparecem no livro, um desses tipos que esbanjam comentários banais sobre justiça e simplicidade, porém, vivem em luxo e abundância, enquanto outros passam fome e dificuldades.[45] A identificação de Chapman com Holden Caulfield, o jovem protagonista do romance, se tornou tão intensa, que ele tentou adotar legalmente o nome do personagem.[46]

Em 7 de dezembro de 1980, Chapman passou várias horas de tocaia na frente do Dakota, o famoso prédio em Manhattan onde Lennon, sua esposa Yoko Ono e Sean, o filho de 5 anos do casal, moravam. Quando o alvo não apareceu, Chapman mimetizou as atitudes de seu adorado Holden no livro de Salinger: voltou até o hotel onde estava hospedado, chamou uma garota de programa e pagou 190 dólares apenas para que o ouvisse falar. No dia seguinte, abriu a Bíblia no Evangelho de João (John) e escreveu o sobrenome Lennon ao lado do nome do evangelista. Ao decidir matar o astro, voltou ao Dakota e, no caminho, comprou novos exemplares da Bíblia e de *O Apanhador no Campo de Centeio*.[47] No romance, escreveu: "Para Holden Caulfield, Esta é minha declaração. Holden Caulfield".[48]

Horas depois, Chapman encontrou a governanta da casa de Lennon e o jovem Sean na rua.[49] Por volta das 17h, quando Lennon e Ono saíram do Dakota a caminho de uma sessão de gravação, Chapman cumprimentou Lennon e solicitou um autógrafo na capa de um disco. No momento em que o casal voltou, seis horas depois, Chapman ainda estava lá. Ele esperou até que virassem de costas e atirou quatro vezes em Lennon, nas costas e no ombro. Quando a polícia chegou ao local, encontrou Chapman, que lia *O Apanhador no Campo de Centeio*. Lennon foi declarado morto em um hospital próximo,[50] e o mundo, imerso em dor, lutou para compreender que tipo de homem desejava silenciar um ícone musical tão adorado.

O assassino nasceu em maio de 1955, em Fort Worth, Texas. O pai "apático" e às vezes volúvel, sargento da Força Aérea Americana, era, segundo rumores, agressivo com a mãe de Chapman. A mãe, descrita como "sonhadora" e "temperamental", era enfermeira. Ele tinha uma irmã mais nova.[51] A família morou por um tempo em Purdue, Indiana, antes de se mudar para Decatur, Georgia, onde Chapman fez algumas amizades relevantes. Um teste de QI feito aos 11 anos de idade mostrou nível intelectual superior. Um adolescente ativo e curioso, trabalhou em uma biblioteca, colecionava moedas, inaugurou um jornal local e ganhava dinheiro lavando bicicletas. Gostava de enterrar cápsulas do tempo e soltar balões de hélio com mensagens que torcia para que alcançassem lugares distantes. Também se tornou fã ávido dos Beatles durante a juventude, e cobrava um valor dos amigos para que assistissem sua performance dublada de "She Loves You". Seu pai, então, o ensinou a tocar guitarra.[52]

Da infância até o início da adolescência, Chapman exibiu uma tendência a sacudir e balançar o corpo, o que, às vezes, resultava em machucados. Começou na terceira ou quarta série a sofrer bullying na escola devido a suas escassas habilidades atléticas, e o garoto recolheu-se em um mundo de fantasias vívidas no qual não era um desajustado, mas um ser muito admirado. Mais tarde, diria que fantasiava ser o rei de um mundo de "pessoinhas", que imaginava habitarem as paredes de sua casa. Ele explicou: "Eu era o herói deles e aparecia todos os dias no jornal, na TV, por ser muito importante". Aos 14 anos, Chapman cheirava cola e fluido de isqueiro, fumava maconha em excesso, além de usar cocaína e heroína. Parou de frequentar a escola e de tomar banho e adotou uma postura "antipais, antitudo". Uma vez, fugiu de casa e morou nas ruas de Miami por duas semanas. Passou a noite em uma cadeia durante uma viagem de LSD.[53]

Em 1971, Chapman se afiliou a um grupo cristão buscando abandonar o vício nas drogas, e passou a espalhar folhetos, usar uma cruz enorme pendurada no pescoço e tentou converter os amigos. Aos 17 anos, voltou a ser um aluno exemplar e começou a trabalhar em acampamentos de verão para a YMCA, Associação Cristã de Moços. Na tentativa de recuperar a inocência manchada — tema que encontraria em *O Apanhador no Campo de Centeio* — se recusou a tocar músicas dos Beatles, pois considerava blasfema a declaração de Lennon sobre a fama da banda. Em 1975, Chapman trabalhou em campos de refugiados do Vietnã, primeiro em Beirut e depois no Arkansas. Lá, conheceu Jessica Blankenship; o casal começou a namorar e se envolveu com um carismático grupo cristão que realizava rituais de exorcismo e curas espirituais.[54]

Na época, Blankenship começou a perceber uma cisão peculiar na personalidade de Chapman. Às vezes, era moralmente rígido, se recusava a ser sedutor, a tocar guitarra ou consumir *fast-food*. Em outros momentos, gostava de tocar música e beber. Foi durante um desses períodos que perdeu a virgindade com uma colega de trabalho, sem que Blankenship soubesse. Ele dizia que era uma batalha entre a carne e o espírito, que gerava sentimentos de culpa intensos. Então, depois de se matricular em uma faculdade presbiteriana conservadora no Tennessee, começou a ser assolado por pensamentos de morte e suicídio, chorava depois de qualquer espécie de contato físico com Blankenship e mencionou uma fantasia de fazer sexo com uma prostituta enquanto a namorada olhava. Aceitou um emprego como segurança, no qual recebeu treinamento para usar armas. Mais tarde equipou seu carro com um holofote, gás lacrimogêneo, um cassetete e uma arma. A essa altura, Chapman vivia tão tenso que a mínima provocação poderia lhe causar uma explosão de ira. Em 1977, quando se mudou para o Havaí, foi tomado por profundo desespero e decidiu que cometeria suicídio. Telefonou para uma linha de emergência e passou a fazer psicoterapia, porém, pouco depois, foi de carro até uma região deserta e colocou a mangueira de um aspirador de pó no cano de escapamento para tentar encerrar sua vida inalando monóxido de carbono. Um pescador o encontrou a tempo, pois o exaustor havia feito um buraco na mangueira, eventos que Chapman interpretou como sinais de Deus. Acabou arranjando um emprego no mesmo hospital para onde o levaram para ser atendido. Na mesma época, seus pais se divorciaram e sua mãe passou a morar com ele no Havaí.[55]

Em 1978, Chapman fez uma viagem pelo mundo durante seis semanas e começou a namorar com Gloria Abe, a agente de viagens. Casaram-se no ano seguinte. Ainda trabalhando no hospital, se tornou isolado e rabugento, e começou a beber muito. Foi então que se tornou obcecado com o romance de Salinger e com a ideia de matar uma celebridade. John Lennon era apenas um dos nomes em uma lista de possíveis vítimas, que também incluía a atriz Elizabeth Taylor e o apresentador de TV Johnny Carson, entre outros.[56]

Durante o julgamento, em 1981, o debate entre a defesa e a acusação sobre as condições mentais do réu acabou apenas quando Chapman se declarou culpado. Apesar de usar uma abordagem espiritualista para explicar seu desejo de matar, havia indicativos de que encarava o assassinato, principalmente de alguém importante, como uma oportunidade de ser "alguém", o que o resgataria de sua invisibilidade e anonimato. É verdade que, quando um assassino mata uma celebridade, ambos se unem na história, a ponto de ser impossível contar a vida de um sem mencionar o outro. A sentença de Chapman foi de vinte anos à prisão perpétua.[57] Anos mais tarde, quando o conselho de condicional perguntou sobre o que o motivou a matar o Beatle, sua resposta foi: "Atenção. Simples assim".[58] Aqui, há um flagrante de motivação narcísica que corresponde ao Padrão 7 do Índice da Maldade.

Encontramos um perturbador segundo exemplo de busca por atenção ao custo de homicídios no caso de Marybeth Tinning, cujo nome de batismo é Marybeth Roe, que nasceu em Duanesburg, Nova York, em 1942. Pouco se sabe sobre sua infância, fora o fato de que teve um irmão mais novo e que a mãe trabalhava enquanto o pai lutava na Segunda Guerra Mundial. Isso fez com que ficasse sob os cuidados de vários parentes, um dos quais lhe disse que ela era um acidente, que não deveria ter nascido. Isso a fez acreditar que seus pais ficaram mais felizes com o nascimento do irmão do que com o dela. Quando o pai retornou e começou a trabalhar como operador de prensa, supostamente batia na filha, estapeava a garota com um mata-moscas e a trancava em um armário.[59]

Tinning era uma aluna média, considerada sem graça, temperamental e sedenta pela atenção dos colegas de classe, que a mantinham afastada, de modo que um dos professores a descreveu como "quase inexistente". Na ânsia por atrair o interesse de outras pessoas, começou a elaborar histórias bizarras. Tinning se formou no ensino médio em 1961 e trabalhou em vários empregos por curtos períodos, até encontrar um cargo estável como assistente de enfermagem no Hospital Schenectady. Casou-se com Joe Tinning, um homem do mesmo segmento profissional que seu pai. Em 1971, ocorreu o falecimento do pai, sem nunca ter lhe oferecido a atenção e o amor que tanto desejava. A morte dele foi dolorosa demais para Marybeth.[60]

Os Tinning teriam treze filhos entre 1972 e 1985, porém, nove morreriam tragicamente ainda bebês ou no início da infância. A primeira foi sua filha Jennifer, que faleceu de meningite aguda com apenas oito dias de vida. Três semanas depois, Joseph Jr., 3 anos de idade, morreu devido a uma virose e "ataques epiléticos". Então, depois de outras seis semanas, Barbara, 4 anos de idade, morreu do que acreditou-se ter sido uma parada cardíaca. Timothy, duas semanas de vida, morreu de síndrome de morte súbita infantil (SIDS, na sigla em inglês) em 1973; Nathan, 5 meses, morreu de "edema pulmonar" em 1975; Mary, 2 anos e meio, de SIDS em 1979; Jonathan, 3 meses de idade, faleceu de causas não determinadas em 1980, e Michael, 3 anos de idade, de "broncopneumonia" em 1981.[61]

Em dezembro de 1985, Tami Lynne, a filha de 3 meses de idade dos Tinning, foi encontrada inconsciente na cama, que estava coberta de sangue. A morte da criança foi atribuída a SIDS, contudo a polícia desconfiou. Por fim, a sra. Tinning confessou ter asfixiado o bebê com um travesseiro, e tornou-se suspeita de outros sete infanticídios. Alguns acreditavam que ela exibia traços de síndrome de Munchausen por procuração, uma condição psiquiátrica na qual alguém que cuida de uma criança, idoso ou deficiente, machuca intencionalmente a pessoa sob seus cuidados com intenção de provocar sentimentos de compaixão ou atenção. A sra. Tinning vivia o papel da mãe que passava repetidamente pela dor da morte dos filhos e recebia as condolências durante os funerais. Foi sugerido que ela se tornou viciada em ser o centro das atenções após a morte natural do primeiro filho, em 1972 — provavelmente a única atenção genuína que recebeu a vida inteira. Em 1987, a sra. Tinning foi condenada por homicídio doloso pela morte de Tami Lynne, qualificado pela "perversa indiferença à vida humana", sendo sentenciada a vinte anos.[62] Ema foi libertada sob condicional em 2018, aos 75 anos de idade, quando já havia ficado para trás a possibilidade de ter novos filhos.[63]

É válido destacar que, se Tinning realmente cometeu os últimos dois homicídios em eventos distintos, ela seria o primeiro entre os assassinos aqui mencionados a se encaixar nos critérios do FBI para assassinos em série. Conforme veremos adiante, mães que cometem infanticídios repetidos constituem uma subcategoria de assassinos em série que não está necessariamente associada com um grau evidente de psicopatia ou sadismo, e, em alguns casos, pode ser classificada na parte mais baixa do Índice da Maldade.

Concluímos nossa descrição do Padrão 7 com o caso indiscutivelmente perturbador de Armin Meiwes, de Rothenburg, Alemanha. Nascido em Kassel, em dezembro de 1961, foi considerado uma criança normal até os 8 anos de idade. Admirava as paisagens pitorescas de sua cidade natal no estado de Hesse, no rio Fulda, e brincava com animais. Esta época feliz chegou ao fim quando seu pai, descrito como um homem rígido e apático, abandonou sua mãe autoritária, que já havia se casado três vezes. Em pouco tempo, um de seus irmãos tornou-se padre e outro se mudou. A mãe obrigava Armin a executar tarefas extenuantes; fazia com que usasse o macacão curto típico da Baviera para ir à escola, o que o tornou alvo de constante zombaria; insistia em ir com ele aonde quer que fosse; e ralhava com ele em público; às vezes, o chamava de "inútil". Aos poucos, o garoto afundou em um mundo de pura fantasia e criou um irmão imaginário chamado Franky, um bom ouvinte, como ele sonhava. Meiwes também se tornou obcecado pela história de "João e Maria" — principalmente com a parte em que a bruxa canibal engorda João para depois comê-lo. Armin dizia a Franky que se interessava cada vez mais pela ideia de devorar um ser humano, e despedaçou uma boneca Barbie e cozinhou as partes de plástico em uma grelha. Ele também leu muito sobre o abominável assassino em série Fritz Haarmann, o "Vampiro de Hanover", que matava suas vítimas, jovens rapazes, e bebia o sangue. Aos 12 anos de idade, Meiwes começou a fantasiar a respeito de comer seus amigos, para que fizessem parte dele para sempre e nunca o abandonassem — uma solução simbólica estranha para um rapaz solitário que perdeu a maior parte de sua família.[64]

Na vida adulta, Meiwes trabalhou como técnico em computação e prestou serviço militar. Durante nove meses, foi noivo de uma mulher, que, por fim, considerou-o tão insuportável quanto a mãe. "Foi como sair do chuveiro para a tempestade", diria mais tarde. Chegou a admitir que seria impossível se casar enquanto a mãe estivesse viva. Ela adquiriu câncer, e Meiwes cuidou dela com dedicação até o fim. Na época, tinha 38 anos. Novamente, não foi capaz de tolerar a perda de forma madura e realista. Meiwes construiu um altar em honra à mãe na mansão de 43 quartos que herdara. Todas as noites, antes de dormir, realizava o ritual de colocar uma das perucas da mãe sobre a cabeça de uma boneca. Ele bloqueou a janela do quarto dela, o que impedia totalmente a entrada de luz. Livre das amarras da mãe, tornou-se viciado em pornografia com temas sadomasoquistas, aceitou a recém-descoberta homossexualidade e passou a frequentar bares gays e teve casos com amigos do Exército. As fantasias canibais ressurgiram e, em certa ocasião, emulou um pênis decepado a partir de pedaços de carne de porco e o devorou. Em 2001, Meiwes decidiu que, enfim, realizaria a antiga fantasia de matar e comer uma pessoa.[65]

Após Meiwes postar um anúncio na internet com intenção de recrutar um "jovem entre 18-30 anos, de bom porte físico, para ser morto e, depois, devorado", recebeu respostas de vários candidatos que o encontravam em quartos de hotéis, onde ensaiavam atos canibais, porém, frustrou-se ao descobrir que ninguém havia entendido que o recado era literal. Sua sorte mudou ao se deparar com um anúncio feito por um engenheiro masoquista, de 43 anos, chamado Bernd Brandes, cujo título era "Jantar — ou Seu Jantar", onde oferecia "a chance de me devorar vivo".[66] Quando Meiwes, entusiasmado, convidou o homem para visitar uma fazenda que possuía, Brandes respondeu: "Espero que me ache saboroso".[67] O termo empregado para descrever as pessoas que nutrem esse tipo de desejo erótico de comer ou ser comido por outra pessoa é *vorarefilia,* do latim *vorare,* que significa "devorar" ou "engolir".

Os dois se encontraram e, depois do sexo, Meiwes sentiu vontade de devorar seu novo parceiro, como a louva-deus fêmea, que, às vezes, devora a cabeça do parceiro após o coito e avança com a mandíbula pelo resto da carcaça. Como analgésico, deu a Brandes meia garrafa de schnapps misturada com vinte soníferos. Vale notar que esta atitude diminui a posição de Meiwes no Índice da Maldade, pois indivíduos com maior psicopatia e sadismo não se importariam — ou até, sentiriam prazer — com a dor da vítima. Depois que os sedativos fizeram efeito, ambos concordaram que Meiwes deceparia o pênis do companheiro e fritaria o membro, para que ambos comessem. O ato foi gravado em um vídeo incrivelmente perturbador, em que Meiwes tenta morder, sem sucesso, o membro, antes de cortá-lo com uma faca, em meio aos urros ensurdecedores da vítima voluntária. Brandes, então, tenta comer um pedaço do próprio pênis, mas acha difícil de mastigar. Meiwes frita o membro em uma frigideira com sal, pimenta, alho e vinho, porém queima a carne; então, dá tudo para o cachorro. Enfim, Meiwes conduz a vítima até a banheira, onde poderia "sangrar" lentamente enquanto ele assistia a um filme da Disney. Depois de tentar se levantar, Brandes desmaiou; Meiwes, então, o levou até o andar superior da casa.[68]

Depois de rezar para Deus e o diabo, Meiwes desferiu uma facada na garganta do amante. Em seguida o suspendeu com um gancho de açougue e desmembrou o cadáver. Com 20 quilos de carne congelada no freezer, passou dez meses a saborear Brandes em várias refeições à luz de velas. Mais tarde, Meiwes comentaria a experiência de comer uma parte das costas da vítima na forma de alcatra, preparada com batatas e brotos: "A primeira mordida foi estranha, sem dúvida. Não há como descrever a sensação. Foi um desejo que cultivei durante quarenta anos, sonhava com aquilo. E, naquele momento, senti, realmente, alcançar uma unidade interior ao comer sua carne". Ele disse que parecia carne de porco — uma opinião compartilhada por vários canibais. É curioso observar que, além de a experiência fornecer gratificação sexual a Meiwes, a ocasião também lhe deu o prazer de se unir com outra pessoa, com o corpo do indivíduo se tornando, literalmente, parte dele. O crânio da vítima foi enterrado no quintal do assassino. Meiwes chamou atenção das autoridades em dezembro de

2002, ao postar novos anúncios na tentativa de localizar uma segunda vítima. Ele disse à polícia que o estoque de carne no freezer era de porco. Dois anos depois, expressando remorso pelo crime hediondo, foi condenado por homicídio qualificado; no entanto, um novo julgamento em 2006 fez com que recebesse a sentença de prisão perpétua. Desde então, tornou-se vegetariano.[69]

Como vimos, Meiwes não era um torturador ou sádico. Além disso, não foi detectado histórico de comportamentos ou traços relevantes de psicopatia. Seus crimes parecem relacionados a um sentimento de solidão e intensa sensibilidade ao abandono. Um rico mundo de fantasia, porém, aterrador, surgiu desses sentimentos, além da necessidade egoica de eliminar barreiras entre ele e o objeto de afeto, mesmo que isso significasse tirar vantagem de um indivíduo aparentemente vulnerável e autodepreciativo.

CATEGORIA 2

ASSASSINATOS MOTIVADOS POR RAIVA QUE PODEM RESULTAR EM MASSACRE

O Padrão 8 é a classificação mais alta no Índice da Maldade em que podemos situar assassinos que não são, necessariamente, psicopatas. A marca registrada desses indivíduos é uma fúria implícita, alimentada aos poucos, com origem no rancor em relação a maus-tratos no passado, preconceito, misoginia, rejeição ou outros fatores interpessoais. Quando esses elementos tomam corpo, levam indivíduos a planejar atos de violência irrestrita e, por vezes, inacreditável. Este é também o primeiro ponto no índice onde é possível que o sujeito cometa assassinato em um grau chocante e volte sua atenção a estranhos que não prejudicaram o assassino. Isso representa a manifestação da gravidade de sua ira profunda. O caso de George "Jo Jo" Hennard, um dos assassinos em massa mais abomináveis da história norte-americana, fornece um exemplo desse tipo de criminoso.

A vida de Hennard começou em Sayre, na Pensilvânia, em 1956, e terminou em suicídio em 1991, um dia depois de completar 35 anos. Seu pai era um ortopedista próspero, cujo trabalho em vários hospitais obrigava a família a se mudar frequentemente, o que fez Hennard experimentar um forte sentimento de negligência e instabilidade. Na adolescência, era quieto e raivoso, e depois da escola, se alistou na Marinha norte-americana, mas foi suspenso devido a uma discussão de cunho racial com outro rapaz, e, mais tarde, foi preso por posse de maconha. Em 1983, seus pais se separaram por motivos incertos. Seis anos depois, perdeu o emprego de marinheiro mercante depois que encontraram maconha em seu aposento no navio; com isso, perdeu sua licença de marinheiro e fez tratamento para abuso de drogas.[70]

Hennard pulou de emprego em emprego em várias cidades dos Estados Unidos, e foi descrito por seus colegas de trabalho e pessoas que o conheciam na época como "solitário", "combativo", "grosseiro", "impaciente" e "perturbado",[71] com "o diabo nos olhos".[72] Ele se sentia cada vez mais sozinho e rancoroso em relação a mulheres. Fez parte de uma banda chamada Missing Links, em que tocou bateria; porém, os membros da banda não gostavam dele pela falta de atitude musical e pelo amargo ódio em relação ao sexo feminino.[73] Ao se mudar para o Texas, enviou um texto bizarro de cinco páginas para duas jovens irmãs que moravam perto de sua residência, no qual dizia que, apesar de considerar que a maioria das mulheres da região fossem "cobras brancas traiçoeiras", ele via o "melhor" do gênero feminino nelas. Também convidou "suas duas fãs adolescentes" para uma conversa, sem perceber que elas não queriam nada com ele.[74] Um psiquiatra, amigo do pai das garotas, analisou a carta e percebeu "raiva acumulada" e "acentuado senso de poder".[75] Hennard também era conhecido por não gostar de afro-americanos, hispânicos e gays.[76]

No início dos anos 1990, Hennard havia ficado paranoico e pensou que seu telefone estava grampeado.[77] Nesse período, ficou altamente obsessivo, limpava os móveis e o carro de forma compulsiva e escrevia inúmeros recados para si em diários; alguns eram registrados em um gravador. Repetidas vezes, noite adentro, podia-se ouvi-lo cantar "Don't Take Me Alive", do Steely Dan, sobre um indivíduo armado que fora encurralado por seus inimigos. A música se tornou um hino pessoal de Hennard. Foi quando passou a ficar debaixo da janela do quarto das duas irmãs para quem tinha enviado a longa carta, enquanto observava e fumava vários cigarros durante longos períodos. Depois que o Shih Tzu da família começou a latir para alguém ou alguma coisa na noite lá fora, o animal foi misteriosamente envenenado.[78]

No início de outubro de 1991, Hennard se sentiu inspirado por um documentário a respeito de James Huberty, um homem desiludido que matou 21 pessoas em um McDonald's na Califórnia em 1984. Ficou igualmente impressionado com *O Pescador de Ilusões,* de Terry Gilliam, em que os insensíveis comentários de um radialista fazem com que um ouvinte perturbado pegue um rifle, visite um bar cheio e abra fogo.[79]

Semanas depois, em 16 de outubro de 1991, Hennard tomou café da manhã e dirigiu 27 km até uma lanchonete Luby's, em Killeen. Agindo de modo intencional, usou sua caminhonete para invadir o interior da

62. CRUEL : Índice da Maldade

lanchonete, ferindo um idoso e, durante o pandemônio, disparando contra duas pessoas aleatórias com uma Ruger P89 e uma Glock 17, armas semiautomáticas adquiridas legalmente pouco tempo antes do crime. Ao sair do veículo, gritou: "Foi isso que o Bell County fez comigo!". Atirou à queima-roupa em pessoas que se escondiam debaixo das mesas, o que ocasionou a morte de 23 delas, além de ferir outras vinte. Sobreviventes disseram que ele sorria enquanto fazia declarações misóginas para mulheres antes de atirar nelas. Uma das testemunhas disse que ele gritou: "Todas as mulheres de Killeen e Belton são cobras! Foi isso que vocês fizeram comigo e minha família! Foi isso que Bell County fez comigo... e hoje é dia de vingança!".[80] Ele realmente ignorou alguns homens e se concentrou em atirar nas mulheres, que constituem o maior grupo entre as vítimas assassinadas e feridas.[81]

Durante uma pausa no massacre, um benfeitor se atirou contra a vitrine do estabelecimento, o que permitiu que um terço dos sobreviventes escapasse. Por algum motivo, Hennard permitiu que uma mulher fugisse do local com o filho de 4 anos de idade.[82] Cerca de oitenta pessoas ficaram dentro da lanchonete. O assassino, então, iniciou uma troca de tiros com a polícia e foi atingido quatro vezes. Escondeu-se em um banheiro e usou sua última bala para acabar com a própria vida, talvez enquanto recordava a letra de "Don't Take Me Alive". O ataque durou quinze minutos.[83]

Esse caso parece quase arquetípico do clima atual de tiroteios em massa nos Estados Unidos, onde jovens rapazes perturbados entram armados em lugares públicos e tiram as vidas de um elevado número de cidadãos escolhidos ao léu. Porém, precisamos enfatizar que não é o método de matança ou o tipo de indivíduos que Hennard matou que o colocam no Padrão 8 no Índice da Maldade. Sua classificação reflete a fúria inflamada que, uma vez acesa, causou uma explosão de raiva, contudo, minuciosamente planejada. Apesar de detestar pessoas de vários grupos demográficos, sua ira extrema parecia se concentrar em mulheres, que o consideravam desagradável e assustador.

É preciso mencionar Suzanna Gratia Hupp, que sobreviveu ao massacre de Hennard. Ela viu a própria mãe, de 67 anos, levar um tiro na cabeça, enquanto segurava o marido, de 71 anos, que Hennard havia matado com um tiro no peito. Cinco anos depois, Hupp, que lamenta não ter tido permissão de levar seu revólver devido ao regulamento de segurança, foi eleita como membro republicano da Câmara dos Representantes do Texas. Lá, ela ajudou a estabelecer uma lei que permite que os cidadãos de seu estado carreguem armas de mão.[84]

CRUEL

MICHAEL H. STONE : GARY BRUCATO

TERCEIRA
CATEGORIA

ASSASSINATOS PREMEDITADOS
COMETIDOS POR PESSOAS COM
CARACTERÍSTICAS PSICOPATAS

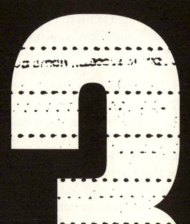

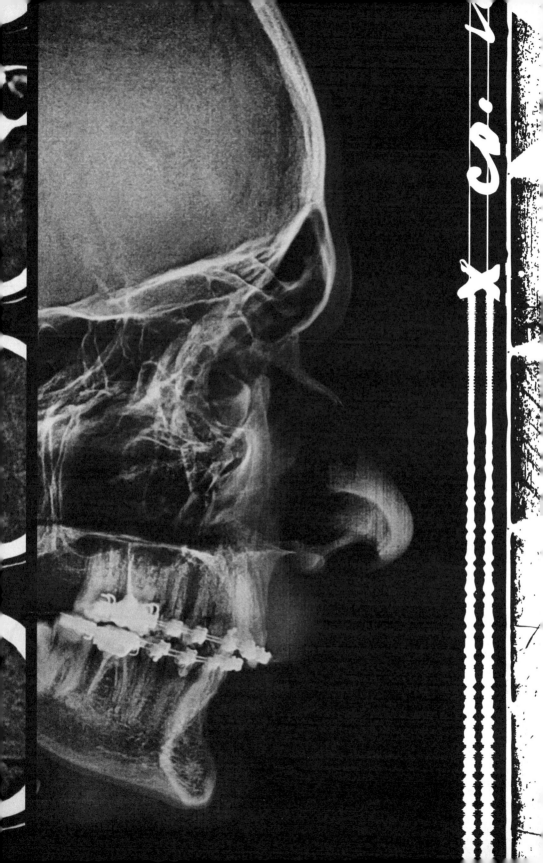

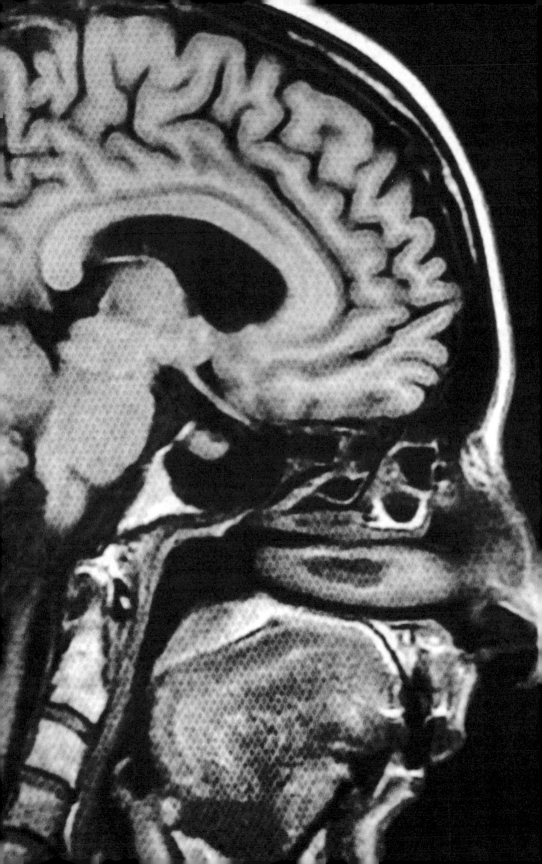

DEFINIÇÃO DE PADRÃO

Ao avançarmos pelo continuum até o Padrão 9, atravessamos um limiar importante. O restante do Índice abarca pessoas que cometem atos "malignos" como resultado parcial, ou total, com níveis variáveis de psicopatia, um conceito-chave que exploraremos em detalhes a partir de agora. Deste ponto em diante, não encontraremos mais pessoas que se sentem impulsionadas a matar ou cometer outros atos violentos devido a fatores situacionais. Em vez disso, o restante do Índice é povoado por indivíduos metódicos impulsionados por objetivos egoicos e pessoais, que serão discutidos de forma individual: desejo de eliminar aqueles que representam obstáculos à conquista de um amor ou poder, ou à liberdade; desejo de roubar bens de outros; de usar alguma forma de estímulo perverso apenas para acabar com o tédio; de satisfazer desejos sexuais pervertidos; de intimidar ou subjugar; e de torturar com sadismo, de formas inimagináveis ao indivíduo comum. Como veremos, em alguns casos, o psicopata é influenciado também por sintomas de doenças psicóticas, analisadas em detalhe no capítulo que trata do Padrão 20, ou pelos efeitos das drogas ou do álcool, que desinibem o comportamento.

A primeira definição sistemática do conceito de psicopatia foi desenvolvida pelo psiquiatra dr. Hervey M. Cleckley em seu livro inovador *The Mask of Sanity* (A máscara da sanidade),[85] de 1941. O termo se refere a indivíduos egocêntricos, pomposos, que sentem pouca, ou nenhuma, compaixão por outras pessoas, e manifesta-se em comportamentos antissociais e amorais, como dissimulação, manipulação, abuso ou até assassinato. Essas pessoas demonstram pouco ou nenhum remorso, culpa ou senso de responsabilidade após essas atitudes, e tendem a não aprender com os próprios erros. Psicopatas costumam ser impulsivos e destemidos, com baixo controle comportamental e alto nível de necessidade de estímulo. Nas relações interpessoais, costumam ser superficialmente charmosos e experimentam emoções somente em nível raso. Esse padrão de comportamento, de motivação e experiências internas tende a se originar na infância e continua durante toda a vida do indivíduo, o que constitui uma perturbação na própria estrutura da personalidade. Entre essas pessoas, o número de homens costuma ser oito vezes maior que o de mulheres.

É importante perceber que comportamentos e traços de psicopatia ocorrem em um espectro, de modo que é possível que um indivíduo possua apenas uma porção de características, associadas a ocasionais problemas de ordem ocupacional e/ou social, mas que não resultam em grande impacto ao funcionamento do dia a dia. Esse fato costuma ser ignorado pelo público em geral, que imagina, equivocadamente, que todo indivíduo psicopata seja algum assassino em série extremo, quando, na verdade, alguns psicopatas passam por dificuldades interpessoais que nunca resultam em crimes sérios. Além disso, nem todos que cometem assassinato ou algum ato de violência extrema devem ser considerados automaticamente psicopatas. Como esperamos ter esclarecido com nossos argumentos principais a respeito dos Padrões 1 até 8 no Índice da Maldade, indivíduos podem se sentir impulsionados a cometer esses crimes devido a vários fatores, não apenas a psicopatia.

Infelizmente, a maior parte das pesquisas a respeito do tema foi conduzida em prisões e estabelecimentos de psiquiatria forense, onde costuma-se encontrar apenas aqueles com os mais severos níveis de psicopatia. Mesmo dentre essas populações, é desafiador identificar indivíduos psicopatas, pois, às vezes, minimizam ou negam por completo certas características e comportamentos, na esperança de garantir penas mais brandas ou alguns privilégios, ou pelo simples divertimento de enganar as pessoas designadas a estudá-los.

A identificação de pessoas psicopatas avançou muito devido a Psychopathy Checklist-Revised (PCL-R), desenvolvido pelo psicólogo dr. Robert Hare. A medida de vinte perguntas compreende uma entrevista ao vivo, bem como a análise de informações colaterais, como tratamento ou registros criminais do indivíduo. A dinâmica examina traços de personalidade dentro de dois fatores: o Fator 1 explora deficiências afetivas e interpessoais, como charme superficial, emoções rasas, manipulação e falta de empatia, enquanto o Fator 2 captura comportamentos antissociais, como irresponsabilidade, pouco controle comportamental, impulsividade, delinquência juvenil e *versatilidade criminal,* que se refere à propensão de um indivíduo a cometer vários tipos de crimes diferentes. Por exemplo, é possível observar assassinato, agressão sexual, roubo e falsificação no histórico da mesma pessoa. Cada item é marcado em uma escala de três pontos, onde emprega-se zero quando não há correspondência, 1 caso exista correspondência parcial ou misto de informações e 2 se houver correspondência considerável. A nota máxima é 40. Nota 30 é indicativo de psicopatia.[86]

Outra área de confusão trata do uso inconsistente dos termos *psicopatia, sociopatia* e *transtorno de personalidade antissocial,* mesmo entre clínicos profissionais e acadêmicos. Na verdade, esses termos possuem significados diferentes e não deveriam ser intercambiáveis. As palavras *sociopatia* e *psicopatia* refletem, no prefixo latino *socio-* e no prefixo grego *psico-,* hipóteses distintas a respeito das origens de comportamentos antissociais. *Sociopatia* não enfatiza estados psicológicos anormais, e sugere que pessoas antissociais não são mentalmente perturbadas a ponto de não diferenciarem certo de errado. Além disso, diz que o comportamento antissocial tem origem em fatores sociais e ambientais, principalmente durante os anos de formação. *Psicopatia,* por outro lado, transmite a noção de que o comportamento antissocial pode ser atribuído parcialmente a fatores genéticos, psicológicos e cognitivos, além de influências ambientais e sociais.[87] É curioso perceber que nenhum dos termos constitui uma categoria de diagnóstico na edição atual de *Diagnostic and Statistical Manual of Mental Disorders* (DSM-5), que baliza o sistema de classificação e de critérios específicos para patologias psiquiátricas no campo da saúde mental. Em vez disso, a nosologia do *DSM* contém o diagnóstico de transtorno de personalidade antissocial[88] associado aos seguintes sintomas:

A. Um profundo padrão de desprezo e violação dos direitos dos outros, que ocorre desde os 15 anos de idade, indicado por três (ou mais) dos itens abaixo:

1. Incapacidade de se conformar a normas sociais relativas a comportamentos lícitos, indicada pela repetição de atitudes com motivo para encarceramento.
2. Trapaças, indicadas por frequentes mentiras, uso de nomes falsos ou pelo ato de enganar outros por prazer ou lucro pessoal.
3. Impulsividade ou incapacidade de planejamento.
4. Irritabilidade ou agressividade, indicadas por frequentes confrontos físicos e agressões.
5. Negligência em relação à própria segurança ou à de outros.
6. Irresponsabilidade contínua, indicada pela frequente incapacidade de manter um emprego ou honrar obrigações financeiras.
7. Ausência de remorso, indicada pela indiferença ou racionalização após ferir, maltratar ou roubar alguém.

B. O indivíduo tem, no mínimo, 18 anos de idade.

C. Existe evidência de disfunção de conduta iniciada antes dos 15 anos de idade.

D. A ocorrência de comportamento antissocial não ocorre exclusivamente durante episódios de esquizofrenia ou transtorno bipolar.

É curioso perceber que, segundo o Critério B, a condição não é diagnosticada em indivíduos com menos de 18 anos de idade. Portanto, transtorno de conduta, que envolve a habitual violação dos direitos de terceiros e desobediência à lei ou normas sociais relativas à idade, serve como espécie de equivalente da infância ou precursor ao transtorno de personalidade antissocial. Vale mencionar que o critério de diagnóstico do *DSM-5* para transtorno de conduta inclui um especificador "com limitadas emoções pró-sociais" quando duas ou mais das seguintes características são presentes por mais de, pelo menos, doze meses e em várias circunstâncias ou relacionamentos: falta de remorso ou culpa, indiferença/falta de empatia, falta de preocupação com a performance em atividades relevantes ou emoções fracas ou deficientes.[89] Apesar de os critérios de diagnóstico para transtorno de conduta avaliarem as atitudes do indivíduo, o especificador envolve os aspectos emocionais desses comportamentos, além do modo como essas características são vivenciadas por outras pessoas.

É válido mencionar também que a descrição do transtorno de personalidade antissocial não abrange vários aspectos bem documentados de psicopatia examinados por Hare e outros, como o charme envolvente e superficial, o egocentrismo e a imponência, a afetividade rasa e a necessidade de estímulo. Quando o diagnóstico da *DSM* foi alterado para o manual da quarta edição, publicado em 1994, os novos critérios excluíram traços de psicopatia que deveriam ser determinados de maneira subjetiva por clínicos, enfatizando, ao contrário, comportamentos socialmente degenerados observáveis de maneira objetiva.[90] Consequentemente, como Hare apontou, a ampla maioria dos criminosos — estimados em 80 a 85% — apresentarão os critérios de transtorno de personalidade, mas apenas cerca de 20% se qualificariam para o que ele considera genuína psicopatia.[91] Além disso, considera-se que esses 20% representam cerca de metade dos crimes mais sérios, incluindo 50% de estupradores recorrentes.[92] Essas discordâncias em relação a terminologia, características e etiologia dificultam não apenas o estudo da psicopatia, mas também a formulação de métodos apropriados de tratamento — se é que estes são possíveis.

De fato, pode-se argumentar com fortes bases que psicopatas — os verdadeiros psicopatas, dos tipos definidos por Hare — compõem um grupo quase intratável, geralmente porque não entendem que necessitam de tratamentos ou cuidados clínicos.[93] Quando participam de tratamentos — às vezes por causa de mandados judiciais após terem cometido algum crime — é raro que apresentem mudanças significativas, ou qualquer mudança na verdade, e simplesmente seguem os pré-requisitos da participação em um processo de psicoterapia e outras intervenções, sem esforço para se aperfeiçoar ou mudar o padrão de seus relacionamentos. Um clínico pode tentar estratégias para lidar com comportamentos antissociais específicos, como roubo, manipulação, agressão física, ou para estimular empatia e compaixão. Contudo, é possível que verdadeiros psicopatas possuam cérebros anormais, o que os torna praticamente incapazes de aprender ou de ser condicionados a experimentar essas emoções, ou a avaliar as consequências de longo prazo de suas atitudes. Por exemplo, existe alguma evidência de que entre pessoas assim pode haver menos conexões entre a amígdala, órgão mediador do medo e da ansiedade, e o córtex pré-frontal ventromedial, que alguns acreditam que se relaciona a sentimentos de culpa e empatia.[94] Em outras ocasiões, foi demonstrado que indivíduos com maior número de traços de psicopatia apresentam maior atividade cerebral em uma região conhecida como corpo estriado ventral, envolvido na avaliação de recompensas subjetivas, quando essas recompensas são imediatas. Ou seja, o cérebro de um psicopata pode tender a supervalorizar a gratificação instantânea, a tal ponto que esses indivíduos se importam pouco com consequências futuras de comportamentos imorais ou potencialmente perigosos. Logo, pode-se considerar que a psicopatia envolve impulsividade, processos de tomada de decisão impulsivos, sem análise detalhada, similar a transtornos associados a abuso de substâncias ilícitas e compulsões alimentares.[95] Porém, conforme discutiremos mais adiante, às vezes é feita uma distinção entre *psicopatia primária,* cujos traços da falta de empatia e medo são determinados geneticamente, e *psicopatia secundária*, na qual os indivíduos são tão humilhados, traumatizados e sofrem tantos maus-tratos durante o crescimento, que desenvolvem sentimentos irrestritos de ódio por outras pessoas e demonstram traços e comportamentos equivalentes aos da psicopatia primária. Porém, em contrapartida, a psicopatia secundária pode envolver mais remorso e menos audácia do que o tipo primário.[96]

Além disso, ensinar indivíduos caracteristicamente psicopatas quais aspectos devem ou não exibir publicamente pode ajudá-los a "passar" por "normais" e obter a confiança daqueles que se tornariam seus alvos.[97] Ademais, o tratamento de traços antissociais e comportamentais após a adolescência, quando a psicopatia total costuma ser "ativada", provavelmente se provaria um esforço infrutífero. Talvez seja melhor esperar por melhoras comportamentais de curto-prazo, ou pela diminuição da intensidade ou da frequência de comportamento antissocial ao longo dos anos, o que costuma ser o caso.

Ao estabelecermos esse importante conceito, podemos continuar com as caracterizações dos Padrões 9 até 14 no Índice da Maldade. Indivíduos classificados nesses seis Padrões não exibem necessariamente psicopatia total, porém apresentam seus traços característicos. As principais distinções entre os seis Padrões são relacionadas às motivações específicas para assassinato ou outros atos comumente considerados "malignos". Encontraremos indivíduos cujo ciúme os torna capazes de planejar atos de retaliação com frieza; que desejam eliminar pessoas que representam obstáculos a sua liberdade, algum interesse romântico, ou poder; e que roubam sem culpa os bens alheios. Repare que ainda não chegamos ao Padrão no Índice associado a pessoas com psicopatia total, que estupram, torturam e/ou matam por motivos menos "pragmáticos" e mais autoindulgentes, como a fuga do tédio através de alguma forma de estímulo perversa, para satisfazer desejos sexuais depravados, intimidar ou subjugar outros e/ou para infligir dor com sadismo.

CATEGORIA 3

ASSASSINOS PASSIONAIS COM TRAÇOS OU TOTAL PSICOPATIA

Indivíduos, sejam eles totalmente psicopatas ou "apenas" semipsicopatas, que matam com intenções metódicas e malignas, impulsionados por ciúmes, são classificados no Padrão 9 do Índice. A qualidade não impetuosa desses homicídios os distingue de imediato dos indivíduos impulsivos encontrados no Padrão 2. Até o Padrão 6, com ênfase na violência mais extrema no contexto da impulsividade, que, sem dúvida, pode ser catalisada pelo ciúme, não é uma classificação adequada para este tipo. Isso acontece porque a classificação do Padrão 6 não transmite o grau de dissociação e planejamento que encontramos aqui e nem a natureza vingativa e ausente de remorso do criminoso. O leitor deve se lembrar do caso da "Assassina do Paraquedas", no qual observamos um homicídio calculado, a sangue-frio, em contraste ao impetuoso "crime de paixão" cometido por Samuel Collins ao descobrir a infidelidade da esposa. Conforme mencionamos, o primeiro caso pertence ao Padrão 9 pela extrema crueldade do homicídio e o relevante grau de planejamento, sem a hipótese de arrependimento ou remorso, apesar do período de deliberação.

Encontramos outro exemplo desse tipo de assassinato por ciúme no caso de Paul Snider, que, em 1980, violentou e assassinou brutalmente a esposa, Dorothy Stratten, a bela atriz e coelhinha da *Playboy*. Snider nasceu em Vancouver, Colúmbia Britânica, em 1951, filho de pais judeus, e cresceu em um bairro violento, onde a "atitude de machão" era estimulada e recompensada. Seus pais se divorciaram quando ainda era pequeno, e, obrigado a cuidar de si, abandonou a escola na sétima série. Ao final desse período de pobreza e instabilidade, Snider apresentava personalidade com características de psicopatia, narcisismo e paranoia. Inseguro a respeito de seu físico pouco desenvolvido na adolescência, começou a fazer musculação e buscava sempre estar apresentável e bem-vestido em público. Dinheiro e sexo logo se tornaram suas obsessões. Por volta de meados dos anos 1970, Snider trabalhava como promotor de casas noturnas e eventos automobilísticos, mas havia boatos de que também ganhava dinheiro como cafetão. Homem de gostos extravagantes muito além de suas possibilidades financeiras, dirigia um Corvette, circulava pela cidade em casacos de pele e usava uma Estrela de Davi repleta de diamantes ao redor do pescoço. Devia uma fortuna a agiotas, os quais certa vez o seguraram pelos tornozelos do 30º andar de um prédio, o que o obrigou a fugir para os Estados Unidos.[98]

Movido por uma enorme ambição de se tornar ator, diretor ou produtor, Snider foi para Los Angeles, onde não mediu esforços para ser aceito nos círculos mais exclusivos de Hollywood. Ele supervisionou atividades de prostituição em LA e insistia que suas "funcionárias" vestissem as modas glamurosas dos anos 1950. Snider sentiu que havia fracassado e voltou para o Canadá em 1977, decidindo que evitaria problemas e ficaria longe da cadeia — uma ideia que o aterrorizava.[99] Em Vancouver, conheceu Dorothy Ruth Hoogstraten, balconista e aluna do ensino médio. Ele disse ao amigo: "Essa garota vai me fazer ganhar muita grana". Snider conseguiu o telefone de Dorothy com um conhecido e a perseguiu incessantemente, até que os dois começaram a namorar vários meses depois. Foi sugerido que Hoogstraten, que ainda na infância teria visto o pai sair de casa e deixar a família em uma situação financeira difícil, ficou encantada pelo sujeito mais velho, que a cobria de joias e oferecia jantares luxuosos regados a vinho e luz de velas em seu elegante apartamento. Ele a levou ao baile de formatura e a fez tirar fotos como modelo profissional. Tímida, insegura e sem ambições além de trabalhar como secretária, Hoogstraten estava enfeitiçada pelos constantes elogios e, aos poucos, foi engolida pelos planos ambiciosos de Snider.[100]

Pouco depois do aniversário de 18 anos de Hoogstraten, Snider passou a pressioná-la para outra sessão de fotografias, desta vez, nua. Ele desejava enviar as fotos para o concurso de coelhinhas da *Playboy,* para o aniversário de 25 anos da revista. Depois de convencê-la de que era um passo importante para sua carreira como atriz, ele ficou mortificado ao perceber que as mulheres no Canadá precisavam ter, no mínimo, 19 anos de idade para aparecer nuas em uma revista sem permissão dos pais. Para solucionar o problema, falsificou a assinatura da mãe de Hoogstraten no formulário. Após a sessão, Snider explicou que, caso conhecessem Hugh Hefner, talvez ela devesse aceitar fazer sexo com o empresário para que sua carreira avançasse.[101]

Hoogstraten perdeu o concurso da *Playboy*, mas foi convidada a passar um período na mansão de Hefner. Ela, enfim, foi eleita Coelhinha do Mês em agosto de 1979, com o nome de Dorothy Stratten. Assim que a notícia chegou aos ouvidos de Snider, ele a pediu em casamento e voou até LA, na esperança de pegar carona em uma estrela ascendente que poderia sustentar ambos. Ao final de 1979, os dois se casaram e Stratten fez várias tentativas no ramo da atuação. Ela começou em papéis pequenos na televisão e, em 1980, fez a personagem principal do filme B *Galaxina, A Mulher do Ano 3000*. Enquanto isso, Snider usou o dinheiro da esposa para financiar concursos de seios nus de segunda categoria e investiu em um clube de striptease masculino, que mais tarde se tornou a popular franquia Chippendales. Ele comprou uma Mercedes nova com a placa personalizada "Star-80" e sonhava com a vida futura do casal em Bel Air. Apesar de ter vários casos extraconjugais, Snider era muito ciumento e possessivo em relação à mulher. Monitorava os hábitos de fumar, beber e o consumo de drogas dela, e dizia qual deveria ser seu comportamento na frente de outros homens — a ensinou a tirar vantagens de pretendentes, mesmo com a recusa de convites sexuais.[102]

Em 1980, Stratten fez amizade com o diretor de cinema Peter Bogdanovich, que escalou a bela atriz para seu filme *Muito Riso e Muita Alegria*, a ser lançado no ano seguinte. Os dois se deram muito bem e começaram um caso altamente secreto em Nova York. Ela foi eleita Coelhinha do Ano e passou a viver rodeada por fãs, fotógrafos e pela imprensa — um estilo de vida que, provavelmente, encheu Snider com inveja insuportável, mais do que qualquer outra coisa. Então, quando começou a perceber uma entonação de voz diferente sempre que a esposa falava ao telefone, Snider tornou-se furioso e controlador, e mandou grampear o telefone dela. Em junho de 1980, Stratten já havia tomado a iniciativa de desatar os laços pessoais e financeiros com Snider. Ele aliciou outra garota de 17 anos muito parecida com a esposa e tentou apresentá-la à *Playboy*, mas a revista rejeitou a proposta. Então, teve a ideia de processar Bogdanovich por "tentativa de quebra de contrato do gerenciador", por ter roubado a mulher que via como galinha dos ovos de ouro, e contratou um detetive particular para seguir Stratten e seu novo amante.[103]

76.   CRUEL : Índice da Maldade

Arrependida de toda aquela animosidade entre os dois, Stratten sugeriu que eles se encontrassem para almoçar em 8 de agosto de 1980, o que Snider interpretou como uma possível reconciliação. Porém, a frieza dominou o encontro, e, na volta para o apartamento do casal, Stratten confessou o caso com Bogdanovich antes de separar algumas roupas. Snider sucumbiu a um poço de fúria e adquiriu um rifle calibre 12. Em 14 de agosto, um dia antes de seu aniversário de 29 anos, encontrou-se com a mulher para discutir o divórcio e questões financeiras. Snider teria considerado levar um gravador oculto, na esperança de que Stratten fizesse alguma promessa de que o sustentaria e de que tal declaração constituísse acordo legal.[104]

Ninguém sabe ao certo o que Snider e Stratten conversaram naquele dia, se ele havia planejado assassiná-la ou apenas assustá-la. O que aconteceu foi uma tragédia terrível. Snider amarrou a esposa em um instrumento de servidão sexual caseiro e a violentou e sodomizou — antes e depois de pressionar o rifle contra o rosto dela e apertar o gatilho. Stratten tinha apenas 20 anos de idade. Snider, por fim, disparou contra a própria cabeça.[105]

Em 2014, Bogdanovich compartilhou uma história comovente no site UPROXX. Uma noite, enquanto visitavam uma livraria, Stratten se distraiu com um livro sobre Joseph Merrick, o indivíduo deformado do século XIX conhecido como "Homem Elefante", que também foi o tema de uma peça de Bernard Pomerance, em 1977, e de um filme de David Lynch, em 1980. Enquanto ela observava as fotos horríveis do sujeito disforme e cheio de tumores, Bogdanovich ficou intrigado pelo interesse de Stratten no assunto tétrico. Após a morte dela, enquanto dirigia o filme *Marcas do Destino,* de 1985, a cinebiografia de Rocky Dennis, outra vítima da deformidade física extrema, percebeu que tanto a beleza quanto a feiura, quando são singulares, possuem algo em comum devido às limitações que impõem a um indivíduo.[106] Talvez exista alguma verdade a respeito da ideia de que algumas pessoas desejam se identificar com essas características nos dois extremos do espectro da beleza física. Sem dúvida, Paul Snider sentiu que se ele não pudesse possuir a esposa que via como troféu financeiro, não permitiria que ninguém possuísse. Talvez não seja coincidência que tenha optado por destruir o rosto que capturara sua atenção em 1977, responsável pelo estilo de vida que desejava mais do que desejava a própria Stratten. De certo modo, ele disparou com o rifle da mesma maneira que a havia fotografado com a câmera — de forma agressiva de possuí-la. É também simbólico que Snider tenha realizado atos sexuais com a esposa após matá-la com tamanha selvageria, pois reduziu ela a um corpo sem alma para a própria satisfação.

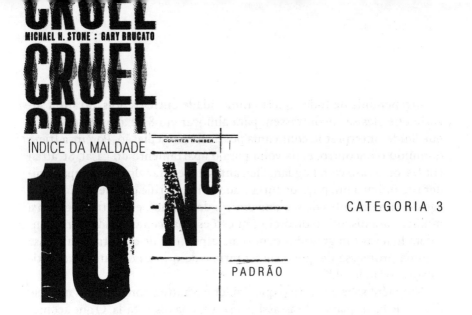

CATEGORIA 3

PADRÃO

ASSASSINOS EGOCÊNTRICOS MOVIDOS POR CONVENIÊNCIA

Indivíduos no Padrão 10 não guardam rancor específico em relação àqueles que matam. Na verdade, são motivados a eliminá-los apenas porque "atrapalham". A vítima pode conhecer demais o passado do criminoso, representar um problema complicado, ou constituir um impedimento a algum objetivo egoisticamente desejado. Esses assassinos são extremamente egocêntricos e é comum que reflitam alguns critérios de psicopatia, porém, não todos. Esses assassinos podem forjar a cena de um crime, fabricar detalhes ou intencionalmente ferir a si mesmos para enganar as autoridades, e em geral há pouco ou nenhum remorso consecutivo.

Além disso, criminosos do Padrão 10 são capazes de assassinatos chocantes que recebem grande cobertura midiática e são, invariavelmente, chamados de "malignos". Em alguns indivíduos relacionados a este padrão, os crimes são de natureza extraordinária, relacionados a anseios por atenção em grande escala. Outros, por vários motivos egoístas "práticos", são capazes de matar os próprios filhos, assassinar um idoso ou um deficiente, eliminar sistematicamente uma família inteira, ou uma mulher grávida para roubar o bebê e criar como seu. Apesar de, em geral, não demonstrarem históricos de comportamento e traços de psicopatia, seus crimes demonstram a perturbadora capacidade para sangue-frio quando estão diante de um obstáculo às suas necessidades ou desejos pessoais.

Consideremos a história de Susan Smith, que foi encontrada aos prantos nos degraus da casa de um estranho em Union, Carolina do Sul, em outubro de 1994. Ela disse que o carro havia sido roubado por um homem afro-americano enquanto os filhos, Alex e Michael, de 14 meses e 3 anos de idade, respectivamente, estavam no veículo. Ela descreveu como o homem entrou no carro enquanto ela e os meninos estavam parados no sinal vermelho do semáforo, e exigiu que Smith dirigisse. Depois a expulsou do veículo e disse que não machucaria as crianças. Ela mencionou ter ouvido os filhos chamarem-na quando o homem fugiu. Durante nove dias, ela e o ex-marido, David Smith, apelaram em público para que os filhos fossem devolvidos em segurança, e a nação chorou com o casal.[107] Ao falar com a imprensa, exaltava repetidas vezes sua inabalável fé em Deus.

Alguns perceberam que os relatos de Smith eram inconsistentes, e detalhes mudavam quando recontava a tragédia em ocasiões diferentes. Ela e o marido fizeram testes com o polígrafo, e apenas ele passou. Além disso, Smith dizia a amigos que esperava a visita de um homem chamado Tom Findlay, com quem havia começado um caso havia pouco tempo. Ele havia escrito uma carta para Smith, terminando o relacionamento com a justificativa de que não queria se envolver com uma mulher que tinha dois filhos. Os amigos acharam estranho que Smith pensasse no ex-namorado durante a dramática busca pelos filhos desaparecidos. Ela também parecia preocupada demais com sua aparência diante das câmeras, e percebeu-se que, após ataques de choro em público, seus olhos estavam, na verdade, completamente secos.[108]

Enfim, o segredo sombrio de Smith foi revelado. Ela confessou que, em 25 de outubro de 1994, amarrou os dois filhos no banco traseiro de seu Mazda, dirigiu até o lago John D. Long, abaixou o freio de mão e empurrou o carro em uma rampa para barcos. Viu os filhos se afogarem, enquanto choravam e gritavam pela mãe dentro do veículo que era lentamente engolido pelas águas. A história do sequestro foi um artifício que Smith usou para acobertar o crime, motivado pelo desejo de reconquistar o ex-namorado. Mais tarde, no mesmo dia, mergulhadores encontraram os corpos dos garotos a cinco metros sob a superfície do lago, presos nos assentos dentro do carro, que estava de cabeça para baixo. A carta de Findlay também foi encontrada no veículo. Smith foi acusada de homicídio doloso pela morte dos dois filhos, e se declarou inocente.[109] No julgamento de 1995, ela disse que lutou contra a depressão durante anos, e que tinha pensamentos suicidas frequentes. A equipe de defesa declarou que Smith tinha uma personalidade muito dependente, a ponto da necessidade de um relacionamento com Findlay obscurecer sua capacidade de análise. A acusação a apresentou como uma assassina de sangue-frio, que matou os próprios filhos apenas por serem um obstáculo ao novo romance.[110]

Smith nasceu em setembro de 1971, na mesma cidade onde cometeria o homicídio duplo 23 anos depois. Ela possuía dois irmãos mais velhos. Aos 6 anos de idade, os pais se divorciaram e, cinco semanas depois, o pai cometeu suicídio. Devastada pela perda, Smith mantinha uma fita com a voz dele gravada na gaveta de seu escritório, e, após a morte do pai, parentes e amigos a perceberam apática e estranha. Cerca de dois anos depois, em 1979, sua mãe se casou com Beverly C. Russell Jr., um empresário local rico, pai de três filhos, divorciado, que ganhou notoriedade no Partido Republicano e na Coalizão Cristã. Aos 13 anos de idade, Smith tentou suicídio por motivos que nunca foram esclarecidos. Era considerada boa aluna na adolescência, e amigos e conhecidos gostavam dela. Aos 16 anos, disse que foi molestada pelo padrasto, que confessou o ato e expressou arrependimento. A família fez terapia, e o padrasto saiu de casa, porém, Smith disse que os abusos continuaram. Anos depois, disse a um psiquiatra que sentia que havia cedido voluntariamente aos abusos de Russell por ciúmes da atenção que o homem dava à mãe.[111]

Por volta dos 17 anos, Smith, que trabalhava em um supermercado local, engravidou de um colega de trabalho com quem teve um caso, porém, realizou o aborto. Quando o homem terminou a relação, tentou suicídio por overdose de aspirinas, e precisou ser hospitalizada.[112] Foi diagnosticada com transtorno de adaptação, com base no fato de que tinha dificuldades para aceitar o término. Passada essa fase, começou a se relacionar com outro colega de trabalho, o supramencionado David Smith, com quem se casou em 1990 e teve os dois filhos que afogou no lago. O casamento foi turbulento, repleto de acusações de infidelidade de ambas as partes e várias discussões no trabalho, seguidas por curtos períodos de reconciliação. Em 1993 ou 1994, Smith começou a trabalhar na Conso Products, e ali engatou uma relação com Findlay, o belo filho do chefe, de 27 anos. O caso chegou ao fim depois de vários meses, quando o marido de Smith descobriu tudo. Por volta de setembro de 1994, Smith e o marido decidiram se divorciar, e Findlay e Smith reataram. Um mês depois, ela recebeu a carta de Findlay, e comentaria, mais tarde: "Nunca me senti tão sozinha".[113] Na verdade, este foi o segundo abandono relevante de uma figura paterna que ela experimentou na vida; o primeiro foi a perda do pai, no episódio devastador do suicídio, quando tinha 6 anos.

Em 1995, Smith foi considerada culpada pela morte dos filhos e sentenciada à prisão perpétua, com mínimo de trinta anos. Durante o período de reclusão, foi acusada de ter relações sexuais com dois guardas, e de posse de maconha e narcóticos. Diz-se, também, que em 2012 cortou os próprios pulsos com uma navalha contrabandeada e quase morreu.[114]

Para Smith, o desejo de eliminar pessoas que "atrapalhavam" era impulsionado pelo anseio de obter um relacionamento. No tenebroso caso de Ronald Gene Simmons, tratava-se de impedir que a família o abandonasse e que um segredo sombrio e humilhante viesse a público.

Simmons nasceu em julho de 1940, em Chicago, Illinois. Aos 3 anos de idade, perdeu o pai, morto por um derrame, e, um ano depois, a mãe se casou outra vez. Em 1946, a família se mudou para Little Rock, Arkansas, por causa do trabalho do padrasto, que era engenheiro civil; eles se mudariam várias vezes pelo estado até a adolescência de Simmons. Aos 17 anos, Simmons saiu da escola e se alistou na Marinha. Na base naval de Bremerton, no estado de Washington, conheceu Bersabe Rebecca "Becky" Ulibarri, com quem se casou em 1960, no Novo México. Tiveram sete filhos durante os dezoito anos seguintes. Em 1963, Simmons deixou a Marinha e em 1965 se alistou na Força Aérea. Durante a carreira militar, recebeu uma medalha de bronze, uma medalha de Bravura da República do Vietnã e uma Condecoração da Força Aérea pela excelente pontaria. Ao se aposentar em 1979, havia recebido também a patente de Sargento Mestre.[115]

Em 1981, Simmons começou a ser investigado pelo Departamento de Serviços Humanos em Cloudcroft, Novo México, por alegações de incesto com sua filha Sheila, de 17 anos, com quem teve um filho. Para evitar ser preso, reuniu a família e fugiu para Ward, Arkansas, em 1981, e depois para Dover, em algum lugar do estado, em 1983. Simmons trabalhou em vários empregos e foi demitido de um cargo como escriturário de contabilidade em uma empresa de fretes e cargas devido a relatos de assédio sexual contra uma funcionária. Depois, trabalhou em uma loja de conveniência.[116] Durante esse período, Simmons, que foi descrito como um solitário reprimido e abusivo, tentou isolar a família do resto do mundo, continuou a proteger o segredo humilhante e evitar a captura. Ele se recusava a instalar aquecedores ou ar-condicionado, a ter banheiros dentro da casa, e obrigava os filhos a executar trabalhos manuais extenuantes. A esposa, decidindo que não aceitaria mais esse comportamento, sugeriu que gostaria de se mudar para o Texas com as crianças. Tratava-se de um lugar onde poderiam vazar informações sobre as atitudes e o paradeiro de Simmons. As autoridades acreditam que isso pode ter catalisado o pesadelo que se desenrolou durante uma semana em 1987.[117]

Pouco depois do Natal daquele ano, Simmons decidiu que o caminho mais seguro seria eliminar a família inteira. Mandou que vários de seus filhos cavassem valas de um metro e meio, com a justificativa de que havia decidido instalar um banheiro externo. Na verdade, cavavam o que viriam a ser as próprias covas.[118] Na manhã de 22 de dezembro, começou o massacre: atirou na esposa e em Gene, o filho de 29 anos, com uma pistola calibre 22. Então, estrangulou Barbara, a neta de 3 anos de idade. Tomou uma bebida e despejou com apatia os corpos em uma fossa na propriedade. Quando os filhos Becky, de 8 anos, Marianne, 11 anos, Eddy, 14 anos, e Loretta, de 11 anos, voltaram para casa, Simmons disse que ia dar às crianças os presentes de Natal, um por um. Sozinho com as vítimas, estrangulou todas, enquanto segurava a cabeça de cada uma delas dentro de um barril cheio de água da chuva.[119]

Na tarde de 26 de dezembro, ele matou outros sete membros da família em uma visita de fim de ano. Atirou contra Billy, seu filho de 23 anos, e Renata, a nora, de 22 anos. Depois, estrangulou e afogou Trae, o bebê de 20 meses do casal. Mais tarde, no mesmo dia, matou Sheila, de 24 anos — a filha com quem fora acusado de ter um bebê — com um tiro, e Dennis McNulty, o marido dela, de 23 anos. Simmons, então, matou o fruto do incesto — Sylvia Gail, de 7 anos de idade — e Michael, seu neto de 21 meses. Ele envolveu todos os cadáveres em casacos, exceto Sheila, que foi coberta com a melhor toalha de mesa da casa. Os corpos de dois netos foram envoltos em plástico e ocultados nos porta-malas de carros abandonados perto da casa.[120] Simmons, sem grandes preocupações, foi até um bar local e, ao voltar para casa, sentou sem alarde perto dos cadáveres em putrefação e assistiu TV enquanto bebia cerveja[121].

Dois dias depois, Simmons foi de carro até um escritório de advocacia na cidade de Russellville, onde matou a tiros Kathy Kendrick, uma mulher de 24 anos por quem, segundo testemunhas, o assassino de 47 anos estava apaixonado. É interessante perceber que Kendrick tinha a mesma idade da filha com quem Simmons gerou uma criança. Depois foi até o escritório de uma empresa de petróleo, onde, por motivos que nunca foram esclarecidos, matou um estranho a tiros e feriu o proprietário. Seguiu até a loja de conveniência onde havia trabalhado, abriu fogo e feriu mais pessoas, antes de ir até a empresa de fretes e carga, onde havia sido funcionário, e ferir a tiros uma mulher. Não se sabe se ela era a funcionária que o denunciara por assédio sexual. Simmons depois fez uma refém, e disse à vítima que já havia "pego" todos que o haviam "ferido", até, enfim, se render à polícia, sem resistência — ao ser preso, forneceu um nome falso às autoridades. Quando o assassino se recusou a falar enquanto estava sob custódia e nenhum membro da família foi encontrado, as autoridades temeram pela família, e a polícia foi enviada até a casa de Simmons. Lá, encontraram a pavorosa imagem dos corpos em decomposição, envoltos em casacos e uma toalha de mesa. Alguns dos cadáveres foram encharcados em querosene, para ocultar o cheiro putrefato. Talvez a verdadeira intenção de Simmons fosse atear fogo neles, ou, até, na casa, para ocultar as evidências, mas não há como ter certeza. Os carros onde estavam os dois netinhos também foram encontrados. Próximo da área, as autoridades encontraram o restante dos corpos na vala comum, coberta com arame farpado, para impedir que animais cavassem e o segredo fosse revelado.[122]

Simmons foi considerado culpado por todos os assassinatos, e Bill Clinton, que era governador do Arkansas, autorizou a execução por injeção letal, em 1990. Na época, o crime foi chamado de "o pior massacre familiar na história americana"[123], apesar de que o termo correto para o padrão criminal exibido por Simmons, que na verdade não se limitou à sua família, seja assassinato em massa. Nessa modalidade, um indivíduo mata duas ou mais pessoas em locais diferentes sem um longo período de interrupção entre os homicídios — são raros os casos com mais de sete dias de intervalo entre assassinatos.[124] Depois que Simmons foi executado, nenhum parente distante reivindicou o corpo, e ele foi sepultado sem cerimônias numa vala de indigente.[125] Assim terminou a vida de um homem que matou com frieza dezesseis indivíduos, a maioria membros da própria família, e feriu outros quatro. Parece que, além de eliminar sistematicamente todos que pudessem saber sobre seu comportamento sexual pervertido, tanto em casa quanto no trabalho, e que pudessem revelar sua localização para a polícia, ele desejava puni-los por arruinar sua reputação e atrair a atenção das autoridades. Em uma carta para sua filha quando ela o acusou de abuso sexual seis anos antes, escreveu: "Você me destruiu e destruiu minha confiança em você". E ainda acrescentou: "Vamos nos encontrar no Inferno".[126]

CATEGORIA 3

PADRÃO

ASSASSINOS PSICOPATAS QUE ELIMINAM OBSTÁCULOS

Os assassinos deste padrão têm perfil muito similar aos assassinos designados ao Padrão 10, com as mesmas motivações implícitas de eliminar testemunhas e outras pessoas que "atrapalham". A única distinção é que, aqui, encontram-se presentes históricos mais completos com traços e comportamentos que correspondem à psicopatia. Conforme apresentado no Padrão 10, pode-se esperar que o criminoso passe uma vida inteira sem problemas legais relevantes, embora o indivíduo possa apresentar tendências a altercações, egocentrismo, relacionamentos românticos instáveis ou outras dificuldades interpessoais. Apesar do histórico romântico e da dinâmica familiar conturbados, poucos diriam que Susan Smith seria capaz de matar qualquer um, muito menos os próprios filhos. Da mesma maneira, apesar de Roland Gene Simmons ter sido considerado um indivíduo frio e difícil, até a descoberta do abuso sexual da filha aos 41 anos e do assédio sexual de uma colega de trabalho, ele havia estabelecido uma carreira militar de respeito e, até onde sabemos, não teve problemas relevantes com a lei. Por outro lado, no Padrão 11, vemos condutas e, possivelmente, problemas legais durante toda a vida da pessoa.

Os indivíduos do Padrão 11 que, como parte de uma visão geral dos traços e comportamentos psicopatas, participam de violentas atividades em gangue, podem matar ou ordenar a morte de alguém para impedir que uma pessoa sirva de testemunha em um procedimento legal. Às vezes, esses membros de gangues marcam alguém que já foi testemunha de um crime, o que constitui a eliminação de uma testemunha "após o ato". Isso acontece mais como retaliação pela violação de um código de honra e obediência do que como prevenção de encarceramento, embora seja possível que a gangue, nesses casos, tema que a testemunha possa revelar informações a respeito de crimes ainda não descobertos. De qualquer maneira, esses assassinatos por vingança sem dúvida servem como recado a outras possíveis testemunhas que desejam informar as autoridades a respeito das atividades da gangue. A mensagem é clara: sempre que possível, testemunhas serão eliminadas antes ou depois do interrogatório, se assim for preciso.

Para membros de gangue, a violência com finalidade prática, inclusive homicídio, é algo rotineiro. Existem vários motivos para um indivíduo se unir a um grupo assim, como recompensa financeira ou sensação de poder, respeito, ou um sentimento de pertencimento, que, por vezes, contrastam com a possível vida de pobreza, desamparo e isolamento social. O elemento comum tende a ser uma crença de que a gangue os protegerá e fornecerá recursos. Contudo, paga-se um alto preço por isso. Em troca, os candidatos precisam rejeitar regras sociais e conceitos de moralidade, substituí-los por um código de conduta totalmente novo no qual o único comportamento aceitável é a violência extrema. A obediência a essas normas é imposta com severidade, e o custo da traição é, quase sempre, a morte pelas mãos de qualquer outro membro da gangue, cujos laços de lealdade se renovam quando o traidor é morto.

Em 13 de julho de 2003, um pescador e seu filho encontraram o corpo de uma adolescente, em avançado estado de decomposição, em uma mata fechada na margem oeste do rio Shenandoah, na Virgínia. Ela fora esfaqueada brutalmente dezesseis vezes, e a cabeça quase fora decepada. A menina estava grávida de quatro meses na ocasião da morte. Para ajudar na identificação do cadáver, várias imagens das tatuagens na pele foram entregues aos investigadores, e um deles reconheceu os desenhos: a falecida fazia parte da Mara Salvatrucha, ou MS-13, uma enorme gangue de rua conectada a El Salvador e ativa em mais de trinta estados norte-americanos. A gangue é conhecida pelo longo histórico de violência nos distritos hispânicos de Los Angeles, Nova York e Washington, DC. Destacou-se pelo fato de que, enquanto outras gangues costumam matar umas às outras por proteção, a MS-13 praticou assassinato de policiais e inocentes apenas para estabelecer uma reputação de terror.[127]

A vítima foi enfim identificada como a hondurenha Brenda "Smiley" Paz, 17 anos, de Los Angeles, ex-namorada de Denis "Rabbit" Rivera[128], 21 anos de idade, líder da MS-13. Ela havia servido como testemunha em vários casos de tiroteios, esfaqueamentos e assalto à mão armada na Virgínia e no Texas relacionados à MS-13, incluindo um contra o ex-namorado e vários antigos comparsas por um assassinato estranhamente similar ao que viria a ser o dela — o de Joaquim Diaz, 19 anos, que foi encontrado cortado, esfaqueado e quase decapitado, com a laringe removida.[129] A gangue tinha um alcance tão grande que, apesar de Paz estar escondida em um hotel no Missouri, como parte do programa de proteção às testemunhas, os membros conseguiram contatá-la e convencê-la a fugir três semanas antes do assassinato.[130]

Em 2005, quatro membros da MS-13, incluindo Rivera, foram julgados pela morte de Paz. A acusação argumentou que o grupo queria se vingar pelo testemunho fornecido pela garota. Rivera, que cumpria prisão perpétua pelo assassinato de Diaz na época da morte da vítima, foi apresentado como o principal responsável pelo crime, pois teria ordenado a morte via códigos de gangue — o único modo de emitir ordens enquanto estava na prisão. A acusação não convenceu o júri de que Rivera, atrás das grades, havia planejado a execução de Paz, e ele foi inocentado. Além disso, Oscar Alexander Garcia-Orellana, 31 anos, também foi inocentado; ele admitiu estar presente no assassinato, mas teria fugido do local sem participar do crime. A acusação disse ter sido ele quem segurou Paz pela garganta para que fosse cortada.[131] Outros dois membros da gangue acusados de participar do crime, Antonio Grande, 22 anos, e Ismael Juarez Cisneros, 26, foram considerados culpados de associação para o crime de assassinato e retaliação contra informante.[132]

Dos dois homens confirmados no assassinato de Paz, falaremos agora de Cisneros, pois temos mais informações sobre sua história. Apesar de ser um dos melhores amigos de Paz, devido à violação do irrevogável código de conduta moral da gangue, participou da morte brutal da garota e do bebê que ela esperava. A história dele exemplifica como um indivíduo com uma história desfavorável pode ser utilizado por uma gangue para matar impiedosamente pelo simples propósito de reforçar as regras. Cisneros e sua mãe deixaram o México e foram para os Estados Unidos em 1990. Segundo relatos, seu pai era alcoólatra e violento, chegando a colocar a filha de quatro meses de vida em coma de tanto agredi-la. Cisneros e seus irmãos passavam fome com frequência e moravam nas ruas. Ao entrar nos Estados Unidos, falava apenas espanhol. O rapaz foi recrutado para a MS-13 na adolescência, e a gangue oferecia proteção e um sentimento de pertencimento, no contexto de uma variedade de atos violentos. Ele recebeu o apelido de "Araña". Cisneros teve um filho com Maria Gomez, comparsa da gangue, que considerava o amor de sua vida. Em 1999, demonstrou lealdade a Grande e à gangue ao esfaquear quatro vezes um rapaz de 15 anos pelas costas em um shopping, por causa de uma discussão com Grande. Como resultado do crime, foi deportado para o México e, quando conseguiu voltar, descobriu que Gomez havia começado a namorar um membro da gangue de posição hierárquica mais elevada. Ainda assim, mantiveram contato, e foi ela quem descobriu o diário de Paz, repleto de textos relacionados a cooperação com a polícia, e avisou Cisneros.[133] Ele, por sua vez, informou a traição da amiga à gangue. Quando alguém como Paz ameaça uma gangue ao cooperar com as autoridades, alguns membros sentem que a única família estável que já tiveram está prestes a ser destruída. Isso pode ou não ter sido o que aconteceu a Cisneros.

Após ser preso por posse de cocaína e armas, ele confessou participação no assassinato de Paz. Descreveu como, em 12 de julho de 2003, membros da gangue se encontraram em um hotel na Virgínia para determinar como lidar com a ameaça dos testemunhos de Paz, e como deveriam retaliar a traição. Os membros votaram a favor da eliminação. Grande, em quem Paz mais confiava, concordou em participar do assassinato, e Cisneros se voluntariou a ajudar. No dia seguinte, após passar a noite envolta nos braços de Grande, Paz foi atraída por Cisneros, Grande e Garcia-Orellana até o rio Shenadoah, com a promessa de que teriam uma bela tarde de pescaria. No local, ela foi repentinamente atacada e sua vida chegou ao fim.[134] Ao ser sentenciado pelo crime, evitou a pena de morte ao concordar em trabalhar com jovens que corriam o risco de se juntar a gangues. Mais tarde, Gomez, que testemunhou contra a gangue no caso de Paz, foi encontrada morta, e Cisneros ficou devastado.[135] Segundo notícias, ele abandonou a vida de crimes.[136]

CATEGORIA 3

PADRÃO

PSICOPATAS AMBICIOSOS QUE MATAM QUANDO ENCURRALADOS

O Padrão 12 é o lugar ideal no índice para pessoas psicopatas cujos crimes são expressos por extrema necessidade de poder e controle sobre outros, como o papel ditatorial de um líder de seita, um político corrupto ou líder religioso, ou o cabeça por trás de uma gangue violenta, como acabamos de descrever. Traços de imponência e paranoia são flagrantes nesses indivíduos, e qualquer um considerado como obstáculo ou ameaça ao poder absoluto corre o risco de ser eliminado. É necessário perceber que os indivíduos do Padrão 12, às vezes, ordenam que outros executem os assassinatos. Talvez devido a orgulho em demasia ou necessidade de reter controle até o fim, as pessoas nesse padrão se recusam, em certas ocasiões, a se render sem luta ao se sentirem encurraladas, matam sem escrúpulo, e preferem a própria morte a serem capturadas pelas autoridades. Vale notar que não se espera que um indivíduo enquadrado nesta classificação cometa atos de tortura; em geral há preferência por mortes rápidas. Como veremos nas páginas a seguir, as torturas sádicas pertencem a uma posição mais elevada no Índice.

Para discutir o assunto nos próximos parágrafos, é necessário fornecer certo contexto, e começaremos com a pitoresca história do mormonismo. Em 1823, Joseph Smith, um jovem fazendeiro de Nova York, disse que um anjo chamado Moroni o conduziu até uma encosta, onde Smith cavou e encontrou placas de ouro gravadas com textos antigos e misteriosos. Ele traduziu as escrituras e as reproduziu no Livro dos Mórmons, que fornece a base para a Igreja de Jesus Cristo dos Santos dos Últimos Dias. A mensagem mística das placas explicava que os judeus da Antiguidade visitaram as Américas séculos antes do nascimento de Cristo e tinham parentesco com os povos indígenas descobertos pelos exploradores europeus. Em acréscimo, depois de sua morte e ressurreição, Jesus teria visitado o Novo Mundo.[137] A ideia central do evangelho de Smith era que Deus havia sido um mortal que morava em um planeta distante e que, por obediência aos decretos das crenças espirituais de seu mundo, foi transformado em uma deidade, que, então, criou a Terra. A história diz que Deus havia se casado — alguns mórmons acreditam que várias vezes — e que gerou Jesus pela união física com Maria, para que Cristo fosse meio deus, meio humano. Smith acreditava que aqueles que seguissem o caminho de Deus para o autoaperfeiçoamento também poderiam se tornar divindades, capazes de gerar crianças espirituais que povoariam outros mundos. Um dos componentes principais da crença é de que o Profeta — o atual líder da Igreja dos Mórmons, pois a autoridade de Smith foi transmitida através de uma longa linhagem de sucessores — pode nulificar a palavra de Profetas anteriores. Jovens de 19 até 22 anos devem ajudar a espalhar a fé. Toda e qualquer literatura que critica o mormonismo é considerada de origem satânica, distribuída por apóstatas da fé, ou fruto de ignorância.[138]

Pelo fato de que os patriarcas do Antigo Testamento tinham permissão de Deus para se casar com várias esposas, Smith adotou a poligamia. As mulheres, contudo, eram proibidas de praticar poliandria, ou seja, se casar com mais de um marido. Quando suas ideias a respeito do casamento foram criticadas por cristãos convencionais, Smith prometeu abandonar o conceito, porém, há indicativos de que chegou a ter 33 esposas antes de morrer. A poligamia foi proibida nos Estados Unidos em 1862 e rejeitada pela Igreja dos Mórmons em 1890.[139] Debates a respeito do tema no final do século XIX fizeram com que alguns mórmons puristas, que acreditavam que a prática tinha justificativas espirituais, se mudassem para o norte do México e estabelecessem colônias em áreas desertas, ignoradas pelo governo local. Essa colonização é apenas parte do cenário da história bizarra e fascinante de Ervil LeBaron, o psicopata sedento pelo poder e líder de seita, tema de nosso próximo exemplo. É necessário mencionar brevemente sua extraordinária descendência familiar.

David Tulley LeBaron, ancestral de Ervil LeBaron, era aliado próximo de Joseph Smith, convencido de que Deus e Cristo haviam abençoado pessoalmente o Profeta com a autoridade do verdadeiro sacerdócio. Por volta de 1840, David se casou com Esther Johnson, irmã de Benjamin F. Smith, um dos filhos adotivos de Smith, que, dizia-se, recebera o "manto" da autoridade eclesiástica do pai com uma bênção especial. A família LeBaron ensinaria ao longo dos anos que, quando Benjamin F. Smith morreu, passou o manto ao sobrinho, Benjamin LeBaron. Em 1886, este teve um filho, Alma Dayer LeBaron, que seria uma das principais forças motrizes na formação de uma das comunidades mórmons da América Central. Considerado como ainda ligado espiritualmente a uma esposa recém-falecida, casou-se de novo em 1904, o que fez com que fosse visto como um dissidente da fé. A esposa o abandonou e ele se casou pela terceira vez, e, pouco depois, ouviu o que pensou ser a voz de Deus, que lhe disse que herdaria o manto sacerdotal se aceitasse a poligamia. Portanto, ao sentir que seus vários casamentos eram justificados, se casou mais uma vez e, quando foi expulso por seus irmãos, fugiu para Colonia Juárez, no México, em 1924. Lá, teve dezenove filhos com duas esposas.[140]

O clã LeBaron foi assolado por doenças mentais. Lucinda, filha de Alma Dayer LeBaron, comportava-se com extrema violência durante surtos psicóticos, o que resultava no confinamento da jovem, com uma corrente amarrada no tornozelo. Wesley, um dos filhos, telefonava com frequência para programas de rádio e falava do plano de Cristo para retornar à Terra em uma espaçonave, enquanto Benjamin Tesdale, outro filho, sofreu "colapsos nervosos" na década de 1930 e passou anos em frequentes internações em hospitais psiquiátricos. Benjamin, que dizia ouvir vozes e ser o servo especial de Deus, certa vez, foi encontrado no meio de uma rua movimentada em Salt Lake City, enquanto fazia calistenia. Ele cometeu suicídio ao pular de uma ponte em 1978. Owen, um primo, dizia que recebia de uma voz ordens para cometer atos de bestialidade com um cachorro de estimação. Contudo, não há dúvidas de que Ervil, filho de Alma, nascido em fevereiro de 1925, era o mais perturbado e o mais perigoso.[141]

Os LeBaron eram fazendeiros no México, e Ervil passaria a infância na labuta, ao lado dos mesmos familiares que, no futuro, se empenharia em destruir. No início da vida adulta, ele e os irmãos converteram várias pessoas, com a finalidade de expandir a colônia. Alma morreu em 1951, e passou o ministério a seu "santo" filho Joel, que inaugurou a Igreja do Primogênito da Plenitude dos Tempos, cujo quartel-general

90. CRUEL : Índice da Maldade

ficava em Chihuahua. Os fiéis recebiam a designação de Primogênitos. Na época, Ervil era seu auxiliar de maior confiança, apesar de ser egoísta e indolente — ele desprezava o trabalho manual. Considerado bonito e encantador, olhava fundo nos olhos das pessoas enquanto recitava trechos longos das Escrituras. Ervil delegava funções e cronogramas, o que lhe rendia um papel de poder e controle sobre ações dos outros. Ao mesmo tempo, roubava dinheiro da igreja e do dízimo pago pelos fiéis, além de tentar uma série de esquemas para ganhar dinheiro fácil. Certa vez, em um acordo com outro mórmon, ofereceu várias jovens da congregação de sua família na tentativa de fechar o negócio.[142]

Ervil desenvolveu gostos por carros e roupas chamativas, e dizia aos Primogênitos que Deus havia ordenado a compra de um Impala novíssimo porque atrairia pessoas, que seriam convertidas para a fé. Começou a levantar suspeitas quando passou a perambular ao lado de esposas de outros homens, garotas jovens, mulheres mais velhas e duplas de irmãs. Elas eram seduzidas quando Ervil dizia que Deus havia ordenado que se casassem com ele. Para envolver as menores, dizia que a Virgem Maria tinha dado à luz Cristo aos 14 anos, portanto, era uma idade apropriada para casar. A resposta da colônia foi entregar as filhas para que se tornassem "noivas". Ervil era um parceiro apático e indiferente para todas as treze mulheres com as quais se casou, e dizia que eram inúteis, exceto pelo fato de serem capazes de gerar prole para expandir a igreja. Algumas fugiriam com os filhos para os Estados Unidos; outras foram leais, apesar de serem negligenciadas. Como veremos, duas cometeriam assassinato em nome dele.[143]

Por volta de 1965, Ervil e Joel passaram a discutir a respeito desses comportamentos. Também brigavam por causa de Los Molinos, uma fazenda à beira-mar em Baja Califórnia, fundada por Joel em 1964. Ervil via o local como uma atração turística em potencial, e Joel desejava desenvolver uma comunidade agrícola. Apesar dos protestos de Joel, Ervil se encontrava em segredo com possíveis investidores e os seduzia com propostas de resorts, iate clubes e promessas de fortunas.[144]

Por volta dessa época, Ervil decidiu que, como os profetas do Antigo Testamento, tinha o direito de matar qualquer um que desobedecesse às ordens em Los Molinos. Estabeleceu uma série de normas baseadas nos Dez Mandamentos, que chamou de Lei Civil, e se autodeclarou como principal ministro dos decretos. Adoradores tremiam ao ouvi-lo descrever, sem a mínima demonstração de emoção, como insubordinados seriam apedrejados, decapitados ou estripados. Ervil restabeleceu um polêmico ensinamento de 1856 de Brigham Young, o segundo Profeta da Igreja Mórmon, conhecido como *expiação por sangue*. A ideia controversa de Young dizia que algumas transgressões eram tão abomináveis que a expiação de Cristo seria inaplicável, fazendo-se necessária a morte do transgressor para a salvação de sua alma. Historiadores dizem que, de 1850 até 1890, esse método permitiu que Young eliminasse rivais financeiros e espirituais — e, ao ressuscitá-lo, Ervil poderia fazer o mesmo, pois havia precedentes.[145]

Ervil voltou sua atenção a Rulon Allred, homeopata e quiropraxista que supervisionava uma seita de mórmons polígamos rivais, localizada a oeste dos Estados Unidos.[146] Eles haviam sido amigos e aliados. Porém, além de recusar o pagamento de dízimo aos Primogênitos, Allred passou a ridicularizá-los em público, o que fez Ervil declarar, em um documento extenso, que as ações do antigo colega estavam sujeitas à execução sob a Lei Civil. A partir daquele momento, Allred estava marcado para morrer. Joel ficou cada vez mais incomodado com as ameaças de Ervil e sua obsessão por dinheiro. No verão de 1972, quando Ervil declarou que Deus desejava que compartilhassem a liderança dos Primogênitos, Joel recusou e destituiu Ervil de toda autoridade. Pouco depois, o nome do irmão foi adicionado ao lado do de Allred à lista que crescia rapidamente.[147]

As divergências entre Ervil e Joel resultaram em uma cisão na comunidade, e houve debates a respeito de quem era o verdadeiro profeta. Ervil inaugurou a Igreja do Cordeiro de Deus na Califórnia, onde declarou publicamente que Joel deveria pagar a "traição" com a vida. Em Baja, em agosto de 1972, Joel e Ivan, seu filho de 14 anos, foram até a casa de um dos discípulos de Ervil.

Enquanto o garoto dormia no carro, um grupo de seguidores de Ervil atacou Joel, e um deles efetuou dois disparos contra a cabeça do líder religioso. Joel deixou sete esposas e 44 filhos. Ervil foi julgado e condenado por planejar o crime, porém, a condenação caiu devido a uma tecnicalidade, e ele foi liberado da prisão após um dia de encarceramento.[148]

Ervil ficou consternado ao descobrir que o rebanho de Joel passara a seguir Verlan, o irmão mais novo, quieto e reservado, em vez de se unir a sua facção. Temendo ser o próximo a morrer a mando de Ervil, Verlan passou a viajar e trocar de carro constantemente, até se estabelecer na Nicarágua. Enquanto isso, Ervil adotou títulos pomposos, como Profeta de Deus, Ungido e Aquele que é Forte e Poderoso, e ficou cada vez mais paranoico. Passou a carregar uma arma, ordenou que suas esposas e filhos treinassem tiro ao alvo e se cercou de um grupo de adoradores que usavam nomes falsos e tinham certidões de nascimento falsas. Todos foram informados que a falta de lealdade seria punida com a morte. Ervil publicou uma dissertação desconexa, escrita no inglês arcaico da Bíblia do Rei James, intitulada "Momento de Crise — O Dia da Vingança". Além de exigir que o pagamento do dízimo fosse feito diretamente para ele, proibiu contribuições a outras facções, prática que seria punida por expiações de sangue. Por volta desse período, Ervil assumiu o controle de todos os contatos românticos da colônia. Exigia precedência no usufruto de todas as mulheres, arranjava casamentos, distribuía mulheres como troféus em recompensa pela lealdade ou bom comportamento dos fiéis. Quando o grupo se expandiu, Ervil se mudou para Utah, onde fracassou na tentativa de extorquir dinheiro de facções mórmons locais.[149]

Foi nessa época que, dizendo ter recebido inspiração divina para destruir Los Molinos, onde Verlan e sua família residiam, Ervil contratou Dean Vest, um veterano do Vietnã de 2 metros e 120 kg, para que ensinasse um grupo de seguidores a usar armas e explosivos. Vest e cinco soldados camuflados se infiltraram em Baja à noite, bombardearam casas e atiraram contra os habitantes desesperados que fugiam das chamas. Os criminosos seguiram até a propriedade de Verlan, onde sua esposa e seis de seus filhos viram a casa ser cravejada de balas e consumida pelas chamas. Ao final, dois cidadãos haviam sido mortos e treze feridos. Ervil ficou furioso ao descobrir que o irmão não estava em casa e que havia sobrevivido ao ataque, e contratou espiões para localizá-lo. Além disso, decidiu que não bastaria usurpar Los Molinos. Era necessário conquistar o México e os Estados Unidos, e, por fim, o mundo. Considerava que para fazer isso deveria matar rivais religiosos e confiscar seus negócios, para que pudesse financiar a missão.[150]

Em 1975, Naomi Zarate Chynoweth, uma ex-Primogênita, começou a se opor publicamente à liderança de Ervil e ameaçou revelar as atitudes do líder às autoridades. Ervil ordenou que Vonda White, uma de suas esposas, que conhecia a dissidente havia muito tempo, fosse com ela até um desfiladeiro escuro nas montanhas de San Pedro, no México. Lá, supõe-se que White tenha atirado cinco vezes na mulher, colocado o cadáver na caminhonete e o enterrado no meio do nada, com auxílio de outra esposa de Ervil. O corpo nunca foi encontrado.[151] Mais tarde, no mesmo ano, Ervil voltou sua atenção a Robert Simons, de Utah, que desejava converter nativos norte-americanos ao mormonismo. Ele possuía uma propriedade de 65 acres, que Ervil cobiçava. Simons se recusou a aceitar as chantagens. Ervil criou um nome falso e visitou Simons em sua igreja, onde fingiu ser um homem em busca de conversas teológicas. Houve uma discussão severa e os dois chegaram a lutar no chão.

Mais tarde, Ervil tentou seduzir uma das esposas do homem. Simons o expulsou da propriedade. Ao julgar que Simons merecia morrer por não reconhecer Ervil como um profeta de Deus, o fanático contratou mercenários para que levassem Simons até o deserto, onde foi morto, enterrado e coberto em cal para acelerar a decomposição. Ervil, após a execução, ordenou que seus seguidores colocassem fogo em toda e qualquer evidência do crime.[152]

Por volta desse período, Dean Vest decidiu deixar os Primogênitos e procurar um novo estilo de vida. Ao entender que Vest era um traidor que poderia delatá-lo ao FBI, Ervil convocou White novamente, que, na época, estava grávida. Em 16 de junho de 1975, Vest parou na casa de White, a caminho de encontrar a esposa e a filha, que haviam sofrido um acidente de trânsito. Falaram sobre amenidades, White alimentou os filhos e, depois, pediu que Vest verificasse um lava-louças defeituoso. Vest arrumou o aparelho e secava a pia de White quando ela se aproximou furtivamente e atirou no sujeito pelas costas com um revólver Colt .38; um tiro perfurou o fígado e outro o pulmão. Quando o corpo caiu no chão, ela efetuou outro disparo, atrás da orelha esquerda. White, então, telefonou para a polícia e disse ter ouvido tiros dentro de casa enquanto cuidava das crianças. Em seguida fugiu para Denver, Colorado, onde Ervil gerenciava uma fábrica clandestina.[153]

Em 1977, o clã de Ervil ficou dividido entre Utah e Colorado, e uma de suas filhas, Rebecca, de 17 anos, foi obrigada a abandonar seu bebê em Denver durante o processo. Ela ameaçou denunciar os crimes do pai à polícia. Em abril daquele ano, Ervil disse à garota que lhe permitiria reencontrar a criança, e decidiu ir com ela até o aeroporto no Texas, escoltados por dois membros homens da congregação. Na época, Rebecca estava grávida de três meses do segundo filho. Enquanto ela falava com alegria sobre planos de se mudar para o México e criar uma família, os dois rapazes dirigiram até uma região isolada de Dallas e estrangularam a garota lentamente no banco traseiro do veículo utilizando uma corda. Mais tarde, Ervil ficou furioso pelo fato de que os assassinos deixaram uma mancha do sangue da garota no porta-malas do carro enquanto transportavam o cadáver para despejá-lo no Oklahoma State Park, como se fosse lixo. Incontinente, trocou o carro por outro novo em folha.[154]

Mais tarde naquele ano, Ervil elaborou um plano que considerou ser à prova de falhas, e refletiu que, se assassinasse Rulon Allred, Verlan, seu irmão que estava escondido, seria obrigado a deixar o esconderijo para ir até o funeral da vítima. A ideia de Ervil era ordenar que seus fiéis seguidores atirassem no irmão e rival durante o velório; seria uma

94. CRUEL : Índice da Maldade

inesquecível demonstração pública de poder. Em 10 de maio de 1977, sob ordens de Ervil, Rena Chynoweth, sua esposa, e Ramona Marston, uma cúmplice, entraram na clínica de homeopatia de Allred, disfarçadas com perucas e óculos escuros, e dispararam várias vezes contra a vítima. Feito isso, durante o funeral, Ervil aguardou ansioso a notícia de que Verlan estava morto, porém, seus homens fracassaram em localizá-lo.[155]

Finalmente, vários membros da seita de Ervil se livraram do poderoso feitiço e foram até as autoridades. Em 1979, Vonda White foi sentenciada à prisão perpétua pela morte de Dean Vest. Chynoweth foi inocentada da morte de Allred, porém, mais tarde, confessou o homicídio. Ervil foi encontrado escondido nas montanhas perto da Cidade do México e, em 1980, foi sentenciado à prisão perpétua. Sem remorso e se recusando a ser subjugado sem luta, Ervil escreveu *O Livro das Novas Alianças* durante o período de encarceramento, um texto extenso que descrevia a linha de sucessões de seus poderes sacerdotais caso falecesse e uma lista de morte com mais de cinquenta pessoas que, segundo ele, deviam expiação por sangue. Em 16 de agosto de 1981, Ervil morreu de ataque cardíaco — e em uma bizarra virada do destino, Verlan morreu horas depois, em um misterioso acidente de trânsito no México. Apesar da morte de Ervil, seus feitos malignos sobreviveram. Uma por uma, as pessoas na lista de morte começaram a sofrer mortes terríveis, exatamente conforme instruído. Como exemplo, em 27 de junho de 1988, três homens que Ervil identificou na carta como traidores foram assassinados simultaneamente a tiros por membros da seita, todos na mesma hora, apesar de estarem separados por centenas de quilômetros, no abominável caso dos "Assassinatos das Quatro Horas". Duane Chynoweth, Ed Marston e Mark Chynoweth, ex-lacaios de Ervil, haviam abandonado a igreja no intento de conquistar vidas mais felizes e normais. A filha de 10 anos de idade de Duane Chynoweth também foi assassinada; ela levou um tiro na boca e outro na testa porque chamava pelo pai, e o assassino se recusava a deixar potenciais testemunhas.[156]

Blaise Pascal, o grande polímata e teólogo francês, fez um comentário perspicaz em seu *Pensées*: "Os atos malignos mais completos e felizes do homem são aqueles cometidos por convicção religiosa". Se Ervil LeBaron realmente acreditava em Deus ou em seus próprios ensinamentos teológicos é discutível. Seja como for, observamos o "mal" na maneira como o pastor ávido por poder usava a religião com o intuito de enganar e dominar outros e, também, como justificativa para uma longa lista de atitudes malignas, entre elas a ordem de assassinar brutalmente a própria filha grávida.

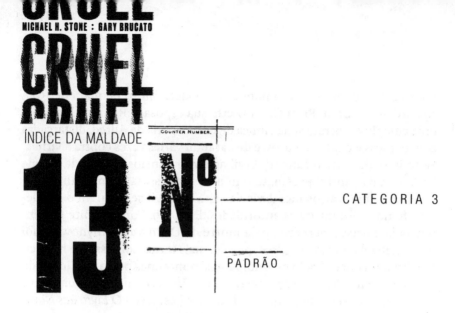

CATEGORIA 3

PADRÃO

PSICOPATAS INADEQUADOS E FURIOSOS QUE PODEM COMETER MÚLTIPLOS ASSASSINATOS

O indivíduo classificado no Padrão 13 do índice passou a vida com sentimentos de inadequação e amargura motivados por algum problema na infância, como abuso, dificuldades acadêmicas, descontentamento com a aparência física ou baixo status socioeconômico. A pessoa apresenta traços de psicopatia flagrantes e é acometida constantemente por raiva, às vezes direcionada a um grupo demográfico específico, embora isso não resulte, inicialmente, em atos de agressão severos. Apesar de que em geral tenham natureza apática e solitária, esses indivíduos podem compensar os sentimentos de insegurança e inadequação ao se aliarem a alguma organização que defenda a intolerância, a misoginia ou princípios anarquistas. Quando finalmente o ódio e a insegurança acumulados colidem com uma experiência ou evento imprevisto ou desastroso, a pessoa é impulsionada a planejar um terrível ato de violência, que pode ser de natureza insólita e envolver a fúria assassina contra completos estranhos. Nesse padrão, podemos encontrar alguns — mas não todos — assassinos em série e assassinos em massa. Quando esses indivíduos cometem assassinatos, o motivo implícito costuma ser um desejo de reverter a vantagem dos outros dentro de um jogo que só limitou suas chances e contribuiu para sua infelicidade. A atitude deles é a de que, se não podem aproveitar a vida, ninguém pode. Não é raro que indivíduos no Padrão 13 apresentem sinais de deficiência cognitiva ou doença psiquiátrica, apesar de não ser um padrão.

Encontramos um exemplo deste tipo de criminoso em Benjamin Nathaniel Smith, que nasceu em março de 1978 na próspera Wilmette, Illinois, onde foi criado. Sua mãe era advogada e seu pai médico do Northwestern Memorial Hospital. Ambos tinham uma atuação paralela como corretores de imóveis. Quando criança, Smith brincava com arco e flecha no quintal da casa da família, e uma vez atirou flechas na cerca do vizinho. Um conhecido disse certa vez: "Minha esposa vivia com medo dele. O considerava ruim por dentro, e sempre nos preocupávamos com a segurança da nossa filha quando ele estava por perto. Era muito intenso e não parecia normal".[157] Outro observou: "Ele parecia guardar muita raiva, mas nunca manifestou fisicamente. Nunca agrediu ninguém. Só tinha cara de quem estava sempre bravo".[158] Na escola, um dos professores percebeu que o garoto tinha necessidade de uma conexão profunda e o convidou para ir até sua casa assistir filmes com ele e a esposa.[159]

Apesar de não ter histórico religioso, Smith se considerou muçulmano por um tempo, porém acabou por se sentir desapontado e frustrado com tentativas na religião. Ao final do último ano na escola, começou a acumular hostilidade em relação a judeus e tatuou "Destruidor de Sabás" no peito. Também começou a se sentir atraído pelo movimento da supremacia branca.[160] Antes de se formar, Smith não posou para a foto do anuário, mas citou Brutus, o assassino de Júlio César: "*Sic semper tyrannis*" ("Assim sempre aos tiranos"). John Wilkes Booth gritou a mesma frase, que é o lema da Virgínia, quando escapou da cabine presidencial no Teatro Ford, em Washington, em 14 de abril de 1865, logo após disparar contra a cabeça de Abraham Lincoln, o Grande Emancipador.[161]

Smith frequentou a Universidade de Illinois na Urbana-Champaign, onde estudou agricultura e ciências do consumidor e ambientais. Em 1996, houve boatos de que espiava mulheres pela janela de um dormitório, além de tocar alunas de forma inapropriada. Quando abordado pela polícia, Smith se identificou como Erwin Rommel, nome do general-marechal de campo do Terceiro Reich, apelidado "Raposa do Deserto". No ano seguinte, Smith foi acusado de posse de marijuana, de brigar com alunos e de bater na namorada. Depois desse último evento, teve a audácia de enviar à namorada por fax uma declaração de que não a agredira, documento que ela deveria assinar.[162] Smith deixou a faculdade em

1998 e se transferiu para o campus de Bloomington na Universidade de Indiana, onde mudou o curso para justiça criminal.[163] Descontente com o novo ambiente culturalmente diversificado, passou a consumir literatura neonazista e se tornou membro da Igreja Mundial do Criador, um grupo de supremacistas brancos que, mais tarde, adotou o nome de Creativity Movement. Lá, seguiu com devoção — talvez com fanatismo — Matthew Hale, o líder da igreja, que pode ter se tornado uma espécie de figura paterna para o rapaz. Smith não demorou a chamar atenção da polícia ao fazer circular folhetos com discurso de ódio direcionado a judeus, afro-americanos e asiáticos. Foi quando adotou o hábito de circular de carro por áreas residenciais e arremessar sacos plásticos no quintal das casas das pessoas, cujo conteúdo eram panfletos que diziam que judeus, negros e *"mud people"*, termo pejorativo usado para se referir a asiáticos[164], estavam expulsando os brancos de seus bairros. As cartilhas eram assinadas com o pseudônimo August Smith — abandonou o nome Benjamin Nathaniel, pois sugeria origens judaicas. Ele retirou 19 mil dólares de sua poupança e abandonou a faculdade para se devotar exclusivamente à mensagem de Hale.[165] Por volta de 1999, Smith saiu da casa dos pais, com os quais cortou todos os laços.[166]

No mesmo ano, Hale, que desejava uma carreira de advogado, passou nos exames, porém a Associação de Advogados de Illinois convocou uma audiência ética devido aos pontos de vista publicamente racistas do candidato. Em 11 de abril, Smith foi chamado a testemunhar diante da associação, e declarou que via o caráter do líder como idôneo. Em 2 de julho, a licença de Hale para exercer a advocacia foi negada com base em "evidente deficiência de caráter moral". Dois dias depois, aparentemente enfurecido com o fato, Smith recheou seu carro com armas e munição e embarcou em um tiroteio em massa que durou três dias e passou por dois estados.[167]

Na noite de 2 de julho de 1999, Smith dirigiu pela vizinhança de West Rogers, em Chicago, e desta vez, em vez de arremessar panfletos racistas, abriu fogo pela janela do seu carro. Feriu nove judeus ortodoxos antes de seguir para novas vítimas, escolhidas pelo que julgava ser suas identidades raciais, étnicas e religiosas. Quando Ricky Byrdsong, técnico afro-americano do time de basquete da Northwestern University, saiu de sua casa em Skokie, Illinois, com o filho e a filha, Smith parou do lado dos três e atirou contra o homem. No dia seguinte, Smith viajou até Urbana e Springfield antes de chegar em Decatur, onde feriu a balas um clérigo afro-americano. No Dia da Independência, Smith dirigiu até Bloomington, Indiana, onde matou Won-Joon Yoon, aluno de economia de 26 anos de idade, na Universidade de Indiana, que estava a caminho de serviço voluntário na igreja. Smith disparou contra nove outros indivíduos, mas errou. Quando a polícia encontrou o assassino, ele a obrigou a uma perseguição em alta velocidade em uma rodovia de Illinois antes de seu veículo bater contra um poste de metal. Smith deu dois tiros contra a cabeça. Ainda vivo, pressionou a pistola contra o coração e disparou o gatilho, o que, finalmente, acabou com sua vida.[168]

Jamais entenderemos completamente o estado mental exato de Smith antes e durante seus três dias de massacre. Tudo indica que, no movimento de supremacia branca e na organização de Hale, um jovem com histórico de fúria profundamente arraigada, confusão existencial e sentimentos de inadequação acreditaria ter encontrado, enfim, um senso de identidade pessoal e um lugar onde se sentia em casa. Além disso, os princípios da igreja podem ter se tornado uma forma de inverter a ordem social, de modo que Smith não se sentia mais invisível e impotente, mas, sim, superior àqueles ao seu redor. Os ensinamentos podem ter feito, ainda que de forma inadvertida, se sentir justificado em seu intenso ódio e ira, que, de início, nada tinham a ver com crenças religiosas ou de raça, deram forma e propósito a esses sentimentos. Poderia projetar nos outros a culpa por seus fracassos pessoais, os "eles" invisíveis. É possível que tenha visto a impossibilidade de Hale adquirir a licença de advocacia por essas mesmas lentes distorcidas e considerado que, se não fosse pelos afro-americanos, judeus e asiáticos, que geravam o ódio do grupo apenas por existirem, seu líder teria conseguido autorização para advogar. É intrigante perceber, contudo, que durante seu ataque "aleatório" contra membros de determinados grupos raciais enquanto dirigia por Illinois e Indiana, Smith escolheu como alvo pessoas que passavam acompanhadas por amigos e família, ou estavam na escola, ou a caminho de lugares de adoração. Cabe questionar se, por debaixo de sua raiva ou pensamentos de "supremacia", ele não se sentia profundamente inferior e invejoso em relação ao tipo de pessoa que ama e é amada, que sabe o que é pertencer a uma família ou a um cenário social tradicional. É muito simbólico o fato de que um homem que talvez tenha desejado se convencer de que não desejava nada disto — dar e receber amor em uma família tradicional ou em um círculo de amigos — tenha acabado com sua vida destruindo o próprio coração.

Talvez o leitor se surpreenda ao descobrir que em nossa opinião, Ed Gein, mencionado na introdução deste livro, também pertença ao Padrão 13. Os crimes que estamos prestes a descrever, que incluem assassinato, violação de túmulos e a transformação de pele humana e pedaços de cadáveres em roupas e utensílios domésticos são, sem dúvida, macabros e incompreensíveis. Contudo, o caso oferece a oportunidade de ressaltar o argumento de que a classificação no Índice depende, sobretudo, das motivações específicas do indivíduo e do grau de indiferença à moral associado ao fator motriz. Gein não pode ser classificado na parte mais baixa do índice porque, como veremos, não há evidências de que a natureza de seus atos fosse impulsiva, relacionada a agentes situacionais. Não há indicativos de que ele matava para eliminar pessoas que poderiam "atrapalhá-lo" ou por poder pessoal. Além disso, sua designação não pode ser mais elevada. De acordo com o índice, classificações mais altas podem envolver assassinato para obter gratificações sexuais, subjugar ou aterrorizar, ou cometer torturas sádicas. Em vez disso, parece que os crimes de Gein, como os de Benjamin Nathaniel Smith, foram incitados por raiva e cólera despertadas por um sentimento de inadequação e uma noção distorcida de que, se ele alcançasse algum objetivo, ou corrigisse algum equívoco, resolveria os sentimentos de automenosprezo implícitos. Em ambos os casos, os crimes fizeram parte de uma busca por identidade pessoal e foram estimulados por algum evento considerado a gota d'água que incitou a fúria implícita e os traços de personalidade antissocial. Essa é a essência do Padrão 13. Também precisamos perceber que, além de possíveis traços de personalidade psicopata, é possível que ambos os indivíduos tenham estado, pelo menos algumas vezes, em um estado psicótico — ou seja, agiram sob falsas crenças, alucinações ou processo de raciocínio desorganizado, um conceito que discutiremos em detalhes quando chegarmos no Padrão 20. Por ora, diremos que, se Gein agiu exclusivamente no contexto da psicose, o que afetaria sua capacidade de distinguir entre certo e errado, sua responsabilidade moral é automaticamente reduzida e, por consequência, o aspecto "maligno" de seus atos. Contudo, veremos que ele exibia um misto complexo de traços psicóticos e de psicopatia.

Edward Theodore Gein nasceu em agosto de 1906, em La Crosse, Wisconsin. Os pais eram fazendeiros e a família se mudou para Plainfield quando Gein ainda era pequeno. O pai, alcoólatra violento, que tinha dificuldades para manter um emprego fixo, trabalhou como açougueiro, vendedor de seguros e carpinteiro, encarregando a esposa de cuidar do garoto e de seu irmão, além de administrar a casa. A mãe de

Gein detestava o marido. Era uma luterana devota, advogava contra sexo antes do casamento e dizia aos garotos que todas as mulheres, exceto ela, eram prostitutas e instrumentos de Satã. Durante as leituras bíblicas diárias, destacava passagens do Antigo Testamento que tratavam de morte, assassinato e punição divina. A mãe de Gein expulsava visitantes que, segundo ela, influenciariam negativamente os filhos. Na escola, Gein era tímido e diferente; às vezes, era flagrado rindo sozinho. Foi proibido de fazer amizade com colegas de classe, sob o risco de ser punido pela mãe. Apesar das dificuldades familiares e sociais, era bom aluno, e gostava muito de ler.[169]

Quando Gein tinha 34 anos, seu pai faleceu de insuficiência cardíaca devido ao abuso do álcool, e ele e o irmão passaram a aceitar empregos menores para sobreviver, geralmente de natureza manual. Em 1944, os irmãos queimavam vegetação de pântano na propriedade, e a prática, como Gein viria a explicar, saiu do controle. O irmão foi encontrado morto, a princípio por inalação de fumaça, porém, em circunstâncias suspeitas. A cabeça exibia sinais de lesão, e o corpo não apresentava queimaduras. Alguns acreditam que Gein tenha matado o irmão e iniciado o incêndio para acobertar o assassinato, instigado por ciúmes — a morte do irmão faria de Gein o único foco de atenção da mãe, pois o pai já havia falecido.[170] É curioso imaginar quantas vezes a mãe leu a história de Caim e Abel, do quarto capítulo do livro do Gênesis, na qual Caim mata o irmão mais novo, pois sentia que o jovem recebia mais amor de Deus.

Pouco tempo após a tragédia, a mãe de Gein sofreu um derrame, ficou paralítica e foi obrigada a ficar sob o cuidado constante do filho. Ela sofreu um segundo derrame em 1945 e morreu pouco tempo depois. Gein, que havia, literalmente, perdido a única amizade que já tivera, usou pregos e tábuas para selar o quarto da mãe, a sala e os cômodos dos andares de cima e de baixo como se fossem túmulos, e manteve tudo como ela havia deixado. Esses ambientes permaneceram imaculados, enquanto o resto da casa começou a se deteriorar.[171] O passatempo de Gein eram leituras a respeito da morte, canibalismo, caçadores de cabeça dos Mares do Sul e experiências em campos de concentração nazistas[172].

Desde a infância, Gein sempre foi confuso em relação a sua identidade de gênero, e tinha esperanças de seguir os passos de Christine Jorgensen a pioneira transexual, e realizar uma cirurgia de mudança de sexo. Contudo, além do custo exorbitante do procedimento, tinha pavor da ideia de ser castrado, de modo que se pôs a pensar em como poderia "se transformar em uma mulher" sem ter que enfrentar esses obstáculos.[173] A solução foi um pesadelo que invadiu o mundo real.

Entre 41 e 48 anos de idade, Gein invadiu três cemitérios à noite e desenterrou e violou cerca de quarenta caixões. Às vezes, saía do local com cadáveres inteiros, que, em raras ocasiões, voltavam a seu lugar de repouso. Outras vezes, removia as partes que desejava. Ele disse que, durante um período, foi auxiliado por um sujeito com deficiência mental chamado Gus, que servia como espécie de Igor ao Dr. Frankenstein que Gein representava. Quando o aliado faleceu, Gein prosseguiu sozinho com os arrombamentos noturnos. Quando chegava em casa, decorava os ambientes, fazia refeições em calotas cranianas, forrava a mobília com peles humanas, que também eram usadas para criar abajures e cestos de roupa; colocava caveiras em colunas de camas e criava objetos a partir de ossos; decorou um colar com línguas; criou peças onde usou lábios, narizes e vulvas; fez luvas e calças com carne, além de um cinto decorado com mamilos. Ele disse que fez tudo isso, em parte, para prover companhia ao espírito da mãe. Para se transformar em uma mulher, Gein vestia o escalpo e o rosto removidos do cadáver de uma mulher, além de um elaborado colete, no qual havia costurado seios e uma vulva removidos de cadáveres — a vulva ficava sobre as virilhas de Gein. Foi um período de felicidade, quando dançava sob a lua na privacidade de seu quintal, vestido com o traje que criara. Mais tarde, viria a admitir que gostava de fingir que era a própria mãe quando se vestia no traje humano, fato que serviu de inspiração para Norman Bates, o personagem de Robert Bloch no romance de suspense de 1959, *Psicose,* que seria adaptado por Joseph Stefano para o clássico de Alfred Hitchcock, lançado no ano seguinte. Vale notar que não há indicativos de que as mutilações e o ato de vestir as peles fornecessem gratificação sexual sórdida a Gein, pelo menos a nível consciente. Ele também negou ter praticado necrofilia, dizendo que os cadáveres "fediam demais".[174]

Por volta de 1954, violar corpos mortos não o satisfazia mais. No início de dezembro daquele ano, Mary Hogan, 51 anos de idade, desapareceu do bar que administrava na cidade de Pine Grove. A polícia encontrou uma cadeira caída, uma poça de sangue e um cartucho usado de uma pistola calibre 32 que, três anos depois, combinaria com uma arma encontrada na casa de Gein. Depois, em 16 de novembro de 1957, Bernice Worden, 58 anos, desapareceu de forma semelhante, deixando para atrás apenas um rastro de sangue, que conduzia até o local onde, obviamente, o cadáver havia sido colocado em um veículo. O filho da vítima disse que viu Gein expressar interesse romântico pela mulher. Ele também recordava ter visto Gein conversar com Worden no dia anterior, dizendo que precisava comprar anticongelante. Quando uma nota fiscal da compra do produto foi encontrada na loja, os investigadores foram até a fazenda de Gein. O que viram lá abalou e afetou todos pelo resto de suas vidas.[175]

Em um rancho na propriedade de Gein estava Worden, pendurada de cabeça para baixo pelas vigas, decapitada, sem os genitais e eviscerada, da mesma maneira que se pendura e eviscera um veado após a caça. O coração da mulher foi encontrado em uma sacola plástica sobre o fogão, e a cabeça, encontrada em uma sacola de pano, havia sido transformada em um macabro artigo de decoração, com barbantes amarrados a pregos enterrados em ambos os ouvidos. Os órgãos estavam guardados em uma caixa no canto da casa. O rosto removido de Mary Hogan foi encontrado em uma sacola de papel, e máscaras feitas com rostos de outras mulheres estavam espalhadas pela casa. Dez cabeças foram encontradas em um tambor de papelão. Nove vulvas foram encontradas em uma caixa de sapatos e um par de lábios estava pendurado no cordão de uma cortina. A polícia também encontrou quatro narizes, unhas femininas e um corset feito da pele do torso de uma mulher não identificada. Gein confessou os assassinatos de Hogan e Worden, além do longo histórico de violação de túmulos. Ele recordava, com detalhes, quais caixões estavam vazios no cemitério. Nunca foi esclarecido se matou o irmão no incêndio "acidental".[176] Havia também dúvidas se Gein era responsável pelo desaparecimento de um homem chamado Travis e seu parceiro durante uma viagem de caça e pelo sumiço de duas garotas, Evelyn Hartley, de 15 anos, e Georgia Jean Weckler, de 8 anos. As vulvas das duas mulheres encontradas na casa não foram identificadas. Gein nunca foi ligado de forma conclusiva a esses casos.[177]

Em janeiro de 1958, Gein foi considerado incapacitado para ser submetido a um julgamento e foi enviado ao Hospital Central Estadual, em Waupun, Wisconsin.[178] Os procedimentos legais foram tomados uma década depois. Ele foi considerado culpado, porém insano, e enviado de volta a Waupun. Faleceu de insuficiência renal e respiratória em decorrência de um câncer no Mendota Mental Health Institute em 1984, aos 77 anos de idade.

Os objetivos de Gein parecem estar ligados a um modo de lidar com sentimentos de insegurança, culpa e autodepreciação em torno de sua identidade de gênero, proporcionados pelo fanatismo religioso da mãe opressora. Quanto ao estado mental de Gein, é preciso lembrar que ele teve o cuidado de invadir cemitérios e vestir os trajes feitos com peles de mulheres apenas na calada da noite; escondeu suas atividades de todos, exceto de um indivíduo com deficiência mental que não representava ameaça aos crimes; e nunca permitiu que ninguém visse os objetos decorativos produzidos a partir de cadáveres. Se realmente matou o irmão, também tomou medidas — apesar de pouco convincentes — para ocultar o crime. Além disso, ao criar os bizarros objetos artísticos, Gein demonstrou talento e habilidade técnica, que não sugerem traços de desorganização, mas uma assustadora dissociação da realidade de que os materiais que usava eram restos humanos. Pode-se especular se ele observou o pai na época em que o homem trabalhou com remoção de peles de animais; aliás, a remoção de peles de animais produz luxuosas peças de roupas e outros artigos. Muito pode-se dizer do desejo do assassino de imitar ou, até, de se transformar na própria mãe, porém, ao trabalhar as peles, é possível que tenha incorporado certos aspectos da identidade do pai. De qualquer maneira, as várias avaliações psiquiátricas de Gein o interpretaram como alguém com traços de personalidade psicótica e esquizofrenia[179], consistente com o modo como o analisamos aqui.

Além disso, Gein exibia uma mistura complexa de afeição, raiva e inveja em relação às mulheres, claramente moldada pela relação com a mãe, que, apesar dos abusos e manipulação, representava todo o mundo de Gein. Após a morte da mulher, a mente dele cedeu à bizarra fantasia de transformação. Isso pode ter representado uma introjeção primitiva ou a incorporação de uma figura-chave em sua vida, cuja perda sua frágil psiquê não foi capaz de tolerar. Vemos nisso a tentativa de negar a morte da mãe, manifestada também pelo ato de bloquear os cômodos que o faziam se lembrar dela. O último aspecto da recusa de Gein em aceitar a realidade é percebido nos cadáveres, ou partes deles, exibidos pela casa, onde os mortos voltavam à vida; porém, essas "novas vidas" estavam sob pleno controle dele. Acreditamos que o quadro aqui apresentado do "Açougueiro de Plainfield" deixa claro, à custa do apetite e do sono do leitor, por que seus vários crimes merecem um lugar no Padrão 13 do Índice da Maldade.

Categoria 3 .105

MUTILAÇÃO E DESMEMBRAMENTO:
A CLASSIFICAÇÃO NO ÍNDICE DA MALDADE

Um dos aspectos mais incomuns do caso de Gein é o elemento da mutilação e desmembramento de corpos desenterrados para criar utensílios domésticos e peças de roupa, que incluiu costurar as peles de vários indivíduos no abominável "traje humano". É importante perceber que as palavras *desmembramento* e *mutilação* não foram distinguidas de modo sofisticado até agora, de modo que costumam ser intercambiáveis tanto no vernáculo popular quanto no acadêmico, o que inclui algumas definições de dicionários. Portanto, ao escrever este livro, trabalhamos com a dra. Ann W. Burgess, pesquisadora forense e cocriadora do amplamente utilizado *Crime Classification Manual,** na tentativa de estabelecer uma distinção apropriada para esses termos. Chegamos ao consenso de que o melhor conceito para *desmembramento* é o que designa a remoção completa de uma parte grande do corpo de uma pessoa viva ou morta, por qualquer meio, principalmente a cabeça (*decapitação*), braços, mãos, torso, região pélvica, pernas ou pés. *Mutilação* pode ser definida como a remoção ou desfiguramento irreparável de uma porção menor dos membros maiores de alguém vivo ou morto, por qualquer meio. Inclui *castração* (remoção do pênis), *evisceração* (remoção dos órgãos internos) e *esfolamento* (remoção da pele). Também inclui casos em que ácido corrosivo é jogado no rosto de alguém — crime geralmente cometido por homens que desejam danificar a aparência física de mulheres que rejeitaram suas investidas. Portanto, a remoção da mão inteira constitui desmembramento, enquanto a remoção ou o ferimento de um dedo seria mutilação. A decapitação de uma cabeça inteira seria desmembramento, enquanto a remoção ou ferimento de parte do rosto é mutilação. A remoção do torso seria desmembramento, e a remoção ou ferimento do seio ou órgãos contidos na região do torso seria mutilação.

* Manual de Classificação de Crimes, em tradução livre.

Embora o leitor possa considerar que desmembramento e mutilação pertençam a um padrão elevado no Índice da Maldade, a questão é mais complexa, pois os motivos que impulsionam essas atitudes abomináveis costumam variar. Por exemplo, em relação à mutilação que envolve a remoção da pele, é imprescindível distinguir entre casos nos quais as vítimas foram esfoladas mortas ou ainda vivas. Esfolar uma vítima enquanto está viva, uma crueldade quase inimaginável, tem longo histórico como método de tortura extrema, principalmente na Europa medieval e entre os antigos assírios e chineses. Por exemplo, três imperadores chineses dos séculos III a VI — Gao Heng, Sun Hao e Fu Sheng — tinham o abominável hábito de remover o rosto de criminosos como severo ato punitivo.[180] Também acredita-se que São Bartolomeu, um dos doze discípulos de Cristo, foi esfolado vivo antes de ser crucificado, e pode ser visto em *O Juízo Final*, de Michelangelo, cobrindo com a própria pele tristonha a nuvem onde está empoleirado.[181] A morte por esse método costuma ocorrer por perda de sangue ou de outros fluidos, baixa temperatura corporal, choque ou infecção, e pode acontecer horas ou dias após a remoção da pele.[182] Um raro caso pré-século XX envolve o esfolamento de vítimas vivas por propósitos egoístas e psicossexuais: A condessa Elizabeth Báthory de Ecsed, nobre húngara dos séculos XVI e XVII, é acusada de ter torturado e matado várias mulheres. Uma das mais antigas assassinas em série de mulheres, Báthory gostava de esfolar jovens virgens em jaulas suspensas sobre espinhos afiadíssimos e as obrigava a comer pedaços da própria pele, além de vários outros abusos. A morte acontecia por mutilação ou queima das vítimas, e a condessa se banhava no sangue das mulheres na tentativa de aprimorar a própria beleza[183].

Um dos exemplos modernos mais horrendos de assassinato que envolve esfolamento de uma vítima viva é o do líder de seita de supremacistas brancos Michael W. Ryan, que violentou e matou Luke Stice, o filho de 5 anos de idade de um de seus seguidores, a princípio, como punição pelo fato de a criança expressar dúvidas em relação à existência de Deus. Após escrever "666" na testa do garoto, obrigou o pai a bater, chicotear e abusar sexualmente do próprio filho e de outro membro da seita, James Thimm, de 26 anos. Ryan, após o açoite, lançou a criança contra um armário, provocando uma lesão fatal na cabeça, e obrigou o pai e Thimm a cavar o túmulo de Luke. O líder da seita continuou a torturar Thimm por vários dias. A vítima foi acorrentada em um galpão de porcos e levou um tiro no rosto antes de ser obrigada, enquanto sangrava, a fazer sexo com um bode. O cabo de uma pá, marcado como uma régua, foi inserido repetidas vezes no reto da vítima por um grupo de seguidores da seita. Ao alcançar 60 centímetros, rompeu a parede retal de Thimm. Depois, ele foi chicoteado com vigor. Os dedos de uma das mãos foram destruídos a tiros de pistola, e o braço esquerdo foi quebrado. Nesse estágio da tortura, Thimm foi parcialmente esfolado vivo com uma navalha e um par de alicates. Ainda vivo após tamanha aflição, as pernas foram destroçadas por pedaços de madeira e Ryan pulou repetidas vezes sobre o peito da vítima até que ela, por fim, sucumbisse. O assassino recebeu sentença de morte pelas atrocidades, porém, após trinta anos na prisão, morreu de causas naturais.[184] O caso pavoroso ilustra que o ato de esfolar alguém vivo constitui uma tortura inimaginável e, quase sempre, classifica o criminoso no Padrão 22, o ponto mais elevado no Índice da Maldade. Conforme avançamos rumo a áreas do índice onde passamos a encontrar crimes que envolvem torturas abomináveis, precisamos lembrar do impacto que o ato do esfolamento tem nas famílias das vítimas, que precisam ouvir a história e imaginar a morte lenta e brutal, ou, às vezes, contemplar o corpo mutilado. Todos esses elementos intensificam a "malignidade" do ato.

Em outros casos, como o de Gein, o esfolamento de um cadáver não envolve infligir dor à vítima. Em todos os incidentes deste tipo que examinamos, os criminosos sofriam de severas doenças psiquiátricas, ou eram pessoas que matavam e esfolavam no contexto de severo trauma e maus-tratos, cujo ódio em relação ao opressor continuava, mesmo após o crime. Um exemplo é um caso de 2012, o de Jeremiah Berry, 24 anos de idade. O rapaz teria sido violentado pelo pai, o qual dizia haver recebido ordens de Deus para que Berry fizesse uma operação de mudança de sexo e se tornasse sua esposa. Berry matou o pai a tiros, desmembrou o cadáver com um machado e usou uma faca para remover cuidadosamente a pele, que foi, após a remoção, jogada para um coiote selvagem. As partes do corpo foram concretadas.[185] Apesar da atrocidade do ato de remover a pele da vítima dessa maneira, atos de tal natureza costumam ser classificados em uma posição mais baixa no Índice da Maldade, talvez em algum dos padrões da Categoria 1, correspondente a atos de violência impetuosos e impulsivos de pessoas que não apresentam traços de psicopatia, ou no Padrão 13, em que um indivíduo enfurecido, inseguro, possivelmente perturbado, com características psicopatas, comete violência com algum grau de planejamento.

De modo semelhante, o desmembramento de vítimas no caso de Gein é outra atitude terrível que parece merecer classificação imediata em uma posição elevada no Índice da Maldade, porém a categorização deve ainda levar em conta as motivações do criminoso e a circunstância de as vítimas estarem ou não vivas na ocasião. Como veremos conforme progredimos pelo Índice, o desmembramento pode servir para uma ampla gama de propósitos, geralmente ao objetivo "prático" de se livrar de um cadáver para ocultar as evidências de um homicídio. Em outros casos que analisamos, e alguns que veremos nas páginas seguintes, o desmembramento de um cadáver representa desorganização mental; excesso na eliminação de objetos de ódio extremo; prelúdio para canibalismo; ou parte de um frenesi psicológico, seguido pela conservação da cabeça ou outras partes do corpo como troféus ou para prazeres sexuais sórdidos. Quando vemos a remoção dos membros de uma vítima viva — um evento felizmente raro em tempos de paz — trata-se em geral de parte de um assassinato brutal e prolongado que merece uma posição mais elevada no índice, envolvendo tortura demorada. A decapitação de uma vítima viva é uma situação mais complexa. Em alguns casos, a decapitação é rápida, sem prolongamento sádico do sofrimento. Porém, em outras circunstâncias, pode ser dolorosamente lenta, realizada com lâmina cega ou instrumentos pequenos. Nesse caso, se executada com intenção de causar dor física e psicológica, uma classificação mais elevada no Índice da Maldade é necessária, para capturar o elemento da tortura.

CATEGORIA 3

PSICOPATAS MANIQUEÍSTAS, EGÓLATRAS E SEM REMORSO

O Padrão 14 é a classificação mais comum para assassinos no Índice da Maldade, embora assassinato não seja necessário nessa designação. Contém uma variedade de psicopatas cruéis e egocêntricos, com desejos ilimitados de enganar e roubar para satisfazer seus objetivos. São ladrões, conspiradores e trapaceiros que, muitas vezes, mimetizam sentimentos de sinceridade e confiança nos outros para prejudicá-los.

Os planos são incrivelmente inventivos, e esses farsantes não apresentam o menor escrúpulo no investimento de dias, semanas, meses e até anos para construir os relacionamentos necessários para realizá-los. Essas habilidades permitem que se infiltrem sem suspeitas na vida de alguém, a ponto de não se tornarem alvos da polícia, pelo menos por um período considerável. Quando os tipos do Padrão 14 cometem assassinato, é apenas para alcançar algum objetivo prático e egóico. É o tipo de criminoso que atira sem remorso em um segurança para obter acesso a um cofre ou que se casa com alguém de abundantes recursos financeiros, que imediatamente é eliminado para que o criminoso herde seus bens. É comum encontrarmos esse tipo de psicopata no cinema ou na literatura, já que seus charmes diabólicos e comportamento egoísta fazem deles os vilões arquetípicos ideais. É claro que, na vida real, apresentam mais nuances e complexidades.

É preciso perceber que não é incomum que pessoas classificadas no Padrão 14 se aproveitem do auxílio de aliados de mente fraca, que reconhecem a natureza do criminoso, mas sentem estranha lealdade e até afeição por ele. Esses aliados são às vezes manipulados com ameaças dirigidas a eles próprios ou pessoas próximas, e são capazes de matar se a dinâmica for adequada e poderosa. Caso não apresentem traços de psicopatia, esses cúmplices provavelmente são classificados no Padrão 3 do Índice da Maldade.

Um caso fascinante que classificaríamos neste padrão é o de Sante Kimes, cujo nome de batismo é Sandra Louise Singhrs, nascida em Oklahoma em 1934. Foi a terceira de quatro filhos de um homem do leste da Índia e de uma irlandesa de ascendência holandesa. A família se mudou para o sul da Califórnia no final da década de 1930, pouco depois o pai abandonou a família e a mãe se sentiu obrigada a recorrer à prostituição para pagar as despesas. As crianças foram mandadas para orfanatos e lares adotivos. Vendo a mãe seguir esse caminho, talvez Kimes tenha passado a acreditar que era aceitável recorrer a atividades imorais ou ilegais para satisfazer necessidades pessoais, mesmo que estas fossem além da sobrevivência em circunstâncias desfavoráveis.[186]

Por um tempo, Kimes vagou pelas ruas de Los Angeles. Ela foi abusada por vários adultos, e uma vez foi presa por roubar comida. Quando estava na sétima série, Kimes foi adotada por um casal que mudou o nome dela para Sandra Chambers, e a família adquiriu um novo lar em Carson City, Nevada. Lá, Kimes tirava boas notas na escola. Sua beleza morena se revelou no final da adolescência, e ela se tornou líder de torcida e cantava no coral da escola, quando não estava flertando com vários rapazes. Quando a mãe biológica apareceu e disse que queria levá-la de volta à Califórnia, Kimes recusou o convite. Foi também durante esse período que começou a roubar lojas e usar o cartão de crédito do pai adotivo sem que ele soubesse.[187]

Três meses depois de se formar, Kimes se casou com Lee Powers, um namorado do colégio, porém, se divorciaram depois de alguns meses por motivos incertos. Aos 22 anos, casou-se com outro rapaz com quem namorou no colégio, Edward Walker, e tiveram um filho, Kent Walker.[188] Em 1960, passou a se chamar Santee Chambers. Por volta dessa época, descobriu que era muito parecida com a atriz Elizabeth Taylor, e, às vezes, se passava pela estrela e dava autógrafos.[189] Ela também passou a usar seu poder de sedução em vantagem própria e conseguia dinheiro em troca de sexo, como a mãe fizera anos antes. Aos poucos, Kimes aprimorou suas habilidades como ladra e vigarista e, durante duas décadas, incendiou várias casas adquiridas ao longo dos anos para embolsar o dinheiro do seguro.[190] Em 1965, seduziu um vendedor de automóveis, que permitiu que ela fizesse um test drive sozinha; o carro nunca voltou à concessionária. Um tempo depois, tentou enganar um policial que a flagrou com o veículo dizendo que ainda não tinha acabado o test drive. Foi indiciada com setenta acusações de furto de carro após acumular 20 mil dólares em dívidas, usando vários cartões de crédito com uma lista enorme de nomes falsos.[191] No ano seguinte, ao ser presa por furto de carros outra vez, declarou-se culpada e foi condenada a três anos cumpridos em regime aberto, porém, logo voltou a roubar e enganar. Ela e o segundo marido se divorciaram em 1968[192].

No início dos anos 1970, Kimes conheceu Kenneth Kimes, o magnata dos motéis. Uma década depois, ele se tornou o terceiro marido dela; na época, o filho do casal, Kenneth "Kenny" Kimes Jr., tinha 6 anos. Foi então que ela adotou o nome de Sante Kimes, o último dos vários que teve. Desde jovem, Kenny aprendeu com sua mãe a mentir e furtar e, durante a faculdade, houve suspeitas, nunca confirmadas, de que tinham relações incestuosas.[193] Enquanto isso, a próspera família tinha residências em Las Vegas, Califórnia, Havaí e nas Bahamas. Kimes e o marido começaram a viajar pelo mundo e falar com grupos de direitos civis americanos a respeito de patriotismo, acumulando muito dinheiro com a venda de bandeiras americanas para escolas. Para conseguir autorização oficial do governo, conheceram a primeira-dama Pat Nixon, e em 1974 se infiltraram em uma festa na Blair House, onde conversaram com o vice-presidente Gerald R. Ford sobre o trabalho que faziam. O sucesso permitiu que continuassem a aparecer em eventos nas embaixadas e vários outros lugares, até que as trapaças do casal foram descobertas.[194]

Kimes e o marido foram presos em 1985 acusados de explorar trabalho escravo. Ela visitava vários abrigos em busca de imigrantes sem documentos, que obrigava a trabalhar como escravos para a casa da família sob ameaça de deportação. Ela ficou presa até 1994, enquanto o marido criava o filho e recebia tratamento para abuso de álcool.[195] Em 1995, o marido de Kimes faleceu devido a um ataque cardíaco fulminante, e ela ficou mais abalada pelo fato de não ter sido incluída no testamento do que pela morte do companheiro. Kimes decidiu ocultar a morte e falsificou o nome do falecido em cheques e documentos legais para conseguir os milhões de dólares que ele havia deixado.[196] Depois disso, continuaria sua carreira criminosa ao lado do filho, ludibriando e passando cheques falsos para conseguir carros e outros bens. Um jornalista apelidou a dupla de "Mommy and Clyde". Os dois mataram sem remorso várias pessoas que ameaçaram seus planos ou representaram qualquer tipo de risco a sua liberdade, como David Kazdin, um empresário que descobriu que Kimes obrigara um tabelião a forjar a assinatura dele em uma hipoteca de 280 mil dólares e ameaçou denunciá-la. Em 1998, mandou que o filho atirasse na nuca do empresário e largasse o corpo em uma lixeira no aeroporto de Los Angeles[197].

Nesse mesmo ano, Kimes bolou um plano: ela eliminaria e assumiria a identidade de Irene Silverman, 82 anos, socialite bem quista e extravagante de Manhattan, e se apropriaria da mansão de 7,7 milhões de dólares da mulher. Kimes mandou que o filho alugasse um quarto na mansão e se mudou com ele em segredo. Quando Silverman saía, a dupla vasculhava os documentos da mulher para descobrir a melhor maneira de tomar a propriedade. Silverman começou a suspeitar do pensionista e da constante presença da mãe. Em 8 de julho de 1998, quando os funcionários de Silverman se ausentaram por causa do feriado de Quatro de Julho, Kenny arrastou a mulher até o banheiro enquanto Kimes assistia tranquila a um programa na TV. Dentro do banheiro, Kimes golpeou a cabeça da vítima com uma arma de choque e disse: "Vamos, agora!". Kenny estrangulou Silverman, embrulhou o corpo em vários sacos de lixo, colocou em uma enorme mochila de viagens e jogou numa lixeira em uma construção isolada em New Jersey.[198]

No entanto, Kimes e seu filho não sabiam que o FBI estava no encalço da dupla por causa de vários crimes, inclusive pelo assassinato de Kazdin. Ambos foram presos em uma armadilha durante o encontro com um homem que acreditavam ser um amigo e aliado. No carro furtado, os agentes encontraram armas, munição, cartões da previdência social em branco, o passaporte de Silverman, as chaves da mansão e a caderneta onde Kimes praticava a falsificação da assinatura da vítima.[199] Kimes foi indiciada por 58 crimes e sentenciada a 120 anos de prisão. O filho foi indiciado por sessenta acusações e sentenciado a 125 anos. Depois, os dois foram transportados para a Califórnia, para serem julgados pelo assassinato de Kazdin. Kenneth Kimes fez um acordo em 2004 e, para evitar a pena de morte, testemunhou contra a mãe.[200] Além de descrever como e por que Kazdin e Silverman foram mortos, confessou que os dois também afogaram o indiano Syed Bilal Ahmed, um corretor da bolsa de valores, em uma banheira nas Bahamas, por ter se negado a fazer um empréstimo a Kimes. O cadáver foi jogado no oceano logo em seguida. Kimes e o filho nunca foram indiciados pelo crime adicional. Desta vez, foram sentenciados à prisão perpétua. Kimes, já idosa, faleceu atrás das grades, de causas naturais, em 2014.[201]

No momento da sentença, Kimes fez um escarcéu a respeito da injustiça de sua situação legal, e não expressou remorso em momento algum.[202] O dr. Arthur Weider, o psicólogo forense que a observou durante o julgamento, percebeu que ela exibia personalidade psicopata "sem culpa, empatia, remorso, ou peso na consciência". Ele também a descreveu como alguém de charme social e arrogante. "Ela pensa que todos são idiotas e farão suas vontades", declarou. O médico comparou o domínio que exercia sobre o filho com Svengali, o manipulador no romance *Trilby*, de George du Maurier, de 1895, e explicou que a mulher controlava completamente o filho para que executasse todo e qualquer plano terrível concebido por ela.[203]

Nosso segundo exemplo do Padrão 14 é o de Richard Wade Farley, que perseguiu e atirou em Laura Black, uma antiga obsessão. Ele matou sete dos colegas de trabalho da vítima apenas porque estavam no caminho dele em um dia fatídico. Ao recordarmos do caso de Mark David Chapman, discutido no Padrão 7, percebemos que *stalkers* que cometem homicídios podem ser classificados em diversas posições no Índice da Maldade, pois esse tipo de comportamento pode apresentar várias motivações implícitas, com níveis de crueldade variáveis. Como vimos, os indivíduos classificados aqui demonstram personalidades egocêntricas e psicopatas e buscam seu objetivo com astúcia e frieza. Se isso toma forma de perseguição, nada desejam além da posse completa do indivíduo por quem se tornaram obcecados. Stalkers dessa espécie quase que invariavelmente entendem seus sentimentos de obsessão como "amor", sem se preocupar com os possíveis danos e dificuldades que esses sentimentos unilaterais podem causar à vítima. É preciso esclarecer também que assassinos em massa como Farley podem ser classificados em vários padrões do Índice, o que também depende das motivações implícitas. Como veremos, as agressões de Farley constituem ataques propositais e meticulosamente planejados, ao contrário de um crime de paixão impulsivo, que o colocaria em uma classificação mais baixa no espectro.

Richard Wade Farley nasceu no Texas em julho de 1948, o mais velho dos seis filhos. O pai, supostamente abusivo, foi mecânico da Força Aérea, emprego que obrigou a família a se mudar várias vezes pelo país, até se fixar na Califórnia.[204] Mais tarde, Farley diria que percebia a mãe como a única pessoa que o amava[205], o que pode ou não fazer parte da idealização de outra figura feminina que perseguiria na vida adulta. Durante a infância, era isolado e egocêntrico, característica comum em futuros stalkers, e era tirânico em relação aos irmãos.[206] Ao se formar no colegial em 1966, frequentou o Santa Rosa Community College por menos de um ano, até se alistar na Marinha.[207] Lá, sua missão era reunir informações através de espionagem, o que talvez refletisse uma necessidade implícita de exercer domínio sobre outros.[208] Passou uma década na função, e, depois, começou a trabalhar como técnico em desenvolvimento de sistemas na ESL Incorporated, uma empreiteira militar localizada em Sunnyvale, Califórnia. Foi lá que, aos 36 anos, conheceu Laura Black, 22 anos, engenheira elétrica na empresa. Foram apresentados quando Farley foi visitar um colega no escritório de Black, e os três almoçaram juntos. A garota estava só aproveitando uma saída com os colegas, mas Farley "se apaixonou imediatamente".[209]

A partir desse primeiro encontro, começou a fazer visitas rotineiras à mesa de Black e insistia em convidá-la para sair. Ela recusava com educação e explicava que gostava dele apenas como "colega de trabalho"; mesmo assim, Farley persistiu. Conseguiu informações pessoais de Black e começou a enviar cartas e vários presentes, que incluíam petiscos caseiros e, conforme seu comportamento se tornou mais peculiar, um espelho em forma de coração e uma pá elétrica. Após se sentir compelida a dizer que jamais sairia com ele, mesmo que fosse "o último homem da Terra", Farley passou a assediá-la ainda mais, pois se convenceu de que a grosseira empregada ao repudiá-lo lhe concedia o direito de continuar a perseguição abusiva.[210]

Farley se mostrou um indivíduo astuto e engenhoso. Inscreveu-se na academia de ginástica de Black e, na surdina, tirava fotos enquanto ela se exercitava. Enganou um colega de trabalho para conseguir o endereço de Black, dizendo que eram bons amigos e que gostaria de fazer uma visita surpresa no dia do aniversário. Telefonava para a casa dela com regularidade, na calada da noite, e passava de carro diante de sua residência sempre que ela não atendia o telefone para se certificar do paradeiro dela. Ele violou a gaveta da mesa de trabalho de Black e fez um decalque da chave da casa dela, que usou para criar cópias. Quando ela saía para jogar *softball*, Farley ia até os jogos e se convidava para ir com o grupo comer pizza após as partidas. Quando Black saiu de licença do trabalho para visitar os pais, Farley foi até a mesa do escritório da garota pela segunda vez e localizou o endereço de onde ela estaria. De posse dessa informação, enviou uma carta com oito páginas em espaçamento simples — apenas uma das centenas que enviaria durante quatro anos. Black mudava de localização frequentemente com a intenção de despistá-lo, porém, ele a encontrava todas as vezes. De alguma maneira, esses comportamentos obsessivos criaram na mente de Farley a ilusão de que os dois se aproximavam e, no mínimo, obrigavam a vítima a saber que ele existia em um mundo no qual era invisível às mulheres.[211]

Quando vários colegas de trabalho tentavam conversar com Farley a desistir, sua reação ocorria de modo desafiador ou agressivo. No outono de 1985, Black pediu ajuda ao Departamento de Recursos Humanos, e Farley foi obrigado a buscar acompanhamento psicológico. A intervenção não teve sucesso, como costuma acontecer nos casos de stalkers do tipo paranoide que frequentam terapia. Pouco depois, ele apareceu na casa de Black e se vangloriou, de modo perturbador, a respeito de sua coleção de armas e da precisão de sua mira. Depois de prometer ao RH que pararia de perseguir a garota até a casa, de mexer no computador do trabalho e mandar cartas e presentes, voltou a persegui-la — o hiato durou apenas dois meses. A empresa interferiu mais duas vezes no início de 1986, e enviou notificações por escrito a Farley para que abandonasse os bizarros hábitos ou poderia perder o emprego. Os avisos foram ignorados e a empresa encerrou o contrato.[212] Farley escreveu a Black a respeito da demissão e disse que "não restavam alternativas" a não ser morar com ela, pois estava desempregado.[213] De alguma maneira, Black, a vítima desse comportamento ameaçador, foi acusada de ter culpa pelo caos que a vida de Farley se tornara, tudo porque havia negligenciado os sentimentos do ex-militar.

Mesmo depois de Farley conseguir emprego em outra empreiteira militar e de noivar com outra mulher, sua obsessão por Black continuou, sem interrupção. Ela cogitou várias vezes a possibilidade de conseguir uma ordem judicial, pois temia que o comportamento de seu stalker a colocasse em perigo ainda maior, um medo compartilhado pela maioria das vítimas desse tipo de perseguição. Esse medo se tornou ainda mais concreto no início de 1988, quando ele deixou no para-brisa do carro dela um envelope contendo a nota fiscal da cópia da chave da casa de Black. Em fevereiro daquele ano, ela conseguiu uma ordem judicial temporária e Farley foi proibido de contatá-la ou de se aproximar a menos de 100 metros da garota. Pouco mais de duas semanas depois, uma audiência foi marcada para que ela conseguisse uma ordem judicial permanente.[214]

Podemos apenas imaginar como Farley se sentiu nessa situação, cheio de dívidas e proibido de ter qualquer relação com o constante objeto de seu desejo. É possível que tenha sentido que havia perdido completamente o controle de sua vida — uma situação que, para indivíduos do Padrão 14, pode constituir a gota d'água. Uma semana depois da expedição da ordem judicial temporária, ele usou seu certificado de segurança da ESL para comprar um rifle Benelli Riot semiautomático calibre 12 e três mil projéteis — que custaram milhares de dólares. Na tentativa de se livrar da ordem judicial, enviou "provas" falsas ao advogado de Black, que mostravam que os dois estavam envolvidos romanticamente. As alegações, porém, foram logo descartadas. Diante disso, Farley decidiu confrontar Black na ESL na véspera da audiência, dando a ela a "opção" de desistir da ordem judicial ou de testemunhar o suicídio do stalker.[215]

Em 16 de fevereiro de 1988, ele foi até o antigo emprego vestido com coturnos, luvas pretas e um cachecol envolto na cabeça. Amarrou uma bandoleira no ombro e estava armado com o rifle calibre 12 e várias outras armas, uma faca no cinto, uma bomba de fumaça e um galão de gasolina.[216] Farley passou pelo estacionamento e atirou sem hesitar contra o ex-colega Lenny Kane, 46 anos, que morreu na hora. Mirou em outros colegas e disparou contra a vidraça na fachada do edifício. Farley disparou contra os seguranças e matou Wayne Williams, 23 anos. Também disparou contra outros cinco funcionários na escadaria, e, desses, três morreram devido aos ferimentos. Farley, feito isso, arrombou a porta do escritório de Black. Apesar da declaração de que sua intenção era de que ela testemunhasse seu suicídio, a verdade é que disparou duas vezes contra a garota; os disparos destroçaram seu ombro esquerdo, chegando a quase arrancar o pulmão desse mesmo lado; ela, após ser atingida, ficou inconsciente. O assassino foi de sala em sala e disparou contra funcionários que se protegiam sob as mesas e se trancavam em seus escritórios. A fim de garantir que as vítimas estivessem mortas, disparou o rifle à queima-roupa nas costas de cada uma. Há dúvidas a respeito da hipótese de que os colegas de Black tenham sido mortos com o propósito de ferir emocionalmente o foco da obsessão do criminoso, em uma tentativa cruel de fazê-la se sentir culpada pelas mortes trágicas. Nesse ínterim, Black, ao recobrar a consciência, conseguiu deixar o prédio em segurança, mesmo sangrando muito. Colegas estancaram os ferimentos com toalhas de papel, e colaboraram para salvar a vida da amiga.[217]

Uma equipe da SWAT chegou ao local e Farley conversou com um negociador durante o cerco, que durou cinco horas de tensão. Para passar o tempo, atirava contra computadores até que isso "não fosse mais divertido".[218] Não expressou remorso e disse que nada disso teria acontecido se Black tivesse concordado em sair com ele. O caos só acabou quando Farley decidiu que estava com muita fome. Ele concordou em se render em troca de um sanduíche e uma bebida. Farley disparou 98 tiros durante o tumulto,[219] matou sete ex-colegas e feriu outros quatro, inclusive sua "amada" Laura Black. No dia seguinte, a ordem judicial permanente foi liberada.[220] Black passou os dezenove dias seguintes no hospital e seria afetada pelos terríveis ferimentos pelo resto da vida. Farley, que se sentia bem, disse que, se fosse para a câmara de gás, "sorriria para as câmeras".[221]

Farley foi julgado em 1991, três anos após o massacre impulsionado por um ego enorme e ferido. Confessou os homicídios, mas se declarou inocente, dizendo que seu objetivo era cometer suicídio na frente de Black — uma declaração que era difícil de conciliar com os fatos incontestáveis do caso. A defesa criou a imagem de um indivíduo que, até então, nunca havia sido violento, sem histórico criminal, que teve a capacidade de julgamento afetada e que jamais mataria novamente. Em outras palavras, foi descrito como alguém que cometeu um crime passional, associado a uma classificação muito mais baixa no Índice da Maldade. A acusação, por outro lado, descreveu os esforços insistentes de Farley para transformar a vida de Black em um inferno, e como o ataque mortal fora minuciosamente planejado. Farley foi condenado por sete acusações de homicídio doloso e recebeu sentença de morte. Ele está no corredor da morte agora mesmo, enquanto este livro é impresso.[222] Após o massacre e a trágica morte de Rebecca Schaeffer, atriz de *Minha Irmã É Demais* — outro caso de assassinato a tiros por um fã obcecado, Robert John Bardo — em 1989,[223] a Califórnia, em 1990, aprovou a primeira lei antiperseguição dos Estados Unidos; aos poucos, outros estados fizeram o mesmo.[224]

CRUEL

MICHAEL H. STONE : GARY BRUCATO

QUARTA CATEGORIA

ASSASSINATOS MÚLTIPLOS OU EM MASSA COMETIDOS POR PESSOAS COM PSICOPATIA APARENTE

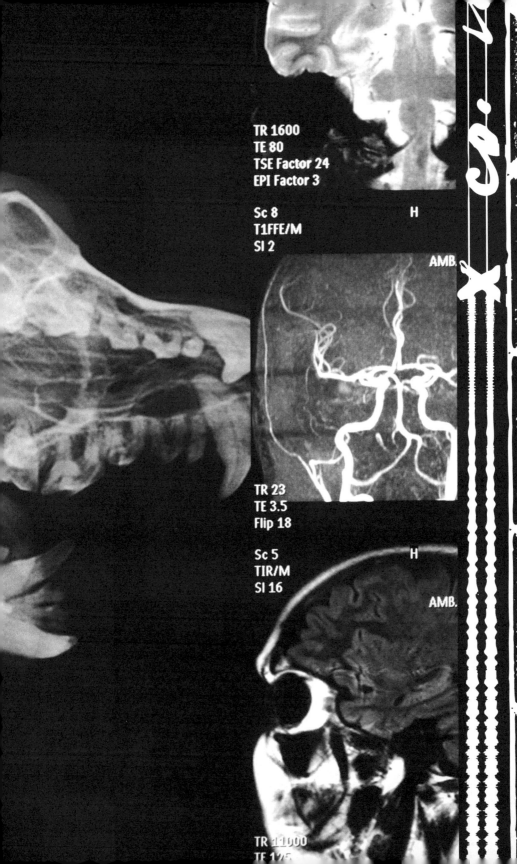

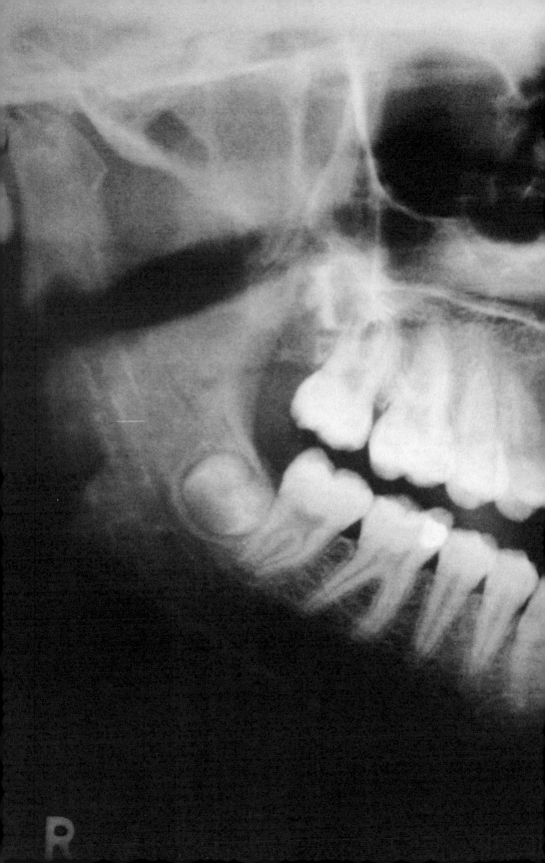

DEFINIÇÃO DE PADRÃO

Até agora, discutimos assassinos em série e assassinos em massa cuja fúria e rancor ardentes desembocam em atos de ira e violência mortal. Analisamos casos em que isso aconteceu de forma impetuosa e imediata, e outros em que indivíduos tramaram metodicamente antes de agir, muitas vezes de modo chamativo e horroroso. O leitor pode ter percebido que os assassinatos, apesar de cruéis, foram rápidos e de relativa curta duração, quase sempre realizados com armas de fogo. Nesses casos, muitas pessoas perdem a vida por causa dos objetivos egoicos de um indivíduo socialmente invisível e rancoroso, que descarrega suas inseguranças no público e exige plena atenção.

Ao avançarmos em direção aos Padrões 15 e 16, lidamos com assassinos em série e assassinos em massa de espécie ainda mais cruel e prolífica, que matam várias pessoas como parte de uma campanha maior, geralmente com grau de frieza desumano. Apesar de as mortes serem de natureza lenta — por exemplo, envenenamento ou múltiplas facadas —, o objetivo não é torturar as vítimas, o que posicionaria o assassino em uma classificação mais elevada no índice. É comum que a psicopatia e o comportamento amoral sejam evidentes, percebidos por todos; não estão ocultos sob uma camada de charme superficial, como observamos no caso de Sante Kimes.

CATEGORIA 4

ASSASSINOS FRIOS E PSICOPATAS QUE COMETEM MASSACRES

Na busca pela explicação ou pelo motivo em casos de homicídios seriais e em massa, podemos descobrir que o objetivo é, de início, associado a uma classificação mais baixa no Índice, como ciúmes, porém, depois da morte do "objeto" de conquista, a fúria do assassino se espalha de modo generalizado, e busca afetar outras pessoas, muitas vezes, estranhos. Alguns assassinos classificados aqui são conspiradores calculistas, que desejam apenas lucrar através das vítimas, porém, matam com tanta frequência e com tamanha indiferença à vida humana que a classificação no Padrão 14 é insuficiente.

Em outros casos designados ao Padrão 15, o crime é motivado por puro prazer ou desejo de incitar anarquia, muitas vezes mascarado de fanatismo espiritual. Conforme discutimos no Padrão 3, é o caso de Charles Manson e vários membros da seita. Vemos nessas pessoas evidente atitude negativa em relação às suas vidas. Manson queria que os ricos morressem para deflagrar o Helter Skelter, ou por ser um homem abandonado, que desejava fama, beleza e poder, sentia inveja?

Não é surpresa que encontremos no Padrão 15 assassinos que foram maltratados ou negligenciados desde cedo, já nos primeiros anos de vida ou após algum evento relevante alterar seus destinos. Não é incomum que esses indivíduos tenham sido abandonados pelos pais, explorados sexualmente ou abusados física e emocionalmente. Esses indivíduos, por vezes, sentem-se tão ludibriados pelo próprio contexto que acreditam ter a prerrogativa de menosprezar os direitos e necessidades dos outros, e buscam alcançar suas finalidades, sejam elas quais forem, sem compaixão ou respeito pela vida. Demonstram desdém universal pela humanidade e pela sociedade, com sentimentos de raiva em relação àqueles que os machucaram e amargura em relação àqueles que têm uma vida melhor. Em resumo, como ninguém se importou com eles, eles não se importam com ninguém. Já que a sociedade não os aceitou e os excluiu, não se importam com a sociedade. Nasceram ao acaso em circunstâncias em que foram tratados com crueldade, de forma injusta, e agora invadem as vidas daqueles que tiveram mais sorte, para nivelar o jogo. Além disso, a rejeição do mundo apenas faz com que se sintam imunes às regras e aos códigos morais. Manson, por exemplo, redefiniu certo e errado, o conceito de família, da natureza dos relacionamentos humanos e das crenças religiosas tradicionais, em um esforço para subverter o lugar-comum da sociedade.

Percebemos vários desses elementos no caso de Andrew Cunanan, que nasceu em San Diego, Califórnia, em agosto de 1969. O mais novo de quatro filhos de um filipino, seu pai foi um ex-militar da Marinha, que virou corretor da Bolsa de Valores, cuja esposa ítalo-americana sofria de depressão crônica. O casamento era tenso, e Cunanan, jovem e de inteligência precoce, costumava se refugiar em seu quarto, onde memorizava versículos bíblicos, lia histórias em quadrinhos, romances de aventuras românticas e enciclopédias. Essas características faziam dele o orgulho dos pais, que o mimavam com privilégios especiais, embora Cunanan tenha declarado que o pai o disciplinava fisicamente com rigidez durante a infância, deixando marcas no seu corpo. Frequentou a prestigiosa Bishop's School, em La Jolla, onde tirou notas altas e demonstrou proficiência em sete idiomas.[225] Seu admirável desempenho acadêmico contribuiu para o crescente senso de brilhantismo.

Após um encontro sexual com um rapaz aos 13 anos de idade, Cunanan se identificou como gay. Dois anos depois, começou a se disfarçar para entrar em bares gays, e assumiu vários alter egos. Adotou pseudônimos que, segundo ele, soavam menos étnicos, como Andrew DeSilva, inspirado no nome de um negociante de artes proeminente.[226] Era tão talentoso em se passar por alguém mais velho ou parecer alguém de vasta descendência étnica que era capaz de enganar pessoas com quem tinha interagido na noite anterior. Após se formar na escola e de ironicamente ter sido votado como O Mais Provável a Ser Lembrado no anuário, Cunanan começou a estudar história na Universidade de San Diego, onde ficou ainda mais extravagante e desesperado por atenção e validação dos outros. Ele se habituou às melhores coisas da vida e se tornou obcecado com a ideia de acumular enorme fortuna material. Cunanan descobriu que era capaz de seduzir homens mais velhos e ricos — talvez, avatares de seu pai — que o levavam a eventos sociais e o enchiam de presentes, como, em certa ocasião, um carro de 30 mil dólares. Ele também começou a ganhar dinheiro com prostituição e, às vezes, vendas de drogas ilegais. Esse estilo de vida contrastava intensamente com a situação financeira debilitada de sua família, já que o pai lutava para manter um emprego estável. Por fim, o pai fugiu para as Filipinas após acusações de fraude, e a mãe foi obrigada a se mudar para um bairro menos favorecido. Após uma discussão intensa entre ela e Cunanan, cuja intensidade provocou o deslocamento do ombro de sua mãe, ele abandonou a faculdade e foi morar com o pai em Manila. Sentindo-se envergonhado pela destituição do pai e com anseios pela vida que havia deixado na Califórnia, imediatamente se mudou para São Francisco. Lá, trabalhou como garoto de programa de luxo para homens mais velhos, entre os quais, às vezes, diplomatas[227].

Do final dos anos 1980 até meados dos anos 1990, Cunanan se envolveu com vários homens ricos, com quem, às vezes, era convidado a morar, sob o pretexto de que atuava como secretário ou assistente. Um de seus clientes apresentou Cunanan ao sexo sadomasoquista, com o jovem assumindo o papel de um escravizado obediente. Ele também participou de vários filmes pornográficos com temática violenta.

Conforme seus círculos sociais cresciam, Cunanan passou a frequentar óperas, teatros e festas elegantes. Numa dessas festas, supostamente, teria sido apresentado a Gianni Versace, o extravagante ícone da moda, na inauguração de um restaurante. Ele contaria a história, que pode ser completamente falsa, durante anos, e declarava ser amigo pessoal do designer.[228]

Em 1996, Cunanan se apaixonou por Jeffrey Trail, um rapaz formado na Academia Naval dos Estados Unidos, que o desapontou ao sugerir que o relacionamento deveria ser apenas platônico. Então, quando Trail se mudou para Minnesota com um novo namorado, Cunanan se sentiu emocionalmente devastado. Caiu em depressão profunda, ganhou peso e desistiu da aparência pessoal elegante que havia sido seu ganha-pão. Cunanan se sentia fisicamente exaurido e considerou a possibilidade de ter contraído HIV. Fez o teste, porém não voltou ao médico para conferir os resultados, que, na verdade, deram negativo. Na luta para sobreviver, Cunanan passou a furtar e traficar analgésicos, que, de forma não rara, ele próprio consumia, misturados com vodca.[229]

Mais tarde, no mesmo ano, Cunanan descobriu que Trail havia terminado o namoro, e viajou até Minneapolis, onde ficaria com o rapaz por uma semana. Lá, conheceu David Madson, um belo arquiteto, amigo de Trail, de quem imediatamente gostou. Cunanan voltou à Califórnia e continuou a se associar a ricos e famosos, e conheceu várias celebridades, como Madonna, que não lhe deu atenção, fazendo com que sentisse negligenciado. Na mesma época, desenvolveu uma atração erótica pelo ator Tom Cruise, e cobriu as paredes de seu quarto com pôsteres do astro. Amigos começaram a reparar que ele continuava a negligenciar sua aparência física e que talvez estivesse doente. A esta altura, abandonou as esperanças de conseguir outro patrocinador rico.[230]

Em abril de 1997, Cunanan começou a temer que Trail e Madson estivessem envolvidos romanticamente e, durante uma discussão com Trail ao telefone, o ameaçou de morte. Para Cunanan, o fato de Trail e Madson serem profissionais de sucesso enquanto ele lutava para sobreviver intensificava o sentimento de rancor e talvez reforçasse a noção narcisista de que apenas pessoas endinheiradas e atraentes merecem amor e atenção. Amargurado pelo pensamento de ter ficado em segundo lugar, decidiu voltar a Minneapolis, onde Madson o buscou no aeroporto. Ao chegarem na casa de Madson, Trail e o arquiteto tentaram explicar que os medos de Cunanan eram sem fundamento. A conversa levou a uma discussão intensa, e Cunanan esmagou o crânio de Trail com trinta golpes de um martelo encontrado na cozinha. Madson ajudou a envolver o cadáver em um tapete oriental, porém não se sabe se foi obrigado a colaborar. Os dois continuaram seus afazeres pelos dois dias seguintes, como se nada tivesse acontecido. Madson não entrou em contato para justificar sua ausência do trabalho, o que levou o superintendente do prédio a entrar no apartamento, onde descobriu o cadáver de Trail encharcado de sangue. Cunanan e Madson fugiram no jipe deste último; durante a fuga, Cunanan estava em posse da arma de Trail. Na saída da Interestadual 35, ao norte de Minneapolis, Cunanan tomou uma estrada que levava até uma casa de fazenda abandonada. Lá, exigiu que Madson saísse do veículo e atirou na pessoa com quem havia passado os últimos dois dias; o projétil invadiu o olho e saiu por trás da cabeça da vítima. Não se sabe se Cunanan matou Madson com medo de que o comparsa servisse de testemunha da morte de Trail, ou se foi parte de um ato cruel de vingança por ciúmes.[231] A única certeza é a de que sua fúria não foi extinta, mas se expandiu na forma de atos ainda mais horrendos.

Em 4 de maio, com os eventos de Minnesota deixados para trás, Cunanan já estava cansado de dormir no jipe de Madson e decidiu parar em Chicago. Ao entrar na famosa região Gold Coast da cidade, obteve acesso à casa de Lee Miglin, o admirado filantropo e incorporador imobiliário de 72 anos. Não se sabe se Cunanan, desfalcado de dinheiro, desejava apenas roubar a vítima, mas o certo é que assassinou Miglin — um homem que talvez fosse um símbolo de tudo o que Cunanan invejava — com crueldade indescritível. Ele amarrou os pulsos de Miglin com fiação elétrica e envolveu o rosto da vítima em fita adesiva, com apenas um espaço pequeno sob as narinas. Sem que a vítima pudesse ver o que aconteceria a ela na garagem da própria casa, Cunanan golpeou Miglin várias vezes com uma chave de fenda e uma tesoura de poda antes de cortar a garganta com um arco de serra. No frenesi, Cunanan entrou no Lexus da vítima e passou várias vezes por cima do corpo mutilado, esmagando os ossos sob as rodas. Cunanan escondeu o corpo debaixo do veículo e comeu e dormiu na casa de Miglin. Na manhã seguinte, pegou dinheiro, um relógio de pulso caríssimo e uma jaqueta de couro antes de fugir no Lexus.[232]

Cinco dias depois, Cunanan estava no Cemitério Nacional Finn's Point, que fora construído durante a Guerra Civil Americana, localizado em Pennsville, New Jersey. Lá, rendeu William Reese, o zelador de 45 anos, e o obrigou a entregar as chaves de sua caminhonete. Depois atirou à queima-roupa na cabeça da vítima, como numa execução, enquanto Reese estava na mesa do escritório. Vale observar que não houve excesso no assassinato, diferente do que aconteceu a Miglin. Desta vez, os fatores motivadores foram aparentemente de ordem prática, continuar a fuga em um novo veículo, irrastreável em relação aos assassinatos anteriores, e eliminar a testemunha. Porém, Cunanan foi descuidado, como costuma acontecer com assassinos egocêntricos, e deixou várias provas incriminadoras no Lexus abandonado, entre elas seu passaporte e a chave de fenda usada para matar Miglin. Após o quarto assassinato, Cunanan foi até Miami Beach, na Flórida.[233] Reservou um quarto de hotel com seu antigo nome falso, DeSilva, frequentou bares gays e assistiu vários filmes pornográficos sadomasoquistas por quase dois meses antes de matar pela última vez. Enquanto isso, foi colocado na lista dos mais procurados pelo FBI[234], o que, para Cunanan, pode ter sido uma espécie de glória. É possível imaginá-lo ao descobrir a notícia, hipnotizado pela palavra "procurado" e por estar na lista exclusiva de apenas dez criminosos. Para continuar a ser "procurado", teria que encontrar uma maneira de superar os assassinatos anteriores que o haviam colocado na primeira página dos jornais no país aterrorizado e aturdido.

Em 12 de julho de 1997, Gianni Versace, o suposto "amigo" de Cunanan, morador de South Beach, foi até Casa Casuarina, sua mansão, acompanhado por sua comitiva. Ao descobrir a notícia, Cunanan decidiu esperar na frente da casa da estrela. Três dias depois, enquanto Versace destrancava o portão após um passeio matinal, Cunanan se aproximou sem aviso e disparou contra as costas da vítima. Cunanan disparou a segunda vez à queima-roupa contra a cabeça do designer, caído na calçada, e fugiu do local. Versace morreu pouco depois, em um hospital próximo.[235]

A polícia perseguiu o rastro de morte multiestadual de Cunanan, e começava a se aproximar. Na caminhonete roubada de Reese, encontrada em uma garagem, havia uma lista de celebridades que o assassino pretendia perseguir, entre elas Madonna e Julio Iglesias, que foram alertados sobre as ameaças às suas vidas.[236] Cunanan se escondeu em uma casa-barco ancorada em Indian Creek, Miami Beach. Onze dias após o assassinato de Versace, um zelador foi verificar o barco do cliente e encontrou o assassino refugiado. Quando o visitante, confuso, foi embora, ouviu o que pensou ter sido um disparo. Uma equipe da SWAT cercou o barco e esperaram horas por algum movimento do homem que tinham certeza ser Cunanan. Por fim, uma equipe ofensiva arremessou latas de gás lacrimogênio e invadiu o barco, porém, encontrou o assassino caído na cama, com um tiro na boca feito pela mesma semiautomática usada para matar Madson, Reese e Versace.[237]

Após a morte de Cunanan, houve especulações de que ele teria sido incitado a cometer os crimes por acreditar — sem razão — que havia contraído HIV.[238] A hipótese sugere que esse medo o impulsionou a se vingar daqueles que poderiam ter transmitido a doença, além dos homens ricos mais velhos que o lembravam daqueles que buscavam seus serviços na cama. Na verdade, jamais saberemos quais as reais motivações do assassino, pois foram com ele para o túmulo. Ao examinar o caso como um todo, o que parece ter começado como um assassinato por ciúmes — de Trail — resvalou, em meio a uma intensa crise pessoal envolvendo feridas narcísicas, em uma onda de assassinatos com vastas possibilidades de motivações. Isso pode ter incluído a eliminação de testemunhas, como nos casos de Madson e Reese; substituição de uma ira profunda na morte de Miglin, talvez relacionada a inveja do sucesso ou rancor do homem que falhou como pai; e o desejo de obter fama permanente, no caso do assassinato do guru da moda. Como observamos no caso de Mark David Chapman, o assassinato de uma celebridade vincula o assassino à vítima por toda a história. Talvez o núcleo do caso de Andrew Cunanan seja mais bem compreendido pela poesia de William Wordsworth, tão verdadeira hoje quanto dois séculos atrás: "Que é a glória? A fagulha da tomada! Que é o orgulho? Um foguete que emula uma estrela!".

Um segundo caso classificado no Padrão 15 — particularmente macabro — é o da assassina em série Dorothea Puente, que nasceu em janeiro de 1929 em Redlands, Califórnia, e recebeu a alcunha de "Hospedeira da Casa da Morte". Os detalhes sobre sua infância são ambíguos, devido à predisposição de Puente a fabricar elementos de sua história pessoal. Ela era uma dentre sete a dezoito filhos de um casal de alcoólatras. O pai, que em algumas ocasiões apontava uma arma contra a própria cabeça e ameaçava cometer suicídio na frente dos filhos, morreu de tuberculose quando tinha 8 anos de idade. A mãe, uma prostituta violenta, morreu em um acidente de moto quando Puente tinha 9 ou 10 anos. Após passar por vários lares, foi enviada a um orfanato, onde supõe-se que teria sofrido abusos sexuais.[239]

Aos 16 anos, enquanto trabalhava, durante o dia, em um bar preparando milkshakes e, à noite, como prostituta, se casou com um soldado chamado Fred McFaul, que tinha acabado de voltar do serviço militar na Segunda Guerra Mundial. Tiveram a primeira filha em 1946 e a segunda em 1948. Uma foi enviada a morar com parentes e a outra foi entregue à adoção. No final de 1948, McFaul a abandonou por motivos incertos, e, mais tarde, ela foi sentenciada a um ano de prisão ao ser flagrada com cheques falsos que usava para comprar roupas e acessórios. Ao ser libertada apenas seis meses depois, violou imediatamente os termos da condicional e saiu da cidade. Engravidou após um encontro casual com um estranho e teve outra filha, que também foi entregue à adoção. Em 1952, se casou com o suíço Axel Johansson, com quem morou em Sacramento durante todo o relacionamento difícil, que durou catorze anos. Puente tinha surtos de violência incitados pela sua inclinação à bebida e à jogatina e pelos casos extraconjugais.[240] Durante o casamento, ela gostava de contar casos improváveis de amizades com John F. Kennedy e Jackie Onassis e com a glamurosa estrela do cinema Rita Hayworth. Mais tarde, Puente diria que conhecia Clint Eastwood, Ronald Reagan e Spiro Agnew, entre outras celebridades. Ela dizia, inclusive, que seu marido era irmão de Ingemar Johansson, o campeão de pesos pesados do boxe, o que obviamente era mentira.[241]

Em 1960, Puente foi presa por trabalhar em um bordel e disse que não fazia ideia de que estava em uma casa de reputação duvidosa, que apenas queria visitar uma amiga. Ficou encarcerada por noventa dias. Mais tarde, passou mais noventa dias atrás das grades por vadiagem. Puente, que conseguia se passar por uma cuidadora carinhosa e devota, encontrou emprego como auxiliar de enfermagem e cuidava de idosos e inválidos em domicílio, até, enfim, começar a administrar uma pensão.

Em 1966, ela e Johansson se divorciaram, e dois anos depois, com pouco menos de 40 anos de idade, ela se casou com Robert Jose Puente, 21 anos, no México. O casal abriu uma casa de recuperação, que foi fechada por causa de enormes dívidas, e os dois se divorciaram depois de apenas dois anos. Pouco antes do divórcio, adquiriram uma casa assistencial de três andares e dezesseis quartos, e Puente tomou providências para que o imóvel ficasse com ela após a separação. O quarto casamento, com Pedro Montalvo, um alcoólatra violento para quem havia alugado um quarto, aconteceu em 1976, e durou alguns meses.[242]

Por volta dessa época, Puente começou a frequentar bares e a procurar idosos, alcoólatras e viciados que recebiam benefícios do governo, e os recebia calorosamente na pensão. Ela ganhou fenomenal reputação pelas atitudes aparentemente humanitárias e pelo empenho de trabalhar com pessoas em dificuldades. Mais tarde, foi descoberto que ela falsificava as assinaturas dos pensionistas e ficava com o dinheiro das aposentadorias e do auxílio governamental. Em 1978, Puente foi indiciada com 34 acusações de estelionato e foi proibida de administrar a casa. Ela continuou a trabalhar como cuidadora nas casas dos pacientes, mas seu comportamento não mudou muito. No início dos anos 1980, drogou três mulheres com tranquilizantes para furtar seus cheques, dinheiro e bens valiosos de seus lares. Certa vez, despejou sedativo na bebida de um homem de 74 anos e roubou a casa e um anel de diamante enquanto ele estava desacordado. Foi presa por esses crimes e sentenciada a cinco anos de prisão. Infelizmente, apesar da opinião do psicólogo estadual de que ela era perigosa e não sentia remorso, foi libertada por "bom comportamento" após três anos.[243]

Em 1982, Puente abriu outra pensão, sem licença e em clara violação dos termos da condicional. Em abril daquele ano, Ruth Monroe, 61 anos, amiga e parceira de negócios, alugou um quarto e, pouco depois, morreu por overdose de codeína e paracetamol. Supõe-se que este tenha sido o primeiro homicídio de Puente e que ela enganou a polícia, para que acreditassem que Monroe havia cometido suicídio devido à depressão profunda.[244]

Várias semanas depois, Malcolm McKenzie, 74 anos, o homem que Puente havia drogado e roubado, a denunciou às autoridades, e ela foi sentenciada a mais cinco anos de prisão. Para passar o tempo, ela se correspondeu com Everson Gillmouth, um aposentado de 77 anos de idade, que morava em Oregon. Ao ser libertada após cumprir apenas três anos da sentença, conheceu Gillmouth pessoalmente e de imediato os dois fizeram planos de casamento. Puente o convenceu de que, antes de mais nada, deveriam abrir uma conta conjunta. Em novembro de 1985, Puente pagou um marceneiro para que construísse uma caixa de 60 cm por 2 metros de altura, a princípio para armazenar itens e, mais tarde, depois de encher a caixa com conteúdo misterioso e fechá-la a pregos, telefonou novamente para o marceneiro, para que jogasse a caixa em um rio. Eram apenas bugigangas velhas, ela disse. A caixa foi descoberta por um pescador meses depois, e o cadáver de Gillmouth, em avançado estado de decomposição, ali estava. Enquanto isso, Puente continuava a recolher a pensão do marido. Para a família, preocupada com a falta de informações a respeito de Gillmouth, disse que ele estava muito doente e entraria em contato assim que possível. Ela deu a caminhonete da vítima para o marceneiro, dizendo que um antigo namorado a havia deixado por lá.[245]

Três anos depois, a polícia foi até a pensão de Puente para questionar sobre o paradeiro de um interno desaparecido, Alberto Montoya, que sofria de deficiências de desenvolvimento e esquizofrenia. Ao investigar o solo remexido na propriedade, a polícia descobriu os restos mortais de Leona Carpenter, de 78 anos. Mais tarde, sete corpos de pessoas que haviam sido sufocadas, depois de dopadas com tranquilizantes, também foram desenterrados. Puente, fingindo choque e desorientação, declarou: "Não sei o que dizer!". Na verdade, os corpos eram utilizados como fertilizantes para as flores e o abacateiro, frequentes alvos de elogios. De início, a polícia não suspeitava de Puente, e durante a investigação, ela fugiu para Los Angeles, onde fez amizade com um pensionista aposentado em um bar. Então, quando foi anunciado na TV que as autoridades a consideravam como possível responsável pelos homicídios, o homem a entregou e ela voltou para Sacramento. Puente foi acusada de nove homicídios, condenada por três e sentenciada a duas prisões perpétuas. Na época em que foi detida e julgada, as pessoas não eram capazes de ver uma assassina psicopata na pequena proprietária de uma pensão vitoriana, que oferecia refeições para indigentes e adotava gatos de rua. Quando se cogitou pena de morte, um membro do júri declarou: "Executar Puente seria como executar a minha ou a sua avó". A assassina não demonstrou remorso e negou enfaticamente responsabilidade pelos crimes. Ela morreu de causas naturais na prisão em 2011, aos 82 anos.[246]

CATEGORIA 4

PSICOPATAS QUE PRATICAM MÚLTIPLOS ATOS DE VIOLÊNCIA

O Padrão 16 é reservado a indivíduos egocêntricos e psicopáticos que cometem dois ou mais atos de extrema violência, que podem incluir assassinato ou tentativa de assassinato. Contudo, também pode ser enquadrado neste padrão o indivíduo que exibe atitudes altamente perversas, como aleijar ou deformar a vítima intencionalmente, mesmo que não cometa homicídio. Portanto, o Padrão 16 será muitas vezes a classificação apropriada para criminosos que cometem repetidos atos de estupro ou sodomia com adultos ou crianças, mas não matam as vítimas, além de indivíduos que realizam dois ou mais atos de necrofilia sem que sejam os responsáveis pela morte. Estupradores e necrófilos recorrentes que cometem homicídio serão classificados no Padrão 17 ou em algum outro padrão mais elevado, a depender de vários fatores que discutiremos nos próximos capítulos. É imperativo compreender que, se qualquer uma das monstruosas atrocidades forem executadas com intenção de gerar qualquer nível de tortura em uma ou mais pessoas, o criminoso não será qualificado em nenhum padrão abaixo do 18. Porém, tortura, assassinato, mutilação ou abuso sexual de animais, sem que haja tortura de humanos, serão classificados aqui.

Alguns assassinos recorrentes neste padrão são considerados "mentes criminosas", de inteligência superior, capazes de evitar a captura por longos períodos, às vezes, pela vida inteira. São geralmente indivíduos solitários, com incrível potencial técnico, às vezes capazes de se comunicar em código ou de construir explosivos. Também utilizam técnicas para ocultar impressões digitais, pegadas, DNA e outras possíveis evidências. Os ataques costumam ser tão aleatórios e perversos que deixam toda uma área geográfica em alerta, e os criminosos podem demorar a atacar novamente, o que deixa o público apavorado na tensa expectativa do próximo crime. Esses assassinos costumam ser motivados por profundo menosprezo pela sociedade, para eles só uma massa de ignorantes, de tolos desmiolados ou de gente carente de atenção e ávida de domínio sobre os outros. Incapazes de adquirir status de celebridades através de meios aceitáveis, esses criminosos sentem-se completamente à vontade para cometer homicídio a fim de conseguir o que querem.

Outros crimes neste padrão são de natureza tão abominável que deixarão chocados e horrorizados todos que tiverem notícia deles. Considere-se, por exemplo, o caso de Norman Roderick Harrell, motorista de caminhão e caçador de quem pouco se sabe, exceto pelo medonho homicídio duplo pelo qual foi condenado aos 45 anos de idade. Em maio de 1993, farto das exigências de pensão feitas por Diane Magdeline Hawkins, a ex-namorada de 43 anos, com quem teve um filho, Harrell cortou a garganta da mulher, abriu o torso e removeu o coração, intestinos e pulmão. Depois, esfaqueou a filha de Diane, Katrina Denise Harris, de 13 anos de idade, 27 vezes, com a maioria dos golpes desferidos na cabeça com tamanha brutalidade que a faca quebrou no crânio da garota. Ela foi quase decapitada. O coração, que também foi removido, nunca foi encontrado. Hawkins deixou outros cinco filhos; Kiki, de vinte e dois meses de idade, foi encontrada aos prantos ao lado dos restos ensanguentados da irmã. No julgamento, um manual de caça que pertencia a Harrell foi exibido ao júri, e continha instruções sobre como "eviscerar" um animal, muito semelhantes à maneira como Hawkins e Harris foram mutiladas.[247] As provas mostraram que o crime não foi cometido em um rompante passional, mas planejado em detalhes. O assassino não optou por métodos rápidos e limpos para eliminar duas pessoas que considerava enfadonhas, mas escolheu trucidá-las com brutalidade. Conforme avançamos pelo índice, precisamos nos preparar para o grau de maldade que encontraremos nos limites superiores, onde uma história chocante como a de Harrell parecerá apenas um prelúdio. Por ora, discutiremos outros três casos do Padrão 16 que ilustram a variedade de crimes designados a esta classificação.

Terry Driver nasceu na Colúmbia Britânica, região rural, em janeiro de 1965. Não se sabe muito sobre os pais, exceto pelo fato de que era filho de um policial condecorado de Vancouver. A relação com os pais era supostamente positiva, o que, se for verdade, faz dele um ponto fora da curva no que diz respeito ao Índice da Maldade e à criminologia. Há alguns indicativos de que talvez desejasse atenção do pai, que sempre estava ocupado. No início da infância, foi diagnosticado com "disfunção cerebral mínima" e transtorno de hiperatividade/déficit de atenção, embora tenha negado qualquer lembrança de comportamento hiperativo na juventude. Dos 6 aos 11 anos, frequentou um colégio especial para jovens problemáticos por causa de sua agressividade, enquanto os irmãos ficavam em casa. Aos 12 anos, desenvolveu tiques comportamentais, como flexionar o pescoço e sacudir a cabeça. Driver concluiu o colegial como parte de um programa de preparo de carreira na área de impressão, e procurou emprego como operador de imprensa. Também tentou seguir os passos do pai na carreira policial, mas foi rejeitado. Depois disso, começou a monitorar o bairro como se fosse policial, enquanto ouvia uma das rádios policiais do pai e fazia várias ligações a linhas de emergência para relatar roubos e outros crimes. Se imaginarmos todos os membros da polícia como avatares do pai, é possível compreender que Driver desejasse a constante atenção do grupo — a qualquer preço. Aos 24, foi diagnosticado com síndrome de Tourette e, um ano depois, se casou e teve dois filhos.[248]

Em outubro de 1995, em Abbotsford, perto de Vancouver, duas amigas de 16 anos, Tanya Smith e Misty Cockerill, iam juntas até uma festa na casa do namorado de Cockerill. Era tarde da noite e as amigas conversavam sobre as superstições em torno do fato de que era sexta-feira treze. Cockerill mais tarde se recordou de que fez uma "piada de mau gosto" sobre "ficarem alertas a algum maluco que podia pular do meio do mato e tentar nos estuprar". Elas riram e continuaram a andar até a casa do rapaz. De repente, pararam ao ouvir a voz de um homem — era Driver — que perguntou se queriam "se divertir", mas foi ignorado. Repetiu a pergunta e, quando as amigas se viraram, congelaram de medo ao perceber que o homem segurava um taco de baseball de alumínio. Ele as empurrou para os arbustos e exigiu que tirassem as roupas. Cockerill implorou para que não serem mortas. Na tentativa de enganá-lo para que pudessem fugir, fingiu um ataque de asma, mas Driver não se convenceu e deu uma risada. As garotas se deitaram no chão e, enquanto o homem abria sua calça atrás delas, Cockerill o atacou. Driver desferiu sete golpes na cabeça da garota, que ficou inconsciente. Ela acordou horas depois, com uma mistura de sangue e fluido cerebrospinal que escorria do ouvido. Atordoada, caminhou até um hospital próximo, onde uma enfermeira gritou de pavor assim que viu a garota. Ao ver seu reflexo em uma janela, Cockerill desmaiou pela segunda vez. Sete fragmentos do crânio foram encontrados alojados na superfície do cérebro. Quatro dias depois, Cockerill foi informada de que a amiga não sobrevivera ao ataque. Driver havia estuprado e espancado selvagemente Smith, que por fim tinha sido jogada, ainda com vida, no rio Vedder, morrendo afogada.[249]

Driver foi ao funeral de Smith ao lado dos dois filhos, e lá fez o papel de um cidadão preocupado e consternado. Pelos sete meses seguintes, telefonou repetidas vezes para a polícia, mas desta vez não oferecia dicas sobre crimes; prometia futuros ataques e fazia provocações de que as forças policiais jamais o encontrariam. Novamente, se interpretarmos os policiais como símbolos do pai, então, seria ele — o pai — que precisaria ir ao encontro do assassino faminto de atenção. Driver invadiu o cemitério onde a vítima havia sido enterrada e vandalizou a lápide com obscenidades sexuais, uma ameaça à sobrevivente do ataque e a promessa de que "ela não foi a primeira e não será a última". Driver removeu a lápide com um pé de cabra e considerou deixá-la perto do rio, onde havia violentado e matado a adolescente, mas acabou escolhendo uma estação de rádio local. Depois telefonou para o radialista e o instruiu que saísse do prédio para ver o que o criminoso havia deixado no estacionamento. Ele admitiria que sentiu prazer em incitar a cobertura da mídia.[250]

Dias depois, uma mulher telefonou às autoridades e disse que uma carta presa por dois alicates havia sido arremessada para dentro da janela de sua casa. No envelope estava escrito: "Do Matador de Abby; disque 911". Como vários criminosos que desejam atenção, Driver havia adotado um apelido que poderia ser utilizado pela imprensa. Na carta, descreveu obscenidades sobre os ataques a Smith e Cockerill e se vangloriou de outros três ataques a mulheres de Abbotsford. Quando mencionou que mordera o mamilo de Smith, detalhe que o público desconhecia, a polícia soube que era realmente o assassino. Também surgiram detalhes dos outros crimes mencionados. Foi alegado que o assassino de Smith havia atacado sexualmente uma garota de 12 anos ao agarrá-la por trás enquanto ela esperava diante da casa de uma amiga, mas a menina conseguiu escapar; que atacou uma segunda mulher por trás e desferiu um soco em seu rosto; e que havia espancado uma terceira com um objeto pesado, o que a deixou inconsciente e com uma fratura craniana quase fatal.[251]

As duas vítimas forneceram retratos falados à polícia, que, combinados à voz registrada em um dos telefonemas provocativos de Driver, foram liberados ao público. A mãe do assassino, Audrey Tighe, reconheceu a voz e informou as autoridades. Ele foi preso em maio de 1996 e condenado pelo homicídio doloso de Smith e pela tentativa de homicídio de Cockerill. Recebeu sentença de prisão perpétua e teria direito à condicional apenas depois de 25 anos da pena cumpridos. Em 2000, Driver foi condenado pelos ataques a outras duas vítimas e considerado um criminoso perigoso, cuja consequência prática foi a extinção do prazo fixado para a hipotética concessão de liberdade condicional — agora, em tese, ele poderia nunca mais ser libertado. Cockerill adotou uma postura corajosa e exemplar de extrair algo positivo da tragédia, da qual ainda sofre sequelas, e atua como conselheira de luto na assistência de famílias de vítimas de homicídio.[252]

No Padrão 16, também encontramos o caso bizarro de Gwendolyn Graham e Cathy Wood, um casal de mulheres que cometeu cinco assassinatos juntas como parte de um "laço de amor". As informações sobre o histórico da dupla são limitadas. Graham nasceu na Califórnia em agosto de 1963 e foi criada em Tyler, no Texas. Foi descrita como "tímida e respeitosa" na época da escola, e sempre parecia triste. Mais tarde, diria que sofrera abuso sexual por parte do pai, mas o fato nunca foi confirmado. Aos 24 anos, começou a trabalhar como auxiliar de enfermagem na Casa de Repouso Alpine Manor, em Grand Rapids, Michigan. Wood, que também atuava como auxiliar de enfermagem, era sua superior. Nascida em março de 1962, Wood se casara na adolescência e, quando ela e o marido se separaram sete anos depois, sentiu-se completamente sozinha. Graham e Wood se deram bem de imediato e, por volta de 1986, um romance havia desabrochado entre as duas.[253]

Wood se apaixonou profundamente por Graham, que era mais dominadora e possuía um repertório de práticas sexuais mais vasto que o seu. Por motivos eróticos, Graham gostava de prender a parceira e sufocá-la até que quase perdesse a consciência.[254] Em janeiro de 1987, isso já não era suficiente. Às vezes, antes de fazer amor, a dupla alcançava excitação sexual sufocando juntas pacientes mais velhas da casa de apoio. Vale notar que o estímulo erótico não surgia a partir do estupro ou de ataques sexuais às vítimas, o que as colocaria no Padrão 17, e não no 16. No primeiro assassinato, Graham entrou no quarto de uma mulher com Alzheimer, escolhida pela incapacidade de se defender,

Categoria 4   .137

e a sufocou com uma toalha de rosto enquanto Wood ficava de guarda. Cada uma das assassinas entendia que o fato de compartilharem os assassinatos impedia a outra de abandonar o relacionamento, e isso reforçava o laço entre elas. Pelos quatro meses seguintes, repetiram a rotina tétrica quatro vezes. As pacientes, que tinham de 65 a 97 anos, sofriam de alguma forma de demência ou eram totalmente incapacitadas. Todas foram sufocadas por Graham com uma toalha pressionada contra a boca e narinas enquanto Wood vigiava. O casal transformou a escolha das vítimas em um jogo macabro, e optava por mulheres cujas iniciais coletivamente soletravam "MURDER", assassinato. Quando perceberam que isso era mais desafiador do que pensavam, decidiram contar cada assassinato como um "dia" e Wood escreveu um poema a Graham em que declarava: "Você será minha para sempre e por cinco dias". Graham começou a colecionar lembranças das vítimas para reviver os assassinatos. Os itens incluíam um lenço, uma tornozeleira, um broche e algumas dentaduras, mas essas lembranças nunca foram encontradas.[255]

Em abril de 1987, o relacionamento começou a ceder. Wood ficou desconfortável com a ideia de matar para demonstrar seu amor, e ficou aliviada ao ser transferida para outro turno. Enquanto isso, Graham começou a namorar outra colega de trabalho e viajou com ela para o Texas, o que fez Wood se sentir abandonada pela segunda vez na vida. Graham começou a trabalhar em um hospital em Tyler. Wood confessou os crimes para o ex-marido e, vários meses depois, relatou as mortes às autoridades. Ambas foram presas em dezembro de 1988.[256]

Durante o julgamento, Wood fez um acordo em troca de uma sentença atenuada e testemunhou que era Graham, de caráter dominador e impulsivo, que planejava e executava os assassinatos enquanto ela apenas mantinha guarda. Graham declarou inocência e disse que as mortes faziam parte dos "jogos manipuladores" de Wood. Apesar da falta de provas físicas, o júri foi convencido pela nova namorada de Graham, segundo quem ela havia revelado ter assassinado cinco pessoas na Casa de Repouso Alpine Manor. Graham foi considerada culpada pelos cinco homicídios qualificados e de associação para o crime*, o que resultou em cinco prisões perpétuas — ou, se preferir, para sempre por cinco "dias". Wood, condenada por um homicídio doloso e associação para crime, foi sentenciada a vinte anos para cada acusação.[257]

---

* Na lei brasileira, diferente do que acontece nos Estados Unidos, a associação para o crime envolve três ou mais pessoas. Apenas a associação para o tráfico prevê a participação de duas ou mais pessoas.

Um livro sobre o caso, escrito por Lowell Cauffiel, oferece outro ponto de vista e retrata Wood como uma conspiradora psicopata, que pode ter elaborado toda a história como vingança contra Graham por ter sido trocada por outra mulher, ou talvez tenha cometido os assassinatos e culpado Graham, que era inocente.[258] Contudo, não foram essas as versões aceitas pelo júri do caso em 1989.

O último caso do Padrão 16 é do tipo "manipulador", descrito no início deste capítulo. Poucos criminosos invadiram tanto a imaginação do público quanto o Assassino do Zodíaco dos anos 1960 e 70, que nunca foi capturado* e que enviava cartas provocadoras, criptogramas infernais e usava táticas astutas que evitavam sua descoberta. Ele inspirou os assassinos sangue-frio fictícios dos filmes *Perseguidor Implacável*, de 1971, e *O Exorcista III*, de 1990; foi o tema do elogiado filme de David Fincher de 2007, *Zodíaco*, e de mais de uma dúzia de livros; foi mencionado em letras de bandas de rock e heavy metal; e acredita-se que tenha influenciado pelo menos dois imitadores, Heriberto Seda, de Nova York[259], e Seito Sakakibara, o assassino de crianças japonês.[260] Imaginamos que é exatamente o que um ególatra como o Zodíaco desejava. Apesar de terem existido vários suspeitos do caso desde 1968, inclusive um seleto grupo que realmente foi levado em consideração,[261] o Assassino do Zodíaco ainda está solto ou faleceu. Como resultado do anonimato, não temos registros biográficos ou histórico criminal. Porém, temos muitas informações sobre suas características e motivações a partir de testemunhas oculares, análise de várias cenas de crime e as próprias palavras do criminoso, encontradas nas várias cartas e cartões que enviava à imprensa e a um famoso advogado.[262]

O primeiro assassinato do Zodíaco pode ter sido Cheri Jo Bates, de 18 anos, em 30 de outubro de 1966, embora isso ainda seja assunto para debate. Por volta das 21h30, a adolescente foi espancada e esfaqueada várias vezes com uma faca de lâmina curta, em um beco no campus da Riverside City College, na Califórnia. Não houve indicativos de roubo ou ataque sexual e a polícia não identificou possíveis testemunhas. Depois de passar algumas horas estudando na biblioteca da faculdade, Bates caminhou até o carro, que havia sido danificado pelo assassino metódico

---

* De tempos em tempos, surgem teorias sobre quem teria sido o Zodíaco. A última delas ocorreu em outubro de 2021, pelos Case Breakers, um grupo de investigadores independentes que alega ter identificado o assassino. O Departamento de Polícia de Vallejo não confirmou a informação.

e paciente. Tudo indica que houve uma luta. A polícia encontrou um relógio Timex no chão, possivelmente arrancado do pulso do assassino, e uma pegada tamanho 40 ou 42 de uma bota militar no chão de terra próximo. Quase exatamente um mês depois, uma confissão anônima, com detalhes do crime até então ocultos do público, foi enviada para o Departamento de Polícia de Riverside e para um jornal local, o *Press-Enterprise*. O texto dizia, em parte:[263]

> ELA ERA JOVEM E BONITA
> MAS AGORA FOI ESPANCADA E ESTÁ MORTA. NÃO FOI A
> PRIMEIRA E NÃO SERÁ A ÚLTIMA
> FICO ACORDADO À NOITE E PENSO NA MINHA
> PRÓXIMA VÍTIMA. TALVEZ SEJA A LOIRA BONITA QUE TRABALHA
> NA LOJINHA E PASSA PELO BECO ESCURO TODA NOITE PERTO
> DAS SETE HORAS.
> OU TALVEZ SEJA A MORENA DE OLHO AZUL E CORPO
> ESCUTURAL [SIC] QUE DISSE NÃO QUANDO EU A CONVIDEI PARA
> SAIR NA ÉPOCA DA ESCOLA.
> OU TALVEZ NÃO SEJA NENHUMA DAS DUAS. MAS EU
> ARRANCAREI AS PARTES DE MULHER DELA E MOSTRAREI PARA
> TODA A CIDADE.
> ENTÃO, É MELHOR NÃO FACILITAREM. MANTENHAM
> SUAS IRMÃS, FILHAS E ESPOSAS LONGE DAS RUAS
> E DOS BECOS. A SRTA. BATES FOI BURRA. FOI PARA
> O MATADOURO COMO UMA OVELHA. NÃO FOI
> AGRESSIVA. MAS EU FUI. FOI MUITO DIVERTIDO.

O assassino descreveu que arrancou o fio do meio do distribuidor para avariar o carro da vítima. Então, esperou na biblioteca até que ela saísse, a seguiu e observou enquanto a bateria exauria a carga cada vez que dava a partida. Ele ofereceu uma carona no próprio carro até uma oficina próxima, e conversaram sem problemas. É possível imaginar que o assassino tenha aparentado ser alguém inofensivo e prestativo, sem exibir traços da brutalidade que havia planejado. De repente, no meio da conversa, ele disse, "Agora é a hora" e ela perguntou, "Hora do quê?". A resposta foi: "Hora de você morrer". Ele relatou que, depois de acertar Bates, apalpou o seio, mas — e isso é imprescindível para que compreendamos suas motivações — ele estava mais concentrado em matá-la como ato de vingança por rejeição:

SÓ TINHA UMA COISA NA
MINHA CABEÇA. FAZÊ-LA PAGAR POR TER ME DESPRESADO
[SIC] DURANTE TODOS ESSES ANOS. ELA MORREU FEIO. SE
CONTORCIA E TREMIA ENQUANTO EU A ESTRANGULAVA.
E OS LÁBIOS FICARAM TORTOS.
ELA GRITOU E CHUTEI A CABEÇA DELA PARA QUE CALASSE A
BOCA. ENFIEI A FACA E A LÂMINA QUEBROU. DEPOIS, CORTEI
A GARGANTA
PARA CONCLUIR O SERVIÇO. NÃO SOU DOENTE.
SOU LOUCO. MAS ISSO NÃO VAI ACABAR
COM O JOGO. ESTA CARTA DEVE SER PUBLICADA
PARA QUE TODOS LEIAM.

Se o relato era verdadeiro, Bates devia conhecer o assassino. Porém, parece improvável que ela tenha aceitado acompanhá-lo às 21h30 depois de recusar vários de seus convites. É mais provável que não se conhecessem e que ele a observava de longe. Provavelmente, era apenas um símbolo para o assassino — um objeto de enfoque e substituição por anos de rejeição por vários membros do sexo oposto, que claramente passou a desprezar. Percebemos isso na fantasia da mutilação da genitália da vítima. Além da natureza conspiratória, da frieza e da misoginia, é revelador o que podemos deduzir dos fatos do caso de Bates e da confissão detalhada, das referências do assassino ao processo de perseguição e da interpretação da morte das mulheres como "um jogo": tudo sugere que ele sentia prazer em processos predatórios como meio de exercer domínio e controle sobre mulheres. Também percebemos satisfação na manipulação da polícia e da imprensa, e um desejo de usar a mídia como forma de provocar medo e chamar atenção do público em geral. Nessas características, bem como na exigência de que a carta fosse publicada para que "todos leiam", patenteia-se um profundo egocentrismo. Em março de 1971, o Zodíaco escreveu uma aparente confissão do assassinato de Bates[264] ao *Los Angeles Times,* porém, conforme veremos, não era incomum que ele assumisse a autoria de crimes não solucionados, provavelmente cometidos por outras pessoas, com a intenção de aumentar a contagem de vítimas e amplificar sua assustadora imagem pública.

Em dezembro de 1966, seis meses após o assassinato de Bates, um poema foi encontrado cauterizado em uma mesa na biblioteca da Riverside City College, em uma caligrafia que seria atribuída ao Zodíaco. Vale notar o uso escasso de letras maiúsculas e a gramática simples, sem dúvida um recurso artificial executado por um indivíduo inteligente:[265]

Cansado de viver/sem vontade de morrer
corte.
limpo.
se vermelho /
limpo.
sangue jorra,
escorre,
pinga,
sobre todo o
vestido novo.
ah, bem,
era vermelho
de qualquer jeito.
vida drenada a
morte incerta.
ela não vai
morrer desta vez
alguém vai encontrá-la.
apenas espere
até a próxima vez.
RH

O significado das duas últimas letras do poema nunca foi descoberto. Elas não correspondem a nenhum suspeito seriamente cogitado como o Zodíaco.

Em 30 de abril de 1967, vários meses depois, a polícia e a *Press-Enterprise* receberam cópias de outra carta anônima, desta vez escrita à mão. O pai da vítima recebeu uma terceira cópia: "BATES TEVE QUE MORRER HAVERÁ OUTRAS". Cada uma foi assinada com uma letra indecifrável, ou número, que lembrava um "2" — talvez fosse um "Z".[266] É preciso lembrar que, em 1970, o especialista em análise caligráfica Sherwood Morrill conectou o poema gravado na mesa da biblioteca e as cartas de 1967 ao indivíduo que viria a se identificar como Zodíaco[267], e sugeriu que, se não foi ele quem matou Bates, sem dúvida estava na região de Riverside e se inseriu no caso.

Dois anos após o assassinato de Bates aconteceu um homicídio duplo em Vallejo, Califórnia, cuja autoria o Zodíaco viria a assumir, dando detalhes da cena do crime que apenas o criminoso e a polícia conheciam. Em 20 de dezembro de 1968, pouco depois das 23h, David Faraday, 17 anos, atleta do colegial, e Betty Lou Jensen, 16 anos, estavam dentro da van do rapaz em um estacionamento remoto na Lake Herman Road, nos limites da cidade. Era o primeiro encontro, e jovens casais usavam a região como local para seus romances. De repente, alguém se aproximou e disparou duas vezes contra a lateral esquerda do carro, como se desejasse que o casal tentasse escapar pela porta direita do veículo. Quando Faraday saiu, o estranho apontou o cano da arma atrás da orelha esquerda do rapaz e puxou o gatilho; o crânio explodiu. O garoto caiu na traseira do carro, onde morreu. Jensen fugiu a pé e foi perseguida pelo agressor, que, a três metros de distância e em quase plena escuridão, atirou cinco vezes nas costas da garota, o que demonstrou uma pontaria incrível. Ela morreu na estrada, a cerca de dez metros do carro. Mais tarde, seria revelado que o assassino havia amarrado uma pequena lanterna na mira da arma, o que permitia que visse claramente onde a bala penetrava na vítima. Não houve indícios de roubo ou violência sexual, e nenhuma testemunha foi identificada.[268] Vários fatos desse homicídio duplo são dignos de nota, no que se refere a nossa discussão sobre misoginia e satisfação derivada da manipulação e caça de pessoas, como vimos no caso de Bates. O assassino pareceu menos interessado na vítima masculina, que foi eliminada imediatamente, e a vítima feminina foi perseguida, provavelmente enquanto o assassino degustava os gritos de terror que a garota emitia em sua fuga no escuro. Também houve uma confissão cheia de vaidade, fornecida para a polícia e vários jornais. Em seguida houve outro assassinato, ocorrido quase sete meses depois.

Pouco depois da meia-noite, no encerramento das festividades de Quatro de Julho, em 5 de julho de 1969, Darlene Ferrin, uma garçonete de 22 anos, estava em um estacionamento isolado acompanhada por Mike Mageau, um operário de 19 anos, no Blue Rock Springs Park, em Vallejo. Enquanto conversavam, um veículo parou atrás do carro onde estavam e o motorista se aproximou com uma lanterna forte. Pensando que se tratava de um policial, os dois imediatamente mostraram seus documentos de identificação. Sem aviso, o estranho disparou três balas em Ferrin e duas em Mageau com uma pistola semiautomática 9mm. Quando Mageau gemeu de dor, o agressor disparou mais duas vezes em cada vítima. Isso permitiu que Mageau visse o criminoso. Ferrin morreu cerca de meia hora depois dos disparos, e Mageau se recuperou e forneceu um retrato falado às autoridades. Tratava-se de um homem, caucasiano, na faixa dos 30 anos, entre 1,70 e 1,80 metro, encorpado, rosto arredondado e cabelos castanhos.[269]

Semelhante aos outros assassinatos, não houve roubo ou agressão sexual. Minutos depois da morte de Ferrin, o departamento de polícia de Vallejo recebeu um telefonema de um homem que assumiu responsabilidade pelo "duplo homicídio". Após fornecer o endereço do crime, acrescentou: "Também matei aqueles garotos ano passado" e encerrou a chamada com um "Adeus" grave e provocador. Mais tarde, a ligação foi rastreada até uma cabine telefônica localizada na frente do escritório do xerife, o que indica que o Zodíaco não era apenas ousado, mas se interessava em observar a atividade policial que havia provocado. Da cabine, o assassino também podia ver a casa de Ferrin.[270] Além disso, o marido da vítima, os pais e o irmão receberam um telefonema uma hora e meia após o assassinato, muito antes de a mídia descobrir a história, e tudo que ouviram foi uma respiração ofegante.[271] Esses fatos sugerem que o assassino podia ser alguém conhecido de Ferrin, ou, pelo menos, alguém que a perseguia. Vale notar que, como no caso Faraday-Jensen, o alvo principal parece ter sido a mulher, que recebeu mais disparos, enquanto Mageau sofreu lesões menos sérias e sobreviveu ao ataque.

No último dia de julho, em 1969, três jornais, o *Times-Herald,* de Vallejo, e o *Chronicle* e o *Examiner* de São Francisco, receberam cartas de alguém que assumiu os créditos pelo homicídio duplo em Lake Herman Road e pelo ataque a Ferrin e Mageau e especificou com precisão a munição utilizada, o número de disparos efetuados, as posições dos corpos, o ferimento no joelho de Mageau e os detalhes do vestido que Ferrin usava. Ele também enviou um terço de um código complexo para cada jornal, com um total de 408 símbolos misteriosos, e disse que continham sua identidade. O autor fez a ameaça de que, caso os criptogramas não fossem publicados, cometeria uma onda de crimes e mataria uma dúzia de pessoas. As cifras foram publicadas.[272] Enquanto Oficiais da inteligência Naval, CIA, FBI e NSA se esforçavam para decodificá-las, Donald Gene Harden, professor de história e economia, tentou decifrar o código, sendo, em uma momento posterior, auxiliado por sua esposa, Bettye. Ela foi muito inteligente ao deduzir que um indivíduo egocêntrico como aquele, responsável pelos assassinatos e pelo código, começaria o texto com "eu". Do mesmo modo supôs que usaria a palavra "matar", o que indicaria que talvez a frase de abertura pudesse ser algo como "eu gosto de matar". Sua intuição foi certeira. Com a frase decodificada, os segredos do criptograma foram descobertos aos poucos.

O assassino havia desenvolvido uma cifra de substituição, na qual cada letra do alfabeto havia sido trocada por uma letra ou símbolo. Ele usou um símbolo quinze vezes para que os decifradores do código presumissem, de forma incorreta, que correspondia à letra "E", a que aparece com mais frequência na língua inglesa. Para o "E" verdadeiro, usou sete símbolos diferentes. Ao que parece, grafou errado de propósito algumas palavras. A mensagem perturbadora, que não tinha pontuação, provavelmente outro truque para dificultar a decodificação, dizia, em parte[273]:

EU GOSTO DE MATAR PESSOAS
PORQUE É MUITO
DIVERTIDO É MUITO MAIS DIVERTIDO DO QUE
MATAR ANIMAIS DE CASSA [SIC] NA FLORESTA PORQUE
O HOMEM É O ANIMAU [SIC] MAIS PERIGOZO [SIC] DE
TODOS MATAR
ALGUMA COISA ME DÁ A
EXPERIÊNCIA MAIS EMPOLGANTE
É MELHOR ATÉ DO QUE
TRANSAR COM UMA GAROTA

No resto da carta, o autor explica que mata para colecionar escravizados que o servirão no pós-vida. Tratava-se provavelmente de uma pista falsa para fazer com que os investigadores acreditassem que era louco ou impelido por crenças espirituais sombrias, mas não há como ter certeza. Mesmo que não passasse de invenções do Zodíaco, o conteúdo da carta revelava que sua motivação decorria de um senso de grandiosidade, além de demonstrar sua fome de poder e dominação.

É interessante perceber que a mensagem fazia referência ao sombrio conto de Richard Connell de 1924, "The Most Dangerous Game" [O Jogo/A Caça Mais Perigoso(a)], em que o Conde Zaroff, um caçador impiedoso farto de rastrear animais, caça pessoas atraídas a uma ilha isolada.[274] É interessante perceber, também, que tanto *Zaroff* quanto *Zodíaco* começam com "Z", uma letra incomum. A passagem final do texto do assassino, transcrita acima, deixa claro que ele tinha menos interesse em prazeres sexuais do que na onda de adrenalina que o tomava ao perseguir e matar uma vítima e no sentimento de superioridade advindo do ato. Apesar da promessa de fornecer a identidade, a decodificação do texto não revela o nome do autor. Uma semana depois de enviar as criptografias, ele voltaria a escrever para o *Examiner,* iniciando o texto com o que viria a se tornar o sombrio pseudônimo: "Quem fala é o Zodíaco". Em seguida, fornecia novas descrições sobre os crimes na Lake Herman Road e Blue Spring Rocks.[275]

O ataque mais bizarro do Zodíaco aconteceu em 27 de setembro de 1969. Dois alunos da Pacific Union College, Bryan Hartnell, 20 anos de idade, e Cecelia Ann Shepard, de 22, relaxavam sobre um lençol às margens do glorioso lago Berryessa, perto de Napa. Shepard percebeu que eram observados por um sujeito atarracado, que se escondeu atrás de uma árvore, depois atrás de outra, e assim, se aproximava cada vez mais de suas presas. Quando surgiu detrás da última árvore, usava um capuz cerimonial preto, de formato retangular, e uma peça que descia sobre seu peito e exibia um círculo amalgamado a uma cruz, que lembrava a mira de uma arma. Os olhos do homem estavam ocultos por lentes de óculos escuros acopladas ao capuz, que cobriam dois buracos de olhos na máscara. No lado direito do cinto havia um coldre e, no esquerdo, uma lâmina de 25 ou 30 cm na bainha. Como um todo, o traje — dispensável para assassinatos, mas que provavelmente fazia parte de uma fantasia psicológica complexa — dava ao Zodíaco o visual macabro de um executor medieval. Várias características lembravam os adornos usados pelo Conde Zaroff na adaptação de 1932 da RKO da história de Connell.

Ao se aproximar de Hartnell e Shepard, o misterioso estranho segurava uma pistola semiautomática. O casal conversou com o sujeito, que disse ser um fugitivo da prisão, que havia matado um policial e precisava de dinheiro para fugir para o México. Sem dúvida, uma fabricação para ocultar suas reais intenções — não faz sentido usar uma roupa tão elaborada para executar um mero assalto. É curioso também que o criminoso tenha esperado poucos minutos até revelar seu verdadeiro objetivo. Por que teria fingido ser um assaltante por um período tão breve? Será que se estimulava ao surpreender as vítimas com um ataque violento? Ou talvez a mentira tenha servido para manter as vítimas calmas e mansas até serem incapacitadas. Para fazer isso, o Zodíaco exigiu que Shepard amarrasse Hartnell com uma corda de varal, que pegou do bolso, antes de fazer o mesmo com ela. Então, com Shepard e Hartnell deitados de barriga para baixo, o homem esfaqueou ambos agressivamente. Primeiro atacou Hartnell, perfurando as costas do rapaz seis vezes, enquanto Shepard assistia, horrorizada.[276] Ela foi esfaqueada 24 vezes. Após os golpes nas costas, contorcendo-se de dor, girou e foi atingida no seio, na virilha e no estômago.[277] O fato de ela ter sido esfaqueada muito mais vezes do que Hartnell e de modo mais agressivo corrobora a ideia de que o Zodíaco sentia mais raiva das mulheres, porém, se há elementos sexuais em jogo na mutilação da genitália da vítima, só podemos especular. Após o ataque brutal, o Zodíaco caminhou quase quinhentos metros até a estrada, onde, com uma caneta hidrográfica, marcou o símbolo na porta do carro de Hartnell e, abaixo, anotações sobre locais e horários de vários ataques. Depois, telefonou de um telefone público para o escritório do xerife do condado de Napa para relatar o crime.[278]

Quando os policiais chegaram, Shepard estava consciente, a ponto de descrever o ataque às autoridades. Ela entrou em coma e morreu dois dias depois. Hartnell, apesar de sangrar muito, sobreviveu.[279] Na cena do crime, os investigadores encontraram pegadas tamanho 41 feitas por botas Wing Walker. Por serem botas militares especiais usadas para caminhar nas asas de aviões, cogitou-se que o Zodíaco poderia ter histórico militar.[280]

Duas semanas depois, em 11 de outubro de 1969, um passageiro entrou em um táxi no bairro Presidio Heights, em São Francisco. Paul Stine, o motorista de 29 anos, dirigia o veículo para se sustentar enquanto fazia o doutorado em inglês. Ao chegarem ao destino solicitado — a esquina da Washington com a Maple, próxima de Presidio —, o veículo foi redirecionado ou forçado a parar a uma quadra de distância, na Washington com a Cherry. Tal alteração, apesar de parecer insignificante, causou muitas especulações. Qualquer que tenha sido o motivo, o passageiro pressionou a pistola semiautomática contra a cabeça de Stine e puxou o gatilho; o taxista morreu no local e o assassino pegou sua carteira e as chaves do carro, provavelmente para forjar um assalto, além de levar um bom pedaço da camisa listrada do rapaz. Os investigadores encontraram impressões digitais ensanguentadas, provavelmente deixadas pelo assassino. A polícia também interrogou três crianças que haviam testemunhado a terrível situação da janela de casa. Policiais encontraram um homem que caminhava pela Cherry, porém, a rádio havia comunicado que o suspeito era afro-americano, então, o sujeito não foi abordado ou interrogado. Esse homem era, na verdade, o Zodíaco. Ao perceberem o equívoco, os agentes forneceram um retrato falado que combinava com as características já conhecidas do assassino.[281] O caso de Stine foi inicialmente interpretado como um assalto que deu errado, porém, dois dias depois, o Zodíaco enviou uma carta ao *Chronicle* e assumiu a autoria do assassinato e — para que ninguém duvidasse — enviou um pedaço da camisa do taxista manchada de sangue. O assassino também dobrou a aposta, ameaçando disparar contra o pneu frontal de um ônibus escolar e depois "atirar nas criancinhas conforme elas saíssem".[282] É possível imaginar o poder que deve ter sentido ao manipular a polícia, os jornais e as massas, em meio às quais vagava como uma serpente invisível. Ao se mudar para uma cidade nova e maior e matar um homem escolhido ao acaso, em vez de atacar um casal, o Zodíaco alterara seu modus operandi para que ninguém se sentisse a salvo do assassino misterioso. É possível que esta tenha sido a sua intenção ao assassinar Stine.

Em 8 de novembro de 1969, o Zodíaco enviou um cartão de felicitações ao *Chronicle* com um criptograma de 340 símbolos que nunca foram solucionados. O texto adicional no cartão dizia: "Poderiam imprimir estas cifras na primeira página? Me sinto muito sozinho quando sou ignorado, tão sozinho que sou capaz de fazer o que faço de melhor!!!!!!".[283] No dia seguinte, enviou uma carta ao mesmo jornal e disse que, já que a polícia havia "mentido" a seu respeito, ele não anunciaria mais os assassinatos e faria com que seus crimes parecessem assassinatos rotineiros e acidentes.[284] Como já mencionamos, o assassinato de Stine foi considerado, de início, um assalto normal que deu errado. John Douglas, o famoso analista criminal, ao verificar o desenvolvimento do caso décadas depois, se pergunta se o Zodíaco se assustou ou se ficou alerta depois de passar tão perto da polícia na noite do assassinato de Stine. O analista propôs que o Zodíaco pode ter buscado uma compensação ao fazer a terrível ameaça às crianças no ônibus escolar e ao enfatizar que a polícia não era capaz de pegá-lo por ser astuto demais. O assassino se vangloriou do fato de que, na noite da morte de Stine, policiais o abordaram e falaram com ele, que foi capaz de enganá-los. Além disso, pode ter sentido medo e parado de matar — apesar de ainda desejar constante atenção em larga escala e poder. Ao declarar que não anunciaria mais os assassinatos e faria com que parecessem crimes triviais, o Zodíaco criou a possibilidade de assumir a autoria de qualquer caso não resolvido que desejasse. Podia deixar todos confusos e assustados sem ter que assumir nenhum risco, cometendo novos crimes.[285] O Zodíaco também anexou um diagrama de uma bomba desenhado à mão, com aspecto verossímil, que chamou de "máquina mortal" e de sua "obra-prima", e fez uma provocação ao escrever que seria um desafio encontrá-la.[286]

Em 20 de dezembro de 1969, um ano depois dos assassinatos de Faraday-Jensen, o Zodíaco enviou uma carta ao famoso advogado Melvin Belli. Em anexo, outro pedaço da camisa de Stine. Ele disse que queria o auxílio do advogado, mas uma "coisa" nele o impedia de pedir ajuda, algo que considerava "muito díficiu [sic] de controlar".[287] Não se sabe se foi um pedido de ajuda sincero ou, como Douglas cogitou, um apelo por atenção durante um final de ano solitário.[288] De qualquer maneira, ele nunca conseguiu ajuda direta de Belli.

Em atitude condizente com a hipótese de que desejava elevar artificialmente o número de suas vítimas sem ter que cometer novos crimes, o Zodíaco se vangloriou de dez assassinatos em 20 de abril de 1970 para o *Chronicle*, porém, apenas cinco foram confirmados — se Bates for incluída na lista.[289] Dois meses depois, escreveu ao *Chronicle* novamente, enviando um criptograma com 32 símbolos e um mapa da área da baía de São Francisco com a cruz-círculo desenhada sobre o Monte Diablo, rodeada por vários números misteriosos. Ele disse que as duas pistas levavam à localização da bomba, supostamente enterrada e programada para detonar no outono — o que nunca aconteceu. O Zodíaco também se vangloriou de ter matado doze vítimas e disse, de modo vago, ser o responsável pelos tiros em "um homem dentro de um carro estacionado"[290], uma possível referência ao assassinato do sargento da polícia Richard Radetich[291], nunca solucionado. Acredita-se que a execução tenha sido um ato de vingança pela recusa da exigência feita pelo Zodíaco no final de abril, de que as pessoas usassem bótons com o símbolo da cruz-círculo.[292] Em outra carta, enviada em 24 de julho de 1970, ele disse que, ainda por vingança contra essa ofensa, cometera um crime não solucionado anunciado pela imprensa, que envolvia uma mulher chamada Kathleen Johns.[293] Elementos do caso, que combinam com o padrão do Zodíaco, mantiveram acesos os debates sobre seu envolvimento nos acontecimentos de 22 de março de 1970.

Naquela noite, Johns dirigia de San Bernardino até Petaluma; estava grávida de sete meses e ao seu lado estava a filha de dez meses. Em uma rodovia perto de Modesto, um homem em um carro atrás dela começou a buzinar e piscar os faróis, o que a fez parar no acostamento. O motorista, aparentando sincera preocupação, também parou e disse que havia percebido que o pneu traseiro direito do carro dela estava solto. Ofereceu-se para apertar os parafusos. Gentileza feita, o aparente bom samaritano foi embora e Johns voltou para a estrada logo em seguida. Alguns minutos depois, o pneu se soltou do carro e o estranho voltou e ofereceu carona à mulher até a oficina mais próxima. Ela entrou no carro com a filha. Johns começou a achar que havia algo estranho porque, sempre que passavam diante de uma oficina e ela mencionava o fato, o motorista mudava de assunto. Em dado momento, perguntou: "Você sempre ajuda pessoas na estrada à noite?". Ouviu como resposta:

Categoria 4   .149

"Quando termino, elas não precisam mais de ajuda". Seguiram de carro por cerca de trinta minutos, por atalhos e ruelas da cidade de Tracy, até que, de repente, ele se virou para Johns e disse: "Você sabe que vai morrer. Sabe que vou matar você". E acrescentou: "E vou jogar o seu bebê pela janela". Quando o motorista parou em uma interseção, Johns saltou do carro com a filha no colo e se escondeu em um campo; o motorista a perseguiu com uma lanterna enquanto gritava que não era preciso temê-lo. Isso remete às mentiras contadas para tranquilizar Hartnell e Shepard antes que fossem brutalmente esfaqueados no lago Berryessa. O motorista desistiu de procurar Johns e o bebê e, enfim, deixou o local. Mais tarde, o carro da mulher seria encontrado incendiado e destroçado. Ao conversar com as autoridades após a terrível provação, Johns reconheceu o rosto do Zodíaco em um pôster de procurados na delegacia; era o homem que havia oferecido a carona aterradora a mãe e filha.[294] Se o assassinato de Bates em 1966 foi, realmente, trabalho do Zodíaco, o método semelhante de se passar por um estranho benfeitor que oferece carona a uma mulher com o carro danificado torna esse incidente um caso de destaque.

O Zodíaco enviou uma de suas cartas mais peculiares ao *Chronicle* em 26 de julho de 1970.[295] Retomando seu desejo narcísico de ver as pessoas com os bótons com seu codinome e a suposta crença de que no além-túmulo seria senhor e mestre daqueles que matava, fez uma nova ameaça que revelou uma natureza sádica, um pouco diferente da demonstrada nos assassinatos, perpetrados sem prolongamento da dor. Nessa carta elevou o suposto número de vítimas para treze. Escreveu:

> Se não usarem os bótons, eu vou (além de todo o resto) torturar os 13 escravos que esperam por mim no Paraízo [sic]. Alguns amarrarei sobre formigueiros e observarei conforme gritam + se contorssem [sic] e retorcem. Em outros, enfiarei lascas de madeira debaixo das unhas + serão incendiados. Outros serão colocados em jaulas + alimentados com bife salgado até ficarem empanturrados e os ouvirei implorar por água e rirei na cara deles. Outros serão pendurados pelos dedões + queimados no sol e esfregarei seus corpos com calor extremo para que esquentem ainda mais. Outros removerei a pele ainda vivos + deixarei que corram enquanto gritam.

Então, em uma tentativa de ser criativo, o assassino parafraseou a música "The Punishment Fit the Crime", escrita por W.S. Gilbert e Arthur Sullivan em 1885 para a comédia musical *The Mikado*. Ele mudou a parte da "pequena lista" da letra e acrescentou coisas que gostaria de fazer aos escravizados e, de certo modo, a todos que o ofenderam e menosprezaram: "E todos os jogadores de bilhar jogarão na sela [sic] de uma sala escura com tacos tortos + Sapatos Apertados. Sim, me divertirei muito ao causar muita dor aos meus escravos".

O Zodíaco então passou da paródia do imperador do título à paráfrase de Ko-Ko, o alto-mestre executor de Titipu. Se considerarmos a identificação do Zodíaco com o personagem, é interessante perceber que, antes de merecer a posição de assassino imponente, Ko-Ko era um indivíduo insignificante que trabalhava como alfaiate. Não sabemos se o Zodíaco foi alfaiate — sem dúvida, o traje que usou no lago Berryessa sugere talento para costura — porém, de qualquer maneira, é fácil ver como a ideia de uma pessoa qualquer que detém poder de vida e morte em suas mãos pode ter atraído a atenção do criminoso. Parte da cantiga reimaginada do Zodíaco dizia: "Algum dia, talvez precise [sic] encontrar alguma vítima. Tenho uma pequena lista. Tenho uma pequena lista de criminozos [sic] que poderiam estar a sete palmos e ninguém jamais sentiria falta jamais sentiria falta".

E a lista termina: "Mas não importa quem você coloque na lista, pois ninguém sentirá falta deles, ninguém sentirá falta deles". É interessante perceber que, embora a cantiga tenha intenção de comunicar a inferioridade e a inutilidade de possíveis futuras vítimas, pode da mesma forma ser interpretada como referência ao próprio Zodíaco — a seus próprios sentimentos de invisibilidade. Vale notar que o Zodíaco deu sequência ao discurso com comentários não relacionados sobre o código do Monte Diablo e a bomba que supostamente escondeu no subsolo. Isso parece estar de acordo com a hipótese de Douglas, de que os assassinatos seriam compensações pelos sentimentos de inferioridade, com características dramáticas e violentas.

Em 27 de setembro de 1970, Paul Avery, o repórter do *Chronicle* que cobria o caso do Zodíaco, recebeu um cartão de Halloween perturbador, ilustrado com um esqueleto na capa e com as palavras: "Do Seu Amigo Secreto: Sinto nos ossos, você quer saber quem sou. Tenho vontade de dizer". Dentro, a mensagem dizia: "Mas, se contar, vai ter que morrer! BU!". O Zodíaco havia colado um esqueleto ao lado do texto, suspenso em uma pose de crucificação. Ele desenhou o símbolo da cruz-círculo no cartão; as palavras "Paraízo" [sic] e "Escravos" no meio dos termos "Por Fogo", "Por Armas", "Por Faca" e "Por Corda"; imagens de olhos arregalados; e a tétrica ameaça: "Peek-A-Boo, você já era". Pouco depois, Avery recebeu uma carta anônima que mencionava pela primeira vez a possível ligação entre o assassinato de Cheri Jo Bates e o caso do Zodíaco.[296]

Quatro meses depois que Avery descobriu o caso de Riverside, o Zodíaco escreveu, pela primeira vez, para o *Los Angeles Times,* o jornal de maior circulação da Califórnia, fato nada surpreendente. Alfinetando as autoridades pela incapacidade de prendê-lo, escreveu: "Tenho que dar o crédito por terem encontrado minhas atividades em Riverside, mas só encontram as fáceis, fiz muito mais por lá. O motivo pelo qual escrevu [sic] ao Times é que Eles [sic] não me enterram nas últimas páginas como os outros". Após confessar um crime que pode ou não ter cometido, registrou a última contagem de corpos, bastante exagerada, com "+ de 17" vítimas.[297] Depois, o Zodíaco ficou em silêncio durante anos — talvez por causa de um período de encarceramento ou por ter passado por algum tratamento em um hospital psiquiátrico.

A carta seguinte atribuída ao Zodíaco — e confirmada — foi enviada ao *Chronicle* no final de janeiro de 1974. Desta vez, elogiou *O Exorcista,* de William Friedkin, rodado em 1973 e baseado no romance homônimo de William Peter Blatty, publicado em 1971, e descreveu o filme como "a melhor comédia qe [sic] já vi". Além de usar mais do humor sombrio de *Mikado,* ele incluiu um símbolo peculiar e jamais explicado, e elevou o número de vítimas para "37".[298] Seis meses depois, o assassino enviou um bilhete anônimo ao mesmo jornal, com sua caligrafia peculiar, mas sem os costumeiros problemas gramaticais, o que indica que, provavelmente, fingiu a ortografia ruim o tempo todo. Ele expressou "consternação" a respeito do "mau gosto" e da "falta de sensibilidade" do jornal nos poucos anúncios do filme *Terra de Ninguém*, de Terrence Malick, de 1973, baseado nos assassinatos-relâmpago de Charles Starkweather e Caril Ann Fugate, em 1958. O filme se passa um ano depois dos eventos verídicos. Os anúncios diziam: "Em 1959, a maioria das pessoas matava tempo. Kit e Holly matavam pessoas". O Zodíaco declarou: "À luz dos eventos recentes esse tipo de glorificação do assassinato é, no máximo, deplorável (não que a glorificação da violência possa ser justificada)". Dois meses depois, ao que parece, o Zodíaco enviou outra carta anônima ao *Chronicle,* desta vez para expressar pseudopreocupações sobre o colunista antifeminista Conde Marco Spinelli. "Joguem Marco de volta ao buraco de onde saiu — ele tem problemas psicológicos sérios — com sentimentos de superioridade

—, sugiro que o levem a algum psiquiatra." Isso, evidentemente, era o roto falando do rasgado, e a ironia exibida provavelmente tinha o objetivo de divertir o próprio assassino.[299]

Depois, ao que tudo indica, o Zodíaco desapareceu para sempre — se presumirmos, é claro, que não continuou a matança e fez seus crimes parecerem casos de rotina que jamais seriam ligados a ele. Em várias ocasiões, houve especulações de que crimes cometidos por outros assassinos em série pudessem ser, na verdade, trabalho do Zodíaco. Isso inclui, por exemplo, o caso de Ted Kaczynski, o Unabomber,[300] um homem que matou três vezes e que tinha um perfil de "mente criminosa" semelhante ao do Zodíaco. O caso do Zodíaco em São Francisco foi marcado como "inativo" em 2004, porém foi reaberto em 2007. Está ativo até hoje em Napa e Riverside.[301] Enquanto este livro é escrito, investigadores trabalham em cooperação com laboratórios particulares na tentativa de encontrar informações no DNA do assassino a partir dos envelopes de duas das cartas enviadas. Essas informações podem ajudar a identificar o Zodíaco através de um website de genealogia, uma técnica que, em 2018, levou à identificação de Joseph James DeAngelo como suspeito em outro antigo caso não solucionado da Califórnia, o do Assassino de Golden State.[302]

Douglas, ao analisar o desaparecimento do assassino e a improbabilidade de seu ressurgimento, supõe que o Zodíaco possa ter cometido suicídio, pelo fato de que não havia mais vítimas a serem reivindicadas e/ou motivos para continuar o diálogo.[303] Provavelmente jamais saberemos. Mesmo que o homem que se autodenominava Zodíaco jamais seja identificado, ele conseguiu o que queria: várias pessoas "torturadas" e fascinadas pelos atributos imponentes e esfíngicos de suas palavras e ações, enquanto ele segue vivo, muito depois de encerrada sua carreira criminal, numa espécie de além-túmulo folclórico.

CRUEL

MICHAEL H. STONE : GARY BRUCATO

QUINTA
CATEGORIA

ASSASSINOS EM SÉRIE,
TORTURADORES E SÁDICOS

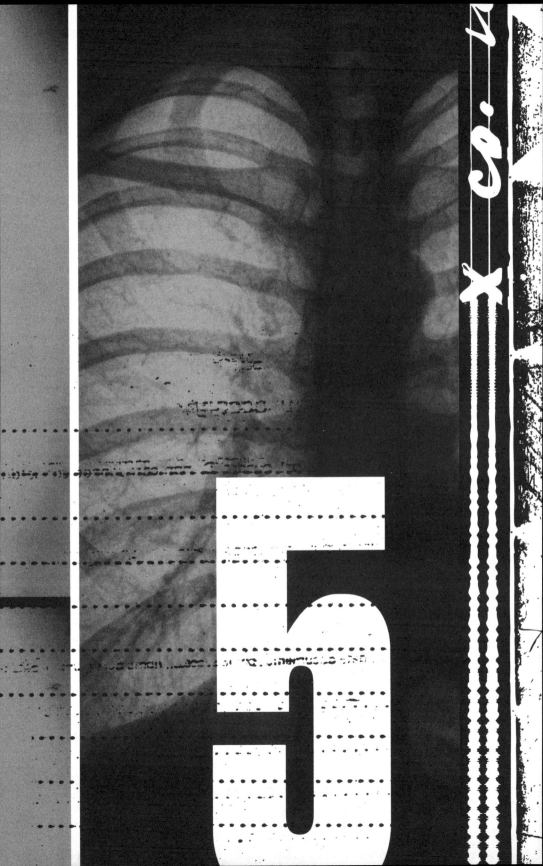

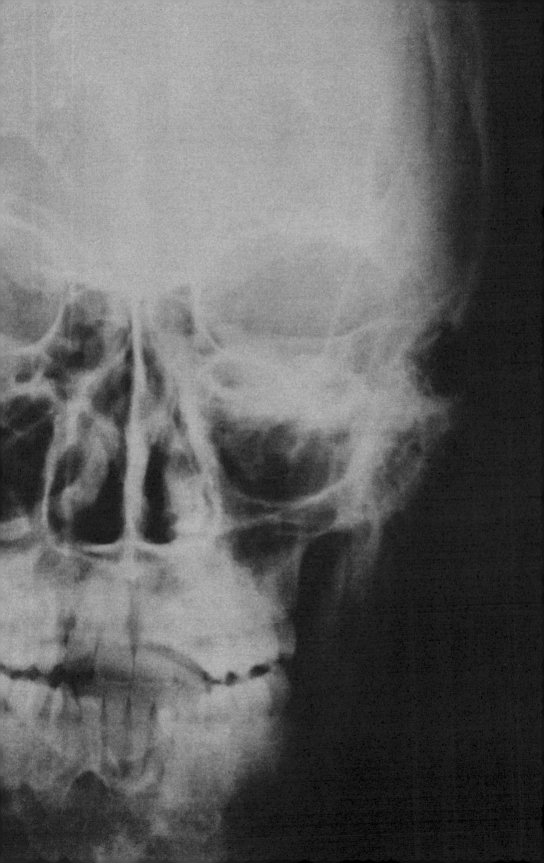

DEFINIÇÃO DE PADRÃO

17

Com a transição para o Padrão 17, adentramos em um território mais sombrio no Índice da Maldade — os padrões que englobam os assassinos em série, torturadores e sádicos. Os criminosos encontrados a partir daqui serão geralmente classificados nos Padrões 17, 18, 20 e 22. Os indivíduos designados ao Padrão 19, que aterrorizam pessoas por motivações sexuais, financeiras ou com outros propósitos, e ao Padrão 21, que submetem as vítimas a tortura extrema, não possuem histórico de assassinato. Porém, como mencionado no primeiro capítulo, a definição atual de assassino em série utilizada pelo FBI é problemática, pois omite qualquer referência a motivações implícitas, o que torna possível que um assassino múltiplo seja tecnicamente compatível com os critérios de um assassino em série e ainda seja classificado abaixo do Padrão 17. Sabe-se que, quase invariavelmente, esse tipo de criminoso mata com propósitos de gratificação sexual e, na maioria dos casos, teve contato sexual com as vítimas. Porém, conforme o próprio FBI aponta, esse não é o único fator motivacional. A ideia de que assassinatos em série aconteçam exclusivamente por desejos de gratificação sexual é um mito perpetuado por descrições em literatura não acadêmica e filmes,

Categoria 5   .157

bem como na televisão. Na verdade, existem assassinos em série motivados pela emoção da caça, por ganhos financeiros, fúria extrema e desejo de chamar atenção.[304] Dito isso, é imprescindível perceber que a análise de uma motivação primária específica de um assassino é indispensável para a classificação no Índice da Maldade. É o grau de amoralidade associado às intenções, impulsos e comportamentos repetitivos do assassino, bem como a presença ou ausência de premeditação, que determina a designação mais apropriada ao criminoso. Portanto, assassinos em série classificados no Padrão 17 ou em outros mais elevados no Índice não são motivados pela busca de atenção, ganância ou pela eliminação de pessoas que impedem seus planos, mas pelo desejo de dominação e poder sobre outros através de vários assassinatos, tortura sádica, estupro ou abuso sexual.

Existem outros mitos que precisam ser desfeitos antes de continuarmos nossa discussão a respeito do índice. Por exemplo, assassinos em série são geralmente percebidos como solitários disfuncionais, porém, na verdade, muitos vivem vidas aparentemente normais e permanecem incógnitos por longos períodos.[305] Várias pessoas acreditam no perfil típico do assassino em série como homem caucasiano de vinte e poucos anos. Antes de mais nada, esses assassinos existem em várias categorias raciais.[306] A informação estatística da inestimável Serial Killer Database (SKD), desenvolvida pelo dr. Michael G. Aamodt, da Universidade Radford, e pelos drs. Terry Leary e Larry Southard, da Universidade Florida Gulf Coast, torna isso bastante claro. Desde janeiro de 2018, a SKD contém informações a respeito de 4.995 assassinos em série e 13.961 vítimas desses criminosos dos Estados Unidos e outros países, cobrindo um período de 118 anos.[307] Análises sugerem que apenas 50,6% dos assassinos em série que agiram nos EUA eram caucasianos, enquanto 40,8% foram afro-americanos, 6,6% hispânicos, 1% asiáticos, 1% nativos americanos.[308] Em segundo lugar, apenas 26,7% dos 3.204 assassinos localizados nos EUA registrados em um relatório de 2016 da SKD cometeram os primeiros assassinatos na década dos 20 anos, e apenas 12,2% eram caucasianos e faziam parte desta faixa etária.[309] Em oposição a outra crença popular, não é comum que assassinos em série cometam homicídios em amplas extensões geográficas; na verdade, preferem se ater a áreas definidas onde possam se sentir confortáveis e no controle da situação, a menos que sejam do tipo itinerante, ou tenham empregos que exijam viagens frequentes.[310] Assassinos em série nem sempre são gênios do mal capazes de enganar as autoridades. Na verdade, podem exibir desde transtorno de personalidade limítrofe a intelecto superior.[311] A média do QI entre 298 assassinos em série de que se tem informação é de 93,6, ou seja, na faixa do normal, considerando-se a população em geral. O desvio padrão para essa nota é de 25,2 — 1,7 vezes o desvio padrão de 15 visto na população em geral, o que reflete uma mistura de QIs muito baixos até muito elevados.[312] Raramente são "insanos", em termos legais, e são muito mais suscetíveis a exibir transtornos de personalidade e de relações interpessoais do que problemas psiquiátricos.[313] Finalmente, não é verdade que assassinos em série não são capazes de parar de matar ou que, em algum nível, anseiam por serem capturados e detidos.[314]

Uma crença popular a respeito de assassinos em série que corresponde à análise empírica é que são quase sempre homens; a SKD confirma que é o caso de 93% dos assassinos em série identificados no mundo todo e 91% dos que atuam nos Estados Unidos.[315] Dos 67,31% de todos os criminosos conhecidos, a ampla maioria deles atua nos Estados Unidos. A Inglaterra, nação com segunda maior taxa conhecida de assassinos em série, possui apenas 3,4%[316].

Entre as 11.949 vítimas de assassinos em série atuantes nos EUA entre 1900 e 2018, a idade média é de 22,86 — com valor intermediário de 30.[317] Houve vítimas de todas as idades, desde tenra infância até centenárias.[318] Vemos uma divisão perfeita entre homens (49,5%) e mulheres (50,0%).[319] A grande maioria das vítimas são caucasianas (67,2%), enquanto 25,4% são afro-americanas, 7% são hispânicas, 1,8% são asiáticas e menos de 1% são nativos americanos ou aborígenes.[320] A maioria foi assassinada na Califórnia (14,18%), enquanto o menor grupo foi assassinado na Dakota do Sul (0,07%).[321] Em termos dos métodos de assassinato mais comuns, a análise de 10.495 vítimas de assassinos em série nos Estados Unidos indica que a maioria foi morta a tiros (44%), e outras foram estranguladas (21%), esfaqueadas (14,8%), espancadas (9,4%), envenenadas (6,9%). Mais raros são os assassinatos por machado (1,4%), afogamento (0,9%), sufocamento (0,6%), fogo (0,6%), atropelamento com alguma espécie de veículo (0,2%), overdose (0,2%) e negligência e/ou abuso (0,1%)[322].

É de conhecimento geral que a maioria dos assassinatos de rotina é cometida por indivíduos que conheciam as vítimas. Portanto, não é estranho que as autoridades iniciem a investigação do homicídio com as pessoas mais próximas delas. Contudo, em assassinatos em série, é normal que as vítimas não conheçam o assassino. Isso dificulta a identificação dos propósitos do assassino, o que impede a identificação de possíveis suspeitos. Para afunilar as possibilidades investigativas, as autoridades tentam discernir motivações psicológicas incomuns por trás de uma série de assassinatos que podem ou não ter alguma conexão.[323]

Visando facilitar o processo, desde os anos 1980, as autoridades, a psiquiatria e a psicologia forense, e outras disciplinas, buscam identificar impulsos específicos implícitos dos assassinos em série, que podem ser usados para construir tipologias ou sistemas de classificação. Geralmente são baseados em estudos de outros criminosos, que, felizmente, são muito raros, e constituem apenas 1% de todos os homicídios.[324] Alguns dos modelos desenvolvidos até hoje foram simples e categóricos e dividem assassinos em série de acordo com fatores motivacionais ou geográficos específicos, ou o grau geral de organização exibido nas atitudes e nos crimes. Em termos gerais, assassinos em série geralmente caem em quatro grupos: aqueles que cometem homicídios sexuais graves, os mais comuns; "Anjos da Morte", médicos, enfermeiras e profissionais de outras áreas da saúde que matam propositalmente ou ferem indivíduos sob seus cuidados; mães que sufocam até a morte um bebê atrás do outro, geralmente em intervalos de pelo menos um ano entre os assassinatos; homens misantropos que matam homens, mulheres e crianças a intervalos por causa de ódio generalizado à humanidade, sem intenções sexuais.

O supracitado *Crime Classification Manual,* agora na terceira edição, descreve assassinos em série como *organizados, desorganizados* ou *ambos.*[325] O tipo organizado costuma planejar metodicamente seus crimes e táticas de fuga, às vezes por semanas, meses ou anos. Depois de escolher e perseguir a vítima por um período, o alvo é seduzido ou enganado durante alguma interação social e, então, sequestrado. O cativo fica sob o controle do criminoso assim que ele ou ela é levado a algum local isolado. Esse tipo de criminoso geralmente prepara um conjunto de armas e modos de restringir o alvo. Depois que a vítima é morta, o corpo é transportado a outro local, normalmente alguma região de improvável detecção. Esses indivíduos costumam ser donos de automóveis. Muitas vezes conhecem os procedimentos investigativos da polícia e são competentes na eliminação de provas. Esses assassinos costumam estar em relacionamentos longos ou são casados, e podem até ser pais; são inteligentes, educados e astutos; e são funcionários competentes, às vezes, em cargos respeitáveis. Por isso, são difíceis de serem identificados pelas autoridades. Acompanham avidamente as notícias sobre seus atos. As habilidades criminosas do assassino organizado são aprimoradas a cada ato. O criminoso pode mudar de casa, localização ou emprego para evitar captura[326].

As atitudes de assassinos em série desorganizados são tão aleatórias e caóticas que padrões comportamentais são difíceis de ser identificados, de modo que tais criminosos são mais difíceis de serem capturados do que os do tipo organizado. Apesar de fantasias vagas e intensas sobre assassinato, o indivíduo não planeja seus crimes com cuidado, cujas ações podem ocorrer a qualquer momento, geralmente quando uma oportunidade se apresenta. A vítima é atacada com um objeto encontrado nas imediações, como uma pedra grande ou um pedaço de tronco, em um "surto" de violência, e deixada no local da agressão. O corpo costuma ser mutilado ao léu e freneticamente, e partes do corpo ou "lembranças" são levadas pelo criminoso. Praticamente não há esforço para se ocultar, eliminar evidências ou idealizar um plano de fuga. Esses assassinos, em geral psicóticos ou com nível intelectual abaixo da média, costumam exibir inabilidade social e tendem a morar sozinhos, em geral não têm emprego fixo tampouco competência em alguma área, não possuem veículos e matam perto de sua residência. As provas costumam estar à vista dentro de suas casas.[327]

Assassinos do tipo misto exibem uma combinação de traços e comportamentos organizados e desorganizados. Quando investigadores tentam estabelecer um perfil criminal a partir de uma cena de crime e detectam traços organizados e desorganizados, costumam supor que existem dois ou mais criminosos. É imprescindível perceber que um homicídio neste padrão pode começar de forma organizada, porém, fugir do controle por falta de experiência, pela interrupção do ato, uso de drogas ou álcool ou algum outro fator.[328]

Os criminólogos dr. Ronald Holmes, Stephen Holmes e James De Burger agruparam os motivos dos assassinos em série em quatro categorias, a saber, *visionário, voltado para a missão, poder/controle* e *hedonista,* embora o mesmo indivíduo possa apresentar mais de um motivo. Os do tipo visionário, bastante raros, sofrem de doenças psicológicas e acreditam que alguma entidade invisível os obriga a matar; essas entidades costumam ser Deus ou o diabo. Os tipos voltados para a missão sentem que seus crimes são justificados porque "livram o mundo" de certos indivíduos que consideram indesejáveis por causa de raça, etnia, sexo, gênero, orientação sexual, religião ou estilo de vida, como promiscuidade ou prostituição. Não costumam ser psicóticos. Assassinos que buscam poder/controle desejam obter e exercer domínio sobre as vítimas, às vezes como forma de lidar com sentimentos antigos de inadequação e impotência, mas também como resultado de abusos na infância ou algum outro fator. Quando elementos sexuais aparecem aqui, não é por luxúria, mas como parte de um processo de dominação da vítima. Assassinos em série hedonistas procuram estímulos e sentem prazer em matar, encarando as vítimas como objetos descartáveis. Este grupo é dividido em três subcategorias: *assassinos por luxúria, assassinos por estímulo* e *assassinos por conforto*. Assassinos por luxúria são altamente impulsionados por fantasias e desejam gratificação sexual de vítimas vivas ou mortas. O criminoso sente a necessidade de exercer controle absoluto, domínio e poder sobre outros, e o prazer é relacionado a causar dor ou mutilação. Tendem a selecionar armas que pedem mais intimidade com a vítima, como facas, mas podem optar por usar as próprias mãos. Assassinos por estímulo gostam de caçar as vítimas e causar dor e terror de natureza não sexual como parte de homicídios relativamente rápidos. Assassinos por conforto desejam ganho material e estilos de vida fácil, e suas vítimas costumam ser membros da família ou amigos próximos.[329]

Outras tentativas de classificação levam em consideração variáveis dentro de categorias básicas. Por exemplo, além de distinguir um assassino em série com motivações sexuais de um assassino que mata por qualquer outro motivo, um modelo pode considerar se o homicídio foi estimulado principalmente por raiva ou sadismo. Infelizmente, essas tipologias tendem a ser impraticáveis em termos de aplicabilidade pelas autoridades. Mesmo se a motivação de um assassino em série for estabelecida como informação observável na cena de um crime, o criminoso pode, na verdade, ter sido estimulado por vários fatores psicológicos. Além disso, a motivação pode mudar com o passar do tempo. Portanto, o FBI sugeriu o uso de categorias de motivação mais amplas e não inclusivas para assassinatos em série, em geral usadas como guias nas investigações em homicídios.[330]

Os fatores de motivação percebidos pelo FBI incluem ira, tipicamente direcionada contra um subgrupo da população ou contra a sociedade como um todo; ganho financeiro, como acontece em assassinatos durante roubos ou pelo dinheiro do seguro; iniciativa criminal, em que o assassinato gera renda ou status em alguma gangue, círculo de drogas ou crime organizado; e psicose, que será discutida em detalhes quando chegarmos ao Padrão 20. O FBI também aponta que, às vezes, a motivação pode ser ideológica, como é o caso de grupos terroristas ou de assassinos em série cujo alvo são grupos raciais, étnicos ou de gênero específicos. Como mencionamos na Introdução, aqueles que cometem assassinatos em nome de organizações terroristas são excluídos do Índice da Maldade. As duas últimas categorias do FBI são as mais relevantes para nosso debate a respeito dos Padrões 17-22 — assassinos em série com objetivos sexuais, que discutiremos no contexto do Padrão 17, e aqueles motivados por poder ou estímulo, a ponto de o criminoso se sentir empoderado e/ou estimulado ao matar[331], conforme observamos na discussão sobre o Assassino do Zodíaco.

Informações do SKD mostram que criminosos do mundo inteiro, no período de 1900-2018, foram motivados principalmente pelo prazer relacionado à luxúria, estímulos não sexuais ou de poder (36%); em segundo lugar, por lucro financeiro (30,2%), raiva (16,5%), atividade de gangue e/ou iniciativa criminal (5,1%), para evitar encarceramento (1,15%), conveniência (1,11%), participação em seitas (0,94%), psicose (0,6%) e atenção (0,5%), como em casos que envolvem Síndrome de Munchhausen por procuração. Motivações variáveis foram encontradas em 9,1%.[332]

Para o mesmo período de 118 anos, o SKD também registra as décadas em que 4752 assassinos em série cometeram seu primeiro homicídio. Descobrimos que 80 surgiram entre 1900 e 1909, 81 entre 1910 e 1919, 103 entre 1920 e 1929, 88 entre 1930 e 1939, 106 entre 1940 e 1949 e 115 entre 1950 e 1959. Há uma evidente intensificação no período de 1960 até 1969, quando 305 assassinos em série mataram pela primeira vez, ao que se segue 798 entre 1970 e 1979, 1107 entre 1980 e 1989 e 1043 entre 1990 e 1999. Esse padrão de aumento nas atividades de assassinos em série entre 1960 e 1999 serve para criminosos internacionais e localizados nos Estados Unidos.[333] É curioso perceber que o padrão aumenta mesmo se adotarmos uma definição mais conservadora de assassinos em série, segundo a qual o sujeito cometeria pelo menos três homicídios, e não dois, em eventos distintos. Durante este período de quatro décadas, principalmente do final dos anos 1960 em diante, o assassinato em série, que, até então, era raro, não apenas aumentou em frequência, mas também se tornou mais hediondo, cruel e perverso do que nas primeiras décadas do século XX. Comentaremos esse movimento mais adiante, na discussão da era do "novo mal", associada a tendências gerais na cultura e no crime nas últimas cinco décadas. Segundo o SKD, 1981 foi o pico nos Estados Unidos para assassinos em série mais ativos, independente da definição adotada, seja a de duas vítimas (191) ou três (128).[334] O período de 2000 até 2009 mostra uma redução no número mundial de assassinos em série para 714, e o período de 2010 até 2018 apresenta 302 até o momento — um declínio considerável, tanto no cenário internacional quanto nos Estados Unidos, que pede explicação.[335]

Como explicar a raridade dos casos de assassinos em série — interpretados aqui como homens que cometem homicídio com motivação sexual em série — antes dos anos de 1960? Alguns sugeriram que técnicas mais sofisticadas de aplicação da lei e o aprimoramento dos registros eletrônicos nos bancos de dados interestaduais, comparativamente à primeira metade do século xx, facilitaram a identificação desse tipo de criminoso. Portanto, alguns sugeriram que assassinatos em série podem ter sido tão comuns antes como são hoje, porém, passavam despercebidos. Contudo, não encontramos base para sustentar a ideia de que atos graves de violência não foram relatados em décadas ou mesmo séculos passados. O Ocidente possui vários registros de julgamentos de casos de agressão letal, pelo menos desde o advento dos jornais, apesar de que, até o século xix, se tornavam mais notórios os criminosos que recebiam a sentença de morte. Em épocas ainda mais remotas, até assassinatos "comuns", como homicídios de cônjuges ou relacionados a ciúmes, eram considerados dignos de execução e foram, portanto, registrados e divulgados através dos meios de comunicação então existentes.

Na segunda parte deste livro, o dr. Stone e eu exploraremos uma explicação alternativa para a onda de assassinatos em série cometidos por homens perversos e sádicos, que observamos surgir entre o final dos anos 1960 e o final dos anos 1990, com maior concentração nos Estados Unidos. Supomos que isso reflete uma violenta retaliação por parte de alguns homens — principalmente de classe operária — contra as mulheres após a revolução sexual, já que elas se tornaram mais presentes no mercado de trabalho, obtiveram acesso a contraceptivos e ao aborto e começaram a abandonar os maridos que apresentavam comportamentos abusivos. Conforme discutiremos com mais detalhes, esta ira não parece ter desaparecido desde os anos 1990, mas manifestou-se de outras formas, às vezes, em casos menos evidentes do que homicídio com motivação sexual praticado em série.

Também vale perceber que a ausência de registros em décadas passadas não explicaria o declínio na quantidade geral de criminosos desde o final dos anos 1990. Pressupõe-se que o aprimoramento dos métodos das autoridades aumenta a possibilidade de que um novo assassinos em série seja detido e encarcerado após um único homicídio, antes de cometer uma série de assassinatos. Também é possível que nesta era de câmeras de segurança, da internet, de celulares, e também com um público mais alerta, seja mais difícil para um assassino em série localizar as vítimas ou não ser descoberto pelo crime. Ao menos nos Estados Unidos, a queda pode ser um reflexo da redução que ocorreu em todos os crimes na era atual, apesar de os níveis ainda não serem tão baixos quanto antes de 1960. Porém, talvez o verdadeiro motivo para esta bem-vinda atenuação seja difícil de identificar com algum grau de precisão, pelo menos até que surja outra geração, o que permitirá uma análise retrospectiva e objetiva.

Uma hipótese intrigante sugerida pelo autor Christopher Beam é a de que crimes violentos com intenção de chocar e aterrorizar podem, involuntariamente, espelhar as ansiedades de determinada época e lugar — uma hipótese semelhante à ideia de que filmes e literatura de terror e ficção científica tendem a refletir o que há de mais assustador no contexto cultural em que são criados. Desde os terríveis ataques terroristas de 11 de setembro de 2001, a narrativa social do mundo ocidental parece tratar sobre bombas, assassinatos em massa e aniquilação da raça humana, logo, talvez os criminosos não tenham abandonado o assassinato em série, mas adotado métodos mais "atuais" e menos serializados para efetivar as mesmas motivações que acabamos de descrever.[336]

Ao analisarmos os casos apavorantes neste ponto do índice — e não será fácil —, perceberemos que elementos teoricamente causais costumam surgir nas histórias de vida dos assassinos em série e costumam datar do período de gestação ou da infância.[337] Muitos desses criminosos possuem histórico familiar relevante de doenças psiquiátricas, alcoolismo, uso de drogas ilícitas e/ou problemas com a lei ou comportamentais. O SKD nos revela que 73,8% dos assassinos em série foram abusados na infância, de modo psicológico (49,8%), físico (49,7%) ou sexual (27,3%).[338] Sabe-se que negligência e abuso são fatores que aumentam a probabilidade de violência no futuro. Déficits nas capacidades sociais e emocionais também são comuns. Alguns citam a poderosa influência da exposição a programas violentos, filmes ou pornografia. Vários desses criminosos não exibem histórico de violência antes de algum incidente — ferimento ou condição médica — que afete o sistema nervoso central. Uso de drogas ou álcool, que causam efeitos desinibidores, pode incitar violência em assassinos em série. Em resumo, provavelmente não há um fator único capaz de levar alguém à trilha do homicídio com motivação sexual praticado em série ou alguma das categorias menos comuns de assassinato em série que descrevemos aqui. Na verdade, esses casos provavelmente envolvem uma interconexão complexa de fatores biológicos, hereditários, de criação, sociais e ambientais e escolhas pessoais feitas durante o processo de desenvolvimento.[339] Sem dúvida, é necessário pesquisa adicional para identificar os caminhos específicos que criam esse tipo de criminoso.

Sejam quais forem os antecedentes, o leitor perceberá também várias características comuns entre os criminosos.[340] A psicopatia é quase universal entre assassinos em série . Um pequeno número é portador de doenças mentais severas, como obsessão ou psicose. Supõe-se que um número desproporcional comete atos incendiários, urinam na cama após os 12 anos de idade e torturam animais[341], porém, essa tríade de características é controversa, como discutiremos em um capítulo futuro.[342] A sensação de impotência, geralmente relacionada a abuso, negligência ou perda, costuma conduzir ao desenvolvimento de uma vida intensa de fantasias envolvendo temas de dominação, controle, conquista sexual e violência, o que, em dado momento, invade o comportamento na vida real.[343] Assassinos em série também costumam desenvolver *parafilias* — ou seja, atitudes de excitação sexual frequentes que podem envolver certos objetos, crianças ou adultos sem consentimento, ou o prazer ao infligir dor ou humilhação.[344] Essas últimas características serão discutidas conforme avançamos pelo Padrão 17.

CATEGORIA 5

ASSASSINOS EM SÉRIE
PERVERTIDOS QUE
OCULTAM EVIDÊNCIAS
E NÃO TORTURAM

O Padrão 17 é a classificação para assassinos em série cuja motivação principal é estupro ou violência sexual de algum tipo e que, em geral, cometem assassinatos para eliminar as testemunhas, embora, às vezes, de forma extremamente brutal. Não há tortura física prolongada, fora os horrores da agressão sexual em si.

Em outros casos descritos aqui, o assassino realiza a fantasia sexual repetidas vezes, relacionada à completa dominação de outro ser humano, e mata a vítima para conseguir gratificação sexual. Nos tipos mais desorganizados deste padrão, essas fantasias de controle e poder são, em algumas ocasiões, expressas em mutilação pós-morte ou atos necrófilos, que envolvem cadáveres ou partes do corpo. Em certos casos, a vítima inanimada é manipulada, como uma boneca ou marionete, segundo a vontade do assassino.

A compreensão desse tipo de assassino requer alguma discussão sobre estupro, um mal que afeta indivíduos de qualquer idade, sexo, gênero, raça, etnia, grupo socioeconômico e sexualidade, e desafia definições. A definição legal nos Estados Unidos varia de acordo com jurisdições, mas, para o FBI, corresponde "a penetração, mesmo que mínima, da vagina ou ânus, com qualquer parte do corpo ou objeto, ou penetração oral pelo órgão sexual de outra pessoa, sem o consentimento da vítima".[345] Dentro dessa descrição mecânica e intelectualizada existe um ser humano que foi usurpado de sua escolha pessoal e reduzido a um objeto físico, que costuma sofrer sequelas psicológicas por muito tempo.

O *Crime Classification Manual* descreve os tipos diferentes de estupro e agressões sexuais.[346] Em cada categoria, há considerações distintas de crimes contra adultos, definidos como indivíduos com 18 anos de idade ou mais e capazes de consentimento sob as leis que definem relações sexuais, com possíveis exceções para aqueles com deficiência mental ou danos físicos ao cérebro; contra adolescentes entre os 13 e os 17 anos, com capacidade de consentimento — a depender da jurisdição; e contra crianças até 12 anos, que, em todas as jurisdições, são consideradas incapazes de consentir.

No *estupro cometido por bando de criminosos,* a coerção sexual, abuso ou agressão é cometido por ganho material. O *estupro* é um crime de natureza sexual cometido com violência. Se o criminoso não tinha incialmente a intenção de cometer o estupro, realizando o ato durante a execução de outro crime, como roubo ou invasão de domicílio, por ser o *estupro um crime mais grave do* que esses dois, pelo *princípio da absorção,* o crime menos grave é absorvido pelo mais grave e o agente será julgado pela prática de estupro, e os demais crimes serão considerados assessórios ao principal. Caso a *intenção inicial* fosse a prática do *estupro,* o réu, obviamente, será julgado pela prática desse crime, pois era esse o seu objetivo principal.

Um criminoso que comete *importunação sexual* é impulsionado por agressões internas pessoais e/ou psicológicas. A vítima pode ser um estranho ou alguém que o criminoso conheça. Incluídos nas variações deste tipo de crime temos *estupro marital,* em que a vítima é o cônjuge ou alguém com quem se divide a residência, e *estupro de vulnerável,* em que a vítima é menor de idade e mora com o criminoso. Também estão inclusos aqui *os atos libidinosos* e outros, nos quais não se exige contato físico entre a vítima e o criminoso para se configurarem, como no caso do voyeurismo; *trotes telefônicos de natureza sexual* ou *obscena*; expor órgãos genitais em público; ou se masturbar na frente de um estranho.

No estupro oportunista o ataque é impulsivo, com pouco planejamento ou preparo. O motivo costuma ser gratificação sexual imediata, em vez da encenação de algum ritual ou fantasia psicossocial altamente elaborada.

No *estupro de relação social*, o criminoso e a vítima têm um relacionamento, como visto nos casos de estupros que acontecem em "encontros". Existem vários subtipos: *assédio sexual* envolve o abuso de uma relação de autoridade ou assimetria de status para tirar vantagem de uma vítima adulta ou criança. *Violência sexual mediante fraude* é geralmente caracterizada por um nível baixo de agressão, sem exagero além do necessário para obrigar a vítima a se sujeitar ao ataque. O *estupro que objetiva a garantia de poder*, o qual tende a começar com um ataque repentino e inesperado de um indivíduo desconhecido. Aqui, o criminoso usa estupro ou agressão sexual como medida de virilidade ou para compensar inadequações sexuais, às vezes em fantasias absurdas em que a vítima desfruta da experiência.

Estupro motivado pela raiva. Nesses casos ele é uma manifestação de intensa agressividade em relação a um indivíduo de certo gênero, idade, raça, ou contra o mundo em geral. Também pode haver o *estupro resultante de impulso sádico*, no qual o criminoso comete um nível de violência que claramente excede o necessário para subjugar a vítima, podendo resultar em ferimentos e/ou morte. No caso de morte, o agressor se excita com a dor da vítima. Vale perceber que as definições de apropriação, ira e estupro sádico estão relacionadas ao grau de agressão demonstrado pelo criminoso. A mensuração se dá pela existência de ferimentos mais sérios que cortes mínimos; de força excedente ao que é necessário para a obtenção da subjugação da vítima; de atos específicos durante o crime, como sufocamento, mutilação ou esfaqueamento; e desejos ou tentativas de humilhar a vítima, como o uso de profanidades, fezes e urina ou a coação de terceiros para testemunhar o ataque.

No *estupro resultante de sequestro e cárcere privado,* um estranho transporta a vítima em um veículo para um prédio ou outro local, não muito longe, para cometer o ataque. *Estupro coletivo* é aquele cometido por três ou mais agressores, enquanto crimes sexuais cometidos por dois agressores seriam classificados de acordo com motivos pessoais. Aqui, as motivações costumam variar. As subcategorias incluem *estupro de grupo formal e agressão sexual,* em que três ou mais agressores exibem sinais de coesão e pertencem a um grupo com alguma organização interna e um nome, e *estupro de grupo informal e agressão sexual,* que envolve três ou mais criminosos menos organizados e sem estrutura interna. Esses casos costumam ser crimes cometidos no calor do momento. Finalmente, o manual fala do *estupro e/ou agressão sexual sem classificação.* Esses crimes exibem aspectos de outras variações específicas, mas não são fáceis de categorizar.

As estatísticas de estupro ou ataques sexuais nos Estados Unidos são alarmantes. De acordo com o FBI, houve um aumento de 4,9% na quantidade desses crimes em 2016 em relação a 2015. Essa taxa foi 12,4% maior do que a estimativa de 2012 e 3,9% maior do que a de 2007[347], apesar de que, quando o total de estupros é considerado por décadas, percebemos um declínio desde 1990.[348] Estima-se que, a cada 98 segundos, alguém nos Estados Unidos sofre ataque sexual, o que equivale a mais de 570 indivíduos por dia. Nos últimos vinte anos, 17,7 milhões de mulheres foram vítimas de estupro.[349] O indivíduo se encontra com maior risco de se tornar uma vítima de estupro entre 12 e 34 anos de idade. Mulheres jovens são as que mais correm riscos. Entre as vítimas juvenis, 82% são mulheres. Mulheres nas idades entre 16 e 19 anos são quatro vezes mais suscetíveis de se tornarem vítimas de estupro ou de sofrerem tentativa, ou ataques sexuais, do que a população em geral. Noventa por cento das vítimas adultas são mulheres, e as que estão nas idades entre 18 e 24 e estão na universidade são três vezes mais suscetíveis de sofrer violência sexual do que uma mulher da população em geral. Uma a cada dez vítimas de estupro é homem, e cerca de 1 em 33 homens americanos sofreram estupro ou tentativa de estupro durante a vida, o que resulta em uma estimativa de 2,78 milhões de ataques. Entre universitários transgênero, queer e não binários, 21% sofreram agressões sexuais, comparados aos 18% de mulheres transgênero, queer ou não binárias, e 4% de homens transgênero, queer ou não binários.[350] Uma estatística preocupante trata do número de pessoas acusadas de estupro e libertadas, uma estimativa de 99%.[351]

Conforme formos apresentando casos ilustrativos dos vários aspectos do Padrão 17, o leitor perceberá que a maioria dos estupros e dos ataques sexuais relatados cai nas definições de garantia de poder, ira e sadismo, descritas no *Crime Classification Manual*. É preciso perceber que ataques sexuais e estupros compatíveis com os critérios do manual para o tipo sádico não envolvem, necessariamente, tortura física. Portanto, é necessário enfatizar que a tortura física no contexto do estupro ou agressão sexual necessita de uma classificação de, no mínimo, 18 no Índice da Maldade. Se um criminoso comete ataque sexual ou estupro repetidamente, mas não cometeu pelo menos dois homicídios, provavelmente será classificado no Padrão 16.

Respiramos fundo antes de adentrar na história de Richard Ramirez, o ladrão, estuprador e assassino em série satanista que aterrorizou Los Angeles e São Francisco entre 1984 e 1985. Ricardo Leyva Muñoz Ramirez (este é seu nome de batismo) nasceu em El Paso, Texas, em fevereiro de 1960, o mais novo entre cinco irmãos. O pai mexicano trabalhou para a ferrovia Santa Fé e para o departamento de polícia local, e a mãe, que nasceu no Colorado, trabalhava em uma fábrica de botas, e quase sofreu aborto espontâneo por inalação de vapores químicos enquanto estava grávida do futuro assassino em série. Não se sabe se ele sofreu lesões cerebrais por causa da exposição às toxinas enquanto estava no útero. Também não temos certeza do possível impacto das concussões que sofreu aos 2 anos de idade, quando uma cômoda caiu nele e cortou sua testa, e aos 5, quando foi atingido pelo balanço de um parque e desmaiou. Depois disso, Ramirez passou a sofrer convulsões frequentes, o que o obrigou a abandonar os jogos de futebol na escola. Essas convulsões duraram até o início da adolescência.[352]

Ramirez teve uma infância apática e isolada. Por volta dos 10 anos de idade, começou a cheirar cola e fumar maconha, e suas notas na escola decaíram rapidamente. Para evitar confrontos com o pai, que supostamente tinha temperamento explosivo e punia Ramirez com abusos físicos, o rapaz começou a passar as noites em cemitérios locais. Esse e outros hábitos o tornavam cada vez mais sombrio e mórbido. Quando Ramirez estava com 12 anos, Miguel, seu primo, voltou do serviço militar no Vietnã e lhe mostrou fotos das aldeãs que havia estuprado, torturado e matado. Eles conversavam muito sobre como ocultar e matar alguém sorrateiramente. No ano seguinte, Ramirez ficou arrebatado ao testemunhar Miguel atirar no rosto da própria esposa durante uma discussão acalorada. Depois, Ramirez ficou ainda mais recluso e passou a morar com a irmã, Ruth, e o marido dela, Roberto. O cunhado supostamente o ensinou a espionar mulheres por janelas e apresentou Ramirez ao LSD e ao satanismo.[353]

Por volta dessa época, Ramirez abusava da maconha e praticamente não ia mais às aulas. Começou a roubar casas, ousadamente rondando sem pressa pelos lares de estranhos, remexendo em seus pertences e pegando qualquer coisa que gostasse. Seu irmão, Ruben, que tinha histórico de roubo, supostamente o ajudou a aprimorar seus métodos. Durante este período, Ramirez passou a caçar, tanto com sua família quanto sozinho, e adorava se aproximar de animais por trás, na surdina, antes de esfaqueá-los e eviscerá-los, atos reminiscentes dos métodos de tocaia que aprendera com o primo.

Era também fã ávido de filmes de terror, o que pode ter enchido sua cabeça com imagens idealizadas de predadores noturnos, monstros incompreendidos e assassinos implacáveis. Ramirez começou a frequentar encontros de Testemunhas de Jeová e ficou cada vez mais interessado pelo tema de Satã. Podemos nos perguntar, à luz da trilha de assassinatos em série e estupro que ele iniciaria, se foi inspirado por versos bíblicos como este, da 1ª Epístola de Pedro 5:8 — "Sede de mente sóbria; sede atencioso. Teu adversário, o diabo, espreita como um leão faminto que procura a vítima a ser devorada".[354] Essas várias influências e temas eram aspectos de seu histórico quando começou a trabalhar no Holiday Inn, onde roubava visitantes adormecidos. Acabou sendo demitido quando tentou, no contexto da crescente inquietação com fantasias sexuais violentas, estuprar uma hóspede e foi espancado pelo marido dela. No primeiro ano do ensino médio, abandonou a escola.[355]

Quando ele tinha 17 anos, seu primo Miguel, que fora inocentado da morte da esposa sob alegação de insanidade, foi liberado depois de quatro anos em um hospital psiquiátrico. No ano seguinte, Ramirez se mudou para Los Angeles e passou a vadiar. Sobreviveu com venda de marijuana e passava as noites em carros de estranhos antes de roubar os veículos. Isso o colocou na cadeia por vários meses sob acusação de roubo. Nesse período acabou se viciando em cocaína. Aos 18, depois de fumar PCP com uma companheira, pulou repentinamente sobre a garota e a estuprou várias vezes. Por volta dessa época, ingressou na igreja de Satã, que aguçou suas atitudes egóicas e desdém pelas normas da sociedade, que sentia estarem totalmente abaixo dele.[356]

Em 1984, Ramirez embarcou em uma longa e horrenda onda de agressões sexuais e homicídios, cometida no estado da Califórnia. No centro de São Francisco, em abril daquele ano, Ramirez espancou, esfaqueou e estuprou Mei Leung, de 9 anos de idade, e jogou o corpo dela no porão de um hotel. Dois meses depois, sob efeito de cocaína, removeu a tela da janela de uma casa em Glassell Park. Depois de pegar o que queria, estuprou, esfaqueou brutalmente e cortou a garganta da proprietária idosa da casa, Jennie Vincow, 75 anos, e cometeu necrofilia pela primeira vez com o cadáver quase decapitado.[357] Em fevereiro do ano seguinte, entrou na casa de duas irmãs em São Francisco, Christina e Mary Caldwell, que tinham 58 e 71 anos de idade respectivamente, e as esfaqueou dúzias de vezes.[358] Em março de 1985, comprou um revólver .22 e atirou contra Angela Barrios, de 22 anos, fora do prédio da garota, antes de entrar no apartamento e disparar contra Dayle Okazaki, o colega de quarto de 34 anos. Mais tarde, naquele mesmo dia, arrancou a estudante de arte Tsai-Lian Yu, 30 anos, de dentro do carro da garota e alvejou seu peito.

Barrios, que sobreviveu, forneceu o primeiro retrato falado do homem que a imprensa passou a chamar de "Night Stalker", "Walk-in Killer" e "Valley Intruder"*. Ela descreveu o cabelo cacheado, os olhos protuberantes e os dentes espaçados e apodrecidos. Em seu depoimento mencionou ainda que o agressor tinha péssimo hálito.

Como um parasita, Ramirez se alimentava do sangue de estranhos e da atenção da mídia. Não tardou a elevar a frequência e a brutalidade de seus crimes. Em 27 de março de 1985, em Whittier, disparou uma arma contra Vincent Zazzara, 64 anos de idade, dono de uma pizzaria, e deu vários tiros e golpes de faca em Maxine, a esposa de 44 anos do homem. Ramirez cravou um "T" no seio esquerdo da mulher depois que ela morreu e arrancou os olhos da vítima, levando-os consigo. Mais tarde, em um quarto de hotel, Ramirez encarou os olhos, rindo alto. A partir desse evento, seu modus operandi passou a ser eliminar o homem para, então, cometer atos sexuais e esfaquear a parceira ou esposa do sujeito. Sem dúvida esse padrão apresentava um tom edipiano, bem como a remoção dos olhos, embora, na história, Édipo fure os próprios olhos com alfinetes encontrados no vestido da esposa, que descobriu ser, na verdade, sua mãe. Conforme a arrogância do assassino — bem como o possível uso de drogas — aumentava, ele passou a ficar descuidado e acabou deixando pegadas no canteiro do lado de fora da casa de Zazzara.[359]

Seis semanas depois, Ramirez espancou Harold Wu, de 66 anos, e atirou na garganta do homem; então, colocou algemas de dedos em Jean Wu, a esposa, de 63 anos, e a espancou e estuprou brutalmente.[360] Duas semanas depois, entrou em uma casa em Monrovia, onde moravam Malvial Keller, professora aposentada de 83 anos, e Blanche Wolfe, a irmã inválida de 80 anos. Desferiu golpes brutais nas cabeças das irmãs com um martelo e tentou estuprar Keller. Wolfe, que teve as pernas e os braços amarrados, morreu quando o agressor esmagou as costelas da vítima com uma mesa pesada. Ramirez usou um batom para desenhar pentagramas satânicos no cadáver e na parede do quarto onde a irmã estava desmaiada. Keller sobreviveu milagrosamente ao terrível ataque[361].

No dia seguinte, Ramirez se infiltrou em uma casa em Burbank onde morava Ruth Wilson, 41 anos; o estuprador portava uma faca e algemou a mulher e o filho de 12 anos. Depois de saquear a residência e trancar a

---

* Em tradução livre, "Perseguidor Noturno", "Assassino Invasor" e "Intruso do Vale".

criança em um armário, fez cortes no corpo da mulher e a sodomizou repetidas vezes, enquanto lhe dizia que arrancaria seus olhos caso olhasse para ele.[362] Em 2 de junho de 1985, Ramirez atirou em Edgar Wildgans, de 29 anos, e violentou várias vezes a namorada dele, Nancy Brien. Três semanas depois, sodomizou e cortou a garganta de Patty Elaine Higgins, de 32 anos.[363] Em 2 de julho, escolheu ao acaso a residência de Mary Louise Cannon, avó e viúva de 75 anos, surpreendida enquanto dormia no quarto. Ele atingiu a cabeça da vítima com um abajur. Cannon desmaiou e Ramirez a esfaqueou com uma faca de açougueiro de 25 cm, que encontrou na cozinha.[364] Em Montebello, sequestrou uma garota de 6 anos de idade de um ponto de ônibus perto da escola e a carregou em uma sacola de roupas sujas. Depois de abusar sexualmente da garota, a jogou no Silver Lake, ainda com vida. Outro de seus crimes foi o sequestro e estupro de uma garota de 9 anos de idade antes de jogá-la no Elysian Park.[365]

Ramirez continuou a cometer crimes no mesmo ritmo frenético e seu caráter violento e aleatório, que abrangia todas as idades, aterrorizou os californianos. Em 5 de julho, espancou selvagemente Whitney Bennett, de 16 anos, com uma chave de roda, enquanto ela dormia em seu quarto. Procurou uma faca para matá-la, mas não encontrou e decidiu estrangulá-la com o cabo do telefone. Assustado com as faíscas que saíam do fio e ao ver que a vítima recuperara a consciência, ele fugiu da casa, convencido de que Jesus Cristo havia salvado a vida de Bennett durante o ataque diabólico.[366] A vítima precisou de 478 pontos no couro cabeludo.[367] Dois dias depois, obviamente inabalado pelo que interpretara como intervenção divina, Ramirez espancou e chutou Joyce Lucille Nelson, 61 anos, moradora de Los Angeles, que morreu devido à agressão. A polícia identificou a marca de um tênis Avia impressa no rosto da vítima. Após verificar outros possíveis locais de ataque, Ramirez invadiu o lar de Linda Fortuna, de 63 anos, algemou a vítima enquanto a ameaçava com uma arma e tentou violentá-la, porém, sem sucesso. Ramirez roubou as joias da mulher e a obrigou a "jurar por Satã" que não havia nada de valor escondido na casa[368].

Em 20 de julho de 1985, Ramirez invadiu o quarto de Maxon Kneiding, de 68 anos, e a esposa, Lela, de 66, em Glendale, enquanto o casal dormia. Ele mutilou ambos com um machado antes de matá-los com um disparo na cabeça com um revólver calibre 22, e, então, continuou a mutilação. Depois, saqueou a casa.[369] No mesmo dia, em uma demonstração de que estava se tornando ainda mais selvagem e entusiasmado com a prática dos crimes, o assassino mudou o padrão de seus alvos, de uma pessoa ou casais, para uma família inteira. Na calada da noite, invadiu o lar em Sun Valley de Chitat Assawahem, de 32 anos, e atirou na cabeça do sujeito, que dormia, em seguida, espancou, violentou e sodomizou Somkid Khovananth, a esposa de 29 anos. Ela foi obrigada a jurar por Satã que não escondia itens valiosos na casa. O filho de 8 anos do casal, assustado, foi amarrado e abusado sexualmente[370].

Em 6 de agosto de 1985, Ramirez foi até Northridge; provavelmente se sentia um deus em sua escolha aleatória de vizinhanças e casas. Invadiu a casa de Christopher Peterson, de 38 anos, e Virginia, a esposa de 27, e atirou na cabeça de ambos, mas após uma luta entre Ramirez e Peterson, o casal sobreviveu.[371] Dois dias depois, voltou a atacar uma família, desta vez em Diamond Bar. No quarto principal, atirou em Ahmed Zia, de 35 anos, enquanto o homem dormia. Em seguida, algemou e espancou Suu Kyi, a esposa de 28 anos da vítima, obrigando-a a entregar todos os itens de valor da casa e a jurar por Satã que não gritaria enquanto ele a sodomizava. O filho de 3 anos do casal entrou no quarto e Ramirez o amarrou, e, depois, voltou a abusar sexualmente da mãe do garoto[372].

Ramirez voltou a São Francisco em 18 de agosto, quando atirou na têmpora de Peter Pan, de 66 anos, enquanto ele dormia, e espancou e abusou sexualmente de Barbara, a esposa de 62 anos, antes de atirar na cabeça dela. A vítima sobreviveu ao ataque. Antes de sair da casa, ele desenhou com batom um pentagrama na parede do quarto, ao lado da frase críptica "Jack the Knife".[373] A polícia descobriu que as pegadas e o resultado da balística do ataque a Pan combinavam com aquelas encontradas em outras cenas de crime do Perseguidor Noturno. Infelizmente, a prefeita Dianne Feinstein divulgou as descobertas na televisão, e o assassino, que seguia obsessivamente as notícias sobre seus crimes, jogou o par de tênis Avia na Ponte Golden Gate horas depois[374].

Seis dias depois, Ramirez estava prestes a invadir a casa da família Romero, em Mission Viejo, mas uma criança de 13 anos de idade ouviu o criminoso do lado de fora, correu até a porta e viu o sujeito fugir. O pai telefonou para a polícia e informou o número parcial de uma placa de carro, a cor, o modelo e a marca do carro do assassino. A imprensa disse que o encontro ao acaso e o senso de observação apurado da criança fizeram dela a responsável por salvar a família de se tornar vítima do Perseguidor Noturno.[375] Ramirez seguiu para a casa de Bill Carns, de 30 anos, e de Inez Erickson, sua noiva de 29 anos, onde entrou pela porta dos fundos. Encontrou o casal dormindo, mas Carns acordou quando Ramirez engatilhou a arma, para em seguida disparar três vezes contra a cabeça da vítima, que sobreviveu ao ataque, mas com sequelas: sua memória foi prejudicada e ficou com paralisia do braço e pé esquerdos.[376] Ramirez, após os disparos, se voltou a Erickson e a obrigou a jurar amor por Satã enquanto a espancava com as próprias mãos e a amarrava com gravatas encontradas no armário. Após coletar itens da casa, arrastou a mulher aterrorizada até outro quarto, onde a violentou e sodomizou. Antes de sair da casa, a instruiu para "dizer que o Perseguidor Noturno esteve lá".[377] Erickson forneceu um retrato falado detalhado às autoridades e foram identificadas pegadas na casa e no carro que Ramirez usou naquela noite, encontrado abandonado em Los Angeles. Havia uma única impressão digital no retrovisor, que levou a polícia até o assassino nômade, de 25 anos, adorador de Satã, com um longo histórico de uso e tráfico de drogas. Um retrato antigo foi revelado ao público. Para a surpresa de Ramirez, a foto foi estampada em todos os principais jornais e foi exibida pela TV no país inteiro.[378]

Ironicamente, o egocentrismo de Ramirez acabou sendo a causa de sua derrocada. Ele havia ficado arrogante e ousado demais, mal se preocupando se era visto por testemunhas, mantinha uma vítima viva intencionalmente para que fornecesse às pessoas o nome de seu alter ego e deixava rastros, como as impressões digitais, em regiões óbvias do carro. Além disso, o caso havia tomado conta dos jornais, sendo de esperar que alguém do público aterrorizado o reconhecesse. Em 30 de agosto de 1985, no interior de uma loja, um grupo de mulheres mexicanas reconheceu Ramirez como "El Matador". Embora tenha fugido do local, seu rosto permaneceu nas gôndolas de jornal, impresso nas primeiras páginas. Em pânico, atravessou a autoestrada Sant'Ana, onde fracassou na tentativa de roubar um carro de uma motorista, enquanto era perseguido por dois transeuntes. Ele pulou cercas e tentou roubar outros dois veículos, mas foi subjugado por um grupo de moradores; um deles atingiu Ramirez com uma barra de ferro na cabeça. O grupo o segurou no chão e o espancou até as autoridades o levarem sob custódia.[379] No fim, Ramirez foi derrotado pelos membros do mesmo público que ele considerava indefeso.

Em 1989, no julgamento, em que, logo no início, Ramirez ergueu a mão e exibiu um pentagrama desenhado na palma e gritou "Viva Satã", o criminoso foi condenado à câmara de gás, porém, devido a várias apelações, a sentença nunca foi executada. Sem remorso e indiferente até o fim, disse aos repórteres, enquanto se exibia como uma estrela do cinema: "Grande coisa. Morte faz parte da vida. Vejo vocês na Disneylândia".[380]

Durante um tumulto no julgamento, apareceram várias fãs devotas a Ramirez.[381] A curiosa parafilia na qual um indivíduo se excita com um par romântico que tenha cometido estupro, assassinato, assalto à mão armada ou algum outro tipo de violação legal ou moral é conhecida como *hibristofilia*. Doreen Lioy, uma das devotas fãs do Perseguidor Noturno, se casou com Ramirez em 1996. O casal se divorciou em 2012. No ano seguinte, Ramirez, um dos assassinos em série mais monstruosos da história norte-americana, morreu por complicações de um linfoma de células B, 24 anos depois de ser sentenciado à morte por seus crimes. Ele tinha 53 anos de idade.[382]

Sem dúvida, a esta altura, o leitor está convencido de que existem pessoas que caçam como leões e procuram vítimas a serem devoradas. Contudo, é preciso perceber que leões e outras feras predadoras caçam devido a fatores evolucionais e instintivos, que não podem ser entendidos como "malignos". Apenas o ser humano vai além das mortes rápidas executadas por animais e planeja atos depravados e cruéis a serviço das próprias necessidades e fantasias psicossexuais.

CATEGORIA 5

PADRÃO

ASSASSINOS-TORTURADORES SEM PROLONGAMENTO DE TORTURA

Psicopatas cujos crimes são categorizados no Padrão 18 do Índice da Maldade são motivadas pelo desejo de matar — de modo puro e simples — e, às vezes, em quantidades incalculáveis. Embora a tortura possa eventualmente ser praticada por esse tipo de criminoso, sua importância é secundária e nunca é prolongada. Quando se faz presente, o estupro em geral não é a motivação principal, sendo praticado como parte de um processo mais amplo de homicídio que, em si, pode causar excitação sexual. É necessário enfatizar que os assassinatos, torturas e abusos sexuais descritos aqui precisam envolver pelo menos duas vítimas humanas. Novamente, a tortura e/ou abuso sexual restritos a animais seriam considerados atos abomináveis associados ao Padrão 16. Além disso, o Padrão 16 é a maior classificação para casos que envolvem um único homicídio.

O ódio à humanidade exibido por indivíduos neste padrão é tão enraizado e generalizado que praticamente qualquer um pode ser a vítima da selvageria desses criminosos. Contudo, como veremos nos próximos casos, esses assassinos tendem a demonstrar fúria dirigida a um certo tipo de pessoa — mulheres jovens, por exemplo. Em quase todos os casos que examinamos, o assassino pareceu executar fantasias poderosas e repetidas vezes, nas quais simbolicamente dominou e destruiu um indivíduo abusivo em suas vidas, em um padrão de comportamento que provavelmente não teria fim, caso o criminoso não tivesse sido encarcerado ou morto. Nos indivíduos classificados no Padrão 18, o padrão de comportamento continua assim que são libertos da prisão ou escapam. O objetivo parece ser a concretização de uma cena obsessivamente imaginada, do modo mais perfeito possível. Para isso, costuma ser necessário que a vítima pertença a certo grupo sexual ou racial, ou possua alguma característica específica, como cabelo arrumado de um jeito peculiar, ou uma determinada peça de roupa. Logo, a identificação de vítimas em potencial, em algumas ocasiões, necessita de um processo de caça e observação extenso. Caso a vítima apresente alguma característica psicológica necessária em um grau que o criminoso considere "perfeito", o assassino pode optar por manter o cadáver, parte do corpo, fotografias pré ou pós-morte, ou algum pedaço da roupa da vítima para propósitos parafílicos.

A brutalidade que esses indivíduos infligem — que, às vezes, aumenta ao longo do tempo devido à necessidade de estímulo do assassino — costuma ser exagerada e tenebrosa, a ponto de encontrarmos consolação no fato de que as vítimas são, geralmente, eliminadas com rapidez. Os tipos do Padrão 18 costumam ser tão enfurecidos e incitados por desejos de controle sobre outros e de humilhá-los que, como é o caso de alguns indivíduos do Padrão 17, podem ocorrer atos de mutilação póstuma e necrofilia.

Agora, voltamos nossa atenção para o caso de Jerry Brudos, o assassino insaciável que cometeu atos de tortura. Ele ilustra bem as motivações típicas e traços de personalidade dos indivíduos associados a este padrão. Filho de um casal de fazendeiros, nasceu em Dakota do Sul em 1939. Brudos era o mais novo de dois filhos. O pai tinha temperamento rígido, contudo sem ter sido abusivo. A mãe, que queria uma filha, foi ficando cada vez mais amarga e decepcionada, e menosprezou e maltratou o garoto durante anos; às vezes, o vestia com roupas femininas para humilhá-lo. Ao longo da vida, ele passaria a abominar a mãe. A família passou por várias cidades no noroeste Pacífico durante o início da infância de Brudos, até se fixar em Salem, Oregon. Aos 5 anos de idade, Brudos encontrou um par de sapatos de salto alto em um ferro-velho enquanto vagava pela cidade. Quando usou os sapatos em casa, a mãe brigou com ele e incendiou os sapatos. Ele mencionaria essa lembrança poderosa — na qual sapatos femininos se tornaram objetos proibidos — como origem de sua *podofilia,* ou fetiche por pés, que viria a assumir níveis bizarros e macabros.[383]

No mesmo ano, a família de Brudos se mudou novamente, desta vez para Riverton, Califórnia, onde o futuro assassino frequentou uma escola primária. Na primeira série, tentou roubar um par de sapatos de salto alto da professora; ela, diferente da mãe, que havia censurado a atitude, expressou curiosidade em relação às motivações do garoto, o que o deixou bastante confuso. Para Brudos, isso se tornou uma mensagem ambígua.[384] No ano seguinte, foi reprovado na segunda série. Entre os 7 e os 8 anos de idade, Brudos sofreu vários problemas de saúde, como sarampo, dores de garganta, glândulas inchadas, laringite e infecções fúngicas nos dedos e unhas do pé, o que necessitou de várias operações. Também teve problemas de visão e dores de cabeça frequentes, que nunca foram explicadas. Por volta dessa época, a família retornou a Oregon, onde o garoto entrou escondido várias vezes na casa de uma vizinha para brincar com os trajes e roupas íntimas dela.[385]

Na adolescência, Brudos começou a cavar um túnel em uma encosta próxima da casa da família e fantasiou a respeito de sequestrar e prender uma garota ali. Durante esse período, não tinha interesse em abusar sexualmente de uma mulher, mas, sim, de possuí-la por completo. Para se masturbar, ele invadia casas locais e roubava sapatos e roupas íntimas de varais. Aos 16 anos, depois de roubar a calcinha de uma garota de 18 anos, Brudos concebeu um plano para conseguir uma foto dela nua. Convidou-a para ir à casa dele dizendo que queria ajudá-la a encontrar o artigo roubado. Então, se disfarçou de ladrão mascarado, ameaçou-a com uma faca e a obrigou a tirar as roupas, até, enfim, fotografá-la. A garota fugiu da casa logo em seguida, e Brudos, depois de encontrá-la, disse que havia trancado o "agressor" no celeiro.[386] No ano seguinte, Brudos sequestrou uma garota de 17 anos e a levou até uma casa abandonada, onde a espancou e arrancou a roupa da jovem; ele tirou mais fotos para a crescente coleção.[387]

Brudos foi internado no hospital Oregon State para avaliação psiquiátrica e tratamento, tendo sido inicialmente diagnosticado com "reação de ajuste à adolescência com desvio sexual de fetichismo". Foi descoberto que suas fantasias sexuais poderiam estar psiquicamente ligadas à raiva dirigida contra a mãe abusiva, um sentimento não elaborado que levou o rapaz ao ódio generalizado contra mulheres.[388] Ao ser liberado, quase nove meses depois, recebeu o diagnóstico de "esquizofrênico com transtorno de personalidade limítrofe" que não representava ameaça à sociedade.[389] Depois de se formar no ensino médio, matriculou-se em duas escolas de tecnologia,[390] mas faltava muito e decidiu abandonar os cursos. Brudos se alistou no Exército aos 20 anos. Durante o tempo de serviço, começou a sonhar com uma mulher coreana que subia na cama dele à noite e o seduzia. Brudos foi expulso do serviço militar devido a "obsessões bizarras" e voltou à casa da família, se instalando no barracão de ferramentas. Nessa época, começou a caçar mulheres locais; batia na cabeça delas ou as estrangulava até desmaiarem e, então, fugia com seus sapatos.[391]

Aos 21, Brudos, trabalhando como eletricista, conseguiu uma licença da Comitiva de Comunicações Federal e arranjou emprego em uma rádio local. Lá, conheceu Darcie Metzler, de 17 anos, com quem se casou após um breve período de namoro. O casal teve uma filha. Ele pedia várias vezes à esposa que arrumasse a casa vestida apenas com um par de sapatos de salto alto enquanto a fotografava.[392] O segundo filho do casal nasceu em 1967. Não se sabe os motivos, mas Brudos foi impedido de participar do parto, o que o deixou abalado psicologicamente e aumentou a frequência dos roubos de sapatos e calcinhas, o que, segundo dizia, era um alívio para os desmaios e dores de cabeça crônicas. Na mesma época sofreu um choque quase letal após tocar um fio desencapado no trabalho. Naquele ano, perseguiu uma mulher até a casa dela, esperou que dormisse para poder saquear o armário. Ao acordar de forma repentina, foi sufocada até desmaiar. Foi nessa ocasião que ele cometeu seu primeiro estupro, antes de voltar para casa com os sapatos da mulher.[393]

Em janeiro de 1968, Brudos recebeu a visita de Linda Slawson, uma jovem atraente de 19 anos de idade que vendia enciclopédias de porta em porta. Convenceu-a a acompanhá-lo até a garagem no andar de baixo. Lá chegando, atingiu a garota na cabeça com uma viga de madeira e a estrangulou até matá-la. Depois de pedir que a mulher e os filhos saíssem para ir a um *fast-food*, despiu o cadáver, vestiu-o com várias roupas de sua coleção pessoal e tirou muitas fotografias. Depois, cortou o pé esquerdo da mulher com uma serra e o guardou no freezer. De tempos em tempos calçava o pé em vários sapatos enquanto se masturbava. Brudos fingiu que um pneu do carro havia furado para que pudesse parar em uma ponte sobre o rio Willamette, onde jogou o cadáver mutilado. O corpo nunca foi encontrado.[394]

Brudos cometeu mais quatro assassinatos. Depois que a família se mudou para Salem, Oregon, ele construiu uma câmara escura na garagem, onde revelava as fotos e se isolava com suas vítimas. Pediu à esposa que jamais entrasse no recinto sem anunciar a chegada em um interfone que havia instalado no local.[395] De início, a nova sala de trabalho praticamente não foi usada, pois era difícil atrair as vítimas que escolhia no caminho para casa. Em julho de 1968, Brudos estrangulou

Stephanie Vikko, de 16 anos, e abandonou o cadáver em uma área arborizada.[396] Quatro meses depois, usou uma cinta para estrangular Jan Whitney, de 23 anos, que encontrou em um carro parado em uma estrada interestadual. Ele a violentou durante e após o assassinato; Brudos suspendeu o cadáver em um gancho na garagem e o deixou ali por cinco dias, até, finalmente, despejá-lo no mesmo rio onde tinha jogado o corpo de Slawson.[397]

Brudos, então, passou a cometer sequestros. Enquanto rondava um estacionamento, sequestrou Karen Sprinker, 19 anos; para cometer o crime, usou uma pistola de brinquedo e a arrastou até sua oficina, onde arrancou a roupa da garota e a obrigou a assumir várias posições enquanto a fotografava, como se ela fosse um manequim vivo. Feito isso envolveu o pescoço de Sprinker em um laço amarrado ao teto e a ergueu a poucos centímetros do chão, para que ela pudesse se apoiar apenas com os dedos dos pés, enquanto tirava mais fotos. Em seguida, ergueu a jovem ainda mais alto e ela asfixiou até morrer, enquanto Brudos preparava uma refeição e assistia desenhos animados. Ele abusou sexualmente do cadáver e amputou os seios, passou neles uma demão de conservantes e os usou como pesos de papel. Brudos, então, colocou um sutiã no cadáver, estufado com papel para substituir as mamas removidas, e jogou o corpo em outro rio, amarrado a um motor de carro para que fosse carregado até o fundo.[398]

Em abril de 1969, Brudos tentou sequestrar uma jovem no estacionamento da Universidade Portland State; a garota mordeu em seu polegar para se defender.[399] Ele bateu nela até que desmaiasse, mas se assustou com um carro que passou perto. Depois, exibindo uma pistola, tentou sequestrar uma garota de 12 anos de idade a caminho da escola, porém, ao ser flagrado por um vizinho, correu para o carro e fugiu.[400] Visto que seus métodos de captura se mostravam arriscados, decidiu se vestir de policial e apresentar um distintivo falso. Viu Linda Salee, de 22 anos, em um shopping. Ela carregava presentes de aniversário para o namorado e, dizendo que era um segurança do shopping que investigava roubos em lojas, convenceu a garota a ir até o carro dele. Então, Brudos levou Linda até sua oficina, onde arrancou suas roupas, suspendeu e estrangulou a garota, além de fotografá-la, como havia feito com Sprinker. Depois que ela morreu, Brudos cravou pregos na caixa torácica dela antes de ligá-los a uma corrente elétrica para ver se o corpo se contorcia ou pulava. Mais tarde, explicaria que não amputou os seios dela antes de jogar o cadáver no rio apenas porque não gostou da aparência dos mamilos.[401]

Em maio de 1969, um pescador encontrou o corpo de Salee, e, depois, mergulhadores encontraram o cadáver de Sprinker. Enquanto isso, uma dica de uma aluna da Oregon State, que teve um encontro às escuras com Brudos e ficou desconfortável com sua constante menção a mulheres desaparecidas, levou as autoridades ao assassino. Durante a abordagem da polícia na residência, ele inexplicavelmente entregou às autoridades um pedaço da corda que usara para asfixiar uma das últimas vítimas; talvez tenha ficado desorganizado ou arrogante em relação às tentativas de ocultar seus crimes. É possível imaginarmos a possibilidade de Brudos ter começado a se arrepender dos crimes, ou ter ficado cansado das mortes; porém, é preciso destacar que ele não exibiu remorso algum, nem demonstrou intenção de evitar a prisão. Qualquer que tenha sido o caso, a corda que entregou à polícia forneceu provas concretas que o conectavam aos assassinatos dos quais era suspeito.[402]

Em uma última tentativa de ocultar seus crimes, Brudos lavou o interior de seu carro e disse que havia entrado água no veículo depois que foi a um lava-jato. Ele foi preso enquanto tentava fugir para o Canadá, escondido debaixo de um cobertor; na ocasião, usava uma calcinha de seda.[403] Depois que a alegação de insanidade foi rejeitada por sete avaliações psiquiátricas, declarou-se culpado e recebeu três sentenças de prisão perpétua. A esposa, acusada como possível cúmplice, porém, inocentada, se divorciou dele em 1970, mudou o nome e se mudou de Oregon com os filhos.[404] Ao longo dos anos, o chamado "Assassino Devasso" riu algumas vezes ao recordar a sensação de matar e mutilar as vítimas e colecionou catálogos de sapatos e roupas femininas na prisão, o que alimentou suas necessidades psicossexuais até o fim da vida. Ele se referia às mulheres mortas por ele como "papéis de bala" descartados assim que perdiam a utilidade. Durante uma entrevista pouco antes de morrer de câncer no fígado em 2006, declarou: "Acho que nunca machuquei ninguém, porque ninguém nunca reclamou do que fiz".[405]

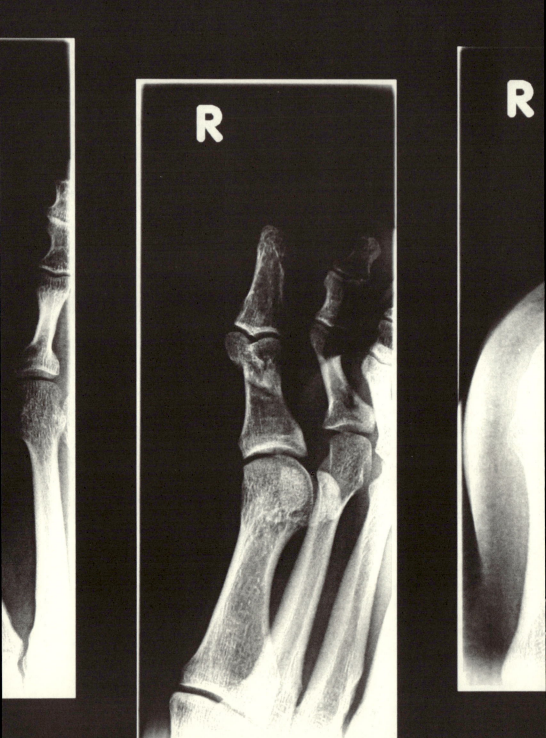

DEFINIÇÃO DE PADRÃO

Enquanto assassinos em série, torturadores e sádicos classificados nos Padrões 17, 18 ou 22 no Índice da Maldade são encontrados em quantidades abundantes, aqueles classificados nos Padrões 19, 20 ou 21 são extremamente raros. Ao analisarmos quais fatores posicionam o indivíduo psicopata em algum desses três padrões incomuns no Índice, perceberemos que não há registros de que indivíduos nos Padrões 19 e 21 tenham cometido assassinato, e os tipos do Padrão 20 cometem homicídio e tortura no contexto de doença mental severa, que envolve estados de psicopatia — um conceito que exploraremos neste capítulo.

CATEGORIA 5

PSICOPATAS TERRORISTAS QUE PRATICAM DOMINAÇÃO, INTIMIDAÇÃO, ESTUPRO E POUCOS ASSASSINATOS

Nesta classificação, o indivíduo psicopata é primariamente motivado pelo desejo de aterrorizar, subjugar, intimidar e/ou cometer estupro. O objetivo na mente do indivíduo costuma ser "prático", como assustar a vítima ou outras pessoas com propósito de extorsão, sexo, ou alguma outra finalidade. Esses criminosos não são motivados pelo desejo de infligir danos físicos com propósitos sádicos. Um criminoso que comete um ou mais sequestros para obter resgate, ou que detém um indivíduo indefeso para transformá-lo em escravo sexual, sem cometer tortura ou homicídio, pode ser incluído neste padrão. Embora esses indivíduos possam ser acusados de assassinato ou declarem ter cometido homicídios, não há registros que confirmem esses fatos.

Consideremos o caso de Gary Steven Krist, que nasceu em 1945. No começo da adolescência, frequentes roubos de barco e de veículos fizeram com que ele fosse internado por um ano em uma escola industrial em Utah, de onde escapou por um breve período, até ser recapturado em Idaho. Aos 18, condenado por mais dois roubos de automóveis, foi enviado a um colégio vocacional na Califórnia e libertado em 1964. Dois anos depois, acabou sendo condenado pelo mesmo crime, mas fugiu enquanto estava sob custódia policial.[406]

Em 17 de dezembro de 1968, Krist e Ruth Eisemann-Schier, sua cúmplice, invadiram um motel em Atlanta, Geórgia, onde encontraram Barbara Jane Mackle, de 20 anos de idade, que estava gripada e recebia cuidados da mãe. Mackle era filha de um empresário milionário do ramo imobiliário, um amigo pessoal do presidente Richard M. Nixon. Krist e sua cúmplice se passaram por policiais e disseram que um amigo de Mackle havia se ferido em um acidente na estrada. Eisemann-Schier usava uma máscara de esqui. Krist exibiu um rifle e a dupla amarrou e a mãe de Mackle e a deixou no quarto, desacordada com clorofórmio. A jovem foi, então, sequestrada e levada até uma floresta de pinheiros a 30 km do motel, onde Krist e sua cúmplice haviam preparado um buraco no chão que parecia um túmulo. É difícil imaginar o martírio que a garota sofreu. Ela foi colocada dentro de uma caixa apertada, com tubos de ar ligados a uma bomba e abastecida com uma lanterna a pilha, água, comida, tranquilizantes, um cobertor, um suéter e itens sanitários. A caixa foi fechada com parafusos e enterrada sob centenas de quilos de terra e galhos usados como camuflagem.[407] Os gritos e as pancadas nas paredes da caixa se mostrariam inúteis. As últimas palavras de Krist foram: "Não precisa agir feito criança".[408] Mackle conseguiu ouvir a pá, os passos e a partida no carro que a transportara. Depois, encontrou um bilhete longo de Krist, no qual o criminoso se vangloriava do projeto de contenção de reféns que havia criado. "Não se preocupe", o bilhete dizia. "Você está segura... estará em casa até o Natal, de um jeito ou de outro." Apesar de o bilhete dizer que as pilhas sustentariam a lanterna por onze dias, a luz apagou depois de três horas, e Mackle ficou largada em plena escuridão.[409]

Krist e a cúmplice viajaram até o lar de Mackle, na Flórida, e deixaram um bilhete de resgate no jardim da entrada. Eles exigiram meio milhão de dólares em notas de vinte antigas; a família pagou o valor enquanto a polícia procurava pelos sequestradores.[410] Mackle foi encontrada após 83 horas enterrada. Apesar de estar desidratada, tensionada e ter perdido quatro quilos, ela disse que tinha sido tratada de forma muito humana e se sentia "muito bem".[411] Cinco dias após o crime, Krist foi colocado sob custódia. Vários meses depois, Eisemann-Schier foi detida e permaneceria três anos presa até ser deportada para Honduras, seu país natal.[412]

Já preso, Krist declarou ter cometido vários assassinatos não solucionados. Em 1961, teria matado um estranho em um surto de raiva violento e largou o cadáver em Utah. Segundo seu relato, aos 14 anos de idade, atravessava uma ponte sobre uma ravina no Alasca com um eremita de 65 anos com quem tivera relações sexuais e fizera o homem tropeçar propositalmente; a vítima caiu e morreu. Aos 19, estrangulou e espancou uma garota até a morte e escondeu o cadáver sob um monte de pedras. Krist aludiu a um quarto homicídio, mas não deu detalhes. Como não havia provas para corroborar as declarações, Krist nunca foi indiciado.[413] Conforme percebemos, a ausência de confirmação de uma história de homicídio permite que Krist seja classificado no Padrão 19.

Após dez anos na prisão, Krist saiu sob condicional em 1979, e frequentou uma faculdade de medicina no Caribe. Exerceu a medicina em Indiana antes de sua licença ser revogada em 2003, sob alegação de que havia mentido a respeito de atitudes disciplinares durante a residência.[414] Três anos depois, foi descoberto que ele administrava um laboratório de processamento de cocaína escondido — claro — debaixo do chão de concreto de um galpão de armazenamento no Alabama. Na sala havia um tanque de oito metros e meio, semelhante à caixa em que Mackle fora presa. Havia, ainda, um túnel de fuga de quinze metros de distância. Ele também detinha imigrantes ilegais.[415] Krist, que se autodenominava o "Einstein do Crime", foi condenado por esses crimes adicionais.[416]

Até onde sabemos, não houve sequestros nesses moldes diabólicos, em que uma pessoa é enterrada viva, antes dos anos 1960. Conforme veremos adiante, uma das características de criminosos mais perigosos a partir da metade do último século é a ampliação dos aspectos "práticos" e dos motivos de crimes mundanos, como sequestro da vítima por interesse financeiro, em modalidades particularmente inventivas e sádicas. Portanto, esses crimes desempenham uma segunda função, de natureza psicológica, que é a busca de gratificação narcísica, dominação e crueldade gratuita. Em resumo, embora sequestro por motivos financeiros seja um crime antigo, o método de Krist constitui uma "nova" e aterradora forma de mal.

CATEGORIA 5

ASSASSINOS-TORTURADORES
COM PSICOSES DISTINTAS

Indivíduos classificados no Padrão 20 cometeram homicídios e atos de tortura, além de terem demonstrado crenças delirantes, percepção anormal e pensamentos ou comportamentos desorganizados, compatíveis com doenças psicóticas. É imprescindível perceber que um indivíduo com doenças psicóticas pode possuir também estrutura de caráter psicopata, como vimos no caso de Ed Gein no Padrão 13. As duas coisas não são mutuamente excludentes. Cabe analisar caso a caso se a doença psicótica reduz a culpabilidade do criminoso — ou seja, se a sua condição mental interfere no grau em que o indivíduo percebe a diferença entre certo e errado no momento em que comete um crime. Experiências psicóticas podem ocorrer em alguém enquadrado em outra posição no índice, porém, nos casos em que incitam homicídio e tortura, a designação deve ser relacionada ao Padrão 20. A classificação mais alta é necessária para capturar a natureza extrema desses crimes, bem como a perplexidade e o terror que esses atos provocam nas pessoas — reações intrínsecas à nossa conceituação de "mal". É a ausência de tortura no caso de Ed Gein que o exclui deste padrão do Índice.

Cabe compreender a que se refere o termo *psicose* para usar adequadamente essa classificação. Embora uma discussão aprofundada sobre estados psicóticos e distúrbios esteja além do escopo deste trabalho, mencionaremos alguns pontos importantes de forma breve. Em primeiro lugar, a psicose é um sintoma de doença psiquiátrica, mas não um distúrbio em si. Constitui um termo genérico, e se refere a um estado no qual o indivíduo perde o contato com a realidade externa. Isso pode envolver *alucinações*, em que se percebe estímulos, em qualquer uma das modalidades sensoriais, que outros não percebem; distúrbios de organização cognitiva e lógica fundamental, chamados *distúrbios de pensamento*; e/ou *delírio*, em que se atribui concepções equivocadas a estímulos autênticos e o sujeito se atém a essa interpretação errônea, apesar de evidências do contrário. Delírios podem envolver um leque amplo de conteúdos — alguns plausíveis, como a impressão de ser seguido, e outros absurdos e cientificamente impossíveis, como acreditar que alienígenas estejam disparando um laser contra sua cabeça. Mencionaremos brevemente alguns delírios comumente encontrados em pessoas com doenças psicóticas. Aquelas com *delírios de perseguição* acreditam que são maltratadas, espionadas ou que correm perigo. O *delírio de grandeza* é caracterizado pela crença de que se tem mais poder, talento, influência ou riqueza do que, de fato, acontece, ou a convicção de um relacionamento especial com Deus ou com algum indivíduo importante. O *delírio de ciúmes* é uma crença falsa de que o cônjuge ou parceiro romântico é infiel. Aqueles com *delírio erotomaníaco* estão convencidos de que certas pessoas — às vezes celebridades — estão apaixonadas por eles. Como discutiremos na Parte II, esse tipo de delírio pode ser associado à prática da perseguição. O indivíduo com *delírio somático* está convencido de ter um defeito físico ou problema médico, apesar da falta de evidência concreta. *Delírios de culpa* envolvem sentimentos de remorso, culpa ou de merecimento de punição injustificados. No *delírio de referência*, o sujeito acredita que eventos insignificantes, comentários de pessoas ou coisas observadas no ambiente têm significado pessoal, constituindo "sinais" ou "mensagens" que aludem, de certa forma, a si. Aqueles com *delírio de controle* acreditam que seus pensamentos, sentimentos ou atitudes são manipulados por forças, pessoas ou grupos externos. *Inserção de pensamento* ou *remoção de pensamento* são crenças de que pensamentos são colocados ou removidos da cabeça de alguém, respectivamente. *Delírio de leitura de mente* é caracterizado pela crença de que alguém ou grupo de pessoas é capaz de conhecer os pensamentos do indivíduo. Na *transmissão de pensamento*, o sujeito acredita que as pessoas podem ouvir os pensamentos, que são projetados em alto e bom som, como em um rádio. Caso não exista tema central, aplica-se o termo *Delírio Misto*.

Em alguns indivíduos, as crenças em alucinações e delírios são intrinsecamente interligadas, de modo que, por exemplo, a alucinação de um som pode estar relacionada à ilusão de que existe um aparelho rastreador no cérebro da pessoa. Em outros, sintomas podem ser menos organizados em qualquer espécie de narrativa quase-lógica. Alguém pode simultaneamente ouvir o que acredita ser a voz de Satã e pensar que existe um verme perambulando por suas entranhas, mas tem dificuldade de explicar como essas duas experiências se relacionam uma com a outra. Alguns estados psicóticos também envolvem desorganização de fala, pensamento ou comportamento.

Várias categorias psiquiátricas em uso atualmente são associadas com períodos discretos de psicose, como esquizofrenia, distúrbio de ilusão, breve distúrbio psicótico, depressão e distúrbio bipolar com características psicóticas.[417] Condições psicóticas costumam surgir durante a adolescência ou no início da idade adulta e podem ser seguidas por um período de delírio, alucinações e/ou distúrbio de pensamento, mais brando em termos de intensidade, frequência, impacto comportamental e perda de discernimento. Uma síndrome de psicose atenuada, que traça critérios específicos para esta fase de "alto risco clínico" (CHR, na sigla em inglês), foi incluída como condição que requer estudos mais aprofundados no supramencionado DSM-5, publicado em 2013.[418] Cerca de 30% dos adolescentes e jovens adultos compatíveis com os critérios do CHR desenvolvem doenças ao longo de dois anos.[419] Pesquisas recentes sugerem que pensamentos violentos e imagens mentais geralmente experimentadas como intrusivas ou destoantes do ego podem ser comuns em indivíduos com doenças mentais atenuadas. Além disso, a presença desses pensamentos combinados aos sintomas subliminares da psicose pode prenunciar um desenvolvimento tardio de distúrbios psicóticos, principalmente esquizofrenia.[420] Outros estudos sobre ideação violenta na fase CHR das doenças psicóticas podem fornecer pistas a respeito de como ideias psicóticas associadas a violência se desenvolvem e são experimentadas por esses indivíduos, e talvez, com investigações mais aprofundadas, sirvam como janela para intervenções precoces.

É importante perceber que estados psicóticos podem ocorrer dentro do contexto de experiências traumáticas, pelo uso de certos medicamentos com prescrição, ou devido a certas condições mentais. Exemplos dessas condições incluem doença de Parkinson; doença de Huntington; cistos ou tumores cerebrais; demência, que inclui doença de Alzheimer; derrames; certas formas de epilepsia; HIV e outras infecções que afetam o cérebro. Sintomas psicóticos também podem surgir pelo abuso ou abstinência de álcool ou substâncias ilícitas, como anfetaminas, alucinógenos, marijuana, cocaína, hipnosedativos e opioides.[421]

Além disso, ideias, percepções e comportamentos transitórios, de curto período e "micropsicóticos" podem ocorrer em pessoas com certas estruturas de personalidade, principalmente sob ameaça crescente. Portanto, é imperativo que também verifiquemos, mesmo que brevemente, os transtornos descritos no DSM, divididos nos Grupos A, B e C. Em cada um deles existem padrões de comportamento inflexíveis e experiências internas que causam dificuldades funcionais e angústia pessoal. Esses padrões são de longo prazo e costumam se manifestar no final da adolescência ou no começo da fase adulta. É preciso destacar que alguns desses traços podem surgir em indivíduos de um modo não invasivo, sem gerar dificuldades ou incômodos internos significativos, de modo que os critérios para um transtorno de personalidade tais como descritos no DSM não serão totalmente preenchidos.

Indivíduos com transtorno de personalidade do Grupo A exibem estranheza, excentricidade de pensamento e inabilidade social e isolamento, como podemos perceber em maior grau na esquizofrenia, nunca em episódios discretos, mas por toda uma vida. Três dessas condições foram descritas. *Transtorno de personalidade paranoica* envolve forte desconfiança e suspeita em relação a outros.[422] *Transtorno de personalidade esquizoide* é caracterizado por um padrão genérico de distanciamento social e emocionalidade restrita, com preferência por atividades mecânicas ou abstratas que envolvem o mínimo de contato humano.[423] Aqueles com *transtorno de personalidade esquizotípica* demonstram traços esquizoides, com distorções cognitivas e de percepção e/ou comportamentos excêntricos.[424] Apesar de alguns indivíduos mencionados nos casos já analisados possuírem traços do Grupo A, não significa que estão total ou parcialmente afastados da realidade nas ocasiões em que cometeram seus crimes, ou mesmo durante toda a vida.

Existem três transtornos de personalidade do Grupo B, caracterizados por traços emocionais, dramáticos e erráticos, que, como o leitor perceberá, se refletem em vários exemplos ao longo do Índice da Maldade. *Transtorno de personalidade histriônica* envolve um padrão de busca por atenção e emocionalidade excessivas, a ponto de o sujeito ser percebido como alguém teatral, volúvel ou extravagante, com humor superficial e hiperbólico. As pessoas compatíveis com os critérios desta condição costumam ser influenciadas com facilidade por sugestões e opiniões de terceiros.[425] Aqueles diagnosticados com *transtorno de personalidade narcisista* tendem a sentir que possuem talentos especiais, poderes ou qualidades, a ponto de merecerem tratamento especial. Podem explorar ou manipular outros ou demonstrar desprezo pelas necessidades e sentimentos daqueles ao redor. Esses indivíduos costumam se sentir devastados em situações nas quais são obrigados a se sentir normais, humanos ou triviais, sucumbindo a um estado de profunda ira ou vergonha.[426] Como vimos, narcisismo, em alguns casos, pode servir de motivação em atos de extrema violência.

Transtorno de personalidade limítrofe costuma ser caracterizado quando o indivíduo percebe as pessoas e as experiências em termos polarizados, preto e branco, o que também envolve uma percepção instável da identidade e dos objetivos. Vacilos abruptos entre percepções extremadas resultam em decisões emocionalmente intensas e impulsivas, às vezes, autodestrutivas, difíceis de articular. Em alguns casos, esses sentimentos são dissociados e, paradoxalmente, experimentados como torpor e vazio. Essas várias dificuldades com estabilidade afetiva abalam o funcionamento social e os relacionamentos do indivíduo.[427] É válido perceber que estados dissociativos podem ser associados a homicídios ou atos de agressão severos e costumam ser seguidos por choque e confusão, assim que o agressor ou a agressora se reconecta à realidade e a si. Porém, raras são as ocorrências de violência grave cometida de forma autêntica no contexto da dissociação total.

No *transtorno de personalidade antissocial,* que discutimos em nossa descrição de psicopatia, encontramos o supracitado desprezo pelos direitos e sentimentos de terceiros, muitas vezes imprudente e generalizado, que se manifesta como hostilidade e/ou agressão, fraude e manipulação, seguidos por sentimentos de remorso nulos ou falsos.[428] Conforme a DSM, tal indivíduo precisa exibir esses sinais fora do contexto do transtorno bipolar ou da esquizofrenia. Esta conceituação obscurece o fato de que se pode ter uma estrutura de personalidade psicopática, além de um transtorno psicótico do humor ou esquizofrenia, de tal forma que o sujeito pode ser psicopata congenial ou sofrer com isso de modo transitório ou estar desconectado da realidade em certos pontos de sua vida, como já observamos. Quando esses indivíduos cometem homicídio ou outros atos de violência, é necessário definir com cuidado, dentro do possível, se o crime foi motivado por psicose, traços de personalidade anômalos ou alguma combinação de ambos.

A DSM também descreve os transtornos de personalidade do Grupo C, que não são tipicamente associados a estados psicóticos breves e passageiros, como vimos nos transtornos dos Grupos A e B. Porém, alguns indivíduos diagnosticados com *transtorno de personalidade esquiva,* caracterizado por um padrão permanente de inibição social, sentimentos de inadequação e extrema preocupação com a avaliação negativa de terceiros, isolamento social e hipervigilância, podem apresentar dissociação esquizoide ou paranoia emergente, ainda não identificadas.[429] *Transtorno de personalidade dependente* envolve uma forte necessidade de ser cuidado pelos outros, a ponto de o indivíduo sentir medo intenso de perder relacionamentos em que se apoia.[430] É preciso perceber aqui que esse transtorno está, às vezes, presente em indivíduos classificados no Padrão 3 no Índice da Maldade, que se tornam acólitos de tipos psicóticos autores de atos horrendos e, às vezes, até participam das atrocidades. Finalmente, o *transtorno de personalidade obsessiva-compulsiva* envolve uma preocupação com ordem, regras e regulamentos, a ponto de o indivíduo se tornar inflexível e perder a eficiência. Essas pessoas tendem a ser percebidas como controladoras e teimosas.[431] O que não percebemos aqui são as ideias mágicas e psicóticas que, às vezes, podem ser vistas no transtorno obsessivo-compulsivo, uma condição que não pode ser confundida com o transtorno de personalidade de nome semelhante.

De mesmo modo é necessário mencionar a relação potencial entre violência e doenças psicóticas, embora uma análise aprofundada esteja além do âmbito deste trabalho. A literatura acadêmica indica que a maioria das pessoas com doenças mentais não é perigosa e a maior parte dos atos violentos é cometida, na verdade, por indivíduos sem distúrbios mentais. Porém, evidências sugerem que sintomas psicóticos podem ter relação relevante com o risco de violência.[432] Foi relatado que 5 a 10% dos criminosos encarcerados por homicídio são compatíveis com os critérios de esquizofrenia.[433] Uma metanálise realizada em 2009 de 204 estudos de psicose como fator de risco para comportamento violento revela que pessoas com doenças psicóticas tiveram um aumento de 49 a 68% no potencial para violência relativamente a indivíduos que não são compatíveis com os critérios de doenças psiquiátricas.[434] Foi indicado que a não adesão aos medicamentos psicotrópicos e o conhecimento limitado sobre os próprios sintomas psicóticos medeiam a relação entre psicose e comportamento violento.[435]

Uma análise de 22 estudos revelou que os principais distúrbios psiquiátricos, principalmente a esquizofrenia, representam de 5 a 15% da violência na comunidade.[436] Isso se mostrou verdadeiro mesmo em casos de ausência do uso de álcool ou outras substâncias. Porém, em outros casos, o abuso de álcool ou drogas ilícitas foi implicado como fator regulador chave[437], e talvez seja responsável por mais risco de violência do que doenças psicóticas.[438] O psicólogo dr. Eric B. Elbogen e a psiquiatra dra. Sally C. Johnson identificaram interações complexas entre fatores demográficos, abuso de álcool e drogas, eventos de vida desfavoráveis e estressores ambientais associados a atos violentos e doenças mentais severas, o que torna o comportamento violento difícil de ser previsto.[439] O MVRAS, MacArthur Violence Risk Assessment Study (Estudo MacArthur de Avaliação de Risco de Violência), que verificou 1136 pacientes psiquiátricos recém-liberados ao longo de um ano, tentou indicar problemas metodológicos que limitavam pesquisas semelhantes e desenredar fatores interconectados. A prevalência de comportamentos violentos entre sujeitos com os principais distúrbios mentais que não abusavam de substâncias foi considerada indistinguível de um grupo de comparação da população geral feito em um único bairro. O risco de violência dobrava devido ao abuso simultâneo de substâncias. Curiosamente, pacientes com esquizofrenia mostraram o menor número de ocorrências violentas ao longo do ano (14,8%), em comparação àqueles com bipolaridade (22%) ou depressão (28,5%). Contudo, a violência associada a essas condições costuma ser mais frequente logo após o paciente receber alta do hospital, e amostras de indivíduos na comunidade com esses distúrbios não costumam exibir taxas tão altas de violência. Além disso, delírios não foram associados à violência no MVRAS,[440] em contraste a evidências anteriores, que ligam a violência a delírios que ameaçam sabotar as capacidades de autocontrole do indivíduo ou fazem o sujeito se sentir inseguro.[441]

As informações do MVRAS foram recentemente reavaliadas, com resultados contrastantes, a depender se o objetivo é identificar fatores estatísticos de previsão de violência ou estabelecer relações que permitem considerações de causalidade. Os pesquisadores dra. Simone Ullrich, Robert Keers e Jeremy Coid descobriram que o modelo prospectivo confirma as descobertas iniciais.[442] No entanto, se o momento dos sintomas psicóticos, referentes a comportamentos violentos, for considerado, surge uma relação entre violência e delírios que envolvem especificamente inserção de pensamento; a posse de poderes ou dons; e o medo de ser espionado, de ser alvo de uma conspiração, de um stalker, ou de estar sob o controle de alguma pessoa ou força. Considerou-se que a raiva provinda dessas crenças ilusórias é um fator mediador, exceto no caso de delírio de grandeza.[443] Em outros casos, alucinações auditivas de comando — que instruem um indivíduo a agir de determinado modo — com conteúdo violento;[444] crenças ilusórias, principalmente de perseguição,[445] ou ambas, foram conectadas a um potencial de violência mais elevado.[446]

Cientes de todos esses conceitos e descobertas, voltamos nossa atenção a um caso altamente incomum e condizente com esse esparsamente povoado padrão do Índice da Maldade, em que se notam várias características combinadas: homicídio, tortura, doença psicótica e estrutura de personalidade psicótica. A história tenebrosa relatada aqui é ainda mais interessante por envolver um raro caso de assassino em série pré-1960, que exibiu várias das características que conectaremos, na Parte II deste livro, com a era do "novo mal" pós-1960. Contudo, é válido perceber que sempre foram raros entre os assassinos em série os elementos psicóticos, identificados como fator motivacional em apenas 0,6% de assassinos em série entre 1900 e 2018, como já percebemos.[447]

O caso de Albert Fish — o bigodudo e aparentemente inofensivo "Homem Cinza", que abusou sexualmente de crianças, além de cozinhá-las, mutilá-las e comê-las — é um verdadeiro pesadelo. Ele nasceu em Washington, DC, em 1870, o mais novo de quatro filhos. O pai era um fabricante de fertilizantes de 75 anos que, segundo relatos, sofria de "obsessão religiosa"; a mãe, de 22 anos, sofria de alucinações auditivas.[448] A família tinha extenso histórico de doenças mentais: sete parentes foram diagnosticados com psicose ou personalidades psicopatas, dois morreram em hospícios, um era alcoólatra e outros foram descritos como "completamente malucos". Quando Fish tinha 5 anos, o pai morreu de ataque cardíaco, e a mãe, que sobrevivia com dificuldades, enviou a criança a um orfanato, onde Fish passaria os quatro anos seguintes.[449] Seu nome de nascimento, Hamilton, fez com que outras crianças inventassem para ele o apelido brincalhão de "Ham and Eggs", presunto e ovos, o que fez com que adotasse o nome Albert, em homenagem a um irmão falecido. No orfanato, foi espancado e chicoteado com frequência, e, já nessa época, era excitado pela dor física. Sentia prazer ao ser cruel com outros, e, mais tarde, diria: "Sempre quis causar dor nos outros e que os outros causassem dor em mim. Acho que sempre gostei de machucar tudo o que podia". Ele urinava na cama com frequência e tentou fugir em várias ocasiões.[450]

Por volta de 1879, Fish voltou aos cuidados da mãe, que, na época, estava empregada. Aos 12 anos de idade, começou um relacionamento sexual com um rapaz que trabalhava no telégrafo. Nessa ocasião, foi apresentado à *urofagia* e à *coprofagia* — termos clínicos para o consumo de urina e fezes, respectivamente. O futuro assassino passava horas tomando banho em banheiros públicos, onde via outros rapazes se despir.

Aos 20 anos, se mudou para Nova York, onde trabalhou como garoto de programa e começou a abusar sexualmente de outros rapazes jovens.[451] Ao mesmo tempo atuava profissionalmente como decorador autônomo e pintor de casas, o que, mais tarde, faria com que os peritos questionassem o impacto da tinta de chumbo no seu sistema nervoso. Aos 28 anos, Fish foi obrigado a se casar — um evento arranjado por sua mãe — e teve seis filhos; nesse período continuou a molestar outros garotos sem que sua família soubesse.[452] Para surpresa de todos, Fish foi preso por roubo em 1903 e encarcerado em Sing Sing.[453]

Assim que saiu da prisão, Fish começou um relacionamento com um homem que o levou até um museu de cera, onde a dupla encontrou um modelo de um pênis seccionado. Fish ficou impressionado com a imagem e se tornou morbidamente obcecado pela ideia de castração.[454] Mais tarde, amarrou Thomas Kedden, 19 anos, um rapaz com deficiência intelectual, em um celeiro e, depois de torturá-lo por duas semanas, cortou o pênis do garoto. "Nunca vou esquecer o grito nem o olhar dele", Fish diria. Após sangrar a vítima, lhe deu uma nota de dez dólares e um beijo de despedida, antes de abandoná-la para sangrar até morrer. Chegou a cogitar a mutilação do corpo inteiro do jovem e levar para casa, porém, lucidamente, calculou que viajar com restos humanos em decomposição chamaria atenção.[455]

Em 1917, a esposa de Fish o abandonou por um pensionista e levou quase todas as posses do casal; Fish ficou sozinho, obrigado a cuidar dos filhos. Na época, começou a levá-los a uma cabana em Westchester, Nova York, onde subia uma colina à noite e se banhava à luz do luar, com as mãos erguidas: "Eu sou Cristo! Eu sou Cristo!". Fish desenvolveu gosto por carne crua e servia o prato às crianças.[456] Nessa fase, começou a ouvir uma voz que acreditava ser o apóstolo São João — curiosamente, o nome do orfanato onde prazer sexual e dor se mesclaram pela primeira vez na mente do jovem Fish — e, seguindo as instruções do evangelista, envolveu o próprio corpo em um tapete.[457] Teve visões intensas de "Cristo e Seus anjos" e disse que Deus lhe revelara coisas, como: "Bendito daquele que pega os pequeninos e esmaga as cabeças contra rochas".[458] Ele passou a acreditar que deveria purgar e expiar seus pecados com sofrimento físico e sacrifícios humanos, e que Deus havia comandado que torturasse e castrasse meninos. Fish começou a se submeter a uma série de atos masoquistas bizarros, incluindo a inserção de agulhas na virilha, abdômen e debaixo das unhas; introduzir pedaços de lã encharcados em fluido de lampião no ânus e atear fogo; e se autoflagelar ou pedir que seus filhos o fizessem, com um remo cheio de pregos.[459] Em 1919, esfaqueou um rapaz com problemas cognitivos em Washington, DC. Fish desenvolveu preferência por atacar afro-americanos e/ou crianças com deficiências cognitivas, de que, segundo acreditava, ninguém daria pela falta. Cinco anos depois, começou a matar com um cutelo, uma faca de açougueiro e uma serra de mão, os quais denominava de seus "Instrumentos Infernais".[460]

Em 1928, Fish, com quase 60 anos de idade, disfarçado de um fazendeiro chamado Frank Howard, respondeu a um anúncio nos classificados feito por um jovem de 18 anos de Nova York. O objetivo era sequestrar a vítima e torturá-la até a morte, porém, inesperadamente, o jovem apareceu acompanhado pela irmã, Grace Budd, de 10 anos de idade, e os planos de Fish mudaram. Ele se apresentou como um sujeito gentil e agradável e descreveu sua fazenda de vinte acres e seus funcionários amigáveis; imediatamente, conseguiu autorização dos pais para acompanhar a criança até uma festa de aniversário: a de sua sobrinha inexistente. Grace nunca mais foi encontrada — viva ou morta.[461] Sete anos depois, após outro homem cumprir pena de sete anos pelo assassinato de Budd, Fish, que já era um cidadão idoso, enviou uma carta anônima aos pais da garota, na qual explicou que havia matado, desmembrado e canibalizado Grace. Dizia, em parte:[462]

Almoçamos. Grace sentou no meu colo e me beijou. Decidi que ia devorá-la. Com a desculpa de que a levaria até a festa. Vocês disseram que ela podia ir. Levei-a até uma casa abandonada em Westchester que escolhi com antecedência. Quando chegamos lá, mandei que ficasse do lado de fora. Ela colheu flores. Fui até o segundo andar e tirei as roupas. Sabia que, se não tirasse, as mancharia de sangue. Quando tudo estava pronto, fui até a janela e a chamei. Então, me escondi no armário até ela aparecer. Quando ela me viu nu, começou a chorar e tentou correr para as escadas. Agarrei-a e ela disse que ia contar para a mamãe. Primeiro, tirei a roupa dela. Grace dava chutinhos — mordia e arranhava. Estrangulei até que morresse, depois a cortei em pedacinhos para levar a carne até a cozinha. Cozinhei e comi. Ela ficou uma delícia tostada no forno. Levei nove dias para comer o corpo inteiro.

Mais tarde, veio à tona que ele colocou a cabeça de Grace em uma lata de tinta para drenar o sangue, antes de empacotar outras partes para levar para casa.[463]

Em 1930, Fish se casou novamente, mas ele e a nova esposa se separaram após uma semana. Ele foi preso por enviar uma carta obscena a uma mulher que respondeu a um anúncio falso dele requisitando uma empregada, e depois foi hospitalizado no Bellevue para observação durante todo o ano de 1931.[464] A sensação de prazer no uso de linguagem obscena com uma completa estranha sugere que o assassino aplicava uma de suas várias parafilias, conhecida como *coprolalia*. Três anos depois, foi preso pelo assassinato de Grace Budd, e ameaçou com uma navalha o detetive que efetuou a prisão.[465]

Mais tarde, Fish confessou o assassinato de Billy Gaffney, de 4 anos de idade, que desapareceu da casa onde morava, no Brooklyn, em 1927. Na última vez que a criança foi vista, ela brincava com um amigo, que, quando interrogado sobre o paradeiro de Billy, respondeu: "O bicho-papão levou ele". Uma testemunha viu Fish com um carrinho, onde levava Billy, que, apesar de ser inverno, estava sem casaco e chorava por sua mãe. O assassino explicou que levou Gaffney até uma casa abandonada, onde tirou a roupa do menino e depois o amarrou e o amordaçou e enfim incendiou as vestimentas. No dia seguinte, espancou o garoto com ferramentas para "amaciá-lo", assim como se prepara carne para que fique mais macia. Depois, chicoteou a vítima, até ela sangrar, com um mangual feito em casa, cortou as orelhas e o nariz, fez um talho na boca de orelha a orelha e arrancou os olhos. O frenesi terminou quando Fish enfiou uma faca na barriga do menino e bebeu o sangue até a criança morrer. Depois, o assassino colocou partes do cadáver em sacos de batata e jogou em um laguinho de água parada. Outras partes foram levadas até a casa do criminoso. As orelhas, nariz e pedaços do rosto e da barriga foram transformados em ensopado, e as nádegas foram assadas e preparadas com molho. Em sua confissão, declarou: "Nunca um peru tostado foi tão saboroso quanto o traseiro gordinho daquele menino".[466]

Durante o julgamento, em 1935, Fish foi considerado insano pelo psiquiatra forense dr. Fredric Wertham, que diagnosticou uma "psicose paranoica" à luz dos relatos de Fish a respeito de intensas alucinações da voz de Deus, que o comandava a matar. Fish foi considerado culpado e recebeu sentença de morte, após um período de encarceramento em Sing Sing.[467] Espectadores custaram a acreditar que aquele senhor decrépito, de costas arqueadas, era responsável por atos de maldade indescritíveis. O próprio Wertham se espantou com a aparência fraca, benevolente e gentil do assassino. "Se você precisasse de alguém para cuidar dos seus filhos", escreveu, "o escolheria sem hesitar".[468] Wertham também percebeu que Fish, ao descrever o assassinato de Billy Gaffney, "soava como uma dona de casa ao descrever os métodos favoritos de cozinhar... Porém, às vezes, sua voz e expressão facial indicavam satisfação e êxtase. Eu disse a mim mesmo: este homem vai além dos limites de definição legal e médica da insanidade".[469]

Mais tarde, Fish confessou o assassinato, em Staten Island, no ano de 1924, de Frances X. McDonnell, uma garota de 8 anos de idade, que foi abusada sexualmente, depois estrangulada até a morte com suspensórios. Ele era suspeito do assassinato de Mary O'Connor, de 15 anos de idade, ocorrido em 1932; o corpo mutilado da garota foi encontrado em uma área florestal perto de uma das casas que Fish pintou.[470] Ele foi conectado com certo grau de segurança a "pelo menos cem" ataques sexuais em todo o país, mas Fish se vangloriava de quatrocentas vítimas, "em todos os estados".[471]

Antes de morrer na cadeira elétrica, Fish declarou que a eletrocussão seria "a maior emoção de sua vida".[472] O *Daily News* publicou o comentário de Norma Abrams a respeito da execução do assassino: "Os olhos brilhavam com a ideia de ser queimado por um calor mais intenso do que as chamas com as quais queimava a própria carne para satisfazer seus desejos".[473]

UMA PALAVRA SOBRE
CANIBALISMO E VAMPIRISMO

Os atos de canibalismo e vampirismo de Albert Fish — que se referem, respectivamente, ao consumo de carne e órgãos internos e ingestão de sangue — podem ser os aspectos deste caso que as pessoas consideram mais terríveis e incompreensíveis, sobretudo porque ele se alimentava exclusivamente de crianças. Porém, curiosamente, não são esses elementos que classificam Fish no Padrão 20 do Índice da Maldade; na verdade, o que garante sua posição são os repetidos homicídios e torturas prolongadas, junto de doenças psicóticas e traços de psicopatia. É certo que o canibalismo configura um desafio único, em várias instâncias, para o Índice de 22 padrões. Primeiro, há certa discordância em relação à ideia de que canibalismo pode, ou não, ser sempre considerado uma atitude "maligna", proibida com bases morais desde sempre. Antropólogos dizem que o canibalismo era praticado séculos atrás por povos indígenas em várias áreas geográficas, como Sumatra, Nova Guiné e as Ilhas Fiji, além da Melanésia, Austrália, Nova Zelândia e regiões do Ocidente e África Central, Bacia do Rio Amazonas e partes das Ilhas Salomão.[474] Além disso, parece que os Neandertais, que habitavam a caverna Moula-Guercy, atual França, há aproximadamente 100 mil anos, praticavam certo grau de canibalismo.[475] No Antigo Egito, em vários momentos ao longo dos séculos, a prática acontecia como ato desesperado de sobrevivência em períodos de fome.[476]

Como o leitor pode ter percebido, é possível que tais atitudes sejam compatíveis com vários Padrões do Índice da Maldade, a depender do contexto, motivo ou estado psiquiátrico, bem como presença ou ausência de outros elementos, como homicídio, abuso sexual e tortura. Analisamos crimes terríveis, em que o canibalismo foi resultado de várias doenças mentais, como no caso de Fish, e abuso de drogas, como quando Rudy Eugene, de 31 anos, sob influência de marijuana e provavelmente alguma outra substância ilícita, foi encontrado nu na Ponte

MacArthur, em Miami, Flórida, devorando o rosto de um mendigo de 65 anos em 2002.[477] Em um caso horroroso de 2009, a polícia visitou a casa de Angelo Mendoza, de 34 anos, que estava intoxicado com PCP, e ouviu o relato do filho de 4 anos, que disse: "Meu papai comeu meus olhos".[478] Também examinamos casos em que canibalismo e vampirismo eram aspectos de cultos ou atividades espirituais alternativas, às vezes como uma perversão do conceito de Santa Comunhão, ou com intenção de unificar os membros em uma "família" coesa, como no caso de Roderick Ferrell, homicida duplo, que consumiu sangue como parte de uma seita vampírica, em que ele assumiu a identidade de Vesago, um vampiro de 500 anos.[479]

Finalmente, examinamos crimes em que diversão ou frenesi foram as principais motivações para atos canibais, ocasionalmente para propósitos parafílicos. Em 1981, Issei Sagawa, com um longo histórico de fantasias sexuais que envolviam a canibalização de belas mulheres, convidou a colega de classe Reneé Hartevelt até seu apartamento para que fizessem um trabalho de escola; Issei atirou no pescoço da garota com um rifle, cometeu atos necrófilos e devorou partes do corpo da garota durante dois dias. Ele foi preso enquanto carregava partes não consumidas em duas bolsas grandes e ganhou status cult em seu país natal — Japão — assim que foi liberto da prisão. Estrelou filmes pornográficos softcore com temas canibais e foi crítico de sushi.[480] Mais perturbador ainda é o caso de John Brennan Crutchley, em 1985, que recebeu a alcunha de "Vampiro Estuprador". Após sequestrar uma caronista adolescente, amarrou os braços dela a uma mesa. A estuprou enquanto gravava vídeos caseiros e bebeu cerca de 40 a 45% do sangue que removeu com agulhas inseridas nos braços e pulsos da garota.[481]

Jeffrey Dahmer, o abominável assassino em série necrófilo e canibal, matou dezessete rapazes entre 1978 e 1991. Ele solicitava garotos de programa ou atraía até sua casa homens que conhecia em bares, drogava, estuprava e estrangulava as vítimas antes de desmembrá-las e cometer atos sexuais com os cadáveres ou partes do corpo. Dahmer começou a se interessar pela ideia de que poderia transformar suas vítimas em "zumbis" que servissem como parceiros sexuais submissos, totalmente sob seu controle. Para isso, fazia buracos na cabeça das vítimas, já dopadas, e injetava ácido hidroclórico ou água fervente no cérebro. Quando as autoridades descobriram esses crimes, em 1991, a polícia invadiu o apartamento de Dahmer em Milwaukee, Wisconsin, que fedia com o cheiro de carne pútrida. Foram encontrados um altar com velas e caveiras humanas no armário, dois crânios sobre um computador, corpos dissolvidos em ácido em um enorme tambor e várias fotografias perturbadoras. Também encontraram uma cabeça decepada e outras partes de corpos no refrigerador, preservadas em meio líquido dentro de jarras; um coração humano no freezer e um pênis em decomposição, além de um par de mãos. Foi descoberto que Dahmer comia algumas partes dos corpos de suas vítimas, como coração, bíceps e fígado, o que lhe rendeu a alcunha de "Canibal de Milwaukee".[482] Mais tarde confessaria que seu principal objetivo era cometer vários atos atrozes para impedir que as vítimas o abandonassem — um tema que também surgiu na história de outro canibal, Armin Meiwes, já discutida aqui. "Meu único objetivo era", Dahmer diria em uma entrevista em 1994 com Stone Phillips para a NBC, "controlar completamente a pessoa — uma pessoa que eu considerava atraente fisicamente — e mantê-la comigo o máximo possível, mesmo que isso significasse reter apenas uma parte dela".[483]

Canibalismo e vampirismo não são um "novo" tipo de mal. Porém, conforme veremos na transição para a Parte II deste livro, no período após os anos 1960 houve vários casos chocantes que envolveram a prática de obrigar outros a cometer canibalismo contra a vontade, às vezes de forma consciente, às vezes não. Observamos canibalismo forçado inconsciente em um caso de 2010 em que três sem-teto na Rússia mataram e espancaram um homem com um martelo, desmembraram e canibalizaram o cadáver. Depois, venderam o resto em um quiosque de carnes, onde foram incorporados a kebabs e tortas à maneira do que fizeram o assassino em série fictício Sweeney Todd e sua parceira no crime, Mrs. Lovett. Porém, não se sabe se os donos do estabelecimento sabiam que haviam comprado carne humana. Enfim, as autoridades não localizaram as porções da carne da vítima vendidas no quiosque, já que foram consumidas pelos fregueses inadvertidos.[484] Como exemplo de forma consciente de canibalismo forçado, na época em que este texto foi escrito, houve boatos de que cinco moradores da Louisiana mantinham uma garota autista de 22 anos em uma jaula, espancavam-na, apagavam cigarros em seu corpo e a banhavam com dejetos humanos de um tanque séptico. Também foi relatado que os membros do grupo obrigaram a jovem a abrir uma urna com as cinzas de sua própria mãe, despejar o conteúdo em uma tigela e comer com uma colher enquanto os sequestradores olhavam e riam.[485]

CATEGORIA 5

PADRÃO

PSICOPATAS TORTURADORES QUE NÃO DEIXAM RASTRO

Como os indivíduos no Padrão 19, uma pessoa psicopata classificada no Padrão 21 do Índice da Maldade não possui registros de homicídio, ou, pelo menos, é suspeita de, no mínimo, um homicídio, que não foi confirmado. Quando há acusação ou declaração de homicídio, o crime não costuma ser descrito como parte integral dos objetivos sádicos do criminoso, mas aconteceu como simples meio para um objetivo prático, como a eliminação de uma testemunha. Porém, essas classificações se diferenciam pelo fato de que as pessoas designadas ao Padrão 21 torturam fisicamente vítimas humanas. A tortura é intencionalmente prolongada, cruel e costuma ser de escopo físico e psicológico. Vale notar que as torturas do Padrão 21 são diferentes das que vimos nos Padrões 18, 20 e que veremos no Padrão 22 do Índice, pois nestes elas necessitam de histórico de homicídio. Além disso, enquanto as torturas vistas nos Padrões 20 e 22 são deliberadamente prolongadas, como os do Padrão 21, os atos de tortura associados ao Padrão 18 não são de natureza estendida. A constelação de traços e comportamentos que caracterizam o Padrão 21 pode ser ilustrada no caso de Cameron Hooker, que nasceu na Califórnia em 1953.

Muito pouco se sabe sobre o passado de Hooker, exceto que, após se formar no ensino médio em 1972, ele começou a trabalhar em uma fábrica de madeira. Três anos depois, aos 22, casou-se com uma garota de 15 anos de idade chamada Janice, que supostamente havia sido abusada pela própria família. O marido a chamava de "puta" e a obrigava a se submeter a atos sexuais sádicos, em que repetidamente erguia a garota, nua, pelos pulsos, e a chicoteava, ou, às vezes, quase a afogava. Provavelmente por sentir medo dele, Janice não oferecia resistência. Depois de Hooker confessar à esposa que pretendia sequestrar uma jovem e obrigá-la a viver como escrava sexual, Janice fez o marido prometer que pararia de chicoteá-la e chicotearia a escrava, para que ela pudesse engravidar. Outro pedido que fez ao marido era para que não praticasse sexo vaginal com a escrava.[486]

De acordo com a esposa de Hooker — e é importante registrar, pelos motivos que acabamos de reiterar, que essa alegação nunca foi provada — em janeiro de 1976, o casal sequestrou Marliz Spannhake, uma caronista de 18 anos, na Califórnia. Ela teria sido despida e suspensa no teto pelos pulsos e torturada durante um dia, antes de suas cordas vocais serem cortadas com uma faca, provavelmente para silenciar os gritos. Janice alegou que o marido atirou na barriga da mulher com uma espingarda de chumbo e a enterrou em uma cova rasa perto de um parque estadual.[487]

O que se sabe com certeza é que, em 19 de maio de 1977, o casal sequestrou Colleen Stan, de 20 anos, enquanto ela pedia carona para ir de sua casa, no Oregon, até a casa de uma amiga em Golden State. A sra. Hooker segurava o filho recém-nascido no banco do passageiro. Depois de dirigir para uma área isolada, o sr. Hooker apontou uma faca para a garganta de Stan, amarrou e amordaçou a garota e cobriu a cabeça dela com uma caixa de madeira caseira — uma engenhoca aterrorizante, aparentemente projetada para desorientar a vítima — antes de levá-la até a casa do casal na cidade de Red Bluff, no norte da Califórnia.[488] Despida e, enfim, sem a caixa na cabeça, Stan foi vendada, pendurada pelos pulsos e chicoteada. Depois, os Hooker tiveram relações sexuais sob a vítima pendurada. Stan foi, então, colocada em uma caixa semelhante a um caixão, o que a privou de praticamente qualquer experiência sensorial.[489] Correntes rodeavam seu pescoço e percorriam toda a extensão de seu corpo. Um pequeno ventilador colocado dentro da caixa fornecia ar. Qualquer um que já esteve em um espaço pequeno e apertado, como um scanner de ressonância magnética, sabe como é difícil suportar, mesmo por apenas uma hora. Stan foi mantida na caixa quase o dia inteiro durante os três anos seguintes, sem permissão para fazer barulho. Quando precisava ir ao banheiro, precisava usar os pés para deslizar uma comadre embaixo de si. Praticamente não havia ar para respirar, e a temperatura dentro da caixa às vezes ultrapassava 38 graus.[490] Mais tarde, ela diria sobre o pesadelo: "Ele me mantinha lá por 22, 23 horas por dia. Era completamente escuro na caixa. Totalmente. Eu tinha muita claustrofobia. Ficava muito ansiosa e não conseguia parar de pensar que estava trancada na caixa, ouvindo aquele ventilador ao lado da minha cabeça, girando e girando, e pensei que fosse enlouquecer".[491]

Alimentada apenas com restos, Stan perdeu dez quilos nas primeiras quatro semanas. Levou três meses até que seus sequestradores dessem um banho nela. Stan precisava pedir permissão para falar. De modo regular, era retirada da caixa, como um brinquedo, para sessões diárias de chicotadas e choques elétricos.[492] Outro suplício que lhe impunham era esticar seu corpo em um instrumento de tortura caseiro, o que danificou permanentemente suas costas e um ombro.[493] Hooker passou a estuprar a vítima apenas com instrumentos de penetração, para não quebrar o juramento que fizera à esposa.[494]

Por volta de novembro de 1977, Stan era obrigada a fazer tarefas de casa, sempre nua. No início de 1978, o sr. Hooker disse à garota que ele era membro da "Companhia", uma organização secreta que escravizava mulheres por prazer e lucro, e que ela e a família sofreriam retaliação caso a garota tentasse fugir — era mentira. Stan foi obrigada a assinar um "contrato de escravidão" que cedia controle total sobre seu corpo, alma e posses pessoais a "Michael Powers", o pseudônimo do sr. Hooker. Seus sequestradores também assinaram o contrato. Eles colocaram uma coleira em Stan e a rebatizaram de "K", o que a destituiu do último vestígio da vida que tinha e de seu senso de identidade; mais tarde ela se tornou "Kay Powers". Uma nova caixa foi construída e incorporada à estrutura do colchão d'água dos Hooker. Tortura e estupro agora eram simultâneos.[495] Stan era chamada de "peça de mobília". Para testar sua lealdade, foi instruída a colocar uma arma descarregada na boca e puxar o gatilho.[496]

Em 1980, Stan foi obrigada a pedir esmolas e não fez nenhuma tentativa de fugir, por medo da Companhia. Ela teve permissão para dormir fora da caixa, acorrentada ao chão do banheiro dos Hooker. Foi autorizada a telefonar para a família e dizer que trabalhava como babá para um "bom casal". Em março de 1981, o sr. Hooker levou Stan para ver os pais e a avó, aos quais foi apresentado como seu namorado, Mike. Ela passou a noite com eles e Hooker a buscou no dia seguinte. Aparentemente, lamentando ter dado tanta liberdade a Stan, o sr. Hooker voltou a mantê-la na caixa. Seu "ano de folga" teve um final tenebroso.[497]

Em 1983, o invólucro de Stan foi transferido para um fosso recém-construído pelo sr. Hooker sob um galpão. Hooker permitiu que Stan comparecesse aos serviços religiosos com ele e a esposa, além de usar um pseudônimo para trabalhar como empregada em um motel. Quando o sr. Hooker disse à esposa que pretendia adquirir novas escravas e colocá-las no fosso, junto de Stan, a esposa visitou a cativa no local onde ela trabalhava e revelou que a Companhia era uma invenção do marido. Depois de sete anos inimaginavelmente horríveis, Stan fugiu, mas ligou para o sr. Hooker, em lágrimas, e concordou que não iria à polícia, a fim de que ele tivesse uma oportunidade de "se reformar". Alguns acreditam que ela pode ter sofrido a *síndrome de Estocolmo,* em que um refém experimenta sentimentos de confiança, lealdade, simpatia, afeto ou, em alguns casos, até atração sexual pelo sequestrador, possivelmente como estratégia de sobrevivência.[498]

Mais tarde, a sra. Hooker entregou o marido. Devido aos maus-tratos sofridos por ela própria e, em troca de seu testemunho, não foi acusada de nenhum crime. Hoje em dia ela tem um novo nome e trabalha com vítimas de abuso. Durante o julgamento, o sr. Hooker admitiu ter sequestrado Stan, que descreveu para um tribunal atordoado o martírio vivido durante os sete anos em que foi repetidamente torturada e estuprada e confinada por longos períodos em uma caixa semelhante a um caixão. O juiz, que descreveu o sr. Hooker como "o psicopata mais perigoso" que ele já encontrara, ao perceber a "crueldade e perversidade" de seus crimes, impôs a pena máxima de 104 anos de prisão.[499] Ao final do julgamento, o sr. Hooker comentou com seu advogado: "Quero que agradeça ao juiz por mim. Tenho biblioteca, academia de ginástica e tempo para aproveitá-las, o que é melhor do que morar com aquelas duas mulheres".[500] Como não houve homicídio no caso, a pena de morte não era possível. No entanto, pode-se considerar que as atrocidades do sr. Hooker constituíram um crime pior que um homicídio.

SKULL

MICHAEL H. STONE : GARY BRUCATO

SEXTA
CATEGORIA

MALDADE EXTREMA

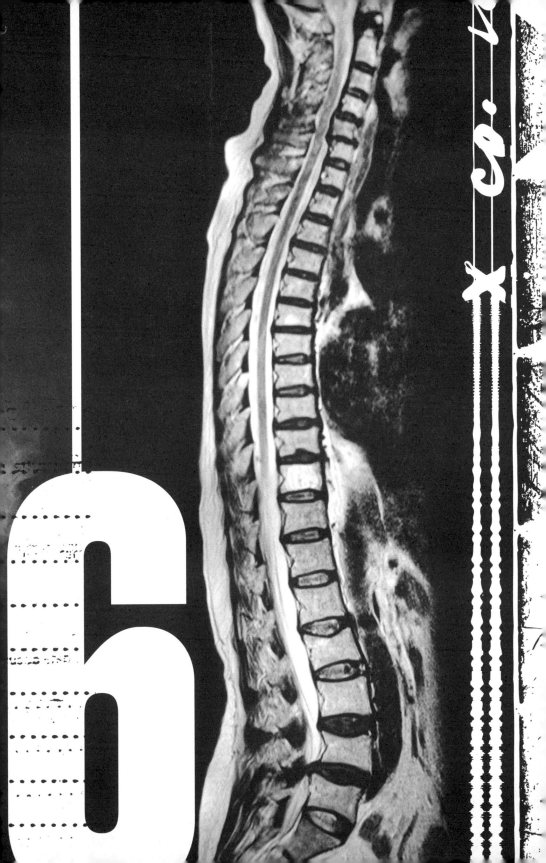

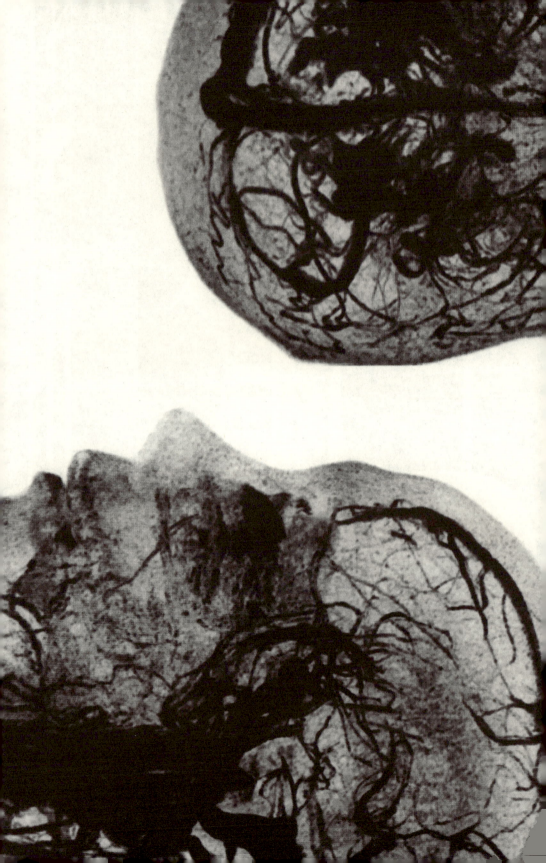

CATEGORIA 6

ASSASSINOS-TORTURADORES PSICOPATAS CUJA MOTIVAÇÃO NÃO É EXCLUSIVAMENTE SEXUAL

Informamos ao leitor de que este não será um capítulo de fácil leitura.* Os indivíduos que discutiremos aqui foram todos classificados no ponto extremo do Índice da Maldade, e é provável que os detalhes de seus crimes façam o leitor desviar os olhos, tapar os ouvidos, segurar o estômago e contemplar, em total perplexidade, a existência do mal em sua forma mais pura.

O estuprador em série e assassino Tommy Lynn Sells, cujos atos terríveis exploraremos em breve, uma vez declarou: "Coloque meu rosto nos seus piores pesadelos".[501] Todas as pessoas que descreveremos nos casos a seguir poderiam reivindicar essa declaração sinistra e ambígua. Cada um prendeu, torturou e matou homens, mulheres e/ou crianças, e exibiu graus de automação, distanciamento e insensibilidade que simplesmente não somos capazes de compreender. Em todos os casos, infligir dor e sofrimento prolongados era o objetivo principal. Para cada um, o sadismo estava entrelaçado com alguma motivação sexual perversa, o que costuma ser o caso de indivíduos designados ao Padrão 22 do Índice. Após seus crimes, vários desses assassinos totalmente psicopatas

---

* O Padrão 22, ao contrário dos demais, não possui um texto inicial para defini-lo, pois trata-se do padrão final do Índice da Maldade. Ele, então, comporta a mais pura, fria, sádica e cruel representação da maldade já documentada entre os seres humanos.

usaram corpos — ou partes de corpos — para uma variedade de propósitos indizíveis, às vezes necrófilos, às vezes canibais e, em alguns casos, cadáveres foram guardados como troféus ou lembranças dos momentos mais felizes do assassino.

Vale notar que os cinco indivíduos que discutiremos, todos assassinos em série, foram selecionados para análise porque ilustram precisamente as características e impulsos típicos associados ao padrão final do Índice da Maldade. Existem inúmeros outros assassinos-torturadores psicopatas que não mencionamos por limitações de espaço. Para aqueles que desejam estudar com maior profundidade este grau extremo de mal, outros casos altamente instrutivos são os de Ian Brady e Myra Hindley, o casal britânico que torturou e matou cinco crianças e gravou os gritos de uma vítima para ouvir e se regozijar quando quisesse[502]; Dean Corll, que liderou um trio que sequestrou, torturou sexualmente e matou pelo menos 28 meninos[503]; e Charles Ng e Leonard Lake, que aprisionavam mulheres em um bunker, estupravam, torturavam e assassinavam, fazendo registros de tudo em vídeo. Em algumas ocasiões, Ng e Lake mataram os maridos e filhos das vítimas, e fizeram no mínimo 11 vítimas — número que, na verdade, pode ter chegado a 25.[504]

TOMMY LYNN SELLS

Em 2014, Tommy Lynn Sells foi executado por um único assassinato — o de Kaylene "Katy" Harris, 13 anos de idade, de San Antonio, Texas, na véspera do Ano-Novo em 1999. O pai adotivo da menina, Terry Harris, teria conhecido Sells e sua esposa na igreja local, e começou um trabalho de aconselhamento marital em sua própria casa, onde Sells conheceu Katy. Certa noite, quando o pai da menina estava fora da cidade, Sells entrou sorrateiramente na casa de Harris por uma janela e encontrou a menina, que dividia um beliche com Krystal Surles, uma amiga de 10 anos de idade.[505] Ele arrancou as roupas de Katy e abusou sexualmente da vítima e, em seguida, cortou a garganta das duas meninas com uma faca de açougueiro que tinha a espessura de uma faca de desossa.[506] Depois de esfaquear Katy mais dezesseis vezes em um frenesi de sadismo e satisfação sexual, reuniu itens que poderiam ter sido marcados com impressões digitais e fugiu. Surles, que milagrosamente sobreviveu ao rompimento de suas cordas vocais, fugiu para a casa de um vizinho, onde descreveu Sells por mensagens escritas. Isso resultou na prisão do assassino.[507]

Mais tarde, Sells confessaria os estupros e assassinatos de aproximadamente setenta homens, mulheres e crianças em uma grande porção dos Estados Unidos entre 1980 e 1999, embora esse número nunca tenha sido confirmado.[508] Em vista de seu estilo de vida, repleto de viagens clandestinas em trens, roubo de carros, mendicância, roubos, biscates onde a oportunidade surgisse e, ocasionalmente, venda de propriedades deixadas para trás pelas vítimas, se autodenominou "o Assassino de Costa a Costa".[509]

A instabilidade e a raiva efervescente exibidas por Sells datam do início de sua vida. Ele e uma irmã gêmea, Tammy Jean, nasceram em Oakland, Califórnia, em 1964, filhos de Nina Sells, mãe solteira com outros três filhos. Após se mudarem para o Missouri, os dois bebês contraíram meningite espinhal, da qual apenas Sells sobreviveu.[510] Ele foi enviado para morar em outro lugar do estado com uma tia, onde permaneceu por dois anos e meio antes de voltar para casa. Durante esse período, foi deixado por conta própria várias vezes, raramente frequentou a escola e começou a beber álcool aos 7 anos de idade. Talvez como anseio por uma figura parental estável, desenvolveu amizade com um homem de uma cidade próxima, que o cobria de atenção e presentes e o levava em passeios frequentes; em uma dessas ocasiões, Sells foi abusado sexualmente pelo sujeito. Aos 10 anos, Sells passou a usar álcool com mais frequência e a fumar maconha.[511] Três anos depois, quando subiu nu na cama da avó, sua mãe o expulsou de casa e transferiu a família para um local secreto. Dias depois, cheio de raiva, alegava ter espancado uma jovem com uma pistola. Aos 14 anos, vagava de cidade em cidade, roubava e trabalhava quando e onde era possível.[512] Um dia, ao refletir sobre esses anos, autodenominou-se "o garotinho sem sonhos".[513]

Sells afirmou ter cometido seu primeiro assassinato no ano seguinte. Ao espiar pela janela de uma casa que pretendia roubar, teria visto um homem que molestava um menino e se lembrou de seu próprio abuso sexual na infância. Ao ver a cena, atirou no sujeito em um acesso de raiva intensa.[514] Mais tarde, diria que esse primeiro homicídio lhe proporcionou uma euforia poderosa, resultando em uma paixão vitalícia por matar, que comparava ao vício em heroína. Em uma entrevista de 2006 na TV com o dr. Stone, Sells comentou sobre o tiroteio e os consecutivos assassinatos em série: "Depois que eu matava, sentia barato, como uma injeção de droga. As pessoas não importam. É o crime. É a sensação do sangue. A curtição em si é que gera o barato".[515]

Mais tarde, atirou em um homem que o flagrou enquanto invadia sua casa. Depois, Sells viajou para a Califórnia, onde esfaqueou um homem até a morte com um picador de gelo, se envolveu em atividades de gangue e esfaqueou repetidamente outro homem; a única parte que não atingiu foi a medula espinhal do sujeito.[516]

Em 1981, Sells tentou se reunir com sua família no Arkansas, mas foi novamente mandado embora pela mãe, depois de se despir e tentar iniciar relações sexuais com ela durante o banho. Talvez isso tenha despertado uma raiva incontrolável contra aqueles que lhe roubaram a infância: a mãe, que sentia tê-lo abandonado, e o falso "amigo" mais velho que era, na verdade, um pedófilo. Depois de procurar ajuda em uma clínica de saúde mental, onde afirmou: "Não sei quem eu sou", Sells mergulhou ainda mais no alcoolismo e na violência aleatória, e agrediu sexualmente um estranho pela primeira vez. Alegou ter estuprado e assassinado uma mulher em 1982, tendo jogado o corpo em uma pedreira inundada no centro de Arkansas. Teria, por volta desse período, matado um homem a tiros.[517]

Deste ponto em diante, a fúria do assassino ficou cada vez mais selvagem e generalizada, de modo que toda a humanidade parecia ter se tornado um alvo. Por exemplo, várias semanas depois que uma mulher esbarrou nele sem querer na rua de uma cidade pela qual ele passava, Sells supostamente voltou ao local, seguiu a mulher até onde ela morava e espancou-a brutalmente com um taco de beisebol até a morte.[518] Problemas de espaço impedem um relato completo sobre as vítimas infelizes que ele estuprou, esfaqueou, baleou, espancou, estrangulou, cortou, torturou e, em certas ocasiões, mutilou entre 1983 e sua prisão em 1999, com os breves hiatos de seus vários períodos na prisão por roubo e acusações de drogas e álcool. No entanto, é válido perceber que, durante este período, sua depravação se expandiu para agressão sexual e assassinato de crianças. Do mesmo modo desenvolveu uma tendência a matar pessoas que eram amigas ou parentes umas das outras, tendência talvez psicologicamente enraizada na inveja dos lares estáveis e do amor que essas pessoas pareciam compartilhar. Teria ainda espancado duas moças do Missouri e seus filhos de 4 anos até a morte em incidentes separados em 1983 e 1985.[519] Não está claro se, em sua mente, essas mulheres eram representações de sua mãe biológica, que o expulsara da única família que conheceu.

Em uma confissão polêmica que não é universalmente aceita, Sells afirmou que, em 1987, assassinou uma família inteira, os Dardeen.[520] De acordo com um dos relatos, ele pedia carona por Illinois e foi pego por

Keith Dardeen, que o convidou para uma refeição em sua casa[521]; em outra versão, abordou Dardeen quando descobriu que o homem tinha um trailer para alugar.[522] Dardeen foi baleado e seu pênis decepado foi colocado dentro da própria boca. O assassino, então, espancou com um bastão o filho de 3 anos de Dardeen até a morte e começou a tentar estuprar a esposa grávida, Elaine, o que induziu o parto. Em um frenesi violento, o agressor usou o bastão para golpear fatalmente a mulher e a filha recém-nascida, que supostamente ainda estava conectada pelo cordão umbilical, antes de inserir a arma na vagina da mulher.[523] Antes de sair da casa dos Dardeen, o agressor teria posicionado os corpos em um colchão d'água, por motivos que não são claros, mas podem ter algum significado psicológico pessoal para o criminoso.[524] Caso Sells tenha realmente cometido essa atrocidade, o crime pode ser visto como o ápice de sua raiva e rancor. A inserção de um bastão na vagina da sra. Dardeen simboliza o quanto sua fúria e seus desejos sexuais pervertidos estavam misturados em sua mente.

Em uma entrevista com Stéphane Bourgoin, analista de perfil de assassinos em série, Sells afirmou que esse crime selvagem aconteceu porque o sr. Dardeen flertou sexualmente com ele. O criminoso declarou: "Eu tive que matá-lo... e a esposa dele morreu em razão dessa cantada homossexual". Se isso for verdade, a raiva de Dardeen pode ter refletido uma fusão, em sua psique, do bom samaritano e do aparentemente gentil, mas na verdade depravado, molestador com quem conviveu na infância. No entanto, trata-se provavelmente de uma mentira descarada para negar a responsabilidade pessoal. Quando interrogado sobre a necessidade de assassinar as crianças, Sells explicou que não queria que elas crescessem após os pais terem sido assassinados — queria protegê-las da dor futura, já que ele próprio fora abandonado pelos pais.[525] Em outra entrevista, o dr. Stone perguntou ao assassino por que, se o objetivo era matar crianças como ato de misericórdia, optou por executar as mortes de maneiras tão cruéis e dolorosas. Sells não conseguiu explicar. Questionado sobre a razão de não ter usado arma de fogo, respondeu: "Eu não gosto de armas. São muito perigosas".[526]

A insensibilidade e o desejo destemido de matar sem qualquer resquício de compaixão exibidos por Sells são marcas da psicopatia genuína, bem como da total incapacidade do criminoso de assumir a responsabilidade por suas ações. Conforme observamos, às vezes Sells tentava justificar seus crimes com histórias de vitimização pessoal, como abuso infantil, ou de quando um homem flertou com ele ou alguém o desrespeitou, coisas que podem ou não ter acontecido. Por exemplo, culpou uma comunidade de Kentucky pelo estupro e estrangulamento que cometeu contra Haley

McHone, de 13 anos, com o argumento de que, por deixarem de aparar um canteiro de mato alto ao lado de um parque público, o local proporcionou cobertura enquanto tirava a vida da garota.[527] Qualquer que seja a causalidade que Sells tentava retratar, não pode haver dúvidas de que a principal motivação para o massacre indiscriminado de homens, mulheres e crianças era expressar raiva intensa e generalizada contra a humanidade e punir outras pessoas — principalmente se tivesse impressão de que elas faziam parte de famílias felizes ou de grupos de amigos, ou se fossem cheias de juventude e perspectivas positivas — com tormento físico e psicológico prolongado e intensamente doloroso. Esse comportamento sádico proporcionava o que ele chamou de "liberação" de raiva e parece ter ocasionado prazer sexual orgástico também.

Ainda capaz de visualizar intensamente seus assassinatos depois de anos atrás das grades, Sells comentou com um sorriso em 2006: "Tem algo de especial quando a lâmina corta a pessoa... quando você vê a pele aberta... vê a fenda e observa a sensação que aquilo causa. Acho que viciei nisso".[528] E talvez esteja certo: o neurocientista dr. James Fallon, da Universidade da Califórnia, em Irvine, que estuda o cérebro de psicopatas, observa que assassinos em série se comportam de maneira bastante semelhante a indivíduos viciados em drogas ilícitas. Quando alguém viciado em assassinato se abstém por tempo demais da emoção proveniente de seus atos agressivos e/ou sexuais, uma tensão desagradável, que Fallon declara estar relacionada a um acúmulo de hormônios na amígdala, aumenta até atingir um ponto limite, e o infrator ataca para restabelecer o equilíbrio.[529]

A trilha que conduziu aos crimes cometidos provavelmente foi multideterminada. Possíveis danos ao cérebro por meningite na infância, pai ausente e uma vida doméstica traumática, uma estrutura de caráter sádica e psicopática e o uso de drogas e álcool são todos possíveis contribuintes. Quaisquer que sejam os antecedentes, seu histórico de atos atrozes o coloca com segurança no Padrão 22 do Índice da Maldade. Pouco depois de Sells ser executado por injeção letal, Diane Fanning, uma de suas biógrafas, recordou um momento em uma de suas entrevistas com o assassino em que ele teve um surto de raiva, se levantou e bateu os punhos na mesa. Seu rosto pareceu se transformar e, de repente, ela se viu cara a cara com o verdadeiro "mal" de Tommy Lynn Sells. "Naquele momento, soube", ela escreveu, "que vi o rosto que suas vítimas viram antes de morrer. Por causa de tudo o que aconteceu e de tudo que sei, também me sinto assombrada por elas. Suas vozes gritam em meus ouvidos, seu horror vibra em meus ossos. A presença dele nesta terra criou veneno e dor suficientes para abalar um continente".[530]

ROBERT BERDELLA

Em 2 de abril de 1988, Christopher Bryson, 22 anos de idade, saltou da janela de uma casa no Missouri, vestido apenas com uma coleira de cachorro, e correu com o pé quebrado até a delegacia de polícia mais próxima. Drogado e gravemente ferido, descreveu os quatro dias de tortura incalculável e sodomia que sofreu nas mãos de seu sequestrador, Robert Berdella, 39 anos.[531] Bryson foi a única vítima sobrevivente do "Açougueiro do Kansas". Pelo menos seis outros jovens, todos com baixo nível de instrução e que supostamente trabalhavam como traficantes de drogas ou garotos de programa, foram brutalmente estuprados, torturados e mortos antes de serem metodicamente fatiados e enfiados, aos poucos, em sacos de comida de cachorro e jogados fora com o lixo.[532]

Berdella nasceu no último dia de janeiro de 1949, em Cuyahoga Falls, Ohio.[533] Seu pai, católico romano devoto, às vezes batia nele e no irmão mais novo com uma cinta de couro, ou humilhava o futuro assassino ao compará-lo com o irmão, que tinha condicionamento físico superior. Berdella tinha grau de miopia elevado, o que o obrigou a usar óculos grossos desde os 5 anos de idade, além de sofrer de um ligeiro problema de fala. Além disso, sofria com pressão alta na infância e precisava tomar vários medicamentos controlados. No início da adolescência sofria bullying de seus colegas na escola. Foi nessa época que começou a se identificar como gay, o que ocultou durante vários anos, principalmente de sua família religiosa. Berdella tentou namorar uma garota, mas o relacionamento durou pouco.[534] Repentinamente passou a se sentir mais confiante — quase de modo excessivo — e era considerado por outras pessoas, principalmente mulheres, como alguém grosseiro e arrogante.[535]

O pai de Berdella faleceu quando o garoto tinha cerca de 16 anos; sua mãe se casou de novo, o que o desagradou profundamente. Visto ser um indivíduo bastante robótico, com dificuldades para se adaptar às mudanças e tolerar experiências emocionais intensas, esses eventos provocaram uma alteração profunda no seu comportamento. Confinou-se em seu quarto, estudou obsessivamente moedas e selos, e se correspondeu por cartas com vários amigos estrangeiros. Berdella também ficou obcecado pelo filme *O Colecionador,* de 1965, dirigido por William Wyler, baseado no romance de 1963 de John Fowles.[536] O filme conta a história de Frederick Clegg, um homem isolado e com distúrbios mentais, que usa clorofórmio para sequestrar Miranda, uma bela estudante por quem se tornou obcecado, na esperança de que, com tempo suficiente, ela se apaixone por ele.[537]

Berdella tinha talentos artísticos e conseguiu uma bolsa parcial no Instituto de Arte de Kansas City. Desejava se tornar professor universitário. Ao concluir o curso, executou várias peças de arte performática perturbadoras para seus colegas, nas quais aplicava tranquilizante em um cachorro, ou decapitava uma galinha ou pato vivo e dançava com as carcaças. Era usuário e vendedor de LSD e maconha, o que lhe rendeu um breve período na prisão.[538] Nesse período começou a abusar do álcool.[539] Berdella abandonou a faculdade em 1969, passou a trabalhar como cozinheiro e depois como fornecedor de artefatos antigos, arte primitiva, parafernália de drogas, itens ocultistas e curiosidades mórbidas, como cabeças humanas encolhidas, em uma barraca chamada Bob's Bazaar Bizarre no Mercado de Pulgas de Westport.[540] Foi lá que conheceu sua primeira vítima, Jerry Howell, 19 anos de idade, um suposto garoto de programa, filho de outro comerciante da feira. No Dia da Independência de 1984, os dois fizeram planos para participar de um concurso de dança juntos, depois de uma parada na casa de Berdella, onde o jovem assassino em série prendeu Howell e o torturou até a morte por vários dias. Foram feitas incisões na parte interna dos cotovelos e na veia jugular da vítima, e o cadáver foi suspenso sobre uma grande panela, para coletar o sangue.[541] No dia seguinte, desmembrou o corpo com uma motosserra e facas de cozinha e despejou os pedaços em um latão de lixo para ser recolhido e levado até um aterro sanitário.[542] Ele continuaria a conhecer e atrair várias outras vítimas com a promessa de um lugar para ficar, drogas ou refeições, e servia bebidas misturadas com poderosos narcóticos para incapacitá-las. As vítimas eram torturadas por longos períodos, mortas, desmembradas e descartadas da mesma maneira que Howell.[543]

Berdella, cuja curiosidade intelectual e distanciamento mecânico haviam tomado um rumo profundamente perturbador, manteve anotações detalhadas em um diário de tortura, repleto de centenas de fotos Polaroid de suas vítimas. Registrou os eventos em notas taquigráficas criptografadas, da mesma maneira clínica e desprovida de emoção que um cientista que realiza experiências em cachorros ou roedores mantém um registro diário de suas observações, métodos e resultados. "CP" indicava que o criminoso administrou o medicamento antipsicótico clorpromazina para sedar e controlar a vítima. Sedativos veterinários também foram usados em algumas ocasiões. "EK" revelava que as vítimas foram eletrocutadas nos ombros, olhos ou testículos com um transformador de sinal de néon de 7700 volts.[544] Anotava o porte físico das vítimas, hábitos de sono, posições sexuais durante o estupro e reações ao serem sodomizadas com pepinos ou cenouras.[545] Berdella administrava antibióticos para prevenir infecções que poderiam encurtar a vida da vítima e, portanto, o sofrimento.[546]

O assassino sádico documentou métodos de punição que incluíam, entre outras coisas, suspender a vítima pelos tornozelos nas vigas da casa, selar as orelhas com calafetagem de janela, quebrar os ossos das mãos com uma barra de ferro, inserir agulhas sob as unhas e injetar limpador de ralo ou alvejante nos olhos ou traqueia. As injeções nos olhos causavam dor intensa e cegueira temporária, enquanto as injeções nas cordas vocais impediam a vítima de gritar. Berdella amarrou as mãos de uma das vítimas com corda de piano com a intenção de causar danos permanentes aos nervos. No dia em que assassinou outro jovem, sua única anotação foi "encerrar o projeto".[547] Uma vítima morreu de choque séptico depois que o braço de Berdella perfurou a parede anal do sujeito durante uma agressão sexual.[548] Alguns jovens morreram de asfixia durante a tortura, outros de overdose.[549] Larry Pearson, um dos cativos, 20 anos de idade, residente de Wichita, foi drogado e depois espancado com um galho de árvore em retaliação por quase decepar o pênis de Berdella durante sexo oral forçado. Quando os médicos disseram ao criminoso que precisaria de cuidados médicos urgentes, o assassino disse que primeiro teria que ir para casa alimentar os cães. Lá, colocou um saco plástico em volta da cabeça do prisioneiro e o deixou sufocar até a morte enquanto cuidava dos animais de estimação e voltava para o hospital.[550]

Moradores que conheceram Berdella o descreveram como um solitário extravagante, excêntrico, porém, com inclinações filantrópicas e incapaz de cometer assassinato. Os jovens que entravam e saíam de sua casa com frequência eram considerados fugitivos, que recebiam abrigo generoso de uma figura paterna, corpulenta e de voz suave.[551]

No momento da prisão de Berdella em 1988, investigadores vasculharam a propriedade e encontraram montes de livros, papéis, pedras preciosas e artefatos incomuns, além dos vários registros de tortura. Também encontraram dois crânios humanos, um em um armário e o outro no jardim.[552] Vértebras humanas com marcas de serras e facas[553] e dentes humanos foram encontrados em dois envelopes.[554] Não se sabe se os dentes foram extraídos da boca das vítimas antes ou depois da morte.

Berdella confessou os múltiplos assassinatos, e recebeu seis sentenças de prisão perpétua.[555] Na prisão, organizou um leilão e vendeu suas coleções de fósseis, antiguidades e bugigangas para pagar os honorários legais.[556] Em uma tentativa de restaurar a reputação manchada, também abriu um fundo fiduciário para as famílias das vítimas. Recebeu o auxílio de um pregador cristão que declarou jamais haver percebido o mínimo de arrependimento do assassino pelos crimes cometidos, pelos quais culpava outras pessoas.[557] Ele chamava os homens que torturara até a morte de "brinquedos" e criticava a polícia por não o ter detido mais cedo.[558] A punição do Açougueiro do Kansas chegou a um fim repentino quando ele morreu de ataque cardíaco na prisão, aos 43 anos.[559]

Berdella exibia uma estrutura de personalidade complexa, composta por uma mistura dos traços esquizoide, sádico, psicopata, narcisista, esquivo e obsessivo-compulsivo que discutimos nos capítulos anteriores. Ao que parece, a morte do pai e o segundo casamento da mãe foram desgastes psicológicos exaustivos para o jovem Berdella, que era emocionalmente limitado e tendia a evitar completamente as relações humanas para esquivar-se de enfrentar as imprevisibilidades inerentes, concentrando-se em coisas e coleções sobre as quais exercia maior controle. Sem dúvida, Berdella vivia cheio de raiva e desejos sexuais confusos que negava devido a um intenso sentimento de culpa. A morte do pai rígido e moralista, uma espécie de consciência substituta, parece ter libertado alguns desses sentimentos — e as drogas e o álcool removeram as inibições, até que pudesse executar as mais sombrias de suas fantasias furiosas e perversas.

Talvez o mais perturbador seja perceber que, quando considerava necessário obter a confiança das vítimas, ou a simpatia dos colegas e vizinhos, o assassino era capaz de imitar um entusiasta afável e empático da humanidade, e, com a mesma facilidade, retornar ao vazio emocional e à brutalidade quando sozinho com as vítimas. Com frequência costumava transformar atos profundamente egoístas em atitudes aparentemente altruístas, devido à deficiência absoluta de autoconsciência. Por exemplo, quando decidiu que Larry Pearson precisava sofrer por quase tê-lo castrado, agiu como alguém tão dedicado ao cuidado de seus Chow Chows que deixou o hospital para alimentá-los antes de passar por uma cirurgia. Na verdade, Berdella considerou inaceitável que a vítima ainda estivesse viva e respirando em casa. O fato de o assassino ter atraído rapazes que se diziam garotos de programa ou viciados sob o pretexto de ajudá-los a retomar suas vidas, e, depois, tê-los castigado com tormentos infernais pelo estilo de vida que levavam remete a uma pompa moral e talvez ao desejo de encontrar alguém que considerasse mais merecedor de punição e rejeição do que ele próprio. Visto que todas as suas vítimas eram do sexo masculino, e algumas ou todas eram homossexuais, o ódio por si e a culpa em torno de sua identidade sexual gay podem ter sido fatores relevantes em seus crimes.

Os motivos para a apatia de Berdella geram debates. A dra. Helen Morrison, ilustre psiquiatra forense que entrevistou o assassino, sugeriu que as motivações estavam relacionadas principalmente ao desejo de experimentar, e não de matar, e Berdella pensava de maneira tão concreta que é possível que não compreendesse o ato de infligir dor ou mesmo a noção de gratificação sexual da maneira que tipos sexualmente sádicos geralmente costumam compreender.[560] Ao observarmos a capacidade do sujeito de conquistar a confiança dos vizinhos e daqueles em quem desejava experimentar, percebemos Berdella como a personificação da psicopatia e do sadismo, desejoso de dominar suas vítimas de modo a privá-las de quaisquer emoções ou sensações, exceto aquelas ditadas por ele. Suas ações foram meticulosamente planejadas para infligir sofrimento psicológico e físico prolongado e intenso — o que, na verdade, requer certa habilidade para imaginar os sentimentos de outras pessòas. A classificação de Berdella no ponto extremo do Índice da Maldade torna-se ainda mais incontestável ao considerarmos a indescritível ferocidade de seus crimes, que incluíam o desmembramento de cadáveres e a preservação ocasional de crânios humanos, vértebras e dentes, misturados entre tantos suvenires macabros, bugigangas e banalidades. Talvez, ao cometer tortura e reduzir seres humanos a itens "colecionáveis" inanimados, Berdella tenha conseguido desfazer as ansiedades da época da juventude, sentindo-se, enfim, dominador e poderoso, estabelecendo relacionamentos que nunca poderiam terminar, a menos que ele assim desejasse.

GARY M. HEIDNIK

Jame "Buffalo Bill" Gumb, o assassino em série fictício criado por Thomas Harris no romance de 1988, *O Silêncio dos Inocentes*,[561] era uma combinação de três criminosos da vida real: a técnica de simular um ferimento para conseguir a ajuda de uma mulher antes de incapacitá-la foi baseada no assassino em série psicopata, estuprador e necrófilo Ted Bundy, enquanto o esfolamento de vítimas para criar um traje de carne que mudava o gênero do assassino foi baseado em Ed Gein, que já discutimos. O hábito de Gumb de aprisionar mulheres raptadas em um poço exíguo no porão foi inspirado em Gary Michael Heidnik*, o astuto assassino do terceiro caso que discutiremos.[562]

Heidnik nasceu em Eastlake, Ohio, perto de Cleveland, em novembro de 1943.[563] Quando ele estava com 2 anos, a mãe acusou o pai de "negligência grave de dever"** e pediu o divórcio. Dois anos depois, o pai e a segunda esposa obteriam a guarda da criança e do irmão, devido ao alcoolismo da mãe.[564] Heidnik alegou que o pai abusou dele na infância, física e emocionalmente, e que pendurava o garoto pelos tornozelos para fora da janela por ter urinado na cama, ou exibia os lençóis sujos do lado de fora de casa para que todos vissem. O pai negou enfaticamente essas afirmações. Seja como for, sabe-se que a instabilidade mental imperava na família de Heidnik. A mãe alcoólatra tirou a própria vida em 1970 e o irmão tinha histórico de várias hospitalizações psiquiátricas e tentativas de suicídio.[565]

Ainda criança, Heidnik caiu de uma árvore, fraturou o crânio e passou a ser chamado na escola por um apelido que o feria: "Football Head", Cabeça de Bola de Futebol Americano.[566] Ele evitava interagir ou mesmo fazer contato visual com colegas de classe; em uma ocasião, gritou com uma colega bem-intencionada que perguntou a respeito de uma tarefa de casa, ele também disse que não a considerava "digna" o suficiente para se comunicar com ele. Apesar dessas dificuldades sociais e emocionais, e de possíveis danos cerebrais, tirava notas altas e foi descoberto que possuía um QI quase no nível de um gênio.[567] Cada vez mais furioso, passou a torturar os animais que amava e a pendurá-los em árvores.[568]

---

* Para compreender a dimensão dos crimes cometidos por Gary Michael Heidnik, recomendamos a leitura de *Heidnik Profile: Cordeiro Assassino*, publicado em 2021 pela DarkSide® Books.

** Possível eufemismo para afirmar que o homem não cumpria com as obrigações sexuais impostas pelo casamento. No Brasil, o direito à cópula recebe o nome de "débito conjugal".

Aos 14 anos, Heidnik se matriculou em uma academia militar da Virgínia, que abandonou antes da formatura. Aos 17, depois de outro breve período em uma escola pública, abandonou os estudos e se alistou no Exército, onde foi considerado "um aluno excelente" pelo sargento instrutor em treinamento básico. Heidnik trabalhou por seis meses com serviços de saúde na Alemanha Ocidental e conseguiu o diploma do supletivo antes de começar a sofrer fortes dores de cabeça, visão turva, tontura e náusea, e ser diagnosticado com gastroenterite e possível doença mental. Recebeu a prescrição de trifluoperazina, um antipsicótico, e foi transferido para o Centro Médico Valley Forge, onde foi diagnosticado com personalidade esquizoide. Em razão disso, obteve dispensa honrosa do serviço militar.

Em 1965, Heidnik concluiu o curso de enfermagem e fez estágio no Hospital Geral da Filadélfia. Lá, trabalhou como enfermeiro psiquiátrico no Veterans Administration Hospital em Coatesville, Pensilvânia, mas foi demitido devido a um padrão de comportamento grosseiro em relação aos pacientes e qualidade de atendimento inconsistente.[569] Passaria 25 anos em várias unidades de internação psiquiátrica e tentou acabar com a própria vida pelo menos treze vezes[570]; a primeira foi logo em seguida ao suicídio da mãe.[571]

No final da década de 1960, Heidnik começou a visitar o Instituto Elwyn, um lar para mulheres com deficiência de desenvolvimento — mulheres que, em algumas ocasiões, acompanhava em piqueniques, cinema e compras antes de levá-las para casa com intuito de praticar abusos sexuais. Em 1967, Heidnik havia recebido tantos pagamentos por invalidez que foi capaz de comprar uma casa de três andares, dos quais reservava um para si e alugava os outros para inquilinos. Quatro anos depois, criou a Igreja Unida dos Ministérios de Deus, uma congregação composta por pacientes do Elwyn, que enchiam as cestas de coleta nos cultos. Ele pregava a respeito de uma "guerra racial" que se aproximava e expressava desdém por afro-americanos, exceto como objetos sexuais. Por volta dessa época, começou a investir no mercado de ações, ganhou pelo menos meio milhão de dólares e comprou vários veículos de luxo, incluindo um Rolls-Royce. Durante esse período, se esquivava dos impostos com alegações de que era "bispo".

Em 1976, quando os inquilinos reclamaram das condições da propriedade, ele se embarricou no porão, munido com várias armas de fogo, mirou em um inquilino e feriu o rosto do sujeito com um disparo. Isso resultou em uma acusação de agressão de natureza grave.[572] Heidnik teve um filho com uma mulher chamada Gail Lincow, com quem foi casado por um período, e uma filha com uma namorada analfabeta e com deficiência psiquiátrica chamada Anjeanette Davidson. As duas crianças foram entregues a um orfanato.[573] Pouco depois do nascimento da filha, em 1978, foi preso por sequestrar a irmã de Davidson em uma instituição psiquiátrica. A mulher, que teria graves deficiências cognitivas, foi mantida em um depósito trancado no porão de Heidnik, onde a estuprou, sodomizou e infectou-a com gonorreia.[574] Heidnik passou quatro anos na prisão por esse crime, sendo libertado em 1983, sob a supervisão de um programa de saúde mental.[575]

Naquela época, Heidnik assumiu compromisso com Betty Disto, das Filipinas, com quem se correspondeu por anos antes de se casar com ela em 1985. A união se desfez quando começou a ser agredida e estuprada, além de obrigada a assistir seu marido manter relações sexuais com até três mulheres ao mesmo tempo. Heidnik foi preso e fichado por esses comportamentos abusivos. Após a separação, Disto deu à luz um filho.[576]

No final de 1986, Heidnik, cansado de relacionamentos que acabavam e de nunca obter a guarda dos filhos[577], elaborou uma solução terrível: criaria uma "fábrica de bebês" composta por escravas sexuais no porão de sua casa na Filadélfia — mulheres que sequestraria para serem suas prisioneiras, que espancaria, submeteria a torturas e estupros quando bem entendesse.[578] Ao reunir um "harém" de jovens mulheres afro-americanas, esperava gerar uma linhagem de filhos inteiramente leais a ele. Para conseguir realizar seu objetivo, Heidnik levou uma prostituta de meio período para casa, Josefina Rivera, que depois da relação sexual foi sufocada até desmaiar, sendo em seguida presa com correntes. Depois disso aprisionou a vítima a um poço pequeno e apertado que havia criado no chão do térreo, com uma tábua e sacos de areia como tampa. Dias depois, sequestrou Sandra Lindsay, paciente do Elwyn, numa loja, e obrigou as mulheres a observar uma à outra enquanto as estuprava.[579] Elas eram mantidas desnutridas, com poucas roupas e raramente tomavam banho. Para abafar os gritos, Heidnik tocava música alta pela casa. Ao se recusar a ficar quieta, uma das mulheres foi puxada pelos cabelos para fora do poço e espancada.[580]

Em uma noite gelada de dezembro de 1986, Heidnik ofereceu uma carona para Lisa Thomas, 19 anos. Depois de um jantar amigável em um restaurante, a levou para casa. Em seguida, a estrangulou até que ficasse inconsciente e, antes de a garota acordar, a estuprou e acorrentou no porão. Assim como as demais, foi abusada sexualmente e humilhada na frente das outras prisioneiras antes de Heidnik preparar sanduíches para o trio.[581] No início de janeiro de 1987, acrescentou Deborah Dudley à crescente coleção, mas ficou furioso ao descobrir que ela era uma prisioneira hostil e não cooperativa.[582] Pouco menos de três semanas depois, acrescentou Jacqueline Askins, de 18 anos.[583] As mulheres foram obrigadas a consumir comida de cachorro, como parte de uma campanha para desumanizá-las sistematicamente.[584]

Heidnik aplicou uma variedade de técnicas destinadas a minimizar a insubordinação, como a punição de uma prisioneira na frente das outras, suborno para que uma informasse sobre as outras e, às vezes, obrigava as mulheres a participar dos abusos umas das outras. A desobediência era punida com tortura sádica. Algumas das mulheres ficaram surdas depois que Heidnik enfiou uma chave de fenda nos tímpanos delas.[585] Devido a alguma infração nunca esclarecida, Lindsay ficou suspensa pelos pulsos em um cano por uma semana, o que remetia ao modo como o pai de Heidnik supostamente o pendurava pela janela na infância como método cruel para "discipliná-lo" pela enurese. Lindsay morreu de febre não tratada e Heidnik a desmembrou com uma serra elétrica em uma banheira. Ele cozinhou as costelas dela no forno e colocou a cabeça em uma panela, onde a carne foi cortada. Os pedaços foram destroçados no liquidificador, fervidos e guardados no freezer e, aos poucos, servidos aos dois cães do criminoso — e, supõe-se, às outras prisioneiras, misturados com outras comidas.[586] Quando os vizinhos reclamaram do cheiro terrível que vinha da casa, Heidnik foi interrogado pela polícia, mas enganou as autoridades dizendo que havia queimado um assado que preparava para comer.[587]

Rivera decidiu que venceria Heidnik em seu próprio jogo psicológico.[588] Um dia, como técnica disciplinar, obrigou as mulheres a ficar de pé no poço e o inundou com água. Ele cobriu a saída com madeira compensada, apenas com uma pequena abertura, por onde passou um cabo elétrico para eletrocutá-las. Rivera aproveitou a oportunidade e o auxiliou. Assim, depois que Dudley morreu devido à tortura, Rivera foi com Heidnik até um parque estadual em New Jersey para se livrar do corpo.[589] Ao concordar em apor sua assinatura a um documento no qual assumia participação na morte da vítima, conseguiu plena confiança do assassino.[590] "Depois de convencê-lo de que estava do lado dele", diria anos depois, "ele começou a me soltar das correntes e me deixar sair do poço. Pensou que seria sua parceira"[591]. Sua participação foi decisiva para atrair uma conhecida, Agnes Adams, até a casa de Heidnik, para ser adicionada ao poço.[592] Como "recompensa" obteve permissão de assistir a filmes fora da área das escravas e de ser estuprada em um ambiente, segundo Heidnik, mais confortável.[593]

Quando Heidnik concedeu permissão para que Rivera visitasse a família, ela imediatamente fugiu até a casa do namorado, e os dois conduziram as autoridades até o sequestrador.[594] Quando a polícia invadiu a casa, encontrou restos humanos em um freezer e nos ralos, as paredes do quarto decoradas com dinheiro e as sobreviventes no poço fétido do porão de Heidnik. O assassino foi preso[595] e tentou se enforcar enquanto estava sob custódia policial.[596]

A equipe de defesa de Heidnik tentou apresentá-lo como alguém não passível de ser responsabilizado pelos crimes de sequestrar, estuprar e torturar mulheres por motivos de insanidade, mas o argumento não foi aceito. Os traços e comportamentos psicopáticos são difíceis de negar.[597] Embora Heidnik, às vezes, exibisse sinais de doença mental grave, sabe-se que tirou proveito do diagnóstico psiquiátrico recebido enquanto estava no Exército, bem como de membros com deficiência mental de sua "igreja", de onde coletou benefícios e contribuições transformados em uma pequena fortuna através de investimentos astutos. Durante o julgamento, também foi descoberto que, no momento em que Rivera foi obrigada a assinar sua "confissão", Heidnik lhe disse que se fosse preso "simplesmente entraria no tribunal e 'agiria como louco', faria uma saudação ao juiz, entre outras coisas". Explicou que "em algum estatuto, está escrito que, se uma pessoa agir como louca por determinado número de anos, o caso é arquivado".[598]

Em uma série de cartas autocentradas ao psicólogo dr. Jack A. Apsche, Heidnik negou ser um assassino em série e declarou que as mortes de Lindsay e Dudley foram "meramente acidentais". Explicou que, se realmente desejasse matar as mulheres, teria utilizado métodos diferentes.[599] Durante uma entrevista televisionada, ao ouvir que o abuso e a negligência que cometeu foram dolorosos para suas vítimas, declarou: "Espero que sim... Era isso que eu queria, sabe? Para que elas se comportassem".[600] Heidnik, que se mostrou desprovido de remorso, foi condenado e sentenciado à morte, executada por injeção letal em 1999.[601] Quando foi informado do destino do filho em 1988, o pai do assassino teria respondido: "Não estou interessado".[602]

O trabalho da já mencionada pesquisadora dra. Ann W. Burgess e colegas é altamente pertinente à discussão sobre o caso de Heidnik. Em um artigo inovador de 1986, eles descrevem padrões de ambientes sociais e experiências formativas entre assassinos em série conhecidos e propõem um Modelo Motivacional de Homicídio Sexual. Durante a juventude, esses criminosos costumam não se relacionar com aqueles que cumprem o papel de responsáveis imediatos e, mais tarde, com as pessoas em geral. A probabilidade de terem testemunhado o divórcio dos pais é muito maior do que o das crianças em geral; assim como de terem sofrido abandono ou rejeição por um dos pais ou ambos; de haverem experienciado abuso emocional, físico ou sexual; ou sofrido com a morte do pai ou da mãe; ou ainda com uma doença grave. Os efeitos negativos dessas experiências costumam ser escassez de amigos ou outros suportes sociais; falta de modelos positivos e poucos fatores de proteção, como talentos ou habilidades, que podem ajudar a elevar a autoestima. Isso conduz a sentimentos opressores de tristeza, desespero e desamparo. Essas crianças, mais tarde, passam a exibir comportamentos destrutivos, como colocar fogo nas coisas, cometer crueldade com animais, vandalismo, roubo, agressão e atos sádicos. Além disso, tendem a possuir traços de personalidade negativos, como raiva, hostilidade e agressão; presunção; rebeldia; cinismo; desonestidade; e um sentimento geral de rejeição por parte da sociedade. Costumam ser socialmente retraídas e pouco — ou nada — confiantes, e fogem para um mundo de fantasia que se intensifica com o tempo. As fantasias tendem a ajudá-las a compensar sentimentos de inadequação no mundo real e normalmente giram em torno de temas de dominação, controle, poder, violência, mutilação, tortura, morte, estupro e vingança. Em dado momento, essas fantasias não são suficientes para atender às necessidades psicológicas dos indivíduos, e a fantasia — por mais bizarra ou sádica que seja — é realmente executada na vida real.[603]

Ao considerarmos essas características típicas, o início da vida de Heidnik parece uma receita para um comportamento violento futuro, e sua trajetória em direção ao sadismo sexual e ao assassinato em série é altamente consistente com o modelo descrito pela dra. Burgess e colegas. Cabem alguns comentários adicionais sobre as experiências formativas de Heidnik. Em primeiro lugar, a mãe sofria de alcoolismo. Um pai ou mãe dependente de álcool ou drogas pode ser um grande contribuinte para um futuro assassino em série.[604] Além disso, os suicídios da mãe e do irmão, bem como as repetidas hospitalizações psiquiátricas do irmão, indicam uma forte carga genética de psicopatologia. O traumatismo cranioencefálico de Heidnik na infância também pode ter afetado comportamentos futuros, seja por meio de dano cortical ou pelos sentimentos de rancor e inferioridade pela humilhação que sofreu por causa do crânio disforme.

É necessário perceber também que Heidnik exibiu enurese e cometeu tortura de animais na infância. Ambos os comportamentos estão incluídos como prenunciadores infantis de atitudes violentas no futuro, principalmente de natureza serial, proposta pelo dr. John M. MacDonald em sua polêmica tríade, ao lado de atos incendiários.[605] Fizemos uma referência breve a esses elementos em nossa discussão anterior sobre assassinato em série. A enurese infantil não sugere universalmente, de forma alguma, um comportamento agressivo futuro. Contudo, há hipóteses de que urinar na cama de modo persistente depois dos 5 anos, principalmente se o comportamento é recebido por pais ou adultos com atitudes de humilhação ou depreciação, pode servir como espécie de porta de entrada para a violência, conduzindo à prática de incêndio criminoso ou crueldade animal como meio de expressar a frustração.[606] Isso parece consistente com o caso de Heidnik. Considere-se o simbolismo: o pai supostamente o pendurava pela janela; Heidnik pendurava animais em árvores; e, mais tarde, viria a pendurar e matar uma mulher. Além disso, a transição de abuso para tortura de animais e para a tortura de uma mulher resultou em prisão e vergonha pública. De repente, toda a humilhação e o abuso sofridos na infância e transferidos para as vítimas voltaram para ele próprio — o que culminou na tentativa de se enforcar na prisão, em uma possível conclusão do terrível ciclo. Como comentário final, é curioso perceber que Rivera foi sequestrada três dias após o aniversário de Heidnik e dois dias antes do Dia de Ação de Graças em 1986; Thomas, dois dias antes do Natal; e Dudley, logo após o Ano-Novo. Podemos nos perguntar se datas e feriados associados à família, amigos e felicidade desencadearam profundos sentimentos de solidão e ressentimento em relação à mãe, pessoas importantes e filhos que ele havia perdido. Será que Heidnik desejava "colecionar" mulheres e crianças que poderia literalmente impedir de abandoná-lo? Curiosamente, Josefina Rivera, que o conheceu intimamente, reconheceu que pôde enganar o sequestrador por causa do desejo dele por contato humano. "Heidnik era solitário", observou com astúcia. "Foi a primeira coisa que percebi. É por isso que queria todos aqueles bebês."[607]

JOHN WAYNE GACY

Em *It*, o romance de 1986 de Stephen King, uma criatura maligna transmorfa se alimenta dos habitantes da cidade de Derry, Maine. Ao descobrir que as vítimas são mais saborosas quando estão assustadas ao máximo — no livro, o medo é comparado ao salgamento da carne —, ela opta por consumir crianças, que se assustam facilmente. Na sequência de abertura do livro, a entidade, que assumiu a forma de um palhaço inofensivo chamado Pennywise, engana uma criança e mutila seu braço.[608] É assustador saber que, fora da cidade imaginária de Derry, realmente existiu um predador de aparência amigável que se fantasiava de palhaço, obtinha a confiança dos jovens e os atraía para mortes indescritíveis. No entanto, John Wayne Gacy,* a contraparte real do personagem fictício, só matava quando satisfeito, após prolongadas sessões de estupro e tortura sádica. Esse era o sal de que ele precisava.

Gacy nasceu em Chicago, Illinois, no dia de São Patrício, em 1942. O futuro assassino teve uma relação turbulenta com o pai, que era supostamente um alcoólatra que abusava verbal e fisicamente do filho, das duas filhas e da esposa.[609] Embora guardasse rancor do hábito que o pai tinha de chamá-lo de "maricas" e "filhinho da mamãe" que "provavelmente ia virar gay"[610], Gacy sempre negou que o odiava.[611] O desdém homofóbico do pai estava relacionado ao fato de que o filho tinha preferência por coisas como cozinhar e cuidar do jardim em vez de esportes; além do mais, em pelo menos uma ocasião, tinha roubado peças íntimas femininas.[612]

Gacy foi escoteiro na infância, fez alguns amigos e entregava jornais depois da escola.[613] Aos 7 anos, foi flagrado acariciando uma menina e, no mesmo ano, foi supostamente molestado por um amigo da família.[614] Aparentemente, Gacy praticou tortura de animais quando criança: prendia ratos em armadilhas e os dissecava ainda vivos com uma tesoura enquanto sangravam e guinchavam.[615]

Um fato pertinente à nossa discussão anterior sobre ferimentos na cabeça: Gacy foi atingido no crânio por um balanço aos 11 anos de idade, o que resultou em um coágulo de sangue no cérebro que às vezes causava desmaios. Seis anos depois, quando o problema foi solucionado,

---

* Em *Killer Clown Profile: Retrato de um Assassino*, publicado em 2019 pela DarkSide® Books, você pode acompanhar com maiores detalhes a história e as investigações acerca dos crimes cometidos por John Wayne Gacy. Um dos autores da obra, Terry Sullivan, foi o promotor responsável pela investigação e prisão de Gacy.

desenvolveu uma doença cardíaca não especificada. Ao longo da vida, essa condição vaga se manifestava repentinamente, sempre que era conveniente.[616] É possível cogitar que o problema funcionava como uma justificativa inconsciente para o fato de Gacy não praticar atividades físicas, como seu pai gostaria. Se ele realmente fingia a condição ainda é discutível.

Gacy tinha muitas dificuldades de aprendizagem e frequentou quatro escolas até finalmente, desistir. Aos 17 anos, depois de uma discussão séria com o pai, se mudou para Las Vegas e começou a trabalhar como zelador de necrotério. Com pouco dinheiro, recebeu permissão para dormir no local. Mais tarde, foi descoberto que, durante esse período, abria os gavetões que continham cadáveres, se despia e conversava com os cadáveres.[617] Certa vez, abraçou e acariciou o cadáver de um adolescente; ao perceber o horror de seu próprio comportamento, assustou-se.[618]

Gacy sentiu falta da família e voltou para Chicago, onde se matriculou em um curso de administração.[619] Lá, desenvolveu ainda mais o talento de convencer as pessoas a fazer o que quer que desejasse. Depois de se formar, trabalhou como estagiário de gestão para uma empresa de calçados e foi transferido para Springfield, Illinois, para gerenciar uma loja de roupas masculinas para a mesma empresa.[620] Em 1964, casou-se com uma mulher de família abastada, e o casal se mudou para Waterloo, Iowa, dois anos depois, e Gacy assumiu a administração de um dos restaurantes de frango frito da família.[621] O casal teve dois filhos.[622] Aqueles que o conheceram durante este período o consideravam sociável e charmoso.[623] Enfim, Gacy parecia ter conquistado o respeito do pai excessivamente crítico.[624]

Esta persona ocultou o verdadeiro caráter de Gacy, sombrio e perigoso. Em 1968, acabou sendo preso por sodomizar um funcionário adolescente, o que chocou a comunidade.[625] Ele negou a acusação veementemente e alegou que sofria difamação de pessoas que se opunham à sua candidatura à presidência de uma unidade local dos Jaycees*.[626] Porém, em segredo, contratou um adolescente para agredir e borrifar com spray de pimenta o menino que o acusou.[627] Apesar de sua indignação e protestos de inocência, Gacy se declarou culpado e foi condenado a dez anos no Reformatório Masculino do Estado em Anamosa, Iowa.[628] Em seguida, sua esposa pediu o divórcio.[629] Durante o período de encarceramento, o pai de Gacy faleceu, porém ele não foi autorizado a comparecer ao funeral. Os problemas jurídicos graves,

---

* Organização cívica de treinamento de liderança para pessoas entre 18 e 40 anos.

a dissolução do casamento e a proibição de prestar seus respeitos no funeral o deixaram com a sensação de que todas as coisas que o pai havia dito se tornaram verdadeiras.[630]

Por seu comportamento exemplar, Gacy recebeu liberdade condicional depois de apenas dezoito meses. Uma avaliação psiquiátrica concluída antes da libertação observou: "A probabilidade de ele voltar a ser acusado e condenado por conduta antissocial parece pequena".[631] Ao retornar para Chicago, onde começou a trabalhar como empreiteiro, casou-se pela segunda vez com uma recém-divorciada que tinha duas filhas.[632] Ele se tornou atuante — pode-se até dizer excessivamente ativo — em assuntos comunitários e foi presidente do Clube Chi Rho, membro do Conselho Católico de Interclubes, capitão do Chicago Civil Defense, membro da Holy Name Society e da Federal Civil Defense for Illinois, capitão democrata do distrito e vice-presidente dos Jaycees, que uma vez o considerou "Homem do Ano".[633] Psicologicamente, esses esforços incansáveis podem ter representado uma tentativa de voltar a obter a aprovação do falecido pai, cujas críticas severas foram internalizadas desde muito cedo. O encarceramento por um crime sexual que envolvia um homem pode ter representado para Gacy a validação de todas as calúnias homofóbicas que o pai havia jogado contra ele. A intensidade do serviço comunitário frenético também pode ser percebida como masoquista, uma compensação pelo prazer que sentia com a crueldade, enquanto o sadismo pode ter compensado sentimentos de impotência. As posições de liderança provavelmente serviram ainda mais a seus desejos de dominação e controle sobre os outros, que, como vimos, são motivadores essenciais em indivíduos que cometem homicídio com motivação sexual praticado em série.

No início de 1971, Gacy foi preso por molestar um jovem após pegá-lo em um terminal de ônibus. As acusações foram retiradas quando o acusador não compareceu ao tribunal.[634] Por volta dessa época, Gacy abriu sua própria empresa de terceirização, contratando adolescentes, supostamente como meio de manter os custos trabalhistas baixos.[635] Motivado por suas crescentes aspirações políticas, ele se envolveu ainda mais no serviço comunitário e passou a se vestir como um palhaço chamado Pogo, ou Patches, para entreter crianças em festas infantis e hospitais.[636] No entanto, esses esforços foram neutralizados pelos crescentes rumores a respeito da sua vida gay clandestina. Em 1975 tentou abusar sexualmente de um de seus funcionários. Um mês depois, enganou o mesmo jovem e o convenceu a se algemar antes de tentar abusar do garoto novamente. O rapaz conseguiu se libertar e, após um breve combate corporal, Gacy jurou deixá-lo em paz. Surpreendentemente, o embusteiro manteve sua palavra.[637] Poupar a vida da possível vítima pode ter fornecido a Gacy uma sensação de poder que serviu para desfazer a vergonha por ter sido derrotado por um adolescente.

Muitos outros meninos e rapazes não tiveram tanta sorte. Gacy, de aparência amigável, enredava vítimas utilizando uma variedade de métodos. Em alguns casos, atacou repentinamente funcionários, depois de conquistar a confiança aos poucos, ou atraiu estranhos para casa com promessas de drogas ou álcool. Às vezes, se passava por policial e convencia traficantes e garotos de rua a entrar no carro; mostrava distintivos e armas e fingia que iria prendê-los.[638] Nesse período, Gacy e a esposa começaram a se afastar, à medida que o comportamento de Gacy foi ficando cada vez mais instável, com incidentes que envolviam gritos violentos e arremessos de móveis. Além disso, havia seus horários peculiares, saindo de casa à meia-noite e voltando ao amanhecer;[639] a esposa percebeu que o marido se tornara obcecado por revistas gays.[640] O casal se divorciou em 1976, e a perda, junto de sua nova condição de solitário, o jogou em um frenesi de absoluta depravação e assassinatos em série.[641]

Mais tarde, veio à tona que Gacy matou pela primeira vez em 1972, ao esfaquear duas vezes no peito um menino raptado em um ponto de ônibus. Nos seis anos seguintes, desenvolveu um modus operandi relativamente consistente em uma longa série de homicídios. Depois de atrair um jovem, convencia a vítima a colocar algemas, sob o pretexto de realizar um truque de mágica, e, enfim, dizia: "Não há chave para soltar você. Esse é o truque".[642] A partir desse ponto, incapacitava a vítima com clorofórmio, sodomizava e torturava, segurava a cabeça do garoto debaixo d'água em uma banheira, urinava nele, queimava-o com cera quente de vela, chicoteava-o ou o colocava em um pelourinho caseiro suspenso por correntes.[643] Várias vítimas de Gacy morreram asfixiadas com meias ou cuecas enfiadas na boca[644], enquanto a maioria morreu com um torniquete improvisado em seu desprezível "truque da corda". No "truque", Gacy passava uma corda em volta do pescoço da vítima e dava um laço no qual uma vara era inserida. A vítima sufocava até a morte lentamente, conforme Gacy girava a vara.[645] Enquanto as vítimas convulsionavam e se contorciam, Gacy às vezes observava ou andava pela casa, atendia telefonemas de amigos ou clientes, ou realizava tarefas domésticas. Há um simbolismo interessante aqui. O torniquete, que Gacy provavelmente aprendeu a fazer com os escoteiros, costuma ser associado a cura e salvamento, mas no caso discutido, era usado para tortura e morte. Gacy era, socialmente, uma pessoa benigna e colaborativa, capaz de, repentinamente, se transformar em um instrumento de morte. É possível interpretarmos o torniquete como uma metáfora para a própria inocência corrompida de Gacy e sua transformação em agressor. Também é válido ressaltar que o assassino, às vezes, lia passagens bíblicas enquanto assistia as vítimas sufocarem[646], o que sugere que um senso de superioridade moral, muito parecido com o de Robert Berdella, estava presente em seus crimes. Finalmente, Gacy admitiu que, às vezes, mantinha os cadáveres de algumas de suas vítimas debaixo da cama ou no sótão antes de enterrá-los[647], embora não esteja claro se atos de necrofilia tenham sido cometidos nessas ocasiões. Ao todo, sabe-se que Gacy assassinou 33 jovens,[648] incluindo dois meninos, com idades de 14 e 15 anos, que se conheciam. Os amigos foram agredidos e mortos no mesmo dia,[649] provavelmente na presença um do outro.

Exímio planejador, Gacy obrigou a equipe de jovens funcionários a cavar trincheiras no espaço apertado sob a casa ou em outro lugar na propriedade, com a justificativa de que pretendia instalar novos encanamentos de água. Na verdade, eram túmulos. Lá, ele enterrou 28 cadáveres e os cobriu com calcário para acelerar a decomposição. Em dado momento, ficou sem espaço e jogou outros quatro corpos no rio Des Moines. Quando vizinhos que visitavam Gacy comentaram sobre o forte odor que permeava todos os cômodos, ele atribuiu o cheiro a "problemas de esgoto".[650]

Em 1978, o assassino chamou a atenção das autoridades durante a investigação do desaparecimento de Rob Piest, 15 anos de idade, que tinha sido visto pela última vez na farmácia onde trabalhava. Gacy havia concluído alguns serviços de manutenção no local pouco tempo antes. O cheiro que permeava a casa foi reconhecido por um dos agentes com experiência no trabalho em necrotérios e por fim motivou uma busca na propriedade, até que se descobriu o cemitério improvisado de Gacy.[651] Por meio de um processo longo e árduo de comparação de restos mortais recuperados no espaço exíguo e infestado de larvas com registros dentários de jovens desaparecidos na área, todos os crimes horripilantes do assassino vieram à tona. Enquanto este livro é escrito, seis vítimas de Gacy ainda não foram identificadas.[652]

Gacy demonstrou completa falta de remorso durante os procedimentos legais. Em um momento revelador, durante o testemunho de uma das vítimas sobreviventes de tortura, o assassino riu alto.[653] Gacy foi condenado à morte, executada por injeção letal em 1994, após quatorze anos na prisão. Em constante anseio por notoriedade, passou o tempo em reclusão vendendo obras de arte originais de palhaços, personagens de desenhos animados e caveiras, e negava veementemente ser culpado. Gacy chegou a criar uma linha direta de telefone, que permitia que o público ouvisse várias contestações de seus advogados a respeito do caso por 1,99 dólar por minuto.[654] Os vários estranhos que escreveram cartas ao criminoso precisavam preencher um "questionário por correspondência", como se solicitassem o privilégio de entrar em contato com Gacy. Impenitente até o fim, suas últimas palavras foram: "Vão à merda".[655]

Especialistas em saúde mental que testemunharam durante o julgamento de Gacy forneceram interpretações conflitantes do perfil psicológico do assassino, descrevendo-o como alguém traumatizado por abuso infantil, um sádico sexual ou um portador de esquizofrenia paranoide ou transtorno de personalidade múltipla. Também se sugeriu que sua personalidade estava organizada em nível limítrofe — ou seja, a personalidade era fragmentada, com mecanismos de defesa emocional primitivos — e que ele experimentava breves episódios psicóticos durante momentos de raiva extrema, quando supostamente acreditava ser o próprio pai e as vítimas seriam ele mesmo. Sob este ponto de vista, os assassinatos representariam uma intensa aversão a si próprio por sua homossexualidade, fraqueza ou algum outro aspecto de si. Gacy foi descrito como "separado" daquilo que considerava as partes "ruins" de si, e se projetava nas vítimas. No entanto, ficou igualmente claro que Gacy nunca esteve realmente fora de contato com a realidade. O processo de persuadir as vítimas a colocar algemas e seu intricado "truque da corda" exigiam certa clareza mental, bem como os métodos diabólicos de obrigar os funcionários a cavar sepulturas para esconder evidências de vários assassinatos, enquanto se comportava de modo afável e inócuo nos círculos sociais.[656]

A habilidade de se passar por um sujeito confiável e agradável remete a uma distinção essencial entre dois conceitos que costumam ser confundidos: *compaixão* e *empatia*. Enquanto compaixão se refere a solidariedade e preocupação com os infortúnios de outras pessoas, a empatia é a capacidade de interpretar corretamente as emoções sinalizadas pelo rosto ou linguagem corporal de alguém. Em pessoas psicopatas, como Gacy, é normal esperarmos total falta de compaixão, porém, encontramos habilidade em termos de empatia. Foi a capacidade do assassino de interpretar com competência os sentimentos dos outros, junto de seu charme superficial, que lhe permitiu conquistar a confiança das vítimas e atraí-las para a morte.

Na verdade, ao longo da vida, Gacy exibiu praticamente todos os traços de personalidade associados à psicopatia: um senso imponente de autoestima, mentira patológica, trapaça e manipulação, insensibilidade, total falta de remorso em relação a outros e incapacidade de aceitar a culpa pelas próprias ações. Do mesmo modo exibiu vários traços clássicos de falta de controle comportamental, como impulsividade, irresponsabilidade, promiscuidade, falta de objetivos realistas de longo prazo e vários relacionamentos conjugais de curto prazo. Embora possamos nos sentir obrigados a considerar o ferimento na cabeça de Gacy durante a infância como fator contribuinte para o comportamento tenebroso posterior, é importante perceber que a necrópsia do cérebro do assassino feita pela dra. Helen Morrison não revelou anormalidades — um fato que se pode considerar ao mesmo tempo intrigante e perturbador.[657] Os supostos abuso e humilhação que Gacy sofreu nas mãos do pai alcoólatra podem ter resultado em uma luta constante para conter os intensos sentimentos de inferioridade e homofobia internalizados através de atos de fúria e crueldade incalculáveis.

O falecido Roy Hazelwood, pioneiro na prática de traçar perfis de sádicos sexuais como parte da Unidade de Ciência Comportamental do FBI em Quantico, Virgínia, entrevistou Gacy. Hazelwood observou que, para criminosos desse tipo, a patologia de caráter está ligada à excitação parafílica, de modo que os outros precisam ser controlados e degradados para o prazer sexual do antagonista. Os criminosos que examinou eram quase sempre caucasianos e do sexo masculino, e a maioria tinha profissões que envolviam contato com o público. Quarenta por cento declarou que percorria longas distâncias de carro, às vezes, sem objetivos claros. Oitenta e três por cento colecionava itens relacionados a temas violentos e/ou sexuais, geralmente pornografia, armas, instrumentos de escravidão sexual e revistas de detetive. Quase 50% eram casados na época em que cometeram os crimes, geralmente com um indivíduo "submisso", vítima de torturas e, mais tarde, se voltavam para estranhos em grau mais extremo. Quase 75% haviam cometido assassinato. Entre os homicídios encontramos vários pontos em comum, como planejamento cuidadoso, uso de locais pré-selecionados, aprisionamento das vítimas, uma variedade de atos sexuais dolorosos, dominação sexual, inflição intencional de dor e morte por esfaqueamento ou estrangulamento.[658] Com exceção da execução de fantasias sexuais sádicas com um cônjuge, provavelmente porque não tinha interesse sexual por mulheres, Gacy exibia todas essas características clássicas.

Estuprador, torturador e assassino manipulador de sangue-frio, Gacy é um exemplo perfeito do tipo de criminoso designado para o Padrão 22 no Índice da Maldade. O prazer nessas atividades hediondas se tornou parte essencial de quem ele era, como indivíduo, e, caso não tivesse sido capturado, sem dúvida continuaria a cometer crimes.

Consideremos o seguinte: no momento da prisão, Gacy alegou que estava a caminho do túmulo do pai para depositar um rosário católico romano na lápide antes de voltar para casa, onde cometeria suicídio — a própria imagem da culpa, vergonha e remorso máximos.[659] Já encarcerado, ele se percebeu — ou, pelo menos, interpretou esse papel — como alguém que havia retornado às suas raízes católicas devotas, buscou os sacramentos e serviu como acólito nas missas celebradas pelo capelão da prisão.[660] Durante o julgamento, Larry Finder, assistente do promotor público, descreveu como, durante uma visita à cela de Gacy, pediu que o assassino demonstrasse o desprezível truque da corda. Evidentemente, naquele momento, o prisioneiro não fingiu que os crimes nunca aconteceram ou que não se lembrava de nada. Gacy pediu que Finder passasse a própria mão pelas grades e imaginasse que o pulso fosse o pescoço de uma vítima. O prisioneiro enfiou a mão no bolso e pegou o rosário — o poderoso símbolo de seu suposto arrependimento. Em um ato de perversão à inocência do rosário, Gacy enrolou o objeto em volta do pulso de Finder, deu três nós e inseriu uma caneta entre o segundo e o terceiro nó. Ao girar a manivela improvisada, explicou que, conforme os meninos e jovens se contorciam e convulsionavam, o garrote se apertava aos poucos, de modo que eram as vítimas que "se matavam" — um exemplo da visão distorcida do assassino.[661] Uma declaração ultrajante, sem dúvida. Porém, curiosamente, se entendermos que a personalidade fragmentada de Gacy era simbolicamente representada tanto no assassino quanto nos jovens cujas vidas roubou à força, podemos cogitar que, de forma curiosa, a ideia de que as vítimas "se matavam" assume um revelador duplo significado.

DAVID PARKER RAY

Há pouco que podemos dizer para preparar o leitor para a história de David Parker Ray, que representa, indiscutivelmente, os limites mais elevados da classificação mais alta no Índice da Maldade. Ao entrarmos na "Caixa de Brinquedos" de Ray, o trailer isolado que ele transformou em câmara de horrores à prova de som, equipada com incontáveis dispositivos de tortura inventados pelo próprio torturador, lembramos a inscrição acima do portão do inferno no terceiro canto do Inferno de Dante: "Ó vós que entrais, abandonai toda a esperança". O pioneiro analista de perfis criminais Vernon Geberth, que participou da investigação de Ray, forneceu uma descrição muito nítida do grau de malignidade do assassino no livro clássico *Sex-Related Homicide and Death Investigation: Practical and Clinical Perspectives,* no qual se refere a Ray como "o Diabo na Terra".[662]

De acordo com seus próprios diários perturbadoramente detalhados, Ray sequestrou, estuprou, torturou e matou até sessenta meninas e mulheres jovens no Novo México, durante o assombroso período de cinco décadas. Sua carreira criminosa teve um fim abrupto em 22 de março de 1999, quando Cynthia Vigil, 22 anos, encharcada de sangue, entrou no trailer de um estranho, depois de correr por uma estrada usando apenas correntes com cadeado e uma coleira de escrava. Coberta de hematomas, queimaduras e feridas de perfurações, ela informou à polícia que havia sido sequestrada por Ray em Albuquerque, enquanto trabalhava como prostituta. Ele havia se disfarçado de policial, trajando um uniforme convincente e distintivo, e dirigia um trailer equipado com uma luz Kojak. Quando Vigil entrou no veículo, foi repentinamente atacada por Ray e uma assistente — a namorada dele, Cindy Hendy, que estava escondida no banheiro. Eles a incapacitaram com uma arma de choque e a chutaram no estômago. Vigil foi amarrada e a boca, olhos e cabeça foram envoltos em fita adesiva. As roupas foram removidas. O casal, então, começou a conversar banalidades enquanto seguia até a Caixa de Brinquedos, onde a garota foi acorrentada à parede, com uma coleira de cachorro em volta do pescoço.[663]

Vigil, nesse momento, ouviu a horrível fita de apresentação de Ray, que descrevia a degradação, a tortura e o confinamento que seriam infligidos pelo "mestre" e pela "mestra". A gravação, que dura cerca de dez páginas em espaço simples de texto transcrito, tinha o tom dissociado e impessoal de uma carta formal e não pode ser totalmente reproduzida, por questão de decência e respeito. O áudio foi apresentado a várias meninas e mulheres aprisionadas no trailer de Ray após o sequestro. Quando ouviam a fita, estavam imobilizadas, despidas e às vezes grogues por terem sido drogadas. Algumas foram erguidas por correntes no teto do trailer, tendo ficado penduradas enquanto a voz fria e monótona do sádico soava em um alto-falante:[664]

> Olá, vadia. Está confortável? Duvido. Pulsos e tornozelos acorrentados. Amordaçada. Provavelmente de olhos vendados. Imagino que esteja desorientada e assustada. Por ora, é melhor se recompor e ouvir essa fita. É muito importante para a sua situação. Vou contar, em detalhes, por que você foi sequestrada, o que vai acontecer e por quanto tempo vai ficar aqui. Não conheço os detalhes de sua captura, porque esta fita foi gravada em 23 de julho de 1993 como um manual de instruções genérico para futuras prisioneiras. As informações que vou dar são baseadas na minha experiência em lidar com cativas por um período de vários anos. Se, no futuro, houver qualquer alteração importante em nossos procedimentos, a fita será atualizada. Obviamente, você está aqui contra a sua vontade, totalmente indefesa, sem saber onde está e não faz ideia do que vai acontecer. Está muito assustada ou muito zangada. Tenho certeza de que já tentou soltar os pulsos e tornozelos e sei que não consegue. Agora, está apenas esperando para saber o que vai acontecer. Você provavelmente pensa que vai ser estuprada e, veja só, está coberta de razão. O que você tem no meio das pernas é o que mais nos interessa.
>
> Você vai ser estuprada inteirinha, várias vezes, em todos os buracos que tiver. Porque, basicamente, você foi sequestrada e trazida até aqui para adestrarmos você para ser nossa escrava sexual. Parece bizarro demais? Bem, talvez seja para os não iniciados, mas fazemos isso o tempo todo. Você vai ter que se adaptar a muitas coisas, e não vai gostar nem um pouco. Mas não dou a mínima para isso. Você não tem escolha. Você foi sequestrada à força e será mantida aqui e usada à força.

A fita foi meticulosamente projetada para provocar o máximo de medo e eliminar qualquer resquício de poder, esperança ou identidade pessoal. Em um momento mais adiante na gravação, Ray explica:[665]

No que me diz respeito, você é um belo pedaço de carne, e será usada e explorada. Eu não dou a mínima para o seu estado ou como você se sente a respeito da situação. Talvez você seja casada, tenha um filho ou dois, namorado, namorada, um emprego, pagamento de carro. Foda-se. Eu não dou a mínima pra nada disso, e não quero nem ouvir a respeito disso. São coisas que você vai ter que lidar depois que for solta. Eu faço questão de nunca gostar de uma escrava e pode apostar que não tenho nenhum respeito por você. Aqui, seu status não é maior do que o de um cachorro, ou um dos animais no celeiro. Seu único valor para nós é o fato de ter um corpo atraente e utilizável. E, como o resto de nossos animais, você será alimentada e hidratada, mantida em boas condições físicas, mais ou menos limpa e poderá usar o banheiro quando necessário. Em troca, vamos usar você bastante, principalmente durante os primeiros dias, enquanto você está nova e fresca.

Ao longo da fita, várias regras da casa de Ray eram transmitidas, relativas à permissão para falar e punições por fazer muito barulho ou tentar resistir. Era explicado, em detalhes assustadores, que as vítimas seriam acorrentadas e aprisionadas por meses. Elas seriam chicoteadas e eletrocutadas. Sofreriam todas as formas concebíveis de agressão sexual, incluindo atos rotineiros de bestialidade com os pastores alemães de Ray, às vezes, na frente de amigos. Era informado que a cooperação era mais fácil do que o destino alternativo:[666]

Pode parecer cruel e frio, mas se você causar muitos problemas, ou se representar qualquer tipo de ameaça, não vou hesitar em cortar sua garganta. Como disse antes, não gosto de matar as meninas que trazemos aqui, mas, às vezes, acontece. O que posso dizer? Eu odiaria ter que despejar esse seu corpinho bonito em algum lugar para apodrecer. Não quero te assustar. É assim que as coisas são.

Depois, Ray explicava que, assim que se cansasse da vítima, ele a drogaria com um coquetel de sedativos e empregaria técnicas de hipnose ao longo de vários dias, na tentativa de erradicar qualquer vestígio mental dos eventos. Ela seria completamente lavada para eliminar as evidências de DNA e deixada "em alguma estrada secundária, machucada, heh, toda ferida, mas nada que não sarasse em uma ou duas semanas". De fato, uma vítima que sobreviveu à câmara de tortura de Ray estava convencida de que as vagas lembranças de abusos graves eram simplesmente resquícios de pesadelos, até ser contatada pelas autoridades. Ele encerrava o monólogo com um banal: "Tenha um bom dia".[667]

Vigil suportou três dias de tormento inimaginável: foi chicoteada, abusada sexualmente com instrumentos elaborados para maximizar a dor e eletrocutada com dispositivos que enviavam ondas elétricas por todo seu corpo. Pinças foram colocadas nos mamilos, presas a cordas que passavam por roldanas e eram conectadas a pesos de chumbo, com o propósito de esticá-los e causar dor.[668] Um dos cães de Ray foi obrigado a lamber molho do corpo nu da vítima enquanto Ray e Hendy observavam.[669] Enfim, Vigil conseguiu se libertar das correntes, esfaqueou sua raptora no seio e na nuca com um furador de gelo que havia sido usado na tortura e fugiu por uma janela.[670] Mais tarde naquele dia, Ray e a cúmplice foram presos.[671] O mundo descobriria a masmorra de tortura de 100 mil dólares do sádico.[672]

Investigadores encontraram o trailer equipado de cima a baixo com o que Ray chamava de seus "amigos" — brinquedos sexuais, roldanas, correias, chicotes, anzóis, correntes, pinças, seringas, lâminas cirúrgicas, alfinetes, serras, um ferro de soldar e barras usadas para afastar os membros das vítimas. Havia diagramas detalhados e desenhos pornográficos, feitos pelo próprio assassino, que demonstravam vários métodos para infligir dores inimagináveis, além de instruções meticulosas sobre como "lidar" com escravas. Ele havia projetado dispositivos, como uma engenhoca que era colocada sobre a cabeça da vítima para desorientá-la durante os ataques, o que ampliava o tormento. No meio do lugar havia uma cadeira ginecológica, onde a vítima podia ser amarrada em várias posições sexuais. O dispositivo caseiro de Ray para eletrocutar as vítimas enquanto as observava foi encontrado. Havia bonecas de mulheres, nuas e algemadas, com seios exageradamente grandes, submetidas a torturas extremas. Equipamentos de vídeo permitiam que as vítimas fossem gravadas e observadas em outros aposentos. As prisioneiras eram obrigadas a assistir aos próprios abusos em um espelho ou em uma televisão. As autoridades descobriram um caixão acolchoado, onde as vítimas eram, às vezes, obrigadas a dormir por longos períodos. Nas prateleiras, havia livros sobre sexualidade, psicologia e anatomia feminina — tópicos que Ray conhecia em níveis perturbadores —, bem como medicina e bruxaria. Os investigadores localizaram um inalador e um respirador. Foi descoberto que Ray de forma consciente levava as prisioneiras à beira da morte e, em seguida, as reanimava para ampliar o sofrimento.[673] Uma artista que passou quatro dias no trailer para fazer desenhos detalhados para o FBI mais tarde cometeu suicídio. Alguns disseram que foi por causa dos horrores que viu na Caixa de Brinquedos.[674]

Ray nasceu em Belen, Novo México, em novembro de 1939. Ele e a irmã mais nova foram criados por pais pobres, Cecil e Nettie Ray, no rancho dos avós maternos. O pai era um suposto alcoólatra e abusava da esposa e dos filhos, tendo abandonado a família quando Ray tinha 10 anos. As crianças foram morar com os avós na zona rural de Mountainair, onde o avô, Ethan Ray, segundo se apurou, as sujeitava a uma disciplina física draconiana. Na escola, o futuro assassino alto, tímido e socialmente inibido sofria bullying dos colegas de classe e tinha dificuldades em conhecer garotas e fazer amizades. Para tentar parecer mais interessante aos outros, alegava que era primo do cantor Johnny Ray.[675] No início da adolescência, passou a maior parte do tempo abusando de drogas e álcool em segredo, e logo desenvolveu um fascínio por pornografia e revistas com temas sadomasoquistas, que ganhava do pai.[676] Artista talentoso, Ray começou a desenhar suas fantasias em imagens perversas, que foram descobertas pela irmã.[677] Anos depois, ele diria que, aos 13 anos, torturou e matou uma mulher depois de amarrá-la a uma árvore.[678]

As médias escolares eram baixas e Ray concluiu com dificuldade o ensino médio. Ele trabalhou como mecânico de automóveis antes de entrar para o Exército, onde consertou telescópios, motores de avião e outros dispositivos. Mais tarde, recebeu dispensa honrosa e voltou a trabalhar como mecânico, até conseguir um cargo de professor no Spartan College of Aeronautics and Technology em Tulsa, Oklahoma.[679] Mais tarde, começou a trabalhar como zelador para o Departamento de Parques do Novo México. Embora fosse considerado um trabalhador diligente, percebeu-se que era uma espécie de colecionador de lixo e recolhia materiais e equipamentos para projetos pessoais. Na época, ninguém imaginava que o destino dessas peças era a construção de instrumentos diabólicos de tortura sexual. Consistente com o padrão de muitos relacionamentos conjugais de curto prazo associados à conceituação de psicopatia de Hare, Ray se casou e se divorciou quatro vezes. Ele teve duas filhas.[680]

Ao longo da vida adulta, Ray se apresentava publicamente como um homem de família dedicado e trabalhador.[681] Contudo, descreveu em seus extensos diários particulares, o sequestro e estupro de mais de cem mulheres entre 1955 até a época em que foi capturado. Anotou avaliações do desempenho sexual das vítimas. Registrou sua preferência por prostitutas e caroneiras, que raptava sem hesitação, e por colegiais e donas de casa, as quais considerava mais fáceis de humilhar e amedrontar. Ray gostava de sequestrar mulheres que sabia que eram gays, pois entendia que eram menos propensas a carregar doenças sexualmente transmissíveis. Descreveu situações em que agarrou mulheres que caminhavam pela rua, andavam de bicicleta, corriam ou que precisavam de ajuda nas estradas locais. Ray também sequestrou vítimas em bares, principalmente do Blue Waters Saloon, perto de onde morava, que tendia a atrair adeptas da vadiagem — Ray as considerava alvos fáceis. As primeiras anotações de Ray, na década de 1950, detalhavam os abusos sexuais com a ajuda de uma cúmplice do sexo feminino.[682] Na década de 1970, envolveu-se profundamente em círculos de sexo sadomasoquista e submissão, e projetou instrumentos de sadomasoquismo, que vendia por correspondência.[683] Às vezes, capturava e torturava mais de uma vítima ao mesmo tempo, como no caso das duas irmãs adolescentes em 1973 — foi durante esse período que Ray começou a trabalhar na criação da câmara de tortura.[684] Após a captura de Ray, Glenda Jean "Jesse" Ray, filha do criminoso, foi presa e condenada por misturar drogas à bebida de uma mulher em um bar, atingi-la na nuca e levá-la até a casa do pai, onde a prisioneira foi abusada sexualmente e torturada por três dias.[685]

No momento em que foi detido, Ray disse que Vigil era viciada em heroína e que estava tentando desintoxicá-la — uma declaração que foi facilmente desmentida durante a busca na casa e recuperação de evidências de vídeo.[686] No primeiro julgamento de Ray o júri não chegou a um acordo. Um novo julgamento levou à condenação por crimes contra três vítimas femininas, incluindo Vigil. Somente após receber a condenação de 224 anos de prisão, que Ray concordou em revelar a localização de vários cadáveres enterrados. No entanto, apesar de haver concordado em falar, não foi o que aconteceu e esse conhecimento Ray levou para o túmulo. Ele morreu de ataque cardíaco apenas oito meses depois da sentença, tendo passado dois anos e meio detido enquanto aguardava o primeiro e o segundo julgamentos. Aparentou bom humor durante as audiências, e parecia totalmente impassível enquanto as vítimas sobreviventes descreviam os abusos e traumas decorrentes. Lamentou apenas que sua captura tenha resultado na perda de sua casa, entre outros bens, e que o estresse de seus problemas legais tenha afetado severamente sua saúde.[687] Hendy testemunhou contra ele e recebeu uma sentença de 36 anos pela participação nos crimes. Um homem chamado Dennis Roy Yancy, que havia sido, em um momento anterior, cúmplice do réu, foi posteriormente preso e condenado por usar uma corda para estrangular uma ex-namorada depois que Ray a sequestrou e torturou.[688]

Ray pode ter herdado o sadismo, a aversão às mulheres, a obsessão sexual e o gosto pelo álcool do pai supostamente abusivo. É importante ressaltar que teria sido o pai quem o iniciou na apreciação de pornografia com temas violentos. Isso pode ter representado um momento de vínculo extremamente necessário para o menino maltratado e esquecido, ou talvez um ponto de transição da infância para a idade adulta. Nesse caso, pode ter representado o momento em que a partilha de interesses em agressão misógina e sadismo sexual com outra pessoa se confundiu com intimidade afetuosa. De fato, Ray envolveria amigos, uma parceira romântica, a filha e até mesmo cães em tais atividades pelo resto da vida.

Parece que em algum momento a atitude de Ray em relação às mulheres sofreu uma cisão, de acordo com a qual elas eram vistas ou como veneráveis e dignas de tratamento adequado, ou não passavam daquilo que ele chamava de "embalagens", que existiam apenas para serem sexualmente usadas e descartadas. Por exemplo, uma das vítimas sobreviventes de Ray se lembrou de um incidente em que seu algoz lhe disse que a considerava uma mulher "boa" e, consequentemente, lamentava tê-la confundido com o tipo de pessoa que torturava na Caixa de Brinquedos. Além disso, as mulheres que participaram dos crimes não eram menosprezadas. Enquanto as prisioneiras eram obrigadas a chamá-lo de "mestre", Hendy e as outras mulheres que o acompanhavam eram chamadas de "mestras".

Sem dúvida, Ray exibia o caso clássico de uma estrutura de personalidade psicopática e sadismo sexual chocante. No entanto, o mais impressionante na história de Ray é a ausência de muitos dos antecedentes infantis típicos do assassinato em série que discutimos, como traumatismo craniano, enurese e incêndios criminais. Como Gary Heidnik, Robert Berdella e vários outros assassinos do Padrão 22 que não serão discutidos aqui, Ray era um "colecionador" de pessoas. Para todos esses indivíduos, as vítimas eram meros objetos dentre vários outros, e não serviam a nenhum propósito relevante além dos desejos do próprio agressor. Infelizmente, a psiquiatria não possui atualmente um termo de diagnóstico para indivíduos que sentem a necessidade de possuir outro ser humano, literalmente, para fins de prazer sexual. Todos os cinco criminosos que descrevemos nesta seção são indivíduos para os quais uma educação caótica e instável pode ter servido como predisposição ao desejo de deter pessoas em suas vidas à força ou, no caso de Berdella, de guardar partes do corpo. Também podemos incluir John

Wayne Gacy, se considerarmos a maneira como ele colecionava jovens sob a casa onde morava. Curiosamente, todos, exceto Tommy Lynn Sells, também colecionavam objetos inanimados, o que pode ter sido outra manifestação de seus desejos de controle. Heidnik colecionava moedas e dinheiro em papel, que fixava nas paredes da casa; Berdella era filátelo e numismata, e compilou um vasto tesouro de artefatos exóticos e parafernália ocultista; Gacy reuniu pinturas de palhaços de vários artistas; e Ray colecionava bonecas, livros e sucata. Eles pareciam amar esses objetos inanimados, e os exibiam para que todos vissem. O que desprezavam eram certos grupos de seres humanos. Todos, exceto Sells, que tinha um QI de 80, na faixa associada ao funcionamento intelectual limítrofe, eram homens inteligentes que empregavam a tecnologia para infligir tormentos. Para Ray, Berdella e Heidnik, isso incluía métodos inovadores de eletrocussão, sem dúvida, uma forma "nova" de mal. Podemos imaginar esses assassinos no momento em que produziam choques em suas vítimas, sentindo-se como deuses, a disparar relâmpagos nos mesquinhos mortais. Todos, exceto Sells, eram mestres da manipulação, e se mostravam publicamente como figuras beneméritas — Heidnik como fundador e bispo de uma igreja; Berdella como salvador de jovens descartados pela sociedade; Gacy como amigo de todos, de coração comunitário; e Ray, no momento da captura, como o redentor de uma mulher viciada em heroína. Sells, que ficou totalmente sem família desde tenra idade, parece não ter desenvolvido a noção de como fingir um comportamento socialmente aceitável.

Acreditamos que não haja dúvida na mente do leitor sobre por que as ações dos cinco homens que descrevemos garantiram sua posição no Padrão 22 do Índice da Maldade. Seus históricos de homicídios repetitivos após tormentos deliberadamente prolongados justificam claramente a classificação. De igual importância para a classificação no Padrão 22 é o seguinte: experimentamos uma série de reações emocionais básicas ao ler as histórias, como horror, nojo e perplexidade — reações que consideramos estarem no âmago daquilo que queremos dizer com "mal".

O uso deste termo, que geralmente é confinado aos domínios da moralidade e da teologia, remete à importante pergunta: os indivíduos que discutimos ao longo deste livro, principalmente aqueles nos limites superiores do Índice da Maldade, eram "doentes" ou simplesmente exerceram o livre-arbítrio de maneiras sombrias, egoístas e destrutivas? É verdade que existem alguns criminosos — na maioria, do sexo masculino

— que cometem atos cruéis e violentos intencionalmente, muitas vezes com premeditação lúcida e sem nenhum indício de remorso. Por mais inimagináveis que sejam algumas de suas atitudes, essas pessoas não sofrem de nenhuma doença psiquiátrica grave, como psicose ou obsessão. O estuprador serial Ted Bundy não estava nem um pouco "louco" quando enganou mulheres de forma metódica para que entrassem no carro, onde foram agredidas até que desmaiassem, levadas para áreas isoladas e assassinadas brutalmente, após — ou às vezes durante — violentas agressões sexuais. Ele sabia muito bem o que fazia quando voltava a cadáveres exumados para atos necrófilos, ou quando levou para casa doze cabeças decepadas e maquiou-as, com o mesmo propósito, e supostamente queimou a vítima Donna Manson na lareira da garota que ele namorava para evitar que o corpo fosse descoberto. No dia a dia, ele era capaz de passar despercebido e desempenhava o papel de cidadão-modelo, com personalidade afável e fala moderada e suave. Bundy era frequentemente chamado de "atraente" e "charmoso". Ele sabia que não podia cometer seus crimes em público ou na frente de policiais. Estudou psicologia antes de entrar na faculdade de direito e chegou a trabalhar para uma linha direta de prevenção de suicídio, em que conversava com outras pessoas sobre o valor e a importância de suas vidas.[689]

Também analisamos alguns casos em que psicopatia e doença mental genuína — geralmente dentro do espectro da esquizofrenia, ou em decorrência de abuso de drogas e/ou álcool — coexistiram. Vimos que Albert Fish, que acreditava ter recebido ordens de São João, o Apóstolo, para castrar jovens do sexo masculino, claramente sofria de psicose, no contexto de uma estrutura de personalidade psicopática mais ampla. Richard Chase, outro assassino em série, misturava Coca-Cola às carcaças de animais que havia capturado e estripado para criar um elixir, que acreditava impedir seu coração de encolher. Ele também injetava sangue de coelho nas próprias veias. Chase matou seis pessoas, cometeu mutilação e atos sexuais póstumos e bebeu o sangue das vítimas. Em uma ocasião, encheu a garganta de um cadáver com fezes de cachorro. O assassino bizarro e desorganizado, cognominado "Vampiro de Sacramento", tinha histórico de esquizofrenia, intensificada pelo uso de LSD.[690]

O exame de outros casos revela que psicopatia, sadismo e *narcisismo maligno* — termo do psicólogo dr. Erich Fromm e do psiquiatra Otto Kernberg para transtorno de personalidade narcisista acompanhado de características antissociais, agressão ego-distônica e traços paranoicos — existem em um espectro amplo, semelhante à maneira pela qual apenas 20% daqueles que atendem aos critérios para transtorno de personalidade antissocial também seriam denominados *psicopatas*. Alguns criminosos exibem os efeitos de abuso, negligência, danos cerebrais após ferimentos na cabeça e outros fatores ambientais. Em outros, parece ter havido deficiências congênitas, talvez no córtex pré-frontal dorsolateral, uma área-chave para o controle de impulsos e emoções[691], e certas áreas do sistema límbico envolvidas na empatia, principalmente a amígdala.[692] Esse fato pode levar o indivíduo a não desenvolver um "centro moral". Isso, por sua vez, constitui uma "doença" ou alguma forma de "patologia mental", muitas vezes diagnosticada como transtorno de personalidade. Apesar de esses indivíduos *exercerem* o livre-arbítrio, o fazem de modo distorcido, sendo considerado aceitável para os indivíduos na extremidade inferior do espectro mentir ou roubar e, na outra extremidade, raptar, torturar e matar pessoas inocentes. Algumas vítimas podem se parecer com ou remeter a pessoas que, em dado momento, rejeitaram os agressores. Existem também assassinos que foram consistentemente negligenciados ou abusados durante os anos de formação e podem exibir uma espécie de psicopatia secundária, com aversão total por toda a humanidade, como discutimos em um capítulo anterior. No entanto, é intrigante o fato de que muitos indivíduos igualmente maltratados na juventude não se tornam psicopatas, mas sim cidadãos de moral sólida. Em resumo, a psicopatia pode ser conceituada como a representação de uma condição psiquiátrica, dentro da arena dos transtornos de personalidade, em que o centro moral básico está ausente ou é muito fraco. Isso pode ou não envolver anormalidades do cérebro, conforme sugerido por alguns trabalhos usando fMRI e outras ciências de ponta. No entanto, essas pessoas raramente se veem como "sofredoras" ou alguém que precisa de ajuda.

Na extremidade mais distante do espectro dos psicopatas não psicóticos encontramos aqueles que vão além de apenas não entender por que é errado trapacear ou sair de um restaurante sem pagar a conta. Em vez disso, sabem muito bem o que fazem e consideram aceitável dar vazão à raiva ou inveja, ou exercer esforços egocêntricos por dominação e controle, como agressão sexual em massa, homicídio, carnificina e até tortura prolongada. Esses são os mais psicóticos dos psicopatas, os habitantes dos limites superiores do índice que descrevemos. Quando encontramos esses criminosos, que eliminam vidas e destroem o mundo ao seu redor sem culpa ou remorso, às vezes, sentimos que a linguagem psiquiátrica é inadequada, e procuramos descrições mais apropriadas e quase sempre chegamos à palavra "mal". Essas ações *são* inegavelmente más, dados seus efeitos e como nos fazem sentir — embora seja uma questão muito mais complicada considerar que as *pessoas* que cometem essas ações sejam realmente "más".

Além disso, é possível que os fatores biológicos adversos não sejam exclusivamente responsáveis por predispor alguém a cometer os atos que chamamos de "malignos". Em alguns casos, pode haver os elementos adicionais de lesão na cabeça; um ambiente severamente adverso, como abuso ou negligência durante a infância; ou os efeitos desinibidores do álcool ou drogas ilícitas. Muitos desses fatores estiveram presentes — e em abundância — na grande maioria dos criminosos extremos que discutimos ao longo da primeira metade deste livro. No entanto, reconhecemos que existem pessoas que, apesar de um certo grau de atividade límbica congenitamente alterada, foram criadas em circunstâncias melhores e posteriormente exibiram centros morais mais desenvolvidos. É possível que pessoas desse tipo procurem profissões que exijam bravura e coragem incomuns; às vezes, podem se envolver voluntariamente em agressões para fins pró-sociais ou enfrentar desastres de peito aberto de maneiras que sejam benéficas para a sociedade.

À medida que avançamos para a segunda metade do livro, abandonamos as investigações sobre o que "mal" significa e como podemos quantificar e distinguir entre suas várias manifestações. Voltamos nossa atenção, a partir de agora, para uma busca nova e desafiadora, na tentativa de descobrir se a cultura do período que vai da década de 1960 até os dias atuais afetou a frequência, a escala e a natureza dos crimes violentos. Demonstraremos que crimes cruéis e brutais associados aos Padrões mais elevados do Índice da Maldade ocorreram com maior frequência durante este período e que os avanços tecnológicos dos últimos sessenta anos geraram categorias inteiramente novas de ofensas criminosas.

Esperamos, por meio de argumentos persuasivos, convencer o leitor de que, assim como muitas pessoas neste ambiente atual mais tóxico se tornaram mais grosseiras, mais egocêntricas e muito menos inibidas, agressores violentos também intensificaram suas atividades — e, como resultado, se tornaram exemplos do que há de mais terrível no comportamento humano. À medida que avançamos para esta nova discussão, informamos nosso desejo sincero de que a crescente inventividade e o sadismo daqueles entre nós que cometem atos atrozes nunca exijam que o Índice da Maldade venha a incluir um Padrão 23.

UM ALGORITMO PARA FACILITAR O USO DO ÍNDICE DA MALDADE

Esperamos que as descrições e casos fornecidos tenham ajudado a dar vida aos Padrões individuais do Índice da Maldade. Acreditamos que nossa discussão tenha mostrado que, ao tentar entender as ações criminosas, bem como por que alguns desses atos podem ser chamados de "malignos", é imprescindível estar familiarizado e distinguir cuidadosamente entre as várias possíveis motivações implícitas. Procuramos ilustrar o fato de que homicídios isolados ou repetidos, estupro, tortura ou outras formas de agressão não devem ser examinados coletivamente sob denominações amplas, e assassinos, estupradores ou torturadores não devem ser considerados grupos homogêneos. Tentamos explicar que mesmo atitudes extremas, como desmembramento, esfolamento ou canibalismo, não garantem automaticamente classificações nas esferas mais elevadas, mas devem ser examinadas caso a caso, e é necessário levar em conta se as vítimas estavam vivas ou mortas, além das motivações particulares dos criminosos.

Em nossa análise de casos na extremidade inferior do continuum de 22 padrões, observamos atos violentos que foram inteiramente impulsivos e sem planejamento; atípicos dos criminosos; impulsionados por sentimentos altamente humanos de medo, desespero, ciúme ou raiva em situações de estresse; e muitas vezes seguidos por remorso genuíno. Em seguida, verificamos casos em que certas pessoas sem traços psicopáticos foram levadas a cometer homicídio por anseios egocêntricos de atenção ou por uma fúria latente desencadeada por situações adversas. Já na área do índice associada a pessoas com características psicopáticas mais marcantes, encontramos amantes ciumentos que cometeram assassinato de modo premeditado e metódico; assassinos movidos pelo desejo de eliminar indivíduos que, segundo os criminosos, os impediam de atingir os objetivos desejados; criminosos de sangue-frio que ansiavam pelo poder sobre outras pessoas a qualquer custo;

e uma variedade de planejadores implacáveis e egocêntricos. Também examinamos casos em que a doença psicótica foi um fator motivador, junto de certas características anormais de personalidade. Ao passarmos para as classificações mais elevadas no Índice, discutimos criminosos com níveis de psicopatia mais severos que, com malignidade premeditada e ausência de remorso consecutivo, cometeram atos de terrorismo, subjugação, intimidação ou estupro sem assassinato, ou mataram por diversão, prazer sexual perverso, ou pelo desejo sádico de infligir dor inimaginável e prolongada. Ao retratarmos esses vários Padrões, observávamos que quanto maior o grau de planejamento e quanto maior a dor infligida à vítima, mais as pessoas tendem a responder aos crimes com perplexidade e horror — as respostas emocionais que, segundo propomos, são o cerne da palavra *mal* como é habitualmente usada. O leitor também perceberá que os indivíduos classificados na extremidade inferior do Índice normalmente cometeram crimes apenas em uma ocasião, enquanto a tendência de repetir atos criminosos de uma forma padronizada torna-se mais provável em graus elevados de narcisismo, psicopatia e/ou sadismo.

É possível que apesar da extensa exposição dos 22 Padrões de pessoas que cometem atos violentos, proposta pelo dr. Stone, o leitor ainda considerará o uso do Índice da Maldade um tanto desafiador. Isso pode ser verdade quando conceitos como ciúme, raiva, psicopatia, egocentrismo, psicose e tortura constituem critérios em mais de uma designação.

Com essa finalidade, criamos o seguinte algoritmo a fim de permitir uma navegação mais tranquila entre os padrões, considerando as atitudes e motivações do criminoso. Como parte do processo de desenvolvimento, oito avaliadores distintos (quatro sem formação em psicologia ou psiquiatria, dois com mestrado em psicologia, um com doutorado em psicologia clínica e um médico especializado em psiquiatria) analisaram os casos de determinados infratores e tentaram identificar as classificações mais adequadas no Índice da Maldade com o uso do algoritmo. Isso ajudou a identificar áreas problemáticas ou vagas em perguntas específicas, o que permitiu o aprimoramento gradativo da medida até que os avaliadores fossem capazes de chegar unanimemente às mesmas classificações no Índice. Contudo, enfatizamos que a medida não foi validada empiricamente e não se destina ao uso clínico ou jurídico, mas, sim, como diagrama básico destinado a facilitar a identificação do uso do sistema de classificação proposto pelo dr. Stone.

Vale perceber que é praticamente impossível usar o algoritmo ou, até mesmo, o próprio Índice da Maldade, a menos que se saiba se um indivíduo não apresenta nenhum ou, ao contrário, possui alguns ou todos os traços de personalidade e comportamentos psicopáticos. Comportamentos psicopáticos são tão essenciais para a construção que é imprescindível fazer um esforço a fim de determinar este aspecto do quadro geral do indivíduo. Se for detectada presença dos mínimos traços psicopáticos — por exemplo, farsa ou charme superficial —, é ideal prosseguir com "alguns traços estão presentes" na seção de Psicopatia no início do algoritmo. Quando houver qualquer dúvida, é melhor prosseguir com "definitivamente nenhuma ou incerto" e percorrer todas as perguntas da seção "Motivações".

É claro que estamos cientes de que os criminosos contumazes, às vezes, têm motivações distintas para cometer homicídio ou outros atos violentos. Porém, em nossa análise de centenas de casos abomináveis e amplamente divulgados, geralmente há uma força motriz que predomina sobre as demais. Essa força motriz pode ter dado ímpeto às outras — por exemplo, raiva intensa enraizada no narcisismo. O objetivo é avaliar, com base em todas as informações disponíveis, a motivação mais relevante de um indivíduo, segundo a melhor estimativa do avaliador. Claro que essas designações estão abertas a debate. Diferentes analistas, por exemplo, podem ter ideias divergentes sobre qual o principal fator nas ações de determinado criminoso. Observamos, contudo, que, embora as classificações possam variar, a disparidade raramente chegará a mais do que uma diferença de um ou dois pontos nos Padrões selecionados. Como regra simples, onde houver mais de um motivo distinto presente, deve-se usar o motivo associado à pontuação mais alta no Índice.

Para o leitor que deseja se tornar proficiente no uso do Índice do dr. Stone, recomendamos que os casos fornecidos nos capítulos anteriores sejam revisitados e examinados com o devido cuidado ao lado do método passo a passo descrito neste algoritmo. Isso esclarecerá as inúmeras decisões categóricas necessárias ao escolher entre os 22 Padrões do instrumento, até que os vários recursos tenham sido aprendidos. Além disso, vários outros casos com classificações específicas serão apresentados posteriormente, o que permitirá um estudo mais aprofundado.

ALGORITMO PARA O ÍNDICE DA MALDADE

Desenvolvido por Gary Brucato, PhD, e Michael H. Stone, MD

PSICOPATIA

O indivíduo exibe traços comportamentais e/ou de personalidade consistentes com psicopatia?

[ ] **NÃO EXIBE OU É INCERTO** — *Siga para a pergunta A.*
[ ] **DEFINITIVAMENTE EXIBE** — *Siga para a pergunta G.*
[ ] **TRAÇOS PRESENTES, MAS SEM NITIDEZ** — *Siga para a pergunta F.*

MOTIVAÇÕES

A
O indivíduo cometeu homicídio e foi considerado, além de qualquer dúvida, que o assassinato foi puramente em legítima defesa?
[ ] **SIM** — *Siga para a p. 255,* **LEGÍTIMA DEFESA.**
[ ] **NÃO** — *Siga para a próxima pergunta.*

B
O indivíduo cometeu homicídio motivado principalmente por ciúme?
[ ] **SIM** — *Siga para a p. 255,* **CIÚMES.**
[ ] **NÃO** — *Siga para a próxima pergunta.*

C
O indivíduo cometeu homicídio ou algum outro crime violento principalmente por medo ou lealdade a outra pessoa ou grupo que mata ou comete outros atos violentos?
[ ] **SIM** — *Marque* **PADRÃO 3**.
[ ] **NÃO** — *Siga para a próxima pergunta.*

Algoritmo para o Índice da Maldade .251

D

O indivíduo cometeu homicídio no contexto de uma situação traumática ou desesperadora, como abuso crônico, da qual a fuga parecia impossível, e o evento foi seguido por remorso?

[ ] **SIM** — *Marque* **PADRÃO 5**.

[ ] **NÃO** — *Siga para a próxima pergunta.*

E

O indivíduo cometeu homicídio no contexto de temperamento costumeiro caracterizado por impetuosidade ou sentimentos crônicos de raiva ou ressentimento?

[ ] **SIM** — *Siga para a p.257,* **RAIVA**.

[ ] **NÃO** — *Siga para a próxima pergunta.*

F

O indivíduo matou principalmente motivado por narcisismo extremo, busca por atenção ou egocentrismo?

NOTA: Se o indivíduo assassinou duas ou mais vítimas em incidentes distintos e mostra alguma personalidade ou características comportamentais de psicopatia, siga para a próxima pergunta. Responda "Sim" para (a) um pai que não apresenta características psicopáticas e matou um ou mais dos próprios filhos no interesse de chamar a atenção ou instigar sentimentos de pena; (b) casos em que a vítima do indivíduo, por motivos parafílicos, desejou ser abusada e/ou morta pelo criminoso; ou (c) em que o assassinato ocorreu no contexto de perseguição incessante. Caso contrário:

[ ] **SIM** — *Marque* **PADRÃO 7**.

[ ] **NÃO** — *Siga para a próxima pergunta.*

NOTA: Daqui em diante, os indivíduos precisam exibir pelo menos algumas características de personalidade e/ou comportamentais de psicopatia — embora não necessariamente todas. Se não houver características psicopáticas claras, volte para a **pergunta A desta seção** e reavalie.

252. CRUEL : Índice da Maldade

G

O indivíduo era sedento por poder, cometeu homicídio ou colaborou para que algum cúmplice o fizesse, com o objetivo de alcançar um nível mais elevado de status ou poder em um sistema hierárquico ou grupo?

NOTA: Responda "Sim" para indivíduos sedentos por poder com traços de personalidade e/ou comportamentos psicopáticos que matam quando encurralados por autoridades ou inimigos.

[ ] **SIM** — *Marque* **PADRÃO 12**.
[ ] **NÃO** — *Siga para a próxima pergunta.*

H

O indivíduo cometeu homicídio para eliminar uma ou mais pessoas que "estavam no caminho" e representavam impedimentos para algum fim desejado ou para eliminar uma ou mais testemunhas?

NOTA: Se o homicídio com o objetivo de eliminação for relacionado a ciúme ou raiva, e não meramente para fins "práticos", siga para a próxima pergunta. Se o criminoso (a) eliminou uma ou mais testemunhas após agressão sexual ou (b) cometeu homicídio com o objetivo de eliminação no contexto mais amplo de vários outros atos de crueldade, seguir para a p.258, ASSASSINATOS MÚLTIPLOS/ATOS DE CRUELDADE. Caso contrário:

[ ] **SIM** — *Siga para a p.257,* **ELIMINAÇÃO**.
[ ] **NÃO** — *Siga para a próxima pergunta.*

I

Houve homicídio em contexto de ciúme, acompanhado de personalidade e/ou traços comportamentais de psicopatia?

[ ] **SIM** — *Siga para a p.255,* **CIÚMES**.
[ ] **NÃO** — *Siga para a próxima pergunta.*

J

O indivíduo matou motivado principalmente por raiva crônica ou súbita, acompanhada de personalidade característica e/ou traços comportamentais de psicopatia?

[ ] **SIM** — *Siga para a p.257,* **RAIVA**.
[ ] **NÃO** — *Siga para a próxima pergunta.*

K

O indivíduo é cruel, egocêntrico e conspiratório que pode ou não ter cometido homicídio e exibe personalidade característica e/ou traços comportamentais de psicopatia?

NOTA: Responda "Sim" para atos criminosos graves repetidos sem assassinato, estupro ou tortura, como assalto a banco, sequestro ou incêndio criminoso, caso cometidos com intenção de ganho pessoal ou lucro. Para atos criminosos em série repetidos sem assassinato, estupro ou tortura, mais motivados por maldade do que por ganho pessoal ou lucro, siga para a p.258, ASSASSINATOS MÚLTIPLOS/ATOS DE CRUELDADE. Se o indivíduo matou duas ou mais vítimas em incidentes distintos, siga para a próxima pergunta. Caso ele nunca tenha matado, mas tenha torturado suas vítimas, siga para a p.260, TORTURA. E se, apesar de jamais ter praticado homicídio, cometeu atos destinados a aterrorizar ou subjugar psicologicamente, como manter uma vítima sequestrada como escrava sexual, siga para a p.260, OUTROS. Caso contrário:

[ ] **SIM** — *Marque* **PADRÃO 14**.
[ ] **NÃO** — *Siga para a próxima pergunta.*

L

O indivíduo atende aos critérios atuais do FBI para assassinato em série (ou seja, ele assassinou duas ou mais vítimas em incidentes distintos)?

[ ] **SIM** — *Siga para a p.258,* **ASSASSINATOS MÚLTIPLOS/ATOS DE CRUELDADE**.
[ ] **NÃO** — *Siga para a próxima pergunta.*

M

O indivíduo matou pelo menos duas vítimas, sem atender aos critérios atuais do FBI para assassinato em série porque os assassinatos ocorreram em um único incidente ou durante homicídios-relâmpago; (b) cometeu atos de extrema crueldade, como abuso infantil, estupro, tortura de animais ou outros crimes violentos pelo menos duas vezes sem assassinato; ou (c) cometeu um único assassinato e um ou mais outros atos de crueldade?

NOTA: Responda "Sim" para atos de necrofilia na ausência de assassinato.

[ ] **SIM** — *Siga para a p.258,* **ASSASSINATOS MÚLTIPLOS/ATOS DE CRUELDADE**.
[ ] **NÃO** — *Siga para a p.260,* **OUTROS**.

LEGÍTIMA DEFESA

A — A legítima defesa ocorreu no contexto de uma agressão provocada pelo próprio assassino?
[ ] **SIM** — *Marque* **PADRÃO 4**.
[ ] **NÃO** — *Siga para a próxima pergunta.*

B — O indivíduo não matou em legítima defesa no contexto de um incidente específico com risco de vida, mas devido a um evento que foi percebido como a "gota d'água" em um relacionamento cronicamente abusivo ou traumático?
[ ] **SIM** — *Marque* **PADRÃO 5**.
[ ] **NÃO** — *Marque* **PADRÃO 1**.

CIÚMES

A — Houve homicídio indubitavelmente impetuoso e não planejado?
[ ] **SIM** — *Siga para a próxima pergunta.*
[ ] **NÃO** — *Siga para a **pergunta C**.*

B — O assassinato foi limitado ao objeto do ciúme e/ou terceiro elemento em um triângulo amoroso em um "crime passional"?
NOTA: Se o indivíduo matou uma ou mais vítimas para eliminar um obstáculo a uma conexão romântica, como o próprio filho, que ele ou ela acreditava ser um empecilho para iniciar ou continuar um relacionamento, siga para a p.257, ELIMINAÇÃO. Caso contrário:
[ ] **SIM** — *Marque* **PADRÃO 2**.
[ ] **NÃO** — *Siga para a próxima pergunta.*

Algoritmo para o Índice da Maldade   .255

C

O homicídio foi de natureza extrema e pode ter envolvido várias vítimas?

[ ] **SIM** — *Siga para a próxima pergunta.*

[ ] **NÃO** — *Siga para a **pergunta F**.*

D

O indivíduo exibiu personalidade e/ou traços comportamentais de psicopatia?

[ ] **SIM** — *Siga para a próxima pergunta.*

[ ] **NÃO** — *Marque* **PADRÃO 6**.

E

O indivíduo atende aos critérios para assassinato em massa e matou três ou mais vítimas em um único incidente?

NOTA: Caso sim, se o indivíduo exibir possíveis sinais de psicose, transtorno do desenvolvimento e/ou deficiência intelectual, marcar PADRÃO 13. Caso contrário:

[ ] **SIM** — *Marque* **PADRÃO 16**.

[ ] **NÃO** — *Siga para a próxima pergunta.*

F

O narcisismo ou egocentrismo foi um fator relevante na (s) matança (s)?

NOTA: Se a vítima do assassino foi o (a) amante ou cônjuge, siga para a próxima pergunta. Além disso, responder "Sim" para os casos nos quais o homicídio é cometido por um stalker. Se o assassinato ocorreu em contexto mais amplo de múltiplos atos de crueldade, siga para a p.258, ASSASSINATOS MÚLTIPLOS/ATOS DE CRUELDADE. Caso contrário:

[ ] **SIM** — *Marque* **PADRÃO 7**.

[ ] **NÃO** — *Siga para a próxima pergunta.*

G

O indivíduo exibe algumas ou todas as características de personalidade psicopática e/ou traços comportamentais de psicopatia?

[ ] **SIM** — *Marque* **PADRÃO 9**.

[ ] **NÃO** — *Marque* **PADRÃO 6**.

256. CRUEL : Índice da Maldade

RAIVA

A

O homicídio está relacionado a raiva ou fúria, sendo possível afirmar que ocorreu de modo impulsivo, sem maior grau de premeditação?

[ ] **SIM** — *Marque* **PADRÃO 6**.

[ ] **NÃO** — *Siga para a próxima pergunta*.

B

O indivíduo exibiu personalidade característica e/ou traços comportamentais de psicopatia, sem níveis relevantes de premeditação?

[ ] **SIM** — *Siga para a próxima pergunta*.

[ ] **NÃO** — *Marque* **PADRÃO 8**.

C

O indivíduo cometeu mais de um homicídio e exibiu personalidade e/ou traços comportamentais de psicopatia?

[ ] **SIM** — *Siga para a próxima pergunta*.

[ ] **NÃO** — *Marque* **PADRÃO 8**.

D

Houve assassinato cruel de natureza extrema e fora do comum, além do que seria necessário para uma morte rápida?

NOTA: Assassinato em massa pode recair aqui. Se o indivíduo exibir possíveis sinais de psicose, transtorno de desenvolvimento e/ou deficiência intelectual: marque PADRÃO 8, se não houver psicopatia associada, e PADRÃO 13, se algum grau de psicopatia estiver presente. Caso contrário:

[ ] **SIM** — *Marque* **PADRÃO 16**.

[ ] **NÃO** — *Marque* **PADRÃO 13**.

ELIMINAÇÃO

Há evidências de que o assassino atende totalmente aos critérios de personalidade e/ou comportamento para psicopatia?

[ ] **SIM** — *Marque* **PADRÃO 11**.

[ ] **NÃO** — *Marque* **PADRÃO 10**.

ASSASSINATOS MÚLTIPLOS/ATOS DE CRUELDADE

A

O(s) assassinato(s) ou ato(s) de crueldade envolveram a tortura de seres humanos?

[ ] **SIM** — *Siga para a p.260,* **TORTURA**.
[ ] **NÃO** — *Siga para a próxima pergunta.*

B

Houve pelo menos dois homicídios em eventos separados com motivações predominantemente sexuais?

NOTA: Para atos em que o assassinato ou agressão estimula sexualmente um indivíduo, casal ou grupo que não pratica o abuso sexual ou estupra a(s) vítima(s), siga para a próxima pergunta. Caso contrário:

[ ] **SIM** — *Marque* **PADRÃO 17**.
[ ] **NÃO** — *Siga para a próxima pergunta.*

C

O indivíduo atende aos critérios assassinato relâmpago e matou duas ou mais pessoas em locais diferentes sem período de intervalo entre os homicídios?

NOTA: Escolha "Não" caso ele tenha cometido homicídio relâmpago, contudo, em outra ocasião, praticou um ou mais homicídios não relacionados. Caso contrário:

[ ] **SIM** — *Marque* **PADRÃO 15**.
[ ] **NÃO** — *Siga para a próxima pergunta.*

D

O indivíduo era do tipo conspiratório e cometeu assassinato e/ou outros atos violentos principalmente para lucro ou ganho pessoal?

[ ] **SIM** — *Siga para a próxima pergunta.*
[ ] **NÃO** — *Siga para a* **pergunta F**.

E
O indivíduo atende aos critérios atuais do FBI para assassinato em série e cometeu dois ou mais assassinatos em incidentes distintos?

[ ] **SIM** — *Siga para a próxima pergunta.*
[ ] **NÃO** — *Siga para a **pergunta G**.*

F
Houve homicídio ou alguma forma de violência que foi cruel de forma extrema e incomum?

NOTA: Para assassinatos rápidos (por exemplo, por tiro) e de natureza "prática", selecionar "Não". Se não houve assassinato, siga para a pergunta H. Se o indivíduo matou e exibe possíveis sinais de psicose, deficiência de desenvolvimento e/ou deficiência intelectual, marque PADRÃO 13. Caso contrário:

[ ] **SIM** — *Marque* **PADRÃO 16**.
[ ] **NÃO** — *Siga para a próxima pergunta.*

G
Os homicídios foram, de modo geral, rápidos (por exemplo, por tiro) e principalmente destinados a obter benefícios financeiros ou eliminar inimigos?

NOTA: Se métodos lentos e cruéis (por exemplo, envenenamento lento) ou uma mistura de métodos cruéis rápidos e lentos foram empregados, selecionar "Não". Se o último exemplo foi usado para torturar uma ou mais vítimas, siga para a p.260, TORTURA. Caso contrário:

[ ] **SIM** — *Marque* **PADRÃO 14**.
[ ] **NÃO** — *Marque* **PADRÃO 15**.

H
O indivíduo é alguém que nunca cometeu assassinato ou tortura de um ser humano, mas cometeu: (a) agressão sexual contra uma criança ou adulto; (b) tortura de animais; (c) mutilação ou desfiguração intencional de uma pessoa viva por qualquer meio; (d) atos de necrofilia ou (e) atos altamente cruéis não especificados em outra parte do algoritmo?

[ ] **SIM** — *Marque* **PADRÃO 16**.
[ ] **NÃO** — *Siga para a p.260,* **OUTROS**.

Algoritmo para o Índice da Maldade .259

TORTURA

A
Há evidências claras de doença psicótica, como esquizofrenia, na qual o crimino, pelo menos parte do tempo, cometeu assassinato e tortura em resposta a alucinações, delírios ou distúrbios do pensamento?
[ ] **SIM** — Marque **PADRÃO 20**.
[ ] **NÃO** — Siga para a próxima pergunta.

B
Houve tortura física intencionalmente prolongada?
NOTA: Se a tortura foi puramente psicológica e não houve homicídio, ir para pergunta B, em OUTROS. Caso contrário:
[ ] **SIM** — Siga para a próxima pergunta.
[ ] **NÃO** — Marque **PADRÃO 18**.

C
Sabe-se que o indivíduo matou, além de executar tortura física?
[ ] **SIM** — Marque **PADRÃO 22**.
[ ] **NÃO** — Marque **PADRÃO 21**.

OUTROS

A
Houve vários atos de tortura física ou psicológica de seres humanos?
[ ] **SIM** — Siga para a pergunta A, em **TORTURA**.
[ ] **NÃO** — Siga para a próxima pergunta.

B
O indivíduo é alguém que não cometeu assassinato, mas que foi motivado pelo desejo de estuprar, subjugar, intimidar ou provocar terror?
NOTA: Responder "Sim" para indivíduos que não cometeram homicídio ou tortura física e que sequestraram uma ou mais vítimas com propósito de escravidão sexual.
[ ] **SIM** — Marque **PADRÃO 19**.
[ ] **NÃO** — Siga para a próxima pergunta.

C
Houve um ou mais atos violentos além de assassinato, como estupro, abuso infantil ou tortura de animais?
NOTA: Responder "Sim" para atos de necrofilia sem homicídio.
[ ] **SIM** — Marque **PADRÃO 16**.
[ ] **NÃO** — Retornar à p.251, **MOTIVAÇÕES**, e reavaliar.

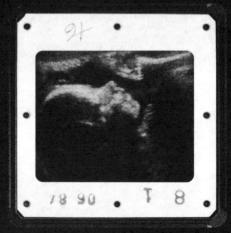

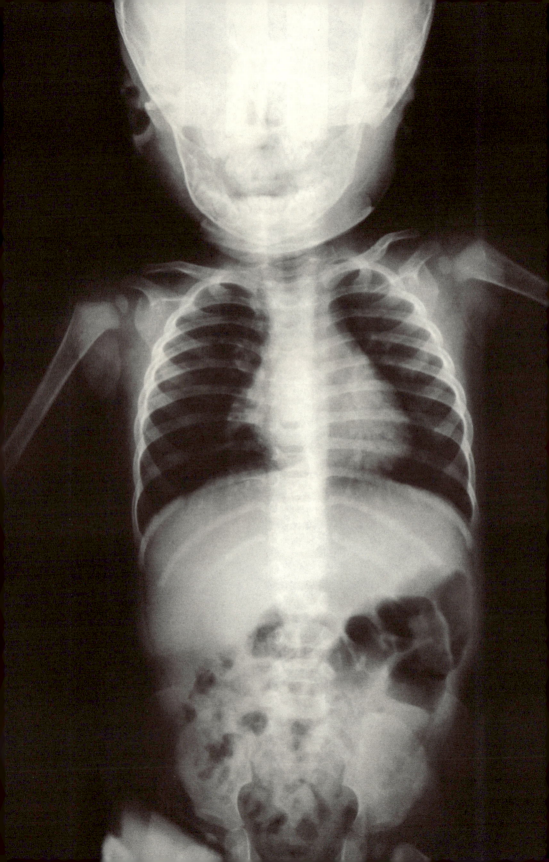

Michael H. Stone, MD

Editado por Gary Brucato, PhD

A ERA DO NOVO MAL

MUDANÇAS CULTURAIS QUE AFETAM O NOSSO COMPORTAMENTO

Historiadores gostam de nos lembrar que costuma ser muito difícil identificar e caracterizar a época em que vivemos, até que decorra tempo suficiente para que a era em questão pareça ter se encerrado. Algum novo padrão tem lugar, o que permite que, em retrospecto, apliquemos um rótulo adequado ao período anterior. Também tendemos a definir uma "era" ou "período" de acordo com algum tema abrangente. No domínio da política, no que se refere ao nosso próprio país, falamos de um período colonial, um período revolucionário, o período da reconstrução, da Grande Depressão, a era do Vietnã e assim por diante. Também falamos de períodos culturais: o Iluminismo, que surgiu na Europa Ocidental em meados do século XVIII, e, durante essa época, o período Romântico, do final do século XVIII até meados do século XIX, que trouxe maior ênfase nos indivíduos e nas emoções. O balizador do período romântico foi, talvez, a obra de Goethe de 1774, *Os Sofrimentos do Jovem Werther,* uma história de obsessão e amor sem esperança: o herói que comete suicídio para não interferir na vida da amada Lotte e do seu novo marido, Albert.

Esse período coincidiu com o período "clássico" da música, que revelou figuras como Bach, Handel, Haydn, Mozart, Beethoven, Schubert, Chopin, Schumann e Brahms. No front psicológico, apontamos para o período vitoriano: os últimos dois terços do século XIX, que terminou com a morte da rainha Vitória em 1901 — ocorrida um ano após a publicação da obra-prima de Sigmund Freud sobre os sonhos, que, junto de *Três ensaios sobre a teoria da sexualidade,* inaugurou o período psicanalítico. A chave do período psicanalítico é a ênfase nos problemas emocionais das pessoas comuns, em contraste com o foco principal da psiquiatria do século XIX — ou seja, as psicoses, conforme abordadas por Wilhelm Griesinger, Emil Kraepelin e Eugen Bleuler. O próprio Freud partiu de uma tradição, *vis-à-vis* o interesse pelas pessoas comuns, que começou com Anton Mesmer e seguidores, Ambroise-Auguste Liébeault, Amand--Marie-Jacques de Chastenet, o Marquês de Puységur, James Braid, Auguste Forel e Hippolyte Bernheim, que enfatizavam a hipnose. Coube a Freud a descoberta de que a autorrevelação e o benefício terapêutico poderiam surgir da livre associação, sem a necessidade de colocar o paciente em um estado de consciência alterada. No entanto, ao analisarmos hoje, percebemos que o fio vermelho que percorre as "neuroses" — os problemas emocionais dos homens e mulheres comuns e não psicóticos da era de Freud, que inclui a era dos pioneiros psicanalistas do primeiro terço do século XX — foi a inibição, como esboçado no ensaio de Freud de 1926 "*Hemmung, Symptom und Angst*" (Inibição, Sintoma e Ansiedade). Essa inibição costumava assumir a forma de problemas na arena sexual: impotência ou falta de autoconfiança nos homens; frigidez nas mulheres, que muitas vezes, segundo Freud, experimentavam "inveja do pênis" ou se imaginavam como "homens castrados". Freud enfatizou os papéis das figuras paternas dos pacientes, como o Pequeno Hans e o caso de Schreber, e deu menos atenção à relevância das mães. Isso seria corrigido mais tarde por Melanie Klein e, ainda depois, por John Bowlby, nos trabalhos sobre apego e perda.

Freud foi um produto da Era Vitoriana, durante a qual a inibição e o autodomínio eram os atributos psicológicos relevantes, assim como o papel das mulheres era limitado — de forma rigorosa, para os padrões atuais — aos papéis tradicionais de *Kinder, Kirche, Küche*: Crianças, Igreja, Cozinha. Para sermos justos, havia algumas mulheres na esfera de Freud, como Lou Andreas Salomé e a condessa Marie Bonaparte, que não eram tão reticentes no que dizia respeito à autoexpressão. Freud ainda fez a famosa pergunta: "O que as mulheres querem?". Uma pergunta que não foi respondida. No entanto, havia mulheres que poderiam ter dado a Freud, mesmo durante a juventude, as respostas que ele buscava. A mais importante foi Susan B. Anthony. Nascida em uma família Quaker de Massachusetts, em 1820, ela passou a maior parte da vida no interior de Nova York. Defensora da temperança e da abolição da escravatura, concentrou seus esforços nos direitos das mulheres. Quatro anos antes do nascimento de Freud, foi impedida de falar em uma sociedade de temperança porque era mulher. Em poucos anos, junto da colega de trabalho Elizabeth Stanton, Anthony ajudou a fundar a Liga Nacional Leal da Mulher, uma organização abolicionista, e a American Equal Rights Association, que lutava pela igualdade de direitos e salários para mulheres e afrodescendentes. Em 1872, Anthony foi presa em Rochester, Nova York, onde vivia na época, por tentar votar nas eleições presidenciais. Foi ridicularizada por tentar "destruir a instituição do casamento". Essa acusação resultou da defesa — em 1857 — de que homens e mulheres deveriam ser educados juntos em todos os níveis, incluindo a universidade — o que foi visto pelos homens na época como um "imenso mal social" e um "monstro de deformidade social". Repetindo e respondendo à pergunta: o que as mulheres queriam e querem? Bem, igualdade de educação, oportunidades, salários comparáveis, reconhecimento como seres humanos independentes dignos de respeito por seus pontos de vista e opiniões e sufrágio — a possibilidade de votar. Não há indicativos de que Freud tenha ouvido falar da resposta de Anthony à importante pergunta, embora seja digno de nota que, em 1899, dois anos antes de morrer, a rainha Vitória, a mais "vitoriana de todas", tenha realizado uma recepção no Castelo de Windsor para o Terceiro Conselho Internacional de Mulheres — criado por Anthony em 1888. Freud e colegas no início do século xx nos libertaram dos aspectos mais inadequados da inibição sexual, mas os primórdios de uma maior liberdade para as mulheres já tinham se manifestado nos primeiros anos de vida do pai da psicanálise, impulsionados por uma norte-americana revolucionária e sancionados por uma rainha inglesa simpática à causa.

ALGUMA INIBIÇÃO REDUZIDA NA PRIMEIRA METADE DO SÉCULO XX

Aos poucos, os pioneiros psicanalistas ajudaram a superar as inibições excessivas de pacientes nos primeiros anos do novo século. Eles receberam um incentivo generoso, embora inesperado, da Grande Guerra — um período que se revelou revolucionário, embora não tenha recebido um nome. Reinos caíram e impérios foram destruídos, como o austro-húngaro. Muitos aristocratas se tornaram plebeus; muitas mulheres foram libertadas da existência *Kinder-Kirche-Küche* que levavam, por causa das exigências da guerra, e foram aceitas no mercado de trabalho — nas fábricas então desfalcadas de homens, milhões dos quais nunca voltariam da batalha.[693] A *chamada* revolução na Rússia também permitiu que as mulheres trabalhassem. No entanto, o divórcio ainda era raro. Era difícil para as mulheres se livrar de maridos dominadores e abusivos. Essa liberdade ainda demoraria décadas para chegar.

No período entreguerras que se seguiu — então ainda não reconhecido como um período "entre" guerras —, até 1939, pareceu haver maior liberdade sexual, como se manifestava na "era Melindrosa" nos Estados Unidos e nos cafés de Berlim do período de Weimar. Após dois milênios do ponto de vista judaico-cristão a respeito do onanismo, a masturbação passou a ser vista cada vez mais como o resultado secundário de uma necessidade biológica imperiosa, em vez de um caminho para a perdição. Durante seu apogeu depois da Segunda Guerra Mundial, a psicanálise foi proibida na Rússia comunista, mas floresceu nos Estados Unidos e na Europa Ocidental, para onde muitos analistas alemães, austríacos e principalmente judeus fugiram durante os anos de Hitler. Durante esse período, o casamento ainda era uma instituição sólida; o divórcio ainda era raro. As crianças nasciam principalmente dentro do casamento, e não fora dele. Oportunidades educacionais para as mulheres melhoravam em todos os países "desenvolvidos". Era quase tão comum para uma mulher quanto para um homem obter grande reputação na comunidade psicanalítica, como testemunham Edith Jacobson, Phyllis Greenacre, Annie Reich, Helene Deutsch, Frieda Fromm-Reichmann, Melanie Klein e sua filha, Melitta Schmideberg.

Se voltarmos nossa atenção para o crime, incluindo os violentos, até meados do século, a situação parece não ter sofrido grandes alterações. Ignoramos aqui a violência cometida por exércitos, déspotas, revolucionários, gangues mafiosas, infratores do Holocausto e assim por diante, uma vez que grupos de homens e tiranos cometeram horrores indizíveis desde o início da história humana. Nos 1900 anos entre o imperador romano Calígula em 39 d.C. e as ações de Hitler na Segunda Guerra Mundial em 1939, não vemos diferença no nível de sadismo, apenas uma disparidade nos números. Por exemplo, o imperador romano Nero (54-68 d.C.), o último dos imperadores "claudianos", derramava óleo sobre os cristãos e os incendiava para iluminar o ambiente durante leituras noturnas. No entanto, os crimes cometidos por infratores em *tempos de paz* parecem ter mudado pouco até muito recentemente, como esperamos conseguir demonstrar.

O motivo dos famosos sequestros norte-americanos antes da década de 1960, por exemplo, era dinheiro. O primeiro exemplo foi o sequestro de Charley Ross, de 2 anos de idade, em 1874, logo após a depressão de 1873.[694] O resgate não foi pago e o menino e os dois sequestradores morreram.

Em um dos vários "Crimes do Século", Leopold e Loeb, adolescentes ricos de Chicago, sequestraram e mataram Bobby Franks em 1924, em parte por dinheiro, em parte por "desafio", para ver se escapariam impunes.[695] O bebê Charles Lindbergh foi sequestrado e morto oito anos depois, em mais um "Crime do Século", embora o resgate tenha sido pago.[696] Finalmente, em 1953, Bobby Greenlease, de 6 anos, foi sequestrado e morto, embora um enorme resgate tenha sido pago; os dois sequestradores foram executados no aniversário do sequestro, alguns meses depois.[697] Os assassinos eliminaram as vítimas com o mínimo de dor. Quem sofreu foram as famílias — psicologicamente

— com a perda dos filhos. Assassinatos de cônjuges também eram cometidos rapidamente, com uma arma, garrote ou veneno, como quando Ruth Snyder e o amante mataram o marido dela em 1927. Snyder havia se cansado de ouvir o marido louvar as virtudes da ex-noiva, morta uma década antes.[698] Os dois estrangularam o homem até a morte e encenaram um roubo falso. Os crimes mais horríveis que ganharam as manchetes foram os de Albert Fish[699], que já discutimos em detalhes, e de Gordon Northcott, um assassino em série pedófilo que, em 1928, atraiu para sua fazenda em Los Angeles meninos mexicanos, os quais estuprou, assassinou e desmembrou, tendo obrigado o sobrinho a enterrar as partes do corpo na floresta.[700] Houve também o assassinato da aspirante a atriz Elizabeth Short, a "Dália Negra", que, após ser assassinada, foi cortada em duas partes e deixada à beira de uma estrada em Los Angeles em 1947.[701] Alguns consideraram que o assassino seria o proeminente médico George Hodel, entre outros suspeitos.[702] Em 1957, Charles Starkweather matou onze pessoas a tiros enquanto fugia com a namorada, Caril Fugate, de 14 anos, depois que os pais dela — as duas primeiras vítimas — proibiram o casamento.[703] Mortes rápidas, pouco sofrimento e Starkweather foi sem dúvida executado rápido demais pelos assassinatos — mas isso foi "naquela época".

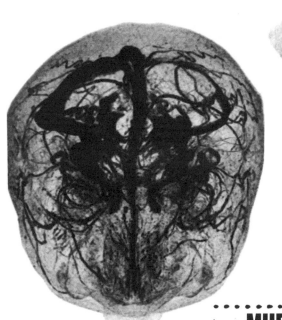
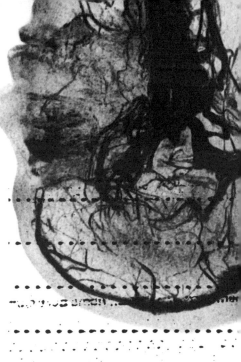

MUDANÇA RADICAL NOS ANOS 1960

Com exceção do início de uma revolução nacional ou de uma guerra em grande escala, o que passamos a definir como "nova era" não tem um início facilmente definido. No entanto, se pensarmos em duas eras contíguas, cada uma situada em uma extremidade de uma gangorra cronológica, a década de 1960 pode reivindicar a posição base da nossa gangorra e 1965 serve como o ponto de equilíbrio. A partir daí, percebemos que muitos aspectos da nossa cultura começaram a declinar. Esse declínio envolveu a cultura, os tipos de personalidade e pacientes que procuram a ajuda de profissionais de saúde mental, e também a natureza e a malignidade dos crimes violentos e não violentos. Na tabela a seguir, destaquei alguns dos eventos e tendências importantes desse período, que, coletivamente, contribuíram para mudanças que merecem ser designadas como parte da nova era.

CRUEL

CRONOLOGIA: EVENTOS E TENDÊNCIAS
PÓS-1960

1960
- A pílula anticoncepcional (Enovid) torna-se disponível.

1963
- O assassinato do presidente John F. Kennedy.
- O uso de maconha se generaliza; às vezes, outras drogas são adicionadas à mistura, como LSD, anfetaminas e, em menor grau, cocaína.

1964
- Envolvimento dos Estados Unidos no Vietnã, após um incidente (em grande parte inventado) no Golfo de Tonkin.
- A mensagem do dr. Timothy Leary de "Turn on, tune in, drop out"* ajuda a acelerar a crescente epidemia de drogas.
- Começam os protestos contra a Guerra do Vietnã, eufemisticamente chamada de "Conflito" do Vietnã.
- A Lei dos Direitos Civis é aprovada.

1965
- O presidente Lyndon B. Johnson obtém um grande sucesso no movimento pelos direitos civis, porém, ao mesmo tempo, um grande fracasso ao intensificar a Guerra do Vietnã, que se prova sem propósito ou sem apoio popular; "hippies" em São Francisco queimam cartas de recrutamento; jovens vão para o Canadá a fim de evitar serem enviados para o Vietnã.
- O ativista Malcolm X é assassinado.
- Elevação da taxa de divórcio nos Estados Unidos; aumento da taxa de encarceramento de filhos de mães solteiras.
- O motim racial na área de Watts, em Los Angeles.

---

* No Brasil há uma tradução consagrada para esse lema hippie: "Se ligue, entre na onda, caia fora" (Roberto Muggiati, *Rock: o grito, o rito, o mito*).

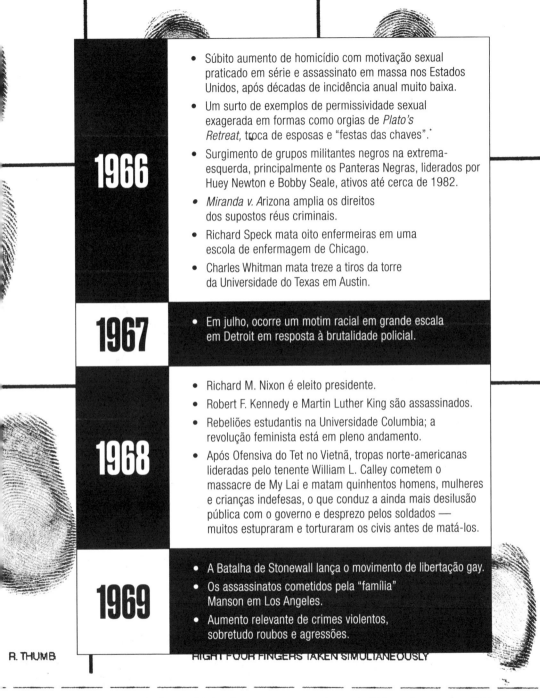

1966
- Súbito aumento de homicídio com motivação sexual praticado em série e assassinato em massa nos Estados Unidos, após décadas de incidência anual muito baixa.
- Um surto de exemplos de permissividade sexual exagerada em formas como orgias de *Plato's Retreat*, troca de esposas e "festas das chaves".*
- Surgimento de grupos militantes negros na extrema-esquerda, principalmente os Panteras Negras, liderados por Huey Newton e Bobby Seale, ativos até cerca de 1982.
- *Miranda v. Arizona* amplia os direitos dos supostos réus criminais.
- Richard Speck mata oito enfermeiras em uma escola de enfermagem de Chicago.
- Charles Whitman mata treze a tiros da torre da Universidade do Texas em Austin.

1967
- Em julho, ocorre um motim racial em grande escala em Detroit em resposta à brutalidade policial.

1968
- Richard M. Nixon é eleito presidente.
- Robert F. Kennedy e Martin Luther King são assassinados.
- Rebeliões estudantis na Universidade Columbia; a revolução feminista está em pleno andamento.
- Após Ofensiva do Tet no Vietnã, tropas norte-americanas lideradas pelo tenente William L. Calley cometem o massacre de My Lai e matam quinhentos homens, mulheres e crianças indefesas, o que conduz a ainda mais desilusão pública com o governo e desprezo pelos soldados — muitos estupraram e torturaram os civis antes de matá-los.

1969
- A Batalha de Stonewall lança o movimento de libertação gay.
- Os assassinatos cometidos pela "família" Manson em Los Angeles.
- Aumento relevante de crimes violentos, sobretudo roubos e agressões.

---

* Festa organizada com objetivo de promover trocas entre casais. Nelas, os homens depositam as chaves de suas casas em um recipiente e as mulheres as retiram sem olhar. A mulher vai ter relações sexuais com o homem que mora na casa da qual ela pegou a chave.

1970	• Em 4 de maio, membros da Guarda Nacional de Ohio matam quatro alunos no estado de Kent, durante a manifestação antiguerra, motivada pela decisão de Nixon de bombardear o Camboja em 30 de abril; a divulgação massiva dos assassinatos no estado de Kent catalisa a queda da presidência de Nixon.
1973	• Estados Unidos saem do Vietnã. • O caso *Roe v. Wade*, que permite o aborto, torna-se lei.
1974	• Nixon renuncia para evitar o impeachment.
Final da década de 1970	• Rápida expansão da indústria de filmes pornográficos, devido, em parte, ao advento do videocassete (vcr).
1979	• Xá Reza Pahlavi é expulso do Irã; clérigo militante Khomeini torna-se líder do Irã. • O dr. Christopher Lasch publica *A Cultura do Narcisismo*, no qual lamenta a cultura "ególatra", os tipos de personalidade narcisista patológica e o declínio da família.
1980	• A taxa de homicídios nos Estados Unidos chega a dez por 100 mil pessoas por ano, aproximadamente dez vezes a da Europa ou do Japão.
1981	• Início da epidemia de AIDS.
1983	• Dois caminhões-bomba atingem quartéis-generais de soldados americanos e franceses no Líbano e matam 299 pessoas; grupo de jihad islâmico assume a responsabilidade.

| 1984 | • Epidemia de crack e cocaína em pleno andamento nos Estados Unidos, que contribui para o alto índice de assassinatos e violência nas cidades do interior do país. |

| 1987 | • A guerra assimétrica entre extremistas islâmicos e o Ocidente[704] continua; uss *Stark* atacado por mísseis Exocet iraquianos; 37 marinheiros americanos mortos. |

| 1991 | • O Iraque, sob Saddam Hussein, invade o Kuwait; contra-ataques dos Estados Unidos na Guerra do Golfo. |

| 1993 | • Primeira tentativa da Al-Qaeda de destruir as Torres Gêmeas na cidade de Nova York.
• A perigosa seita Branch Davidian em Waco, Texas, desbaratada pelo FBI. |

| 1995 | • A Internet começa a exercer grande impacto sobre a cultura e o comércio, e permite a comunicação quase imediata por e-mail e mensagens instantâneas; com o rápido surgimento da Rede Mundial, irrompem as redes sociais, as compras online, os blogs e fóruns de discussão. |

| 1999 | • Em abril, tiroteio em massa na Columbine High School cometido por Eric Harris e Dylan Klebold. |

| 2000 | • Em outubro, o ataque suicida da Al-Qaeda na costa do Iêmen; uss *COLE* atacado; dezessete marinheiros mortos. |

| 2001 | • Em 11 de setembro, terroristas suicidas da Al-Qaeda nos Estados Unidos atacam o Pentágono e as Torres Gêmeas na cidade de Nova York; eles também tentam atacar a Casa Branca; cerca de 3 mil mortos. |

| 2003 | • Os Estados Unidos e aliados invadem o Iraque e o Afeganistão na tentativa de derrubar Saddam Hussein e esmagar a Al-Qaeda. |

R. THUMB

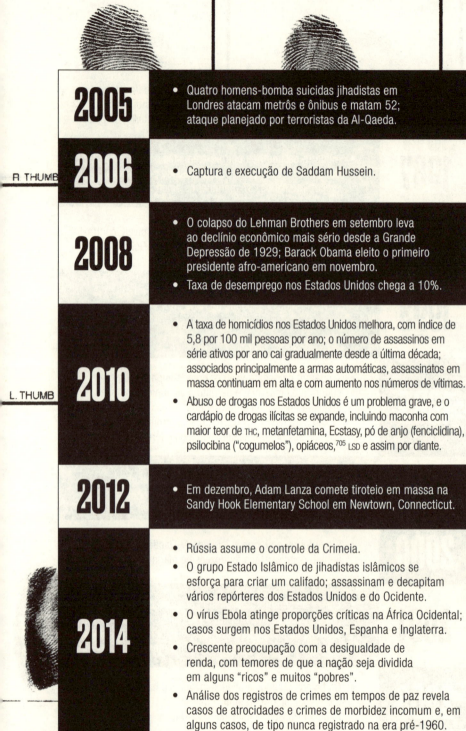

2005
- Quatro homens-bomba suicidas jihadistas em Londres atacam metrôs e ônibus e matam 52; ataque planejado por terroristas da Al-Qaeda.

2006
- Captura e execução de Saddam Hussein.

2008
- O colapso do Lehman Brothers em setembro leva ao declínio econômico mais sério desde a Grande Depressão de 1929; Barack Obama eleito o primeiro presidente afro-americano em novembro.
- Taxa de desemprego nos Estados Unidos chega a 10%.

2010
- A taxa de homicídios nos Estados Unidos melhora, com índice de 5,8 por 100 mil pessoas por ano; o número de assassinos em série ativos por ano cai gradualmente desde a última década; associados principalmente a armas automáticas, assassinatos em massa continuam em alta e com aumento nos números de vítimas.
- Abuso de drogas nos Estados Unidos é um problema grave, e o cardápio de drogas ilícitas se expande, incluindo maconha com maior teor de THC, metanfetamina, Ecstasy, pó de anjo (fenciclidina), psilocibina ("cogumelos"), opiáceos,[705] LSD e assim por diante.

2012
- Em dezembro, Adam Lanza comete tiroteio em massa na Sandy Hook Elementary School em Newtown, Connecticut.

2014
- Rússia assume o controle da Crimeia.
- O grupo Estado Islâmico de jihadistas islâmicos se esforça para criar um califado; assassinam e decapitam vários repórteres dos Estados Unidos e do Ocidente.
- O vírus Ebola atinge proporções críticas na África Ocidental; casos surgem nos Estados Unidos, Espanha e Inglaterra.
- Crescente preocupação com a desigualdade de renda, com temores de que a nação seja dividida em alguns "ricos" e muitos "pobres".
- Análise dos registros de crimes em tempos de paz revela casos de atrocidades e crimes de morbidez incomum e, em alguns casos, de tipo nunca registrado na era pré-1960.

2015
- Massacre do *Charlie Hebdo* em Paris por jihadistas islâmicos.
- Acidente de avião Germanwings causado pelo copiloto alemão suicida Andreas Lubitz; ele e 149 pessoas morrem.
- Em Charleston, Carolina do Sul, o jovem supremacista branco Dylann Roof mata nove fiéis negros.

2016
- Omar Mateen, um jovem com identificação jihadista, mata 49 pessoas em uma casa noturna gay da Flórida.
- Protestos pelo Dakota Access Pipeline.
- Donald J. Trump é eleito presidente dos Estados Unidos em disputa polêmica.
- Grã-Bretanha vota para sair da União Europeia.

2017
- Em outubro, Stephen Paddock, de 64 anos, comete assassinato em massa em grande escala de seu quarto de hotel em Las Vegas, mata 58 pessoas, além dele próprio, e fere centenas.
- Início do movimento Me Too.

2018
- O ex-aluno Nikolas Cruz, de 19 anos, supostamente mata dezessete alunos na escola de Parkland, Flórida, no Dia dos Namorados*; protestos antiarmas em grande escala ocorrem em todos os Estados Unidos nas semanas seguintes.
- Israel muda sua capital para Jerusalém; ocorre confronto violento em Gaza.
- O abuso de drogas opioides atinge proporções epidêmicas nos Estados Unidos, acompanhado por muitas mortes e suicídios, principalmente entre jovens.
- Aumento da divisão e das tensões entre os países dominados por sunitas e xiitas no Oriente Médio.
- Robert Gregory Bowers é acusado de matar onze e ferir sete durante os serviços de oração na sinagoga Tree of Life, em Pittsburgh, Pensilvânia, o ataque mais mortal à comunidade judaica na história dos Estados Unidos.

R. THUMB

* Nos Estados Unidos comemora-se no dia 14 de fevereiro, dia de São Valentim.

O que emerge nas informações listadas anteriormente são, na maioria, desenvolvimentos históricos dos últimos 50-55 anos. Muitos desses eventos prepararam o contexto para mudanças na atitude e no humor da sociedade, ainda que mudanças mais sutis, não tão definidas e cronologicamente menos estabelecidas. O fácil acesso aos anticoncepcionais orais, por exemplo, foi libertador para muitas mulheres, que podem ter se sentido libertas, entre outras coisas, da necessidade de ter filhos que temiam não serem capazes de cuidar da forma adequada. O sexo como uma atividade prazerosa poderia, para mais e mais mulheres, ser dissociado do sexo como um prelúdio prazeroso para as alegrias e fardos da maternidade. "Divorciado" é a palavra-chave aqui, uma vez que, como Henry Allen escreveu em sua resenha do livro de Jonathan Eig sobre a pílula, citando a jornalista Margaret Wente, "A pílula separou sexo e casamento e também separa casamento da consequência de ter filhos".[706] A recreação supera a procriação. A "lei" das consequências não intencionais entrou imediatamente em ação. O controle da natalidade também contribuiu para resultados menos desejáveis: uma taxa de divórcio muito elevada, infidelidade conjugal e famílias monoparentais, em geral formadas por mães que criam filhos sem a presença do pai. Os meninos nessas situações são mais propensos a ter problemas com a lei. Allen acrescentou: "Como todas as revoluções, esta devoraria os próprios filhos, enquanto uma epidemia de doenças venéreas avançava, incluindo algumas de que muitos de nós nunca ouvíramos falar antes: Herpes, clamídia, verrugas genitais". Não sei se Allen estava ciente do jogo oculto de palavras na frase "devoraria os próprios filhos", visto que outro efeito colateral da pílula foi uma menor quantidade de filhos, principalmente entre casais, casados ou não, desejosos de limitar o número de crianças em proporções mais realistas, econômica e psicologicamente.

Outra consequência não intencional da maior liberdade das mulheres foi o protesto masculino — a queixa raivosa, para não dizer venenosa, contra essas novas liberdades, a exemplo da que fizeram os homens nos dias de Susan B. Anthony cem anos antes: segundo esses homens, as mulheres cometiam um "vasto mal social" e "destruíam a instituição do casamento". Não é preciso ser muito sagaz para entender que se estava querendo dizer que: "As mulheres estão destruindo nosso domínio e controle sobre elas!". Claro, nem todos os homens são igualmente suscetíveis a essa ameaça. Parece que homens de boa aparência, com boa personalidade e bom poder aquisitivo são mais propensos a se sentir seguros no casamento do que um valentão da classe operária rabugento e pobre. Não é de surpreender que, em retrospecto, o aumento do homicídio em série com motivação sexual tenha acontecido logo depois dessa maior liberdade das mulheres para abandonar homens desagradáveis, encontrar empregos com que elas possam se sustentar e cuidar dos filhos sozinhas, talvez com alguma ajuda de parentes e creches.[707] Os exemplos são vários. O supramencionado assassino em série Ted Bundy, depois de ser rejeitado pela noiva de classe alta, passou a estuprar e matar várias dezenas de mulheres jovens com cabelos longos, lisos, castanho-escuros, repartidos ao meio, que eram "sósias" da mulher que o abandonara.[708] Como a grande maioria dos assassinos em série, ele fazia parte de uma família de operários. Um exemplo ainda mais dramático é o de Paul Snider, o vigarista que "descobriu" e depois assassinou Dorothy Stratten, que discutimos em detalhes neste livro. Em 1979, não muito antes do assassinato-suicídio de Snider, o dr. Christopher Lasch, professor de história da Universidade de Rochester, publicou um livro que ganhou fama considerável, intitulado *A Cultura do Narcisismo*.[709] Lasch criticou o que considerava "bondade organizada" do governo e os efeitos colaterais, a seu ver, sobre a estrutura familiar tradicional. Como o escritor e crítico Lee Siegel aponta, Lasch viu tais direitos como a fonte do "narcisismo patológico", cujas características eram um senso de identidade enfraquecido, hedonismo e, com isso, um declínio na solidez da vida familiar tal como ela florescera no século XIX.[710] Esse era um tipo de narcisismo diferente do empresário arrogante e satisfeito consigo mesmo ou da mulher arrogante que, em sua vida privilegiada, se tornava indiferente às necessidades dos menos abastados. Para Lasch, esse narcisismo patológico, novo na época, também estava por trás do aumento dramático da taxa de criminalidade e da depreciação dos valores familiares e sociais. A autocomplacência substituiu a preocupação com o próximo e a autocontenção deu lugar à impulsividade. Embora Lasch atribuísse parte da culpa por essa deterioração social aos movimentos políticos e religiosos radicais do período 1960-1970, ele não se concentrou na pílula ou na decepção com o governo após os assassinatos de líderes, ou na guerra aparentemente inútil e ofensiva do Vietnã. Também não houve menção à crescente ferocidade dos crimes violentos que começaram a ocorrer na década de 1960. Parece que o autor criticava, atacava mesmo, a transição dos Estados Unidos idealista, socialmente coeso e protestante, que exaltava a ética do trabalho, característica de nossos antepassados — os aristocráticos Washington e Jefferson, os rudes, mas compassivos Lincoln e Garfield — para a sociedade mais sensível e egoísta no século XX, exemplificada pelo autoindulgente Warren G.

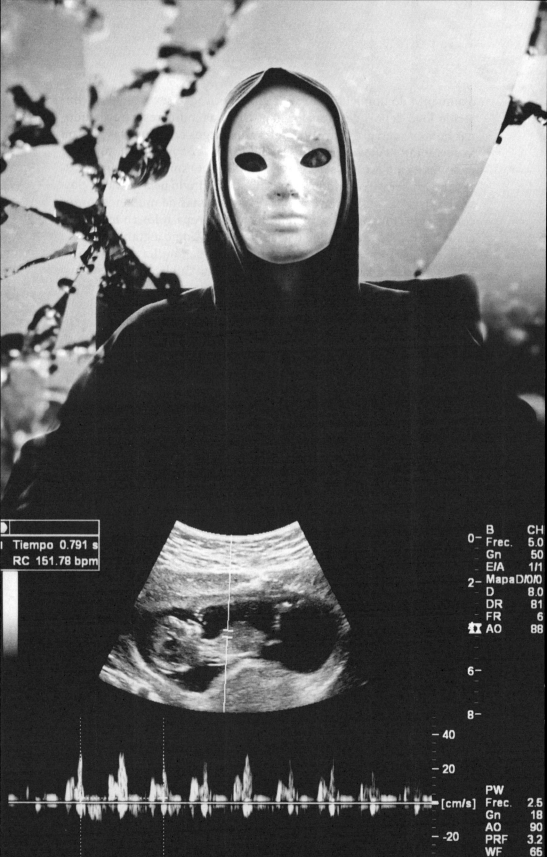

Harding ou pelo amargurado e egoísta Nixon. Embora fosse um historiador muito erudito, Lasch definiu narcisismo mais como um psiquiatra ou psicólogo o faria — como distúrbio de um indivíduo. É como se Lasch tivesse verificado uma página da terceira edição de nosso *Manual Diagnóstico e Estatístico de Transtornos Mentais* (*DSM-III*), que só seria publicado alguns meses após o seu livro. Talvez ele tivesse alguma noção de como a "personalidade narcisista" logo seria definida.

ALGUMAS CARACTERÍSTICAS DO "NOVO NARCISISMO"

Uma das características do "novo narcisismo" pós-1965 é a nítida tendência do indivíduo a se comportar de maneiras que mereçam termos como *licencioso* e *lascivo.* São termos antiquados que raramente ouvimos hoje em dia, embora testemunhemos cada vez mais o comportamento que descrevem. *Licencioso* cobre um terreno mais amplo: retrata um comportamento sexual irrestrito e arbitrário — mas também se refere ao comportamento desenfreado diante da lei; é imoral e, de uma forma mais abstrata, vai além dos limites habituais ou apropriados e ignora regras, inclusive as sociais. *Lascivo,* um termo mais restrito, se refere apenas à luxúria e falta de contenção sexual. Intrínseco ao conceito de licencioso é a *licença,* ou seja, a "presunção" de que podem fazer o que desejam, semelhante a uma das principais descrições na definição do *DSM* de transtorno de personalidade narcisista — ou seja, são presunçosos.

Em um livro de 2012 cujo subtítulo é *How 1965 Transformed America,* citando uma obra anterior — o livro de memórias da Guerra do Vietnã de Philip Caputo, *A Rumor of War* (1977) —, James T. Patterson menciona como as tropas norte-americanas incendiaram e destruíram civis, gado e aldeias, parcialmente como atos de retaliação, mas também porque, naquela guerra assimétrica, as mulheres vietnamitas realmente jogavam granadas nos soldados norte-americanos.[711] Incapazes de distinguir entre tropas inimigas e civis, e incapazes de falar o desafiador idioma de seis tons e monossilábico, os soldados norte-americanos consideravam todos os "vietcongues" como o "inimigo" e estes deveriam ser mortos sem distinção. Para Caputo, o Vietnã era "uma selva ética e geográfica. Lá, sem restrições, com permissão para matar, confrontados por um país hostil e um inimigo implacável, afundamos em um estado de brutalidade".[712] Essa brutalidade dos militares aumentou ainda mais a desilusão com o governo. Patterson observou: "Os norte-americanos estavam perdendo a fé no governo federal... no início de 1965, a confiança caía rapidamente de acordo com as pesquisas dos anos pós-1965 até o presente".[713] As pesquisas Gallup, por exemplo, mostraram uma queda de confiança de 75% depois de 1965 para 43% em 2014.

Nossa cultura mudava por causa do que acontecia em domínios políticos e pessoais, e se afastava cada vez mais da cultura do "nós", em que as pessoas se preocupavam com o bem-estar dos outros, rumo a uma cultura de "eu", com ênfase na autogratificação e autossatisfação. Conforme Patterson observou: "Mudanças dramáticas no comportamento sexual e na vida familiar — mais exigências por liberdade sexual, mais sexo antes do casamento, mais coabitação, mais filhos sem pai, mais divórcios — começaram a abalar a sociedade e a cultura norte-americanas de maneiras que não poderiam ser concebidas antes de 1965".[714] Como resultado, menos crianças cresceram em famílias intactas (ou seja, com mãe e pai). Crianças com essas origens são mais propensas a sofrimento psicológico e, no caso de meninos sem pai, a problemas com a lei. Aqui, Patterson destaca o que mencionei sob o título de licenciosidade, tanto em relação a conotações sexuais quanto na alusão à abolição das regras e convenções sociais.

Em auxílio e estímulo a essas mudanças, a mídia exibe cada vez mais formas de violência, tanto "justificada", como em representações de guerra ou combate ao crime, quanto gratuita, como em relatos de sadismo que não servem a nenhum outro propósito, exceto o de titilar o espectador ou leitor, o que não acontecia antes. Embora a maioria das pessoas não seja prejudicada por isso, essas doses excessivas de violência contribuem para uma dessensibilização em relação àquilo que, em outras circunstâncias, seria considerado horrível e repugnante. Em um indivíduo com capacidade de autocontenção debilitada, essa dessensibilização pode "esquentar o motor" para a execução de fantasias violentas inadmissíveis. Por exemplo, Nathaniel White, preso pelos homicídios sexuais em série de seis mulheres jovens no interior do estado de Nova York, disse às autoridades que viu programas de TV em que homens estupravam e matavam mulheres e depois as jogavam em acostamentos — e foi isso que o "ensinou" a fazer essas coisas.[715]

O que testemunhamos nos últimos cinquenta anos é a desumanização da sociedade: uma proporção maior de crimes que exibem extrema insensibilidade, maior desrespeito pelos sentimentos humanos comuns, maior crueldade e uma maior propensão a *saborear* essa crueldade — a essência do sadismo — nesta era pós-1965. Essa desumanização não se limita a crimes violentos, mas aparece com considerável frequência nos tribunais, onde o divórcio e, sobretudo, batalhas pela guarda dos filhos são, muitas vezes, resolvidos em favor de um cônjuge egóico abonado, em detrimento de um parceiro merecedor, porém, com menos recursos financeiros.

A fim de ilustrar de maneira mais compreensível os argumentos apresentados, oferecemos uma série de exemplos correspondentes a diferentes categorias desse novo narcisismo — e do "novo mal" que gerou. A maioria dos exemplos relata crimes de violência, alguns de natureza abominável e injusta raramente testemunhada em tribunais que lidam com discórdia interpessoal. Como esperamos demonstrar, alguns dos exemplos se referem a variedades do mal — ou seja, com atos que chocam e horrorizam — que talvez nunca fossem encontrados antes da era atual. Alguns exemplos parecem superar o que autores, dramaturgos e roteiristas até então seriam capazes de imaginar, e, caso fossem, sem dúvida censurariam a si mesmos, para não ofender o público. É pertinente lembrar como os dramaturgos da Grécia antiga, assim como Aristóteles, em seus comentários sobre as obras desses autores, se abstiveram de mostrar atos horríveis no palco. Tais atos só poderiam ser aludidos em palavras pelos atores ou pelo coro, como se ocorressem fora do palco. Esta é a raiz do nosso termo "obsceno", ou seja, o que não pode ser mostrado no palco ou por escrito. Agora que podemos assistir a jihadistas islâmicos decapitar repórteres na internet, testemunhar eviscerações sangrentas em filmes ou ler romances pornográficos sobre crianças que são estupradas e esquartejadas, o território do obsceno foi reduzido a uma ilha muito pequena em nossos mapas visuais. Nos tipos de violência relacionados abaixo, haverá inevitavelmente alguma sobreposição conceitual. Por exemplo, alguns casos de importunação levadas a cabo com auxílio de dispositivos digitais e que acabam em morte podem se encaixar em nossas discussões sobre bullying, internet ou assassinato. Crimes violentos — agressão, estupro, sequestro, assassinato — sempre fizeram parte da nossa história, portanto, a maioria dos exemplos não é nova em tipo, mas, sim, no que diz respeito a crescente brutalidade dos outros tipos conhecidos. Alguns são bastante novos e contemporâneos, mesmo em termos de tipo. Narcisismo é o denominador comum em todos os exemplos; não raro, trata-se de um narcisismo vinculado a um componente de sadismo.

TIPOS DE VIOLÊNCIA NA ERA DO NOVO MAL

BULLYING

Uma ocorrência comum nas escolas e no local de trabalho, o bullying assumiu um caráter mais agressivo nos últimos anos e chegou a se estender como "cyberbullying", por meio do uso de câmeras ocultas, streaming de vídeo e internet. Ao usar uma webcam e um computador, Dharun Ravi, aluno da Rutgers University, conseguiu gravar seu colega de quarto, o homossexual Tyler Clementi, beijando outro homem, e disponibilizou a imagem para outras pessoas. Como consequência dessa invasão de privacidade, Clementi cometeu suicídio em setembro de 2010.[716] O comportamento de Ravi foi condenado, embora tenha recebido apenas uma sentença leve de trinta dias de prisão, multa e serviço comunitário. Não foi assassinato no sentido comum, embora exista um conceito jurídico conhecido como "concausa relativamente independente", segundo o qual o réu é responsabilizado por danos graves a uma vítima devido à vulnerabilidade preexistente desta, embora o réu desconheça essa vulnerabilidade e não tenha apresentado intenção de causar danos graves. A sensibilidade psicológica de Clementi ao constrangimento público era, provavelmente, muito maior do que Ravi previu e maior do que no caso de vários outros alunos gays. No entanto, pode-se afirmar que *se não fosse* pela atitude de Ravi, Clementi não teria morrido, o que confere conotações mais sérias à agressão.

Podemos usar um argumento semelhante em nome de várias adolescentes — Audrie Pott, de 15 anos, Amanda Todd, de 14, Phoebe Prince, de 15 anos, e Rehtaeh Parsons, de 17 anos — que, nos últimos anos, cometeram suicídio depois de serem ridicularizadas e envergonhadas várias vezes pelas colegas de classe, invejosas da aparência física das meninas. No caso de Pott, ela foi estuprada por vários rapazes em uma festa e as fotos do crime foram distribuídas por meio de redes sociais.[717] O cyberbullying no caso de Todd consistiu na exploração sexual da garota na forma de coação para que ela mostrasse os seios, e as fotos se tornaram "virais" na rede.[718] Um elemento comum nesses casos é o uso de mídia da era da internet a fim de ampliar o impacto do bullying, de modo que o constrangimento da vítima, principalmente em jovens vulneráveis, chega a um extremo que pode causar suicídio.

ABUSO INFANTIL

Houve casos de abuso infantil nos últimos anos que se destacam, em comparação com os exemplos anteriores, por serem extraordinariamente sádicos, prolongados e — no sentido de não terem paralelo na crueldade — diabólicos. Em Los Angeles, Mark Berndt, professor de escola primária de 61 anos, foi preso por atos obscenos contra seus alunos.[719] Ele colocava baratas nos rostos das crianças. Aproximava o próprio sêmen do nariz de meninas vendadas, amordaçadas com fita adesiva, e tirava fotos — centenas dessas fotos foram encontradas mais tarde no apartamento do professor. Na Flórida, Jessica Schwarz tinha dois filhos, além de um enteado de 10 anos de idade, Andrew, fruto de um relacionamento anterior do marido.[720] A madrasta o obrigava a comer barata caso a cozinha não fosse limpa do modo que lhe agradasse, além de obrigá-lo a correr pelado pela rua, recolher fezes de cachorro com as mãos e vestir uma camiseta com os dizeres: "Sou um merda inútil, não fale comigo". De vez em quando ela esfregava o rosto do menino na caixa de areia do gato. Chamava-o de "cara de merda" e "bastardo". No fim, afogou-o na piscina da família, sendo condenada, por esse homicídio, a setenta anos de prisão. Em outro exemplo, que acredito ser único, Jeremiah Wright, descontente por ter um filho de 7 anos que nascera com paralisia cerebral — confinado à cadeira de rodas e incapaz de falar ou se alimentar sozinho — decapitou o menino com um cutelo e deixou a cabeça na garagem para a esposa ver quando chegasse em casa. O julgamento desse caso horrível se encerrou com a sentença declarando que o réu não podia ser considerado culpado, haja vista o reconhecimento judicial da inimputabilidade em razão de sua insanidade mental.[721]

RAPTO DE FETO

Em 1987, Darci Pierce se tornou a primeira pessoa a cometer um tipo totalmente novo de crime, que, por falta de uma designação oficial, chamei de "rapto de feto". Obcecada com a ideia de que ter um bebê era essencial para preservar seu casamento, Darci, 19 anos de idade, fingiu estar grávida — e sequestrou uma mulher que estava, de fato, grávida de nove meses; Darci, armada, obrigou a mulher a entrar no carro e a levou até um local isolado. Ela estrangulou a mulher e abriu o abdômen da vítima com a chave de um carro, roubou o feto e o apresentou ao marido como o "novo bebê" do casal.[722] Desde então, houve dezessete casos desse tipo, todos nos Estados Unidos.

CRUELDADE GRATUITA

Duas irmãs de Wisconsin, Valerie Bartkey, de 24 anos, e Amanda Johnson, 17, convidaram um homem deficiente físico, com 18 anos de idade, para "uma festinha". Quando ele se recusou a fazer sexo com Bartkey, as irmãs o obrigaram a beber um copo de limonada, que na verdade era uma mistura da urina das garotas. Bartkey, então, puxou e torceu o pênis do rapaz com um par de alicates, o que causou muita dor, enquanto Johnson o chamava de "putinha".[723] O crime foi ainda mais chocante e, de certo modo, "novo" pelo fato de ter sido cometido por mulheres. A sentença foi muito mais suave do que o crime: Valerie Bartkey recebeu um mês de prisão e três anos de liberdade condicional e deveria escrever uma carta de desculpas. Amanda Johnson foi condenada ao regime aberto — não chegou a ser presa.[724]

INVASÃO DOMICILIAR

Exemplos de invasão domiciliar eram até então relacionados a roubo, como no famoso caso de Dick Hickock e Perry Smith, que, em 1959, invadiram a casa da fazenda dos Clutter por acreditarem que havia 10 mil dólares no cofre da família.[725] O roubo foi um fracasso. Não havia cofre ou dinheiro. A dupla matou os quatro membros da família Clutter e, mais tarde, foi capturada e executada. Pode-se considerar um grau de contenção no crime, visto que Hickock cogitou estuprar a menina de 16 anos, mas foi dissuadido por Smith. Essa contenção ficou ostensivamente de fora da invasão domiciliar do dr. William Petit e sua família em Cheshire, Connecticut, em 2007, cometida por Steven Hayes e Joshua Komisarjevsky. Depois de obrigar a esposa de Petit a sacar 15 mil dólares do banco, a dupla foi até a casa dos Petit, onde estuprou a filha de 11 anos do casal — ato registrado em um telefone celular — e, em seguida, violentou a sra. Petit. A menina e outra filha, de 17 anos, foram amarradas na cama, e a sra. Petit foi estrangulada até a morte. Os homens então derramaram um líquido inflamável sobre as três mulheres e incendiaram a casa, como se desejassem destruir as evidências do crime. O dr. Petit, que estava inconsciente, sobreviveu. Komisarjevsky era adotado e tinha sério vício em drogas, e os inúmeros roubos em que se envolveu foram cometidos principalmente com a intenção de obter dinheiro para comprar cocaína e metanfetamina.[726]

INFANTICÍDIO COM CRUELDADE INCOMUM

O infanticídio, seja como crime ou como meio desesperado de controle da natalidade, ocorreu ao longo da história da humanidade e é comum até hoje no Paquistão, Índia e China, e ajuda a explicar a diferença exagerada na proporção entre homens e mulheres nesses países. No Ocidente, infanticídio é crime. Um exemplo é o da dra. Debora Green.[727] Popular, foi escolhida oradora da turma ao se formar no ensino médio, mas se transformou em uma megera abusiva, agressiva, desbocada e com tendência a acessos de raiva. Tornou-se viciada em opiáceos e exibia personalidade narcisista, esquizoide e transtorno de personalidade limítrofe; Green esgotava a paciência do marido Michael Farrar ao chamá-lo de "idiota" ou "pamonha" na frente dos três filhos pequenos. Farrar conheceu outra mulher e deu início ao processo de divórcio. Green começou a envená-lo com ricina, o que o levou a ser hospitalizado onze vezes antes de o crime ser descoberto. Farrar se mudou e solicitou a guarda dos filhos. Então, Green espalhou um líquido inflamável por toda a casa e ateou fogo. Dois dos três filhos morreram. Um escapou da casa com vida. Green observou as chamas com indiferença em um terreno próximo. Foi condenada à prisão perpétua sem direito a solicitar liberdade condicional. Desde 1982, também houve meia dúzia de casos em que mulheres queimaram crianças vivas em micro-ondas. Em 2011, uma californiana de 29 anos, Ka Yang, matou a filha de seis semanas dessa maneira. Ela foi condenada a 26 anos a prisão perpétua pelo crime.[728]

INTERNET

Por volta de 1985, a internet — criada a partir de ideias de professores do MIT em meados da década de 1960 — já era largamente utilizada, em parte graças à proliferação de computadores acessíveis. Como acontece com as revoluções científicas e de engenharia em geral, a internet tem sido muito mais uma bênção do que uma maldição — porém, do lado da "maldição", alguns tipos mais antigos de crime cresceram de forma ampla, e novos surgiram. Os *blue movies** assistidos por rapazes universitários da geração anterior deram lugar a um acesso muito mais fácil e amplo à pornografia, incluindo a "pornografia infantil" — ilegal, mas não inacessível. As crianças tendem a aprender sobre sexo e assistir a vídeos de todos os tipos em idades mais tenras do que antigamente. As pessoas são atraídas a salas de bate-papo e participam de atos sexuais de um tipo mais ousado do que era disponível antes, embora isso tenha ajudado policiais infiltrados a prender indivíduos em busca de formas ilegais de atividade sexual, como aquelas que envolvem menores.

A história de Sharon Lopatka e seu assassinato desejado representa uma aplicação única da internet.[729] Ela se casou com um católico, em um ato de rebeldia contra sua família judia ortodoxa. Então, sob um

---

* Filme de conteúdo pornográfico. O termo "blue" possui o sentido de exibição de atividade sexual com intenção de ofender. De acordo com o Urban Dictionary, esse uso foi registrado primeiro na Escócia, em 1824, em alusão às prostitutas que costumavam usar vestidos azuis.

pseudônimo, abriu uma empresa de internet, por meio da qual divulgou ao mundo que tinha interesse em ser torturada até a morte, mas também, como espécie de prelúdio da morte, em vivenciar orgasmos mais fortes por meio da asfixia por estrangulamento. Dado o extraordinário alcance da internet — não seria possível colocar tal anúncio no jornal local —, ela encontrou o "comprador", Robert Glass, um analista de informática. O encontro ocorreu no trailer do homem, na Carolina do Norte, onde Glass realizou a fantasia de Lopatka de ser asfixiada e torturada, porém, em dado momento, foi um pouco longe demais ao estrangulá-la com fio de náilon e, em 1996, ela morreu. Mesmo apresentando documentos que confirmavam os desejos masoquistas da mulher, o tribunal concluiu que o ato correspondia à definição de homicídio, de modo que ele foi julgado e condenado à prisão, onde morreu seis anos depois. Casos desse tipo criam um território desconhecido para a lei. Cinco anos após o assassinato de Lopatka — ou suicídio assistido — surgiu o caso de Armin Meiwes, envolvendo assassinato e canibalismo de uma vítima voluntária, discutido em detalhes anteriormente neste livro.[730]

A facilidade com que a internet, junto de mensagens de texto, tweets, e-mails, iPads, Facebook, videoclipes e meios similares, pode ser usada principalmente por jovens facilitou o aumento dos laços sociais, mas também os abusos.

O uso frequente desses dispositivos contribuiu para o assassinato em 2012 de uma garota de 16 anos de West Virginia, cometido por duas colegas da mesma idade.[731] Skylar Neese era amiga próxima de Shelia Eddy, que, mais tarde, se distanciou de Neese e fez amizade com Rachel Shoaf. Uma noite, quando as três estavam juntas, Eddy e Shoaf tiveram relações sexuais na frente de Neese. Temendo que Neese expusesse as duas como "lésbicas" — todas as três tinham namorados — como a garota sugeriu que faria em seus tweets, Eddy e Shoaf decidiram que Neese tinha que morrer. Convidaram-na para uma festa falsa, a levaram até um local isolado, equipadas com facas de cozinha e uma pá, e a esfaquearam mais de cinquenta vezes. O homicídio e o corpo de Neese não foram descobertos por sete meses. A prontidão com que novos dispositivos poderiam desencadear a humilhação pública em larga escala fez com que o assassinato parecesse a única "solução" para que as duas meninas preservassem suas próprias imagens diante da comunidade.

CIÚMES

Desde tempos imemoriais, o ciúme extremo é reconhecido como estímulo ao assassinato. A inveja, um dos Sete Pecados Capitais enumerados pelo Papa Gregório I no final do século VI, é um sentimento aparentado ao ciúme. Ambos dizem respeito a um desejo desesperado em relação a alguém ou algo que está além do alcance. A inveja é uma situação de duas pessoas: "A" deseja ter o que "B" tem, geralmente algo relativo à riqueza ou posição social. O ciúme, por outro lado, é uma situação de três pessoas: "A" ama "B", mas "B" prefere "C". O que há de "novo" na maneira como essas emoções podem levar a soluções violentas é a maneira inédita e frequentemente novelesca de cometer um crime inspirado por esses motivos antigos. Um exemplo: James Cahill III, um vagabundo desempregado do interior do estado de Nova York, sustentado por Jill, a esposa empreendedora e bem-sucedida.[732] O casamento se deteriorou e, em 1998, ela encontrou um homem mais adequado e planejou se divorciar do marido. Então, em um acesso de fúria alimentado pelo ciúme, James atingiu sua cabeça com um taco de beisebol. Gravemente ferida, mas ainda viva, Jill se recuperava lentamente em um hospital. Preso pela agressão, James fingiu tê-la atingido em "legítima defesa" e foi autorizado a sair sob fiança, paga generosamente pela mãe do sujeito. James, então, obteve um pouco de cianeto, sob o pretexto de comprar "produtos químicos para um laboratório fotográfico", disfarçou-se de faxineira, com auxílio de uma peruca ruiva e portando uma vassoura. Usando esse disfarce, entrou sorrateiramente no hospital à noite, conseguindo chegar à ala na qual a mulher se recuperava sem ser notado pela equipe de enfermagem, e encontrou o quarto da esposa. Ao chegar lá, derramou cianeto na boca da mulher, terminando o serviço que havia iniciado com o bastão. Não é a emoção implícita de ciúme que dá a este caso o toque "moderno"; é a esperteza diabólica e a suposição narcisista de ser muito mais sagaz do que a polícia. Para James, "não tinha erro": ele escaparia impune do assassinato. Não é fácil encontrar exemplos anteriores a 1965 dessa maneira complexa, diabolicamente tortuosa e — aos olhos do criminoso — "infalível" de cometer assassinato e escapar da detecção.

Em 2009, a inveja, com toque de ciúme, foi o principal fator no assassinato de uma candidata a PhD em Yale, Annie Le, cometido pelo técnico de laboratório Raymond Clark III.[733] Le, norte-americana de origem vietnamita que havia sido a oradora da turma de seu colégio em San José, Califórnia, se casaria em uma semana. Uma mulher incrivelmente bonita;

seu noivo era aluno de doutorado em física e matemática. Projetavam alcançar respeitabilidade em uma vida que seria repleta de realizações. Clark não tinha essas esperanças. Tal disparidade de perspectivas foi a fonte da inveja de Clark, mesclada, talvez, com um pouco de ciúme, por ela preferir o noivo brilhante ao técnico de laboratório socialmente inferior. Na manhã de setembro, quando Le entrou no laboratório para verificar um experimento, foi atacada, estuprada e estrangulada por Clark. Então, como se inspirado por uma página do famoso conto de Edgar Allan Poe, "O Gato Preto", prendeu Le dentro de uma cavidade na parede do laboratório. Depois de enterrá-la — o que acreditou ter feito sem cometer falhas — de cabeça para baixo atrás da parede, Clark borrifou a área com purificador de ar para esconder o odor do corpo em decomposição. Clark foi — como o homem no conto de Poe — rapidamente descoberto, apesar de sua aparente inteligência, e hoje cumpre sentença de 44 anos.

SEQUESTRO

Além da rara batalha pela guarda, em que um dos pais sequestra uma criança para negar acesso ao outro cônjuge, o sequestro costumava estar relacionado ao pagamento de resgate. Até hoje funciona assim. Aqui, nos concentramos em casos norte-americanos, mas em muitos países menos ricos, sobretudo na América Central e do Sul, o sequestro ainda costuma estar relacionado a isso. Porém, nos últimos cinquenta anos, nos Estados Unidos e em alguns países europeus, o motivo passou a ter relação com fins sexuais, especificamente a escravização de uma jovem ou, raramente, de um menino. Essa mudança de motivo pode refletir, em parte, uma mudança na forma como o sequestro é punido. A pena de morte tem sido usada com muito mais parcimônia ultimamente, ao passo que, antes de 1960, sequestro-assassinato significava, mesmo nos Estados Unidos, uma passagem rápida para a cadeira elétrica, como nos famosos casos de Charley Ross (1874), Charles Lindbergh Jr. (1932) e Bobby Greenlease (1953), mencionados anteriormente. Desde a década de 1960, vários homens construíram casamatas de concreto sob as próprias casas, onde aprisionaram as vítimas — por semanas, meses e, em alguns casos, décadas. Brian Mitchell, profeta autoproclamado, manteve Elizabeth Smart como escrava sexual por quase um ano, até a fuga da jovem em 2003.[734] Os casos de John Esposito e Thomas Hose, que mantinham mulheres escravizadas, serão discutidos em um capítulo posterior.

Natascha Kampusch foi mantida em uma casamata na Áustria por Wolfgang Priklopil durante oito anos.[735] Em um caso ainda mais famoso, Josef Fritzl, também da Áustria, manteve a filha mais velha em um bunker sob a casa durante 24 anos — Fritzl gerou sete filhos por incesto, além dos sete que teve com a esposa no andar de cima.[736] Outros mantiveram escravas sexuais trancadas em casa por longos períodos, como foi o caso de Phillip Garrido, que manteve Jaycee Dugard por dezoito anos e teve duas filhas com ela antes que as três escapassem das garras do homem.[737] As famílias dessas vítimas presumiram que suas filhas estivessem mortas. Elas estavam "legalmente" mortas, ou seja, desaparecidas há mais de sete anos. Vários anos atrás, em Cleveland, Ohio, descobriu-se que Ariel Castro manteve três mulheres em cativeiro, cada uma por cerca de uma década, trancadas em casa, antes das três escaparem em 2013.[738] Embora esses homens tenham elevado o narcisismo e suas personalidades presunçosas a níveis raramente encontrados em tempos de paz anteriores à era do "novo mal", nem todos eram idênticos em personalidade. Alguns eram psicopatas implacáveis e arrogantes, como Fritzl e Mitchell; alguns eram homens fracos e pouco autoconfiantes, incapazes de conquistar a lealdade e a devoção de uma parceira sexual por meios socialmente aceitáveis, como nos casos de Priklopil e Esposito; e alguns, como Castro e Hose, eram brutos egoístas. O que testemunhamos aqui é o sequestro com uma nova e tenebrosa característica.

Percebemos tal característica em um tipo contemporâneo de extorsão, em que uma pessoa rica é sequestrada, imobilizada e torturada até que as informações do cartão de crédito ou de outros recursos financeiros sejam reveladas, para que o(s) sequestrador(es) roubem grandes quantias de dinheiro. Ao contrário do sequestro de uma criança para resgate, este é um tipo de sequestro/roubo sofisticado. Um exemplo flagrante é o de Noel Doorbal e Daniel Lugo em Miami em 1995.[739] Lugo era o "cérebro" do grupo; Doorbal era a "força bruta". Eles e seus cúmplices, vestidos como respeitáveis homens de negócios, atraíam executivos ricos com promessas de "negócios" lucrativos. Durante um segundo encontro, o "alvo" era amarrado sob a mira de uma arma e torturado; partes do corpo eram queimadas até que a vítima revelasse números importantes, códigos para um cofre etc. Assim que o dinheiro estivesse nas mãos dos criminosos, a vítima era morta e desmembrada, e as partes do corpo eram despejadas em vários tambores de óleo ao redor de Miami. Em 2007, conversei com Doorbal no corredor da morte na Flórida para que combinássemos uma entrevista para um programa de televisão do Discovery Channel. Ele provou suas credenciais de vigarista mais uma

Tipos de violência na Era do Novo Mal .293

vez: Doorbal insistiu que eu não poderia entrevistá-lo a menos que a emissora lhe desse um cheque de mil dólares, para que ele entregasse à filha, o que fizemos — então, descobrimos que, primeiro, ele não tinha filha e, segundo, ele se recusou a ser entrevistado. A novidade no caso de Lugo e Doorbal não é a extorsão. Extorsão sempre fez parte da nossa história. A novidade é a ousadia dos ladrões, o uso sofisticado de modernos mecanismos de transferência de dinheiro e os esquemas bárbaros para assassinar e fazer as vítimas "desaparecer". Esses esquemas são conhecidos há muito tempo por histórias relacionadas com a máfia e outros grupos do crime organizado, mas até pouco tempo atrás raramente eram executados por amadores ou homens que agem sozinhos.

ASSASSINATO EM MASSA

O FBI não define oficialmente "assassinato em massa", porém, na década de 1980, esse departamento estabeleceu a definição dessa modalidade de crime como sendo a "morte de quatro ou mais vítimas em um evento, ou em um local". Essa definição não inclui o criminoso que comete suicídio após o assassinato. Conforme observado anteriormente, em 2012, o Congresso definiu "assassinato em massa" como "três ou mais assassinatos em um único incidente". Em minha pesquisa sobre o tema, utilizo a descrição do FBI e também incluo, marcados com asteriscos, episódios em que menos de quatro pessoas foram assassinadas, mas em que a intenção de reivindicar muitas vítimas era flagrante — frustrada apenas pela má pontaria e/ou morte do agressor. De livros, revistas e jornais, coletei 328 exemplos de assassinato em massa entre 1900 e maio de 2018, ano em que este livro foi escrito: 256 nos Estados Unidos e 72 em outros países. Este número representa cerca de 25% dos assassinatos em massa mencionados em várias fontes da Internet no mundo inteiro, cuja maioria fornece poucos detalhes. Se nos limitarmos aos Estados Unidos, os casos que atendem ao critério pré-2012 de quatro ou mais vítimas (sem considerar o criminoso) e aqueles de fontes que oferecem informações com mais detalhes, obtemos 229 casos em minha série. Eles são mostrados ao longo da linha superior, por década, no gráfico a seguir. Claramente, os assassinatos em massa estão em alta desde 1970. A linha inferior indica os assassinatos em massa que envolveram o uso de armas semiautomáticas, também em alta desde 1970.

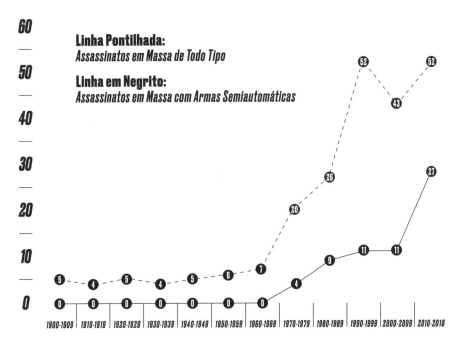

Assassinatos em massa nos Estados Unidos por década (de 1900 a maio de 2018), além dos que envolvem armas semiautomáticas.

Devido à natureza dramática do assassinato em massa, esses crimes atraem mais a atenção do público do que assassinatos aleatórios de uma ou duas pessoas ocorridas durante o assalto a uma loja ou em uma violenta briga familiar. Na realidade, o assassinato em massa é um evento raro: o número de mortes — ultimamente, cerca de 160 por ano nos Estados Unidos — representa apenas cerca de 1% dos assassinatos com armas no país por ano.

Mais raros ainda são os assassinatos em massa cometidos por homens com transtornos do espectro autista, como o que costumava ser chamado de síndrome de Asperger. Alguns consideram que três dos piores e mais "notórios" assassinos em massa, responsáveis pelas mortes — ao todo — de 67 pessoas, exibiam condições deste tipo: Seung--Hui Cho (2007),[740] Adam Lanza (2012)[741] e Elliot Rodger (2014).[742] Isso levou o público a suspeitar que pessoas com autismo representavam alto risco de violência, o que não é verdade. A novidade, em relação ao assassinato em massa, e pertinente à nossa discussão sobre o "novo mal", é o fenômeno dos tiroteios escolares, ao qual dedicamos um capítulo inteiro, mais adiante. Cho, Lanza e Rodger serão todos discutidos em detalhes quando chegarmos a esse tópico.

Em geral, assassinato em massa é uma reação explosiva à humilhação insuportável, às vezes repentina, porém, com maior frequência, planejada com antecedência. Ser demitido de um emprego é um estímulo comum; ser rejeitado por um amante ou cônjuge é outro. O assassinato em massa é quase exclusivo de homens, que representam 97% dos casos.[743]

De meados da década de 1960 até hoje, o uso desenfreado de drogas tem sido um fator relevante em alguns exemplos de assassinato em massa, por desestabilizar ainda mais indivíduos mentalmente perturbados, além de diminuir a capacidade de autocontenção. Um caso é o de Jared Loughner, no Arizona, que tentou matar a porta-voz dos Estados Unidos, Gabrielle Giffords, em um tiroteio em massa em 2011.[744] Ela sobreviveu por pouco, enquanto seis espectadores morreram. Loughner, com 22 anos na época, foi rejeitado aos 14 por uma namorada. Ficou mentalmente desequilibrado e começou a abusar de maconha, álcool, cocaína, anfetaminas e uma série de outras drogas psicoativas. É provável que possuísse vulnerabilidade genética a doenças mentais — alguns parentes eram bipolares — mas logo se tornou paranoico e delirante sobre o "grande governo" e sobre Giffords, em especial. A imprensa chamou Loughner de "esquizofrênico", mas sua psicose esquizofreniforme foi induzida por drogas, e ele se tornou cada vez mais desequilibrado e passou a cultivar pensamentos bizarros. Em alguns casos de assassinato em massa, a substância "indutora" pode ser o tradicional álcool, como é o caso de Wade Page[745], o neonazista de Wisconsin que, em 2012, após ser despedido do emprego por beber demais e ser rejeitado até mesmo pela namorada neonazista por causa do comportamento abusivo, entrou em um templo sikh, matou seis fiéis e se suicidou.

ASSASSINATO COM SADISMO EXTREMO

Assassinatos com graus incomuns de brutalidade e depravação são comuns em situações de guerra, ou outras formas de conflito intergrupal, desde os tempos antigos. A polícia está familiarizada com assassinatos cometidos em estados de raiva, nos quais há de modo geral "*excessos violentos*" em sua execução, ou seja, de uso de força além do normal ou maior número de golpes do que o necessário para causar a morte. Tomemos o exemplo de Susan Wright. O marido a traiu várias vezes, transmitiu a ela uma doença sexual e era fisicamente abusivo. Em 2004, quando não aguentou mais, ela o esfaqueou 193 vezes.[746] O que parece ocorrer com maior frequência na era atual são assassinatos acompanhados de atos de extrema crueldade, ou medidas ardilosas para evitar a detecção, de um tipo raramente encontrado antes de meados da década de 1960.

Os assassinatos de 1974 em Utah cometidos por Dale Pierre e William Andrews são um exemplo. Os homens prenderam dois balconistas e três clientes em uma loja de discos, no que deveria ser um assalto à mão armada — porém, decidiram amarrar as vítimas e forçá-las a beber Drano, um produto de limpeza que utiliza soda cáustica em sua composição, causando bolhas enormes e queimaduras nas línguas e gargantas das vítimas. Pierre estuprou uma mulher de 18 anos por meia hora, enquanto ela engasgava com o líquido, até por fim atirar contra a nuca da garota. Dois outros cativos foram mortos. Um homem, que sobreviveu a disparos e estrangulamento, teve uma caneta enfiada na orelha. Pierre pisou na caneta até o instrumento perfurar o tímpano da vítima e sair pela garganta. Os sobreviventes sofreram anos de agonia com ferimentos na boca e no esôfago.[747]

O assassinato de 1965 em Indianápolis de Sylvia Likens, de 15 anos de idade, foi, de certa forma, mais horrível do que os assassinatos de Utah pela tortura prolongada que sofreu nas mãos de Gertrude Baniszewski, a mulher encarregada de cuidar dela enquanto os pais estavam ausentes por vários meses. Likens era considerada mais bonita do que as filhas de Baniszewski. Isso despertou muita inveja, que se manifestou por meio da brutalidade sistemática infligida na jovem. Baniszewski e as filhas agrediram Likens com uma tábua, obrigaram-na a comer fezes e beber urina, queimaram a pele da garota com cigarros, jogaram-na em um banho de água escaldante e, usando agulhas quentes, escreveram a seguinte mensagem no abdômen da jovem: "Eu sou uma prostituta e tenho orgulho disso". Em seguida, trancaram Likens em um quarto e a deixaram sem comida por uma semana; ela morreu no dia em que os pais voltaram da Flórida.[748] O caso Likens pode ser entendido como um exemplo extremo de abuso severo de uma criança, que, no exemplo citado, não era a filha biológica da responsável pelo crime. Adotados correm maior risco de maus-tratos. Pais adotivos têm cerca de sete vezes mais probabilidade de molestar sexualmente uma filha adotiva do que pais biológicos. Da mesma forma, o assassinato de crianças é muito mais comum onde (a) não há relação de sangue entre pai e filho, ou (b) mesmo em uniões informais, ao contrário de casamentos legítimos (ou seja, legalmente sancionados).[749] Há exceções. Theresa Knorr, por exemplo, tinha inveja mórbida das filhas. Em meados da década de 1980, ela matou a filha Sheila por inanição; antes, havia acorrentado a menina a um cano em um armário e obrigado a garota a se prostituir. Uma segunda filha, Suesan, foi encharcada com gasolina e queimada viva.[750]

Temos também os supramencionados meios diabolicamente inteligentes empregados pelos assassinos para escapar da captura: Phil Skipper, na Louisiana, um bandido analfabeto e fanático, fez amizade com uma vizinha afro-americana carismática, Genore Guillory, que tinha um bom emprego e vivia em situação muito melhor do que Skipper e a família dele. Ela dava dinheiro para que a família do vizinho pudesse comprar mantimentos e fraldas. Em 2000, julgando que o cachorro de Guillory havia machucado a cabra de estimação de Skipper, o sujeito e alguns amigos espancaram Guillory até a morte e a estupraram em ato necrófilo. Para despistar a polícia, Skipper foi à cidade e obrigou um homem negro, ameaçado sob a mira de uma arma, a se masturbar em um copo. Skipper retornou até o cadáver e jogou o esperma sobre o corpo de Guillory para que o DNA sugerisse um criminoso afro-americano em vez de caucasiano — o que retardou a detecção dos verdadeiros assassinos.[751] Outro exemplo de um plano "brilhante", porém ainda mais repugnante para escapar da detecção, foi o caso de um famoso goleiro do futebol brasileiro, Bruno Fernandes. Apesar de casado, Bruno tinha uma amante, Eliza Samudio, que ficou grávida do goleiro. Bruno insistiu para que a criança fosse abortada, mas Samudio se recusou e teve o filho. Logo após o nascimento do bebê, Fernandes a estrangulou e, com a ajuda da esposa e do primo, desmembrou o corpo e deu os pedaços a dez cães rottweiler para que não restassem quaisquer vestígios. Até onde sabemos, esse é o "primeiro caso" do tipo, na era do novo narcisismo: entregar a amante para ser comida pelos cães. Bruno teria escapado da justiça caso o primo, com peso na consciência — algo que faltava no goleiro —, não tivesse confessado à polícia.[752]

298. CRUEL : Índice da Maldade

PARAFILIAS DE NATUREZA EXTREMA

A lista das parafilias, conceito que definimos anteriormente, é muito longa e ultrapassa em muito as mais inócuas, como o voyeurismo e o fetiche por pés. Aquelas do lado mais perigoso, como canibalismo, necrofilia, sadismo sexual e asfixiofilia, também têm longo histórico. Sadismo sexual — excitação e orgasmo durante um assassinato — é comum entre homens que cometem homicídios em série com intenção lasciva ou sexual. Houve até duas mulheres que exibiram essa parafilia, embora nenhuma faça parte da era do "novo mal": a condessa húngara do século XVI Elizabeth Báthory costumava pressionar o corpo contra os corpos de meninas virgens cujas barrigas ela abria com facas, e tinha orgasmos antes de se banhar no sangue delas como uma espécie de elixir para manter a beleza (se a experiência dava certo, não temos certeza)[753]; a enfermeira Jane Toppan, na Boston do final do século XIX, também costumava ter orgasmos ao matar as vítimas.[754]

Na era do "novo mal", encontramos vários homens — a maioria dos parafílicos é masculina — que mostraram inovações incomuns para perversões conhecidas, ou aberrações sexuais jamais descritas. O inglês Graham Coutts, por exemplo, era um vendedor na casa dos 30 anos que, em 2003, assassinou Jane Longhurst, uma professora mais ou menos da mesma idade. Coutts tinha várias parafilias, incluindo o consumo de pornografia que envolvia violência ou fazer furos nas paredes de banheiros para espiar as mulheres, além da obsessão por asfixia causada pelo estrangulamento da vítima. Na ocasião, enquanto se masturbava e puxava a ligadura em volta do pescoço de Longhurst, talvez distraído pela atividade, percebeu que ela havia morrido. Até aqui, não estamos em novo território. A novidade é que ele manteve o corpo de Longhurst em um galpão e depois em uma caixa em um depósito por cinco semanas, visitando os restos mortais regularmente para realizar sexo necrófilo, até que o cadáver começou a se decompor. Em seguida, Coutts levou o corpo até uma floresta e ateou fogo.[755] Não houve muitos casos de necrofilia prolongada até nossa época. Um dos mais famosos é o do assassino em série Dennis Nilsen, também da Inglaterra, cujas dezesseis vítimas, entre 1978 e 1983, foram mantidas em seu apartamento após estrangulamento, em parte para sexo necrófilo, até os corpos apodrecerem.[756]

Um caso mais bizarro, talvez até único, é o do ex-Navy SEAL Ben Sifrit e a esposa, Erika. Em 1999, eles atraíram outro casal para a casa onde moravam, em Maryland. Ben obrigou o casal a se despir, matou e decapitou os dois e depois fez sexo com a cabeça da mulher.[757] Ainda não temos um nome para tal parafilia. ("Cefaloepicoinofilia", embora correto, parece complicado demais.) Ben também se envolveu em servidão sexual e canibalismo. Na sequência do caso mencionado, ele pediu a Erika que cozinhasse a perna do homem morto para comê-la. Não está claro nos registros se ela realizou a fantasia canibal do marido.[758]

ESTUPRO COM ELEMENTO MODERNO

Ao longo da história, mulheres sempre foram vulneráveis ao estupro. Lemos em Deuteronômio 22:25-29, por exemplo, que, se um homem "agarrar e se deitar com" uma jovem que está noiva, o crime é punível com a morte. Se a mulher não estivesse comprometida, o homem deveria pagar ao pai cinquenta shekels de prata e se casar com ela — e nunca se divorciar. O imperador romano Calígula é famoso por estupros sádicos. Na Inglaterra do século XII, o rei Henrique II, que instituiu a lei comum e o sistema de júri de doze homens, ficou furioso quando a Igreja Católica o proibiu de punir um clérigo de Worcestershire que havia estuprado uma garota e depois esfaqueado o pai. A Igreja insistia que o clero só poderia ser julgado pela lei canônica, muito mais branda, que apenas destituiria o clérigo em questão, e não o executaria. Foi essa disputa que levou à desavença entre Henrique II e Thomas Becket.[759] Esses são apenas alguns exemplos na longa e terrível história do estupro e da agressão sexual.

Com a invenção e a comercialização da máquina de escrever na década de 1860, muitas mulheres pobres que antes não tinham outra escolha a não ser se tornar prostitutas passaram a ganhar a vida como datilógrafas. Já não era tão fácil para um homem fazer o que bem entendesse com uma garota que tinha um emprego. Como consequência, o estupro se tornou mais comum. No último século, nos Estados Unidos, os registros de estupro indicam maior frequência a partir de meados da década de 1960, o que sugere um aumento significativo. O gráfico a seguir mostra o número total de estupros relatados nos Estados Unidos por década entre 1960 e 2017.[760] Conforme observado anteriormente, esses números indicam um declínio desde a década de 1990, assim como observamos no número de assassinos em série ativos por década.

Não está claro se — ou em que medida — o período dos anos 1960 a 1990 revela um aumento na incidência, ou houve uma maior notificação que pode ser mais bem explicada em razão da maior disposição por parte das mulheres — graças à revolução feminista do final dos anos 1960 — de se manifestar e informar às autoridades que foram vítimas de violação. As naturezas das violações sexuais não pareciam diferentes daquelas dos estupros cometidos anteriormente, exceto por aqueles realizados por homens que cometeram homicídio com motivação sexual praticado em série — assassinos em série previamente discutidos, de que daremos detalhes adicionais em capítulos a seguir. Os assassinos em série, muitas vezes, eram extremamente violentos e degradantes em relação às vítimas, de uma maneira que lembra a extrema brutalidade dos estupros cometidos durante a guerra, como os realizados por soldados japoneses contra mulheres chinesas em Nanquim em 1937, apenas um de vários exemplos.[761]

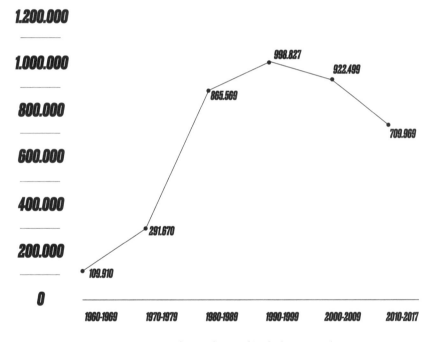

Estupros nos Estados Unidos por década (1900-2017)

Porém, nos últimos cinquenta anos, em tempos pacíficos, houve uma série de estupros — cometidos por homens — com detalhes tão provocativos e inacreditáveis que, se tivessem sido imaginados por um romancista, teriam sido rejeitados pelo editor. Sem dúvida a história mais implausível, ainda assim real, foi a do canadense Luka Magnotta

— este não era seu nome verdadeiro. Seu nome de batismo era Eric Clinton Newman. Magnotta é para o narcisismo, que ele elevou a alturas inimagináveis, o que o Rolls-Royce é no mundo dos carros. Aos 21 anos, ele começou a aparecer em filmes pornográficos, além de trabalhar como stripper e acompanhante. Disfarçado de mulher, Magnotta contraiu grandes dívidas com cartões de crédito falsos. Seu primeiro contato com a fama, embora local, veio em 2011 com a publicação de vídeos no YouTube em que ele sufocava e matava gatinhos, além de um vídeo em que um gatinho é comido por uma píton birmanesa, o que provocou a ira de grupos de direitos de animais. A verdadeira fama, desta vez internacional, só veio um ano depois. Depois de uma noite de sexo com um conhecido, o intercambista chinês Lin Jun, Magnotta filmou o momento em que assassinou o rapaz com um furador de gelo, e, em seguida, cometeu necrofilia. Este foi apenas o prelúdio para a fama real que Magnotta ganhou ao desmembrar o cadáver e enviar os pedaços para várias organizações políticas e escolas em todo o Canadá: o pé esquerdo para o Partido Conservador, o pé direito para uma escola em Vancouver, o torso para um endereço em Montreal, a cabeça para outro, e assim por diante. Ao se tornar suspeito do crime, Magnotta fugiu para a Alemanha, onde enfim foi preso enquanto realizava um ato de narcisismo inesquecível: assistir às notícias televisivas de seus próprios crimes em um cibercafé.[762]

Encontramos depravação igualmente impressionante, embora menos novelesca, em vários casos de estupro na nova era. Em 2012, Travis Forbes — que admitiu, de forma convincente, "No fundo, eu sou o mal" — abusou sexualmente de Lydia Tillman, no Colorado. Ele a estrangulou, quebrou sua mandíbula, derramou alvejante no corpo da vítima e colocou fogo no apartamento. De alguma forma, ela sobreviveu, embora os ferimentos tenham sido duradouros. No ano anterior, ele estuprara e matara uma mulher de 19 anos e a enterrara em uma cova rasa.[763] Um destino pior esperava Robbie Middleton, de 8 anos, no Texas, que, em 1998, foi estuprado por Don Collins. Após o ataque, Collins amarrou o menino a uma árvore, o encharcou com gasolina e ateou fogo. A criança sobreviveu, ficou terrivelmente desfigurada, passou por inúmeras hospitalizações e cirurgias e, por fim, morreu em decorrência dos ferimentos aos 21 anos. Ele conseguiu acusar seu agressor, que hoje cumpre prisão perpétua.[764]

Em todos esses casos, é a agonia sofrida pelas vítimas por causa dos atos consecutivos de depravação — além da dor e humilhação do estupro em si — que diferencia o estupro na era do "novo mal" daqueles cometidos em épocas anteriores. Em 2005, o pedófilo estuprador John Evander Couey se infiltrou na casa de Jessica Lunsford, de 9 anos, na Flórida, e a estuprou uma vez à noite e novamente na manhã seguinte. Depois a colocou em um saco de lixo e a enterrou viva em uma cova rasa, onde ela sufocou antes que pudesse escapar. O fato de Couey ter estuprado uma garota anos antes, quando tinha 20 anos, não reflete aspectos positivos do nosso sistema judicial. Ele havia sido condenado a dez anos, mas recebera liberdade condicional depois de apenas dois, vindo a estuprar outra garota e ser novamente libertado prematuramente. Após o estupro e assassinato de Lunsford, ele foi condenado à pena de morte e morreu de câncer na prisão em 2009.[765] Um elemento chocante no estupro e o assassinato de Victoria Stafford, de 8 anos, em Ontário, é o fato de o assassino, Michael Rafferty, ter sido auxiliado por uma cúmplice, Terri McClintic. Depois que a mulher atraiu a garota para o carro com a promessa de lhe mostrar um "cachorro legal" — uma escolha interessante, visto que McClintic uma vez matara um cachorro ao cozinhá-lo em um micro-ondas —, Rafferty estuprou a garota várias vezes e em seguida McClintic espancou-a até a morte com um martelo de carpinteiro que Rafferty comprara antes de cometer o crime.[766]

SADISMO

Encontraremos comportamento agressivo com maior frequência em homens, graças, em grande parte, ao fato de terem níveis mais elevados de testosterona. Isso também pode estar relacionado ao tamanho menor do córtex orbitofrontal masculino, área do cérebro que atua na inibição de impulsos agressivos. Da mesma forma, homens tendem, em média, a ser menos empáticos — no sentido de compaixão, não de capacidade básica de compreender os estados emocionais dos outros — do que as mulheres.[767] Da mesma forma, a propensão de infligir dor e sofrimento aos outros e o prazer ao fazer isso, ingredientes-chave do sadismo, são um fenômeno mais masculino do que feminino. Não vejo diferença no nível de sadismo *institucional,* cometido por reis, ditadores, exércitos, líderes rebeldes e assim por diante, em qualquer momento da história. Alguns países se tornaram mais civilizados com o tempo, outros, menos. A Inglaterra e a França não sujeitam mais os dissidentes às torturas sofridas pelo príncipe galês Dafydd sob Eduardo I em 1283, ou por Jacques de Molay e seus Templários, que foram punidos por "heresia" por Filipe IV na França — o soberano, na verdade, desejava apenas o dinheiro deles — na sexta-feira, 13 de outubro de 1307. A data da atrocidade daria origem a nossa inquietação relacionada à sexta-feira 13. Vimos a tortura sistemática dos esquerdistas na Argentina de Juan Perón; Saddam Hussein ordenando que as mãos de escritores dissidentes fossem dissolvidas em ácido sulfúrico; e, mais recentemente, a tortura e a decapitação de "infiéis" com diferentes opiniões, por parte do Estado Islâmico. E assim por diante. Sem dúvida, o sadismo tem relevância para os atos de certos criminosos em tempos de paz — e isso também tem um histórico longo. Contudo, acreditamos que nos últimos cinquenta anos foi possível testemunhar uma série de crimes sádicos de espécie extremamente rara em épocas anteriores. Alguns já foram discutidos, como os de Noel Doorbal, Theresa Knorr, Dale Pierre e Jessica Schwarz. A seção a seguir trata de assassinos em série para quem o sadismo sexual é uma "postura padrão". Existem vários exemplos pós-1965 de extremo sadismo que não se enquadram facilmente nos tipos de violência descritos aqui e que nos parecem mais atrozes e depravados do que encontramos, muito esporadicamente, nos anais de crimes em tempos de paz de épocas anteriores. Aqui estão dois exemplos.

Em Kirtland, Ohio, 1989, Jeffrey Lundgren, líder mórmon separatista à frente de um grupo de cerca de duas dúzias de seguidores, planejou a execução de todos os cinco membros da família Avery. A família era composta de seguidores que ficaram desconfiados quando Lundgren exigiu todo o dinheiro que possuíam e acabaram por perceber que, em vez de um profeta que falava com Deus, ele era um vigarista que escondia a avareza e o desejo de poder por trás da fachada de glória religiosa. Lundgren fez com que alguns de seus seguidores leais levassem os Avery, um por um, a um celeiro, onde foram mortos a tiros por Lundgren. Logo depois, o grupo fugiu do estado, onde Lundgren, entediado com a esposa Alice, teve relações sexuais com as esposas de vários outros adeptos. Quando Alice manifestou seu descontentamento, ele espalhou as próprias fezes em torno do pênis e a obrigou a fazer sexo oral como punição.[768]

O outro caso diz respeito a Sedley Alley, cujo crime poderia ter sido incluído em nossa discussão sobre estupro, mas o criminoso demonstrou elementos sádicos extremos a ponto de torná-lo compatível com esta seção. Havia a suspeita de que, em 1982, Alley matou a esposa ao afogá-la na banheira depois que ela pediu o divórcio.[769] As provas apresentadas não eram fortes o suficiente para uma condenação, e Alley escapou da punição. Três anos depois, em 1985, ele se deparou com uma mulher de 19 anos, Suzanne Collins, que estava prestes a se formar na escola de aviação da Marinha na Virgínia. Enquanto ela corria por um parque perto da escola na noite anterior à formatura, Alley a sequestrou e a levou a um parque próximo. A garota foi agredida várias vezes, o que causou fratura em seu crânio, uma das agressões foi realizada com um galho de árvore de 90 cm de comprimento e 4 cm de largura, que foi inserido quatro vezes em sua vagina. O galho atravessou o abdômen, perfurou o pulmão e a garota morreu, em uma emulação macabra de estupro. Para tornar a situação ainda mais revoltante, a burocracia do sistema judicial demorou 22 anos para executar a pena de morte — três anos a mais, como observam os autores John Douglas e Mark Olshaker, do que a vítima viveu.[770]

HOMICÍDIO EM SÉRIE COM MOTIVAÇÃO SEXUAL

Observamos neste livro que existe mais de uma forma de assassinato em série, porém, mais uma vez enfatizamos que homicídio em série com motivação *sexual* cometido por homens é o que as pessoas normalmente querem dizer quando usam o termo "assassino em série". Este será o ponto principal aqui, e não os casos em que funcionários de hospital envenenam vários pacientes, mães sufocam um bebê após o outro e assim por diante. Os assassinos em série, no sentido mais restrito utilizado aqui, e os assassinos "Anjo da Morte", em sua maioria, compartilham uma característica — eles saboreiam o poder que exercem sobre outras pessoas, o que contribui para a emoção narcísica de se elevarem, mesmo que temporariamente, muito acima do status socialmente inferior que caracteriza suas existências cotidianas.

Os assassinos em série que se envolvem em homicídio sexual são todos homens. O fenômeno começou a ser admitido e descrito no final do século XIX, na época em que o estupro, em geral, parecia aumentar. Alguns desses casos foram descritos, sob o título de assassinato por luxúria, por Richard von Krafft-Ebing, na Alemanha (1881).[771] O caso mais conhecido nos Estados Unidos durante este período foi o de Herman Mudgett, também conhecido como H. H. Holmes, o médico nascido em New Hampshire que construiu um estabelecimento de tortura disfarçado de farmácia em Chicago.[772] Depois de atrair mulheres jovens até o local, ele as estuprava e torturava até a morte, e depois dissolvia os cadáveres em soda cáustica. Enquanto muitos assassinos em série são "solitários" — psicopatas esquizoides, com pouca capacidade de intimidade —, Mudgett era um psicopata com charme suficiente para levar uma vida dupla. Ele manteve três casamentos em cidades diferentes e cada esposa o via como um marido dedicado que precisava se ausentar devido ao trabalho como caixeiro-viajante. Finalmente capturado e executado em 1896, Mudgett estava entre os poucos assassinos em série identificados nos Estados Unidos — na catalogação por década — até chegarmos à década de 1960. No início, analisamos as descobertas estatísticas do banco de dados de assassinos em série da Radford/Florida Gulf Coast University (FGCU), que demonstrou que o número de assassinos em série de todos os tipos ativos no país por década começou a aumentar significativamente na década de 1960 e atingiu o pico na década de 1980. Esses dados coincidem com minha própria contagem de assassinos em série estabelecidos nos Estados Unidos, cujas biografias foram publicadas em monografias de crimes verdadeiros. Vale observar que os anos de atividade dos assassinos são listados de acordo com as décadas em que atuaram pela primeira vez. Tanto o banco de dados Radford/FGCU quanto eu observamos um declínio no número de assassinos em série norte-americanos desde a década de 1990. Vale notar que a contagem baixa para 2010-2018 pode ser justificada pelo fato de que vários outros assassinos em série ativos pela primeira vez durante este período ainda não tiveram suas biografias de crimes verdadeiros escritas.

1890-2018

1880-1899	3
1900-1909	1
1910-1919	0
1920-1929	3
1930-1939	1
1940-1949	0
1950-1959	1
1960-1969	12
1970-1979	40
1980-1989	42
1990-1999	22
2000-2009	17
2010-2018	4

ASSASSINOS EM SÉRIE NOS ESTADOS UNIDOS
CUJAS BIOGRAFIAS CONSTAM EM MONOGRAFIAS
DE CRIMES VERDADEIROS POR DÉCADA

No que diz respeito à personalidade, a maioria dos assassinos em série é psicopata, conforme definido pelos critérios de Hare, que já apresentamos. Foi demonstrado que o diagnóstico de psicopatia, por si só, funciona melhor para prever atos de violência futuros do que qualquer outro fator de risco demográfico, clínico ou criminal.[773] Assassinos em série, com raras exceções, também atendem aos critérios para transtorno de personalidade sádica, descritos no apêndice da edição revisada do *DSM-III* em 1987 — uma categoria diagnóstica descartada que discutiremos com alguns detalhes em um capítulo adiante, mas que geralmente envolve a obtenção de prazer pela inflição de desconforto ou dor em outras pessoas. Cerca de metade desses assassinos também são esquizoides. Portanto, a descrição "psicopata esquizoide sádico" seria congruente para uma grande parcela de assassinos em série. Os anos de pico de nascimento para os assassinos em série na minha série foram 1930-1959 (65%), de forma que chegaram à idade adulta a partir da década de 1960 — ou seja, durante os anos em que ocorreram as mudanças que caracterizam esta era de "novo mal".

Uma vez admitido que o sadismo é rotineiro entre assassinos em série — mesmo que apenas no sentido mais restrito de excitação sexual durante o ato de matar, ou seja, a *parafilia* de sadismo sexual —, o que difere os anteriores dos que estão ativos na era atual são os níveis extraordinários de premeditação, astúcia e originalidade, englobando todo um repertório de sadismo. Além do palácio de tortura de Mudgett em Chicago no final do século XIX — e sabemos pouco sobre os tipos específicos de tortura a que as vítimas foram sujeitadas — a maioria dos raros assassinos em série da era pré-1960 eram homens que empregavam técnicas sádicas limitadas. Eles abordavam, estupravam e estrangulavam a vítima; escondiam o corpo em algum lugar, como uma cova rasa ou floresta; e então, após um intervalo "decoroso", passavam para a vítima seguinte. Nos assassinos em série da era do "novo mal", observamos uma originalidade muito mais mórbida e perversa em termos de métodos sádicos. Em alguns casos, isso parece ter sido inspirado por puro ódio — em reação a pais extremamente abusivos ou negligentes, como em um menino abusado que cresce, se torna um assassino em série e descarrega a raiva nas vítimas, em vez de atacar os pais. Em outros casos, nos quais assassinos em série não têm histórico de abuso, a predisposição parece mais relacionada a anseios anormais por emoção e novidade.

Dois exemplos do primeiro tipo são David Parker Ray e Tommy Lynn Sells, cujos casos perturbadores já discutimos em detalhes no Padrão 22 do Índice da Maldade. Conforme observado, o pai de Ray foi acusado de ser um alcoólatra violento que abandonou a família quando o homicida tinha 10 anos, e, além disso, quando criança ele foi maltratado por outros parentes. Solitário, entregou-se a fantasias de servidão sexual e, no início da adolescência, se masturbava enquanto pensava em matar mulheres. Vimos que cometeu o primeiro assassinato aos 13 anos. Sells cresceu em circunstâncias ainda mais difíceis e lamentáveis. O leitor lembrará que ele nunca conheceu o pai, e a mãe o abandonou quando tinha apenas 2 anos de idade. Ele foi criado pela tia durante um período e, nessa época, por volta dos 7 ou 8 anos, se envolveu com um homem que lhe oferecia comida, roupas e abrigo em troca de sexo oral e outros favores sexuais. Sells, compreensivelmente, fugiu quando tinha 14 anos de idade e começou a carreira de crimes violentos que analisamos em detalhes. Quando a "raiva" se apoderava de Sells, nada o apaziguava, exceto o sangue das vítimas.

Quando entrevistei Sells no corredor da morte no Texas, ele comentou: "Eu cortava as gargantas e, quando via o sangue jorrando, sentia alívio... e ficava bem por duas semanas!". Como a maioria das vítimas eram adolescentes e mulheres jovens, perguntei, incorporando o psicanalista, se ele considerou a hipótese de que, simbolicamente, matava a mãe repetidas vezes. Ele respondeu: "Se alguém tocar em um fio de cabelo da cabeça dela, mato o sujeito na hora. A gente só tem uma mãe!". Este é um exemplo marcante do mecanismo mental de "fragmentação", em que um indivíduo abriga duas atitudes extremamente opostas em relação a alguém e oscila entre essas diferentes versões, sem nuances e sem ser capaz de reconhecer a realidade de ambas ao mesmo tempo. Essa divisão apareceu na capacidade de Sells de ser charmoso e carinhoso com algumas pessoas — geralmente mulheres mais velhas e maternais — lado a lado com seu total desprezo pela humanidade de outras, que esfaqueava com o mesmo tom emocional de alguém que talha madeira. Scott Bonn faz uma observação semelhante a respeito dos assassinos em série: "Os assassinos em série psicopatas não valorizam a vida humana e são insensíveis e brutais ao interagir com as vítimas".[774] Sells não estava nesse extremo do espectro narcisista. Ele era capaz de despertar sentimentos calorosos em outras pessoas, incluindo sua agente de fiança original, Victoria Zubcic, que o visitava com frequência quando ele estava na prisão, local em que conheci os dois. Sells realmente gostava dela e ela dele. Quando lhe perguntei a respeito de remorso, Sells me disse: "Eu sinto *algum* remorso por essas pessoas, mas se eu me permitir sentir mais do que deveria, teria que me matar".

Em contrapartida, Lawrence Bittaker é um assassino em série muito mais próximo do polo da psicopatia "absoluta", apartado das ilhas de sentimento humano que tornavam Sells uma figura mais simpática. Bittaker é um dos onze assassinos em série da minha lista (6,5%) que durante os anos de formação não foram submetidos à negligência, ao abuso verbal, físico ou sexual, ou à separação ou divórcio dos pais — e que foram criados em lares de classe média. Dois desses homens, David Berkowitz, conhecido como "Filho de Sam", e Joel Rifkin, foram adotados na infância. Bittaker foi adotado por volta dos 2 anos. Alguns registros sugerem que seus pais biológicos eram desconhecidos, mas, quando me correspondi com ele, Bittaker me informou que os pais adotivos eram parentes próximos da mãe biológica. Parece que esses homens, incluindo Bittaker, desenvolveram tendências para a psicopatia e o comportamento violento no contexto de fatores "pré-natais" — comprometimento genético e/ou complicações durante a vida fetal, que podem ter afetado o desenvolvimento cerebral. Um solitário ao longo da vida, Bittaker cometeu crimes contra a propriedade quando era adolescente. Ao ser preso por uma agressão no início de seus 30 anos, foi avaliado por um psiquiatra, que o diagnosticou como "psicopata esquizoide".[775] Encarcerado, Bittaker conheceu outro prisioneiro, Roy Norris. Ambos foram libertados quase na mesma época e se uniram para cometer os crimes violentos pelos quais se tornaram muito conhecidos. O plano deles era atrair, estuprar e matar uma garota de cada idade entre 13 e 19 anos — sete ao todo. A dupla levava a vítima até um local remoto e, após o estupro, passavam a apertar os seios dela com um alicate — "Alicate" se tornaria o apelido de Bittaker — e, em dois casos, Bittaker matou a garota com um picador de gelo enterrado na orelha, um ato que levava à perfuração do cérebro. Costumava gravar os gritos e as conversas que mantinha com as vítima, durante as quais dava ordens de "mestre-escravo" para que as meninas realizassem vários atos degradantes. Diferente de Ray e Sells, Bittaker não se vingava simbolicamente dos erros cometidos contra ele durante a infância — embora seja possível que estivesse ciente da promiscuidade da mãe. Penso que, como acontece com muitos psicopatas, o impulso por trás desses atos horríveis era a ânsia por novidades — uma sede mórbida por atos fortes e socialmente repugnantes que aliviariam o tédio generalizado ao qual psicopatas são propensos. Em uma carta para Bittaker, perguntei o que poderia tê-lo motivado e a Norris para fazerem essas coisas — visto que não tiveram pais abusivos ou negligentes. Poderia ter sido a emoção e o entusiasmo do ato? Nunca obtive resposta.

Vários assassinos em série se vangloriaram de gravar filmes das vítimas moribundas, às vezes chamados de "snuff", mas essas histórias quase nunca foram confirmadas. Um homem que realmente fez um filme assim foi o coronel da Força Aérea Real Canadense Russell Williams. Filho de um físico proeminente e de uma bela mãe britânica, Williams se tornou um piloto altamente respeitado, conhecido, porém, por ser taciturno e socialmente apático. Presume-se que se travestia desde a adolescência, contudo manteve sua parafilia em segredo até o início de seus 40 anos, quando começou a invadir casas em Ontário e roubar sutiãs e calcinhas femininas. Mais tarde, ficou violento e estuprou várias mulheres. Tornou-se um assassino em série que estuprava as vítimas várias vezes, vestido com sutiã e calcinha, e filmava o estupro e o assassinato através de uma elaborada montagem fotográfica. Provavelmente, o registro das imagens servia para seu prazer posterior.[776] A personalidade de Williams não era psicopática, mas extremamente obsessiva-compulsiva e narcisista, com ênfase na dominação onipotente sobre os outros, acentuada pela capacidade de saborear os momentos de poder sobre a vida ou a morte de outros por meio de suas gravações. O que pode explicar um homem "se assumir" como travesti assassino e declarado na casa dos 40 anos, após quatro décadas de existência convencional, embora isolada, ainda é um segredo.

Os assassinos em série fascinam o público mais do que outros tipos de assassinos. Isso ocorre em parte porque, por definição, cada assassino em série opera por um longo período — até ser capturado —, diferente de assassinos em massa, que cometem o crime apenas uma vez. Passamos a conhecê-los. Alguns, como Ted Bundy ou John Wayne Gacy, tornaram-se figuras icônicas e passaram a representar uma nova geração de pessoas simultaneamente temidas e celebradas, do mesmo modo que cowboys como Billy the Kid e Jesse James se tornaram os temidos e celebrados assassinos de uma geração passada. Acredito que parte de nosso fascínio decorra do fato de esses homens terem tomado a lei nas próprias mãos e feito o que tinham vontade de fazer. Muitos de nós *sentimos* vontade de fazer algo terrível aos outros quando somos enganados, despedidos de um emprego, rejeitados por um amante, feridos por um assaltante e assim por diante — mas não fazemos nada. Em vez disso, muitas vezes nos contentamos com momentos de prazer vicário quando nos identificamos temporariamente com alguém que manda a autorrestrição às favas e se vinga sem hesitação. Esse "alguém" pode ser um ator em um filme de Hollywood, como Anthony Hopkins no papel supramencionado de Hannibal Lecter, ou, até mesmo, um assassino em série real. Bonn tenta argumentar que "a sociedade precisa de assassinos em série porque eles servem como um para-raios emocional que protege as pessoas das próprias tendências violentas",[777] mas minha impressão é diferente. Em minha pesquisa com assassinos em série do mundo inteiro, identifiquei 465 homens que cometeram homicídio em série com motivação sexual: 249 dos Estados Unidos, 216 de todos os outros países. Se assassinos em série são tão necessários como "para-raios" que nos protegem de nossos impulsos mais sombrios, como os escandinavos vivem sem eles? Segundo minha pesquisa, a Noruega e a Finlândia não tiveram tais casos; a Suécia teve dois e a Dinamarca apenas um. Até mesmo países com grandes populações e reputação de violência geraram poucos assassinos em série — seis no México, cinco no Brasil, um no Paquistão. Suspeito que o excesso de assassinos em série nos Estados Unidos é, em grande parte, um fenômeno *cultural* que pode ter alguma relevância nos poucos outros países que têm números quantificáveis desses assassinos. A Inglaterra apresenta 26 casos; a Alemanha, vinte; o Canadá, dezesseis; a Austrália, treze. Entre os melhores candidatos para fatores culturais estão aqueles mencionados em nossa tabela cronológica: a revolução feminista e o protesto consecutivo, em grande parte por homens da classe operária ameaçados com a perda de parceiras e redução de status; a transição de uma sociedade mais inibida para uma que se voltou ao prazer, alimentada pelo aumento das liberdades em relação ao que pode ser exibido no cinema e na TV em termos de sexualidade e violência; a alta taxa de divórcio e a porcentagem de meninos que crescem sem o pai. Tudo isso parecia criar um depósito maior de homens e um pequeno número de mulheres que aderiram à nova filosofia — o novo narcisismo, como foi chamado aqui, segundo o qual: "Se penso em fazer, se sinto vontade de fazer, *vou* fazer".

Os motivos de cada assassino em série e assassino em massa — que também são fonte de fascínio para o público — nem sempre são esclarecidos pelos criminosos, porém, às vezes, temos vislumbres elucidadores. No Canadá, por exemplo, Marc Lépine, cujo nome verdadeiro era Gamil Gharbi, matou catorze jovens a tiros na Escola Politécnica de Montreal. Ele alegou que estava "lutando contra o feminismo", já que as mulheres desafiavam os papéis tradicionais aos quais "deveriam" se conformar, de acordo com seu pai muçulmano, um sujeito abusivo e desdenhoso em relação às mulheres. Lépine também atende aos outros critérios que se correlacionam com comportamento perigoso: rejeição do Exército, abandono da faculdade, demissão de um emprego braçal em um hospital por "problemas de comportamento", admiração por Adolf Hitler, ausência de namoradas.[778] Outro sujeito que exibia evidente ódio pelas mulheres era Ed Kemper, da Califórnia[779], que era tão inteligente quanto alto — tinha 2,5 metros e um QI de 145. A mãe era declaradamente severa, punitiva e dominadora, embora sempre tenha sido leal quando ele se envolvia em problemas com a lei. A irmã mais velha era abusiva; e Kemper cortou as cabeças das bonecas da irmã mais nova. Ainda na adolescência, Kemper decapitou gatos. Então, no início dos 20 anos, se tornou um assassino em série e matou seis estudantes universitárias; mais tarde, decapitou a mãe e uma amiga. Houve boatos de que o assassino usou algum pedaço do corpo da mãe como alvo de jogo de dardos — algumas fontes dizem que ele usou a cabeça. Uma fonte próxima à investigação de Kemper me informou o perturbador fato de que, na verdade, ele usou os órgãos genitais dela, talvez um testemunho ainda mais revelador de sua misoginia. Quanto à falta de sorte em desenvolver amizades com mulheres, Kemper comentou, após ser preso: "Vivas, as mulheres não estão disponíveis para mim; mortas, elas são minhas".

Junto das motivações dos assassinos em série vem o espanto com a capacidade de alguns desses criminosos de se fazer passar por "normais" e levar "vidas duplas". Talvez um dos exemplos mais marcantes seja o de Keith Jesperson, que demonstrou discrepância incomum entre suas personas pública e privada. Filho e neto de canadenses de origem dinamarquesa grosseiros e abusivos, Jesperson descarregava sua raiva em animais, principalmente gatos, que torturava e matava como forma de aliviar a "tensão".[780] Ele se tornou motorista de caminhão e se casou aos 20 anos, em 1975. Ele e a esposa tiveram um filho e duas filhas antes do divórcio, sete anos depois. Jesperson era alegre e agradável com os filhos, e nunca abusou deles — apesar de ter matado os gatos de estimação das crianças, o que foi considerado assustador e inusitado. Aos 35 anos, cometeu o primeiro de oito estupros/homicídios confirmados. Pouco depois, quando visitou os filhos, então adolescentes, Jesperson fez insinuações de que havia cometido crimes muito graves. Em certa ocasião deixou a filha mais velha, Melissa, desconfortável ao contar detalhes explícitos das suas atividades sexuais com a mãe das crianças — e com várias outras mulheres. Essa foi a epifania de Melissa sobre como dentro do pai amoroso e doce se ocultava um assassino brutal de mulheres. Depois de capturado e preso pelos assassinatos, Jesperson, quando visitado na cadeia por seu pai, revelou que cogitou matar os três filhos, informação que o avô repassou a Melissa. Mais tarde Melissa escreveu um livro sobre a vida como filha de um assassino em série.[781] Ao contrário de Lépine e Kemper, Jesperson não odiava todas as mulheres. Em vez disso, exibia alto grau de compartimentalização ou "fragmentação", como descrevemos: mulheres "boas" e seus opostos, mulheres "más", que mereciam a morte. Além disso, Jesperson cresceu em um lar "corrompido", assim como Tommy Lynn Sells; a diferença é que Jesperson teve uma boa mãe. A crueldade veio de seu pai.

Esses casos ilustram algo sobre a diversidade de fatores de "risco" no histórico de assassinos em série como um grupo. Alguns fatores são gerais: predisposições genéticas e predisposição à psicopatia, hipersexualidade, agressividade, baixa empatia. Outros, para esclarecer nosso ponto de vista, são encontrados em porcentagens mais altas entre os homens que cresceram nas décadas de 1960 e 1970: famílias divorciadas, abandono materno, pais ausentes, ressentimento com a diminuição da dependência das mulheres em relação aos homens. Cerca de 10% dos assassinos em série são homossexuais, mas cresceram durante um período em que os sentimentos homofóbicos eram mais comuns e intensos do que atualmente; alguns se debatiam com uma mistura de ódio direcionado para si, visto que se identificavam com o forte preconceito cultural, somado à rejeição vinda dos próprios pais, e ódio de outros gays, que matavam como se estivessem eliminado as partes inaceitáveis de sua autoimagem. Os exemplos incluem Randy Kraft, Larry Eyler, John Wayne Gacy, Dean Corll e Robert Berdella. Também há uma super-representação de adotados entre os assassinos em série, um reflexo mais provável do histórico genético menos favorável de onde os adotados vieram, uma vez que um melhor controle de natalidade na década de 1960 permitiu que mulheres jovens de famílias com vantagens econômicas e educacionais evitassem gravidez indesejada. Na minha série e na do FBI, os assassinos em série tinham seis a oito vezes mais probabilidade (12-16%) de terem sido adotados do que seria de se esperar (2%) na população em geral.

INCITAÇÃO

Nos Estados Unidos, o crime de incitação envolve encorajar, subornar, solicitar ou ordenar que uma pessoa cometa um crime, com a *intenção* de que a pessoa incitada seja quem realmente comete o ato criminoso. Antes da era do "novo mal", muitos casos foram executados por pessoas que não eram membros (às vezes chamados de "armas secundárias") da Máfia. Tratava-se da "Sociedade do Assassinato", um grupo de "executores" contratados para assassinatos sob encomenda, geralmente de pessoas de uma organização da Máfia que caiu em desgraça com os chefes de outra. Esses "servicinhos", no entanto, não eram produtos do narcisismo desenfreado; a motivação era estritamente profissional — a taxa muitas vezes chegava ao valor de 1 mil a 5 mil dólares por assassinato, uma soma substancial durante o apogeu da Sociedade do Assassinato, entre 1930 e 1940.[782]

Uma variedade mais comum de incitação é o chamado crime de pistolagem, que consiste na contratação de um "assassino" para eliminar alguém que o mandante deseja "remover da jogada", de tal maneira que o planejador possa fingir inocência, muitas vezes com um álibi convincente, por estar muito longe de onde o assassinato ocorreu. Conforme observado em nossa discussão sobre o Índice da Maldade, uma quantidade relevante de assassinatos de cônjuges é iniciada dessa maneira. Muitas vezes, os ânimos se exaltam em casos de disputa pela guarda dos filhos, que são, como era de se esperar, muito mais frequentes na era pós-1965, graças ao aumento da taxa de divórcios. Abordaremos o tema da guarda em uma seção exclusiva, mas a incitação de alguém para assassinar um cônjuge no contexto de um caso controverso de guarda não é comum. Um julgamento que chamou a atenção nacional há alguns anos foi o da dra. Mazoltuv Borukhova, do Queens, Nova York — cujo primeiro nome significa "boa sorte!" em hebraico. Ela contratou o primo, Mikhail Mallayev, para matar o ex-marido, o ortodontista dr. Daniel Malakov, depois que o tribunal concedeu a guarda da filha de 4 anos a ele.[783]

De certa forma, mais impressionante do que o exemplo anterior é a incitação realizada pela mãe do estuprador em série condenado Fred Coe.[784] Coe era filho da editora-chefe de um jornal de Spokane, Washington. Como em uma demonstração mórbida de que nada é mais forte do que o vínculo familiar, a mãe de Coe, uma mulher de alta posição social na comunidade e ex-professora, não só se recusou a aceitar a condenação do filho em 1981 e a sentença de 75 anos de prisão, mas também tentou contratar um assassino de aluguel para matar o juiz Shields e o promotor Donald Brocket por 4 mil dólares. O "assassino" era, na realidade, um policial disfarçado. Ela foi considerada culpada de incitação e condenada à prisão, embora apenas por um ano. Não se tratava tanto de lealdade familiar quanto de narcisismo, amoralidade e arrogância de tipos não desconhecidos antes da nova era, mas encontrados com mais frequência, acredito, desde meados da década de 1960. A sra. Coe descobriu as armadilhas de contratar um estranho, que pode se tornar um chantagista ou agente disfarçado. Outros, como nos casos que descreveremos, consideraram a escolha mais sábia "manter o plano na família", porém, descobriram que era igualmente perigoso.

Barbara Opel, uma mulher violenta, desbocada, divorciada duas vezes, de 48 anos, trabalhava como cuidadora e companheira de uma senhora idosa.[785] Ela possuía uma mistura de traços narcisistas e psicopáticos: exibia um ar presunçoso, era exploradora, invejosa, arrogante, destacando-se sua amoralidade, caracterizada pela falta de culpa ou remorso e insensibilidade. O principal motivo era a ganância. Jerry Heimann, o filho da mulher de 89 anos, era rico. No início, Opel tentou roubá-lo falsificando cheques, mas isso não lhe rendeu muita coisa. Em seguida, tentou envenenar o sr. Heimann com um herbicida, porém também não teve sucesso. Então, em 2001, recorreu à filha de 13 anos, Heather, e convenceu-a a seduzir o namorado, Jeff Grote, como "alavanca" para induzi-lo a matar o sr. Heimann. Grote, então, pediu a ajuda de vários outros adolescentes, que se esconderam na casa de Heimann até que o homem chegasse. Os meninos o atacaram e espancaram até a morte com tacos de beisebol. Heather, para completar, o esfaqueou no pescoço, embora, a essa altura, ele já estivesse morto. Opel limpou todo o sangue do tapete, aparentemente ignorante da impossibilidade da tarefa — dada a facilidade com que investigadores são capazes de detectar os menores vestígios — e ela e os meninos colocaram o corpo em um carro, que foi despejado à beira de uma ravina. O irmão mais novo de Heather, com 12 anos na época — o único no grupo com consciência —, contou à polícia sobre o crime alguns dias depois, o que pôs fim à "esperteza" do esquema da mãe. Opel, Heather e os meninos foram todos presos. Ela foi condenada à prisão perpétua sem direito a receber o benefício da liberdade condicional, os outros foram condenados a penas longas. O que é notável no caso e o que dá a ele sua conotação de "novo mal" é a cadeia de incitações: a mãe incitou a filha, Heather, para convencer o namorado Jeff, que então contratou os amigos para assassinarem Jerry Heimann, tudo "mantido em família", como Opel desejava, até, ironicamente, ser entregue pelo próprio filho.

316. CRUEL : Índice da Maldade

Essa história, por mais sinistra que seja, empalidece diante do crime de pistolagem envolvendo o major do Exército David Shannon no ano seguinte.[86] Joan, esposa de David, tivera duas filhas fora do casamento, Elizabeth, de 15 anos, e Daisy, de 16 anos — elas nunca conheceram o pai. Depois, casou-se quando as meninas tinham cerca de 3 anos e teve dois filhos com o major, que, na época, trabalhava em Fort Bragg, Carolina do Norte. Joan era promíscua e viciada em drogas; David era um homem tímido que havia sido criado em uma família luterana rígida e honrada, zelosa dos aspectos morais, em Dakota do Norte. Quando o drama familiar se desenrolou, a filha mais velha, Daisy, já tinha tido um filho aos 14 anos; Elizabeth tornara-se sexualmente ativa e promíscua aos 13 anos. Alguns anos antes, quando a família se mudou para a Carolina do Norte, Joan e David se tornaram praticantes de swing, participando de salas de bate-papo e clubes dedicados a encontrar outros casais para troca de parceiros com o propósito de se entregar a todos os tipos de atividades sexuais em várias conjunturas. Isso é reminiscente da moda de meados da década de 1960 de "festas da chave", que refletia os supramencionados surtos de liberdade sexual e divórcio. Também lembra o Plato's Retreat, inaugurado no porão do elegante Ansonia Hotel de Nova York em 1977, que servia como um centro de orgia quase legalizado. Os clubes a que Joan e David aderiram não eram tão restritos quanto o Plato's Retreat, que proibia álcool e drogas e liberava apenas "sexo hetero". Joan e David frequentavam clubes em que nada era proibido. Qualquer ímpeto poderia ser realizado. Joan, por exemplo, tinha uma queda por sexo a três, em que se submetia a sexo anal com um homem e, ao mesmo tempo, praticava sexo oral com outro; o ato era filmado por David, para o casal assistir em casa depois. David tinha uma regra: tudo era liberado, desde que Joan não desenvolvesse "sentimentos" por um dos homens com quem ela praticava o swing. A vida em casa era caótica: discutiam e brigavam constantemente e, como era de se esperar, Joan logo desenvolveu sentimentos por outro homem, um soldado chamado Jeffrey Wilson, casado, com quatro filhos. Wilson, fora do passatempo do swing, era dedicado à esposa e à família, e não tinha nenhum interesse romântico por Joan. Às vezes, passavam algum tempo sozinhos em almoços e passeios, nos quais ele ficava satisfeito em aproveitar o fato de que, como esposa de major, ela possuía uma situação econômica melhor que a dele e pagava por tudo que faziam juntos. Mais tarde, ele admitiria esse fato. Joan, por outro lado, queria se livrar de David — literalmente — e viver feliz para sempre com Wilson, com os 700 mil dólares que imaginou que ganharia com o seguro de vida do marido. Divórcio estava fora de cogitação. David continuaria a criar os dois filhos; a pensão para Joan, agora que as filhas se aproximavam dos 18 anos, teria um valor pequeno e por um período curto demais para sustentá-la no estilo a que se acostumara, além do mais, o salário de um soldado não correspondia ao de um major. Uma vez que, para Joan, dinheiro superava a moral, assassinato era a resposta — mas ela não queria sujar as mãos. Se fosse descoberta, os 700 mil dólares estariam perdidos, mesmo se ela fingisse que David tinha espancado ou molestado sexualmente a enteada. Então, Joan começou a pressionar Elizabeth a matar o padrasto, e garantiu que mesmo se ela — Elizabeth — fosse pega, poderia dizer ao tribunal que David a havia estuprado, e seria liberada com nada além de um leve tapa judicial na mão. Joan insistiu para que Elizabeth conseguisse uma pistola com um de seus amigos adolescentes que pertenciam à gangue local Crips. David, é claro, tinha muitas armas, mas não seria seguro usar uma delas. Joan também pediu a Elizabeth que oferecesse dinheiro a um dos membros da gangue para "fazer o serviço". É importante ressaltar que os amigos Crips não aceitaram a oferta. Desesperada, Joan prometeu à filha alguns milhares de dólares para cometer o ato e, depois, um quarto de todos os 700 mil dólares da herança "inesperada". Elizabeth finalmente prometeu matar David, não pelo dinheiro, mas porque não suportava mais a pressão contínua da mãe, ou o medo do que a mãe faria caso ela procurasse a polícia. Esse foi o contexto em que Elizabeth, na hora certa, se esgueirou à meia-noite no quarto onde a mãe e o padrasto dormiam e atirou na cabeça e no peito de David com uma pistola fornecida pela mãe. Joan e Elizabeth foram presas rapidamente. Joan tentou fingir que um intruso invadira a casa e matara David, e alega inocência até hoje, embora esteja em prisão perpétua, sem possibilidade de liberdade condicional. Elizabeth fez uma confissão comovente, declarando que o padrasto nunca se comportara de modo inapropriado. Ela foi condenada a 25 anos de prisão. Wilson fez uma confissão igualmente eloquente — sobre o swing e sobre usar Joan só para almoços grátis e presentes materiais, sem nunca ter tido a menor intenção de deixar a esposa e família. Devido a repercussão do caso, foi rebaixado um grau em sua patente do Exército. O caso Shannon ganhou muita publicidade ao longo dos anos. Isso se deve, acredito, à dissociação radical entre sexo e casamento com os praticantes de swing, de uma forma muito mais preocupante e degradante do que qualquer coisa contra a qual Christopher Lasch invectivou décadas atrás.

ASSASSINOS DE CÔNJUGES E PARCEIROS ÍNTIMOS

O título original desta seção era "uxoricídio" — que significa o assassinato da esposa —, uma vez que esposas correm muito mais risco de serem mortas pelos maridos do que vice-versa. No entanto, existem esposas que matam maridos, como foi o caso no último exemplo de incitação. De acordo com um relatório de 2017 dos Centros de Controle e Prevenção de Doenças, mais de 55% dos homicídios contra mulheres nos Estados Unidos foram relacionados à violência por parte de parceiros, sobretudo do sexo masculino. Esse dado era válido para todos os grupos raciais e étnicos, embora taxas muito mais elevadas tenham sido observadas entre mulheres negras (4,4 por 100 mil pessoas) ou indígenas (4,3 por 100 mil pessoas).[787]

As estatísticas do Departamento de Justiça dos Estados Unidos mostram que, entre 1980 e 2008, 41,5% das mulheres vítimas de assassinato foram mortas por parceiros, principalmente do sexo masculino, enquanto apenas 7,1% das vítimas do sexo masculino foram assassinados por parceiras. Homens assassinados durante esse período foram geralmente vítimas de conhecidos (56,4%) ou estranhos (25,5%).[788] O risco de homicídio por parte do parceiro íntimo aumenta em um fator de três em casas onde há armas de fogo.[789] Como o assassinato de esposas é mais comum do que o assassinato do marido, começaremos a discussão com o "uxoricídio". Não existe termo legal correspondente para o assassinato do marido. Pode-se cunhar um termo análogo — mariticídio — do latim *maritus*, que significa "marido", mas soa um pouco estranho.

O homem típico que mata uma esposa ou namorada o faz por impulso, no afã de um momento de raiva. Isso pode representar a culminação de uma insatisfação ou discórdia de longa data. Em geral, o ato é cometido com um tiro, golpes com faca ou espancamento. Mesmo que seja planejada, a execução costuma ser genérica, indigna de um romance de mistério. Essa situação comum é tão verdadeira na nova era quanto nos períodos anteriores. Nos primeiros dois terços do século passado, mesmo os assassinatos de parceiros íntimos entre ricos e famosos geralmente seguiam esse padrão mundano. Consideremos um assassinato famoso que aconteceu em 1906. Chester Gillette, filho de pais ricos, conheceu uma mulher, Grace Brown, enquanto trabalhava na fábrica do tio. Eles tiveram um caso e Brown engravidou. Ela esperava se casar com Gillette e o pressionou para que tomasse alguma atitude. Por fim, ele a convidou para passear de barco em um lago nas Adirondacks. Depois de remarem até certa distância, Gillette bateu na cabeça de Brown com um remo ou uma raquete de tênis e a empurrou para a água, onde ela se afogou. O crime se tornou a base do famoso romance de 1925 de Theodore Dreiser, *Uma Tragédia Americana,* mas o que tornou o caso notável foi a proeminência da família Gillette, não a astúcia do assassinato, pelo qual Chester Gillette foi executado um ano e meio depois.[790]

Consideremos também um assassinato em 1938 cometido por Rodney Greig, um jovem de Oakland, Califórnia, que se apaixonou por uma mulher, Leona Vlught, com quem teve um único encontro. Meio ano depois, a encontrou novamente, e sem provocação, cravou uma faca de caça no peito da moça, que morreu na hora. Apesar da declaração de insanidade, o assassino foi executado um ano depois. Greig era um solitário taciturno, mas nada psicótico. O motivo parece ter sido uma espécie de ciúme abstrato: Vlught não era íntima dele, e Greig não podia alegar que ela o "traiu". O crime foi motivado pela raiva que Greig sentia por estar apaixonado pela mulher, sendo, no entanto, obrigado a perceber que Vlught não correspondia a esse sentimento.[791]

Esses assassinatos de parceiros íntimos, anteriores a 1960, eram, em sua maioria, bastante rotineiros: um afogamento e um esfaqueamento, com motivos triviais. Nada exótico. À medida que nos aproximamos da década de 1960, começamos a encontrar histórias em que cônjuges ou parceiros íntimos não são assassinados de maneiras tão incomuns, mas em contextos que constituem verdadeiros romances B, às vezes cometidos por outros personagens, e não pelo parceiro da vítima. Encontramos um exemplo no caso de Frank Duncan, um dos muitos filhos de Elizabeth Ann Duncan, uma mulher que se casou onze vezes — ou, como alguns dizem, vinte.[792] Apesar das muitas opções, ela era patologicamente apegada a Frank — alguns consideravam o apego incestuoso —, que morou com a mãe durante os trinta anos de vida em uma casa em Santa Bárbara, Califórnia. Nunca foi confirmado se o incesto era literal ou psicológico. Ironicamente, quando Frank enfim começou a desenvolver independência, Elizabeth cometeu tentativa de suicídio, ingerindo pílulas. Durante o período de recuperação, foi assistida por uma jovem enfermeira chamada Olga Kupczyk, por quem Frank se apaixonou; Frank e Olga se casaram em segredo no início de 1958. No outono, Olga estava grávida e Elizabeth descobriu a "traição" do filho. Em 1958, Elizabeth contratou um homem de 25 anos, Ralph Winterstein, e foi com ele até o tribunal, onde se passaram por Olga e Frank e solicitaram a anulação do casamento. Elizabeth, então, decidiu matar Olga. Ela encontrou dois assassinos disponíveis e contou uma história absurda sobre Olga chantagear Frank, para que os homens sentissem que faziam "a coisa certa" ao dar cabo de uma mulher grávida, que parecia tão inocente. Os dois assassinos sequestraram Olga, levaram-na para território mexicano e, quando a pistola não disparou, a estrangularam. Quatro anos depois, todos os três — Elizabeth e os assassinos contratados — foram executados. Portanto, este também foi um "uxoricídio" — porém, um caso raro, se não o único, em que a esposa não foi assassinada pelo marido, que a amava, mas pela mãe dele. Muitas dessas características foram um prenúncio dos tipos de homicídios que viriam na década seguinte.

O narcisismo sem limites de Elizabeth Duncan — seu egoísmo, crueldade, arrogância e desprezo pelos limites convencionais do comportamento social — é encontrado com certa regularidade na era do "novo mal". Os meios diretos de assassinato mudaram muito pouco. Existem poucos deles: atirar, esfaquear, estrangular, queimar, espancar, envenenar. O que vemos cada vez mais na era atual é uma originalidade peculiar no estágio de planejamento, que leva a meios diretos de executar homicídios que, em outras circunstâncias, não seriam muito imaginativos. A esperança por trás do planejamento é a de enganar a lei, evitar a detecção e, assim, escapar impune do assassinato — graças à superioridade intelectual e esperteza do assassino, para não dizer genialidade absoluta, em bolar um método que *nunca foi pensado antes.* Se compararmos os assassinatos conjugais de *famosos* de antes dos anos 1960, como o caso Gillette, com os mais recentes, a semelhança é que a maioria desses assassinatos é cometida por pessoas mais instruídas e de posições sociais mais elevadas. No entanto, uma distinção importante é que os assassinos modernos estão mais propensos a recorrer à contratação de um matador de aluguel ou a um parente próximo para cometer o crime, talvez como meio inteligente de contornar os métodos de detecção cada vez mais aprimorados da polícia. Em minha série de 139 uxoricidas pós-1960, por exemplo, houve trinta casos (21,6%) de crimes de pistolagem com a contratação de um assassino de aluguel ou parente para matar a esposa. Ainda mais impressionante era a convicção de uma espécie de originalidade diabólica no planejamento. Vamos analisar alguns exemplos.

Em 1969, o dr. John Hill estava ansioso para se livrar da esposa, Joan, e ficar com a amante. Para isso, o dr. Hill elaborou alguns docinhos caseiros recheados com diferentes formas de dejetos humanos. As guloseimas deixaram Joan doente e ela pediu ao marido algo para tratar os sintomas. Assim a esposa recém-divorciada, Ann Kurth, testemunhou no julgamento: "Ele me contou como matou Joan com uma agulha". Joan morreu de uma sepse avassaladora, e o dr. Hill se tornou suspeito. Houve um julgamento, logo anulado e, em seguida, um segundo julgamento foi marcado para o outono de 1972. Algumas semanas antes da audiência, o dr. Hill foi morto a tiros por um atirador mascarado. Acreditava-se que o pai de Joan, Ash Robinson, havia contratado o sujeito para matar o assassino da filha. Robinson se tornou o réu em um novo julgamento, como o homem responsável pela morte do dr. Hill, mas foi inocentado pelo júri vários anos depois.[793]

Ed Post, um proeminente corretor de imóveis de New Orleans, se apaixonou por Kim, esposa do melhor amigo, e estava cada vez mais cansado da própria esposa, Julie, com quem havia se tornado abusivo fisicamente.[794] Em 1986, com planos de comparecer a uma reunião em St. Louis, foi com Julie até um hotel na cidade. Durante a estadia, preparou a banheira, com a água na temperatura que ela gostava, e afogou a esposa. Ed, então, saiu para sua corrida matinal e voltou ao hotel algum tempo depois, onde fingiu que havia encontrado Julie morta na banheira. A princípio, pareceu um acidente — porém, durante uma autópsia, foram encontrados vários ferimentos na cabeça da mulher. Embora Ed tenha alegado inocência, inicialmente com credibilidade, vários fatores deixaram os investigadores desconfiados. Os ferimentos na cabeça pareciam ter sido infligidos por outra pessoa e não eram consistentes com a hipótese de Julie ter escorregado e caído na banheira. Em segundo lugar, Ed recusou um exame de polígrafo, ao alegar que "não era admissível no tribunal" e que não havia necessidade, pois ele era "inocente". Durante as investigações foi descoberto que ele havia feito um seguro de vida de 700 mil dólares para Julie um mês antes de sua morte prematura. Por fim, Ed foi julgado culpado e condenado à prisão perpétua.

Os elementos comuns nesses casos são a *encenação* de um "acidente" ou morte natural, muitas vezes dignos de uma peça off-Broadway, além da convicção do cônjuge assassino — o dramaturgo — de que todos os detalhes concebíveis foram considerados, de modo que o plano é infalível e o crime nunca será descoberto pela justiça. Às vezes, os dramas são tão semelhantes que parece que as versões posteriores são assassinatos cometidos por "imitadores". Robert Marshall, por exemplo, estava endividado e intensamente envolvido com a esposa do vizinho em Toms River, New Jersey.[795] Em 1984, com a intenção de adquirir uma grande quantia de dinheiro e eliminar a esposa — fez um seguro de 1,5 milhão de dólares e conseguiu que dois assassinos "abordassem" o casal e matassem a esposa enquanto dirigiam pela rodovia. Quando Robert parou, como se fosse trocar um "pneu furado", os homens atiraram na esposa, porém, primeiro deixaram Robert inconsciente, como se o "motivo" fosse roubá-lo. Preso três meses depois, foi condenado e sentenciado à prisão perpétua sem liberdade condicional. Cinco anos depois, em Boston, Charles Stuart, talvez em uma tentativa de imitar Marshall — ou talvez apenas como exemplo coincidente de que "mentes semelhantes funcionam da mesma forma" —, dirigiu com a esposa grávida até um bairro pobre. Ele parou o carro, matou a mulher com um tiro, disparou no próprio estômago e disse à polícia que o casal tinha sido abordado por um agressor — que Stuart descreveu como um homem negro com quase 2 metros de altura — que disparou nos dois antes de fugir, o que levou os investigadores a localizar um homem chamado Willie Bennett — inocente da acusação.[796] Havia vários motivos em jogo, incluindo o dinheiro do seguro, o desejo de evitar a paternidade e a liberdade para estar com a amante, que Stuart acabara de conhecer. Ele deu a arma para o irmão, que foi impelido pela própria consciência a informar a polícia sobre o que Charles tinha feito. O ardiloso assassino, então, tirou a própria vida se jogando no convenientemente chamado Charles River, em Boston.

Há alguns anos, outro homem altamente narcisista e inescrupuloso, Justin Barber, contraiu muitas dívidas e sentia inveja da esposa bem-sucedida, April. Ele também tinha começado um caso. Barber concebeu um plano que consistia em comemorar o terceiro aniversário de casamento à noite em uma praia da Flórida. Depois do jantar, matou April com um único tiro antes de disparar contra si em quatro lugares diferentes com baixas chances de fatalidade. Ele mancou até a polícia e culpou um "mexicano" que os roubara antes de disparar, explicando que estava escuro na praia e que não seria capaz de descrever o agressor. Barber havia recentemente feito duas apólices de seguro de 2 milhões de dólares para ele e a esposa, fato que não escapou aos investigadores.[797]

Não está claro se Barber estava ciente dos casos de Marshall e Stuart ou se planejou o esquema sozinho. Cada caso envolveu uma espécie de "genialidade estúpida" — semelhante ao plano estupidamente genial de Joan Shannon — por parte de egoístas malignos e com delírio de grandeza, cada um convencido de ter superado as maiores inteligências da ciência forense. A "genialidade", é claro, está apenas na cabeça do criminoso. Na realidade, esses facínoras são meramente astutos — e, além disso, trapaceiros, uma vez que o desvio de personalidade por trás desses assassinatos é o do "vigarista" psicopata, com uma crença inabalável em sua superioridade e, no que diz respeito à lei, intangibilidade.

Penso que seja justo dizer que a própria suposição de que o indivíduo seja capaz de conceber um plano infalível fará com que, em dado momento, o plano saia pela culatra, e, por fim... falhe. Existem muitos detalhes a serem controlados. Barber não considerou o quão improvável seria que o ladrão inexistente pudesse matar April com um tiro e fracassar em matá-lo com quatro. Joan Shannon não percebeu que o intruso inventado, caso tivesse invadido sua casa naquela noite chuvosa, teria deixado pegadas dentro e fora da casa. Ela sabia que precisava chorar quando a polícia contou sobre o assassinato do marido e tentou muito pensar em algo que a fizesse chorar, mas não conseguiu ser convincente, e isso a entregou. Os assassinos de esposas também desconheciam as estatísticas de uxoricídio: o contexto de esposa assassinada e marido vivo aponta para o parceiro como o culpado, independentemente de onde ele estava no momento, em mais de 90% dos casos, antes mesmo que os detetives e as pessoas que investigam a cena do crime comecem a trabalhar.

Ainda assim, meu caso favorito nesta área é o de um assassino *manqué,* um uxoricídio que *não* aconteceu. Trata-se de um médico rico que recebi em consulta e que estava furioso porque, após um divórcio amargo e uma batalha pela guarda, a ex-mulher ficara com os filhos e a casa enorme que a família ocupava. O homem queria matá-la. Para isso, elaborou um plano de sutileza sem precedentes, descomplicado pelos habituais motivos ocultos de uma amante ou apólice de seguro que pudessem levantar suspeitas. Ele tinha um amigo idoso que estava morrendo de câncer. Pretendia persuadir o homem a atirar na esposa e, em seguida, sucumbir silenciosamente à doença. Essa era a parte "inteligente". No entanto, não se incomodou com a máxima supracitada: *esposa assassinada + marido vivo = marido culpado.* O que o fez pensar foi o fato de eu lembrá-lo de que o moribundo era amigo da família. Ademais, ele não tinha problemas com a esposa, portanto, não havia motivo. O Rolodex do homem — sua agenda — conteria os nomes do marido e da esposa, e isso apontaria para uma conexão óbvia com o marido, não importa onde o marido estivesse no momento. Essa era a parte "estúpida". Ao ouvir esses argumentos, finalmente foi dissuadido e não prosseguiu com o plano. O marido não tinha traços psicopáticos como Ed Post ou Justin Barber; em vez disso, era um narcisista arrogante e desdenhoso, que se via com direito aos poderes de vida ou morte de um rei medieval. Por isso, mereceu sua posição no novo narcisismo e no "novo mal": nada parecido com seu plano existia antes dos anos 1960 — ou talvez até depois.

ASSASSINATOS DE CÔNJUGE OU PARCEIRO ÍNTIMO PERPETRADOS POR MULHERES

Agora, vamos abordar assassinatos mais raros, aqueles de cônjuges ou parceiros íntimos perpetrados por mulheres. Os motivos por trás desses crimes diferem daqueles cometidos por homens. Homens costumam ser mais motivados por ciúme, desejo de estar com a amante, necessidade de preservar a imagem social ou, com menos frequência, ganância, como nos casos que envolvem o dinheiro do seguro. A ganância desse tipo é um pouco mais comum entre as mulheres que matam seus parceiros, conforme observado em 37% dos 69 casos que analisei. Entre 139 homens que cometeram uxoricídio, 29,5% foram motivados pelos desejos supracitados. Além disso, as mulheres eram mais propensas do que os homens a contratar um assassino de aluguel ou solicitar a ajuda de um amigo ou parente para cometer o crime: 33% contra 21,5%, em minha série.

A maioria das mulheres tem menos força física do que os maridos ou companheiros. Isso predispõe, em casos de assassinato, a meios mais sutis e, muitas vezes, mais difíceis de serem detectados — como o envenenamento. Essa parece ter sido a "arma" usada pela rica e independente Florence Bravo para matar o marido abusivo, Charles Bravo, em 1876 — com um copo de tártaro emético que continha antimônio.[798] Florence exibia alguns traços narcisistas. Era mimada e teimosa, muito diferente da imagem de esposa submissa que prevalecia na Inglaterra vitoriana. Para sermos justos, Charles era um alcoólatra incorrigível, abusivo, insensível e cruel, e visto que o divórcio era impensável naquela época, o caso chega perto de um homicídio justificado. As irmãs de alma de Florence na nova era, quase um século depois — mulheres que recorreram ao envenenamento de seus cônjuges — costumam ser mais narcisistas do que ela e, em muitos casos, mais criativas na escolha dos venenos. Em 1998, por exemplo, Kimberly Hricko, uma instrumentadora cirúrgica, ao se envolver em um caso com outro homem, matou o próprio marido — no Dia dos Namorados — com um medicamento curariforme que havia pegado no carrinho de medicamentos do hospital.[799] Foi feita uma encenação de incêndio para acobertar o crime, como se o marido tivesse derrubado um charuto ao pegar no sono, porém, a autópsia revelou que não havia fuligem nos pulmões da vítima, como seria de esperar em uma morte por incêndio. Outro exemplo de astúcia frustrado pela estupidez. Hricko também esperava lucrar com a apólice de seguro.

Tipos de violência na Era do Novo Mal .325

Alguns anos depois, Michelle Michael, uma enfermeira, matou o marido com brometo de rocurônio, uma droga parecida com o curare, roubado do carrinho do hospital.[800] Como no caso anterior, a enfermeira decidiu atear fogo no quarto onde matou o marido para encobrir o crime. Fez uma tentativa deixando o ferro de passar ligado, mas não funcionou, então, retornou ao local e adicionou um líquido inflamável. O incêndio carbonizou o corpo, mas o fígado e o coração do marido foram preservados o suficiente para revelar a presença do rocurônio.

Seria interessante saber se essas mulheres se inspiraram em um conhecido uxoricida em nosso "ano alavanca" de 1965, quando o anestesista Carl Coppolino, de 34 anos, matou a esposa de 32 anos, dra. Carmela Musetto, com succinilcolina.[801] Com sua fortuna cada vez mais escassa na época, ele se viu livre para se casar com uma rica divorciada, Mary Gibson. A succinilcolina é um agonista do receptor nicotínico da acetilcolina, que causa relaxamento muscular, semelhante aos medicamentos do tipo curare, e é difícil de detectar após a morte. Porém, a ciência avançou: o dr. Milton Helpern, o legista-chefe da cidade de Nova York, e o dr. Joseph Umberger, o toxicologista-chefe, foram capazes de detectar a droga no cérebro e no fígado de Carmela. Isso levou à condenação de Coppolino.

Outro assassinato de marido com uso de uma droga exótica foi o cometido por Kristin Rossum em novembro de 2000.[802] Kristin vinha de uma família distinta. Ex-modelo infantil, havia se tornado uma bela mulher, que atuava como bailarina, até que uma lesão no pé encerrou sua carreira. Ela ficou deprimida e viciada em metanfetamina, mas conseguiu se formar *summa cum laude* na universidade, com especialização em química. Ainda no início dos 20 anos, casou-se e começou a trabalhar em um laboratório de toxicologia, chefiado por Michael Robertson. Depois de iniciar um caso amoroso com Robertson, ela matou o marido, Greg de Villers, com uma injeção de fentanil — um opioide sintético poderoso. Kristin planejou a cena do crime para dar a impressão de que Greg havia cometido suicídio, e até chegou a espalhar pétalas de rosa na cama, como no filme *Beleza Americana,* de 1999. Greg havia descoberto o caso e o vício em metanfetamina de Kristin, e ameaçou expô-la. Este parecia ser o fator de causa do assassinato, pelo qual ela foi condenada à prisão perpétua no presídio de Chowchilla, na Califórnia.

Quanto a outras mulheres que mataram com veneno, algumas recorreram ao testado e comprovado arsênico, descoberto em 1250 pelo famoso estudioso Albertus Magnus e usado por muitos homens e mulheres desde então por seu potencial letal, como no célebre caso de César Bórgia.

Os químicos aprenderam a detectar o elemento no corpo na década de 1830, portanto, nos últimos tempos, o arsênico, como agente facilmente detectável, tem sido usado com menos frequência em assassinatos de cônjuges. Compostos mais "inovadores" têm sido utilizados, como, em 2007, no caso de Julia "Lynn" Turner, uma mulher da Geórgia casada com um policial, que teve um caso com um bombeiro.[803] Ela matou os dois homens — o marido em 1995 e o namorado em 2001 — com etilenoglicol, comumente chamado de anticongelante. O composto não foi detectado a princípio, mas, após o assassinato do bombeiro, cristais de oxalato de cálcio foram encontrados nos rins do sujeito, o que descartou o suposto "ataque cardíaco" e indicou a toxina. Mulher de gostos extravagantes, resolveu matar os dois homens por causa de apólices de seguro, mas antes havia obrigado o marido a trabalhar em três empregos para pagar vários itens caros — vários eram presentes para o bombeiro.

Em setembro de 2004, James Keown, ex-repórter de rádio, matou a esposa, Julie, também com o uso de anticongelante, na esperança de saldar as dívidas com a apólice de seguro de 250 mil dólares dela.[804] Não está claro se Keown foi inspirado pelo caso Turner. Chamado de "um péssimo ser humano" pelo juiz que o condenou à prisão perpétua, Keown perdeu o emprego — a fonte do problema de dívida — quando seu chefe descobriu que ele havia mentido sobre ter sido aceito na Harvard Business School. Então, Keown mentiu de novo ao alegar que a esposa havia "cometido suicídio" um mês depois de descobrir que tinha uma "doença renal fatal". A esposa realmente sofria com uma "doença renal" — mas essa patologia era o resultado das toxinas que estava ministrando à esposa. O testemunho decisivo para o julgamento foi dado por um especialista em computação que afirmou que Keown havia feito uma pesquisa na Internet com os termos "etilenoglicol morte humana".

Mais recentemente, Diane Staudte e a filha Rachel foram condenadas por matar primeiro o marido de Diane, Mark, em abril de 2012, e o filho de 26 anos, Shaun, 5 meses depois, ambos com anticongelante.[805] Outra filha, Sarah, de 27 anos de idade, também foi envenenada, mas sobreviveu com danos cerebrais. Não houve segundas intenções; Diane simplesmente odiava o marido de 61 anos e o filho, a quem considerava ser "pior do que uma praga". Diane estava frustrada por Sarah não trabalhar na época. Parece estranho que Diane soubesse que o anticongelante havia recentemente entrado para o rol dos venenos "infalíveis", mas também era ingenuidade *não* saber que a presença do agente havia sido detectada em vários casos nas últimas duas décadas.

DESMEMBRAMENTO E DESAPARECIMENTO DE CÔNJUGE

No reino do assassinato do cônjuge ou do parceiro íntimo, uma característica presente na era do "novo mal", quase nunca encontrada anteriormente, é o esforço do marido ou da esposa para desmembrar a vítima, fazendo-a "desaparecer" da terra. Lembramos a frase característica do camarada Stalin, *"Nyet chelovyeka, nyet problyema!"* — "Sem corpo, sem problema!". Esse tipo de assassinato é diferente da tentativa mais comum de enterrar o corpo em uma cova rasa em algum lugar na floresta para esconder a evidência do homicídio. Uma forma de promover o desaparecimento total seria queimar o corpo e espalhar as cinzas, como visto nos crimes em grande escala de Hitler e Bin Laden, mas existem outros meios de erradicação completa de restos humanos, dignos de nota por sua terrível originalidade.

Em 1986, a reação do piloto de aviões Richard Crafts ao descobrir que a esposa Helle tinha casos extraconjugais e queria o divórcio foi matá-la, esquartejar o cadáver e congelar as partes em um freezer para facilitar o processo de pulverização com um estilhaçador de madeira alugado.[806] Apesar da alegação de que Helle "visitava amigos nas Ilhas Canárias", suspeitas surgiram e uma busca foi feita em um lago próximo ao rio Connecticut. Nenhum corpo foi encontrado, é claro, mas alguns quilogramas de restos mortais foram coletados: um dente, uma unha do pé, alguns fios de cabelo, unhas e sangue tipo O. Um odontologista forense determinou que o dente pertencia à esposa de Crafts. O assassino foi condenado a cinquenta anos de prisão — a primeira acusação bem-sucedida de um assassinato em Connecticut em que nenhum corpo foi encontrado.

Em 2004, Melanie McGuire, enfermeira de uma clínica de fertilidade de New Jersey, começou um caso com um médico.[807] Isso durou cerca de três anos, e ambos queriam se divorciar dos cônjuges e se casar. Uma crise surgiu quando Bill, marido de Melanie, quis se mudar para a Virgínia. Solução: Melanie o deixou inconsciente com um "tranquilizante" — uma bebida alcoólica misturada com um hidrato de cloral hipnótico — e, depois, atirou nele com uma pistola recém-adquirida. Em seguida, mutilou o corpo do marido com uma serra elétrica e colocou os pedaços em três malas, que jogou na baía de Chesapeake, a trezentos quilômetros de distância. Problema: ela havia colocado pesos de 2,5 kg em cada mala, sem perceber que seriam necessários pesos muito maiores, pois o corpo em decomposição libera gases, o que faria as malas flutuarem. Com efeito, as malas emergiram e o conteúdo foi identificado como os restos mortais de Bill McGuire. Melanie foi detida e condenada à prisão perpétua.

Em outubro de 2009, Dawn Viens, esposa do chef de cozinha David Viens, de Lomita, Califórnia, desapareceu sem deixar vestígios.[808] Inicialmente, David disse às autoridades que, depois de discutir com a esposa porque ela estava abusando do álcool, Dawn foi embora, pois "precisava de um tempo sozinha". Conforme o tempo passou e Dawn não voltou para casa, David se tornou suspeito. Como consequência, tentou cometer suicídio pulando de um penhasco, mas sobreviveu. Então, a verdade veio à tona: David pensou que ela roubava dinheiro da caixa registradora, o que prejudicava o negócio. Chegou a comentar com um conhecido: "Essa vadia está me roubando. Ninguém rouba de mim. Eu vou matar essa vadia". E foi o que fez. O chef cozinhou lentamente o corpo da esposa em um tambor de 200 litros durante quatro dias, até que nada restasse, exceto o crânio e a mandíbula, que ele disse ter escondido no sótão da casa da mãe "por segurança". Quando a polícia vasculhou o sótão, nem mesmo essas partes foram encontradas.

O condado de Maricopa, Arizona, é o endereço não de um, mas de dois casos de desmembramento em que as mulheres foram implicadas. Em setembro de 2004, Marjorie Orbin, uma dançarina exótica de 43 anos que já havia se casado várias vezes, matou e esquartejou o sétimo marido, Jay Orbin, aparentemente para herdar o dinheiro e ficar livre para um oitavo casamento, com Larry Weisberg.[809] Depois de atirar em Jay no 45º aniversário do sujeito, Marjorie fatiou o corpo com um serrote. Ela lavou com ácido o chão da garagem onde tudo aconteceu e cobriu com epóxi, o que tornava a busca por vestígios de sangue impossível. Depois, foi gravada na câmera de segurança de uma loja de ferragens enquanto comprava dois grandes recipientes de plástico, onde mais tarde colocaria o corpo desmembrado do marido. Marjorie ansiava por uma vida glamorosa, e para realizar seu desejo, se casava com um homem rico após o outro. Depois que os restos mortais foram descobertos, acabou presa antes que o "crime perfeito" pudesse ser concluído. Gananciosa, conspiradora e sem remorso, Marjorie hoje cumpre sentença de prisão perpétua.

O outro caso do condado de Maricopa ocorreu quase três quartos de século antes. Winnie Ruth Judd, com 26 anos na época, trabalhava em uma clínica médica em Phoenix, e o marido estava transferindo seu consultório médico para Los Angeles.[810] Ruth fez amizade com duas colegas de trabalho. Ao que tudo indica, as três se apaixonaram por John Halloran, um empresário local. Foi dito que Ruth matou as outras duas mulheres a tiros e depois, com um cúmplice, desmembrou os corpos, colocou as várias partes em grandes baús e algumas das peças menores em uma valise e caixa de chapéu. Depois, viajou de trem para Los Angeles, com os baús e caixas a bordo. Não está claro como esperava se desfazer de todo esse material, mas o crime foi denunciado pelo mau cheiro e fluidos que escapavam dos recipientes. Inicialmente, Ruth foi condenada por homicídio doloso e sentenciada ao enforcamento, porém, em um novo julgamento, foi declarada mentalmente incapacitada e enviada a um hospício. Com o passar dos anos, novas evidências indicaram que ela talvez tenha agido em legítima defesa ou, até mesmo, que fosse inocente. O famoso advogado Melvin Belli — mencionado na discussão anterior sobre o Assassino do Zodíaco — assumiu sua causa em 1969 e, dois anos depois, o governador do Arizona a declarou uma mulher livre e sã. Ela, enfim, passou muitos anos como empregada em uma igreja, onde foi recebida como uma mulher doce e carinhosa, mesmo quando alguém mais tarde a reconheceu como a *famosa* Ruth Judd. Viveu até os 93 anos de idade de modo tranquilo, sendo conhecida como irmã Ruth. Qualquer que tenha sido seu papel no crime, traços narcisistas não parecem ter sido parte relevante da constituição de sua personalidade — fato que é digno de nota, visto que se trata de crimes anteriores aos que encontramos na era do "novo mal".

A vastidão do oceano parece mais adequada — talvez ideal — para o desaparecimento de um corpo, em comparação com as alternativas terrestres mais perigosas. Ainda assim, é necessário cautela. A menos que o abdômen seja aberto, os gases gerados após a morte farão com que o corpo emerja, se não tiver *muito* peso que o segure abaixo. Além disso, mesmo que o corpo nunca seja encontrado, as circunstâncias relativas à execução do crime podem ser tão convincentes a ponto de justificar a prisão e até mesmo a condenação por homicídio. O caso de Scott Peterson ilustra bem essas questões.[811] Na véspera de Natal de 2002, Scott matou Laci, a esposa grávida de oito meses, e a transportou para a baía de São Francisco. Lá, jogou o corpo no Pacífico em um momento em que, de acordo com sua pesquisa sobre as marés na Internet, o cadáver seria arrastado para o oceano, longe dos olhos curiosos das autoridades. Um mês antes do assassinato, Scott havia começado um caso com uma jovem chamada Amber Frey, e dissera à garota que não era casado; mais tarde, dias antes que se soubesse que ela estava desaparecida, disse que havia "perdido"

Laci. Considerado por alguns como mentiroso patológico e psicopata de "colarinho branco" — ou seja, possuía um bom emprego e nenhum histórico de prisões anteriores ou delinquência juvenil —, Peterson disse a Amber, depois que Laci desapareceu, que estava participando de uma reunião em Paris, quando, na verdade, havia se instalado na baía, onde analisava as marés. Quando o casal conversou ao telefone, Amber pensou ouvir água ao fundo, e Peterson explicou que a reunião acontecia perto do Sena. E assim por diante. A essa altura, quase um mês após o desaparecimento de Laci, a polícia havia acumulado provas suficientes — em parte devido à cooperação de Amber, que registrou todas as conversas com Peterson — para prendê-lo, mesmo na ausência de um corpo...

Na verdade, dois corpos: os de sua esposa e do filho. Apesar dos cálculos de maré de Scott, a corrente levou os dois cadáveres até a costa, onde foram identificados como Laci e o filho morto. Preso e condenado, Scott está no "corredor da morte" de San Quentin, o que significa prisão perpétua sem liberdade condicional, já que a Califórnia não executa mais a pena de morte.

Mencionamos situações em que um corpo foi jogado no oceano e nunca encontrado, porém, ocorreu uma condenação por assassinato, com base em provas circunstanciais igualmente convincentes.[812] O caso Peterson é, em muitos aspectos, uma duplicata do homicídio da esposa grávida por Charles Stuart. Ambos eram psicopatas que tinham casos extraconjugais na época dos assassinatos, mas o desejo de se casar com a amante — sem preocupação com divórcio e despesas contínuas com os filhos — não foi o motivo principal de nenhum dos crimes. Em vez disso, esses assassinatos parecem ter sido motivados principalmente pelo desejo de fugir da paternidade, com todas as responsabilidades advindas, obrigações financeiras e limitações em relação a casos extraconjugais. Um dos detetives que investigava o caso Peterson observou que a paternidade era como uma "âncora" para Scott.[813] Não uma força estabilizadora, mas um peso forte e constritivo.

STALKING

No significado original, *stalking* conota o ato de seguir alguém de forma furtiva, como etapa preparatória antes de, enfim, atacar o objeto de desejo. É assim que os membros da família dos felinos operam para garantir seus jantares. A mesma noção básica é transmitida em muitas outras línguas: *auflauern* em alemão, *traquer* em francês, *acechar* em espanhol, *vislyezhivat'* em russo e assim por diante. Em nossa espécie, o stalking tem uma história longa e pode variar de inofensivo a fatal, em termos de perigo. Os alvos de stalking, em suas várias modalidades, são frequentemente pessoas que se destacam por alguma característica especial, tal como: beleza, riqueza, poder, status social elevado, fama e celebridade. Nos primeiros dias do reinado da rainha Vitória, por exemplo, um adolescente conhecido como Boy Jones entrou várias vezes às escondidas no palácio para roubar algumas roupas íntimas da rainha e sentar por um momento no trono. Ele não pretendia machucá-la, mas o ato não poderia passar completamente impune, de modo que ele acabou sendo enviado para a Austrália.[814]

Existem várias taxonomias no domínio do stalking. Paul Mullen e colegas distinguem entre o stalker rejeitado, o stalker rancoroso, o stalker parafílico (como nos casos de voyeurismo, pedofilia, fetichismo e escatologia por telefone), o stalker predatório, o buscador de intimidade e o pretendente incompetente.[815] O tipo *rejeitado* costuma ser narcisista, excessivamente dependente, de baixa autoestima e claramente possessivo e ciumento, como se o objeto de amor fosse o "único no mundo" que poderia fazer o indivíduo feliz. O stalker *rancoroso* é aquele que se sente perseguido ou tratado injustamente, geralmente pelo chefe ou por alguém em posição superior, contra quem o stalker deve "revidar", muitas vezes com trotes telefônicos com insultos, cartas ofensivas ou pior. O stalker *predatório,* quase sempre do sexo masculino, fica à espera da oportunidade para uma agressão, geralmente sexual, enquanto coleta informações sobre a vítima e ensaia um plano de ataque. Um exemplo é o assassino em série Dennis Rader.[816] O *buscador de intimidade* aspira a alcançar um relacionamento por meio de atenção indesejada, ligações e perseguição de uma vítima. Stalkers são geralmente solitários e não têm amigos, não se deixam abalar pela indiferença dos seus objetos de amor e são quase delirantes na crença de que suas buscas um dia serão coroadas com sucesso.

Uma variante da estirpe do buscador de intimidade foi descrita séculos atrás, sob uma série de títulos: *Melancholie Érotique* (por Jacques Ferrand, 1623), *Monomanie Érotique* (por Jean-Étienne Dominique Esquirol,

1838) e *Erotischer Wahnsinn* (por Richard von Krafft-Ebing, 1881). Costuma-se dizer que pessoas deste tipo manifestam "amor obsessivo". As pessoas descritas por Gaetan Gatian de Clérambault, no entanto, são quase todas mulheres, muitas vezes bastante perturbadas psicologicamente e de status social inferior. Estão convencidas de que homens de status superior comunicam "amor" por elas por meio de códigos e sinais ocultos. Uma paciente com quem trabalhei certa vez pensava que, se o professor que ela admirava atribuísse à classe uma leitura que começasse com a letra "A", significava que ele secretamente a "amava".

Embora muitos stalkers, com exceção do predatório, sejam inofensivos, apesar da possibilidade de serem extremamente irritantes e desagradáveis, o stalking com consequências fatais tornou-se um fenômeno recorrente na era do "novo mal". Algumas das vítimas são celebridades, outras, pessoas em condições de vida normais que, por algum motivo, adquiriram significado especial aos olhos de seus stalkers. Alguns desses criminosos são extremamente psicóticos. Eles tendem a estar entre os mais persistentes e intratáveis. Um caso não fatal foi o da mulher esquizofrênica que a psiquiatra dra. Doreen Orion certa vez atendeu em seu consultório.[817] O "equívoco" da dra. Orion foi ser gentil e simpática ao falar com a paciente, como sempre fazia. Solitária e sem amigos, a mulher interpretou essa demonstração de bondade comum como um símbolo do afeto "genuíno" da terapeuta. A paciente espreitava silenciosamente ao redor da casa da médica, espiava pelas janelas e praticava coisas do tipo com tanta frequência que obrigou Orion e o marido a se mudarem do Arizona para o Colorado — onde a situação se repetiu, assim que o novo endereço foi descoberto. A dra. Orion finalmente entrou com uma ação legal e obteve alguma resposta com as leis relacionadas ao stalking, então recém-promulgadas, por intermédio das quais era possível decretar prisão por determinados períodos de tempo. Na época, essa possibilidade representava novo território para os tribunais, pois não havia precedentes de longos períodos de encarceramento para o tipo de perseguição que a dra. Orion sofria. A paciente era *erotomaníaca,* uma psicótica que havia sido internada em um hospital psiquiátrico antes da consulta com a dra. Orion. Por causa do componente psicótico, os indivíduos desse tipo são incapazes de compreender o quão indesejável é a dedicação que oferecem — daí a irremediável persistência. A dra. Orion comentou sobre o tipo mais comum de stalker: "Aquele que teve um relacionamento com a vítima e não consegue seguir em frente. Essas pessoas são extremamente narcisistas — querem porque querem e não se importam se a vítima não compartilha da intenção".[818]

Em um caso de destaque que apresentou tanto a *erotomania* ("amor obsessivo" combinado com a crença irracional de que o amor é "retribuído") e o subtipo de stalker rejeitado descrito por Mullen e colegas, Robert Bardo, do Arizona, ficou obcecado pela modelo e atriz de televisão Rebecca Schaeffer, estrela do sitcom *My Sister Sam,* exibido de 1986 a 1988.[819] Bardo, de 19 anos, enviou inúmeras cartas à atriz e também tentou visitá-la várias vezes no set de filmagem. Chegou a construir um santuário pessoal para Schaeffer em casa. Um dia, ela — ou sua secretária — enviou a Bardo uma foto autografada, como as estrelas costumam fazer para seus fãs. A palavra "fã" é uma abreviação para *fanático,* que significa nada mais do que alguém *entusiasmado* com alguma celebridade. Não significa "louco", mas Bardo era cronicamente psicótico e interpretou a foto como evidência de que Schaeffer havia "retribuído" seu amor. Até aí tudo bem, mas, quando Bardo viu um filme em que Schaeffer participava de uma cena de sexo, se sentiu traído e decidiu matá-la. Descobriu o endereço da atriz em Los Angeles através do Departamento de Veículos Motorizados, viajou até a cidade, bateu na porta da casa de Schaeffer e a matou com um tiro. Bardo foi preso logo depois, e cumpre pena de prisão perpétua. O padrão de stalking de celebridades de Bardo foi estabelecido bem antes da fixação por Schaeffer. Ele teve "amores" obsessivos anteriores por Madonna, Tiffany e outras estrelas. Na prisão, tornou-se um artista prolífico e criou retratos meticulosos de belas atrizes de cinema. O comportamento do assassino correspondia à definição legal de stalking: *indivíduo que segue ou assedia alguém de forma intencional, maliciosa e repetida, representando ameaça plausível à segurança dessa pessoa.* A Califórnia e outros estados implementaram leis anti-stalking mais rígidas após o caso Bardo; entre outros avanços, não é mais possível obter o endereço de alguém por meio do Departamento de Veículos.

Se o caso não tivesse se tornado tão notório, Bardo — que havia sido admitido em hospitais psiquiátricos duas vezes antes — provavelmente teria sido internado em um hospital forense. Quando me correspondi e falei com ele há vários anos, suas respostas na prisão, quinze anos após o assassinato de 1989, foram claramente irracionais e bizarras, compatíveis com uma psicose esquizofrênica.

O caso de Prosenjit Poddar em 1969 também se tornou "notório", não porque uma celebridade foi morta, mas por causa de uma falha de um psiquiatra em alertar a pessoa do perigo iminente.[820] Poddar, que nasceu na Índia, era aluno da Universidade da Califórnia, Berkeley. Ele frequentou aulas de dança folclórica na International House, onde conheceu Tatiana Tarasoff. Em uma festa de Ano-Novo realizada no local em 1968, ela o beijou. Poddar interpretou esse gesto inocente de forma muito mais séria, nos moldes da cultura de sua casta social Dalit (ou "intocável"), em que o beijo representaria um relacionamento sério ou mesmo um noivado. Ela não retribuiu os sentimentos e explicou isso a Poddar, que, então, sentiu intenso rancor e começou a persegui--la. Enquanto ela visitava o Brasil no verão seguinte, Poddar, em estado de depressão e raiva, consultou um psicólogo do campus e falou sobre a vontade de matar Tarasoff. O psicólogo, ao diagnosticar esquizofrenia paranoide, recomendou hospitalização voluntária; porém, um psiquiatra que o entrevistou mais tarde decidiu que Poddar era racional. Vários meses após o retorno de Tarasoff, em outubro de 1969, Poddar atirou na garota e a esfaqueou. Isso levou à decisão da Suprema Corte da Califórnia de que um profissional de saúde mental tem o dever de alertar os indivíduos que são especificamente ameaçados por um paciente. A questão ainda está em debate: a maioria dos estados adotou essa opinião, mas não todos.

Em comparação com assassinos de cônjuges, sequestradores, assassinos em série e assim por diante, os stalkers têm muito mais probabilidade de exibir sinais de doença mental, se não mesmo psicose evidente. O leitor recordará o caso do stalker e assassino Mark David Chapman, responsável pela morte de John Lennon em 1980, que discutimos no início deste livro. Antes do julgamento, mais de uma dúzia de psiquiatras avaliaram Chapman e pelo menos seis concluíram que ele era psicótico. A maioria tendia ao diagnóstico de esquizofrenia paranoide. Alguns argumentaram que o delírio que ele apresentava ficava "aquém da psicose". Ele foi condenado à prisão, onde permanece até hoje, embora, como no caso de Bardo, sem a publicidade de matar uma pessoa tão famosa, Chapman pudesse ter sido enviado indefinidamente para um hospital forense.

Um exemplo mais floreado de doença mental em um stalker é o de Arthur Jackson, um sujeito esquizofrênico de Aberdeen, Escócia.[821] Em um dos primeiros incidentes de perseguição de celebridades com resultados violentos, Jackson ficou obcecado pela atriz Theresa Saldana, que viu no filme *Defiance,* de 1980. Não foi um caso de erotomania, já que não alimentava a ilusão de que a atriz o amava. Em vez disso, delirava que, se a matasse e fosse executado pelo assassinato — Jackson considerava o suicídio um pecado —, se uniria à atriz eternamente no céu. É indicativo dos espantosos poderes da loucura o detalhe de que Jackson não percebeu problemas em imaginar que, como assassino de Saldana, também iria para o céu, em vez do "outro lugar", e que ela daria as boas-vindas à sua companhia eterna. De qualquer maneira, para realizar o desejo, entrou ilegalmente nos Estados Unidos e foi para Los Angeles. Lá, rastreou a atriz, obteve seu endereço e a encontrou na manhã de 15 de março de 1982. Jackson esfaqueou Theresa várias vezes, mas ela foi resgatada quando um transeunte ouviu os gritos e deteve Jackson. Preso, Jackson foi internado no hospital forense Atascadero e depois encaminhado a um hospital psiquiátrico na Inglaterra, onde morreu em 2004, aos 68 anos. Pode-se especular que seus esforços para descobrir onde Saldana morava inspiraram Robert Bardo a rastrear o paradeiro de Rebecca Schaeffer sete anos depois, mas não se pode ter certeza.

Até agora, nos concentramos principalmente em stalkers que tinham como alvo pessoas famosas, porém, o stalking não se limita a elas. Estimativas nos Estados Unidos apontam que uma a cada doze mulheres relata ter sido perseguida em algum momento da vida, em contraste a apenas um homem em 45. Quanto à possibilidade de ter sido vítima desse tipo de crime no ano anterior, o stalking, com uma taxa de 1%, ocupa uma posição intermediária entre o estupro (0,3%) e a agressão física (1,9%). Formas erotomaníacas de stalking são comuns no grupo maior, embora existam, conforme sugerido acima, diferenças importantes no modo como os distúrbios se manifestam. Como aponta o dr. J. Reid Meloy, o tipo clássico de Clérambault — aquele com a convicção de ser secretamente amado pelo objeto de suas afeições, que pode não ter consciência da existência da pessoa erotomaníaca — é a forma menos comum.[822] Para Meloy, pessoas com esse delírio de grandeza sofrem de *transtorno delirante erotomaníaco*. Mais comuns são os transtornos de "amor obsessivo", em que a pessoa em questão reconhece a falta de reciprocidade por parte do objeto de afeição. Consideremos o caso de John Hinckley Jr., que tentou matar o presidente Reagan em 1981. Hinckley sabia muito bem que a mulher que amava, a atriz Jodie Foster, longe de retribuir seu amor, não tinha nenhum interesse por ele, além de tê-lo considerado grosseiro quando ambos estudaram em Yale — por deixar cartas de amor e poemas debaixo da porta da futura atriz. Hinckley imaginou que, ao matar o presidente, se "elevaria" ao nível de fama dela, tornando-se, de alguma forma, digno do afeto de Foster. Pouco antes do tiroteio, Hinckley tentou transmitir seu senso de urgência em uma carta à estrela, nunca enviada pelo correio, na qual dizia: "Admito que o motivo pelo qual cometerei este ato é porque não posso mais esperar para chamar sua atenção. Tenho que fazer algo agora para que você entenda de forma clara que fiz tudo isso pelo seu bem".[823] Meloy chama esse tipo de fixação de *erotomania limítrofe*. É também onde podemos categorizar Richard Farley, cuja fixação por Laura Black e a violência cometida no local de trabalho da garota já examinamos.

Farley, aliás, não é o único stalker que cometeu assassinato em massa. Em 1983, Michael Perry, um homem esquizofrênico que perseguiu a atriz Olivia Newton-John na Califórnia, fracassou no plano de encontrá-la e feri-la. Então voltou para casa na Louisiana e matou a própria família. Na época da prisão, seus planos incluíam matar a juíza da Suprema Corte Sandra Day O'Connor.[824] Darnell Collins, ex-presidiário que perseguia a ex-namorada April Gates, atirou na garota, na mãe e em mais cinco pessoas depois que Gates obteve uma ordem judicial contra ele.[825] O caso Collins difere dos tipos erotomaníacos mais típicos porque ele chegou a ter um relacionamento com a vítima, enquanto Newton-John nada sabia sobre a existência de Perry, Rebecca Schaeffer provavelmente não sabia que sua equipe havia enviado sua foto a Bardo e para Jodie Foster, Hinckley era apenas um terrível inconveniente do passado. O caso Collins não chamou tanto a atenção da mídia, mas é bem mais comum: a maioria dos stalkers costuma ter pelo menos algum contato mínimo com as vítimas.

Pessoas nas garras desse tipo de amor obsessivo não precisam ser psicóticas, embora Arthur Jackson fosse. Bardo ocupa uma posição intermediária, a meu ver, na medida em que sentiu que a foto que Schaeffer lhe enviou, na qual rabiscou "Te amo", talvez significasse que a atriz o amasse um pouco. Quer dizer, tratou-se de um equívoco interpretativo, de uma coisa sem sentido, mas *não começou* com a convicção de que Schaeffer estava secretamente correspondendo aos seus sentimentos. Ele não delirava completamente em relação a ela, embora fosse, acima de qualquer dúvida razoável, esquizofrênico, assim como Jackson, que, do mesmo modo, estava ciente de que Saldana *não* o amava. Em relação aos atributos de personalidade vistos com frequência em pessoas erotomaníacas, em especial as limítrofes, em primeiro lugar estão o traço narcisista, com ênfase em sua personalidade presunçosa; o paranoide; e muitas vezes o antissocial e esquizoide, no sentido de indiferença e inadequação social.

A capacidade de assumir esse tipo de comportamento foi ampliada pela internet, o que facilitou o stalking à distância e também deu uma espécie de falso incentivo aos aspirantes a stalkers por meio da facilidade com que se pode criar nomes fictícios para entrar em contato com potenciais vítimas. Esse "stalking cibernético" se tornou uma prioridade para o FBI e representa uma nova variedade de crimes, outro "novo mal" da era atual. O elemento narcisista é fortalecido em boa parte pelo anonimato atrás do qual o stalker pode se esconder ao tentar conhecer outras pessoas, mesmo aquelas que estão muito longe dele — a proximidade geográfica não é mais uma necessidade. Cyberstalking costuma ser uma forma não letal de perseguição, exceto nos casos de bullying que mencionamos, embora, mesmo assim, seja uma prática altamente perturbadora e ameaçadora.

Alguns exemplos recentes: Joseph Ostrowski, treinador de futebol de 29 anos de uma escola secundária da Pensilvânia, usou redes sociais para assediar, ameaçar e intimidar várias alunas da Universidade de Michigan.[826] Ele se aproveitava de informações pessoais que as vítimas postavam online. Além disso, foi descoberto que armazenava pornografia infantil no computador. Em 2013, Ostrowski foi condenado a trinta anos de prisão pelos dois crimes. James Allen, de Detroit, foi preso sob a acusação de perseguir pelo menos dez mulheres na área de Buffalo e ameaçá-las dizendo: "Comunique-se comigo ou enviarei fotos de você nua para seus amigos e familiares".[827] Ele foi preso por crimes de *cyberstalking*, tráfico de senhas de computador e telefonemas com assédio. Allen chegou a criar perfis falsos no Facebook e se passar por administrador do site, e pedia às mulheres que o contatassem via webcam. Como último exemplo, em 2014, um ativista político de Nova York de 22 anos, Adam Savader, foi condenado a trinta meses de prisão por extorsão e stalking.[828] Ele invadiu contas online de quinze mulheres e encontrou fotos delas nuas. O aspecto intimidador estava na forma como avisava as vítimas: "É tudo muito simples. Você tem até o meio-dia. Eu não estou blefando. Não seja idiota. Depois que as fotos forem enviadas, não podem ser desenviadas". Ele aparentemente sofria de algum tipo de "problema de saúde mental", o que foi admitido pelo tribunal, porém, como a juíza Marianne Battani sabiamente acrescentou: "Você não pode usar a doença mental como desculpa quando sabe a diferença entre certo e errado". Quanto a esses três casos de cyberstalking, eu não teria obtido informações sobre eles se não fosse pela internet — de modo que é preciso reconhecer o lado positivo da rede mundial de computadores.

Nenhuma discussão sobre stalking, principalmente do tipo *erotomaníaco limítrofe*, pode ser considerada completa sem referência ao caso fenomenal de Diane Schaefer e a intrusão deliberada que cometeu na vida do dr. Murray Brennan, um especialista em câncer de renome mundial da cidade de Nova York.[829] Pessoas que sofreram com um casamento terrível ou uma situação de trabalho que esmaga o ego costumam explicar

338.　CRUEL : Índice da Maldade

suas dificuldades com a metáfora de "terem vivido um filme ruim". No caso de Schaefer e do dr. Brennan, realmente foi produzido um filme a respeito do martírio de oito anos sofrido pelo médico. O filme de 2002 se chama *Obsessed — Presença de Ellena* e é muito bom, mas a história por trás revela uma situação sombria.

Existem, sem dúvida, elementos obsessivos em qualquer caso de stalking. Existem os comportamentos repetitivos e impulsivos, que a vítima é incapaz de controlar e interromper; além disso existem as preocupações e fixações que devoram as atividades mentais da pessoa ao longo do dia. Os sonhos de alguém podem carregar essas preocupações noite adentro. No entanto, por "amor obsessivo" geralmente nos referimos a uma de duas situações principais. Na primeira hipótese, a pessoa tem uma séria "queda" por um homem ou mulher que conhece, mas não namorou, e apenas admira a pessoa à distância. Na história de Goethe, *Os Sofrimentos do Jovem Werther,* mencionada anteriormente (e talvez baseada na própria obsessão juvenil e temporária de Goethe por Charlotte Buff), Werther conhecia e amava sua amiga Lotte, embora não houvesse intimidade. A obsessão continuou mesmo depois que Lotte se casou com o noivo, Albert — e chegou a se suicidar para não interferir na vida da mulher que amava. Um homem de escrúpulos, pode-se dizer, que nunca faria mal à pessoa que ama, embora nutrisse sentimentos de modo obsessivo.

Na outra possibilidade, a pessoa teve um relacionamento *real e muitas vezes íntimo* com alguém — e então, após o rompimento, fica obcecado pelo(a) ex-amante. Todo mundo conhece essa pessoa, e muitas peças e óperas têm essa história como tema. Em *La Bohème*, o herói, Rodolfo, se apaixona pela bela Mimi no primeiro ato, e depois, no terceiro ato, torna-se obcecado e cheio de ciúme mórbido, a ponto de obrigá-la a deixá-lo. Desse tipo, encontramos sujeitos com escrúpulos, porém, também existem os obcecados não apenas pelo(a) ex-amante, mas também pela vingança e pelo desejo de prejudicar o indivíduo.

Contudo, Diane Schaefer não se encaixa facilmente nesses modelos. Ao contrário de Werther e Lotte, ela se deixou envolver por um amor obsessivo por um homem com quem não tinha ligação, que conhecia apenas pela reputação. Schaefer também não apresentava erotomania clássica do tipo de Clérambault, pois não nutria a ilusão de que o dr. Brennan a amava secretamente, embora ele ocupasse uma posição social mais elevada, como na descrição clássica. Schaefer trabalhava com redação de textos médicos e tinha a mesma idade do médico que perseguia. O que chama a atenção é a maneira como ela invadiu a vida do médico, ao segui-lo — sempre que possível — aonde quer que fosse. Robert Bardo e Arthur Jackson, embora fossem esquizofrênicos altamente psicóticos, não se inseriam na vida cotidiana das mulheres que amavam obsessivamente. O estado mental de Diane Schaefer não é tão evidente quanto o deles, e é mais difícil de avaliar. Seu desejo principal era estar perto do objeto de afeição. Para isso, se esforçou para ficar sabendo tudo sobre a agenda de viagens do dr. Brennan, o nome da esposa e dos demais membros da família, além dos horários e locais das reuniões profissionais; ela enviava inúmeros presentes e cartas de amor, e telefonava várias vezes, disfarçando a voz para passar pelas secretárias. Em uma ocasião, apareceu no apartamento do médico vestida apenas com um negligé.[830] Ela também perseguiu a esposa do médico e fez ameaças violentas para tentar desestabilizar o casamento. Uma das artimanhas mais criativas foi telefonar para a companhia aérea na qual o dr. Brennan estava prestes a embarcar para uma reunião e dizer à recepcionista que era a "sra. Brennan" e que havia mudado de ideia e queria acompanhar o "marido" e gostaria de adquirir uma passagem no assento ao lado dele. Sem motivos para duvidar da mulher, a recepcionista acomodou a "sra. Brennan", de modo que Schaefer pôde sentar-se ao lado do amado durante todo o voo. Com igual destreza, ela era capaz de entrar no mesmo táxi em que o dr. Brennan. Pelo fato de Schaefer se expressar de modo racional e coerente, teríamos que atribuir tal comportamento à astúcia e falta de escrúpulos, e não ao pensamento puramente delirante de alguém como Bardo ou Arthur Jackson. No entanto, era "louca" se considerarmos que apresentava uma espécie de loucura voluntária em seu comportamento. A loucura havia sido criada, por assim dizer, a serviço da fixação erotomaníaca e sobreposta a uma doença mental de transtorno de humor — especificamente, depressivo. Somado a isso, Schaefer tinha, além do humor depressivo e sentimentos narcisistas típicos de uma pessoa presunçosa, traços antissociais bem definidos. Por exemplo, ela acusou falsamente o dr. Brennan de ser "molestador de crianças" e, em outra ocasião, ameaçou matá-lo ao dizer: "Eu não posso viver enquanto você estiver vivo nesta terra... Eu vou matar você ou vou me matar. O fato de você estar vivo me deixa devastada".[831] Não é preciso dizer que o dr. Brennan rejeitou consistentemente as investidas de Schaefer, que suportou de 1982 a 1990, até, finalmente, documentar os golpes e gravar os telefonemas. Armado com essas informações, o dr. Brennan conseguiu que Schaefer fosse presa por "assédio qualificado" — a designação legal para stalking — e ela foi condenada a cumprir dois anos de prisão. Porém, os dias de stalking de Schaefer não haviam terminado. Mais tarde, após sua libertação, ela chegou a perseguir um juiz, bem como seu próprio advogado.[832] Ela deve ter aplicado consideráveis artimanhas para se manter a par do paradeiro do dr. Brennan, uma vez que operava na era pré-internet, quando a privacidade ainda era fácil de proteger — não poderia apenas dar um google em busca de detalhes da vida particular e profissional do médico.

Tive a oportunidade de atender uma mulher que estivera obsessivamente apaixonada por um homem durante um breve período e, depois que ele rompeu o relacionamento, se tornou obcecada por vingança. O stalking consistia em inundar o ex-amante com telefonemas, cartas e e-mails. Enviava alguns e-mails de computadores de amigos, para que os endereços de protocolo de internet fossem diferentes dos de seu computador doméstico. Ou fingia *ser* essas outras pessoas, proprietárias dos computadores que usava, e escrevia cartas grosseiras, repletas de repreensão ao ex-namorado por tratar de maneira tão mesquinha a garota que ele havia rejeitado. A mulher não me contou a verdade sobre a frequência com que contatava o "ex". Eu o contatei pelo meu computador e ele documentou por e-mail todos os dias e quantas vezes ela tentou contatá-lo via qualquer meio. Fiz um gráfico com todas essas informações, que poderia usar para lembrá-la quantas vezes havia se comunicado com aquele homem. Dessa forma, consegui persuadi-la a parar com o assédio e, como dizem, *seguir em frente* com sua vida.

Alguns desses exemplos de stalking demonstram, assim acredito, que a lei não tem sido bem equipada para lidar com crimes dessa natureza, faltando medidas apropriadamente rigorosas — ou seja, uma vez avaliado o impacto sobre as vítimas, podemos concluir que as sentenças deveriam ser mais severas. Alguns pequenos passos foram dados, é verdade, após cada incidente que obteve notoriedade. Leis anti-stalking foram colocadas em prática após o assédio sofrido pela dra. Orion e, como mencionamos, o acesso aos endereços das pessoas através do DMV foi restringido após o assassinato de Rebecca Schaeffer. No entanto, as sentenças aos infratores que perseguem suas vítimas — mas não matam — costumam ser muito brandas, sem levar em consideração que stalkers cada vez mais obsessivos costumam ser muito resistentes ao tratamento psicológico. No caso de Diane Schaefer, ela deu passos cada vez mais agressivos para arruinar a vida do dr. Brennan e, talvez, chegasse a matar o médico ou a esposa. A situação é análoga a certos casos de "tentativa de homicídio". Quando a vítima sobrevive, a lei muitas vezes estabelece uma sentença que é consideravelmente menos severa do que teria sido em caso de morte da vítima. Muitas vezes, a sobrevivência do indivíduo em uma tentativa de homicídio é meramente o resultado de algum "milagre da medicina moderna", não disponível vinte anos antes, ou de uma bala disparada pelo criminoso que se desloca alguns milímetros para a esquerda ou para a direita da artéria femoral ou da aorta ou do coração, de modo que a vítima não sangra até a morte. No entanto, se for demonstrado que a intenção do criminoso era matar, então a diferença, no que diz respeito à gravidade do crime, entre homicídio e tentativa de homicídio é uma questão acadêmica. A duração da pena não deve variar muito, uma vez que o nível de periculosidade do criminoso era o mesmo. Um stalker que perturba a vida diária e a tranquilidade de uma vítima de forma tão severa quanto algumas das pessoas que discutimos aqui deve, acredito, ser considerado altamente perigoso e receber uma sentença de acordo com esse nível de periculosidade — baseada nas estimativas dos melhores especialistas forenses em relação à probabilidade de repetição do comportamento de stalking. Na Inglaterra, há alguns criminosos cujas sentenças consistem em serem libertados "por vontade da Rainha" — isto é, quando as autoridades competentes no sistema penal, após nova análise, concluem que o criminoso em questão não exibe risco de reincidência. Isso pode acontecer em um curto ou longo período de tempo, ou mesmo nunca — a depender da capacidade do stalker (ou falta dela) de remorso genuíno e reabilitação. Alguns stalkers, ao defender suas ações no tribunal, invocam forças "externas" e dizem frases como: "Não sei o que me levou a fazer essas coisas". No entanto, essas palavras costumam ser ditas da boca pra fora e não com sinceridade. Mesmo essa fraseologia é preocupante: "O que me possuiu" sugere o desejo de transmitir a ideia de que tal comportamento foi influenciado por alguma força — o diabo ou um espírito maligno que tomou conta do cérebro do criminoso e, portanto, ele não é responsável. Após a libertação, essas pessoas costumam continuar a perseguir, como já observamos. Nada muda. A rainha não teria ficado satisfeita. Como os casos anteriores mostraram, a expressão "amor obsessivo" é usada em uma variedade de situações clinicamente diferentes. Os tipos de violência que abordamos aqui não fazem justiça aos tons de cinza que povoam a região entre as extremidades — isto é, stalking versus não stalking, psicose versus não psicose. Diane Schaefer é um bom exemplo da complexidade em qualquer discussão sobre amor obsessivo. A depressão que sentia era grave o suficiente para sugerir uma "psicose depressiva", mas as manifestações externas dessa condição consistiam em comportamentos ultrajantes, mais do que em distorções e delírios sobretudo cognitivos da psicose depressiva mais comumente encontrada. Um exemplo desta última característica seria uma mulher, recentemente divorciada, que foi internada em um hospital psiquiátrico há alguns anos, e sofria da ilusão de que o marido lançava "raios" da própria casa até a casa onde ela, então, residia — raios que exerciam efeito prejudicial ao cérebro dela. Podemos entender que esse delírio era a concretização da tristeza e do sentimento de desespero e perplexidade por ter sido rejeitada pelo marido. Schaefer estava no início de seus quarenta anos e estava sozinha. Talvez tenha sido essa a crise que mobilizou seu comportamento "insano." Ainda assim, sua perseguição cruel e persistente significava que a depressão havia sido ofuscada pela gravidade do transtorno de personalidade, que continha traços narcisistas, paranoicos, limítrofes e também psicopáticos. Tal como acontece com muitos psicopatas de "colarinho branco", Schaefer mostrou principalmente traços narcisistas, como mentira patológica, manipulação, insensibilidade, falha em aceitar a responsabilidade pelo próprio comportamento e falta de remorso genuíno, em vez dos *criminológicos* — prisões por muitos tipos diferentes de crime e assim por diante. Além disso, sua capacidade cognitiva não era tão comprometida quanto a da mulher divorciada perturbada pelos "raios". Espero que os casos de amor obsessivo incluídos aqui, principalmente o de Schaefer, demonstrem como essas pessoas são resistentes às intervenções psiquiátricas, não raro a ponto de serem totalmente intratáveis.

As pessoas discutidas aqui, que exemplificam o amor obsessivo combinado com stalking, representam uma forma comparativamente nova de psicopatologia. Os casos famosos surgiram principalmente da década de 1980, na era do "novo mal". Os indivíduos exibiam narcisismo e personalidades presunçosas exageradas, em que o stalking implacável, sempre prejudicial, e às vezes fatal, era realizado sem a menor centelha de remorso ou contenção. Diane Schaefer e Richard Farley representam o extremo deste espectro, graças à absoluta inventividade de suas manobras e anos de dedicação à sua arte mórbida. Farley estava a meses de completar 40 anos quando matou os sete funcionários da empresa onde trabalhava e disparou contra Laura Black; Schaefer estava na casa dos 40 no início do período em que começou a perseguir o dr. Brennan. As vidas anteriores de ambos eram desfalcadas de relacionamentos íntimos bem-sucedidos; socialmente, eram solitários, sem sucesso no amor. Talvez a aproximação da meia-idade, sem histórico de sucessos românticos, tenha contribuído para o desespero do "agora ou nunca" que levou os dois ao stalking. Essa não pode ser a história completa, uma vez que há muitas pessoas em circunstâncias semelhantes que nunca se envolvem em comportamentos tão intrusivos, quanto mais perigosos. Mal podemos diagnosticá-los. Não podemos explicá-los por completo. Os franceses têm uma palavra melhor para esse comportamento: *monomanie*, que implica uma preocupação delirante estritamente limitada a um pequeno território no mapa psíquico — em essência, uma monomania, ao mesmo tempo em que o resto da função mental permanece livre de distorções psicóticas.

Encerramos esta discussão sobre stalking com uma descrição do único outro paciente que encontrei que exibia o tipo de comportamento de perseguição de De Clérambault — uma médica divorciada de 50 anos com um filho adulto. O filho morava em um país diferente. Por motivos de confidencialidade, mudei nomes e lugares relevantes. Ingrid, como vou chamá-la, veio da Áustria e, em sua solidão pós-divórcio, desenvolveu uma preocupação delirante com um famoso barítono da ópera. Ao contrário da paciente clássica de Clérambault, ela era abastada e da mesma classe social que o objeto de seu amor erotomaníaco, embora a fama dele o colocasse socialmente um degrau acima dela. Ela comprava ingresso para qualquer ópera em que o famoso barítono aparecesse, e viajava para qualquer país em que estivesse se apresentando: Alemanha, França, Itália, Inglaterra, Estados Unidos e assim por diante. Estava convicta de que a grande *Bewunderung* (admiração) por ele, juntamente do elã em seu cérebro, saltaria de sua cabeça e se instalaria na do barítono, o que lhe permitiria cantar de forma ainda mais maravilhosa do que seria capaz sem a transmissão invisível de Ingrid, que estava em algum lugar da plateia. A mulher estava convencida de que ele apreciava o "presente" e seu amor era correspondido na mesma intensidade. No entanto, na imaginação de Ingrid, o barítono não tinha liberdade para demonstrar esse afeto, por causa do ciúme de sua esposa. Pior ainda, Ingrid acreditava que era seguida por pessoas de língua alemã contratadas pela esposa para proteger o "território" e garantir que Ingrid "não causasse problemas para o casamento". Ingrid nunca se aproximou do barítono, de modo que, embora o seguisse — a primeira metade do stalking —, nunca invadiu a privacidade dele. O delírio tinha outra característica fundamental. Se, por acaso, em casa, ela visse um homem parado a cem metros de distância da janela da cozinha, presumia que era o barítono, que tentava sinalizar o amor por ela do melhor jeito que podia, o que não ousava fazer de forma direta por causa do ciúme da esposa. De certa forma, o delírio erotomaníaco era bastante satisfatório: apesar de não estar exatamente *com* o grande barítono, também não estava totalmente sozinha. Para Ingrid, eles eram amantes sofredores, destinados a compartilhar uma intimidade apenas do espírito, e não do corpo. O motivo de buscar um tratamento tinha a ver com a parte mais paranoica do delírio: aqueles "mercenários" alemães que garantiam que ela nunca se aproximasse do amado. Caso eu fizesse algo para espantá-los, talvez ela pudesse se aproximar do barítono. Ingrid pensava que o casamento dele era instável. E não estava muito errada. Um ano depois que comecei a atendê-la, o barítono se divorciou. Mesmo assim, ela nunca se aproximou dele. Tive a oportunidade de abordá-lo anos depois, quando cantou no Metropolitan. Após a apresentação, contei a ele sobre uma mulher que sentia o espírito saltar dela para a cabeça dele, o que lhe permitia dar o melhor de si. O barítono sorriu e disse que, como não sabia o modo como cantava antes da presença da mulher na plateia, não poderia comparar com seu canto quando Ingrid *não* estava presente, pois ela sempre estava, só podia torcer para que sua admiradora continuasse a frequentar as apresentações. E se ter um fã tão leal fosse benéfico, afinal? É claro que Ingrid era diferente dos tipos de stalkers que delineamos aqui. Não havia nada do "novo narcisismo" ou "novo mal". Era uma mulher doce, triste e solitária, cujo único traço possivelmente narcisista consistia em uma suposição grandiosa de que o amor secreto pelo barítono era a chave para o enorme sucesso dele.

MASSACRES EM ESCOLAS

Em intervalos irregulares, porém com frequência deprimente, somos atingidos pela notícia de tiroteios em escolas. Como esses tiroteios ocorrem com certa regularidade, mas não com data marcada, somos pegos desprevenidos todas as vezes. Isso intensifica nosso choque e horror com mais uma atrocidade — outro mal. Tiroteios escolares são uma espécie peculiar dentro do gênero de assassinato em massa. Para nosso desconforto — e descrédito — os Estados Unidos ultrapassam outros países, não por centímetros ou metros metafóricos, mas quilômetros. Estamos em uma "divisão" diferente e o placar mostra que estamos vencendo de lavada os outros países.

Tenho uma planilha de assassinos em massa que receberam elevado nível de atenção na imprensa, desde 1857 até o momento em que este livro foi escrito, em maio de 2018. Atualmente, são 333. Entre os assassinatos em massa de todos os tipos, o número de atiradores escolares chega a 22, ou 6,6% do total. São distribuídos de maneira quase uniforme, com doze nos Estados Unidos e dez em sete outros países. Entre assassinos em massa de qualquer tipo, cerca de treze nações se destacam por ter um único caso registrado. Percebo números maiores em alguns países: doze no Canadá; seis na Alemanha, na China e na Nova Zelândia; cinco na França e quatro na Inglaterra e na Suécia. De forma alguma isso representa a imagem precisa do assassinato em massa no mundo inteiro desde o início do século XX, uma vez que alguns casos, embora raros, ocorreram em países mais obscuros. Além disso, um grande número de assassinatos em massa nos Estados Unidos recebe pouca atenção da imprensa ou envolve menos do que as três mortes exigidas pelo FBI desde 2013 ou as quatro necessárias para que um ataque corresponda a um padrão arbitrário. Às vezes, a contagem de vítimas é menor por causa (felizmente) da pontaria ruim ou algum outro "equívoco" por parte do assassino. Foi o caso de uma das poucas mulheres entre os atiradores escolares, Laurie Wasserman-Dann, que, em um subúrbio de Chicago, atirou em um grupo de crianças do jardim de infância, feriu cinco, mas matou apenas uma, antes de cometer suicídio.[833] Conforme observamos anteriormente, assassinos em massa, inclusive atiradores escolares, são predominantemente do sexo masculino, que representa cerca de 97% dos casos.[834]

Ao longo de 2018, vários artigos sobre atiradores escolares surgiram após o atentado no colégio em Parkland, Flórida, em que Nikolas Cruz, de 19 anos, expulso da escola no ano anterior por causa de comportamento agressivo, foi acusado de realizar um massacre no Dia dos Namorados. Alega-se que, ao utilizar um rifle semiautomático, AR-15, recém-adquirido — e de fácil acesso —, adicionado à sua já grande coleção de pelo menos dez rifles e espingardas, ele matou dezessete estudantes antes de ser finalmente capturado pela polícia. A parte "capturado pela polícia" da história é a característica mais incomum do caso, uma vez que a maioria dos assassinos em massa, incluindo atiradores escolares, comete suicídio quando a polícia se aproxima, ou são mortos pela polícia, no que, às vezes, é chamado de "suicídio por policial". Poucos sobrevivem para contar a história. Se essas acusações forem confirmadas, pareceria que Cruz escolheu o Dia dos Namorados como espécie de vingança, provocada pelo ciúme por ter sido rejeitado pela namorada na escola alguns meses antes, quando ela passou a gostar — o que é compreensível, como se constata — de outro rapaz. De acordo com relatórios publicados, Cruz já havia recebido tratamento para depressão e havia se cortado e tentado suicídio bebendo gasolina.[835] Presume-se que tenha sido afetado por desordem de espectro alcoólico fetal (FAS, na sigla em inglês), tendo nascido de uma mulher possivelmente alcoólatra que o entregou para adoção.[836] Se essa alegação for verdadeira, pode ser que o FAS tenha contribuído para o desencadeamento da violência que Cruz cometeu. Numa série de outros casos notórios de homicídio, o distúrbio esteve entre os possíveis fatores de propensão a dificuldades de controle de impulso e explosões de violência.[837] Se de fato estava presente, o FAS também pode ter contribuído para a ideação suicida de Cruz e tentativas de se matar, dada a alta proporção de pessoas com a síndrome que (a) morrem em média com apenas 34 anos e (b) cujas mortes são causadas por suicídio em 15% dos casos, de acordo com uma pesquisa recente do dr. Carl Bell.[838]

O foco deste capítulo são os atiradores escolares cujos atos foram cometidos em instituições do ensino fundamental até o ensino médio. Muitas compilações na literatura incluem tiroteios em universidades também. Não há dúvidas de que os massacres são tragédias, independentemente do local ou das vítimas visadas, contudo, há algo doloroso no massacre em massa de crianças. É por isso que o assassinato em 2012 de vinte alunos do jardim de infância em Newtown, Connecticut,[839] teve, talvez, um impacto ainda mais devastador sobre o público do que o assassinato cinco anos antes de 32 alunos e professores do Instituto Politécnico de Virgínia e Universidade Estadual,[840] comumente chamado Virginia Tech. Ambos os massacres foram realizados por homens com severo autismo no início de seus 20 anos — Adam Lanza em Newtown e Seung-Hui Cho na Virgínia — o que, conforme observado anteriormente, marcou pessoas autistas com estigma não merecido, uma vez que são menos propensas à violência do que grupos de indivíduos com certos transtornos psiquiátricos. Como vimos, os tiroteios escolares de qualquer tipo merecem lugar em um livro que se concentra nos tipos de mal que se manifestaram com força especial na última metade do século passado. Tiroteios escolares, por exemplo, foram registrados em detalhes e documentados desde o início do século XIX. O mesmo ocorre com assassinatos em massa em geral. Criamos três gráficos relevantes: um, que mostra o crescimento, por década, da população nos Estados Unidos entre 1840 e maio de 2018 (novamente, a época em que este livro foi escrito); outro, que mostra o número de tiroteios escolares envolvendo qualquer número de vítimas durante o mesmo período; e o terceiro, que mostra o número de mortes infligidas por esses tiroteios. Os gráficos revelam o aumento gradual e sutil da população norte-americana nos últimos 188 anos, em contraste com o sensível aumento no número de tiroteios escolares e de vítimas desde os anos 1960.

Na maior parte, os tiroteios escolares nos Estados Unidos durante o século XIX e na primeira metade do século XX foram motivados por questões altamente pessoais. Mortes e ferimentos foram limitados a uma, ou talvez duas ou três pessoas. Os envolvidos se conheciam. O que causava a violência geralmente era uma discussão, um sentimento de indignação por uma injustiça ou um triângulo de ciúme em que um rapaz matava outro por causa de uma garota. Dos Sete Pecados Capitais enunciados no ano 590 pelo Papa Gregório 1 — Orgulho, Inveja, Ganância, Preguiça, Luxúria, Raiva e Gula —, nossos ancestrais que executaram tiroteios escolares foram motivados em grande parte por Raiva, Orgulho e Inveja. Os exemplos parecem quase pitorescos, em comparação com o que testemunhamos na era atual. É possível até simpatizar com os atores desses dramas de pequena escala.

População dos EUA (1840 — Maio de 2018)

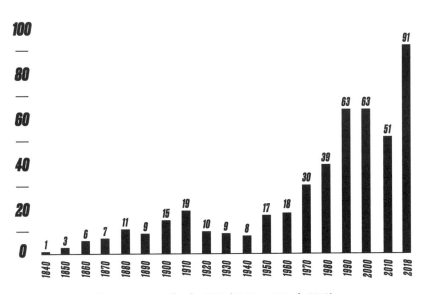

Tiroteios em escolas dos EUA (1840 — Maio de 2018)

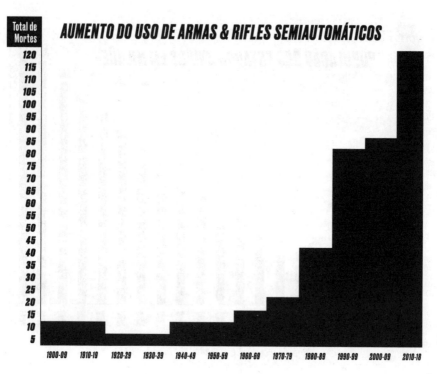

Mortes em tiroteios em escolas dos EUA
(1840 — Maio de 2018)

Em um exemplo antigo, datado de 1856, um mestre-escola em Florence, Alabama, tinha um pardal de estimação e alertou os alunos para que não machucassem o animal, ou então mataria o responsável. Um dos meninos pisou no pássaro, matando-o. O mestre-escola, logo em seguida, estrangulou o menino, como havia prometido. O pai do garoto, então, foi até à escola e matou a tiros o homem que tirou a vida de seu filho.[841]

Em exemplo semelhante, também motivado pelo desejo de vingar uma injustiça, temos o caso do sr. McGinnis, pai de uma menina que havia sido expulsa da escola pelo professor. Isso foi em Knights Ferry, uma pequena cidade da "corrida do ouro" no centro da Califórnia, fundada em 1848 pelo dr. William Knight, assassinado no ano seguinte. Em 1867, quando o pai foi reclamar na escola da filha, o professor o matou a tiros. Assim que o filho da vítima recebeu a notícia, foi à escola e matou o professor a tiros, em um ato de vingança pelo assassinato do pai por meio do que, pelas leis da época, poderia ser considerado como parte da zona cinzenta de homicídio como espécie de justiça vigilante.[842]

Alguns anos depois, ocorreu outro tiroteio, desta vez, com caráter mais contemporâneo, centrado na raiva de um aluno desobediente, e talvez antissocial, que se "vingou" quando foi punido pelo professor. Um jovem de 20 anos, Thomas Squires, da pequena cidade de Agency, Montana, perto da Reserva Indígena Crow, atirou no professor, o sr. Hayes, após ser expulso da escola. Sombras da violência que talvez tenha sido cometida por Nikolas Cruz, exceto o fato de que talvez Cruz, expulso no ano anterior ao seu crime, tivesse intenção de matar todos lá, não apenas um professor.[843]

Ciúme foi a motivação do assassinato de um aluno adolescente em 1904 em Chicago. Dois garotos de 16 anos disputavam uma garota havia meses. A rivalidade terminou quando Henry Schaze empurrou Paul Jelick para o chão e o matou com um tiro.[844]

Mesmo ao longo dos primeiros dois terços do século xx, tiroteios escolares envolveram apenas um número muito pequeno de mortes e foram geralmente limitados a situações em que os participantes se conheciam e em que o criminoso alimentava alguma espécie de rancor contra a vítima. O primeiro incidente em grande escala de um atirador que matou muitos, e não apenas uma ou duas pessoas de forma aleatória, sem conhecer nenhuma das vítimas pessoalmente, foi o de Charles Whitman, um estudante de engenharia da Universidade do Texas, em agosto de 1966. No entanto, foi um tiroteio em faculdade, não um caso de escola primária. Além de ter esfaqueado a mãe e a esposa, Whitman matou três pessoas em uma torre no campus da universidade. Então, por cerca de 96 minutos, atirou em alunos aleatórios, posicionado em um deque de observação no vigésimo oitavo andar da torre. Houve onze mortes adicionais, que incluíram um feto, e 31 pessoas ficaram feridas antes de Whitman ser morto pela polícia.[845] Em retrospecto, podemos ver este incidente como a inauguração, por assim dizer, dos massacres de pessoas aleatórias por um atirador — cometidos com maior frequência por um aluno de universidade, e não do ensino médio — com uma arma semiautomática.

Embora os tiroteios em escolas primárias superem os que ocorrem em universidades, como é observado nas maiores compilações de dados[846], as estatísticas sobre ambas as modalidades são curiosamente semelhantes e mostram aumentos dramáticos e abruptos que começam no final dos anos 1970 e crescem desde 1980. Em ambas as situações, as pistolas e rifles semiautomáticos disponíveis e facilmente adquiridos que se tornaram cada vez mais acessíveis no final dos anos 1960 e no início dos anos 1970 desempenharam um papel importante nesses tiroteios, principalmente nos massacres em grande escala. Hoje, esta é uma visão comum, conforme ecoado na observação de um jornalista: "Nada surpreendente, dada a disponibilidade imediata de armas de fogo nos Estados Unidos, o fenômeno [de tiroteios escolares] é esmagadoramente norte-americano".[847] Além disso, não é qualquer estudante norte-americano que comete tiroteios escolares. A grande maioria são adolescentes brancos do sexo masculino, e a maioria desse grupo, como o autor Justin Peters apontou, estudou o massacre de Columbine em abril de 1999 e obteve inspiração, se esse é um termo aceitável, ou, pelo menos, um tipo mórbido de justificativa, dos comentários dos dois criminosos, Eric Harris e Dylan Klebold.[848]

Nos atiradores de escolas primárias e secundárias, bem como em atiradores de faculdades, existem algumas diferenças perceptíveis entre aqueles que mataram apenas uma pessoa — ou uma pessoa e depois eles mesmos, em uma situação de "assassinato-suicídio" — e aqueles que mataram maior número de vítimas. Aqueles que mataram apenas uma vítima, muitas vezes cometeram o ato por motivos que consideramos relativamente compreensíveis, em um nível humano básico: discussões, ciúme, raiva pela aparente injustiça de um professor ou pela intimidação de outros alunos. Em alguns desses assassinatos, houve pouco mais do que ressentimentos juvenis, somados a um tiro acidental. Esses foram os motivos por trás dos tiroteios escolares no século XIX e nos primeiros anos do século passado. A raiva que culminou em uma fúria assassina foi a principal motivação subjetiva em jovens que, de outra forma, não eram considerados doentes mentais. Em contrapartida, aqueles que mataram grande número de vítimas eram geralmente muito perturbados emocionalmente — e muitas vezes considerados doentes mentais por parentes, conhecidos ou autoridades escolares muito antes das explosões assassinas. Esses atiradores, de modo compreensível, recebem mais atenção da mídia e contribuem inadvertidamente para a impressão do público de que a doença mental é o *principal* fator antecedente por trás desses eventos trágicos. Falaremos sobre isso com mais detalhes adiante, porém, no momento, será instrutivo olhar mais de perto vários exemplos de tiroteios em *pequena escala* (menos de quatro mortes) versus tiroteios em *grande escala* nos últimos anos, principalmente depois de 1966, ano do massacre da Texas Tower.

TIROTEIOS ESCOLARES QUE ENVOLVEM POUCAS MORTES

Em Northlake, Illinois, cerca de nove meses após o massacre da Texas Tower, Michael Pisarski, de 18 anos, matou Christine Mitchell, de 17 anos, no colégio, em maio de 1967. No verão anterior, consideravam-se noivos. Pisarski deu a Mitchell um anel de diamante, que a menina usava no dedo anelar da mão esquerda, porém, em abril do ano seguinte, quando Pisarski foi à casa da noiva, o irmão dela lhe devolveu o anel, junto de outros presentes. A mãe de Mitchell disse a Pisarski que não concederia permissão para que ele visse ou falasse com a filha. Ao que tudo indica, não foi ideia de Mitchell, que telefonou para Pisarski uma semana depois, disse que ainda o amava e marcou um encontro para a semana seguinte. Ela e Pisarski deram uma volta naquele dia. Porém, três dias depois, quando Pisarski voltou até a casa de Mitchell, a mãe da garota mais uma vez o impediu de vê-la. Uma semana depois, em 3 de maio, Pisarski foi até a escola — que havia abandonado — onde a noiva ainda estudava e a confrontou. O que aconteceu em seguida continua incerto. Segundo o testemunho de Pisarski, a menina teria reafirmado seu compromisso de casamento. Ao ouvir isso, ergueu a pistola que carregava consigo e a apontou para a própria cabeça, como se fosse cometer suicídio. Segundo seu depoimento, ele teria dito à noiva que haveria mais problemas por causa da oposição da família. Caso tenha falado a verdade no tribunal, Mitchell agarrou a arma, tentando dissuadi-lo de se matar, o que fez com que a arma disparasse por acidente, matando a menina. Pisarski não tinha antecedentes criminais. Estava deprimido antes do tiroteio, mas isso parecia mais relacionado à forte oposição da família da noiva. O tribunal do júri considerou o evento como homicídio, condenando-o a 65 anos de prisão, não podendo ser-lhe concedida liberdade condicional antes de cumprir no mínimo trinta anos da pena imposta.[849]

Em Littleton, Colorado, dezessete anos antes do massacre de Columbine, pelo qual a cidade se tornaria imediatamente conhecida, Jason Rocha, de 14 anos, armado com um revólver calibre 38, foi caçar esquilos com o amigo Andy perto do colégio. Mais tarde, no momento em que entravam na escola, encontraram outros dois rapazes, John e Scott. Rocha apontou o revólver para John e disse, talvez na tentativa de imitar um policial: "Pare!". Quando John disse que a arma estava carregada, ele a apontou para Scott. A arma disparou, e Scott morreu. Antes de fugir, os amigos que iriam caçar imploraram aos outros dois garotos para que dissessem que foi um acidente. Mais tarde, o autor do disparo ligou para o gabinete do xerife e foi levado sob custódia. Embora Jason não tivesse histórico de comportamento violento, sofria de depressão, interpretada, em parte, como resultado de negligência familiar e abuso. Embora várias testemunhas especialistas argumentassem que o garoto deveria ser internado em um centro de tratamento seguro para adolescentes, o tribunal o sentenciou a doze anos de prisão.[850]

Em Lewistown, uma cidade com apenas 6 mil habitantes no centro de Montana, Kristofer Hans, aluno de 14 anos, irritado por ter recebido uma nota baixa da professora de francês, a sra. LaVonne Simonfy, invadiu a escola armado com uma Magnum .44, bateu na porta da sala de aula numa manhã de dezembro de 1986 e pediu que a professora saísse. Ele tinha conversado com um colega de classe no dia anterior e dito: "Eu vou explodir a cabeça da Simonfy!". A professora foi até a porta e Hans atirou nela, mas não era a sra. Simonfy. Era uma professora substituta, Henrietta Smith, que havia sido chamada em cima da hora. Hans também disparou contra o vice-diretor, sr. John Moffatt. Os ferimentos de Moffatt, que sobreviveu, foram graves e ele perdeu tanto sangue que, quando o padre apareceu para dar a extrema-unção no hospital, Moffatt disse a sua esposa, Maggie, para que fosse para casa pagar a apólice do seguro de vida, pois pensou que não viveria até o fim do dia. Na verdade, Hans era um aluno de considerável inteligência, mas seu rendimento tinha caído, num momento em que seus pais estavam se divorciando. Mais tarde, foi descoberto que odiava o pai, o qual, embora fosse psicólogo escolar, era severo e antipático, enquanto sua mãe era relaxada e tolerante. Hans fora avisado de que, a menos que suas notas melhorassem, teria que ir para Wyoming morar com o pai. Esse fato pode ter gerado raiva contra a professora de francês, como se fosse ela a "culpada" pela possibilidade de Hans ter que morar com o pai, que tanto odiava. Há uma reviravolta incomum nessa história. Seis anos depois, Diane Sawyer do *Primetime Live* da ABC perguntou a Moffatt se teria interesse em se encontrar com Hans, que cumpria duas sentenças de prisão perpétua. Moffatt disse que sim, e, quando se encontraram, o jovem se derramou em um choro copioso e expressou remorso pelo que havia feito. Depois de tantos anos visto como um monstro pelos olhos de Moffatt, da esposa e filhos, Hans, naquele momento, tornou-se um ser humano.[851]

Em West Palm Beach, Flórida, dois meninos do ensino fundamental discutiam do lado de fora da escola, no final de janeiro de 1997, por causa de um relógio de pulso no valor de cerca de quarenta dólares, que

Tronneal Mangum, de 14 anos, havia emprestado do amigo John Pierre Kamel, também de 14. Por motivos desconhecidos, Mangum se recusou a lhe devolver o relógio. Durante a discussão, Mangum tirou uma pistola calibre 38 do bolso e atirou no peito do outro menino. Nenhum dos jovens tinha histórico de comportamento violento. No julgamento, que terminou cerca de um ano depois, houve o testemunho de outro aluno da escola, que disse ter ouvido, no dia anterior ao crime, dentro do ônibus escolar, Mangum comentar com outro menino que usaria sua arma para atirar em Kamel. A possibilidade de assassinato "premeditado" pode ter sido o fator que levou o tribunal a impor a sentença de prisão perpétua — o que fez de Mangum a pessoa mais jovem em Palm Beach a ser condenada a passar o resto da vida na prisão. Mais tarde, a pena foi reduzida para quarenta anos, dos quais metade já havia sido cumprida. Na época do julgamento, embora a sentença original fosse por demais severa e draconiana, o juiz condenou o flagelo das armas e da violência, observando que os crimes violentos cometidos por jovens haviam aumentado de forma acentuada em Palm Beach durante o ano anterior. Ele também lamentou a glorificação da violência, principalmente entre rapazes — agravada pela fácil aquisição de armas.[852]

Pouco depois, no outono de 1997, outro tiroteio escolar entre adolescentes ganhou as manchetes — desta vez em Pearl, Mississippi, um subúrbio de Jackson. O atirador foi Luke Woodham, armado com um rifle de caça Marlin, modelo 336/.30-30 de ação de alavanca, escondido sob um sobretudo. Ele entrou na Pearl High School e matou a tiros sua ex-namorada Christina Menefee e a amiga Lydia Kaye Dew antes de ser subjugado pelo diretor assistente, que pegou uma pistola .45 de sua caminhonete e gritou para que Woodham parasse. As mortes na escola foram, portanto, duas. Houve, no entanto, uma morte anterior. Naquela manhã, Woodham havia espancado e esfaqueado a mãe antes de seguir com o carro dela até a escola. Woodham, em um momento anterior, havia escrito um bilhete para um amigo, no qual declarava: "Não sou louco, estou furioso. Matei porque pessoas como eu são maltratadas todos os dias. Fiz isso para mostrar à sociedade: se nos pressionar, nós vamos revidar. Durante toda minha vida, sempre fui ridicularizado, sempre apanhei, sempre fui odiado". Ele era ridicularizado na escola sobretudo por estar acima do peso, mas sofria também em casa — principalmente depois do divórcio dos pais, quando tinha 7 anos de idade. A mãe, Mary Ann, era autoritária, abusiva e opressora, e dizia que seu filho nunca seria ninguém na vida. Woodham havia se tornado parte do que foi considerado uma seita satânica, liderada por Grant Boyette, que, junto de outros cinco rapazes, foi preso por associação para o crime com Woodham. Depois de condenado no julgamento, Woodham voltou ao cristianismo e escreveu uma confissão a um pastor, David Wilkerson, com esperança de que pudesse dar testemunho e, de alguma forma, ajudar no ministério de Wilkerson. Houve outras manifestações da fúria deletéria de Woodham. Ele e Boyette, certa vez, bateram na cadela de Woodham, atearam fogo ao animal e o jogaram em um lago. Woodham escreveu: "Nunca esquecerei o som que ela emitiu ao sucumbir sob o meu poder. Bati nela com tanta força que o pelo no pescoço caiu... foi uma verdadeira beleza". Após a condenação, ele se dirigiu ao tribunal e disse que seu crime tinha sido "doentio e maligno". E acrescentou: "Se puderem dar a pena de morte neste caso, eu mereço". O que o juiz proferiu não foi a pena de morte, mas duas sentenças de prisão perpétua e sete sentenças de vinte anos por aqueles que Woodham havia ferido na escola.[853] Embora os advogados de defesa argumentassem que Woodham sofria de transtorno de personalidade limítrofe, estava claro que ele não era legalmente insano e tinha perfeitas condições de ser julgado.

TIROTEIOS ESCOLARES QUE ENVOLVEM MÚLTIPLAS MORTES

Gang Lu, aluno chinês talentoso de pós-graduação em física, porém, altamente perturbado, ficou furioso e amargurado por não ter recebido um prestigioso prêmio de teses depois de obter seu título de PhD na Universidade de Iowa. Ele buscou vingança. Por ser um jovem de 28 anos, sem antecedentes criminais, foi fácil conseguir uma licença para armas. Lu comprou duas, incluindo um revólver calibre 38, logo após obter o doutorado. Ao se preparar para executar os assassinatos na forma que planejava, ele escreveu quatro cartas para vários noticiários e outra em chinês. Nenhuma foi publicada. Em 1º de novembro de 1991, Lu matou de forma rápida a tiros o presidente do departamento de física, um professor de física, um professor associado de física e, em seguida, seu rival — um ex-colega de quarto, estudante de pós-graduação, também da China. O rapaz, Linhua Shan, foi quem ganhou o cobiçado prêmio e a compensação em dinheiro. Shan era querido e extrovertido, enquanto Lu era o oposto. Lu foi descrito por aqueles que o conheciam por meio de um longo catálogo de características pejorativas: combativo, invejoso, amargo, difícil de conviver, tímido, solitário, quieto, taciturno, rancoroso, desleixado, um sabe-tudo, egocêntrico, meticuloso, abrasivo, rígido, indiferente, hipercrítico, cabeça-quente, desmancha-prazeres, arrogante, desrespeitoso, paranoico e esquizoide. Ele passava muito tempo assistindo a pornografia e filmes violentos. Pouco se sabe sobre sua vida familiar, apenas que, ao que tudo indica, possuía três irmãos normais que moravam na China.[854]

Já em idade universitária quando cometeu os assassinatos, Patrick Purdy não era estudante. Suas vítimas eram alunos da mesma Cleveland Elementary School, em Stockton, Califórnia, que ele frequentara quinze anos antes, quando tinha 10 anos de idade. Embora a Guerra do Vietnã tivesse começado quando ele nasceu em 1964, Purdy desenvolveu ódio fulminante pelos asiáticos, em particular pelos vietnamitas, principalmente aqueles que conseguiram chegar aos Estados Unidos depois da guerra. Ele os odiava de forma intensa, porque acreditava que roubavam empregos de norte-americanos nativos. Então, em janeiro de 1989, ele foi ao pátio da escola e usou um rifle semiautomático — um Type-56, de origem asiática, mas, na verdade, baseado no AK-47 —, abriu fogo aleatoriamente e matou cinco crianças entre os 6 e 9 anos de idade. Apenas uma era vietnamita; as outras eram do Camboja. Depois, se matou com uma pistola. Antes do crime, havia queimado seu carro com um coquetel molotov em uma garrafa de cerveja, o que sugere que pretendia cometer suicídio depois de matar o máximo possível de crianças. Purdy era solitário e preguiçoso, trabalhava por períodos breves como soldador, mas era frequentemente demitido. Seus antecedentes não eram promissores. Quando Purdy tinha 2 anos, a mãe se divorciou do pai, veterano do Exército, depois que ele tentou matá-la com uma arma. A mãe casou-se novamente quando Purdy tinha 5 anos, mas se divorciou quatro anos depois. Ela se mudou para a área de Sacramento, onde foi investigada pelos Serviços de Proteção à Criança por abuso. Purdy respondeu a toda essa violência com mais violência, e deu um soco no rosto da mãe quando tinha 13 anos; depois disso, viveu como um vagabundo e michê. Em uma ocasião, foi preso por oferecer sexo a um policial. Alcoólatra já na infância e viciado em drogas, Purdy passou pouco tempo no ensino médio e era considerado portador de deficiência intelectual leve. Por diversas vezes foi preso por posse e tráfico de drogas, assalto à mão armada e por disparar uma pistola semiautomática contra árvores. Possuía uma identificação com os supremacistas brancos e cometeu várias tentativas de suicídio, o que o levou a um exame psiquiátrico, no qual foi considerado um perigo para si mesmo e para

Massacres em escolas .357

os outros. A intolerância de Purdy, um mecanismo utilizado pelos fracos para se sentirem fortes e pelos socialmente humildes para se sentirem superiores, não se limitava aos asiáticos. Ele disse que desenvolveu um ódio profundo por todos. Após o massacre, a revista *Time* fez a pergunta que retomava a raiz do problema: "Como é possível que Purdy... que foi preso por crimes como venda de armas e tentativa de roubo, tenha entrado em uma loja de armas em Sandy, Oregon, e saído com um AK-47 debaixo do braço?... Armas... que não têm outro propósito a não ser matar seres humanos".[855]

Em 1998, logo após as férias de primavera na Westside Middle School, perto de Jonesboro, Arkansas — uma cidade de cerca de 75 mil habitantes —, Andrew Golden, um menino de 11 anos, soou o alarme de incêndio da escola, o que fez com que cerca de 87 alunos e nove professores evacuassem a escola. Isso os deixou à mercê de Golden e Mitchell Johnson, seu amigo de 13 anos, que, em posse de nove armas, mataram um professor e quatro alunos. As armas incluíam semiautomáticas, como um fuzil acionado com ferrolho, rifles e uma variedade de pistolas. Golden havia pegado as armas da própria casa e também de seu avô — junto de 2 mil cartuchos de munição. Os meninos fugiram da escola em direção a uma van que estacionaram a oitocentos metros de distância, com que esperavam escapar. Johnson era o mais problemático dos dois meninos. Os pais se divorciaram quando ele tinha 7 anos idade e, pouco depois, a mãe, carcereira, casou-se com um presidiário. Diz-se que Johnson havia sofrido abuso sexual quando, na época do divórcio, ficava em uma creche. Mais tarde, acusaram-no de molestar uma menina de 3 anos, embora o caso tenha sido arquivado por causa da idade do rapaz. Golden também vinha de uma família da classe operária. Seus pais trabalhavam nos correios. Ele ganhou uma arma do pai quando tinha apenas 6 anos e se familiarizou bastante com armas de fogo. Certa vez, Golden matou o gato de um colega de classe. Os dois meninos eram conhecidos como valentões na escola e aspiravam, embora brancos, a se juntar aos Bloods, uma gangue de afro-americanos. Eles também abusavam da maconha. Johnson era fascinado por armas e em uma ocasião ameaçou matar a ex-namorada, uma aluna do sexto ano que havia terminado com ele. Devido à idade do infrator, o tribunal tinha uma limitação legal no que dizia respeito à forma de punição, embora, se fossem adultos, o promotor pudesse ter pedido a pena de morte. Dadas as circunstâncias, os dois foram sentenciados à prisão domiciliar até completarem 21 anos. O público ficou indignado que uma sentença tão leve pudesse ser dada por um crime cuja autoria, e gravidade, era sabida por todos.

Exatamente uma década após o massacre, Golden, então um homem livre de 24 anos, solicitou, fiel à sua natureza, uma arma ocultada. Nesse ínterim, tinha mudado de nome, mas a polícia conseguiu identificá-lo por meio de impressões digitais, e o pedido foi negado. O problema consecutivo de Johnson com a lei foi mais sério: dois anos depois de obter a liberdade, foi preso por porte de arma e posse de maconha. Um ano depois, foi preso novamente, desta vez por roubo, posse de maconha e fraude de identidade. Embora condenado a dezoito anos, foi libertado em 2015, depois de cumprir cerca de sete anos, e reenviado para um programa de reabilitação de drogas.[856]

A história de Kipland Kinkel, conhecido apenas como "Kip", é uma das mais comoventes neste catálogo terrível de atiradores escolares. Sua trajetória toca em todos os elementos importantes: doença mental, irresponsabilidade dos pais, impulsividade adolescente, armas semiautomáticas, matança de animais e inadequação do sistema legal. Kinkel era o mais jovem de dois filhos em Springfield, Oregon, uma cidade de classe média e tamanho médio — com 60 mil habitantes — a meio caminho entre Washington e a Califórnia. Os pais eram professores. Nasceu em 1982, e, por ser hiperativo desde o início, foi tratado por algum tempo com Ritalina. Disléxico e considerado imaturo, foi obrigado a repetir a primeira série. Seus acessos de raiva eram frequentes e exibia um comportamento violento, tanto que uma vez atirou uma pedra em um carro que passava. Kinkel mostrou interesse desde cedo por armas de fogo e explosivos. De início, o pai tentou desencorajá-lo, mas depois cedeu e lhe comprou um rifle .22 e uma pistola Glock 9mm quando o filho fez 15 anos. Kinkel desenvolveu fascínio mórbido pela violência e por ferir ou matar animais. Por exemplo, atirava em esquilos e ficava observando com prazer o sangue jorrar das criaturas moribundas. Ele construiu bombas, que manteve escondidas em seu baú em casa. No início da adolescência, Kinkel foi analisado por um psiquiatra, que o considerou deprimido e prescreveu Prozac. Logo começou a abusar do álcool e da maconha. Aos 15 anos, foi ameaçado de expulsão da escola depois de ter levado uma arma carregada — uma pistola Beretta modelo 90 calibre 32, que outro aluno tinha roubado do pai e vendido a Kinkel por 110 dólares. O pai do menino relatou o desaparecimento da arma à polícia, e a escola ofereceu uma lista de alunos que poderiam ter sido os responsáveis. Kinkel foi confrontado e confessou. Acabou preso, mas depois foi liberado e levado para casa pelo pai. Horas depois, em casa, na cozinha, o pai o avisou que, caso ele não mudasse de comportamento, seria encaminhado para a escola militar. Essas foram as últimas palavras do homem, pois Kinkel foi para o quarto, pegou o rifle semiautomático Ruger .22, e seguiu para o quarto dos pais, onde pegou munição. Ao voltar para a cozinha, atirou na nuca do pai e cobriu o corpo com um lençol. Quando a mãe voltou da escola na hora do jantar, ele disse que a amava — e a matou com seis disparos. Depois, também cobriu o corpo dela com um lençol. Em um detalhe perverso na cena mórbida, quando, mais tarde, a polícia entrou na casa naquela noite, descobriu que Kinkel estivera ouvindo o "Liebestod" do *Tristão e Isolda* de Wagner — a cena em que Isolda entoa a ária erótica "Amor-Morte" sobre o cadáver do amante. Kinkel deixou um bilhete que explicava por que havia matado os pais, com a declaração: "Tenho dois crimes na minha ficha criminal. Meus pais não suportariam! Isso iria destruí-los". Acrescentou que ouvia vozes dentro da cabeça e disse: "Tenho que matar pessoas, não tenho outra escolha". Isso é o que os especialistas forenses chamam de "alucinações de comando". No entanto, como foi descoberto, Kinkel experimentava alucinações intermitentes há vários anos, embora nunca tenha reconhecido o fato. Na manhã seguinte, 21 de maio de 1998, Kinkel seguiu com o carro da mãe até a escola, armado com quatro armas ocultas, incluindo o rifle semiautomático, e matou dois alunos e feriu mais duas dúzias. Preso e condenado, foi sentenciado no julgamento do ano seguinte a 111 anos de prisão, sem liberdade condicional. Desculpou-se durante a audiência no julgamento, e a defesa tentou alegar insanidade, porém, sem resultados, já que Kinkel havia entendido claramente que o que havia feito era errado, tendo incluído no bilhete que escrevera: "Eu sinto muito. Sou um filho horrível. Gostaria de ter sido abortado. Não é culpa deles. Minha cabeça não funciona direito. Malditas vozes dentro da minha cabeça. Mas eu tenho que matar pessoas. Não sei o porquê". A irmã de Kinkel testemunhou que, no ensino médio, ele havia se tornado mais retraído e se vestia todo de preto. Embora o psicólogo que o analisara no ano anterior aos assassinatos tenha considerado que ele estava deprimido e interessado demais por armas e explosivos, com casos de "atuações" violentas, Kinkel não foi diagnosticado como psicótico. Mais tarde, o dr. Orin Bolstad, psicólogo que entrevistou extensivamente o atirador durante o julgamento, concluiu que Kinkel era nitidamente psicótico e sofria de uma condição paranoica que parecia um prelúdio para a esquizofrenia. Alguns delírios de Kinkel eram bizarros e, portanto, fortes indicadores de esquizofrenia incipiente, como o medo de que os chineses estivessem prestes a invadir os Estados Unidos — daí o hábito de armazenar explosivos sob a casa para estar "preparado" — ou pensamentos de que o governo havia implantado "chips" em sua cabeça. Kinkel relatou que as alucinações auditivas diziam: "Você é um merda estúpido... você não vale nada". O dr. William Sack, psiquiatra, também diagnosticou Kinkel como psicótico: provavelmente "esquizoafetivo" ou "esquizofrênico paranoide". Ainda outra testemunha especialista revelou que, na enorme família de Kinkel, houve vários casos de doença mental, incluindo esquizofrenia. O juiz do julgamento concluiu que a proteção da sociedade era mais importante do que a possível reforma ou reabilitação de qualquer réu.[857] No julgamento, pouco foi falado sobre o consumo de maconha, embora se saiba que a maconha, especialmente em adolescentes, pode produzir uma psicose semelhante à esquizofrenia, com características paranoicas salientes, ou então efetuar o surgimento precoce de uma esquizofrenia hereditária que poderia ter ficado dormente até o início dos 20 anos[858].

O assassinato em massa de treze pessoas cometido por Eric Harris e Dylan Klebold na Columbine High School, no Colorado, em 1999, serviu de parâmetro para mensurar outros tiroteios escolares — isto é, até o tiroteio ainda mais letal que ocorreu em Parkland, Flórida, em 2018.[859] Como um jornal noticiou recentemente, o terror peculiar do tiroteio em Columbine serviu como "inspiração improvável para futuros assassinatos em massa" — dado que uma dúzia e meia de ataques escolares consecutivos foram considerados ligados ao massacre de Columbine. Isso inclui os ataques às escolas Virginia Tech e Sandy Hook, cujos criminosos eram obcecados por Columbine e que envolveram um maior número de mortes.[860] Imediatamente após o massacre de Columbine, acreditava-se que os criminosos tivessem sido motivados principalmente por terem sofrido bullying por parte de outros alunos e por se autointitularem "estranhos" — góticos ou parte de alguma Mafia Trench Coat[*] — determinados a se vingar dos algozes. Dave Cullen, no livro publicado uma década depois, apesar de admitir que houve bullying, nos fornece uma explicação mais precisa e convincente.[861] Harris e Klebold planejaram durante um ano inteiro cometer um massacre muito mais mortal, que esperavam levar a cabo no aniversário do massacre ocorrido em 19 de abril de 1995, no Edifício Federal Alfred P. Murrah, em Oklahoma City, pelo qual Timothy McVeigh fora executado seis anos depois. Incapazes de realizar o sonho de superar por larga margem as 168 mortes no prédio Murrah, no dia 19, eles se conformaram com o que consideraram uma

---

[*]   Os atiradores de Columbine seriam, segundo declaração dos sobreviventes do tiroteio, integrantes de um grupo de estudantes antissociais, que só conversavam entre si — e eram conhecidos como a "Máfia do Sobretudo".

data igualmente satisfatória: 20 de abril, 110º aniversário do aniversário de Hitler. Como Cullen nos lembra, atirar não era o método preferido da dupla. Eles haviam plantado bombas de propano no refeitório da escola, na esperança de matar talvez seiscentas pessoas — o restante das armas semiautomáticas seria usado apenas para matar os sobreviventes da explosão. Mais bombas foram colocadas em seus carros, provavelmente para liquidar aqueles que, de alguma maneira, sobrevivessem ao tiroteio — mas as bombas não detonaram. Os dois assassinos eram parecidos no desejo de matar em escala histórica, mas diferiam quanto às características psicológicas. Harris, o mentor e iniciador do massacre, podia parecer um sujeito "legal", mas era frio, calculista e cheio de ódio. Ele atendia aos critérios do dr. Robert Hare para psicopatia, descritos anteriormente, com traços de delírio de grandeza, extorsão, insensibilidade, mentira patológica e falta de remorso — ou seja, traços de personalidade narcisista ao extremo, além de desprezo absoluto pelos sentimentos alheios.[862] Nas palavras de Cullen, Harris era um "assassino sem consciência". Também era sádico. Harris parecia reverenciar os nazistas e frequentemente fazia saudações nazistas, o que irritava os outros alunos — e provavelmente alimentava o bullying que praticavam. Entretanto, psicopatia e sadismo são anormalidades de personalidade, não distúrbios sintomáticos, como depressão, nem doenças psicóticas, como esquizofrenia. Klebold, por outro lado, embora também cheio de raiva e ódio, estava deprimido. Ambos realmente sofriam bullying dos outros alunos. Certa vez um aluno jogou um copo com matéria fecal nos dois; alguns jogavam sachês de ketchup neles. Outros chamavam os dois de "bichas". Isso levou Klebold a escrever: "Vocês nos provocam há anos. Vão pagar por toda essa merda!". Ele tinha uma disposição bem diferente da dos pais compassivos, ambos pacifistas. O bullying pode ter levado Klebold a se aliar a Harris, como uma forma de "se vingar" dos agressores. Harris não parecia se importar muito. Seu ódio e desejo de vingança estavam mais relacionados ao seu narcisismo "maligno". Após o massacre, Harris e Klebold voltaram à biblioteca da escola, onde mataram a maioria das vítimas, e ambos se mataram com um tiro — Klebold com uma pistola semiautomática e Harris com uma espingarda.[863]

Em outubro de 2002, na escola de enfermagem da Universidade do Arizona, em Tucson, Robert Flores, veterano do Exército, de 41 anos, matou a tiros três de seus professores e depois se suicidou com uma das cinco armas que havia levado consigo. Ele havia sido enfermeiro prático licenciado, mas estudava para alcançar o posto mais alto de enfermeiro registrado. Divorciado e com dois filhos, estava endividado e com problemas para pagar a pensão alimentícia. Deprimido por causa desses problemas, ainda enfrentava um terceiro: abandono dos estudos por causa das notas baixas. Na verdade, Flores estava mais do que deprimido. Como todos que o conheciam atestavam, andava constantemente zangado, combativo, intimidador, rude e se vangloriava de portar uma arma escondida. Duas das vítimas expressaram medo aos maridos, e uma delas, Robin Rogers, chegou a pedir aos membros da igreja que orassem por ela, pedindo proteção contra Flores. Os assassinatos foram premeditados. Flores escreveu uma carta de suicídio de vinte e duas páginas, que enviou ao jornal local, com a frase: "Saudações dos mortos". Na carta, mencionou que estava ciente da própria depressão, mas "mesmo com tratamento, meu futuro não mudará". A raiva foi dirigida especificamente aos professores, não aos colegas de classe, que chegou a afugentar e garantir que não iria feri-los. Ironicamente, a terceira vítima, a enfermeira Cheryl McGaffic, havia sido escalada para dar uma aula naquela tarde intitulada "A morte e o morrer". Um dos alunos comentou que, se ela não tivesse sido morta pouco antes da aula, "ela estaria nos aconselhando sobre como lidar com toda essa situação".[864]

Embora morto há três quartos de século, Hitler parece não ter perdido o fascínio que exerce sobre aqueles que pertencem à classe dos sádicos. Como exemplo, temos o caso triste, porém, intrigante, de Jeffrey Weise, que matou nove pessoas e depois cometeu suicídio na primavera de 2005; cinco das vítimas eram alunos da Red Lake High School. Nativo americano da comunidade Ojibwe, criado na Reserva Indígena Red Lake, não muito longe da fronteira canadense, Weise se autodenominava "Nazista Nativo" — em reação, ao que parece, à indignação que sentia em relação aos colegas de escola que o provocavam por seu comportamento incomum e, talvez, também pela injustiça que sentia que era obrigado a suportar como nativo norte-americano em um país predominantemente branco. Além disso, sua vida pessoal ao longo dos 16 anos foi pouco mais do que uma sequência de tragédias. Os pais de Weise não eram casados e, antes de ele nascer, se separaram. Por motivos desconhecidos, quando tinha três meses de idade, a mãe, Joanne Weise, foi obrigada pelos pais a entregar o bebê aos cuidados do ex-parceiro. Três anos depois, ela reivindicou o filho, embora fosse supostamente alcoólatra e abusasse do garoto, tanto emocional quanto fisicamente. No ano seguinte, ela passou a viver com um homem que também, dizem, sujeitou a criança a abusos. O pai de Jeff se matou com um tiro quando o garoto tinha 8 anos. Dois anos depois, Joanne sofreu um acidente de carro e ficou com sérios danos cerebrais. Jeff, então, se mudou de Minneapolis para a Reserva Red Lake, onde ficou sob os cuidados da avó paterna. A escola era um amontoado de dificuldades. Ele tinha notas baixas, faltava às aulas, era insultado e sofria bullying. Em parte, isso acontecia por ser retraído. Também era alto e acima do peso, e sempre se vestia de preto. Jeff não gostava da reserva, reclamava do alcoolismo excessivo que atingia muitos por lá e ficou deprimido, suicida e propenso a se automutilar. Um ano antes do tiroteio, foi hospitalizado por causa da depressão e tratado com Prozac. Jeff desenhava esqueletos e falava o tempo todo sobre a morte. Não tinha raiva apenas de si próprio. Dizia a algumas pessoas: "Seria legal se eu destruísse uma escola". Jeff escrevia postagens em um site frequentado por neonazistas e se autodenominava *Todesengel* — "Anjo da Morte". A admiração por Hitler era baseada, em parte, no que acreditava ter sido a "coragem" de enfrentar nações maiores, talvez sem saber que o erro fatal de Hitler foi atacar a Rússia. Um dos motivos de ter-se deixado seduzir pela figura de Hitler, foi a obsessão deste com a ideia de "pureza racial", o que o levava a discutir com aqueles que, na reserva, discordavam de sua concepção de que os ojibwes não deveriam se misturar com outras raças. Em um prelúdio para o massacre escolar, Jeff atirou fatalmente no avô, que era policial na reserva, e também na companheira do homem. Jeff roubou as armas de fogo do avô — do arsenal da polícia — e dirigiu até a escola, onde matou um guarda de segurança desarmado e um professor, antes de matar cinco alunos, todos entre 14 e 15 anos. Então tirou a própria vida. Embora as pessoas que investigaram o incidente não fossem capazes de determinar o motivo exato ou a causa imediata da violência, foi descoberto que Jeff havia assistido recentemente a um filme sobre um massacre em uma escola no estilo de Columbine. Isso pode ter algo a ver com o momento em que decidiu cometer o crime, porém há tempos Jeff cogitava realizar um massacre escolar seguido de suicídio.[865]

Como já vimos nos casos de atiradores escolares até aqui, sejam solo ou vários, adolescentes ou jovens adultos, eles representam um grupo psicologicamente estranho: alguns altamente psicóticos, outros com acentuados transtornos de personalidade, geralmente com traços paranoicos e narcisistas. Poucos são tão estranhos, com motivações menos identificáveis, quanto Charles C. Roberts IV. Motorista de caminhão da Pensilvânia que serviu em várias fazendas Amish no vilarejo de Nickel Mines, no condado de Lancaster, Roberts foi um dos poucos atiradores escolares que chegou a se casar. Não possuía histórico de doença psiquiátrica ou de crimes. Ele e a esposa, Marie, tiveram três filhos, e o quarto, uma filha, morreu logo após o nascimento. Este evento teria grande importância na tragédia por vir. Roberts, aos 32 anos, havia feito preparativos elaborados para tortura e abuso sexual de meninas e para o tiroteio na escola que estava prestes a cometer. Levou várias armas, além de um tubo de lubrificante — para usar no pênis, não nas armas. Roberts declarou ter molestado duas parentes jovens, vinte anos antes, e tinha voltado a sonhar com o abuso sexual de meninas. Pelo menos, foi o que disse. Contudo, essa história não foi confirmada durante as investigações feitas após os assassinatos, não se encontrando provas de que teria cometido abuso sexual aos 12 anos. Em todo caso, na manhã de 2 de outubro de 2006, ele foi até a West Nickel Mines School, uma instituição Amish, e ordenou que todas as meninas se alinhassem contra a lousa, mas permitiu que os meninos, uma mulher grávida e três pais com seus filhos saíssem. Feito isso, matou cinco das garotas, cujas idades iam de 6 a 13 anos, feriu outras cinco e, por fim, suicidou-se enquanto a polícia se aproximava. Entre as armas que carregava, havia uma pistola semiautomática Springfield XD, anunciada pelo fabricante como "a melhor arma de porte oculto", com cano de quatro polegadas e meia, com o preço acessível de 599,99 dólares. Ele não molestou sexualmente nenhuma das vítimas, como aparentemente planejava fazer. Roberts deixou quatro bilhetes de suicídio: um para a esposa e um para cada um dos três filhos. Antes do massacre, telefonou para a esposa e disse que ultimamente sonhava em abusar de meninas jovens, como fizera quando tinha 12 anos, e que sua vida havia sido abalada pela raiva e tristeza causada pela perda, nove anos antes, da filha recém-nascida. Na carta de suicídio para a esposa, acrescentou que estava "muito cheio de ódio, ódio contra mim mesmo, ódio contra Deus e um vazio inimaginável... Cada vez que fazemos algo divertido, penso em como Elise [a falecida recém-nascida] não está aqui para compartilhar conosco e volto a ficar com raiva".[866] Com estoicismo notável e capacidade de perdão, os Amish, embora reconhecendo a "terrível ferida", pediram misericórdia pelo que Roberts havia feito, e acrescentaram: "Não devemos pensar mal deste homem". Horas depois do tiroteio, um vizinho Amish perdoou a família Roberts. A comunidade chegou a criar um fundo de caridade para Marie e as crianças. Contudo, é preciso dizer que a atitude misericordiosa não foi compartilhada pela população que não fazia parte da seita protestante Amish. Vários comentadores, por exemplo, argumentaram que o perdão não era apropriado quando nenhum remorso havia sido expresso — Roberts tinha cometido suicídio antes que pudesse dizer algo sobre seus atos. O perdão, em tais circunstâncias, também pode ser visto como uma negação da existência do mal.[867] Não vi nenhum comentário sobre o que, para mim, era um dos aspectos mais notáveis da "psicologia" de Charles Roberts — que ele continuou a abrigar, apesar de ter três filhos vivos e saudáveis, uma dor intensa e uma raiva que consumia a alma pela perda da filha, nove anos antes. Tenho certa familiaridade com esse tema, pois sou o "filho do meio" de três: um irmão que morreu horas depois do nascimento, quatro anos antes de mim, e uma irmã que morreu poucas horas depois de nascer, quando eu tinha quatro anos. É claro que meus pais ficaram tristes por um tempo depois dessas mortes, porém, superaram a tristeza e continuaram a levar uma vida feliz e produtiva como pais de um "filho único". Lembro de ter ficado um pouco zangado quando meu pai recorreu a um eufemismo e disse que minha mãe havia "perdido" o bebê. Perguntei, ainda sem entender essas sutilezas da linguagem: "Como a mamãe pôde perder um *bebê*? Nunca cheguei a perder nem as minhas luvas". Dezenas de milhões de pessoas sofreram a morte de um filho durante ou logo após o nascimento; a grande maioria lida com a perda com a sequência habitual de luto, tristeza, convalescença emocional e recuperação. Vivemos em tempos melhores hoje. A morte neonatal é incomum. Não são muitos os que precisam lidar com os tipos de morte neonatal que as mães de Mozart e Beethoven sofreram — ambas tiveram mais filhos mortos do que vivos. Portanto, não posso deixar de concluir que Roberts apresentava uma doença psiquiátrica dentro do espectro da depressão, bastante grave e certamente não tratada. Quanto à confirmação da hipótese de ele ter molestado ou não uma garota quando tinha 12 anos, o fato de que planejava molestar as colegiais Amish antes de matá-las — embora não tenha cometido o ato — indica um transtorno de personalidade mais sério: uma perversão pedófila.

O assassinato em massa na Virginia Tech em abril de 2007 permanece o tiroteio escolar, em escola primária ou universidade, com o maior número de mortes na história dos Estados Unidos ou do mundo até hoje: 32, mais o suicídio do atirador, Seung-Hui Cho. Aos 8 anos, Cho e sua família imigraram da Coreia do Sul para a América. Quando ele estava no ensino médio na Virgínia, profissionais de saúde mental o diagnosticaram com ansiedade severa e, por causa de sua aparente recusa em falar, mutismo seletivo. A tia-avó na Coreia do Sul havia mencionado — corretamente — que o garoto tinha autismo, porém, por algum motivo, esse fato não foi considerado relevante. Da mesma forma, o avô comentou que, durante a infância, Cho nunca fez contato visual, nunca o chamou de avô, nunca o tocou — todos sinais compatíveis com um transtorno do espectro autista grave. Quando estava na escola primária, chorava e tinha acessos de raiva todas as vezes que voltava para casa. Aos 15 anos, ficou fascinado pelo massacre de Columbine, e, como resposta, escreveu em uma pasta da escola: "Fodam-se todos, espero que queimem no inferno". Chegou a escrever em um trabalho escolar sobre o desejo de "repetir Columbine". A escola conversou com a irmã de Cho sobre isso. A irmã do menino informou os pais, que o enviaram a um psiquiatra. Na escola, Cho olhava para o chão e se recusava a falar quando os professores o chamavam. Os outros alunos zombavam dele e o importunavam por causa da timidez e do comportamento antissocial. Quando os pais o levaram à igreja, o pastor percebeu que nunca ouvia Cho dizer uma frase completa. A conclusão a que chegou é de que o menino era autista e pediu à mãe que o internasse, mas ela se recusou. Quando Cho se formou no ensino médio e entrou na Virginia Tech, a situação piorou muito. Incapaz de se conectar socialmente com colegas de classe ou "bater um papo" com uma garota na esperança de marcar um encontro, tornou-se enraivecido e intimidador. Sem permissão, tirava fotos das pernas das meninas debaixo das mesas e escrevia poesia obscena ou violenta. Uma das professoras pediu permissão para a chefe do departamento para retirar Cho de suas aulas.[868] Ele foi removido do curso, porém, fora isso, parece que pouco foi feito. A chefe do departamento conversou com o aluno algumas vezes, mas o considerou desagradável e ameaçador e temeu pela própria segurança. Recomendou que Cho procurasse ajuda, o que ele recusou. Durante o primeiro dia de um novo curso, quando os alunos se apresentaram uns aos outros, Cho se recusou a falar e, quando os alunos foram solicitados a assinar seus nomes, escreveu apenas um ponto de interrogação — a partir de então passou a ser conhecido simplesmente como sr. Ponto de Interrogação. Mais tarde, começou a perseguir as meninas da turma e fez telefonemas nos quais as assediava, se passando por um "irmão de Cho, Ponto de Interrogação". Em outras ocasiões, entrava no quarto de alguma garota sem ser convidado e alegava que "via promiscuidade nos olhos dela". Uma jovem reclamou para a polícia do campus e disse que Cho era "esquizofrênico" e conseguiu que ele fosse impedido de ter contato com ela. O comportamento perturbador do rapaz se intensificou a ponto de Cho ser considerado, próximo ao final de 2005, "doente mental que necessitava de hospitalização". No entanto, embora um juiz tenha decidido que Cho representava perigo para si e para os outros, recomendou apenas que Cho fosse tratado em ambulatório. Isso se tornou importante, pois na Virgínia, a menos que Cho fosse internado involuntariamente ou considerado "mentalmente incompetente", ainda tinha permissão para comprar armas. Houve alguma controvérsia. Alguns oficiais declararam que a ordem do juiz significava, na verdade, que Cho havia sido declarado "mentalmente deficiente" e, portanto, inapto a comprar armas, porém, o estado não cumpriu a regra. Cho comprou uma pistola semiautomática Walther P22 e uma pistola semiautomática Glock 19, a primeira de Wisconsin, por correspondência, em fevereiro de 2007, e a outra de um traficante de armas na Virgínia em março — um mês antes do massacre. Para garantir o máximo de estrago na carnificina, Cho também comprou balas de ponta oca, que se expandem em contato com o tecido e causam mais danos do que suas contrapartes convencionais de revestimento de metal. Preparou um "manifesto" do massacre que planejou, onde afirmou: "Todas as merdas que vocês jogaram em mim voltam para vocês com pontas ocas". Como prenúncio arrepiante para o drama que estava prestes a se desenrolar, o texto mostrava a extensão da paranoia e do ódio e, com isso, a incapacidade de certas pessoas com autismo severo de compreender que são elas mesmas as responsáveis pela rejeição social que sofrem. Incapaz de compreender que outras pessoas evitam alguém como ele por causa da deficiência social, Cho e outros com as mesmas características, às vezes, culpam terceiros, como se o distanciamento nascesse de crueldade, mesquinhez e ódio intrínsecos. Cho se tornou obcecado por uma aluna, Emily Hilscher, e ficou indignado quando ela rejeitou suas propostas românticas. Isso fez com que a estudante se tornasse uma das primeiras vítimas da violência do rapaz.[869] Abaixo, alguns trechos do manifesto de Cho, que continha material escrito, mas também os famosos vídeos onde ele segura duas armas em uma postura desafiadora:

> Se vocês pudessem ser as vítimas de seus crimes repreensíveis e perversos, seus nazistas cristãos, vocês teriam contido brutalmente seus impulsos animais de me foder... Vocês poderiam estar em casa agora, comendo sua porra de caviar e sua porra de conhaque, se não tivessem estuprado minha alma de um jeito tão feroz... Talvez eu não passe de um pedaço de merda de cachorro, seus esnobes sádicos. Vocês violaram meu coração, estupraram minha alma e incendiaram meu consciente várias vezes. Pensaram que extinguiram uma vida patética e vazia. Graças a vocês, eu morro, como Jesus Cristo, para inspirar gerações de pessoas Fracas e Indefesas — meus Irmãos, Irmãs e Filhos — que vocês fodem... Pelo poder maior do que Deus, vamos caçá-los, Amantes do Terrorismo, e mataremos todos.[870]

O manifesto termina com: "Que comece a revolução! Morram, descendentes de Satanás! Fodam-se e morram! Eu sou Ax Ishmael. Eu sou o Antiterrorista da América". A inveja mórbida que Cho tinha das pessoas comuns transparece em várias passagens do manifesto:

> Vocês conhecem a sensação de ser humilhado e empalado na cruz? E ser abandonado sangrando até a morte para que se divirtam? Vocês nunca sentiram uma única grama de dor em toda a sua vida. Vocês têm tudo que sempre quiseram. Suas Mercedes não foram suficientes, seus pirralhos. Seus colares de ouro não foram o suficiente, seus esnobes. Seu fundo fiduciário não foi o suficiente... Suas zombarias não foram suficientes... Vocês adoraram induzir câncer na minha cabeça, aterrorizar meu coração, estuprar minha alma... Quando chegou a hora, não hesitei.

Por "não hesitei", Cho se refere ao massacre de 16 de abril de 2007. Ele fez referências a Eric Harris e Dylan Klebold, do massacre de Columbine, que ele esperava emular e superar — e conseguiu. Escolheu a mesma semana de abril em que ocorrera o tiroteio em Columbine, oito anos antes. As primeiras vítimas foram a estudante Emily Hilscher e outro aluno, Ryan Clark, ambos no dormitório de Hilscher. Depois, ele foi para o prédio da engenharia, trancou as portas com uma corrente, para evitar a fuga das vítimas, e matou outras trinta pessoas antes de dar um tiro na cabeça.[871]

As pessoas costumam usar a expressão *"copycat killer"* (assassino imitador), quando um criminoso entra em ação logo após algum episódio famoso, em que o assassino executa o ato com um método específico e em um contexto específico. Muitos dos atiradores escolares, principalmente os mais notórios, realmente admiraram, e depois imitaram, seus predecessores, mesmo que os ataques fossem separados por alguns anos, em vez de dias ou semanas. Foi o caso de Steven Kazmierczak, um estudante de pós-graduação da Northern Illinois University, que planejou o ato para coincidir com o Dia dos Namorados em 2007 — a mesma data do tiroteio em massa supostamente cometido uma década depois por Nikolas Cruz. Um dos modelos de Kazmierczak foi Seung-Hui Cho, que se baseou em Eric Harris de Columbine, que se baseou em Hitler e nos nazistas. E assim por diante. Ao contrário de Harris ou Cho, Kazmierczak parecia mais "normal", tinha namoradas e tinha conseguido bolsa de estudos. Porém, possuía uma doença mental grave.

Sofria de transtorno bipolar, com forte tendência paranoica, que levou alguns psiquiatras a diagnosticá-lo, com certa precisão, como esquizoafetivo. Por causa de interlúdios quase normais, ele tinha amizades de longa data. Os relatos de amigos, juntamente com os escritos que deixou, fornecem uma biografia muito mais rica do que a de muitos dos outros atiradores escolares — uma montanha-russa descendente da infância até o desfecho em 2007, quando matou cinco alunos e feriu 21 em uma universidade, antes de se matar com um tiro. O local do massacre, do tamanho de um auditório na universidade, foi uma grande sala de palestras, da qual ele utilizou o palco para se posicionar, vestido com uma camiseta preta com a palavra "terrorista" inscrita sobre a imagem de um fuzil. Ele havia levado um estojo de violão carregado com meia dúzia de armas, incluindo várias pistolas semiautomáticas e muitos cartuchos de munição. As vítimas fatais foram — além do próprio Kazmierczak, que morreu aos 27 anos — quatro alunos de 19 ou 20 anos e outro de 32. Os motivos foram vários. O mais importante era "punir" a universidade por cortar metade do corpo docente do departamento de sociologia onde ele estudava para o doutorado em — ironicamente — criminologia.[872] Outros problemas: a mãe, com quem tinha uma relação, em regra, negativa, morrera um ano e meio antes de esclerose lateral amiotrófica, conhecida como doença de Lou Gehrig; o relacionamento com a namorada, Jessica Baty, estava por um fio e ele se saíra mal no exame LSAT, o que frustrou a esperança de Kazmierczak de ir para a faculdade de direito. Além disso, ele havia parado de tomar os medicamentos psicotrópicos fazia cinco anos e a psicose ressurgia aos poucos. Afastado de qualquer tratamento, ele tinha permissão, de acordo com a lei de Illinois, para comprar armas. Pôde, assim, adquirir várias pistolas semiautomáticas adicionais. O que isso diz sobre a inadequação do controle do estado sobre essas compras é outra história — e muito desanimadora. Kazmierczak começou a passar mais tempo no campo de tiro do que na escola. Seu transtorno bipolar havia se manifestado em diferentes formas desde os primeiros dias. Por exemplo, quando criança, ele e a mãe, que também era doente mental, assistiam vários filmes de terror sobre tortura e pragas. O pai era alcoólatra e depressivo. Kazmierczak era cruel com seu cachorro; fez bombas com Drano, instruído por um amigo de infância; tornou-se gótico no colégio e vestia sobretudos pretos e botas com correntes e pregos; começou a usar suásticas. Durante os anos escolares, fez sexo com meninas, mas também com homens em algumas ocasiões. Desenvolveu tendências suicidas e, aos 16 anos, teve uma overdose grave de Tylenol. Isso levou à primeira de um total de nove hospitalizações, principalmente por tentativa de suicídio por overdose de uma variedade de drogas, incluindo pílulas para dormir e estabilizadores de humor, ou por cortar os pulsos. Com o passar do tempo, desenvolveu transtorno obsessivo-compulsivo, lavava compulsivamente as mãos, verificava as chaves e executava atos repetitivos de todos os tipos. Na escola, alunos o chamavam de "Steven Suicida" ou "viado". Suas mudanças de humor eram violentas e abusou da maconha com alguns colegas de classe. Os médicos prescreviam um medicamento após o outro, na esperança de que Kazmierczak controlasse a própria condição: antidepressivos como Prozac e Paxil, estabilizadores de humor como lítio e Depakote e medicamentos antipsicóticos como Seroquel ou Zyprexa, que o fizeram ganhar peso, a ponto de Kazmierczak chegar a pesar 130 kg. Finalmente, alguém teve a sabedoria de prescrever Leponex, o antipsicótico que costuma funcionar quando outros não funcionam, mas Kazmierczak parou de tomar o medicamento[873].

Aos 18 anos, Kazmierczak decidiu deixar de lado todos os remédios e ser "normal". Ele tatuou a mensagem "FTW" que, em inglês, é uma sigla para "foda-se o mundo", porém, tinha que usar mangas compridas para cobrir a tatuagem. Alistou-se no Exército, onde mentiu sobre o histórico de doença mental e uso de drogas ilegais. Kazmierczak finalmente se sentiu autoconfiante; o Exército o treinou para atirar e matar, e o hábito de verificar tudo várias vezes combinava bem com a ordem rigorosa da vida no quartel. Tudo estava bem. Até que o Exército fez uma verificação de antecedentes e descobriu que Kazmierczak havia mentido sobre o estado mental e sobre as drogas, e o enviou para uma unidade psiquiátrica militar. Tempos depois, foi dispensado do Exército. Kazmierczak voltou para a universidade e se vangloriou para colegas estudantes sobre sua fascinação por Hitler e pelos assassinos em série Ted Bundy e Jeffrey Dahmer — Kazmierczak se concentrava em *como* eles cometeram os assassinatos. Kazmierczak se saiu muito bem no último ano de faculdade. Um dos professores escreveu uma carta de recomendação entusiasmada para a pós-graduação: "O aluno é extremamente paciente e calmo... Ele tem os mais altos padrões éticos e acadêmicos, pensa de forma abstrata e analítica e se relaciona em nível emocional e empático com os outros".[874] Foi na faculdade que Kazmierczak conheceu Baty, sua namorada. Eles se matricularam juntos na Northern Illinois University — porém, foi nesse momento que as coisas começaram a se deteriorar. Kazmierczak parou de frequentar as aulas e, ironicamente, conseguiu um emprego como oficial de segurança em uma prisão em Indiana. Não demorou a ser demitido. Sem raízes, tornou-se parte da cultura de "encontros casuais" de "apenas uma noite", sempre com diferentes parceiros, hábito que tantos estudantes universitários ou outros na casa dos vinte anos costumam cultivar.[875] Apesar de todos os encontros casuais, continuou o namoro com Baty e até lhe mostrou seus registros de saúde mental. No Natal de 2007, comprou uma nova espingarda e uma pistola semiautomática. Kazmierczak se isolou e fez uma tatuagem nova, que simbolizava o demônio. Nos primeiros meses de 2008, ele comprou mais armas e munições. Kazmierczak ligou para Baty, pediu desculpas pelas coisas não terem sido melhores entre eles e disse que a amava. Foi a primeira vez que lhe disse isso, o que fez Baty temer que o namorado estivesse deprimido de novo. Dois dias antes do massacre do Dia dos Namorados, Kazmierczak comprou alguns presentes para Baty, incluindo uma aliança de casamento. Na noite anterior ao dia 14, ligou para se despedir da namorada. No Dia dos Namorados, no auditório, Kazmierczak disparou 48 tiros com as pistolas, seis com a espingarda, matou os cinco alunos e se suicidou.[876]

Coincidentemente, no Dia dos Namorados Kazmierczak também celebrava o "aniversário" da realização do *correction officer's exam*[*] em 2007.[877] Pouco antes, ele havia dito a Baty: "Se alguma coisa acontecer comigo, não fale com ninguém sobre mim".[878] Ela não foi capaz de conciliar os dois aspectos da natureza de Kazmierczak, e comentou: "A pessoa que eu conheci não foi aquela que entrou em Cole Hall e fez aquilo. Ele era tudo menos um monstro. Ele era provavelmente... a pessoa mais gentil e mais atenciosa do mundo".[879]

Em abril de 2012, a cidade de Oakland, Califórnia, foi testemunha de um tiroteio em massa na Oikos University, executado por um ex-aluno. Oikos, que em grego significa "casa", é uma faculdade cristã coreana, fundada em 2004, e oferece pós-graduação em enfermagem, além de cursos de teologia, música e medicina asiática. O atirador de 43 anos havia mudado seu nome de batismo — Go (ou "Ko") Su-Nam — para One L. Goh, pois considerava que seu nome original soava "como nome de menina".[880] Ele havia sido expulso da faculdade de enfermagem sete meses antes do ataque, devido a mau comportamento e "problemas de controle da raiva".[881] A responsável pela expulsão era uma das administradoras, por isso desejava matá-la — porém, ela estava ausente em 2 de abril, quando ele voltou à faculdade armado com uma

---

[*] Trata-se de um teste bastante concorrido, é aplicado na seleção de candidatos a cargos ligados ao aparato policial norte-americano.

pistola semiautomática calibre 45. Em vez disso, Goh entrou em uma das salas de aula de enfermagem e ordenou que os alunos se enfileirassem contra a parede. Goh atirou em todos, matou sete e feriu três. Depois, ligou para o pai e revelou o que tinha acabado de fazer. A polícia, então, prendeu Goh. Seis de suas sete vítimas eram mulheres. Houve vários problemas anteriores em sua vida. Em 2011, o irmão morreu em um acidente de carro na Virgínia e a mãe morreu no mesmo ano, na Coreia. Ele também estava altamente endividado. Entre suas queixas estava a de que os alunos o desrespeitavam e maltratavam. Vários meses depois, no julgamento, dois psiquiatras, testemunhas especialistas da defesa, diagnosticaram Goh como "esquizofrênico paranoico" e, portanto, inimputável. O juiz reconheceu que Goh era um rapaz enraivecido e solitário, com doença mental, mas não "louco" pelos padrões legais. Na verdade, Goh pediu a pena de morte, porém, mesmo que sentenciado na Califórnia, a pena não é mais executada. Em vez disso, o juiz proferiu sete sentenças de prisão perpétua consecutivas. As sete vítimas eram de países diferentes — Coreia, Nigéria, Tibete e Filipinas —, exceto uma secretária da faculdade.[882]

Com relação ao horror e ao impacto sobre o público, o tiroteio de Adam Lanza na Sandy Hook Elementary School, em Newtown, Connecticut, representa o exemplo mais extremo. Lanza matou primeiro a mãe, depois, na escola, vinte crianças e seis professoras antes de se matar. O número de assassinatos — 28 — é um pouco menor do que os 33 pelos quais Seung-Hui Cho foi responsável, porém, das vinte crianças, quatro tinham 7 anos, as outras apenas 6 anos. Como Cho, Lanza também sofria de uma forma severa de transtorno autista: era muito inteligente, contudo, ainda mais incapacitado socialmente e ainda mais bizarro. Pela malignidade do crime e pela grande quantidade de reportagens jornalísticas, a literatura dedicada ao caso é vasta — mais próxima de um volume enciclopédico do que de um simples livro. Por onde começar? Talvez com as vítimas. A primeira vítima do massacre de 14 de dezembro de 2012 foi a mãe de Adam, Nancy Lanza. O rapaz atirou contra a mãe na parte da manhã pelo menos quatro vezes — alguns disseram cinco — na cabeça com um rifle de ferrolho apropriadamente chamado Savage MK-II. Depois, ele dirigiu até Sandy Hook com várias armas de fogo, incluindo o rifle semiautomático Bushmaster XM15 de sua mãe, uma armamentista entusiasmada, que possuía várias armas. Ele, então, matou a tiros vinte crianças da primeira série e seis professores. Ainda não eram dez da manhã quando Lanza, de 20 anos de idade, se matou com uma Glock 20SF semiautomática. Lanza havia levado três armas de fogo semiautomáticas para a escola, junto de uma quantidade considerável de munição não utilizada. Outro rifle foi encontrado no carro. É possível que nem todos que leem este capítulo saibam como é o rifle que Lanza usou para matar as crianças e professores e tampouco conheçam a capacidade da arma. Eu também não conhecia —, mas quando dei uma palestra sobre assassinato em massa há alguns anos em Juárez, México, que já foi a "capital do assassinato" daquela nação, devido a todos os sequestros e assassinatos relacionados a gangues e cartéis de drogas, a equipe forense local me convidou para atirar com um fuzil. Em uma sala de quinze metros de comprimento, com uma "parede" de água atrás de uma folha de plástico ao fundo, recebi um rifle desses. Quando atirei contra a parede, a água atravessou os quinze metros e jorrou sobre mim. Com muita força. Agora imagine uma menina ou menino que leva um tiro de uma dessas armas a apenas alguns metros de distância. Talvez seja melhor evitar esse exercício mental e, em vez disso, pensar em uma pergunta importante: o que motivou Lanza? Em parte, a motivação foi uma consequência de sua alienação gradual da vida social, relacionada à forma severa de autismo — manifesta já desde os primeiros dias de vida do rapaz. Os distúrbios surgiram antes dos 3 anos de idade: ele apresentava dificuldades sensoriais e de comunicação. Mais tarde, na escola primária, ficava claramente ansioso no meio dos outros alunos. Aos 13 anos, um psiquiatra o diagnosticou com um transtorno do espectro autista chamado síndrome de Asperger, uma condição descrita em 1944 pelo pediatra austríaco Hans Asperger. As principais características são a falta de comunicação não verbal, compreensão limitada dos sentimentos dos outros e limitações físicas.[883] Outra característica são os interesses restritos e repetitivos, acompanhados por rotinas inflexíveis e busca de áreas restritas de interesse, com exclusão da maioria dos interesses comuns. Na adolescência, Lanza também foi diagnosticado com transtorno obsessivo-compulsivo devido ao hábito de lavar as mãos repetidamente e pela insistência em trocar as meias vinte vezes por dia.[884] Além disso, ele tinha o que costumava ser chamado de "fobia de germes" — uma prevenção compulsiva de germes que, no caso de Lanza, o levava a evitar tocar em maçanetas, exceto com lenços. Não se sabe até que ponto esses comportamentos peculiares poderiam ter sido amenizados por meio de terapia, adequada à sua condição durante a adolescência, porém, tais medidas não foram tomadas. Não houve contato com terapeutas depois que ele fez 14 anos. Os pais se separaram quando Lanza tinha 9 anos. Com o divórcio, ele morou com a mãe, enquanto o irmão mais velho ficou com o pai. Lanza foi educado em casa desde os 14 anos, devido a sua incapacidade de se adaptar à escola convencional. Quase nunca falava com os outros. Quando saía para cortar o cabelo, a mãe precisava dizer ao barbeiro o que fazer, já que Adam não dizia uma palavra. Como é possível perceber pelas fotos publicadas em jornais e revistas depois do massacre, ele tinha um olhar intenso e fixo, que mostrava para os outros que era uma pessoa muito estranha e antissocial. Quando estava na escola, os outros alunos o chamavam de "esquisito", tanto por causa da aparência peculiar quanto pela incomunicabilidade. Não se poderia esperar que ele tivesse a sagacidade de uma pessoa mais velha e mais autoconfiante — capaz de dizer a si mesma: "Ah, bem, acho que sou esquisito mesmo, então, entendo que os outros me estranhem, mas não sou uma pessoa ruim". Em vez disso, Lanza sentia cada vez mais ódio pelas pessoas "normais" — e, também, pelo mundo. Como não recebeu nenhum tratamento efetivo, sua raiva e ódio se intensificaram com o passar do tempo. A natureza das deficiências sociais e emocionais parecia tão severa que, infelizmente, não se sabe até que ponto os tratamentos poderiam ter auxiliado, mesmo se Lanza estivesse disposto a passar por um. Em geral, é verdade que, à medida que uma criança fica mais velha, as tarefas sociais se tornam mais desafiadoras. Uma coisa é jogar damas ou pingue-pongue, ou sair com um amigo para comer alguma coisa; outra é ter as habilidades sociais para conseguir um emprego ou um encontro, ou ter o charme para manter uma relação sexual. Ao se aproximar dos 20 anos, Lanza se tornava cada vez menos capaz de "se encaixar" nessas situações. As esperanças de se tornar um membro aceito da comunidade humana se tornavam cada vez mais fracas, e a ira pela desesperança na vida era cada vez mais intensa. Não é surpresa que ele tenha ficado obcecado por fantasias de vingança; Lanza mergulhou em leituras sobre outros tiroteios em massa, como os de Harris e Klebold em Columbine e o de Kazmierczak em Illinois. Perto do fim, tornou-se tão recluso que passou a morar na mesma casa que a mãe, porém, completamente isolado dela. Passava o dia inteiro no quarto e se comunicava com ela apenas por e-mail. Lanza tampava as janelas com sacos de lixo preto para bloquear a luz. Nos últimos dois anos de vida, rompeu contato com o pai e o irmão. No entanto, o fato de Lanza se tornar cada vez mais incapaz de participar das coisas que tornam alguém humano não explica totalmente por qual motivo escolheu fazer *o que fez*, *quando o fez*. Quanto à questão da motivação, a história é mais complexa. Em 2008, quatro anos antes do massacre e do suicídio, um homem havia informado ao Departamento de Polícia de Newtown a respeito de uma conversa que teve com Lanza, que revelou ao sujeito que Lanza possuía um fuzil e planejava matar crianças em Sandy Hook, além da própria mãe. O homem foi informado de que "a mãe de Lanza, Nancy Lanza, era dona das armas e não havia nada que o departamento de polícia pudesse fazer".[885] Outra mulher que se comunicava com Lanza pela internet dois anos e meio antes do massacre disse que ele trabalhava em uma planilha, onde documentava meticulosamente os detalhes de centenas de massacres e assassinatos em massa. Outros fatores diziam respeito à deterioração do relacionamento entre Lanza e a mãe. A própria Nancy era uma mulher mentalmente perturbada, que tinha ideações paranoicas. Ela fazia parte do grupo de pessoas que se "preparam para o fim do mundo", e que são conhecidas como *doomsday prepper*, portanto, Nancy acreditava que potências estrangeiras ou talvez outros eventos cataclísmicos ameaçassem o país, de modo que ela e os outros membros desse grupo sentiam que era necessário estocar urgentemente todos os tipos de itens de sobrevivência — alimentos secos, lanternas, pás, equipamentos médicos, medicamentos e armas — para que estivessem preparados para o dia do juízo final e assim fossem mais capazes de sobreviver. Durante a adolescência, Adam acompanhava a mãe até o campo de tiro, onde praticavam com a coleção de rifles dela. Pouco antes do massacre, ela disse a Adam que o mundo ia acabar em 21 de dezembro de 2012, de acordo com a previsão do calendário maia. Jamais descobriremos se essa crença bizarra teve relevância na escolha de Adam de acabar com o *próprio* mundo uma semana antes. Ele foi falsamente suspeito de ser a pessoa que comunicou a alguém em uma sala de bate-papo online: "Vou me matar na sexta-feira e isso vai virar notícia; não perca, às 9h".[886] Se isso for verdade, teria sido um eco do comentário que um assassino em massa anterior, e também mentalmente doente, Robert Hawkins, de 19 anos, fez certa vez a um amigo pouco antes de matar oito pessoas em um shopping center de Nebraska: "Assista o telejornal! Eu vou ser famoso pra caralho".[887] Vários assassinos em massa ansiaram pelo status de celebridade, mesmo como alguém desprezível — o que desempenha um papel relevante em seus atos finais. O jornalista David Kopel escreveu uma semana depois do tiroteio que "a mídia, a TV a cabo... e a Internet hoje aumentam muito a fama instantânea que um assassino em massa pode alcançar".[888] Joshua Flashman, fuzileiro naval e filho de um pastor em Newtown, que conhecia a família Lanza, sugeriu outro elemento nas motivações de Adam. Flashman havia sido informado que Nancy, ao perceber finalmente que Adam estava doente demais para ser tratado em casa, estava pronta para internar o filho em um centro psiquiátrico

— involuntariamente, se necessário —, talvez em Seattle, plano que, segundo Flashman, poderia ter desencadeado as atitudes de Adam. Além disso, Nancy havia sido voluntária em Sandy Hook anos antes, o que levou Adam a supor, alguns pensaram, que ela amava as crianças mais do que a ele.[889] Analisamos aqui uma série de fatos, especulações e impressões, na esperança de que tenham valor explicativo para dar sentido aos assassinatos "sem sentido" em Newtown, Connecticut — assassinatos que inspiraram o governador de Connecticut, Dannel P. Malloy, a observar que "o mal visitou nossa comunidade hoje".[890] As impressões variam entre factuais e fantasiosas. A gravidade do transtorno autista de Adam é factual — assim como as próprias tendências paranoicas de Nancy. O desespero da mãe e o plano de colocar Adam em uma instituição, não muito longe de onde residiam, parecem muito prováveis. Que ela tenha comentado sobre o fim do mundo em uma data pressagiada pelo calendário maia? Possível, embora, talvez, fantasioso. Por causa das mortes de Adam e da mãe, há muito nesta trágica história que permanece no âmbito do desconhecido. Um ano e meio após o massacre, Peter Lanza, pai de Adam, aceitou dar uma entrevista ao proeminente escritor e jornalista Andrew Solomon, que escreveu um artigo sobre o encontro na revista *New Yorker*.[891] O sr. Lanza falou das observações feitas por ele próprio e pelos professores a respeito de Adam. Por exemplo, já na quinta série, Adam e outro menino escreveram uma história perturbadora em que uma idosa com uma arma na bengala mata desenfreadamente. Mais tarde, um professor notou "violência perturbadora" nos textos de Adam, e se referiu a ele como "inteligente, mas anormal, com tendências antissociais". Adam evitava contato visual e dizia que odiava aniversários e feriados. Peter e Nancy se separaram em 2001, quando Adam tinha 9 anos. Adam "não estava aberto à terapia". Peter confirmou a impressão de que Nancy realmente planejava se mudar para Seattle, embora acreditasse que ela não tenha dito isso a Adam. Quanto à sua reação aos múltiplos assassinatos cometidos pelo filho, Peter disse: "Poucos atos são mais malignos do que esse".[892]

Cerca de um ano e meio após o massacre de Sandy Hook, outro tiroteio escolar famoso aconteceu do outro lado do país, no campus de Santa Bárbara da Universidade da Califórnia. O atirador, Elliot Rodger, era filho de um cineasta britânico, Peter Rodger, e de uma mãe malaia, Li Chin. Os pais se divorciaram e Elliot foi criado em parte pela madrasta — uma atriz do Marrocos. De aparência mais comum do que Cho ou Lanza e de família prestigiosa, Rodger tinha, mesmo assim, inaptidões sociais desde os primeiros anos, embora menores do que as apresentadas pelos dois assassinos supracitados. Recebeu tratamento de vários psiquiatras e terapeutas desde os 8 anos. Embora Rodger mostrasse muitos sinais de transtorno do espectro autista de alto funcionamento, compatível com a síndrome de Asperger, o termo costumava ser evitado, em favor, durante a adolescência do rapaz, do mais vago "transtorno invasivo do desenvolvimento". Afastou-se dos outros colegas da mesma idade na escola e foi abandonado pelo único amigo que teve. No ensino médio, muitos colegas de classe faziam bullying com Rodger por causa de sua estranheza social, a tal ponto que ele chorava sozinho todos os dias. A terapia que recebeu foi de pouca eficácia; psiquiatras prescreviam medicamentos que podem ser indicados para condições psicóticas como transtorno bipolar ou esquizofrenia, mas Rodger se recusava a tomá-los. De qualquer maneira, esses medicamentos teriam sido de pouca utilidade para aliviar a condição de autista. A situação piorou muito ao atingir a puberdade. Enquanto outros colegas do sexo masculino começavam a aprender a conversar com meninas e sair para namorar, seu déficit social se tornava mais evidente. Seu constrangimento em relação às garotas fez com que ele fosse rejeitado. Então começou a odiá-las e passou a sentir ciúme mórbido dos meninos que ficavam mais à vontade com as meninas, passando a odiá-los também. Em um incidente quando estava com 20 anos de idade, no qual duas garotas não retribuíram um sorriso, fez com que Rodger reagisse jogando café nelas. Poucos meses depois, viu o que considerava um grupo de universitários felizes — "atletas típicos de fraternidade, altos e musculosos, com suas lindas garotas loiras", ele diria. Rodger foi até uma mercearia, comprou suco de laranja e jogou no grupo.[893] No ano seguinte, Rodger reclamou com raiva para os pais sobre sua solidão e virgindade. A solução que lhe ofereceram foi insistir para que procurasse outro psiquiatra; de sua parte, a solução que encontrou foi comprar uma arma. Não foi difícil, já que ele era maior de idade e não tinha antecedentes criminais ou psiquiátricos. No ano seguinte, comprou três pistolas semiautomáticas e começou a praticar tiro ao alvo. Enfim, Rodger passou a planejar o dia da vingança. Um dia, foi a uma festa, na esperança de finalmente perder a virgindade, mas ficou violento e furioso e tentou empurrar as pessoas de uma sacada a três metros de altura. As vítimas em potencial revidaram e empurraram Rodger para fora da sacada, e ele quebrou o tornozelo. Conforme o dia da vingança se aproximava, Rodger ficou ainda mais misógino, no verdadeiro sentido etimológico do termo — *odiava* as mulheres, apesar de desejá-las, embora não as respeitasse, do mesmo modo como na atual safra de notórios homens predadores. Seu manifesto, escrito pouco antes dos assassinatos, tinha o tamanho de um livro, o qual chamou de *My Twisted World: The Story of Elliot Rodger* (Meu Mundo Distorcido: A História de Elliot Rodger, em tradução livre).[894] É uma biografia estranha, escrita por uma pessoa obviamente muito inteligente. Além da introdução breve e cheia de rancor, a escrita progride, como progrediu o autor: de um período bastante contente durante a primeira infância, para um período mais difícil e infeliz na adolescência, até os últimos anos pós-puberdade — cheios de ódio e rancor, delírio de grandeza, acusação e sadismo. O texto termina com ainda menos humanidade e mais selvageria verbal do que encontramos em *Mein Kampf.** Na introdução, afirmou: "Todo o meu sofrimento neste mundo está nas mãos da humanidade, principalmente das mulheres. Fui expulso e rejeitado, obrigado a suportar uma existência de solidão e insignificância, tudo porque as fêmeas da espécie humana foram incapazes de perceber o meu valor... É uma história magnífica... apresentada a partir de minha memória superior". Nas primeiras doze páginas do documento de 141 páginas, Rodger descreve memórias felizes de sua mãe malaia, os primeiros anos em Londres, uma festa de aniversário agradável, viagens para seis países diferentes e a mudança para a América aos 5 anos, e também a primeira nuvem escura — o divórcio dos pais quando ele tinha 7 anos, um "evento que mudou minha vida", compensado em parte pela "natureza bondosa e amorosa de minha mãe". Rodger se apresenta cada vez mais como alguém presunçoso, "superior", e dado a acessos de raiva para conseguir o que quer. Aos 10 anos, não apresentava interesse nem animosidade em relação às mulheres.

Na puberdade, as garotas se tornam objetos de desejo para Rodger, principalmente como criaturas, como "loiras gostosas", cuja posse aumentaria a autoimagem do rapaz. Por ser malsucedido nessa busca, começa a demonizar tanto as garotas quanto os rapazes que conseguem a atenção delas, inclusive relações sexuais, das quais está excluído. Em uma passagem, escreve: "Como um menino negro inferior e feio consegue uma menina branca e eu não? Eu sou bonito e metade branco. Sou descendente da aristocracia britânica. Ele é descendente de escravos... Se esse negro feio nojento foi capaz de fazer sexo com uma garota branca loira de 13 anos enquanto eu tive que sofrer com a virgindade durante toda a minha vida, isso prova como o gênero feminino é ridículo: Elas se entregam a essa escória nojenta, mas ME rejeitam!". Perto do final do

---

* Título do livro escrito por Adolf Hitler, lançado em 1925, no qual ele promovia os principais elementos do nazismo.

ensino médio e início da faculdade, a atitude se torna ainda mais rígida: Rodger começa a sentir tanto ódio por aqueles que fazem sexo, que deseja tornar as relações sexuais "ilegais". Desistia de uma aula da faculdade caso visse um casal feliz na sala. Anseios obsessivos de ficar rico e dirigir um carro de luxo enchiam a cabeça do jovem, como se, equipado com esses símbolos externos de riqueza e desejo, essas criaturas odiadas, mas desejáveis, iriam até ele. Finalmente, perto do momento da "retaliação", passou a ver o sexo como algo a ser banido e eliminado: "Se não posso ter, vou destruir". Enquanto seu colapso mental avançava a passos largos, pouco antes dos assassinatos, acrescentou: "Usarei meu carro e armas para matar o máximo de pessoas possível, até a polícia me alcançar — então, me matarei". Para ele, "não há criatura mais maligna e pervertida do que a mulher", quase todas, com algumas exceções, deveriam ser destruídas, e o resto deveria permanecer encarcerado e tolerado para fins de procriação.[895]

Embora tivesse marcado o Dia de Retaliação para o Halloween de 2013, quando várias pessoas (exceto ele) passeiam felizes pelas ruas, Rodger adiou a data, pois temia que houvesse muitos policiais em patrulha. Em vez disso, executou a missão de matar o maior número possível de pessoas em 23 de maio de 2014. Poderíamos imaginar que o alvo principal seriam as mulheres, mas ele odiava os homens tanto quanto as odiava. Os primeiros assassinatos foram de três asiáticos em um apartamento, todos colegas de quarto dele, que foram esfaqueados até a morte. Três horas depois, utilizou as pistolas semiautomáticas. Rodger matou duas mulheres perto da irmandade Delta Delta Delta, e depois, um estudante do sexo masculino em uma delicatessen. Todas as vítimas tinham entre 19 e 22 anos. Depois, entrou no carro e feriu sete com tiros e outros sete ao atingi-los com o veículo. A essa altura, a polícia o perseguia. Um policial disparou contra o carro e atingiu o quadril de Rodger; logo depois, o garoto cometeu suicídio com um tiro na cabeça.[896] O público ficou indignado com o fato de o atirador e a família receberem mais atenção do que as vítimas. Os familiares das vítimas de esfaqueamento moveram uma ação federal contra a polícia e outras autoridades locais, com a alegação de que houve falha em identificar os sinais de alerta anteriores para que medidas preventivas fossem tomadas, como se os direitos dos doentes mentais tivessem prioridade sobre os direitos do público. Embora a violência em Santa Bárbara tenha sido o final da vida conturbada de Elliot Rodger, serviu como prelúdio para outro atirador escolar com síndrome de Asperger — Christopher Harper-Mercer, que cometeu o crime 496 dias depois.

Se você descobrisse que, em Oregon, do outro lado do país, longe de Connecticut, onde Lanza residia, havia outra mulher paranoica divorciada que regularmente levava o filho autista para sessões de tiro ao alvo, os dois armados com a ampla variedade de rifles semiautomáticos da mulher, e que o filho se tornou o atirador escolar mais mortal do estado, talvez pensasse se tratar de mais um filme de Hollywood para maiores e feito para chocar. Mas foi o que aconteceu. Christopher Harper-Mercer foi diagnosticado com síndrome de Asperger aos 5 anos de idade. Era um rapaz muito enraivecido. A mãe, Laurel Harper, diagnosticada com paranoia e síndrome de Asperger, fez o possível para apaziguar a raiva do rapaz. Em uma ocasião, durante a infância, ele apontou uma espingarda para ela. A mulher ocultou a informação, pois não queria que o filho acabasse na prisão, onde ela trabalhava como enfermeira noturna em meio período.[897] No final da adolescência, o menino possuía nove armas, incluindo um fuzil. Costumavam visitar o campo de tiro com o AR-15 que ela possuía, como se fosse uma atividade saudável de mãe e filho. Mais tarde, ela revelaria que não fazia ideia de por que, em 15 de outubro de 2015, Christopher usou seis armas para atirar em nove alunos no Umpqua Community College perto de Roseburg, Oregon, antes de se matar com um tiro. Com o exagero compartilhado por muitos assassinos paranoicos e rancorosos, como vimos no caso de Elliot Rodger, Harper-Mercer se considerava "a pessoa mais odiada do mundo... sob ataque de cretinos e idiotas... uma perda após a outra... E aqui estou, com 26 anos, sem amigos, sem emprego, sem namorada, virgem. Há muito tempo percebi que a sociedade gosta de negar essas coisas a pessoas como eu, pessoas que caminham com os deuses".[898] Ateu militante, perguntou aos alunos na sala de aula, aonde os conduziu para que fossem executados, se acreditavam em Deus. Um aluno disse que era católico. "Obrigado por defender suas crenças", Harper-Mercer disse — e atirou no rapaz. O motivo para o tiroteio foi vingança contra aqueles que o rapaz considerava que o haviam ofendido. Seus heróis, que agora emulava, eram Seung-Hui Cho, Adam Lanza e Elliot Rodger. A admiração que tinha por esses "atiradores em massa", que Harper-Mercer estudou de modo exaustivo, era nuançada pela crítica de que não tinham "agido rápido o suficiente", de modo que "o número de mortos nem chega perto do que deveria... Eles também não mataram os policiais. Por que alguém mataria outras pessoas, mas excluiria os policiais?". Ele declarou isso em um manifesto, no qual escreveu: "A todos aqueles que nunca me levaram a sério, isto é para vocês. Para todos aqueles que não se posicionaram, faço isso por vocês. Eu sou o mártir de todos que são como eu. Para citar Seung-Hui Cho: 'Hoje, eu morro como Jesus Cristo'". Silencioso e retraído, Harper-Mercer não respondia nem mesmo os cumprimentos de um vizinho. Passava a maior parte do tempo dentro de casa com a mãe, sempre vestido em botas de combate e calças verdes do Exército. Era hipersensível e, às vezes, gritava com os vizinhos quando os cachorros latiam ou quando seus filhos faziam barulho enquanto brincavam. Quando falava, era apenas sobre armas. Escreveria na internet que tinha "zero" namoradas, e acrescentou que nunca tinha estado realmente com ninguém — nenhuma mulher, nenhum homem, nem mesmo um cachorro, lamentou.[899] Como outro exemplo da busca pela notoriedade ou fama, por mais perversa que fosse, comentou, depois de saber que Vester Flanagan, repórter de TV, havia sido demitido e depois tinha matado a tiros dois ex-colegas: "Percebi que pessoas como ele são sozinhas e desconhecidas até derramarem um pouco de sangue, quando, então, o mundo inteiro passa a conhecê-las". Ao se considerar uma pessoa "espiritual", mas não religiosa, juntou-se a uma organização chamada, paradoxalmente, "Não-Gostamos-de-Religião-Organizada".[900] Após o tiroteio, uma lei do Oregon, aprovada em 2017, permitiria a um policial ou membro da família solicitar que o tribunal impedisse alguém de comprar uma arma mortal. É difícil imaginar Laurel Harper invocando essa lei para evitar que o filho adquirisse uma arma. As vítimas do tiroteio em Umpqua foram cinco jovens estudantes, com idades entre 18 e 20 anos, e dois idosos, incluindo uma mulher que tentava voltar para a cadeira de rodas e um professor de 67 anos. Sete anos antes do tiroteio, Harper-Mercer não apenas usava roupas do Exército, mas se alistou nesse ramo das Forças Armadas, onde permaneceu pouco tempo. Foi dispensado logo em seguida por não cumprir "padrões administrativos mínimos", embora algumas autoridades tenham dito que o real motivo da dispensa foi uma tentativa de suicídio. Depois disso ele foi para uma escola especial para pessoas com dificuldades de aprendizagem e problemas emocionais. Mais tarde, após o tiroteio, pessoas o descreveram como alguém com atitudes antirreligiosas e postura de supremacia branca. Exatamente um mês antes do tiroteio de outubro, Christopher foi colocado em suspensão condicional acadêmica por causa de notas baixas e informado de que seria suspenso se não melhorasse. Havia ainda um débito com a faculdade de 2 mil dólares em mensalidades atrasadas. Fatores como esses podem ter contribuído para o *momento* do massacre, embora não para o desejo de realizá-lo. Ele acalentava a ideia havia muito tempo. Pelo fato de nunca ter sido internado involuntariamente em uma instituição mental e não possuir antecedentes criminais, sempre seria aprovado em uma verificação de antecedentes, e, portanto, capacitado para a compra de armas, incluindo as semiautomáticas calibre 380 que usou para cometer vários dos assassinatos.

Embora quase todos os atiradores escolares que discutimos fossem socialmente desajeitados, isolados e, às vezes, autistas, houve alguns que eram autoconfiantes e à vontade em situações sociais, ao ponto de serem comunicativos. Jaylen Fryberg, um menino de 15 anos do estado de Washington, é um exemplo. Fryberg cresceu em uma grande reserva para membros da comunidade nativa norte-americana Tulalip. Estudou na Pilchuck High School, onde era calouro, em Marysville, uma cidade de porte médio a 88 km ao norte de Seattle. Apenas uma parte dos alunos era da comunidade Tulalip, enquanto o resto era de outras raças e origens. Descrito como "feliz" e "bom garoto", Fryberg era bom em luta livre, futebol americano e caça. Ele chegou a ser homenageado com o título de "príncipe" de uma partida de futebol americano organizada para celebrar o homecoming*, uma semana antes de usar sua perícia com armas para um propósito diferente. Ele vinha de uma família grande que vivia na reserva. Vários eventos ocorreram nas semanas anteriores ao tiroteio de 24 de outubro de 2014. Por exemplo, ele havia sido suspenso da escola depois de brigar com outro aluno que havia feito os seguintes comentários preconceituosos: "Nativos são um bando de escravos inúteis... nativos não merecem viver".[901] Na mesma semana, discutiu com a namorada, que disse: "Você anda muito nervoso comigo ultimamente". O motivo de ter ficado brava com Fryberg em uma festa, foi tê-lo flagrado flertando com outra garota. Na opinião de alguns, ela pode ter sido agredida fisicamente. Assim que o casal terminou, Fryberg foi caçar e disse: "Preciso ir até a floresta para atirar em algo". Isso, em si, não era surpreendente, já que ele sempre tinha sido um caçador ávido. Costumava caçar com o pai, Ray Fryberg, que comprava armas de presente de aniversário para o rapaz. Jaylen posava para fotos ao lado do pai e do irmão, depois de abater um alce ou outro animal de grande porte. O motivador imediato para o evento assassino na escola é incerto, mas ele ficou abalado após o rompimento com a namorada. Outra garota recusou um encontro com ele na época do tiroteio. Havia rumores de que ela namorava um dos primos de Jaylen,

---

* Tradição anual nos Estados Unidos. Os príncipes e princesas auxiliam o rei e a rainha a receberem, entre o final de setembro e o início de outubro, ex-membros da comunidade que estão retornando. Esse evento costuma acontecer durante uma partida de futebol americano.

Andrew Fryberg, de 15 anos.[902] Jaylen escolheu o refeitório da escola na hora do almoço como último local que visitaria. Aproximou-se de uma mesa onde os amigos estavam sentados, começou a discutir e, em seguida, pegou a pistola semiautomática Beretta Px4 Storm calibre 40, com calma e movimentos precisos, e disparou oito tiros. Quatro alunos morreram com um único tiro na cabeça cada e outros três foram feridos. A característica de destaque nesse tiroteio, que o diferencia dos outros que descrevemos, é que todas as vítimas eram amigos e parentes. Uma das vítimas foi uma garota de 15 anos, Zoë Galasso — a garota que o rejeitara — e a outra vítima era o primo que, tudo dava a entender, a garota namorava. Um professor que ouviu os tiros tentou intervir, mas Jaylen se matou com um tiro no pescoço. Os assassinatos não aconteceram de repente, mas foram planejados com pelo menos vários dias de antecedência. Por exemplo, Jaylen havia enviado uma mensagem ao pai dizendo: "Leia o jornal na minha cama. Pai, eu te amo". Mais cedo naquela manhã, Jaylen enviou vários textos: "Eu precisava fazer isso". Na sequência, enviou outro texto com comentários a respeito do funeral que se aproximava: "Quero estar totalmente vestido de camuflagem em meu caixão" e "Certifique-se de que todo o meu dinheiro vá para o meu irmão".[903] No ano seguinte ao massacre, o pai de Jaylen foi preso e condenado por comprar e possuir ilegalmente a arma — uma no meio de outras oito — que o filho havia usado para matar os amigos. Ele foi condenado a dois anos de prisão.[904]

Na época em que este livro foi escrito, em 2018, Nikolas Cruz, de 19 anos, aluno recém-expulso da Marjory Stoneman Douglas High School em Parkland, Flórida, reapareceu na escola no Dia dos Namorados e, com um rifle semiautomático AR-15 comprado legalmente, matou quatorze alunos, um professor, um treinador de futebol e o supervisor de esportes. O AR-15 era apenas uma das cerca de dez armas de fogo adquiridas legalmente em posse de Cruz. Depois, o garoto jogou a arma fora e se misturou com os outros alunos que fugiam do local, mas foi detido e preso mais tarde naquele dia. O que se sabe é que, embora não se saísse bem academicamente, havia sido expulso por se envolver em brigas com outros alunos. Cruz cresceu em Parkland, uma cidade de cerca de 30 mil habitantes na área metropolitana de Miami. Roger e Lynda Cruz adotaram Nikolas quando ele tinha três dias de idade e, um ano depois, adotaram Zachary, o meio irmão. As sementes do problema e da tragédia que veio depois parecem ter sido plantadas desde cedo. Lynda, sem filhos aos 50 anos, pagou 50 mil dólares para adotar Nikolas da mãe biológica, supostamente uma alcoólatra viciada em drogas com ficha criminal, que engravidara depois de "encontros casuais" com homens que não conhecia bem. A mulher estava na prisão quando deu à luz Zachary.[905] Nikolas se mostrou "problemático" assim que começou a andar. Ele tinha um olhar frio e brigava com outras crianças. Quando tinha apenas 2 anos, jogou o bebê de 4 meses, filho do vizinho, em uma piscina.[906] Atirava em esquilos ou outros animais pequenos com uma espingarda, mordeu a orelha de um menino e, na escola, era sempre punido por falta de disciplina ou pelo uso de palavrões. Um vizinho falou sobre como Nikolas, um garoto "malvado", sempre se metia em confusões e que a polícia era chamada à casa da família quase todas as semanas. Certa vez, já um pouco mais velho, depois de se comportar mal, a mãe o proibiu de jogar Xbox; ele a chamou de "vadia inútil" e jogou uma tigela de cachorro e uma cadeira em cima dela. Na ocasião, a polícia compareceu, mas se recusou a levar o garoto sob custódia como "doente mental", porque ele não parecia um indivíduo "louco", mas um indivíduo mau.[907] Outro vizinho reclamou que o garoto atirava em galinhas com uma espingarda de chumbo. Aos 17 anos, no colégio, ele mencionou a ideia de um tiroteio escolar. No ano seguinte, logo após o aniversário de 18 anos, uma namorada rompeu com ele; Nikolas fez cortes nos próprios braços e começou a comprar armas. Escrevia calúnias racistas e desenhava símbolos nazistas nas mochilas que carregava, e passou a se identificar com supremacistas brancos e a difamar negros, judeus e gays. Em um videoblog, gabou-se da ambição de ser um atirador escolar profissional. O pai faleceu quando Nikolas tinha 5 anos e, em novembro de 2017, após a morte da mãe, Nikolas se tornou órfão. A partir de então, passou a morar com uma família adotiva, e depois com outra. Aos 19 anos, ficou conhecido por participar de exercícios paramilitares com grupos nacionalistas brancos. Comprou um AR-15 — o rifle que usou no tiroteio escolar. O ataque, no Dia dos Namorados, aconteceu logo depois de Cruz ter sido rejeitado por uma namorada, o que, segundo se considerou, "não foi coincidência".[908] Um fator menos imediato que pode ter influenciado o massacre cometido por Cruz foi, como vimos com muitos atiradores escolares, a busca pela fama, ou pelo menos notoriedade: tornar-se, finalmente, um "alguém", ao invés de permanecer um ninguém. Esta questão foi abordada de forma comovente por Anderson Cooper em uma transmissão televisiva uma semana após o tiroteio. Cooper mostrou fotos de todas as dezessete vítimas, junto de apresentações sobre as vidas breves. Ao final de cada uma, entoou: "Você será lembrado". No final, mostrou uma foto do suposto assassino, e, em seguida, disse:

"Você não será lembrado".[909] Infelizmente, os jovens estudantes que foram assassinados, o treinador de futebol que se jogou na frente dos outros para protegê-los e os outros dois homens não se tornarão nomes conhecidos, embora sejam lembrados pelos entes queridos durante muito tempo. Também é lamentável que, se for considerado culpado de assassinato em massa, Nikolas Cruz será lembrado por muito tempo — famoso, embora na infâmia— pelo mesmo motivo que Adam Lanza, Seung-Hui Cho, Eric Harris, Dylan Klebold e outros atiradores escolares que fizeram muitas vítimas: como personificações do mal. Embora o julgamento de Cruz ainda esteja um pouco distante — a contar da época em que este texto foi escrito — ele confessou os tiroteios, com a alegação de que havia muito era instigado a ferir outras pessoas por uma voz ou demônios.[910] A equipe de defesa tem afirmado que Cruz está disposto a se declarar culpado e passar o resto da vida em prisão perpétua, sem chance de liberdade condicional, para evitar a pena de morte.[911] Atualmente, não está claro se a defesa tentará uma alegação de insanidade.[912]

COMENTÁRIO DOS AUTORES

Neste capítulo, nos concentramos em pessoas que mataram alunos em uma escola primária ou secundária e, também, discutimos a respeito de um número menor de pessoas que mataram estudantes universitários. Embora tiroteios escolares tenham ocorrido em outros países, como mencionado anteriormente, a grande maioria ocorreu nos Estados Unidos. O principal motivo da grande disparidade é a incrível facilidade com que nossos cidadãos — até mesmo adolescentes — têm acesso a armas, em comparação com a maioria dos outros países. Dos casos apresentados aqui, aqueles que envolvem atiradores escolares que mataram apenas uma ou duas pessoas eram adolescentes com idades entre 14 e 17 anos. Aqueles que mataram quatro ou mais foram divididos igualmente entre aqueles com 20 anos ou menos e aqueles ainda mais velhos. Os assassinos descritos aqui são todos homens, como acontece com a grande maioria dos atiradores escolares.

Entre as oito atiradoras escolares identificadas nos últimos trinta anos, apenas uma matou duas estudantes em uma faculdade; as outras mataram apenas uma pessoa.[913] Três cometeram suicídio depois. De modo geral, elas conheciam as vítimas. Por exemplo, Elizabeth Bush, de 14 anos, feriu Kimberly Marchese, de 13, em 2001, "para mostrar a todos como as provocações machucam", embora Marchese não fosse culpada. As provocações, que consistiam em ser chamada de "homossexual" e "nomes perversos", ocorreram em outro lugar, enquanto Bush frequentava uma escola pública em Williamsport, Pensilvânia.[914] Outra garota que atirou em pessoas de forma aleatória foi Brenda Spencer, de 16 anos, que cresceu na pobreza em San Diego e, depois do divórcio dos pais, passou a morar com o pai. Brenda foi ferida na cabeça em um acidente de bicicleta, e era epiléptica. Costumava faltar à escola e, às vezes, sentia vontade de se suicidar. No Natal de 1978, o pai lhe deu um rifle semiautomático Ruger .22 e quinhentos cartuchos de munição, embora ela tivesse pedido um rádio. Um mês depois, ela disparou da casa onde morava contra uma escola primária do outro lado da rua; Brenda matou o diretor e um zelador enquanto ambos tentavam proteger os alunos. Nenhuma criança foi ferida.[915]

A predominância do sexo masculino entre os atiradores escolares é paralela à predominância do sexo masculino em crimes violentos em geral. Do ponto de vista evolutivo, as estratégias para o sucesso reprodutivo da nossa espécie variam entre os sexos. Mulheres precisam dedicar tempo e atenção consideráveis aos (comparativamente) poucos filhos que são capazes gerar. Homens, como postulou o psicólogo holandês dr. Mark van Vugt, desenvolveram comportamentos mais agressivos e grupais por meio da aquisição de territórios, status elevado e, se possível, uma multiplicidade de parceiras — com quem podem gerar, potencialmente, um grande número de filhos — com os quais o envolvimento é cada vez menor.[916] A testosterona tem um papel importante na agressividade masculina — no extremo do espectro, o comportamento violento, inclusive o comportamento criminoso em homens, tende a se correlacionar com índices mais altos de testosterona, principalmente entre os anos posteriores à puberdade e meados dos trinta anos.[917] Uma correlação relacionada é a das proporções entre os sexos para crimes violentos. Nos Estados Unidos, por exemplo, homens são responsáveis por 90% dos homicídios e 80% dos crimes violentos em geral, incluindo assassinato, agressão, estupro, roubo, incêndio criminoso e sequestro.[918] Com relação aos atiradores escolares, estas duas correlações criam uma intercorrelação, na medida em que quase todos os atiradores são do sexo masculino e a maioria são adolescentes, com idades entre a puberdade e os vinte e poucos anos, quando os níveis de testosterona estão no pico. Do ponto de vista neuroanatômico, há outra correlação importante, recentemente enfatizada pelo dr. Jay Giedd, do Instituto Nacional de Saúde Mental: as áreas do córtex pré-frontal que servem para controle de impulso, julgamento e planejamento de longo prazo ainda estão em desenvolvimento e passando pela mielinização que permite melhor conectividade de circuitos neurais em diferentes partes do cérebro. Este último processo citado costuma se concluir até os 25 anos de idade. Essas diferenças estão na base do que Giedd chamou de disparidade entre a impulsividade, que atinge o pico na adolescência, e o controle dos impulsos, que aumentará o "sistema de freios" do cérebro uma década depois.[919]

Além desses fatores biológicos relacionados à morfologia do cérebro em desenvolvimento, existem fatores sociais importantes que influenciam o comportamento do adolescente — em relação à tendência à violência em geral e ao fenômeno dos tiroteios em escolas. Um dos fatores mais relevantes é o aumento na taxa de divórcios ao final dos anos 1960. Por muitas décadas em nosso país, a taxa de divórcio foi comparativamente baixa e estável, afetando cerca de 22% dos casamentos.[920] A taxa aumentou rapidamente entre 1968 e 1974, chegou a 50% e se mantém próxima a esse número desde então. O aumento acentuado de meninos que crescem sem o pai ou com pouco contato paterno está associado à elevada taxa de divórcio. Nos anos após a Segunda Guerra Mundial, 80% dos bebês foram, como Lykken apontou, criados por ambos os pais biológicos, que eram casados um com o outro.[921] Em contraste, em 1990, 19% de brancos, 62% de negros e 30% das crianças hispânicas com menos de 18 anos residiam com apenas um dos pais, geralmente com as mães. Crianças, principalmente meninos, nessas circunstâncias possuem sete vezes mais probabilidade de ter problemas com a lei.[922] Durante esse mesmo período, a porcentagem de jovens, com idades entre 15 e 25 anos, que foram presos por crimes violentos também aumentou de aproximadamente 27 por 100 mil indivíduos por ano, nos anos anteriores a 1965, para oitenta ou noventa por 100 mil no período 1975-1985, e subiu para cem ou mais nos últimos anos. Cerca de metade das crianças nascidas nos Estados Unidos durante os últimos trinta anos terão passado parte ou todos os anos de formação em uma casa apenas com a presença da mãe ou em um ambiente familiar onde há pouco contato com os pais biológicos, e têm um risco maior de sofrer abuso físico ou negligência emocional, em comparação àquelas criadas em famílias estáveis.[923] Dos atiradores escolares mencionados neste capítulo, metade veio de famílias divorciadas. A maioria veio da classe operária ou da classe média; alguns nasceram na pobreza (por exemplo, Purdy) ou então na riqueza (por exemplo, Lanza e Rodger). Ainda assim, a alta taxa de divórcios e a diminuição do contato paterno entre atiradores escolares estão ligadas, ao que parece, a outro fator. As vidas das mulheres passaram por melhorias relevantes após a Segunda Guerra Mundial, embora ainda existam muitas áreas de injustiça. Elas se tornaram mais capazes de entrar na força de trabalho, em empregos respeitáveis e com melhor remuneração — porém muitas vezes os aspectos "bons" são acompanhados por "consequências não intencionais" negativas. As mulheres se tornaram capazes de se sustentar e, assim, podiam abandonar maridos fisicamente abusivos ou cruéis. Graças à pílula anticoncepcional e ao direito ao aborto, muitas mulheres obtiveram melhor controle sobre os próprios corpos e sobre o destino de suas vidas. Apenas melhor, embora o controle completo e ideal ainda seja um sonho distante para muitas. A consequência não intencional foi uma reação masculina, sobretudo entre homens da classe operária, que não gostaram da ideia de não mais exercer poder absoluto sobre as esposas ou parceiras sexuais. Algumas mulheres que fizeram as malas e saíram de casa — e se divorciaram — na tentativa de escapar de maridos abusivos e, infelizmente, pagaram pelo ato de liberdade com a vida. Examinei 127 biografias com "crimes verdadeiros" de maridos que mataram as esposas. Em um quarto dos casos, ocorreu homicídio em resposta à deserção iminente da esposa do criminoso.[924] Outra manifestação de homens que reagem com violência à rejeição de mulheres é o aumento repentino e intenso do homicídio com motivação sexual praticado em série. Dos últimos anos do século XIX até meados da década de 1960, os assassinos em série eram casos raros: apenas três ou quatro em uma década. O gráfico a respeito desses homens mostra um aumento acentuado e abrupto a partir dos últimos anos da década de 1960, outro aspecto da era do "novo mal" que discutimos.

Visto que a maioria dos atiradores escolares, principalmente aqueles que matam na escola primária, ainda estão na adolescência — quando as tendências agressivas, principalmente nos homens, aumentam — muitas pessoas perguntaram se determinados fatores sociais podem contribuir para o surgimento do grande número de tiroteios escolares, além dos fatores hormonais e neurobiológicos para os quais Giedd chamou a atenção. A busca de sensações, a impulsividade, o interesse pelo sexo e o fascínio por soluções violentas — em contraste às raciocinadas — podem ser intensificados ou agravados pelas cenas e sons de violência nos filmes e programas de TV; pelas imagens imediatas de cenas sexuais, pornográficas e assim por diante; pelas imagens realistas da violência e das cenas de batalha em tempos de guerra; pelos estupros, assassinatos e torturas infligidos por terroristas a inocentes? Tudo isso pode "dessensibilizar" um adolescente ainda impressionável a "soluções" violentas quando confrontado com algum estressor interpessoal? Será que dessensibilizamos nossos jovens aos horrores do que os seres humanos são capazes de fazer uns aos outros — e os novos videogames e a música pop ensurdecedora e as letras misóginas do rap[925] incitam adolescentes problemáticos a optar por soluções violentas, inclusive assassinato, como forma de se vingar daqueles que os intimidam na escola ou roubam suas namoradas? São esses os motivos por que temos visto tantos incidentes de adolescentes que atiram nos colegas de escola nos últimos cinquenta anos, desde a era da internet e do aprimoramento do maquinário que amplifica as sensações? Em consonância com Giedd, o dr. Laurence Steinberg, professor de psicologia da Temple University, compara o cérebro adolescente a um carro com bom acelerador, mas freio fraco, e acrescenta que, com impulsos poderosos sob controle insuficiente, o resultado provável é um acidente — e, talvez, um crime.[926]

Ainda assim, seria prematuro atribuir um papel importante em um fenômeno específico de agressão violenta, como tiroteios escolares, às exibições de violência e sexo na mídia. Como o dr. Gaetano Di Chiara nos lembra, a dopamina desempenha um papel fundamental no sistema de recompensa de nosso cérebro em relação aos impulsos básicos, como sexo e fome.[927] As mudanças hormonais da puberdade, que define o início da adolescência, afetam o sistema dopaminérgico e aumentam os pensamentos e desejos relacionados ao sexo e à agressão. Essas mudanças são necessárias para nossa sobrevivência. Apenas em excesso ou em circunstâncias adversas elas são associadas a consequências hostis.[928] Diferenças sutis na química cerebral e na experiência pessoal predispõem um adolescente a lutar contra um intruso e proteger os membros da família, enquanto outro usa a agressão de outra maneira — e se torna um atirador escolar. Diferentes grupos de pesquisa que estudam o impacto de videogames violentos em surtos reais de violência chegaram a conclusões bem diferentes: alguns observam uma forte correlação; outros não encontram tal conexão.[929] Afinal, existe uma série considerável de variáveis entre adolescentes — sociais, socioeconômicas, escolares, relacionadas ao ambiente familiar, biológicas, hereditárias, fisionômicas (quanto à atratividade ou ausência dela), relacionadas ao abuso de drogas, e assim por diante — cujas complexidades dificultam a tarefa de prever qual adolescente — qual menino, em particular — se tornará um cidadão valorizado e produtivo, ou um pária que se converte em atirador escolar. É verdade que, desde o último quarto de século, o cardápio de drogas ilícitas tem sido muito maior do que antes. Alguns agentes, como fenciclidina ou pó de anjo[930], metanfetamina[931] e metilenodioxipirovalerona, conhecidos como sais de banho[932], usados atualmente por muitos adolescentes, podem reduzir as inibições e levar a comportamentos violentos. Pelo que pude constatar a partir da literatura, essas drogas não parecem ter desempenhado papel relevante nas atitudes dos atiradores escolares, embora a maconha, devido aos seus efeitos desinibitórios no cérebro adolescente, tenha servido como fator em vários atiradores escolares mencionados anteriormente, incluindo Mitchell Johnson, Kip Kinkel e Steven Kazmierczak.

Fatores genéticos desfavoráveis podem predispor a tendências violentas, mais em crianças e adolescentes do sexo masculino do que do sexo feminino. Os fatores em questão estão associados à esquizofrenia, transtorno bipolar, transtorno de déficit de atenção/hiperatividade (TDAH) e autismo. Essas condições costumam ser vistas clinicamente como distintas, porém, do ponto de vista da fisiologia do cérebro, hoje entendemos que surgem de fontes semelhantes, incluindo as partes do sistema límbico que predispõem à hiperatividade.[933] Fatores de interferência na infância e em idades mais avançadas podem conduzir a aparência clínica externa em uma ou outra direção durante a vida.[934] Em casos de adoção, muitas vezes é difícil ou até impossível obter informações sobre quaisquer possíveis desvantagens genéticas. Como vimos com Nikolas Cruz, condenado por cometer tiroteio escolar, faltam informações sobre o pai biológico e o quadro psicológico da mãe era desfavorável. Recentemente, foi descoberto que Lynda e Roger Cruz haviam organizado uma adoção particular por meio de um advogado.[935] Está claro que Nikolas tinha desvantagem genética em ambos os lados. Além das condições já mencionadas, presentes desde os primeiros anos, a mãe adotiva disse a algumas pessoas próximas que ele também sofria de autismo e transtorno obsessivo-compulsivo, que era "peculiar", incapaz de fazer amigos, desobediente e incomodava na escola, que não chegou a concluir. As questões em torno da adoção nos últimos cinquenta anos constituem um tópico controverso, altamente sensível e até tabu. É um desses "temas espinhosos" que políticos e pesquisadores temem ao comentar, por exemplo, as diferenças existentes entre grupos étnicos. Um dos aspectos diz respeito a outra "consequência não intencional" dos direitos das mulheres de controlar os próprios corpos e destinos. Mulheres em circunstâncias mais favoráveis têm menos probabilidade de sofrer gravidezes indesejadas e de dar filhos para adoção. Bebês colocados para adoção têm mais probabilidade de possuir desvantagens genéticas ou "biológicas" do que antes da década de 1960 — ou seja, fatores adversos durante os meses de gravidez, como abuso de álcool ou drogas ilícitas por parte da mãe — ou, no caso de adoção de orfanatos do Leste Europeu, a desvantagem de ser deixado em um orfanato por meses, ou por dois ou três anos.[936] Embora não saibamos a porcentagem de atiradores escolares que têm origens com desvantagens genéticas, é do nosso interesse saber que entre assassinos em série — em grande parte um fenômeno pós-1965, como afirmamos — a porcentagem de adotados é de aproximadamente 16%, cerca de oito vezes a média nacional da população americana.

Além desses potenciais fatores pré-natais de adversidade, que podem ser relevantes naqueles que mais tarde se tornam atiradores escolares — e podemos incluir o sexo masculino como fator "hereditário" (ou seja, nascer com um cromossomo Y) — há importantes fatores pós-natais que precisam ser considerados. Também precisamos examinar os fatores relacionados à aparência física do indivíduo, um fator "biológico"/parcialmente hereditário que tem um forte impacto sobre como alguém é visto e tratado pelos outros. Na biografia sobre a dupla de Columbine Eric Harris e Dylan Klebold, Cullen descreveu ambos como rapazes de aparência bastante normal, porém, insatisfeitos com seus atributos estéticos: Eric tinha "nariz longo e pontudo, testa inclinada e queixo recuado. O cabelo espetado agia contra ele de maneira estética". Dylan era "consideravelmente menos bonito do que Eric. Odiava as feições desproporcionais de seu rosto um tanto assimétrico. O nariz: o enxergava como uma bolha gigante".[937] Visto que ambos aspiravam a ser populares entre as meninas, sentiam-se em desvantagem, como se não fossem capazes de conseguir as garotas que desejavam, o que os tornava, portanto, vulneráveis à humilhação. No entanto, a autoestima da dupla não era tão precária quanto a de Adam Lanza, de aparência realmente estranha. Assuntos desse tipo alimentam a agressividade e a preocupação com o grau de "desejabilidade" sexual que acompanham a puberdade; quanto pior a autoimagem, mais abalada a autoestima e maior a humilhação por parte dos colegas, fatores que se combinam para desempenhar um papel relevante na vida de muitos atiradores escolares. A descrença de algum dia obter sucesso no jogo do namoro, de encontrar alguém importante de quem se sentir orgulhoso, levou alguns desses adolescentes e jovens não apenas a cometer homicídios em escolas, mas também a cometer suicídio como ato derradeiro em seus respectivos dramas. Assim como acontece com assassinos em massa em geral, metade dos atiradores escolares — talvez mais — tornam-se as últimas vítimas dos próprios impulsos assassinos. Esses suicídios chegam a ser categorizados como "mortes por desespero", um fenômeno que tem aumentado recentemente em eventos como mortes relacionadas a drogas e opiáceos e suicídios entre atiradores escolares. Além disso, o outro lado da moeda da autoestima destruída é a *inveja*. Entre os atiradores escolares mais notórios, a inveja foi claramente um sentimento dominante nos que apresentavam autismo (por exemplo, Cho, Lanza, Rodger, Harper-Mercer, Cruz), visto que suas habilidades sociais variavam entre poucas e inexistentes no que dizia respeito a iniciar e manter conversas ou convidar garotas para encontros. Incapazes de aceitar a própria inaptidão social, esses homens se voltaram para uma fúria assassina, como se a razão pela qual continuassem a ser rejeitados não tivesse relação com o fato de haver algo de errado com eles: o que acontecia era que as mulheres eram apenas "vadias" terríveis — como Rodger as chamava[938] —, que não davam a mínima para um cara "legal". Para eles, e também para homens com deficiências sociais semelhantes, o assassinato — especialmente o múltiplo — revelou-se uma solução muito mais recompensadora do que a autoaceitação e a busca por prazeres em outras áreas da vida. Por exemplo, como evidência da capacidade de autoaceitação em um homem diagnosticado com síndrome de Asperger, temos a história de Greg Krueger, de Minnesota, que vive contente com seus gatos em um "palácio dos gatos" que criou em casa, repleto de passarelas, escadas em espiral e todos os tipos de maravilhas arquitetônicas. Ele diz: "Provavelmente não sou muito bom em socialização". Krueger criou uma vida alternativa para si, que parece fazer com que ele e a família felina se sintam felizes e realizados.[939]

A humilhação é outra emoção forte que pode despertar o desejo de vingança contra aqueles que, por meio de bullying verbal ou físico, fizeram alguém se sentir inferior. O bullying, independentemente do tipo, tem estimulado muitos atiradores escolares a adquirir armas e buscar vingança por meio de assassinato. Luke Woodham, já mencionado, era humilhado incessantemente pela mãe, que, mesmo quando Luke finalmente começou a namorar, aos 15 anos, ela insistia em acompanhar os encontros do casal. Foi o comportamento humilhante da mãe que fez dela a primeira vítima de Luke. Infelizmente, depois de matá-la, ele foi até a escola, onde a namorada se tornou a segunda vítima, e a amiga dela, a terceira, embora as meninas não o tivessem maltratado.[940] Barry Loukaitis foi outra vítima de bullying. Estudante de 14 anos de um colégio do estado de Washington, sofreu bullying de colegas de classe. Um deles, Manuel Vela, chamou Loukaitis de "bicha" e cuspiu nele. Em 1996, Loukaitis levou um rifle e uma pistola semiautomática para a escola, matou o professor de álgebra e depois dois alunos, incluindo Vela. A rivalidade pode ter sido um dos motivos: Loukaitis tinha uma queda pela namorada de Vela.[941]

A conexão entre sofrer bullying na escola e depois se tornar um atirador escolar parece ser uma coisa de "homem" — especificamente, um ato vingativo de meninos heterossexuais. Garotas e também estudantes gays ou lésbicas que sofreram bullying severo, em vez de "se vingar" dos agressores, são mais propensos a tirar as próprias vidas, muitas vezes por enforcamento, no que foi chamado de "bullycídio". A dra. Laura Finley menciona vários exemplos de "bullycídio" em um ensaio sobre o assunto.[942] Entre os atiradores escolares masculinos, não conheço nenhum que se identificava como gay antes de cometer o crime. Existem raros exemplos de gays de meia-idade que mataram estudantes. É o caso de Fentress, um professor mencionado no capítulo anterior. Em 1979, aos

37 anos, Fentress atraiu um aluno do ensino médio até a casa onde morava, imobilizou o rapaz, o obrigou a dizer que era gay — embora não fosse — e castrou, canibalizou e matou o garoto a tiros.[943] Antes do assassinato, Fentress molestou pelo menos meia dúzia de meninos que iam até a casa dele para aulas particulares. Em 1996, Thomas Watt Hamilton, um homem de 44 anos que administrava um acampamento para meninos na Escócia, descontou o rancor de ser rotulado de pedófilo — embora corretamente — em uma escola primária, onde entrou armado com dois revólveres, matou dezesseis alunos, o professor e depois cometeu suicídio.[944] Este foi o maior assassinato em massa na Inglaterra, e supera o massacre de Michael Ryan, nove anos antes, que matou dezesseis pessoas antes de se matar, na cidade britânica de Hungerford.

Quanto às taxas de suicídio de atiradores escolares em comparação a outros homens (e raras mulheres) que cometem massacres, os números são aproximadamente iguais, cerca de 50%.[945] Pelo fato de assassinos em massa de qualquer tipo — incluindo atiradores escolares com muitas vítimas — tenderem a cometer suicídio com certa regularidade, sabemos menos sobre eles do que sabemos sobre assassinos que foram capturados. Consideramos como exemplos de suicídio os casos dos assassinos em massa que são mortos pela polícia ou que se matam no momento em que são encurralados pelas autoridades — como Charles Whitman e Joseph T. Wesbecker —, visto que a intenção desde o início era morrer, fosse por suas próprias mãos ou pela polícia. Não há julgamentos, denúncias de companheiros de cela, psiquiatras de defesa ou acusação ou jornalistas para reunir informações sobre os antecedentes da infância dos assassinos ou sobre o que aconteceu nas vidas deles, o que os estimulou a cometer assassinato e assim por diante, as quais nos ajudariam a entender esses assassinos ou o que os levou a executar os crimes. Outro ponto relevante no que diz respeito a atiradores escolares e assassinos em massa em geral, é que são diferentes dos criminosos que tomam reféns como moeda de troca para impor suas condições, seja para se render ou fugir, ao preço de matá-los se necessário. A intenção dos assassinos em massa é matar colegas de trabalho, familiares, pessoas ao acaso e, na metade das vezes, tirar a própria vida.[946] O objetivo não é negociação — mas retaliação. A esperança já não existe mais para esses tipos.[947]

TIROTEIO ESCOLAR
COMO PARTE DO NOVO MAL

Mencionamos algumas das mudanças sociais que ocorreram no último meio século que parecem ter desempenhado um papel no aumento relevante de certas formas de violência — ou seja, formas que evocam a palavra "mal". Assassinato em massa, homicídio com motivação sexual praticado em série e tiroteios escolares são algumas das variedades. Outras, comentadas em momentos diferentes no livro, envolvem assassinatos de gravidade peculiar — atrocidades de um tipo raramente ou nunca encontrado em tempos de paz antes dos anos 1960. Se restringirmos a expressão "doença mental" àqueles com psicose demonstrável, manifestada por delírios, alucinações ou distúrbios cognitivos sem delírios definitivos, em contraste a transtornos de personalidade — mesmo se o transtorno de personalidade for grave, como comportamento antissocial, psicopático, paranoico, limítrofe ou esquizotípico —, verificamos que apenas cerca de 25% dos assassinos em massa são "doentes mentais". Os casos são ainda menos recorrentes entre assassinos em série, conforme já observamos. Em contraste, a maioria dos atiradores escolares mais conhecidos apresentava doenças mentais — principalmente aqueles com o maior número de vítimas. O dr. E. Fuller Torrey, eminente psiquiatra de Washington, DC, criticou, com razão, a prática muito comum de "desinstitucionalização" — remover o indivíduo de alguma instituição de saúde — que leva milhares de pacientes com doenças mentais hospitalizados a serem enviados para abrigos ou até mesmo para as ruas, prática que começou na década de 1960.[948] Ele afirmou que os doentes mentais são responsáveis por cerca de 5% de todos os homicídios nos Estados Unidos. Muitos pacientes que receberam altas indevidas foram para situações piores do que se tivessem sido autorizados a permanecer em hospitais. Como outro exemplo da "lei das consequências não intencionais", esse impulso supostamente humanitário foi um desastre. No domínio do assassinato em massa, talvez cerca de 22% tenham doenças mentais. Apenas alguns haviam estado em hospitais — até serem liberados (de forma prematura ou injustificada) —, antes de cometer assassinatos em massa. Entre atiradores escolares mais jovens, poucos foram hospitalizados, portanto, não se pode atribuir os assassinatos que cometeram à alta indevida de um hospital psiquiátrico. Vários, é claro, deveriam ter sido hospitalizados, até mesmo para o resto da vida, em alguma instalação humanizada, como Seung-Hui Cho e Adam Lanza, mas não foram. Alguns dos outros atiradores escolares *não* atenderiam aos critérios para hospitalização, muito menos internação crônica. Eric Harris, por exemplo — o "líder" no massacre de Columbine —, não era doente mental; era um psicopata, para quem os seres humanos eram meros "compostos químicos com um senso exagerado do próprio valor".[949] A certa altura, um psiquiatra prescreveu um antidepressivo quando Eric, solicitado pelo pai a buscar ajuda, disse que tinha "problemas de raiva" e falou sobre "sentimentos suicidas", como se estivesse deprimido. Porém, o verdadeiro problema era que Eric desprezava os outros e não tinha centro moral, algo que um antidepressivo não proporcionaria. Ainda assim, a medicação poderia levá-lo a agir de forma mais sociável e comportada. Ele provavelmente era "impermeável" à psicoterapia. Dylan Klebold estava deprimido e abalado pelo ódio em relação si e por sentimentos de inadequação. Depois de se aliar a Eric Harris, ele redirecionou o ódio e a raiva que sentia para o mundo exterior, tornando-se uma cópia exata de Eric. Ódio é uma palavra-chave quando se discute assassinato. *Não gostar* de alguém transmite a sensação de querer se distanciar dessa pessoa, de excluí-la do círculo social. *Odiar* alguém costuma implicar o desejo de destruir ou matar a pessoa. O psicólogo do FBI dr. Dwayne Fuselier, que estudou o diário que Eric havia começado a escrever durante o último ano de vida, ficou horrorizado ao ler, na frase de abertura: "Eu odeio a porra do mundo" — como o jovem demonstraria explicitamente com sua pistola semiautomática TEC-9 no dia do massacre.[950]

Ao discutir os assassinos de Columbine em um culto religioso após o massacre, o reverendo Don Marxhausen disse que os dois meninos tinham "ódio no coração e fuzis nas mãos".[951] Com essa breve observação, o pastor sintetizou a situação dos atiradores escolares — bem como a de muitos assassinos de qualquer tipo: *ódio e uma arma.* No entanto, o dano causado por um rifle semiautomático é consideravelmente maior do que o infligido com armas de fogo convencionais — e, ao combinarmos ódio e metralhadoras às mudanças sociais negativas na última metade do século, obtemos uma mistura bastante letal. Mark Steyn comentou isso no ensaio sobre o massacre de Parkland. "Alguns de nós", escreveu, "mudamos para pior." Ele cita vários fatores: "O declínio da religião organizada, o colapso da família... a metástase do narcisismo e da autoveneração... e, em algum lugar no espaço vazio, uma combinação específica desses fatores infecta jovens com sentimentos semelhantes, que matam os próprios colegas".[952]

Isso nos traz ao assunto controverso das armas de assalto. Fuller Torrey e Steyn fizeram observações que acredito serem válidas sobre as mudanças culturais nas últimas duas gerações. Se acrescentarmos o comentário do reverendo Marxhausen sobre o ódio e as armas de assalto, chegaremos mais perto da essência da situação atual com atiradores escolares. Refiro-me à relação estreita entre o aumento de tiroteios escolares com muitas mortes desde meados da década de 1960 — em contraste a apenas uma ou duas mortes — e o aumento da disponibilidade de armas semiautomáticas. O que pode ser feito?

Após o massacre de Parkland, um editorial do *New York Post* ofereceu algumas soluções — que não necessitam do brilhantismo de Einstein ou Stephen Hawking, mas apenas três palavras: *Livrem-se das armas*.[953] Caçadores não precisam de fuzis para derrubar um cervo. A AK-47, desenvolvida em 1947 pelo comandante de tanque russo Mikhail Kalachnikov, e a Uzi, desenvolvida no ano seguinte pelo major israelense Uziel Gal, foram projetadas para vencer guerras, não para matar coelhos ou pessoas de quem não se gosta. Exceto para soldados em batalha ou policiais em equipes da SWAT, não há necessidade dessas armas em tempos de paz. Dois ex-senadores dos Estados Unidos fizeram comentários dignos de nota sobre o assunto. Howard Metzenbaum disse: "Não, não é um plano para controlar criminosos... trata-se de banir as armas AK-47 e semiautomáticas". John Chafee observou: "Em breve apresentarei uma legislação que proíbe a venda, fabricação ou posse de armas de fogo — com exceções para autoridades legais".[954] Em um artigo no jornal canadense *National Post,* um estudante, David Hogg, de 17 anos, de Parkland, foi citado durante uma entrevista, em que comenta: "Eu não deveria ter que testemunhar o que testemunhei, e minha irmã não deveria ter duas melhores amigas mortas. Ela tem 14 anos. Como alguém apaga isso da memória? Os políticos deveriam ser os adultos, e o fato de sermos obrigados a nos posicionar como estudantes é prova do estado decadente e decrépito em que se encontram os Estados Unidos". Outro estudante de Parkland, Isaah Jean, de 14 anos, ao ser questionado sobre o que desejaria dizer ao presidente Trump, disse: "Quero dizer que precisamos nos livrar das armas".[955]

Na Austrália, o governo se livrou das armas após o massacre cometido por Martin Bryant, que tinha deficiência intelectual, em 1996. Logo depois do almoço em um café da Tasmânia, Martin matou 35 pessoas com um rifle semiautomático AR-15 — a mesma arma usada no massacre de Parkland, cometido por Cruz. Em poucas semanas, o governo australiano proibiu esse tipo de rifle e outras armas de estilo militar em todo o país, proibiu a importação e até ofereceu a possibilidade de comprar de volta as armas de fogo previamente adquiridas. Nas duas décadas desde o incidente, não houve assassinatos em massa no país.[956] Nos Estados Unidos, as estimativas apontam para cerca de trezentos milhões de armas entre os cidadãos, das quais 40-50% são semiautomáticas. Isso é um pouco menos do que os 320 milhões de pessoas no país. No entanto, não seria fácil persuadir políticos e cidadãos norte-americanos a seguir o caminho dos australianos. Visto que essas armas não são utilizadas para caça, elas existem apenas para matar pessoas. Apesar da Segunda Emenda, a proibição seria teoricamente viável; contudo, provavelmente causaria conflitos. Afinal, o desejo de muitos homens de possuir essas armas parece baseado, uma vez que não existem motivos práticos válidos, em justificativas psicológicas. Para alguns homens, a posse de armamentos como um rifle semiautomático reforça um senso de masculinidade, como se o pênis típico de 15 cm não fosse tão tranquilizador quanto as armas de 91 cm que podem segurar à vista de todos.

ATIRADORES ESCOLARES E OS PADRÕES DO ÍNDICE DA MALDADE

Poucos questionariam o uso do termo "mal" para se referir às atitudes de alunos de uma escola primária ou faculdade que mataram três ou mais de seus colegas. Em doze casos mencionados, o número de assassinatos cometidos pelos atiradores escolares mencionados incluiu o suicídio do assassino. Provavelmente devido à escassez de informações básicas a respeito dos assassinos — poucos foram a julgamento, pois morreram no local do tiroteio, como mencionamos —, poucas biografias de "crimes verdadeiros" foram dedicadas a eles, com exceções como Gang Lu, Kip Kinkel e Eric Harris. Nenhum outro se tornou tema de livros em minha coleção de oitocentas biografias de criminosos. Como observamos, deve-se fazer uma distinção entre as *atitudes* malignas das *pessoas* malignas. Não chamaríamos alguém de "mau" a menos que a história dessa pessoa revelasse uma tendência inveterada, um hábito enraizado de atitudes repugnantes, destrutivas ou violentas ao longo da vida adolescente e adulta, sem um único indício de remorso genuíno. Pessoas desse tipo, em geral, atendem aos critérios para o diagnóstico de psicopatia.[957] O termo não seria aplicável aos atiradores escolares jovens que discutimos. Entre os atiradores escolares mais velhos, temos como exemplos de verdadeiros psicopatas Purdy, Harper-Mercer e, definitivamente, Eric Harris. Harris manteve diários extensos, datados de até dois anos antes do massacre de Columbine, com planos para matar o maior número de pessoas possível. Exibiu mentira patológica, praticou uma variedade de crimes durante a adolescência, inclusive vandalismo e incêndio criminoso — em suma, quase todos os critérios para psicopatia, tendo crescido em uma família que não o sujeitou aos tipos de negligência ou crueldade que às vezes desencadeiam a psicopatia "secundária" influenciada pelo ambiente —, em contraste com a condição mais comum, com a possibilidade de ser determinada geneticamente.

Os atiradores escolares, apresentam, no entanto, uma variedade de motivos e um conjunto complexo de peculiaridades psicológicas. Muitos dos mais jovens conseguiram armas ilegalmente ou roubaram dos pais ainda na metade da adolescência. Os motivos por trás dos tiroteios geralmente eram relacionados a raiva ou fúria intensas, e a maioria dos assassinatos foi executada por impulso. Houve pouco planejamento metódico nos dias ou semanas anteriores a essas explosões de ira. Isso vale principalmente para os casos em que houve apenas uma, ou duas ou três vítimas, e em que os atiradores geralmente sobreviveram. Três deles, por exemplo, se enquadram nos critérios do Padrão 6 no Índice da Maldade, a classificação para aqueles que cometem assassinato(s) impetuoso(s), motivados pela raiva e executados de forma impulsiva por pessoas sem traços de psicopatia. Isso seria verdade para Michael Pisarski, de 18 anos, Kristofer Hans e Tronneal Mangum, ambos de 14 anos. O Padrão 8 seria mais apropriado para Luke Woodham, o rapaz de 16 anos que matou primeiro a mãe, depois a namorada e a amiga dela, em assassinatos que resultaram da explosão de raiva contida, mas com certo grau de planejamento antecipado. O Padrão 8 também seria apropriado para Gang Lu, um dos atiradores escolares adultos, cuja raiva foi provocada ao ser derrotado por um rival na pós-graduação, o que o levou a planejar com cuidado o assassinato do rival e dos professores "transgressores". Os assassinos com autismo severo como Seung-Hui Cho e Adam Lanza são mais difíceis de classificar. Nenhum dos dois era claramente psicopata, mas jovens com problemas mentais profundos e com deficiência social, cheios de ódio por pessoas comuns com quem eram completamente incapazes de se relacionar. Para eles, talvez o Padrão 13 seja apropriado, o grau correspondente a assassinos com personalidades inadequadas e raivosas, mas que não exibem os "traços psicopáticos marcados" apresentados por outros que estão nesse mesmo padrão.

A respeito do atirador de Parkland, Nikolas Cruz, indagou-se se as características apresentadas pelo jovem podem representar uma mistura de hereditariedade com o resultado da gravidez da mãe, marcada por abuso de álcool e drogas, e anormalidades biológicas. No lar adotivo de classe média alta, os pais eram pacientes e amorosos, embora fossem constantemente testados pela violência que o filho exibia. Nada mudou no comportamento de Cruz após a morte da mãe em novembro de 2017. Depois disso, ele foi colocado sob os cuidados de Rocxanne Deschamps. Ela achou necessário telefonar para a emergência três vezes em um mês — duas vezes depois de encontrar armas e balas no quarto do rapaz e na ocasião em que ele fez furos na parede —, nesse dia, se sentiu forçada a obrigá-lo a sair de casa. A sra. Deschamps disse às autoridades que Nikolas certa vez apontou uma arma para a cabeça dela e do meio-irmão Zachary, mas que "a polícia disse que nada poderia ser feito".[958] Considerado culpado das acusações contra ele, os fatos relatados até agora e o número de vítimas podem classificá-lo no Padrão 13. Para Eric Harris, o Padrão 16, classificação para "psicopatas que praticam múltiplos atos de violência", parece mais apropriada. É uma classificação comum para muitos assassinos em massa que não são relacionados a tiroteios escolares, e para alguns assassinos em série que não são motivados por questões sexuais.

Os atiradores escolares com grande número de vítimas — apesar de nem todos serem psicopatas — muitas vezes partilhavam de uma característica incomum: escreveram manifestos pouco antes dos atos de assassinato múltiplo e suicídio. Como observado anteriormente, isso aconteceu no caso de Cho, Harper-Mercer, Rodger e Harris. O que transparece nos escritos é um intenso narcisismo — característica marcante em que o delírio de grandeza assume proporções divinas. Harris, ao escrever "São os humanos que eu odeio!", falou sobre como ele e Dylan iriam "dar o pontapé inicial em uma revolução", acrescentando: "Vou declarar guerra à raça humana".[959] Existe modo melhor de lidar com a incapacidade — a inabilidade — de ter uma namorada ou mesmo relações sexuais do que invocar o poder supremo de um Deus sádico e vingativo que *mata* a menina, ou grupos inteiros de meninas, que recusaram relações de amizade e sexo a alguém. No manifesto escrito cerca de um ano antes do massacre de Columbine, Harris espelha o credo do assassino em série Mike DeBardeleben, registrado cerca de duas décadas antes. DeBardeleben escreveu: "O desejo de infligir dor não é a essência do sadismo. O impulso principal é ter domínio completo sobre outra pessoa... para se tornar o governante absoluto sobre ela, para se tornar um deus... obrigá-la a sofrer sem que seja capaz de se defender. O prazer do domínio completo sobre outra pessoa é a verdadeira essência do sadismo".[960]

Para muitos atiradores escolares mais velhos, o assassinato sádico foi o antídoto para a rejeição e a impotência. Os dezessete assassinatos cometidos por Cruz, podem ter servido ao mesmo propósito e ter sido construído sobre a mesma base: inaptidão social e, no caso de Cruz, a recente rejeição de uma garota. O assassinato em grande escala também foi o antídoto para a desesperança com base na suposição de que a vida do indivíduo jamais corresponderia a algo relevante: sem sucesso no trabalho, sem parceira sexual, sem amizades firmes, sem respeito, nem mesmo a satisfação de ter deixado um legado — uma página sequer no livro da humanidade. Esse é um caminho para a alienação e o suicídio. Nesse contexto, até o suicídio é um fracasso: a admissão de que o indivíduo nunca será reconhecido. Como membro valioso da sociedade? Não. Como santo? Com certeza não. Como a personificação do mal? Provavelmente. Para essa pessoa, a fama supera a ignomínia. Como jornalistas bem sabem: "A dor aumenta a audiência". Se um estudante desesperado e furioso leva uma arma para a escola e é rapidamente preso, ou é preso depois de ferir ou até matar uma ou duas pessoas, o que acontece? Apenas cai no esquecimento. Dado o grande número de assassinatos com armas de fogo nos Estados Unidos, mesmo o assassinato de três ou quatro pessoas significa uma nota de rodapé no jornal e os "quinze minutos de fama" de que falou Andy Warhol. Mas carnificina total? Manchetes! Aqui, o armamento semiautomático dá ao tipo assassino-suicida faminto pela fama pelo menos uma chance de notoriedade. Isso ajuda a explicar a paixão da classe faminta por sucesso por essa categoria de arma de fogo. Os tiroteios escolares continuam a ser uma espécie de mal que não terá fim até que as pessoas antiarmas comecem a superar os entusiastas de armas e até que, entre os cidadãos, as armas de fogo semiautomáticas sejam proibidas, e reformas, como as aprovadas na Austrália, sejam instituídas.

QUE A JUSTIÇA PREVALEÇA:

Formas contemporâneas da maldade

Quando pensamos no mal, nossas mentes costumam se voltar para atos de violência — sequestro, estupro, assassinato e tortura — sobretudo quando precedidos por planejamento, organização ou o que é chamado na lei *mens rea*: literalmente, "mente culpada" ou *maldade premedita da*.[961] No entanto, existem outros atos de natureza não violenta que vio lam as normas sociais ou têm efeitos psicológicos tão desfavoráveis que a sociedade acaba por também considerar atos malignos. Incesto é um exemplo, mesmo nos raros casos em que a vítima foi induzida a con sentir. Em muitos casos atuais de guarda de menores, reconhece-se que um dos pais age por ressentimento em relação ao outro, de modo que se desviam daquilo que seria melhor para a criança. Muitos dos exemplos neste capítulo se concentram em questões legais em relação a guarda, adoção, divórcio e abuso sexual. Situações em que o nível de injustiça e também o nível de dor infligido à parte lesada foram elevados a ní veis malignos. Todos os casos giram em torno de relacionamentos que deram errado: as piores coisas que podem acontecer entre parceiros ín timos antes do casamento, durante o casamento, após a dissolução do casamento ou nos casos em que os pais são solteiros, mas que envolvem disputas acirradas entre os pais ou os parentes próximos do filho. Dis putas de guarda costumam ocorrer após o divórcio — exceto nos casos menos comuns precipitados pela morte de um dos pais —, e hoje, na era do "novo mal", são encontradas com maior frequência.

DESORDEM NAS VARAS DE FAMÍLIA

A preocupação da natureza é com a preservação da espécie, de modo que o ato de procriação é muitas vezes concluído em vinte minutos ou menos, e costuma ser agradável; em contraste, em nossa espécie, a criação adequada dos filhos leva cerca de vinte anos. O prazer não é garantido. As disputas pela guarda de crianças são testemunho dessa disparidade. Muitos casais recorrem às varas de família após desfrutar da parte da procriação, porém, arruinar a promessa feita no altar de permanecer juntos, tanto por companheirismo, mas principalmente para prover o desenvolvimento adequado e a educação de quaisquer filhos que pudessem trazer ao mundo. Paradoxalmente, ambos os pais nessas disputas costumam sentir afeição considerável e, às vezes, de mesma intensidade pelos filhos, mesmo que tenham desenvolvido uma antipatia cordial, ou mesmo ódio fulminante um pelo outro ao longo dos anos. Isso é verdade também na situação menos comum em que parceiros que não são casados, mas que tiveram filhos, transformam as crianças em peões em um jogo vergonhoso de "conquista da propriedade".

Muitos anos atrás — embora eu já tivesse nascido — quando o divórcio era raro, as varas de família provavelmente não eram muito movimentadas, se é que existiam. As taxas de divórcio nos Estados Unidos começaram a aumentar em meados do século passado, com pico na década de 1960, para quase 50% dos casamentos, e diminuíram em tempos recentes. No início do século xx, as pessoas costumavam levar suas crenças religiosas mais a sério do que hoje. O divórcio era desencorajado por várias religiões e proibido por outras. Como observamos anteriormente, o movimento feminista, que se tornou uma grande força social na década de 1960, proporcionou a grande vantagem do acesso às varas de família para as mulheres que eram intimidadas, abusadas e maltratadas pelos maridos. Elas também tiveram acesso maior à pílula e a outros meios contraceptivos. As mulheres não engravidavam com tanta facilidade dentro de casamentos onde estavam infelizes, nem eram obrigadas a ter mais filhos do que podiam suportar. Essa é a boa notícia. A má notícia é que nem todos os homens aceitaram de braços cruzados essas liberdades. Alguns protestaram veementemente, às vezes de forma combativa, contra a ideia de perder as mulheres que "possuíam". No entanto, se as esposas não eram mais "posses" de alguns desses homens, certamente as crianças eram — assim como ocorre com as famílias em certos países islâmicos, onde os filhos "pertencem" ao pai e ficam aos cuidados dele em caso de divórcio. O orgulho masculino e a força masculina superam, nesses casos, a incerteza da paternidade — uma coisa duvidosa, na melhor das hipóteses, uma vez que, antes dos testes de DNA, os únicos homens no mundo que tinham certeza absoluta de que os filhos eram realmente *seus* filhos eram os sultões otomanos, cujos haréns — gaiolas douradas, basicamente — consistiam em garotas capturadas antes da puberdade e guardadas por eunucos de uma raça diferente.[962] O orgulho masculino entra na equação das disputas pela guarda dos filhos em vários casos. Em geral, o pai não está bem-preparado para assumir os cuidados com os bebês. Ainda assim, alguns, em casos de divórcio que envolvem crianças muito pequenas, relutam em ceder seus "direitos de propriedade" às mães, mesmo quando a mãe é a melhor escolha para a guarda e o pai tem pouco talento ou tempo livre para essa tarefa. Mas nos adiantamos na história.

Dado o número elevado de divórcios, incluindo aqueles que envolvem filhos, poderíamos esperar que as varas de família fossem inundadas com disputas muito além da capacidade de resolução. A situação não é tão desesperadora. Felizmente, a maioria dos casais divorciados com filhos consiste em duas pessoas relativamente maduras que são capazes de decisões harmoniosas sobre horários de visita e questões nutricionais, médicas, educacionais e legais, e que demonstram respeito mútuo pelo estilo de paternidade e maternidade, direitos e privilégios um do outro. Principalmente, mostram flexibilidade para lidar com as condições estabelecidas pelos advogados nos acordos de separação. Pais desse tipo não negociam em varas de família, mas lidam com esses assuntos em particular.

Os pais vistos nas varas de família são de natureza diferente. Cada um desses casais teve pelo menos um grande problema em relação aos filhos que não pôde ser resolvido sem a intervenção do judiciário. Embora Tolstói nos lembre na página inicial de *Anna Karenina* que "as famílias felizes são todas iguais; cada família infeliz é infeliz à sua maneira", na realidade, as disputas pela guarda constituem um gênero de apenas três espécies principais. Existem casais em que o pai merece a guarda porque a mãe não está preparada para a tarefa; há aqueles em que a mãe merece a guarda porque o pai não está preparado para a tarefa; e existem os casos mais raros em que ambos os pais são terríveis e nenhuma solução adequada pode ser encontrada sem assistência social ou, ainda, se os filhos tiverem idade suficiente e os pais puderem pagar, pode-se considerar um internato. Minhas impressões sobre esse assunto vêm do fato de eu ter servido como testemunha especialista em muitas disputas de guarda, incumbido de auxiliar na decisão sobre o mérito de um ou outro genitor. Algumas vezes, fui nomeado pelo juiz para avaliar ambas as partes. Dependendo dos meios financeiros dos participantes, cada um tendo advogados e um perito, além de um psiquiatra ou psicólogo indicado pelo tribunal, tutores legais e, às vezes, pessoas de serviços de proteção à criança, as contas podem chegar a somas elevadas rapidamente. A Justiça é tradicionalmente retratada com uma venda nos olhos para garantir a integridade, mas, por experiência própria, percebi que ela está cega não por causa de um tecido preto, mas por um cheque em branco feito por um dos pais. O que acontece, às vezes, é que um genitor rico pode contratar os melhores advogados, os especialistas mais prestigiosos e assim por diante — de forma que esse genitor apresenta uma imagem que pode impressionar um juiz ou influenciar um júri para uma decisão em favor da "parte mais endinheirada" — às vezes, independente do caráter do cônjuge. Às vezes, os advogados do genitor mais rico podem criar uma moção e contramoção após a outra, o que esgota os recursos do outro genitor, que então abre mão da guarda.

No último quarto de século, estive envolvido em mais de cinquenta casos de guarda de filhos, principalmente com pais de estados do Nordeste dos EUA, e, com menos frequência, do Sul ou da Costa Oeste. Observei os resultados, com o objetivo de determinar com que frequência o genitor mais digno prevaleceu e quantas vezes o genitor menos digno obteve a guarda. Sem dúvida há certa subjetividade nesse exercício. Nem todos concordariam com minhas opiniões, assim como o juiz, por vezes, não concordou. Apresentarei aqui uma série de exemplos, da maneira mais justa possível, sobre alguns dos casos problemáticos, na esperança de que o leitor possa pelo menos entender como cheguei às minhas conclusões. A distribuição dos casos pode ser resumida da seguinte forma:

A mãe era a melhor opção e recebeu a guarda: 11 casos
A mãe não era a melhor opção, mas recebeu a guarda: 5 casos
O pai era a melhor opção e recebeu a guarda: 6 casos
O pai não era a melhor opção, mas recebeu a guarda: 23 casos
Nenhum dos pais era adequado e a guarda foi dividida: 1 caso
A guarda foi dividida 50/50, ou ocorreu indecisão: 7 casos

Esses números sugerem que, em minha amostragem de pacientes, o genitor menos digno prevaleceu em cerca de dois terços dos casos. Se omitirmos os oito casos equivalentes, o genitor menos merecedor obteve a guarda em metade das disputas. Isso é bastante desanimador porque, como veremos, para alguns desses homens, a expressão "menos merecedores" não passa de eufemismo: alguns eram pedófilos cuja riqueza e poder permitiram o acesso aos filhos, o que, claramente, deveria lhes ter sido negado.

Um dos problemas mais espinhosos diz respeito a uma espécie de "clubinho" de profissionais em quem os juízes confiam: psiquiatras, psicólogos, assistentes sociais dentro do sistema forense, familiarizados com o funcionamento do tribunal, competentes até certo ponto, porém, sem qualificações acadêmicas e não muito conhecidos fora dos círculos que frequentam. Há disputas em que um genitor tem a guarda negada com base em argumentos apresentados por um consultor nomeado pelo tribunal. Esses argumentos podem parecer injustos para o genitor em questão, ou baseados em pouca informação a respeito da família e padrões de relacionamento. Em reação, o genitor pode solicitar uma nova avaliação, realizada por um novo especialista, muitas vezes um psiquiatra de ampla experiência e alto nível acadêmico, com reputação bem estabelecida de objetividade e justiça. Até aqui tudo bem. No entanto, se o genitor do lado oposto tiver "guarda definitiva", ou seja, poder de decisão sobre quem pode ser contratado para executar tais funções, este pode negar a permissão para que o outro utilize os serviços do novo especialista. A pressuposição é que o novo profissional será capaz de reunir evidências que reverterão a decisão original, em benefício do outro genitor. Em respeito às regras estabelecidas, o juiz pode amparar os desejos do primeiro genitor e criar um *fait accompli,* um fato consumado, em que, ao contrário do espírito deste capítulo, a lei terá triunfado sobre a justiça. É uma situação complexa de ser explicada, admito. Darei exemplos mais adiante para demonstrar o que estou tentando dizer.

AS DIFERENTES BATALHAS

Os resultados das disputas de guarda mencionadas acima apresentam um pouco mais de variedade do que eu sugeri. Por exemplo, houve várias disputas nas quais o melhor genitor prevaleceu, mas somente após um longo período de batalha jurídica acirrada. Em vitórias desse tipo, que exige muito de ambas as partes, às vezes o filho é entregue ao genitor mais adequado somente ao se aproximar da idade adulta, quando o judiciário já não têm mais jurisdição.

As situações foram um pouco mais complicadas do que a lista acima sugere. Em três das disputas, o genitor que teria sido a escolha mais sábia inicialmente perdeu, mas ganhou a guarda após uma batalha judicial prolongada. Em outras duas disputas, a mãe merecedora da guarda foi capaz de conquistá-la após um processo igualmente prolongado no tribunal. O aspecto decepcionante da repartição é que o genitor menos digno, longe de prevalecer apenas em situações *raras*, conseguiu obter a guarda com mais frequência do que o resultado desejável — em que o genitor melhor obteria a guarda. Essa desigualdade foi mais evidente nos casos em que o pai obteve a guarda, mas não era a pessoa mais adequada. Nos casos a seguir, ofereço exemplos estabelecidos em torno das principais diferenças de resultados. A fim de preservar a confidencialidade, omiti todos os nomes e alterei alguns detalhes, porém, preservei a essência de cada história. Também incluo alguns exemplos importantes que foram relatados na imprensa.

CASOS QUE ENVOLVEM UM PAI MAIS MERECEDOR

O pai merecedor obteve a guarda

Os genitores, então no início dos 40 anos de idade, estavam divorciados; a questão a ser decidida no tribunal era sobre os cronogramas de guarda e visita do filho e da filha adolescentes. Ambos os pais vieram de famílias da classe operária, mas o homem teve sucesso ao administrar a mercearia de seu pai, transformando-a em uma grande rede de mercearias em dois estados da Nova Inglaterra. O casamento foi tumultuoso, principalmente depois do nascimento dos filhos. O pai, um homem de temperamento inabalável, na esperança de manter acesso relativamente livre aos filhos após o divórcio, comprou uma grande casa em frente ao lar original do casal. A mãe era emocionalmente instável, se alternando entre explosões de raiva por pequenos problemas e tendências autodestrutivas, às vezes exibindo comportamentos evidentemente suicidas. Por exemplo, em uma ocasião, jogou o carro contra uma árvore; o veículo sofreu perda total e ela fraturou um braço e um ombro. Durante a batalha judicial, que durou um ano, manteve as crianças trancadas em casa e impediu o acesso ao pai. Ele deixava presentes na soleira da porta, junto de bilhetes amorosos que expressavam vontade de estar com os filhos, mas todos eram jogados fora pela mãe. Os filhos ficaram com a impressão de que o pai não se importava muito com eles. Enquanto isso, o juiz nomeou um psiquiatra para avaliar os pais em relação aos méritos que diziam respeito à guarda das crianças. Tratava-se de um homem de competência medíocre, que parecia ter entendido que sua missão, no interesse da "justiça", era considerar ambos os pais psicologicamente deficientes — um tão incapaz quanto o outro — de modo que a decisão original do juiz de conceder a guarda à mãe permanecesse válida. No relatório, ele caracterizou a personalidade da mãe como "limítrofe", devido ao mau humor extremo, com comportamentos autodestrutivos e acessos de raiva, e a personalidade do pai como "obsessiva-compulsiva". O pai não tinha nenhum dos traços negativos relacionados ao diagnóstico, como teimosia, avareza ou distanciamento emocional, embora fosse muito honesto, perfeccionista e detalhista. Não são falhas de caráter, muito menos traços patológicos que prejudicariam seu papel como pai. Ser o pai "mais rico" também não era problema, visto que ele contratara advogados e testemunhas especializados do mesmo calibre para si e para a ex-esposa. Como testemunha perita do pai, fui capaz de esclarecer para o tribunal que os pais não tinham níveis de doenças patológicas "iguais". O pai não era nem um pouco doente. O tribunal finalmente concedeu a guarda total ao homem. Ele foi capaz de vencer a desconfiança das crianças, de modo que passaram a reconhecer a excelência dele como pai e como filantropo na comunidade.

O pai merecedor, que foi acusado de incesto, obteve a guarda

Há alguns anos, recebi uma carta de um homem de Illinois, em que ele perguntava se eu poderia ajudá-lo em uma situação conjugal difícil. Ele e a esposa tinham um filho de 11 e uma filha de 13. A esposa suspeitava de que ele estava "se insinuando" para a filha de maneira sexualmente inadequada. Ela foi incapaz de demonstrar qualquer coisa que tivesse "valor probatório" em tribunal — mas não por falta de tentativas. Ele descobriu que a mulher havia escondido gravadores por toda a casa, embaixo das camas, nos armários e atrás dos vidros da despensa da cozinha, para que qualquer ruído sexual, passos dentro e fora de cômodos diferentes, e assim por diante, fossem registrados, como forma de corroborar as suspeitas. Várias semanas de resultados negativos não acalmaram as ansiedades dela. Ainda em pico febril de preocupação e suspeita, ela levou a filha para um hotel, sob nome falso. O paradeiro das duas era desconhecido e elas foram dadas como desaparecidas. Por fim, mãe e filha voltaram, e a mãe queria o divórcio. O pai, que de alguma forma conseguiu meu livro *The Borderline Syndromes* (As síndromes limítrofes), entrou em contato comigo. Perguntou se eu poderia me encontrar com a família, determinar se a esposa era "limítrofe", ajudar a acalmar os temores dela e, se possível, ajudar a solucionar a crise no casamento. Entrevistei pais e filhos durante dias. O que descobri nas conversas com cada um foi que o pai, dono de uma modesta farmácia na cidade, nunca havia tocado a filha de modo indevido, e que a filha se sentia muito à vontade com o pai e não fazia ideia de por qual razão havia sido levada para um esconderijo pela mãe. Ambos os filhos se comportavam bem social e academicamente; nenhum dos dois mostrava qualquer sinal de sofrimento emocional. A história da mãe era bem diferente. Quando adolescente, fora estuprada pelos três irmãos mais velhos. Tentou contar ao pai, porém, ele zombou da filha por ousar acusar os irmãos de uma coisa tão absurda e ficou do lado deles. A experiência não se limitou a um acontecimento isolado e isso se tornou a fonte de desconfiança que sentia em relação aos homens. Essa desconfiança se fortalecia a cada ano que passava na vida de casada e culminou na convicção de que, conforme a filha se aproximava da mesma idade que a mãe tinha quando os irmãos a estupraram pela primeira vez, a história se repetiria, muito embora o marido fosse uma pessoa diferente de qualquer um dos três irmãos, tanto em comportamento quanto psicologicamente. Há uma metáfora alemã peculiar para descrever uma pessoa que consegue superar traumas passados: *über seinen eigenen Schatten zu springen* — saltar sobre as próprias sombras. A mulher foi incapaz de fazer isso. Ela prosseguiu com o divórcio, apesar de admitir que os temores provavelmente eram exagerados. Então, os filhos passaram a residir com o pai, que manteve contato comigo ao longo dos anos e me contou como as crianças continuavam bem e seguiam adiante. No entanto, mesmo este exemplo de uma falsa acusação de que um pai estaria molestando a filha, o único caso que conheci em primeira mão, não foi impulsionado por um motivo oculto, como ganância. Em vez disso, surgiu do medo da mãe de que sua terrível história se repetisse.

O pai merecedor perde a guarda

Em um exemplo tirado de reportagens de 1997, Daryl Kelly, pai de cinco filhos e veterano da Marinha, que administrava uma oficina de eletrônicos no interior do estado de Nova York, foi condenado por estuprar uma das filhas em várias ocasiões. Ele foi condenado de vinte a quarenta anos de prisão.[963] O casal estava às voltas com problemas relacionados a drogas na época da condenação, embora o caso da mãe fosse mais severo, a ponto de ela tentar complementar a renda com prostituição para custear as drogas. Por motivos desconhecidos, a mãe, Charade Kelly, perguntou à filha mais velha, Chaneya, de 9 anos na época, se o pai havia tocado a menina no que a mãe, usando um eufemismo, chamou de "seu não-não". A menina disse que não, e a mulher, então, ameaçou bater nela, a menos que a menina respondesse como ela desejava. A filha cedeu — e o pai foi levado para interrogatório. Apesar da falta de provas definitivas, o caso avançou e o pai foi preso. Ele não via motivos para uma apelação para redução de seis anos da pena, pois sabia que era inocente e assim se posicionou. Daí a sentença longa. Dezesseis anos depois, a filha confessou que havia mentido sobre o estupro por medo de ser espancada pela mãe. Por volta dessa época, a mãe, então livre do vício, também admitiu que havia coagido a filha a fazer uma falsa acusação. Inicialmente, tanto o governador quanto o tribunal haviam se recusado a inocentar e libertar o pai, embora os promotores "investigassem o assunto" — uma vergonha. O pai, afro-americano, era um homem de classe média sem histórico criminal — nunca fora acusado de crime algum, muito menos pedofilia. (Vale mencionar que poucos pais que cometem incesto abusam sexualmente de meninas fora da família.) Ele não era pobre, tampouco era rico. Não se sabe se os advogados de defesa foram genuinamente competentes na tentativa de limpar o nome do sujeito. É fato que o testemunho do polígrafo não é admissível em tribunal, contudo, pode ser útil como etapa no processo de inocentação de alguém, caso a pessoa passe repetidamente em um teste de polígrafo semelhante ao que O. J. Simpson foi reprovado. Os registros disponíveis para mim não revelam se alguma medida desse tipo foi tomada, mas digamos, a título de debate, que ele *tivesse* molestado a filha. A sentença de vinte a quarenta anos ultrapassaria o tempo em que Kelly corria o risco de se tornar reincidente — as filhas haviam alcançado a fase adulta — e o pai, na pior das hipóteses, seria um infrator sem risco, apesar de todos os fatores apontarem para a inocência desde o início. Em 2012, Chaneya escreveu uma carta às autoridades de Nova York, em retratação do depoimento anterior sobre o suposto incesto, e pediu ao tribunal: "Libertem meu pai inocente".[964] A petição recebeu quase 200 mil assinaturas. Mesmo assim, os promotores se recusaram a aceitar a retratação. No momento em que este texto é escrito, Daryl Kelly aguarda novo julgamento, mas continua na prisão.

CASOS EM QUE O PAI TEM MENOS MÉRITOS

Considerações Iniciais

Os pais que mencionei aqui são de dois tipos principais. Em um grupo estão aqueles que são evidentemente egocêntricos e que nutriam antipatia excepcional — desprezo seria mais preciso — pelas ex-esposas. A insistência em obter a guarda era motivada mais por vingança do que por qualquer afeto sincero pelos filhos, meros peões nos tabuleiros de xadrez pervertidos das batalhas amargas dos pais. Ao "capturar" os bens mais queridos das mães — os filhos —, esses pais esperavam infligir a maior dor possível nas ex-esposas, provavelmente uma dor que duraria para sempre. Como analogia mórbida, lembro ao leitor do tiroteio escolar executado em 1996 por Thomas Hamilton, da Escócia, descrito anteriormente neste livro. Depois de ser acusado, corretamente, de pedofilia pelos pais de vários alunos, ele não atirou nos pais — dessa forma, o sofrimento teria durado muito pouco. Em vez disso, se tornou a personificação do mal e matou dezesseis crianças, pois sabia que, ao cometer o ato, prolongaria o sofrimento dos pais até os últimos dias.[965] A outra característica importante desses pais rancorosos é que eles não molestaram as filhas, nem foram acusados disso pelas mães. Os pais operavam em um plano diferente — rancor. O outro grupo de pais menos merecedores, um grupo maior, molestou filhas sexualmente (em um caso, um filho), às vezes de maneira não prolongada ou severa, mas o suficiente para levar a mãe a pedir o divórcio e a guarda. Em outros casos, houve molestamento que chegou ao ponto do incesto. Nos casos que conheço, os pais eram prósperos e não pouparam despesas para escapar à humilhação pública. Tentaram manchar os nomes das mães e obtiveram a guarda ao "provar" que eles, os pais, eram "melhores" para as crianças, e escapavam, assim, do estigma social. Mesmo nos vários casos evidentes de incesto entre pai e filha com relação sexual, como encontrei nas histórias de mulheres jovens hospitalizadas com personalidade "limítrofe" ao longo do meu trabalho clínico, nunca vi um pai rico ser preso pelo delito, destino de vários pais de baixa renda. Filhas que foram vítimas de incesto, principalmente nas mãos do pai, têm risco maior do que o esperado de sofrer depressão, transtorno de personalidade limítrofe e cometer suicídio.[966] O suicídio em 1971 da musa de Andy Warhol, Edie Sedgwick, nascida em 1943, é um exemplo. Acho irônico que, no Antigo Testamento, o incesto não é apenas considerado um pecado grave, mas também merecedor da pena de morte (Levítico 20:11-20); é mais irônico, ainda, que, entre as muitas variedades de incesto, pai-filha e pai-filho não foram incluídos.

Nos últimos anos, algumas organizações concentradas no auxílio aos pais argumentaram que estes se tornaram uma espécie em extinção nas varas de família, em virtude de serem acusados de abuso sexual injustamente e sem qualquer delito por parte deles. Essas organizações afirmam que isso é um exemplo de "alienação parental" cometido por certas mães que exibem maldade por meio dessas falsas acusações. O dr. Richard Gardner, psiquiatra infantil, popularizou esse conceito, como se a síndrome de alienação parental merecesse um lugar na nomenclatura oficial da psiquiatria.[967] Isso nunca foi aceito como um diagnóstico válido. Em minha experiência, não é comum a mãe acusar um ex-marido de ter molestado a filha quando o pai é inocente. Na maioria das vezes que testemunhei, as mães foram capazes de documentar o comportamento sexual impróprio levando a criança ao pediatra logo após o incidente ou registrando ruídos ou gritos sugestivos desse comportamento.

Um pai menos merecedor e motivado por rancor

Há alguns anos tive a oportunidade de trabalhar com uma mulher que estava divorciada havia cerca de um ano. Ela buscava a guarda do filho de 10 anos, o único do casamento. Durante o dia, o ex-marido era um empresário imobiliário muito bem-sucedido, admirado pela habilidade de adquirir propriedades antes que aumentassem de valor. À noite, o homem era um aficionado — viciado, na verdade — em pornografia (pornografia adulta, a título de esclarecimento), que assistia em uma sala separada, o que o excluía quase que por completo do contato com esposa e filho. A esposa, ex-modelo, poderia ser considerada no mínimo tão atraente quanto as mulheres que ele cobiçava na tela e tinha a vantagem, segundo ela mesma postulava, de ser real. Foi a incapacidade de persuadir o homem ao desejo de trocar as mulheres bidimensionais para a mulher tridimensional com que ele havia se casado que a levou a se divorciar. Ela obteve a guarda por um tempo, as visitas do pai ficando limitadas às noites de quarta-feira e fins de semana alternados. O homem não gostou de ver a ex-esposa sair em vantagem na criação do filho, de modo que lançou uma campanha para obter a guarda e limitar drasticamente o tempo da mãe com o menino. Ele passou à ofensiva e apresentou depoimentos ao tribunal em que acusava a mãe de ser "paranoica" e "delirante" por caracterizá-lo como viciado em pornografia. Ela procurou minha ajuda para mostrar, por meio de uma avaliação de personalidade e estado mental geral, não ser nada do que estava sendo acusada. Uma tarefa fácil, ou assim parecia, já que era uma mulher calma, franca e doce que, mesmo em testes psicológicos objetivos, não apresentava sinais de qualquer anormalidade. O juiz indicou um psiquiatra para entrevistar ambas as partes, a fim de ajudá-lo a tomar a decisão mais sensata. O psiquiatra emitiu um relatório de comprimento bíblico, com uma característica interessante: a descrição detalhada das minhas impressões sobre a mãe, supostamente obtidas durante uma conversa telefônica comigo, em que discordou de item por item e chegou à conclusão de que eu estava errado em todos os aspectos. O *interessante* é que nunca conversamos ao telefone, nem tivemos qualquer outro tipo de contato. Aliás, a data em que a conversa falsa teria ocorrido foi um dia em que eu palestrava no Japão, de modo que um diálogo entre nós seria impossível. Acreditava que os advogados dela, ao chamar a atenção para este material fraudulento, ajudassem a mãe a manter a guarda. Não foi o que aconteceu. Os advogados ficaram intimidados com a variedade de talentos jurídicos que o pai foi capaz de contratar para sustentar a causa. Além disso, um psiquiatra nomeado pelo juiz goza de imunidade de processo em quase todos os estados, incluindo o estado em que o julgamento ocorre. Desafiar essa pessoa se torna uma tarefa como a do salmão macho em acasalamento: uma batalha difícil com final fatal. O tribunal decidiu em favor do pai. A mãe, a partir de então, teve pouco acesso ao filho durante a adolescência dele. Às vezes, rancor vence virtude. A Justiça nem sempre triunfa sobre a Lei.

O pai, neste caso, tinha uma forte semelhança com os "machos dominantes", às vezes chamados de "machos alfa", que constituem cerca de 5% dos homens em qualquer cultura: homens com habilidades de liderança, geralmente com fortes impulsos sexuais, alguns também abençoados com carisma, que as mulheres consideram altamente atraentes — principalmente as mais jovens, que, não raro, são atraídas como mariposas para uma chama perigosa. Colin Wilson, em sua monografia sobre messias desonestos[968], faz alusão ao valor evolucionário do macho dominante e a capacidade superior de produzir descendentes dominantes e saudáveis. "Os homens dominadores costumam ter um harém", acrescenta — remanescente dos sultões otomanos — semelhante a um leão macho dominante que assume o controle de um bando e mata tanto o antigo "líder" quanto os filhotes deste antes de gerar com a leoa um novo conjunto de animais supostamente melhores do ponto de vista evolucionário. No extremo do espectro da dominação masculina, frequentemente encontramos uma situação paradoxal: homens que se destacam ao *gerar* um grande número de descendentes, mas ao preço de fracassar, às vezes de forma abissal, no papel de *pais*. Esses homens têm pouca capacidade de se relacionar com mulheres, exceto como veículos de prazer sexual, e possuem pouca capacidade de perceber os filhos como indivíduos. Com o tempo, as mulheres com quem esses homens se envolvem, que, como mulheres em geral, têm maior empatia e capacidade de se relacionar com os outros como indivíduos[969], costumam se cansar de se ver valorizadas apenas como objetos sexuais e procuram o divórcio. Outra peculiaridade dos homens, dominantes ou não, psicologicamente programados para o sexo *qua* sexo, e não para o sexo como cereja no topo do bolo do relacionamento conjugal, é a propensão a atividades sexuais desprovidas de intimidade. Com isso, me refiro às parafilias sexuais, muitas vezes consideradas pelo público como perversões, tais como exibicionismo, fetichismo, voyeurismo, travestismo e outras. O pai do exemplo acima, além do vício em pornografia, também se entregava ao voyeurismo, em que olhar para mulheres atraentes e *sem nome* é acompanhado de excitação sexual e se torna o propósito em si.

Uma boa proporção de astros de cinema é do tipo "homem dominante", alguns dos quais são notórios não apenas pelas habilidades de atuação, mas pelos vários casamentos e casos amorosos em que se envolveram. Suas vidas são verdadeiras odisseias de uma mulher atraente para outra. Fazem pensar nos marinheiros do navio comandado por Odisseu. Ao viajarem de Troia para casa, se recusaram a tapar os ouvidos e foram atraídos pela feiticeira Circe e outras sereias que ela liderava.* Esses "machos dominantes" são aqueles retratados nas capas de revistas de cinema que encontramos em prateleiras de supermercado: são alvo da inveja de muitos homens comuns, mas levam vidas que, ao serem inspecionadas de perto, são frequentemente insatisfatórias e superficiais, folheadas a ouro em vez de serem de ouro maciço.

---

* Eventos narrados na *Odisseia* de Homero. Na verdade, de acordo com o livro, os marinheiros foram obrigados a tapar os ouvidos porque precisavam remar. Odisseu, também conhecido como Ulisses, ficou com os ouvidos destapados, mas antes ele foi atado ao mastro do navio.

A maioria dos pais nos casos que testemunhei, que obtiveram a guarda apesar de serem menos dignos, podem ser classificados como machos dominantes. Muitos molestaram as filhas, com idades entre 5 e 11 anos, tocando as regiões vaginais delas, porém, sem penetração e sem chegar ao orgasmo. Em um caso, o pai encorajou o filho adolescente a manter um relacionamento incestuoso com a irmã adolescente, mas não chegou a tocar na menina de forma inadequada.

Como poderíamos esperar, os machos dominantes costumam ter tendência narcisista do ponto de vista da classificação da personalidade. O oposto não é verdade. De forma alguma, todos os homens narcisistas são "dominantes" — mas um dos atributos do narcisismo é se preocupar muito mais consigo do que com os outros. Não é de se surpreender que um homem dominante/narcisista (e heterossexual) possa se sentir altamente atraído por mulheres, principalmente aquelas que são jovens e sensuais, e será sexualmente ativo e competente com elas, mas não com grande consideração por quem elas são como pessoas e indivíduos. Como fêmeas, são necessárias. Como mulheres, são "dispensáveis".

O caso a seguir diz respeito ao abuso sexual cometido por um pai que, apesar da atitude, obteve a guarda. O pai era um homem que tratava as mulheres como "necessárias" — como objetos de gratificação sexual — mas dispensáveis como indivíduos. Por isso, poderia ser considerado narcisista, mas, ao contrário do pai no caso anterior, não era um homem "dominante".

Um pai menos merecedor e ansioso para evitar um escândalo

Este caso aconteceu no Texas, em um grande rancho, propriedade de um viúvo idoso e administrado — oficialmente — pelo filho, que estava na casa dos 50 anos. O filho tinha o título de "administrador", mas não fazia nenhum trabalho real. O trabalho era feito por um grande grupo de trabalhadores agrícolas, motoristas, contadores e gerentes, que transformaram o rancho no empreendimento próspero que era, o que permitia que o filho desfrutasse da mamata. Ele havia se casado e estava divorciado, e tinha um filho que estava no Exército. No segundo casamento, teve gêmeos fraternos — um filho e uma filha, ambos com 6 anos na época em que me envolvi no caso como perito em nome da mãe. A mulher de 28 anos havia se divorciado do sujeito um ano antes, quando encontrou evidências de que a filha havia sido molestada sexualmente por ele. A menina, aos prantos, correu até a mãe e disse: "Papai colocou o dedo no meu pipi". Ela também sentia dor e havia vermelhidão e algumas gotas de sangue na região, tudo corroborado por um pediatra logo após o acontecimento. Enquanto isso, a mãe pediu a guarda total dos filhos e que o pai visitasse as crianças apenas sob supervisão. O Serviço de Proteção à Criança (CPS, na sigla em inglês) do condado foi incluído no caso. Uma funcionária do CPS confirmou que o incidente em questão havia ocorrido e o molestamento continuava, uma vez que o pai, que negava vigorosamente as alegações, tinha horários de visita irrestritos enquanto aguardava julgamento pelo tribunal. A funcionária do CPS relatou a situação ao supervisor, que supostamente a advertiu que, independentemente do que a menina dissesse ou mostrasse, as informações deveriam ser registradas como "não comprovadas" ou "inconclusivas". Se havia algum homem dominante neste cenário, era o avô paterno, que a comunidade considerava o verdadeiro "patrão" da fazenda e estava ansioso para proteger o filho da humilhação pública como molestador de crianças. O pai, é claro, desejava evitar esse tipo de censura e contou com o apoio da comunidade — principalmente da polícia, investigadores e funcionários do tribunal — para proteger a família poderosa. Quanto à mãe, ela foi acusada de criar estresse para a filha ao relatar o abuso sexual às autoridades, como se isso constituísse "alienação parental". Com base nessa acusação, o juiz ordenou que a mãe só poderia ver os filhos sob vigilância na presença de uma assistente social. Além das dificuldades emocionais para a mãe e os filhos — principalmente a filha — houve dificuldades financeiras, uma vez que a jovem mulher e a família nem de longe tinham os meios de que dispunha a família do ex-marido para sustentar uma longa batalha legal.

Um pai menos merecedor com tendências hebefílicas

Quando a excitação sexual depende principalmente da atração por adolescentes de ambos os sexos, a condição é chamada, tecnicamente, de *hebefilia*. A condição — uma das parafilias — leva o nome de Hebe, a deusa grega da juventude, filha de Zeus e Hera. Como divindade, Hebe tinha a capacidade de tornar os idosos jovens novamente. Na linguagem comum, *pedofilia* é usada como termo geral para aqueles que buscam gratificação sexual com pessoas ainda não adultas, mas o termo "pedófilo" se refere mais corretamente àqueles que procuram crianças pré-púberes, enquanto "hebefilia" aplica-se àqueles que procuram adolescentes que ainda não são adultos. Os participantes desse caso de disputa pela guarda consistiam em um casal recém-divorciado: uma mulher de vinte e poucos anos e o ex-marido rico, que tinha o dobro da idade dela. Ele nunca tivera um relacionamento duradouro com uma mulher até conhecer a esposa. A vida sexual do homem consistira até então em breves episódios em casas de massagem ou instituições semelhantes, em que as meninas tinham, na verdade, 15 ou 16 anos, mas afirmavam ser "adultas" de 18 ou 20 anos, como forma de contornar qualquer acusação de estupro estatutário. Depois de casado, ele insistiu para que a esposa passasse por tratamentos depilatórios, o que a deixou completamente sem pelos, com exceção da cabeça, o que conferiu à mulher a aparência de adolescente, diferente da jovem adulta que era. O homem consumia muito material pornográfico, com nítida preferência por cenas de *ménage à trois* com adolescentes do sexo feminino. O casal teve uma filha durante o segundo ano de casamento. Ele continuou a praticar o que, devido ao casamento, haviam se tornado aventuras extraconjugais e a esposa adquiriu várias doenças sexualmente transmissíveis. Isso e as explosões de raiva do marido levaram ao divórcio quando a filha tinha 5 anos. Em algumas ocasiões, ele agredia fisicamente a esposa durante discussões e uma vez quebrou uma das costelas dela. Algumas semanas após o ocorrido, ela passou a tomar medicamentos para dor e ansiedade. Isso se tornou um problema durante a disputa pela guarda. A esposa, que era afetuosa, competente e mãe devotada, pediu guarda residencial, pois o pai já havia se mudado para um local bem longe de onde residiam. Os examinadores apontados pelo tribunal consideraram por bem interpretar a mãe, em virtude do breve uso dos medicamentos, como "viciada", de modo que seria "perigoso" deixar a filha sob os cuidados dela. O interesse do pai prevaleceu, ele obteve a guarda e levou a filha para uma nova casa — longe o suficiente da mãe, a ponto de a mulher raramente visitar a menina. Havia um "ar" de preconceito no caso: o tribunal, incluindo o juiz e os avaliadores nomeados pelo tribunal, consentiu rápido demais em favor do pai menos merecedor que tinha maior poder e riqueza e negou a guarda de uma filha de 5 anos à mãe, que teria sido mais empática, atenciosa e sempre disponível. Ainda que nesta situação duvidosa de disputa pela guarda, as necessidades de uma menina de 5 anos teriam sido melhores atendidas pela mãe.

PROBLEMAS SISTÊMICOS EM CASOS DE DISPUTA PELA GUARDA

Em comunidades ou países em que a maioria dos filhos nasce de pessoas casadas (ou, como na Escandinávia moderna, de casais que geralmente permanecem juntos, embora sem um certificado sancionado pelo estado), com graus de maturidade emocional positivos, o divórcio ou a separação são incomuns e as disputas pela guarda ainda mais incomuns. Casais maduros, mesmo quando se separam, cooperam de modo a garantir o melhor para os filhos. Os acordos são elaborados harmoniosamente. A intervenção do tribunal raramente é necessária. Uma vez que os tribunais, em locais tão abençoados, não são sobrecarregados com casos, os juízes, os funcionários do tribunal e o painel de consultores têm tempo adequado para examinar com cuidado e minúcia os detalhes, o que proporciona aos tribunais melhor chance de chegar a uma conclusão que, de fato, atenda aos melhores interesses das crianças envolvidas. De acordo com minha experiência na Escandinávia nos últimos trinta e cinco anos, acredito que isso se aplique à Dinamarca, Noruega e Suécia. Talvez partes menos povoadas dos Estados Unidos desfrutem da negociação de guarda sem pressa, porém, nos centros urbanos mais povoados, a sobrecarga de casos é a norma; as Varas de Família são sobrecarregadas. Contratar equipes mais bem treinadas em quantidade adequada prejudicaria o orçamento de qualquer município, que jamais economizaria nos departamentos de segurança pública, como polícia e corpo de bombeiros. As decisões mais sábias viriam, idealmente, de psiquiatras infantis bem qualificados — de preferência aqueles que também são pais, trabalhando junto de juízes e outros funcionários importantes do tribunal, que também conhecem os detalhes da paternidade e tomariam decisões com base no coração, não apenas nas regras.

Na cidade de Nova York, a heterogeneidade cultural é um problema especial — na verdade, um problema duplo. O bairro do Queens, por exemplo, é o lugar mais cosmopolita da Terra, habitado por grupos substanciais de pessoas de 120 ou mais países, que falam línguas e representam culturas diferentes. O CPS da cidade contrata — com salários modestos — trabalhadores de vários países, onde a formação pode ter sido mediana. É necessário paciência e sutileza ao interrogar garotas sobre possíveis abusos sexuais. Essa sutileza inclui habilidade no uso de ludoterapia com bichos de pelúcia ou bonecas, para que a menina — geralmente são meninas — revele o que não revelaria ou não seria capaz de expressar em palavras. Tenho a impressão de que os trabalhadores do CPS raramente possuem as habilidades ou o tempo necessários para formar uma impressão concreta sobre a veracidade do abuso. Se uma menina nega que o pai a tocou em áreas sexuais, existem várias possibilidades: (1) ele nunca fez isso, e as palavras dela devem ser consideradas como verdadeiras; (2) ela sente que o pai teria problemas caso revelasse que realmente ocorreu o ato, e deseja protegê-lo; ou (3) o pai cometeu o ato e advertiu a menina a dizer o contrário, para que ela seja protegida pela negação. É importante que a verdade seja descoberta por um psiquiatra ou psicólogo infantil experiente.

Às vezes, nos casos mais flagrantes, a questão da guarda nem chega a ser discutida. Há alguns anos, trabalhei com uma garota de 17 anos que engravidou do pai — um executivo importante de uma grande empresa — depois de nove anos de abuso sexual, que mais tarde evoluiu para uma relação sexual. Ele, então, a levou — acompanhada pela mãe — até uma clínica de aborto a alguns quilômetros de onde moravam; a mãe não protestou. Para ser justo, também tratei mulheres cujas mães se divorciaram imediatamente ao descobrir o incesto entre pai e filha, mas, às vezes, o simples fato de ter um pouco de dinheiro, em vez de não ter, faz a diferença. Certa vez, supervisionei um estagiário psiquiátrico que tinha como paciente uma garota de 16 anos. O pai a forçou a relações incestuosas, o que a tornou deprimida e suicida. A garota revelou o fato à mãe, que disse: "Aguente firme, querida. Em dois anos, você será independente; por enquanto, o papai coloca pão na nossa mesa". São casos que não foram uma competição entre Justiça e Lei, porque a lei nem chegou a se envolver. Eram disputas entre Justiça e Dinheiro. A menina que fez o aborto foi avisada pelo pai que, caso contasse o que tinha acontecido, seria morta. Os pais a abandonaram após o procedimento. Ela teve que pegar carona para voltar até onde morava. Compreensivelmente, sofreu um colapso mental e teve que ser hospitalizada. Ela desenvolveu "mutismo seletivo" e não contou a nenhum de nós sobre o incidente por mais de um ano. Ao descobrirmos o ocorrido, percebemos que seria mais sensato, para a segurança dela, não fazer uma acusação formal. Se o pai fosse julgado por incesto, não seria condenado à prisão perpétua sem liberdade condicional. Não era um caso de assassinato. Nem mesmo um caso de incesto facilmente verificável. Mesmo se o feto abortado tivesse sido preservado, o evento ocorrera três anos antes da disponibilidade do teste de DNA, que poderia confirmar a culpa do pai. No máximo, ele receberia uma sentença branda e ficaria livre para cumprir a ameaça. Há um ditado em russo: *lucheh zhivaya sobaka chem smyertnii lyev* — melhor um cachorro vivo do que um leão morto. Portanto, para garantir que nenhum dano acontecesse à vítima, sentimos que era necessário desistir de buscar ações legais.

Em disputas de guarda em que a mãe alega má conduta sexual por parte do pai, ao contrário dos exemplos anteriores, em que as próprias mães se calaram, as suspeitas da mãe estão corretas na grande maioria dos casos, suspeitas que são expressas devido a sentimentos de proteção em relação à criança — quase sempre uma filha, raramente um filho. Mesmo quando as suspeitas não são totalmente comprovadas, ou até quando são infundadas, a mãe é geralmente motivada por sentimentos de proteção, e não por vingança ou ganância, como os advogados do pai às vezes insinuam. No caso a seguir, a mãe denunciou um caso de incesto em que a privacidade da menina foi ainda mais violada pelo uso concomitante da internet.

Um pai menos merecedor que obteve a guarda

Uma família da Pensilvânia consistia em pais com quase 40 anos e duas filhas: uma de 9 e a outra de 5 anos. Os pais haviam se separado, em boa parte porque os comentários de ambas as meninas sugeriam fortes indícios de que haviam sido molestadas sexualmente pelo pai. A mãe havia feito várias gravações no celular e vídeos das conversas com as filhas. A criança de 5 anos dizia: "Tem um monstro debaixo da minha cama... Papai é meu monstro". A menina mais velha disse à mãe que "Papai dança pelado na minha frente e balança o pênis [ela conhecia a palavra] para cima e para baixo e de um lado para o outro". Ela disse à professora na escola que estava "com medo de ver o papai". A menina mais velha também reclamou com a mãe: "Minha vagina [ela também conhecia essa palavra] e bunda estão doendo". Ela sentia medo de se limpar depois de usar o banheiro. A criança disse à mãe que, quando ia para a cama à noite, "o papai me puxa contra ele e faz eu me sentir esquisita", acrescentando que "o papai tem um cérebro doente... ele me tocou nas minhas partes íntimas". Ela costumava sofrer terrores noturnos e se debatia na cama e gritava: "Para com isso, papai!". A menina mais nova reclamou com a mãe que "o papai enfiou um lápis nas minhas partes íntimas [quer dizer, na vagina]". Talvez ainda mais perturbador, o pai expôs as meninas a vídeos pornográficos em que um homem mais velho "excitava" uma jovem com todo tipo de "cantadas" sexuais altamente explícitas do tipo "mestre-escravo". Em um vídeo, os dois participantes usavam os nomes fictícios "Dolfus" e "Accalia". Em uma parte do diálogo, Dolfus diz a Accalia para tirar a roupa e vestir o roupão que ele entrega, acrescentando: "Prepare-se para ser fotografada. Acha que consegue lidar com isso?". Ela responde: "Oooh, amei o roupão. Você comprou um rosa. Ai, tio — esse roupão parece tão macio". Dolfus se inclina para beijar a bochecha da garota, enquanto a mão apalpa as partes íntimas. Ele diz: "Talvez possamos dar um mergulho no lago, vou pegar minha câmera". Accalia responde: "Uau, isso vai ser divertido". O comportamento do pai neste caso foi sedutor e repreensível. Ainda assim, ele conseguiu obter a guarda no lugar da mãe, alegando que ela não era capaz de provar as alegações — apesar das conversas e vídeos gravados — e que não se podia colocar crianças com 5 ou 9 anos para serem examinadas e interrogadas durante o depoimento. O fato de o tribunal e os examinadores terem relutado em dar crédito à mãe que acusava o marido de molestar sexualmente as filhas é enigmático. Estatisticamente, pais são muito mais propensos do que mães a cometer abusos. Em meus 54 anos de exercício da psiquiatria, grande parte dedicada ao trabalho com pacientes "limítrofe" (DBP), encontrei um caso de incesto mãe-filha, dois casos em hospitais de incesto mãe-filho (ambos os filhos cometeram suicídio), dois casos ambulatoriais de incesto mãe-filho, duas ocorrências hospitalares de incesto pai-filho e uma vítima ambulatorial de incesto pai-filho — mas já vi dezenas de mulheres hospitalizadas e pacientes ambulatoriais do sexo feminino que foram molestadas pelo pai, padrasto, tio ou avô. Do outro lado estão os pais inocentes, falsamente acusados pelas esposas de molestar um ou mais filhos. Isso é incomum. Um exemplo é o caso já mencionado de Daryl Kelly. Existem alguns outros na literatura jurídica. É de conhecimento geral que homens superam em muito as mulheres no que diz respeito a crimes de violência — assassinato, estupro, agressão e sequestro — e crimes sexuais, incluindo incesto e criação ou tráfico de pornografia infantil. A mãe no caso que acabamos de relatar deveria ter sido ouvida, os temores e acusações que apresentou deveriam ter sido respeitados e investigados com o devido cuidado.

OS PERIGOS DA ADOÇÃO: UM CASAL ACUSADO INJUSTAMENTE

Como vimos, as disputas de guarda necessitam que haja intervenção judicial para que se estabeleça qual dos pais é mais adequado para ter a guarda principal e passar mais tempo com a criança. O lar adotivo se torna a solução para crianças cujos ambientes domésticos são tão destrutivos que justificam retirar a criança do lar, para que seja entregue aos cuidados de outras pessoas que não os pais biológicos. Dependendo das circunstâncias e da disponibilidade, os lares adotivos podem conter um novo pai e mãe ou, às vezes, apenas uma figura parental, em geral, a mãe adotiva. Novamente, dependendo das circunstâncias, o tribunal que ordena a adoção temporária pode antecipar que a adoção se faz necessária apenas por um curto período, a ser seguido pelo retorno da criança à casa original, ou por um longo tempo, até mesmo permanentemente. A anulação definitiva dos direitos dos pais biológicos e consecutiva adoção até a criança atingir a idade adulta legal — geralmente 18 anos — é um evento raro, resultado do abuso físico e/ou sexual por um ou ambos os pais, com evidências *bem documentadas*. A situação mais comum é que o lar adotivo seja temporário; as condições desfavoráveis que levam à necessidade de um lar adotivo, por mais preocupantes que sejam, não chegam a ser "horríveis". As coisas podem dar errado de uma entre duas maneiras principais, se não ambas. Primeiro: se o ambiente doméstico não é problemático o suficiente para justificar a adoção, as crianças podem ser retiradas de uma situação não ideal para uma pior, e privadas de pais que não são tão ruins quanto as autoridades — como professores, psicólogos escolares e trabalhadores de serviços de proteção à criança — declararam. Segundo: se o ambiente da casa original de fato justifica a transferência para um lar adotivo, o ambiente fornecido pela família substituta pode ser pior do que a casa dos pais.

Antes de discutir um dos casos mais complexos de assistência social em que estive envolvido, vale a pena mencionar que existem muito mais famílias pobres do que más. Às vezes, uma família muito decente, subjugada por dificuldades financeiras, pede às autoridades da comunidade que providenciem um lar adotivo para alguns dos filhos. Se tudo correr bem, não há mais nada a ser dito — porém, lembro que, durante uma visita a New Hampshire, ao dar um workshop sobre pacientes "limítrofes", fui convidado a entrevistar um homem de cerca de 30 anos que tinha temperamento explosivo. Ele havia participado de uma sessão de terapia de grupo no dia anterior e fora insultado por outro homem. Descobri que o sujeito que eu estava prestes a entrevistar "socara" o homem e o derrubara ao chão. Ele se desculpou por ter perdido o controle e começou a contar sua história de vida. Era um, de cinco filhos de uma família pobre. Às lágrimas, os pais entregaram os dois mais novos para pais adotivos, na esperança de que recebessem melhores cuidados e alimentação. Cada criança foi para uma família adotiva diferente. Quando meu entrevistado estava no ensino fundamental, não tinha permissão para entrar na nova casa se os pais adotivos não tivessem voltado do trabalho. Sem chave de casa, tinha que esperar do lado de fora, às vezes por horas. Se tivesse que usar o banheiro, não tinha outra opção a não ser fazer as necessidades no gramado. Um dia, os vizinhos — que não permitiam que ele usasse os banheiros — informaram os pais adotivos sobre a micção e defecação no gramado, o que os levou a espancar impiedosamente a criança e fazê-la ajoelhar por uma hora sobre pequenas pedras, com as mãos amarradas nas costas. Ele foi mandado para a cama sem jantar. O relato completo do que ele sofreu no lar adotivo nos remete a *Oliver Twist,* de Dickens, ou, em um relato contemporâneo, à história comovente de Janet Fitch sobre Astrid no romance *White Oleander.* O homem que entrevistei, às vezes, ficava com raiva dos dois filhos pequenos, mas tinha tanto medo de machucá-los como havia sido machucado, que corria para o bosque do lado de fora de casa, cortava os pulsos e ficava sentado lá até a raiva esfriar. Ele nunca bateu na esposa ou nos filhos, mas não conteve a raiva do estranho que o ofendeu no grupo. Esta foi minha primeira experiência com lar adotivo; ao longo dos anos, ouvi muitas histórias semelhantes de outros pacientes que haviam sido maltratados por pais adotivos. Sem dúvida, como especialista em transtornos de personalidade, não ouço falar dos casos positivos, portanto, minhas impressões têm um viés e não podem ser tomadas como "representativas". No entanto, em alguns casos, a ausência de laço sanguíneo parece aumentar o risco de maus-tratos em famílias adotivas. É importante também distinguir entre famílias que adotam crianças e famílias para as quais são enviadas várias crianças simultaneamente, o que equivale a um orfanato, cujo único trabalho é aceitar essas crianças a pedido das autoridades locais. O homem que entrevistei em New Hampshire foi vítima de crueldade. As crianças em lares onde a adoção é feita "no atacado" são provavelmente menos propensas a serem tratadas com crueldade, porém, podem correr o risco de negligência comparativa, uma vez que não é fácil dar atenção individual quando se abriga uma dúzia ou mais de crianças adotivas.

O caso a seguir diz respeito a duas crianças que foram para um lar adotivo "no atacado", onde tinham que dividir os pais adotivos com três outros grupos de filhos adotivos, além de três filhos naturais do casal — onze filhos ao todo. O lar adotivo para as duas crianças — um menino e a irmã — era problemático, porém, primeiro houve um erro judiciário. O menino tinha 4 anos e estava na pré-escola. De acordo com testes psicológicos exibia inteligência mediana, porém, o comportamento na escola lhe rendeu o rótulo de "incontrolável". Embora supostamente treinado para usar o banheiro, às vezes ele se aliviava ao lado das privadas, em vez de dentro delas. Derrubava os brinquedos de montar de outras crianças e espalhava os desenhos que faziam por toda a sala de aula. O mais preocupante, pelo menos para os professores, era a tendência de contar histórias de coisas terríveis que aconteciam com ele em casa: ser alimentado com "lixo" enquanto a irmã e os pais comiam a comida boa, ter o cabelo puxado se dissesse palavrões e ser espancado com um cinto ao se comportar mal, entre outras punições excessivas e antiquadas. A irmã mais velha, de 5 anos, aluna comportada e excepcionalmente brilhante na escola, não sofria esses absurdos e era conhecida por ter um QI muito mais alto. Um dia, durante a hora do lanche na escola, o menino jogou a comida das outras crianças para fora da mesa e disse à professora que a mãe havia batido nele com um pedaço de pau. Não havia marcas, cicatrizes ou arranhões na pele do garoto, mas a professora ficou assustada e chamou a CPS. Um funcionário da agência foi à escola, conversou com o menino e chamou a polícia para que levassem ele e a irmã até um hospital para avaliação e prendessem os pais. Visto que o menino era conhecido na escola por mentir, assim como por se comportar mal, o agente do CPS foi imprudente ao não combinar uma reunião com os pais para ouvir o lado deles da história. É fato que os resultados do polígrafo não são admissíveis no tribunal, contudo, poderia ter sido útil interrogá-los. Se o "detector de mentiras" não detectasse mentiras, poderia ter ajudado a persuadir o CPS de que os pais não haviam abusado do menino. Durante o breve período da prisão dos pais, o CPS transferiu as crianças do hospital — onde não foi encontrado sinal de hematoma ou outras evidências de maus-tratos — diretamente para um lar adotivo em um bairro perigoso. Após dois anos de negligência e poucos cuidados por parte dos pais adotivos, que em nada se pareciam com os pais biológicos, tanto em termos de antecedentes quanto de recursos financeiros, o CPS percebeu que a decisão havia sido inadequada. Durante esses dois anos, os pais biológicos viram os filhos em raras e breves ocasiões, e apenas sob supervisão. As crianças foram, então, enviadas para um lar adotivo diferente, comandado por uma mulher solteira que, embora fosse mais simpática do que os primeiros pais adotivos, vivia em um bairro ainda mais perigoso. Não era permitido que as crianças brincassem do lado de fora depois de voltarem da escola. Mais três anos se passaram — outra vez, com raros contatos com os pais biológicos. As crianças passaram a chamar a tutora nomeada de "mamãe" e reagiam aos pais biológicos como se fossem estranhos. Isso foi ainda mais forte no caso do menino, cuja memória dos pais biológicos era menos vívida do que a da irmã, então com 13 anos. Os funcionários do CPS — assistentes sociais e psicólogos, principalmente — costumam ser pessoas com salários modestos e sem credenciais acadêmicas. Ainda assim, o tribunal não deu atenção às opiniões contrárias dos especialistas trazidos ao caso, que consideravam os pais como inocentes de qualquer delito. Os juízes em casos desse tipo raramente mudam de opinião, não importa a validade das provas da defesa. Há o medo de que, se os filhos forem devolvidos aos pais biológicos, e caso exista a chance, mesmo de apenas 1%, de as crianças terem sido abusadas, os pais voltem a cometer o ato. Isso deixaria os juízes com "sangue nas mãos". Portanto, a adoção continua em vigor, o que, nesse caso, já dura mais de meia década.

PREDADORES

De acordo com registros a respeito da nossa espécie, incluindo relíquias anteriores à invenção da escrita com imagens (6600 a.C.) e da escrita de palavras (3500 a.C.), não são raros os casos em que homens usaram sua força física superior para dominar o chamado "sexo frágil" para obter proveitos sexuais das mulheres. Os primeiros casamentos parecem ter ocorrido na área mesopotâmica da Suméria (hoje Sul do Iraque), onde a monogamia se tornou a regra. A Suméria foi o local de nascimento de Abraão, que desenvolveu a nova religião do judaísmo e se tornou o pai espiritual das três principais religiões "abraâmicas". Filosofias que enfatizavam sabedoria, justiça e as virtudes que classificamos sob o título de humanidade se desenvolveram no Ocidente, e também na China, Índia e Japão. Esse novo espírito começava a substituir a atmosfera menos social e mais agressiva que caracterizava nossa espécie nos tempos pré-agrários. A força e a violência surgiram antes da sabedoria.

Na era contemporânea, antes das mudanças culturais que ocorreram em meados da década de 1960, quando um número cada vez maior de mulheres era capaz de trabalhar e preencher metade das vagas de faculdades de medicina e direito, a família típica consistia no homem como "ganha-pão" e na mulher como "dona de casa". Como provedor econômico da família, o homem, qualquer que fosse sua formação e nível de escolaridade, tendia a dominar o poleiro. A mentalidade "Eu Tarzan, Tu Jane", tão difundida em tempos passados, não desapareceu durante a nova era. Ainda existem muitos homens que continuam a usar poder, físico ou não, para controlar as mulheres em suas vidas — e que se relacionam com diversas mulheres sem medo de agarrá-las ou de extorquir favores sexuais. Nós os chamamos de "predadores". A palavra vem do latim *praeda,* que significa "saque" ou "pilhagem", como as "recompensas" que vencedores em tempo de guerra tomam dos conquistados. Portanto, os machos predadores não são uma nova espécie, nem uma "nova" forma de mal. Eles representam um velho mal em novos contextos. Os exemplos são vários. Um que parece quase endêmico entre homens em posições privilegiadas diz respeito àqueles em níveis mais elevados na hierarquia da indústria do cinema, encarregados de contratar mulheres jovens e atraentes como atrizes. Alguns, de forma desdenhosa, acusaram as mulheres de "terem dormido com todos para chegar ao topo", motivadas por ambição ou necessidade econômica, ou ambos, mas, de qualquer maneira, tiveram que suportar as investidas ou tratamento grosseiro de homens que nunca teriam escolhido em outras circunstâncias. Antigamente, sabia-se que certos homens nobres que viviam em propriedades luxuosas se aproveitavam de algumas criadas. Conforme mencionado no capítulo sobre mudanças culturais, a invenção da máquina de escrever na década de 1860 levou muitas mulheres a se tornarem capazes de se sustentar e não mais se sentirem à mercê de homens que podiam fazer o que quisessem com elas por dois xelins. Uma das consequências foi a reação masculina e o aumento na ocorrência de estupros. Na década de 1960, vimos um aumento abrupto no homicídio com motivação sexual praticado em série, sobretudo nos Estados Unidos, em parte como reação contra a maior liberdade que as mulheres desfrutavam no trabalho, o controle da própria sexualidade e a capacidade de se divorciar de maridos abusivos.

A partir do outono de 2017, houve uma enxurrada de reclamações de muitas mulheres, de todas as camadas sociais, e muitas celebridades também, contra homens predadores que se aproveitavam delas sexualmente, em todo um espectro de maus comportamentos: pressão verbal para favores sexuais, toques inadequados, pedofilia e pederastia e estupro real. As vítimas não eram limitadas às mulheres. Em um catálogo elaborado por mim, uma em cada sete vítimas desses homens predadores era outro homem: um menino, um adolescente ou um adulto, geralmente muito mais jovem do que o criminoso. Desde que comecei a escrever este livro, colecionei 98 nomes — todos homens, exceto uma mulher da arena política que assediou um colega de trabalho. A maioria dos homens não conseguiu confessar as indignidades ou crimes que cometeram. Dos nove que admitiram, cinco eram figuras do esporte — um no futebol, um no basquete, um do futebol americano, um do hóquei e um do tênis. Três dos homens eram gays ou bissexuais e molestaram jovens que haviam treinado: Jerry Sandusky, treinador de futebol americano;[970] Lynn Seibel, que não era treinador, mas estava ligado a um grupo de jogadores de hóquei;[971] e Barry

Formas contemporâneas da maldade .429

Bennell, técnico de futebol.[972] Três dos homens cometeram suicídio: dr. Robert Browne, psiquiatra havaiano que masturbou e acariciou centenas de estudantes do sexo masculino que foram lhe encaminhados para serem tratados[973]; Gary Wilensky, treinador de tênis que perseguia meninas;[974] e Dan Johnson, representante do estado que negou as acusações.[975] Quatro dos homens foram condenados e enviados para a prisão, embora Seibel tenha cumprido apenas um curto período. Outros dezoito dos homens que considerei pediram desculpas ou pelo menos reconheceram que as mulheres e homens que molestaram falavam a verdade sobre as acusações. Esses 27 homens representaram 28% de todo o grupo. O restante negou, banalizou ou minimizou os atos de que foram acusados. Dos dezesseis homens que cometeram o crime sexual mais grave — ou seja, estupro — a resposta mais comum, em dez dos casos, foi a negação.

A bravura das primeiras mulheres que acusaram os abusadores encorajou outras mulheres e vários homens a contar suas histórias perturbadoras. Essas revelações se mesclaram para pintar um retrato vergonhoso da sociedade nos últimos tempos. As acusações foram quase exclusivamente contra homens em cargos importantes: atores, diretores, políticos, magnatas do cinema, apresentadores de tevê, maestros de ópera e orquestra, executivos, editores, médicos, financistas, celebridades do cinema e esportes e fotógrafos de moda. Sabemos que, na primeira metade do século passado, homens nessas posições privilegiadas abusavam e se aproveitavam das mulheres e, às vezes, de homens. Ainda assim, as mulheres e também os homens vitimizados eram menos dispostos a se posicionar. Portanto, é difícil ter certeza se o que testemunhamos hoje é um aumento desse tipo de comportamento sórdido ou uma ampliação da consciência pública em relação a delitos sexuais e crimes tão frequentes hoje como antes. Suspeito que o que ocorre hoje não seja diferente dos abusos anteriores, menos divulgados, mas a frequência é maior.

Alguns dos incidentes anteriores foram documentados. Eis um exemplo de um magnata que se aproveitou de uma jovem. Blanca Errázuriz Vergara, nascida em 1894, era considerada a mulher mais bonita do Chile, sua cidade natal. Era também herdeira da família mais rica do país. Como prova de que vantagens desse tipo não garantem uma vida boa, ela se casou aos 17 anos com um magnata do mercado imobiliário americano com o dobro de sua idade. John De Saulles não era tão rico quanto as pessoas imaginavam; na verdade, não passava de um aproveitador libertino e mulherengo que esperava lucrar com os milhões da família de Vergara. Conhecido como "Jack", teve um filho com Blanca, Jack Jr., que nasceu no ano seguinte, em 1912. Além de trair a esposa com atrizes e estrelas da Broadway, passaram a viver em casas separadas e, em dado momento, tentou impedi-la de ver o filho. Pouco depois, em 1917, Vergara matou De Saulles a tiros, mas foi absolvida em julgamento, sendo o homicídio considerado justificado.[976] Ao contrário de De Saulles, Blanca era uma jovem decente, que tinha uma amizade platônica com um dançarino chamado Rodolfo Guglielmi, que mais tarde ficou famoso como o astro do cinema mudo Rudolph Valentino. Isso aconteceu uma década depois do assassinato de Stanford White, ex-amante de Evelyn Nesbit, cometido pelo marido desta, Harry Thaw. White, que era muito afeiçoado a ela, era namorador, mas nem um pouco canalha. White, grande arquiteto, era um cavalheiro em uma época em que o cavalheirismo era uma virtude elevada para um homem.[977] A própria palavra — em inglês *gentleman;* em tradução literal, *homem gentil* — vem do latim *gens*, que significa "linhagem", e conota "vindo de uma família nobre". Hoje relacionamos a parte "gens" do *gentleman* com um homem que é atencioso e gentil com os outros, que abre a porta para a mulher e puxa a cadeira para ela. Fiz uma descoberta desagradável sobre esses costumes há alguns anos, em uma conferência de terapia de grupo para profissionais de saúde mental. Os participantes foram separados em grupos de oito, supervisionados por líderes de grupo. Entre as pessoas do meu grupo estavam um ministro episcopal idoso e uma jovem no oitavo mês de gravidez. Quando o ministro tentou puxar a cadeira para ela, a mulher — que viu isso como uma forma de sexismo — puxou a cadeira de volta e gritou: "Vá se foder! Eu mesma cuido da minha cadeira!". *Ó tempora, ó mores!* Vivemos em uma era diferente. Isso me remete a uma das melhores comentaristas sobre a nova onda de predadores que nos afoga. Eis o que Peggy Noonan, uma das principais redatoras editoriais do *Wall Street Journal,* disse a respeito do assunto em janeiro de 2018: "Todas as notícias que lemos nos últimos meses sobre predadores — não aqueles acusados de estupro e agressão sexual, que são crimes, mas de imundície generalizada, atrevimento, manipulação e jogos de poder — têm uma característica em comum. Os homens envolvidos não eram cavalheiros".[978] Ela prossegue: "Perdemos esse conceito. Nos últimos quarenta anos, no movimento pela igualdade plena, jogamos tudo fora. Mas precisamos resgatar esse antigo e útil modo de ser. Toda a cultura, principalmente as mulheres, precisa dos cavalheiros de volta". Amém.

Em uma concepção semelhante aos sentimentos da sra. Noonan, os comentários recentes de Kate Upton são especialmente apropriados. Ela escreve do ponto de vista de uma mulher que sofreu assédio. A modelo fotográfica comentou: "O assédio assola a indústria da moda há décadas, mas as alegações costumam ser ignoradas". Depois de descrever exemplos do que passou aos 18 anos nas mãos — literalmente, nas *mãos* — de um executivo para quem trabalhou por um tempo, acrescentou: "Ele usou o poder que tinha para me fazer sentir insegura e impotente, mas não lhe permitirei fazer com que me sinta intimidada novamente. Esses homens pensam que são intocáveis, mas os tempos estão mudando". Talvez Upton não tenha se dado conta de como a palavra "intocável" é apropriada: as mulheres nessas situações eram vistas como "tocáveis". Esse é o nó do problema. Algumas das mulheres com quem Upton conversou e que foram assediadas disseram: "Não é tão ruim... pelo menos não foi estupro". E ela respondeu: "Esse é o nosso limite? Pelo menos não foi estupro?". Upton ofereceu uma esperança para o futuro: "Existem homens bons... mas precisamos ter certeza de que contratamos homens que respeitam mulheres, não apenas por seus corpos, mas por suas ideias e seu profissionalismo".[979]

Entre os homens em meu catálogo de predadores, que o público considerava "cavalheiros" antes que os detalhes sórdidos do seu comportamento nos bastidores fossem expostos, estavam aqueles dez que cometeram estupro — definido corretamente pela sra. Noonan como um crime, não apenas como comportamento indevido.[980] O que vai acontecer com os outros? Alguns foram obrigados a renunciar a cargos de prestígio, alguns pagaram multas às vítimas e outros foram abandonados pelas esposas ou companheiras. Outros sofreram momentos de censura pública na mídia. A justiça não triunfou sobre a lei em muitos desses casos.

Mesmo nos casos mais graves de estupro acompanhado de violência, cometidos por homens do extremo oposto do espectro social dos predadores privilegiados que discutimos, a Justiça muitas vezes não triunfa sobre a Lei. Vimos isso no caso de Phillip Garrido, que foi condenado a cinquenta anos de prisão por estuprar uma jovem, mas foi libertado depois de apenas onze anos; ao ser libertado sequestrou e estuprou Jaycee Dugard, e a manteve como escrava sexual por dezoito anos.[981] Muito do nosso sistema legal atual se desenvolveu ao longo dos séculos a partir de juristas britânicos e, mais tarde, americanos, e hoje constitui o baluarte da estabilidade em uma sociedade democrática. As sociedades tendem a mudar em um ritmo mais rápido do que as leis que as protegem.

As garantias contra punições injustas que estão entre as conquistas das leis anglo-americanas, como proibir que um júri saiba de todos os crimes anteriores de um réu, para que não seja influenciado, permitem instâncias de libertação antecipada de presidiários cujo comportamento na prisão tenha sido bom e, no caso de menores de dezoito anos, coíbem a sentença de prisão perpétua sem liberdade condicional. Essas garantias, contudo, nem sempre foram benéficas ao público nos últimos tempos, dado o aumento de crimes de natureza incomum e hedionda de uma espécie raramente vista nas últimas décadas, conforme analisamos em outros capítulos deste livro. Essas mudanças ocorreram apesar de as taxas de homicídios, nos Estados Unidos, terem diminuído consideravelmente desde o final da década de 1990.

O crime de estupro é especialmente problemático do ponto de vista jurídico e estatístico. Muitos casos não são notificados. Algumas jurisdições contam apenas estupro por estranhos; outras incluem estupro cometido por um parceiro conjugal ou por outro parceiro sexual. Nem sempre é claro se o fato de os participantes estarem intoxicados corresponde a um fator agravante ou atenuante, a menos que uma droga alteradora de percepção, como Rohypnol, seja dada propositalmente e à revelia a uma mulher, que é, então, estuprada. Isso tornaria o homem tão culpado quanto em casos de "estupro por estranho". O "estupro por estranho" é o tipo menos comum, porém, o mais sério, muitas vezes acompanhado de violência, que pode incluir mutilação ou morte.[982] Alguns estupradores cometeram o ato apenas uma ou duas vezes na vida, contudo, há um grande problema que envolve a prática *repetitiva* do estupro. Um homem condenado e preso por estuprar uma mulher tem poucas oportunidades de repetir o crime encarcerado, em meio à atmosfera predominantemente masculina da prisão. Se for sentenciado a, digamos, dez ou quinze anos, poderá ter sua pena reduzida em um terço ou mais por "bom comportamento". Caso ainda esteja nos anos de alto risco para estupro — 17 a 40 anos — pode reincidir. No domínio mais sério de homens que cometem homicídio com motivação sexual praticado em série, muitos dos assassinos em série foram presos por terem cometido um ou dois estupros sem homicídio — ou seja, antes de serem identificados como assassinos em série — e depois que foram libertados, embarcaram nessa carreira. Em meu estudo particular supramencionado sobre biografias de assassinos em série, que eram homens que cometeram homicídio com motivação sexual praticado em série, a libertação prematura representava característica relevante em cerca de um terço dos casos — 54 de

169, ou 32%. Entre eles estavam criminosos bastante conhecidos: Rodney Alcala, Ted Bundy, John Wayne Gacy, Nathan Bar-Jonah, Edmund Kemper, Jeffrey Dahmer e Richard Chase, o "Vampiro Assassino" de Sacramento, Califórnia. O erro judicial parece mais flagrante nesses casos, devido ao grande número de estupros e assassinatos que esses homens cometeram depois de serem libertados por estupros "menos graves". Eles costumavam exibir sinais abundantes de personalidades psicopatas já nas primeiras vezes em que foram encarcerados. A presença de psicopatia deveria ter servido para alertar as autoridades de que esses homens não eram bons candidatos à libertação, independentemente do "bom comportamento" durante a prisão.

A reincidência — nesse caso, o ato de cometer crimes novamente após a libertação da prisão ou, no caso de infratores com doenças mentais, após a alta de um hospital forense — é um problema desafiador. A taxa é maior onde há psicopatia e também em certos tipos de crimes, como estupro, principalmente estupro por estranho, e crimes desencadeados por algumas das parafilias: voyeurismo, exposição pública, sadismo sexual e os tipos de assédio sexual que discutimos neste capítulo, cometidos por predadores. A força relevante nesses casos é a natureza repetitiva do impulso sexual, estimulado nos homens em parte pela testosterona, que se mantém em nível elevado até o período da meia-idade ou até o final da meia-idade — embora isso não seja desculpa, é claro. Não faltam "criminosos de carreira" que cometem muitos tipos de crimes, alguns violentos, outros não, com a regularidade de um relógio. O sistema legal muitas vezes não lida de forma adequada com criminosos desse tipo, tendendo a libertar muitos após períodos curtos, como se os históricos criminais anteriores — o extenso histórico de prisões e processos ou "fichas criminais" — não devessem ser considerados. Em outras palavras, às vezes os juízes ou administradores de hospitais forenses não dão atenção aos avisos inerentes nos históricos criminais de crimes múltiplos, sem perceber que os períodos entre prisões sucessivas são curtos, até que o crime seguinte seja cometido.

Eis um exemplo de um paciente forense que cometeu um estupro de brutalidade incomum em 1990. Um homem de 43 anos foi internado involuntariamente na unidade psiquiátrica de um hospital municipal devido a um episódio psicótico após o abuso de fenciclidina, ou "pó de anjo". Era a octogésima quarta vez que o encarceravam, entre prisões e hospitais. Duas semanas depois de ser libertado depois de um curto período, abordou uma mulher que entrava no elevador do prédio onde ela morava no Bronx e tentou estuprá-la. Depois que a falha erétil impossibilitou a tentativa, enfiou um tubo de metal na vagina da mulher, o que causou lacerações graves e sangramento abundante. O homem fugiu do local, mas foi preso logo em seguida. A mulher se recuperou após uma longa hospitalização, porém, ficou com danos permanentes. Talvez devido ao histórico de doença mental — embora principalmente relacionada a drogas — o encaminharam para um hospital forense, em vez de para a prisão. A análise meticulosa do passado comprometido do sujeito mostrou que duas semanas era o tempo máximo que conseguia se manter livre, antes de reincidir e ser detido em um ambiente seguro. O dr. Robert Hare e colegas desenvolveram uma escala: o Perfil de Carreira Criminal (CCP, na sigla em inglês), que mostra graficamente as diferenças entre o "tempo de encarceramento" em várias instituições versus o "tempo fora", quando um infrator vive livre na comunidade.[983] Com "tempo encarcerado" posicionado no eixo y e "tempo fora" no eixo x, o CCP, neste caso, mostraria uma linha irregular quase paralela ao eixo y, o que significa que o infrator raramente passava tempo "fora". Em contraste, uma pessoa presa por algumas semanas em duas ou três ocasiões mostraria um CCP abraçado ao eixo x, o que significaria que a pessoa vive livre na sociedade quase o tempo todo. Embora a regra em hospitais forenses seja a revisão semestral para avaliar se o paciente está pronto para ser transferido para uma instalação com segurança mais branda, a recomendação era que ele nunca fosse liberado; caso contrário, a probabilidade de reincidência era quase certa.

O sistema legal não se adaptou totalmente ao problema que poderia ser chamado de "crimes de frequência recorrente", que testemunhamos cada vez mais desde as últimas duas gerações. Os júris raramente têm acesso a todo o menu de "antecedentes", de modo que indivíduos com histórico de várias prisões podem terminar com sentenças leves, embora o CCP possa sugerir que um encarceramento mais longo deva ser considerado.

Eis um exemplo em que a Lei triunfou sobre a Justiça uma semana após a eleição presidencial de 2016. O apoiador de Trump, Maurice Braswell, furioso pelo fato de que o resto da família votou em Hillary Clinton, pegou um cutelo e cortou o polegar da irmã, quase cortou o polegar da mãe e atacou o irmão e o sobrinho. Braswell, 49 anos na época, havia sido preso dezessete vezes, a maioria por roubo — pelo qual havia acabado de concluir um período de vinte anos de liberdade condicional.[984] Visto que todas as vítimas sobreviveram, o tribunal decidiu que não "trancaria o homem e jogaria a chave fora", embora fosse de esperar que esse décimo oitavo crime justificaria manter o sujeito longe do público. Em um caso mais sério, Clifford Olson, um assassino em série de Vancouver, nascido em 1940, foi preso pela primeira vez aos 13 anos por roubo e viria a acumular dezenas de condenações. Ele passou grande parte do tempo na prisão por crimes como roubo à mão armada, tortura de animais, uso indevido de armas de fogo, fraude e fuga antes de, aos 40 anos, cometer homicídio com motivação sexual praticado em série de onze crianças. Quando finalmente foi preso e condenado, foi sentenciado a apenas 25 anos de prisão, em um momento em que as leis canadenses brandas permitiram-no solicitar liberdade condicional. Para ser justo com o Canadá, os crimes de Olson foram tão hediondos que o país eliminou a cláusula de "tênue esperança" e impôs restrições à liberdade condicional antecipada para assassinos. Na prisão, Olson morreu de câncer aos 71 anos.[985]

UM NOVO DESAFIO PARA A JUSTIÇA: CRIANÇAS QUE COMETEM MALDADES

Crianças que cometem assassinatos ou atos violentos chegando ao nível de barbárie ou atrocidade não eram totalmente desconhecidas antes das últimas duas gerações do "novo mal". Os casos eram apenas raros. Por exemplo, Jesse Pomeroy, nascido em 1860 — o ano do nascimento do primeiro assassino em série famoso dos Estados Unidos, Herman Mudgett — torturou outras crianças e também gatos quando tinha apenas 6 anos de idade. Mais tarde, aos 11 anos, passou a sentir excitação sexual ao bater no pênis ou testículos de meninos. Aos 12, tentou castrar um menino, o que fez com que fosse enviado ao reformatório. Libertado depois de um ano e meio por "bom comportamento", logo que saiu castrou e matou um menino de 4 anos. Foi condenado à pena de morte aos 16 anos pelo crime, porém, a pena foi comutada para prisão perpétua. Em 1932, 56 anos depois, Pomeroy morreria atrás das grades.[986] Na Argentina, Cayetano Godino — também conhecido como El Petiso Orejudo (Gordo Orelhudo), por causa das orelhas de abano — nasceu em 1896, filho de pais alcoólatras e abusivos. Na infância, matou gatos e pássaros, agrediu brutalmente outras crianças quando tinha 7 anos e, mais tarde, matou quatro crianças. Aos 16 anos, atraiu um menino para uma casa de campo, onde matou o garoto a marteladas antes de lhe cravar um prego no crânio. Preso pelo assassinato, passou os 32 anos seguintes na prisão, até que, em 1944, foi assassinado por outros detentos por matar os gatos de estimação deles.[987]

No assassinato sórdido de Robert "Bobby" Franks, de 14 anos, em Chicago, os dois assassinos estavam na fase de transição para a idade adulta: Nathan Leopold tinha 19 anos, Richard Loeb, 18. Jovens muito inteligentes e de famílias ricas, aspiravam a cometer o "crime perfeito" como uma espécie de prova da própria superioridade. Identificavam-se com a ideia do *Übermensch* (Super-Homem) de Nietzsche, que estava "acima" das regras e normas da sociedade. Loeb era o psicopata, que convenceu o amigo a fazer parte do plano. Eles foram rapidamente presos e condenados à morte. O famoso advogado de defesa Clarence Darrow argumentou com eloquência contra a pena de morte; os dois foram sentenciados à prisão perpétua. Loeb morreu na prisão, pelas mãos de outros prisioneiros. Leopold foi reabilitado e solto em 1958, se tornou assistente social em Porto Rico e faleceu em 1971.[988]

Nos casos anteriores, Justiça e Lei estavam em equilíbrio. Dada a cultura da época, as sentenças foram adequadas aos crimes cometidos. Ao adentrarmos no novo período que discutimos, esse equilíbrio nem sempre será tão evidente. Quando Michael Hernandez cortou a garganta de um colega de classe, Jaime Gough, no condado de Dade, na Flórida, em 2004, os dois meninos tinham 14 anos. Hernandez foi inicialmente condenado à prisão perpétua, mas teve a chance de ser solto devido a uma nova lei da Flórida que concede "revisão judicial" após 25 anos de prisão. O caso é que, em 2012, a Suprema Corte decidiu proibir a prisão perpétua sem possibilidade de liberdade condicional para menores (ou seja, menores de 18 anos) condenados por homicídio. A ideia era que a prisão perpétua para um menor constituía um "castigo cruel e incomum". A Lei chegou perto de superar a Justiça ao não considerar a possibilidade de que existam casos de assassinato de natureza cruel e incomum que clamam por punição proporcional — ou seja, justa e equivalente. O juiz do julgamento observou que o caso de Hernandez era, realmente, "incomum", visto que o menino almejava se tornar um assassino em série e esfaqueou Jaime quarenta vezes antes de cortar a garganta do rapaz. O juiz observou ainda que, durante um telefonema para a namorada, Hernandez tocou uma música da banda de death metal Cannibal Corpse, com letras horríveis sobre alguém que morre com um rasgo na traqueia. Salientando que "a decência humana básica deveria tornar insuportável que qualquer pessoa que tirasse uma vida inocente dessa forma fosse capaz de ouvir com entusiasmo essa letra", o juiz decidiu restabelecer a sentença de prisão perpétua.[989]

Em 2008, uma semana antes de completar 16 anos, o escoteiro Nicholas Browning, de Cockeysville, Maryland, esperou até que o resto da família dormisse e — ao pegar uma das armas do pai — matou a tiros os pais e dois irmãos mais novos. Em seguida, saiu e passou dois dias com amigos antes de voltar para casa, para fingir a "descoberta" das mortes da família. Browning jogou a arma nos arbustos perto de casa, mas logo foi encontrada e revelada como instrumento de seu crime. O pai havia sido chefe de escoteiros e líder de igreja. Ele aspirava a se tornar um escoteiro Eagle, o mais alto posto para um escoteiro, e viveria segundo o juramento de ser confiável, leal, prestativo, amigável, cortês, gentil, obediente, alegre, moderado, corajoso, asseado e respeitoso. Talvez devêssemos acrescentar *misericordioso* e *pacífico*. Ele havia mencionado aos colegas de escola o desejo de matar os pais, mas ninguém o levou a sério. Ele não gostava do pai e chamava a mãe de loira burra e estúpida. Browning também mencionou que o pai era rico e que desejava parte do dinheiro dele. Ele matou os dois irmãos provavelmente porque pretendia ser o único herdeiro do testamento. Caso não fosse pego. Entretanto, graças à pouca idade, ele escapou de cumprir as quatro sentenças de prisão perpétua originais, tornando-se elegível para liberdade condicional em 23 anos "por bom comportamento".[990]

Vários fatores já mencionados contribuem para a incidência de homicídio realizado por crianças: a alta frequência de divórcios pós-1960; o fato de muitos meninos crescerem sem o pai; videogames violentos em que muitos jovens — principalmente meninos — são, sem exagero, viciados; e, na América mais do que em outros lugares, o fácil acesso a armas, até mesmo a rifles semiautomáticos. Também temos a internet. A internet desempenhou um papel no relacionamento de Nonie Drummond, de 14 anos, e Spencer Lee King, de 17, que conversaram centenas de vezes pela internet e por telefone durante um período de nove meses entre 2001 e 2002. Drummond se vangloriou para amigos que ela e King se casariam um dia na fazenda do avô no interior do estado de Nova York. Nas conversas com King, Drummond dizia que tinha 16 anos. Finalmente, King combinou um encontro em uma casa que Drummond compartilhava com o avô em Fabius, uma vila rural perto de Syracuse. King ficou furioso por ela ter mentido a respeito da idade. Ele disse que tinha uma "surpresa" para ela e a levou até um banquinho. Então, a esfaqueou várias vezes na garganta com uma faca de cozinha que havia levado consigo. Depois de matá-la, King ateou fogo à casa. Ele foi preso e o juiz reduziu a sentença de trinta anos para vinte e quatro quando ele confessou o crime — a sentença ainda poderia ser reduzida por "bom comportamento".[991] Alguns podem achar difícil compreender a natureza hedionda do crime. Como outro Romeu teria lidado com sua Julieta telefônica, ao descobrir que ela mentiu sobre a idade? Ele poderia ter dito: "Nonie, estou muito chateado por você não ter me dito que tinha apenas 14 anos. Acho melhor cada um seguir seu rumo". Ou: "Querida, me incomoda você ter mentido sobre sua idade... mas você é tão maravilhosa que vou esperar até que faça 18 anos e, então, nos casaremos". Mas cortar a garganta e queimar a casa? Um assassinato desse nível de brutalidade mostra um quadro diferente do tipo de adolescente impulsivo que comete um ato repentino de violência para o qual a lei — e a comunidade — seria capaz de oferecer maior clemência, como no caso de Billy Sinclair. Sinclair foi um homem que, aos 20 anos, disparou uma pistola por cima do ombro enquanto fugia de um assalto à mão armada e matou sem querer o dono da loja. O comportamento não era psicopata, e ele se tornou o editor do jornal da prisão, foi libertado, se casou e hoje trabalha em um escritório de advocacia dedicado a ajudar outros presos.

Uma pessoa bem diferente é Craig Price, conhecido como Warwick Slasher. Mesmo quando era criança em Rhode Island, Price mostrava versatilidade criminosa — traço psicopático descrito pelo dr. Robert Hare, que, como discutimos antes, é caracterizado pela execução de ampla variedade de atividades criminosas. O repertório de Price incluía roubo, invasão de domicílio, uso de drogas, perseguição, assalto e furto. Aos 13 anos, ele invadiu a casa de um vizinho e assassinou Rebecca Spencer, de 28 anos, com 58 facadas. Mais tarde, aos 15 anos, em 1989, invadiu outra casa e matou uma mulher de 39 anos e as duas filhas — uma das meninas teve a cabeça esmagada com um banquinho da cozinha. Interrogado pela polícia, Price falhou no polígrafo e depois confessou o crime, sem qualquer sinal de remorso — outro traço psicopático. De acordo com a lei de Rhode Island, ele só poderia permanecer em um Centro de Correção de Jovens até completar 21 anos. Portanto, foi libertado, o que enfureceu a comunidade e os membros das famílias das vítimas. Price recusou tratamento enquanto estava no centro de correção. A indignação levou à aprovação de um projeto de lei que permite ao procurador-geral internar um infrator mental em um hospital forense, se o criminoso ainda for considerado ameaça ao público. Enquanto estava lá, ele ameaçou a vida de um funcionário e foi condenado a quinze anos de prisão. Na prisão, brigou com outro preso e um guarda, e a sentença recebeu acréscimo de um ano. Vários anos foram acrescentados quando, em várias ocasiões, ele atacou guardas penitenciários, entre 1998 e 2009. Ele tinha razão a respeito de uma coisa quando afirmou: "Vou fazer história".[992] Em 2017, na casa dos 40 anos, Price tentou esfaquear outro prisioneiro até a morte. Enfim, *mirabile dictu,* o período de encarceramento estava prestes a terminar, quando ele recebeu mais dois anos e meio pelo ataque ao companheiro de cela. Pelo fato de Rhode Island, como muitos estados, não levar em consideração a configuração de personalidade dos jovens réus como fator relevante para as decisões sobre a libertação ou confinamento continuado, a confissão de Price quando ainda tinha 15 anos, após o assassinato da mãe e das filhas, significava que o estado poderia não o deter depois dos 21 anos. Mesmo hoje, ele pode ser libertado em breve, em 2022 — a menos que faça o que sempre fez: atacar guardas da prisão ou outros detentos.[993] A Justiça suou muito antes de triunfar sobre a Lei, e os créditos da vitória vão aos cidadãos de Rhode Island.[994] Os cidadãos podem não saber os detalhes da lista de verificação de psicopatia de Hare, mas reconhecem o mal incurável quando o veem.

Alguns dos atiradores escolares que descrevemos eram, claro, menores de idade que cometeram assassinato em massa. Enquanto escrevo este texto, houve outro tiroteio escolar em grande escala: desta vez em Santa Fé, Texas, não muito longe de Houston. O suposto atirador foi Dimitrios Pagourtzis, um estudante do ensino médio de 17 anos que, em 18 de maio de 2018, supostamente pegou a espingarda Remington 870 e o revólver calibre 38 do pai e matou a tiros oito alunos e dois professores. Uma das vítimas era Shana Fisher, de 16 anos, que pouco tempo antes rejeitara o interesse romântico de Pagourtzis, deixando claro que não desejava namorá-lo. Fisher estava "com medo de que o maluco a matasse" e disse à mãe que ele não hesitaria em cometer o ato. Pagourtzis é suspeito de cumprir a promessa, e aparentemente matou Shana e outras nove pessoas, além de ferir outras treze. Descrito como um "solitário esquisito" — como muitos atiradores escolares foram considerados pelos colegas — a suposta confissão o livrou da pena de morte. No entanto, mesmo no Texas, um jovem de 17 anos provavelmente não receberia uma sentença de morte ou prisão perpétua sem possibilidade de liberdade condicional. Talvez em imitação aos atiradores de Columbine, dispositivos explosivos e coquetéis molotov foram deixados ao redor e dentro da escola, ao que tudo indica, para causar mais destruição — porém, não explodiram, assim como os do massacre de Columbine não detonaram.[995]

O caso Pagourtzis traz à baila as mesmas questões sérias sobre a lei, assim como o de Craig Price e outros casos semelhantes que envolvem criminosos menores de 18 anos. A maioria das leis foi elaborada em épocas mais "calmas e gentis," quando crianças e adolescentes raramente cometiam os tipos de crimes que chamaríamos de hediondos. Infelizmente, nas últimas duas gerações, vimos um número perturbador de crimes cometidos por meninos — raramente meninas. Existem muitas crianças e adolescentes que, por impulsividade ou desespero, cometem um crime, mas que não têm características de insensibilidade, ausência de emoção ou psicopatia. Capazes de redenção, merecem penas mais breves e a possibilidade de levar uma vida exemplar durante os anos consecutivos à libertação e de seu histórico ser ocultado.

Um dos homens que entrevistei para o programa *Most Evil* do Discovery Channel me pareceu merecedor de um tratamento benevolente desse tipo. O mórmon devoto Ron Luff, que caiu sob o feitiço do carismático líder psicopata de seita Jeff Lundgren, que discutimos neste livro, levou os cinco membros da família Avery — que haviam começado a se dar conta de quem Lundgren realmente era — até o celeiro, onde o líder matou um por um a tiros. Uma pessoa boa que, infelizmente, sofreu lavagem cerebral, como logo percebeu, Luff foi condenado à prisão perpétua. Hoje com quase 50 anos, Luff disse a um dos guardas da prisão: "Abandonar essa mentalidade [da lavagem cerebral] me proporcionou uma grande sensação de liberdade, mesmo no cativeiro da prisão... Minha esperança é que possamos crescer com esse tipo de tragédia e descobrir não apenas o que gera esse comportamento bizarro e autodestrutivo, mas também a melhor forma de o neutralizar".[996] Quão diferente de Kirby Anthoney. Gerado após uma "noite casual" da mãe com um homem desconhecido, Kirby foi adotado pela família Anthoney no Alasca. Além das desvantagens genéticas potenciais, ele foi supostamente abusado fisicamente pelo pai adotivo tirânico. Kirby era cruel com cães e gatos, viciado em cocaína e, aos 15 anos, cometeu roubo; aos 16, explodiu uma bomba na escola, o que lhe rendeu um mês em detenção juvenil; aos 17, cometeu invasão de domicílio e foi confinado a um reformatório por quatro meses; aos 19, cometeu assalto à mão armada; e aos 22, estuprou uma menina de 12 anos e a deixou para morrer. A namorada o abandonou por causa do comportamento abusivo. Em outra ocasião, sufocou outra namorada e ameaçou matá-la se ela o abandonasse. Isso azedou o relacionamento, então, ela fugiu para o outro lado do país. Aos 23 anos, ele assassinou um Inuíte, mas não foi preso pelo crime; ateou fogo a uma loja de onde tinha sido despedido e invadiu a casa da tia, estrangulou a mulher e, em seguida, estuprou e estrangulou duas primas. Quando finalmente foi apreendido, os examinadores perceberam que ele tinha o olhar distante de um psicopata frio. Condenado e sentenciado à prisão perpétua, Kirby Anthoney negou várias vezes ter cometido o familicídio, de acordo com Burl Barer, autor de um livro sobre o caso.[997] Barer também aludiu à observação de Hare de que, para uma pessoa que desenvolveu a sociabilidade de forma normal, é quase impossível imaginar o mundo pelo olhar de um psicopata. Os membros da família, os júris e as pessoas que ouvem sobre o comportamento e os crimes do psicopata tendem a ter dificuldade em perceber que o psicopata percebe o mundo e lida com ele de modo muito peculiar. Júris e, às vezes, juízes ficam perplexos e não conseguem imaginar como um ser humano é capaz de cometer determinados crimes — e às vezes concedem a absolvição, ou, como no caso da primeira condenação de estupro de Phillip Garrido, uma sentença reduzida com "libertação antecipada por bom comportamento". Barer destacou outro fato importante: ter um pai cruel e abusivo não significa que alguém se torne um psicopata. Os fatores genéticos são muitas vezes esquecidos. O meio-irmão de Anthoney, filho biológico do pai, foi espancado de forma tão severa quanto ele, mas se tornou um cidadão exemplar. Até mesmo um grupo de irmãos do mesmo pai pode apresentar diferenças contrastantes. O sádico assassino Gary Gilmore, que teve a vida narrada por Norman Mailer em *Canção do Carrasco*,[998] foi brutalizado pelo pai violento, porém, o mesmo aconteceu com seus três irmãos, incluindo o escritor Mikal Gilmore, que se tornou um homem altamente responsável, produtivo e comentador da tragédia familiar. É cabível supor que Gary Gilmore, que começou a cometer roubos e agressões quando tinha 14 anos, foi resultado de uma combinação genética desfavorável.

De volta à questão da guarda de filhos — e ao "novo mal" — não consigo encontrar nenhum paralelo na era pré-1960 de um crime tão maléfico que tenha permanecido na memória das pessoas, quente como brasa, a ponto de não encontrarmos palavras para descrever o horror. Aconteceu em meados de maio de 2018. Aos 17 anos, Amanda Simpson, nascida na Virgínia, mantinha contato frequente via Internet com Justin Painter, de 27 anos, e os dois finalmente se conheceram em Dallas, Texas, depois de alguns anos. Eles se casaram e tiveram três filhos. Depois que Painter revelou ser uma pessoa irritadiça, violenta e excessivamente controladora, Simpson decidiu se divorciar. Painter ameaçou suicídio com uma arma, que acabou em posse de Simpson. Mais tarde, ele exigiu que ela devolvesse a arma, sob a ameaça de que, caso contrário, a acusaria de "roubo". Ela devolveu a arma com relutância. Mesmo assim, o tribunal, sem dar atenção à instabilidade mental do sujeito, concedeu a *ele* a guarda total dos filhos,[999] embora ambos os pais passassem algum tempo com as crianças.[1000]

Não muito tempo depois, Simpson entrou em contato com outra pessoa através da mesma fonte da Internet — World of Warcraft —, um rapaz chamado Seth Richardson, que, a exemplo de Painter, ela já conhecia desde a adolescência. Simpson e Richardson se apaixonaram e o rapaz viajou para o Texas para ficar com ela. Eles passaram a primeira noite juntos. Sabendo do que se passava, Painter, na manhã seguinte, foi até a casa onde o novo casal estava e, com a arma em mãos, atirou em Richardson. A bala também feriu Simpson. Painter também matou a tiros os três filhos, que visitavam a mãe naquele dia, e tirou a própria vida — mas não antes de dizer a Simpson que ela era culpada pela morte da família, para garantir que ela sofresse o resto da vida com a responsabilidade. Os filhos tinham 4, 6 e 8 anos de idade quando morreram.[1001] Que palavras existem para descrever esse "novo mal"? Crueldade diabólica? Crueldade premeditada? Sadismo com tortura mental prolongada? Todas ficam aquém. Recentemente, fui chamado de "o Einstein do Mal" — como se conhecesse todos os casos sobre o assunto — e encaro os terrores com tranquilidade.[1002] No entanto, não consigo tirar a história de Amanda Simpson da cabeça.

ALFABETO DA MALDADE

Neste capítulo, nos concentramos nas variedades de atos violentos, sobretudo os que envolvem assassinatos de um tipo raro, antes do "ponto de transição" crítico dos meados até o final dos anos 1960, que já descrevemos em capítulos anteriores. Aqui, apresentamos casos que descrevem uma variedade de outros atos malignos especificamente "novos" ou contemporâneos, que teriam uma classificação elevada no Índice da Maldade. Os exemplos derivam de uma variedade de fontes, sobretudo biografias de crimes reais, mas também descrições breves em revistas e artigos jornalísticos. Existem muitas histórias nesse período de quase 55 anos — o suficiente para constituir uma espécie de alfabeto da maldade, que percorre todas as letras e abarca o tema inteiro.

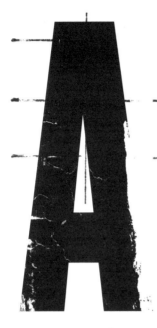

Nascida na Inglaterra em 1968, Beverley **Allitt** começou a apresentar sinais de comportamento peculiar durante a adolescência, principalmente em questões que diziam respeito à saúde. Além de ficar bastante acima do peso, ela se comportava de maneiras estranhas na busca por atenção. Por exemplo, Allitt usava ataduras que, segundo ela, cobriam vários cortes ou feridas, porém, não permitia que ninguém investigasse as lesões. Allitt foi hospitalizada em várias ocasiões e se queixava de doenças físicas, porém, em geral os médicos não encontravam nenhuma anormalidade que fundamentasse as afirmações. Ela chegou a enganar a equipe médica para que realizassem uma apendicectomia — no procedimento, foi descoberto que não havia nada de errado com o apêndice. Depois, passou a cutucar o corte da operação, o que interferia na cicatrização. Em outras ocasiões, se feriu de propósito, como é habitual no caso de pacientes com transtorno de personalidade limítrofe, que já descrevemos. Ela ia de um médico para outro e, como resultado, muitos a conheciam superficialmente, porém, ela nunca permitiu que nenhum tivesse a oportunidade de saber com detalhes de suas doenças, muitas das quais eram fictícias ou altamente exageradas. A sucessão de médicos fornecia boa quantidade da atenção que ela desejava, o que representou um caso de síndrome de Munchausen, como a doença artificial às vezes é chamada — especificamente, uma doença falsa, destinada a atrair a atenção de outras pessoas. Entretanto, Beverley atingiu uma condição muito mais séria — e muito mais maligna — do que apenas fingir ter apendicite. Ela foi para a escola de enfermagem, mas não concluiu o curso devido a uma nova série de doenças simuladas, incluindo uma falsa gravidez e comportamentos estranhos, como esfregar fezes na parede de uma casa de repouso. Mesmo assim, em 1991 ela foi contratada em caráter temporário por um hospital no condado de Lincolnshire, ao norte de Londres, para trabalhar no turno da noite. Não demorou muito para que uma série de bebês e crianças começassem a adoecer — mais do que o esperado considerando-se as doenças que os haviam levado à hospitalização. Quatro dos pequenos pacientes morreram do que pareciam ser crises respiratórias ou paradas cardíacas pouco após a internação.

Todas essas crises e mortes ocorreram poucos meses após a contratação de Beverley para o turno da noite. Houve outras crianças que também sofreram emergências médicas durante os meses em que ela trabalhou na unidade, mas conseguiram sobreviver. Como todos esses casos ocorreram exatamente quando Beverley era a enfermeira de plantão, ela se tornou suspeita. Análises químicas das crianças, incluindo as quatro que faleceram, revelaram níveis elevados de insulina em alguns casos, ou de lidocaína, usada para tratar arritmias cardíacas graves. Beverley foi finalmente presa e condenada por quatro assassinatos e nove outras ocorrências de atitudes propositais com risco de morte. Ela recebeu treze sentenças de prisão perpétua.[1003] Visto que as atitudes visavam chamar a atenção, e talvez provocar simpatia, pela indução de doenças em terceiros — e não em si própria — os crimes de Allitt foram considerados um caso de síndrome de Munchausen por procuração, quadro mencionado anteriormente em nossa discussão sobre Marybeth Tinning. Descrita pela primeira vez em meados da década de 1970, a síndrome, em mais de 90% dos casos, é desencadeada por mães ou enfermeiras.[1004] O fato curioso é que a síndrome recebeu indevidamente o nome de um verdadeiro nobre alemão, Hieronymus Karl Friedrich, Barão von Münchhausen de Bodenwerder (1720-1797). Um livro de contos fantásticos de aventura, intitulado *As Aventuras do Barão Munchausen,* foi publicado na Inglaterra em 1785, supostamente escrito pelo barão, mas, na verdade, de autoria de um ex-aluno da Universidade de Göttingen, Rudolf Erich Raspe (1737-1794). Raspe foi apresentado ao barão e presumiu, corretamente, que o pequeno panfleto de histórias fantasiosas à la Gulliver teria mais chance de ser lido e seria mais lucrativo se fosse atribuído a um homem célebre, em vez de a um joão-ninguém — como Raspe. O livro foi, de fato, lido por muitos e traduzido para muitas línguas. Isso causou grande constrangimento ao barão, pois as pessoas imaginavam que ele era o autor, em vez de Raspe, o vigarista inteligente que lhe roubou a identidade. Tudo isso aconteceu muito antes da instituição das leis de direitos autorais — que, se existissem, Raspe teria violado. Possuo uma edição de 1792.[1005] Portanto, a síndrome de Munchausen e a variante por procuração representam doenças falsas — batizadas, talvez apropriadamente, em homenagem a um autor falsificado.

Visto que Beverley foi considerada uma pessoa mentalmente doente sob a Lei de Saúde Mental da Grã-Bretanha, além de alguém cujos assassinatos podem ser chamados de malignos e terríveis, ela continua encarcerada em um hospital forense, o Rampton Secure Hospital, em Nottingham, de onde nunca sairá. Mesmo lá, ela recorreu ao tipo original da síndrome de Munchausen: comeu vidro moído e derramou água fervente na mão. À luz dos múltiplos assassinatos de crianças, ela seria classificada no **Padrão 16** do Índice da Maldade.

Outro assassino para a letra A é China **Arnold**. Em 2005, aos 25 anos, ela morava com Terrell Talley, com quem teve uma filha chamada Paris, a última de muitos. Embora Terrell tivesse casos extraconjugais, ele se preocupava com a possibilidade de não ser o verdadeiro pai da criança. China temia que Terrell a deixasse se descobrisse que não era o pai. Mais tarde, o DNA confirmou que ele era — porém, quando Terrell confessou ter feito sexo com a vizinha, China ficou furiosa. Ela colocou Paris, de um mês de idade, em um micro-ondas, e literalmente cozinhou o bebê. China foi presa, julgada e condenada. O juiz descreveu o ato como uma "atrocidade hedionda". Ela foi condenada à prisão perpétua sem liberdade condicional.[1006] Visto que a motivação egocêntrica parece ter sido eliminar uma criança que representava ameaça ou impedimento para o relacionamento com Terrell, China seria classificada no **Padrão 10** do Índice da Maldade.

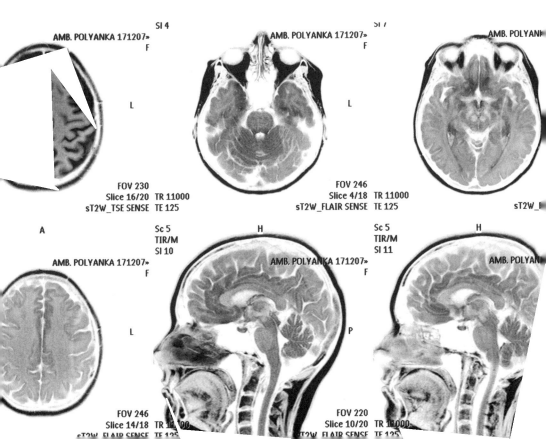

Mark O. **Barton**, nascido em 1955, cometeu assassinatos-relâmpago na Geórgia, em julho de 1999: ao perder quantias consideráveis de dinheiro como *day trader* em uma empresa de corretagem de Atlanta, ele matou nove pessoas a tiros em duas empresas comerciais adjacentes. Esses assassinatos ocorreram após ele ter matado a marteladas a segunda esposa e os dois filhos, que dormiam. Barton era o único suspeito do espancamento fatal da primeira esposa, Debra Spivey Barton, e da mãe dela, Eloise Spivey — embora seja possível que ele tenha sido inteligente o suficiente para eliminar as evidências que teriam levado à condenação. Pouco antes dos (supostos) assassinatos, Mark tentou fazer um seguro de um milhão de dólares no nome de Debra — ele era o beneficiário. A seguradora suspeitou e limitou-o a 600 mil dólares. Após a morte da esposa, a empresa ficou ainda mais desconfiada e liberou apenas 250 mil dólares — o restante ficou retido para as crianças. As pessoas diziam que Mark nunca mais havia sido o mesmo depois de tomar drogas psicodélicas durante a adolescência. As drogas causavam estranhas visões e criavam "demônios", e ele foi hospitalizado após um surto psicótico. Na faculdade, Barton aprendeu a sintetizar metanfetamina — para vender e para uso particular. No quesito personalidade, ele era considerado paranoico, desonesto, temperamental e maligno. Os assassinatos da esposa e da sogra — cuja autoria podemos supor que foi dele — foram cometidos para que ele pudesse se casar com a amante, Leigh-Ann Lang, com quem de fato se casou logo depois. Mark provou ser tão abusivo e controlador com ela quanto tinha sido com Debra. Obcecado por esquemas de enriquecimento rápido, ele se envolveu com o negócio arriscado de *day trading* em ações. Em dado momento, ele matou o gatinho da filha a tiros. Um ano depois, em julho de 1999, Leigh-Ann estava farta e pediu o divórcio. Isso aconteceu apenas horas antes de ele embarcar nos assassinatos-relâmpago, dos quais as primeiras vítimas foram a própria Leigh-Ann e os dois filhos do primeiro casamento, Matthew e Mychelle. Quando a polícia o encurralou após os crimes, Mark se matou com um tiro. Os psiquiatras já consideravam Barton como um "limítrofe sádico" ou um "psicopata explosivo". Houve também insinuações de que ele havia molestado sexualmente a filha.[1007] Os vários atos de extrema crueldade de Barton, no contexto de uma personalidade psicopática, o colocariam no **Padrão 16** do Índice da Maldade.

Sem dúvida, assassinato de cônjuge não é uma "nova" forma de mal. Houve alguns homens que mataram as esposas, como Richard Bennett, Carroll Cole, dr. Patrick Henry, Harold Henthorn, Eric Napoletano, Sgt. Drew Peterson e Randolf Roth. Todos mataram as esposas nos últimos cinquenta anos. Houve mulheres que mataram dois ou mais maridos, como Betty Lou Beets, Judith Buenoano, Stacey Cantor, Jill Coit, Belle Gunness, Sharon Harrelson e Virginia McGinnis. Motivadas principalmente pela ganância, essas mulheres mataram os maridos pelo dinheiro do seguro e, com exceção de Gunness, todos os crimes ocorreram nos últimos cinquenta anos. Gunness alcançou fama no domínio criminológico por matar possivelmente dezenas de maridos no século XIX.[1008]

É válido mencionar que as tendências antissociais de Mark Barton podem ter se intensificado após o abuso de drogas alucinógenas e promotoras da agressão, que tinham disponibilidade escassa no período pré-1960. Por exemplo, o LSD passou a ser usado nos Estados Unidos em 1962. Alguns casos de abuso de metanfetamina foram registrados no início dos anos 1960; em 1964, entretanto, o abuso havia se tornado bastante comum.

Em um caso que esgota o repertório de adjetivos aplicáveis a atos malignos — hediondos, depravados, atrozes, monstruosos, indescritíveis —, um homem de 41 anos de Utah, Jerrod **Baum,** supostamente matou dois adolescentes e despejou os corpos 30 metros abaixo do solo, em um poço de mina abandonado. As famílias de Riley Powell, de 18 anos, e Brelynne Otteson, a namorada de 17 anos, relataram o desaparecimento três meses antes dos corpos serem encontrados no poço da mina perto da cidade de Utah apropriadamente chamada de Eureka — "encontrei" em grego. Na manhã de 30 de dezembro de 2017, Jerrod supostamente voltou para casa e viu que a namorada de 34 anos, Morgan Henderson, conversava com o jovem casal. Muito ciumento, Baum havia proibido Morgan de receber qualquer amigo do sexo masculino em casa. Aparentemente, a proibição valia mesmo quando o "amigo homem" tinha metade da idade de Morgan e estava acompanhado pela namorada. Baum teria imobilizado o jovem casal, colocado fita adesiva sobre a boca dos dois e jogado ambos no porta-malas do seu Jeep. Baum dirigiu até a mina, com Morgan no banco do passageiro. Lá, supostamente obrigou a garota a observar enquanto ele espancava e esfaqueava o namorado até a morte — antes de matá-la e jogar os corpos no poço. Quando os restos mortais foram encontrados, foi descoberto que o assassino havia amarrado as mãos das vítimas atrás das costas. Jerrod e Morgan logo se tornaram suspeitos, pois a polícia acessou a conta de Facebook do garoto e encontrou mensagens que ele havia trocado com Morgan. Ao ser interrogada pela polícia, ela teria contado várias mentiras, até que por fim, dois meses depois, revelou a história verdadeira e levou a polícia ao local do assassinato. Ela, então, supostamente dirigiu o Jeep até um local remoto na esperança de que não fosse encontrado. Jerrod está detido à espera de julgamento do crime capital. As famílias dos adolescentes assassinados não se opõem à pena de morte. Morgan foi detida por possível obstrução da justiça. O crime de que Jerrod Baum — que foi preso por tentativa de homicídio aos 15 anos — é acusado, é um dos mais repugnantes dos últimos tempos, por ter acrescentado tormento psicológico à tortura física[1009] — tortura que foi mais breve e menos metódica do que a praticada por David Parker Ray, cujo caso discutimos anteriormente. Se as alegações forem comprovadas, a classificação no Índice da Maldade para este duplo assassinato seria o **Padrão 18**.

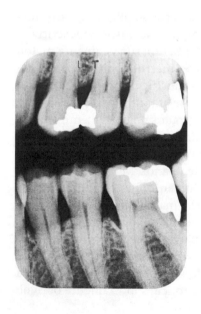
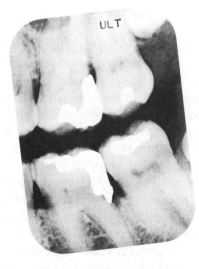

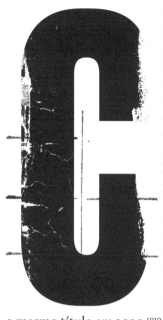 Natasha Wallen **Cornett**, nascida em 1979, participou do assassinato múltiplo de um jovem casal e da filha deles, de 6 anos, apenas dois meses depois do aniversário de 18 anos. Natasha nasceu em circunstâncias difíceis, com muitas desvantagens. A mãe, Madonna, foi brevemente casada com Ed Wallen, de quem logo se divorciou. O pai biológico era um policial, Roger Burgess, com quem Madonna teve um caso. Natasha cresceu na pobreza, criada pela mãe, que morava em um trailer no extremo leste de Kentucky, perto da cidade de Pikesville, no que tem sido chamado de *hillbilly country,* país caipira, conforme descrito por outro cidadão daquela região devastada, J. D. Vance, que em 2016 publicou *Era Uma Vez um Sonho*, sensível e emocionante livro de memórias, adaptado ao cinema com o mesmo título em 2020.[1010] Quando completou 17 anos, Natasha se casou com Stephen Cornett, mas ficou arrasada quando ele terminou o casamento apenas alguns meses depois. Portanto, apesar do nome completo, o divórcio da mãe e o próprio divórcio significavam que ela não era uma "Wallen" e não era uma "Cornett". Durante a adolescência, Natasha sofreu de anorexia nervosa e foi diagnosticada com transtorno bipolar. Ela se comportava de modo pouco convencional, a ponto de quase não ter amigos na escola. Ela se tornou parte da subcultura gótica, passou a vestir roupas pretas, ouvir música lúgubre, abusar de drogas e álcool e praticar automutilação — tudo isso, às vezes, é associado ao transtorno de personalidade limítrofe, embora não seja mencionado nos vários relatos da história dela. Natasha se tornou a líder de cerca de meia dúzia de adolescentes com inclinações semelhantes, encorajados por ela a formar um grupo e viajar à "terra prometida" de New Orleans, na tentativa de escapar de suas vidas infelizes. No caminho, em uma parada para descansar no Tennessee, o grupo encontrou uma família Testemunha de Jeová: um imigrante norueguês, Vidar Lillelid; a esposa, Delfina; e os dois filhos pequenos, Tabitha, de 6 anos, e Peter, de 2 anos. Natasha e o grupo roubaram o carro de Vidar e mataram o casal e a filha. Peter, que também foi baleado e ficou gravemente ferido, sobreviveu. Há alguma controvérsia a respeito de quem executou o tiroteio, mas todos foram presos no Arizona, antes de pôr em prática o plano de fugir para o México. Hoje,

Natasha e os outros cinco co-conspiradores nascidos no Kentucky cumprem penas de prisão perpétua. Com vinte e poucos anos, ela se tornou uma adoradora de Satanás, talvez como parte do entusiasmo pela vida gótica que abraçou ao final da adolescência. Não me passou despercebido que o nome dela, escrito ao contrário, é "Ah, Satan". Ela tentou ser útil na prisão, trabalhando por um tempo como assistente de professores.[1011] Um dos principais detetives do caso, John Huffine, expressou consternação com o alarido em torno dos eventos, uma vez que, como ele disse, o grupo representa o oposto de todos os valores que a América *mainstream* preza — inclusive a adesão a uma religião convencional. Huffine acrescentou que algumas pessoas queriam ver o caso em termos mais amplos de bem e mal, Deus e o diabo. Muitas vezes, as pessoas culpam a pobreza como a causa última de crimes violentos. Certamente, o crime, incluindo o crime violento, ocorre com mais frequência em contextos pobres do que em contextos ricos — mas há muitos entre os pobres que mantêm casamentos estáveis, são firmes e diligentes no trabalho e defendem os melhores valores da religião em que foram criados. Isso permite que muitos escapem da pobreza em que nasceram e possibilita que os filhos se tornem prósperos e vivam aquilo que gostamos de chamar de sonho americano. Natasha cresceu em um contexto de pobreza não só material, mas também espiritual. Não havia estabilidade emocional, nenhum dos pais era presente ou ajudava os filhos, não havia ancoragem em nenhuma religião ou em qualquer conjunto semelhante de valores socialmente construtivos e nenhuma assistência médica para condições que geralmente são tratáveis, mesmo em clínicas de baixo custo. Nada disso pôde socorrer Natasha. Ela não era totalmente psicopata, destinada a cometer atos malignos. Em vez disso, foi colocada no caminho de atitudes malignas por negligência, circunstâncias caóticas, rejeição na escola e o mesmo fator que leva tantos meninos (embora não tantas meninas) a possuir uma ficha criminal — a ausência do pai. Como os assassinatos de que ela participou foram executados com agilidade, com o objetivo de eliminar testemunhas após furto de carro, o **Padrão 10** seria a classificação adequada.

James **Carson** e a segunda esposa, Suzan Barnes, conhecidos como Matadores de Bruxas, se tornaram famosos na década de 1980. O abuso de drogas parece ter desempenhado um papel ainda mais relevante do que no caso Cornett, pois, assim que o vício se tornou habitual, as personalidades de ambos passaram por fortes transformações. James teve uma filha pequena, Jenn, com a primeira esposa. A menina ficou com medo do novo comportamento do pai, que era agressivo. Mãe e filha deixaram James e se mudaram de um lugar para outro, temendo que ele pudesse encontrá-las e machucá-las. Porém, ele não mostrou interesse em fazer isso, e se aliou a Suzan Barnes, com quem se casou. Os dois se estabeleceram na área de Haight-Ashbury de São Francisco, epicentro da cultura "hippie" — ou melhor, da contracultura, pois incorporava drogas que alteram a mente, em contraste às atitudes e tradições da cultura predominante, e adotaram crenças místicas e religiões "alternativas" que os demais consideravam bizarras, ou mesmo abomináveis. James mudou o nome para Michael Bear, porém, eu o incluo aqui no Cs em respeito ao seu nome de batismo. Suzan se autodeclarou "iogue", com conhecimento do passado, presente e futuro. Cada um adotou uma religião diferente e se autodenominaram guerreiros muçulmanos vegetarianos que acreditavam que bruxaria, aborto e homossexualidade eram pecados mortais e que um "poder superior" os autorizava a matar pessoas culpadas dessas transgressões. A primeira vítima foi uma jovem aspirante a atriz, Keryn Barnes, que tinha sido colega de quarto do casal. Suzan sentiu que tinha recebido ordens de um poder superior para matar Barnes, pois acreditava que ela fosse realmente uma bruxa determinada a roubar os "poderes iogues" de Suzan. O casal esfaqueou a garota até a morte e esmagou o crânio com uma frigideira antes de fugir do local. Isso aconteceu em 1981. A vítima seguinte de que se tem notícia foi um agricultor de uma fazenda de maconha no norte da Califórnia, Clark Stephens. James e Suzan se convenceram de que Clark era um "demônio" que havia "abusado sexualmente" de Suzan. A dupla atirou duas vezes na cabeça dele, queimou o corpo e deixou para trás um manifesto, em que mencionavam várias pessoas famosas que consideravam "merecedoras de serem assassinadas", como Johnny Carson e o presidente Reagan. Em 1983, o casal pedia carona no sul da Califórnia. Um homem chamado Jon Hellyar os encontrou na estrada. Uma discussão se desenrolou no meio do caminho e Suzan decidiu que Jon era um "bruxo" e deveria morrer. Os três saíram do carro e Suzan esfaqueou Jon, enquanto James — bem, "Michael" — atirou no sujeito à vista dos muitos carros que passavam. Alguém chamou a polícia e os dois foram finalmente presos. Cada um recebeu sentenças de 75 anos a prisão perpétua: 25 anos para cada um dos três assassinatos de que se tem notícia, embora sejam suspeitos de ter cometido cerca de uma dúzia de outros assassinatos nos Estados Unidos e na Europa. Nenhum dos dois mostrou uma gota de remorso nos 32 anos que estiveram na prisão.[1012] Depois de ouvir as sentenças, a irmã de Keryn Barnes, a primeira vítima, disse: "Eles são pura maldade".

E Jenn, a filha de James, hoje crescida, descreveu o casal como usuários de drogas que criaram os próprios códigos morais e religiosos, que ela comparou a uma "uma combinação perigosa". Não sabemos nada sobre as origens de nenhum dos dois, ou se já exibiam ódio obsessivo e paranoico, mesmo antes do uso de drogas pesadas. Portanto, permanece incerto se a mentalidade letal antissocial existia antes do abuso e foi simplesmente intensificada ou se de alguma forma os entorpecentes os transformaram de cidadãos potencialmente pacíficos em assassinos preconceituosos e desvairados. A respeito da convicção de Suzan sobre a proibição do aborto, feitiçaria e homossexualidade no Alcorão, apenas o último elemento é citado. Não encontrei em nenhum dos meus quatro exemplares do Alcorão nada sobre bruxaria, nem sobre o aborto em si, apenas uma ordem que proíbe o assassinato dos filhos (Suras 6:151, 17:31 e 60:12). À luz dos múltiplos homicídios cruéis, o casal seria classificado no **Padrão 16** no Índice da Maldade.

Uma mulher de Indiana, Kelly **Cochran**, de 35 anos, que já havia sido condenada em Michigan e sentenciada a 48 anos de prisão pelo assassinato do amante, Christopher Regan, foi sentenciada a mais 65 anos de prisão pelo assassinato do marido, Jason, em Indiana, dois anos depois.[1013] A primeira condenação aconteceu devido ao assassinato do amante de 53 anos, cujo corpo foi esquartejado. Um documentário sobre o caso alega que, além disso, Cochran ofereceu os restos mortais de Regan para vizinhos em um churrasco na Península Superior de Michigan.[1014] O que torna crimes desse tipo repugnantes é que não envolve o que chamaríamos de canibalismo "convencional", em que a vítima é morta e devorada, mas existe um mal ainda maior — ou seja, o crime de transformar outras pessoas em canibais involuntários da carne de alguém, fornecida pelo que parece ser a generosidade do assassino. Ou seja, um assassino que matou e mutilou outra pessoa — depois cozinhou e serviu a vítima como se fosse boi ou porco. Ou, como no caso de Daniel Rakowitz, uma sopa feita a partir do cérebro de uma dançarina, Monica Beerle, assassinada por ele em 1989 — a sopa foi oferecida aos sem-teto do Tompkins Square Park de Nova York.[1015] Em um caso semelhante, em 1993, David Paul Brown, que mais tarde assumiu o nome de Nathaniel Benjamin Levi Bar-Jonah, serviu partes de uma vítima infantil para os vizinhos sob o pretexto de que era carne de veado.[1016] Sem dúvida houve casos isolados de canibalismo na primeira parte do século passado, incluindo o ato de servir carne humana aos vizinhos ou aos pobres. Os casos de canibalismo incluem o de Albert Fish nos Estados Unidos,[1017] que discutimos em detalhes neste livro, e o de Fritz Haarmann, na Alemanha[1018], ambos na década de 1920. Com base no que sabemos hoje sobre Cochran, a classificação mais adequada no Índice da Maldade é o **Padrão 10**, considerando-se a eliminação de pessoas que "atrapalhavam". Se a alegação fosse confirmada — a respeito de Kelly Cochran ter oferecido partes do corpo humano aos vizinhos —, a posição no Índice seria mais alta. O caso também constituiria um "novo mal" incomum, visto que Cochran é uma mulher. Todos os outros criminosos desse tipo eram homens. Além disso, jamais um churrasco fora usado de forma tão bárbara.

Westley Allan **Dodd** nasceu em 1961 no estado de Washington, perto da fronteira com o Oregon. O mais velho de três meninos, ele cresceu em uma família de classe operária que vivia em crise desde os primeiros dias da vida de Westley. O pai era dominador e severo e discutia constantemente com a esposa por coisas pequenas. O casal se divorciou quando Westley tinha 15 anos — o garoto já apresentava sinais de distúrbios sexuais graves havia vários anos. Dodd começou a abusar sexualmente de meninos aos 13 anos, passou a se expor aos vizinhos aos 14 anos e, aos 15, andava no parque nu e se masturbava em público. Ele procurava meninos de cerca de 10 anos e se mostrava — às vezes, se exibia também para meninas, mas se sentia mais seguro com meninos porque achava que eram menos propensos a denunciá-lo às autoridades. Dodd foi preso por exibicionismo aos 15 anos, mas nada foi feito, exceto pela recomendação do juiz de que Dodd fizesse terapia. Aos 17 anos, ele molestava meninos, o que incluía estupro anal e servidão sexual cruel. Ele engravidou uma menina, porém, nunca via o filho. O abuso de drogas ilícitas era comum na época em que Dodd nasceu, mas ele nunca usou drogas, nunca fumou ou bebeu álcool. Aos 19 anos, ingressou na

Marinha, mas foi expulso dois anos depois por cometer atos de pedofilia com meninos. Aos 28 anos, se mudou para Vancouver, onde encurralou Billy Neer, de 10 anos, e o irmão de 11, Cole Neer, em David Douglas Park — uma área conveniente, imaginou, para sequestrar, estuprar e matar meninos. Dodd amarrou as crianças e atou seus pulsos, depois esfaqueou ambas até a morte. O menino mais novo, Billy, foi encontrado pela polícia; ele sangrava muito e morreu antes que pudesse contar o que aconteceu. Enquanto isso, Dodd concluiu que gostava mais de matar as vítimas do que de estuprá-las. Atacou de novo alguns meses depois, desta vez um menino de 4 anos, Lee Iseli, que estuprou, assassinou e, por fim, jogou o "lixo" — como se referiu ao cadáver — em um matagal perto do lago Vancouver. Desta vez, Dodd foi capturado e preso. Como revelou em cartas escritas enquanto esperava o julgamento, ele desenvolveu o interesse em comer os órgãos genitais de um menino, que seria castrado e mantido vivo por tempo suficiente para ver o seu algoz cozinhar e devorar os órgãos. Embora nunca tenha cometido o ato, Dodd sentiu que esta era uma atitude de tortura superior a qualquer outra coisa que fosse capaz de imaginar. Nesse aspecto, as ambições sádicas que cultivava se assemelhavam às de Albert Fish, bem como de Albert Fentress, responsável pelo estupro, castração, assassinato e canibalismo de Paul Masters em 1979. As ações de Fentress pareciam tão "malucas" na época que ele chegou a ser diagnosticado (incorretamente, como foi descoberto mais tarde) como "esquizofrênico" e levado mais uma vez a um hospital forense, em vez da prisão. Fentress nunca admitiu que havia cometido o crime.[1019] Para crédito de Dodd, ele insistiu não apenas em ser punido, mas em ser executado pelos assassinatos sexuais dos três meninos. Ele exigiu ser enforcado, em vez de executado por outros meios. Dodd queria que a execução fosse realizada imediatamente, advertindo o tribunal de que se tivesse a oportunidade de escapar ou de agredir alguém na prisão, estupraria e mataria, desfrutando de cada minuto. Isso acabou com os protestos dos grupos contra a pena de morte, e Dodd foi enforcado em 5 de janeiro de 1993.[1020] O único outro caso que conheço de tamanha franqueza e aceitação da culpa por parte de um assassino em série foi o de outro assassino chamado Carl Panzram, que rosnou para o carrasco por se atrasar com a corda. Mas isso foi em 1930; Panzram, que era homossexual, não foi punido por crimes de pedofilia, mas por estuprar e matar cerca de duas dúzias ou mais de homens.[1021] Em relação ao postulado de mudança cultural e o que podemos chamar de um "novo mal", os crimes de Westley Dodd não são "novos",

458. CRUEL : Índice da Maldade

como se fosse algo inédito antes dos anos 1960. Houve homens, de todo tipo de orientação sexual, que cometeram homicídio com motivação sexual praticado em série anos antes: Gordon Northcott, Albert Fish, Panzram e Herman Webster Mudgett (também conhecido como H. H. Holmes), Earle Nelson e Harvey Carignan — contudo, o número de vítimas empalidece em comparação ao grupo muito mais elevado de assassinos pós-1960. Dodd, que matou durante a década de 1980, pertence ao grupo recente, no período em que famílias desestruturadas e abuso de drogas são a regra, não a exceção. O assassinato-tortura sexualmente perverso seria classificado no extremo final do Índice da Maldade, no **Padrão 22**.

Joanna **Dennehy**, nascida na Inglaterra em 1982, cresceu em uma casa da classe operária em Hertfordshire, sudeste de Londres. Ela foi criada em uma família estável, na qual nem ela, nem a irmã sofreram abuso verbal, físico ou sexual, tampouco negligência. Na infância, brincou com bonecas, era uma aluna inteligente e atlética e tocava flauta. Sua vida começou a sair do controle na adolescência, quando passou a conviver com alunos mais velhos, beber álcool e fumar maconha. Ela faltava à escola e teve relações sexuais com um jovem de 20 anos, cinco a mais do que ela. Os pais desaprovaram o namoro. Aos 16 anos, ela fugiu de casa e alcançou a idade que permitia legalmente a emancipação. Ela engravidou no ano seguinte e deu à luz uma filha em 1999. Joanna considerou a maternidade inconveniente; era um impedimento à sua "liberdade" — ecos da acusação no caso de nosso Casey Marie Anthony na Flórida. Sob a influência de drogas, que agora incluíam cocaína, Joanna se tornou temperamental e violenta, além de promíscua. O pai de sua filha se reaproximou e, quando ela estava com 24 anos, o casal teve uma segunda filha. A essa altura, ela havia se tornado abusiva com o pai das crianças — uma vez o deixou com um olho roxo — e batia nele com uma raquete. Ela também começou a se mutilar com facas e lâminas de barbear e espetou um pino de metal no meio da língua. Ela estava se transformando em uma mulher com "transtorno de personalidade limítrofe", com ênfase na "raiva excessiva". Quando Joanna ameaçou o namorado/pai das filhas com uma faca, ele finalmente a deixou, se casou com outra mulher e assumiu os cuidados das duas filhas que tivera com Joanna. Ela passou a se prostituir para pagar pelos hábitos com drogas e álcool, e chegou a consumir até dois litros de vodca por dia. Joanna começou a viver com outro homem, Kevin Lee, mas já

O alfabeto da maldade .459

começava a perder seus atrativos físicos e desenvolveu um novo vício por pornografia violenta. Foi hospitalizada em uma instituição psiquiátrica, onde foi considerada "antissocial" e "psicopata". Também foi diagnosticada com "sadomasoquismo", já que parecia gostar de machucar tanto os outros quanto a si mesma. A vida piorou depois de receber alta. Aos 31 anos, esfaqueou três homens até a morte, aparentemente apenas por diversão. Embora falasse que odiava homens, Joanna começou a se relacionar com outro — um homem de mais de dois metros de altura chamado Gary Richards. Com a ajuda de Gary e um terceiro homem, ela jogava os corpos das vítimas em valas em áreas remotas. Depois, tentou esfaquear dois outros homens até a morte. Desta vez, ela foi capturada e presa, não mais protegida por seu cão feroz, chamado Hitler. Joanna recebeu uma sentença dura pelos três assassinatos, porém, na prisão, concebeu um plano tão inteligente e diabólico que a elevou a um lugar único entre as fileiras do "novo mal", visto que não existem registros de tentativa semelhante em casos anteriores. O plano consistia em matar um guarda e, em seguida, cortar o dedo dele, que seria usado para desativar o dispositivo de segurança dos portões da prisão. A novidade e o brilhantismo dessa ideia renderam uma certa admiração relutante por parte das autoridades, mas o juiz estragou o plano ao colocá-la em confinamento solitário, sem possibilidade de liberdade condicional. O tipo de excitação que Joanna sentia ao cometer atos de violência e assassinato é semelhante ao sadismo sexual de homens que experimentam excitação ao cometer homicídio com motivação sexual praticado em série.[1022] Existem poucas mulheres desse tipo. Rose West da Inglaterra, esposa do assassino em série Fred West, vem à memória,[1023] e talvez Aileen Wuornos da Flórida.[1024] Joanna seria classificada no **Padrão 16** do Índice da Maldade.

Conforme observamos, o estupro de uma mulher ou um homem ocupa uma posição elevada no Índice da Maldade: no mínimo, o Padrão 16. E ainda mais elevada, caso o ato for seguido de homicídio ou de tortura e homicídio. O estupro de uma criança, sobretudo se cometido em série, nos parece ainda mais maligno, como uma espécie de "mal ao quadrado". O caso de Richard Marc **Evonitz**, que seria atribuído ao **Padrão 18**, serve de exemplo, devido a elementos de assassinato e tortura prolongada. Nascido em 1963, ele era o mais velho de três irmãos. Havia duas meninas, Kristen e Jennifer. Richard cresceu em uma família de classe operária da Carolina do Sul. O pai, Joe, era alcoólatra, tinha temperamento violento e abusava do resto da família. Caso o menino tirasse notas baixas, Joe esculachava o filho sem piedade, e ameaçava: "Você tira 10 ou leva uma surra!". Jennifer comparou a vida familiar a viver em uma prisão. Richard se formou no ensino médio aos 16 anos e sem problemas disciplinares. Porém, logo depois, passou a consumir drogas e álcool, praticou invasão de domicílio e se mancomunou com criminosos. Um dos crimes foi passar um cheque sem fundos, então, o pai o obrigou a escolher entre morar na rua ou se alistar nas Forças Armadas. Ele escolheu a Marinha. Os pais se divorciaram e a mãe se casou com um homem que havia estuprado e matado uma mulher — porém, o crime ainda não havia sido descoberto, e não influenciou Richard. Durante uma breve licença da Marinha, ele se expôs a Kelli Ballard, uma garota de 15 anos, que o viu se masturbar. Ela se queixou para a polícia e ele foi preso. Evonitz admitiu o vício de se masturbar na frente das meninas, alegando que estava bêbado quando fez isso na frente de Kelli. Evonitz foi rebaixado em um grau na Marinha e colocado em liberdade condicional por três anos. Mesmo assim, cinco anos depois, aos 28 anos, ele recebeu dispensa honrosa, uma Medalha de Boa Conduta e uma Medalha de Conquista da Marinha por liderança. Durante o período na Marinha, ele se casou com uma garota de 16 anos, Bonnie Lou Gower. Mais tarde, ela disse que a vida sexual deles era "normal", embora o hábito de Evonitz fosse amarrá-la, vendá-la e estuprá-la por três horas seguidas. Ao deixar a Marinha, ele trabalhou como vendedor, mas tinha péssima reputação por irritar e insultar mulheres. Em 1995, ele invadiu a casa de duas irmãs, de 11 e 13 anos, e estuprou a mais velha enquanto mantinha a mais nova trancada. No ano seguinte, a esposa o deixou, preocupada com a incapacidade do marido para ter relações sexuais sem que fosse por meio de servidão. Logo depois, ele estuprou e assassinou uma menina de 16 anos, Sofia Silvia, cujo corpo foi encontrado flutuando em um riacho. As próximas vítimas foram duas jovens irmãs, Kristin e Katie Lisk, de 15 e 12 anos, respectivamente. Ele usou uma arma para sequestrá-las, amarrou e amordaçou ambas, raspou os pelos pubianos delas e estuprou e estrangulou as duas; depois, jogou os corpos de uma ponte. Os assassinatos não foram solucionados até que, em 2002, Evonitz sequestrou outra adolescente, Kara, de 15 anos, que foi amarrada às quatro colunas da cama do criminoso, estuprada e obrigada a chamá-lo de "papai" enquanto assistia a filmes pornográficos. Eles adormeceram, mas Kara acordou primeiro, se livrou das algemas, fugiu e acenou para um carro que passava, pedindo ao motorista que a levasse à polícia. A polícia foi capaz de relacionar Evonitz aos assassinatos não resolvidos em outro estado. Evonitz tentou fugir, mas foi perseguido pela polícia. Prestes a ser capturado, ele cometeu suicídio com um tiro na cabeça.[1025]

O que é incomum no caso de Evonitz — no que diz respeito à categoria de homens que cometem homicídio em série com motivação sexual — é a predileção mista por crianças pré-púberes (pedofilia propriamente dita) ou adolescentes (hebefilia). Homens como esses talvez levem em consideração elementos mais "práticos": crianças são mais fáceis de capturar e subjugar, e mais fáceis de descartar. Para outros, a pedofilia/hebefilia pode ser resultado de anormalidades nas regiões do cérebro que desempenham papel proeminente na escolha do objeto sexual. Lesões na cabeça que afetam essas regiões podem contribuir para a preferência por crianças, em vez de adultos, o que parece ter sido um fator nas histórias de Fred West, John Wayne Gacy e Arthur Shawcross — e também na pedofilia de Phillip Garrido, que manteve Jaycee Dugard como escrava sexual desde que tinha 11 anos. As fantasias de estupro de crianças começaram logo depois de Garrido ter sofrido grave traumatismo craniano aos 14 anos.[1026] Em todo caso, o público tende a ser mais eloquente e mais rápido em atribuir malignidade a assassinos de crianças do que quando as vítimas já ultrapassaram o período de inocência e desamparo da infância.

As vítimas do homicídio em série com motivação sexual perpetrado por Larry **Eyler**, torturador-assassino de **Padrão 22**, nascido em 1952, eram jovens homossexuais; pelo menos três estavam em meados da adolescência, com 14 ou 15 anos; os outros estavam entre a fase do final da adolescência e os 25 anos. Eyler pode ter matado cerca de duas dúzias de vítimas entre 1982 e 1984, algumas das quais nunca foram identificadas. As circunstâncias iniciais da vida de Eyler foram ainda mais desfavoráveis do que as de Richard Evonitz. Os pais se divorciaram quando ele tinha 2 anos e meio e, tendo sido considerado um garoto incontrolável, foi colocado em lares adotivos, onde costumava ser espancado pelos padrastos, ou em lares para rapazes indisciplinados. Ele lutou com as próprias tendências homossexuais, que considerava repelentes, em uma época em que a cultura vigente considerava a homossexualidade uma abominação, mais ainda do que consideram hoje. Com quase 30 anos, se tornou um "assassino de estrada", parando nas rodovias adolescentes — três vítimas conhecidas tinham 14 anos — e homens na casa dos 20. Ele amarrava e torturava as vítimas por uma hora ou mais antes de matá-las. Conflituoso, patologicamente ciumento e traiçoeiro, foi descrito pelos poucos que o conheceram como alguém que remetia a "O Médico e o Monstro". Ele não tinha amigos de verdade. Eyler começou a vida secreta de assassinos em série em 1982, ano em que a epidemia de AIDS foi reconhecida pela primeira vez nos Estados Unidos. A primeira vítima conhecida, Steven Crockett, foi morta a facadas perto de Chicago em março, e o corpo foi abandonado em um milharal. Sete meses depois, o cadáver de Delvoyd Baker, de 14 anos, foi encontrado estrangulado perto de Indianápolis. Poucos meses depois, o corpo de Danny Bridges, de 15 anos, foi encontrado desmembrado. A essa altura, a polícia foi capaz de conectar o caso Bridges a outras vítimas recentes. Preso e julgado, Eyler ofereceu informações sobre outros assassinatos que cometeu, na esperança de evitar a pena de morte. Ele conseguiu evitar a morte por ordem judicial, mas morreu de AIDS em 1986, enquanto ainda estava na prisão.[1027]

A seguir, um caso de perturbadora complexidade: Franklin Delano **Floyd** nasceu na Geórgia em 1943, o caçula de cinco filhos em uma família problemática. Thomas, o pai abusivo e alcoólatra, morreu quando Franklin tinha um ano. O garoto foi colocado em um Orfanato de Crianças Batistas da Geórgia. Problemático, o menino se envolvia em brigas e roubava constantemente. Floyd era estuprado pelos garotos mais velhos e, caso fosse flagrado ao se masturbar, sua mão era enfiada em água fervente. Aos 16 anos, foi expulso da instituição por mau comportamento e entregue aos cuidados da irmã, Dorothy, que era casada. Porém, o marido dela o expulsou depois de algumas semanas — também por mau comportamento — e Floyd ficou sob os cuidados da mãe, Della, que morava em Indiana e trabalhava como prostituta. Della se livrou do filho de uma maneira diferente: ela mentiu sobre a idade dele e o alistou no Exército, quando Floyd tinha apenas 16 anos. Ele foi expulso seis meses depois, quando a mentira foi descoberta. Floyd caiu em uma vida de crimes, roubou armas e foi preso várias vezes. Aos 19, sequestrou e estuprou uma menina de 4 anos, foi encontrado e preso, mas escapou. Então, cometeu assalto à mão armada, o que resultou em outro ciclo de captura, fuga, prisão por molestar crianças, liberdade condicional aos 29 anos e prisão novamente aos 30 por sequestrar uma mulher. Ele desapareceu por dezesseis anos até que finalmente foi pego e preso novamente, como fugitivo da justiça. Na ocasião, ele se apropriou de nomes inscritos em túmulos e usava muitos pseudônimos. Ele sequestrou uma menina de 4 ou 5 anos, criou como se fosse sua filha e fingiu que a mãe da menina havia morrido. Floyd batizou a menina de Sharon Marshall, depois se decidiu por Tonya Tadlock, um nome roubado de outro túmulo. A garota cresceu e Floyd a obrigou a se envolver com strip-tease e prostituição, passando a viver do dinheiro que a garota ganhava. Sharon era muito inteligente e ganhou uma bolsa de estudos para a Georgia Tech. Ela não ousou revelar a situação em que vivia, para não provocar a fúria homicida do "pai". Franklin não permitiu que ela fosse para a faculdade; em vez disso, se mudou com ela para a Flórida, onde a garota continuou a dançar nua e a sustentar Franklin. Nesse ínterim, Franklin fez uma coleção de fotos

pornográficas de Sharon — e também da amiga dela, Cheryl, outra dançarina. Cheryl suspeitou que Franklin era culpado de incesto, sem saber que Sharon não era filha biológica do sujeito, embora, legalmente, a relação fosse considerada incesto, visto que Franklin criara a garota como se fosse filha dele. De qualquer forma, quando Franklin descobriu a intenção de Cheryl de alertar os serviços sociais, matou a garota com um tiro. Então, fugiu com Sharon para New Orleans — onde decidiu se casar com ela para impedi-la de testemunhar contra ele. Na ocasião, a garota já se chamava "Tonya". A dupla se mudou de novo, desta vez para Oklahoma, e Franklin continuava a viver do dinheiro que "Tonya" ganhava como stripper e prostituta — porém, ela conheceu um homem que a incentivou a fugir com ele. Quando Franklin descobriu o plano, bateu na cabeça da garota e a deixou à beira da estrada, para que pensassem que ela havia sido atropelada por um carro. Sharon/Tonya se recuperava lentamente no hospital quando Franklin entrou no quarto na surdina e a matou. Em 1988, Sharon tivera um filho, Michael, com um homem chamado Gregg Higgs. Ainda não havia provas do assassinato, mas Franklin insistiu no direito de cuidar do "neto". As autoridades duvidaram da paternidade, mas ele recusou duas vezes o teste de DNA. Depois de ser coagido pela terceira vez a fornecer uma amostra de sangue, foi descoberto que ele não era pai de Sharon, nem avô de Michael. Mais tarde, Franklin, que ainda exigia a guarda da criança, foi até a escola de Michael e, sob a mira de uma arma, obrigou o diretor a entregar o garoto. Ele matou o menino de 5 anos em 1993, e alegava que o "neto" havia "se afogado". O FBI finalmente descobriu quem Franklin era e onde estava — ele havia adotado vários pseudônimos — e conseguiu prender o homem. Franklin foi condenado à pena de morte e colocado na prisão Raiford, na Flórida. A garota que ele sequestrou, criou como filha, com quem se casou e que assassinou hoje está em um túmulo com a inscrição "Tonya", embora seu nome e origem verdadeiros permaneçam desconhecidos. Franklin Delano Floyd, nascido dois anos antes da morte de Franklin Delano Roosevelt — ele pode ou não ter sido batizado em homenagem ao presidente —, continua na prisão de Raiford.[1028] Chamado de "predador sexual violento e criminoso de carreira" pelo juiz na época da condenação[1029], poucos rivalizam com o grau de malignidade exibido pelo criminoso, exceto talvez o inglês Ian Brady e nosso David Paul Brown, conhecido como "Bar Jonah". Observo que ele exibia praticamente todas as características de psicopatia descritas pelo dr. Robert Hare. Os vários atos a sangue-frio e assassinatos que cometeu o colocam no **Padrão 16** do Índice da Maldade.

O alfabeto da maldade   .465

Taylor Behl era filha única de Janet Pelasara. As aulas de Taylor, de 17 anos, no Virginia Commonwealth College haviam começado em setembro de 2005, porém, em 5 de setembro, ela desapareceu. Taylor havia conhecido alguns rapazes, a maioria jovens como ela, mas também um homem de 38 anos, Ben **Fawley**, que tinha duas filhas. A polícia começou a questionar todos que conheciam Taylor, incluindo Ben, que alegou estar sozinho na época. No entanto, foi descoberto que ele tinha uma longa ficha criminal e que possuía pornografia infantil no computador. Ele foi preso e encarcerado por esse crime. Ao seguir com a investigação, a polícia vasculhou a casa de Fawley, onde vários brinquedos sexuais, um facão, uma machadinha e um cartucho de arma, junto de um conjunto de chicotes e correntes, foram descobertos. Também se averiguou que Ben se interessava por mulheres muito jovens e criou um site que chamou de *deviantart**. Seu computador continha imagens da filha de 12 anos, em provocativos trajes sexy. Uma semana e meia depois, o corpo de Taylor foi encontrado a vários quilômetros do campus. O carro dela possuía placas de Ohio, colocadas recentemente para substituir as placas de Virgínia. A polícia voltou a interrogar Ben e pediu que ele fizesse o teste do polígrafo. Ben inventou a história de que tinha sido roubado na noite do desaparecimento de Taylor, mas isso não parecia verdade. Também foi descoberto que a ficha criminal de Ben continha informações sobre prisões anteriores por roubo de carros, agressões contra mulheres e conduta perigosa. Exatamente um mês após o desaparecimento de Taylor, o corpo da garota foi descoberto cerca de 120 quilômetros de onde ela havia sido sequestrada, em uma cova rasa, em decomposição e identificável apenas por meio de registros dentais. Ben, então, inventou que Taylor havia morrido acidentalmente durante um ato de sexo violento, por asfixia, e que ele "entrou em pânico" e jogou o corpo em uma cova rasa. Ben foi preso após o relato duvidoso. Na verdade, Ben a matou enquanto tentava sequestrá-la e estuprá-la. No tribunal, ele se declarou culpado — na verdade, de homicídio doloso — e foi condenado a trinta anos de prisão.[1030] As "pegadas" de Ben na internet auxiliaram a polícia na busca pelo autor do crime, incluindo a atividade no site MySpace, que ajudou a levar ao corpo de Taylor. Esse foi considerado um dos primeiros casos em que sites de redes sociais foram úteis na solução de um complexo caso de assassinato.

---

* Arte desviante ou divergente. "Behavior deviant" é o comportamento divergente, que pode fazer referência à excitação sexual de forma heterodoxa. Há uma conhecida plataforma virtual de divulgação de imagens também chamada Deviantart, mas ela não tem nenhuma relação com o site aqui referido.

A pornografia infantil já constituía um problema social sério muito antes da prisão de Ben Fawley, em 2005, pelo consumo de conteúdo pornográfico e, em seguida, pelo assassinato de Taylor Behl. Questões sérias acompanham o problema. A acessibilidade da pornografia infantil na Internet é um dos grandes problemas — e um dos grandes novos males — que acompanham as muitas virtudes da Internet. A criação da pornografia infantil se deu logo após a invenção da câmera em meados do século XIX.[1031] Como os drs. Richard Wortley e Stephen Smallbone apontam, a frouxidão nos padrões de censura nos Estados Unidos na década de 1960 tornou a pornografia infantil disponível com maior facilidade[1032], de forma que, em meados da década de 1970, cerca de 250 revistas de pornografia infantil estavam em circulação, muitas importadas da Europa.[1033] O uso disseminado da Internet na década de 1980 intensificou o problema. Na verdade, a pornografia infantil, embora disponível por mais de um século, se tornou um problema muito maior no período do "novo mal", a partir da década de 1960. Um dos problemas é a complexa questão da correlação entre o consumo de pornografia infantil e a execução de crimes sexuais contra crianças. Alguns estudos relatam uma correlação preocupante entre abuso sexual infantil e o consumo de pornografia infantil, principalmente entre homens que já possuem registros de crimes contra crianças. Ou seja, infratores da pornografia infantil com antecedentes criminais seriam mais propensos a reincidir em algum momento. Porém, em um estudo suíço com mais de duzentos homens acusados de acessar pornografia infantil, aqueles que não tinham condenações anteriores por crimes contra crianças provavelmente não cometeriam crimes contra crianças em dado momento. Esses homens tendiam a ser mais educados e muitas vezes ocupavam cargos bons e bem remunerados, em contraste com os homens com pouca educação e menos abastados, mais propensos a atacar crianças.[1034] Quanto a Ben Fawley, ele cairia no grupo de baixo grau de escolaridade e baixo poder aquisitivo. Ele subsistia apenas com cheques da Previdência Social. Fawley seria classificado no **Padrão 16** do Índice da Maldade.

Kristen **Gilbert** (cujo nome de batismo era Strickland) era a mais velha de duas filhas de uma família de classe média em Fall River, Massachusetts — local famoso por ser a cidade natal de Lizzie Borden, que em 1892 foi — ou não — culpada de matar o pai e a madrasta com um machado. Kristen tinha o hábito de mentir e também roubava coisas da irmã, negando em seguida. Ela também era conhecida por ser manipuladora, abusiva e vingativa, tudo por trás de uma fachada de boa moça. Ela era muito inteligente: se formou com honras e terminou o ensino médio ainda jovem, aos 16 anos. Ela se tornou enfermeira e se casou com Glenn Gilbert, com quem teve dois filhos. Depois de se formar, começou a trabalhar no Hospital Veteran's Administration, em Northampton, Massachusetts, onde injetava em pacientes soluções muito fortes de epinefrina, a droga cardíaca digoxina, ou mesmo cetamina — usada na época como anestesia durante cirurgias em cavalos. Os pacientes geralmente morriam. Os primeiros assassinatos começaram por volta de 1994, alguns anos após o "centenário" dos assassinatos de Lizzie Borden. Mas Kristen continuou a cometer os crimes por mais seis ou sete anos, matou mais pacientes e criou centenas de emergências médicas de "Código Azul"*. As outras enfermeiras tomaram poucas, ou quase nenhuma, providências, e quando faziam algo, eram repreendidas pela supervisora da enfermagem por tentarem difamar uma "enfermeira tão boa e honesta como a sra. Gilbert".[1035] Entediada com o marido, ela começou um caso com James Perrault, segurança do hospital. Uma vez, ela matou um paciente para sair duas horas mais cedo do trabalho e encontrar o amante. Em algumas ocasiões, ela fez ameaças de bomba falsas no hospital e pintava suásticas em caixas de lenços de papel para fazer parecer que havia vândalos no hospital. Quando finalmente foi presa, um psiquiatra especulou que ela pode ter criado essas emergências para mostrar sua proficiência como enfermeira.[1036] Quando confrontada, negou todas as acusações, mas, condenada em 2001, recebeu quatro sentenças de prisão perpétua,

---

* Código de emergência hospitalar utilizado para informar a existência de um paciente em estado grave.

que cumpre hoje em um novo local, em uma prisão do Texas. Embora a personalidade psicopática seja mais comum em homens, talvez por um fator de oito, Gilbert exibia traços psicopáticos com narcisismo extremo, sustentado pela amoralidade. Isso, combinado aos múltiplos assassinatos, a coloca no **Padrão 16** do Índice da Maldade. Provavelmente nunca saberemos o verdadeiro número de mortes pelas quais ela é responsável, embora alguns calculem que podem ter ocorrido até oitenta. Se esse número for correto, Gilbert se juntaria ao bando dos Anjos da Morte, que adiantaram a entrada de muitos pacientes no Paraíso. O prêmio, digamos assim, vai para o enfermeiro norueguês Arnfinn Nesset, que, de 1981 a 1983, envenenou até 138 pacientes com cloreto de suxametônio, o composto que conhecemos nos Estados Unidos como succinilcolina, usada para paralisia de curto prazo em anestesia geral.[1037] Curiosamente, embora condenado à pena máxima de 21 anos na Noruega, ele foi liberado após apenas doze anos "por bom comportamento" — afinal, não havia como ele continuar a cometer os crimes na prisão! Hoje em dia, ele vive como um homem livre — sob nome falso — em um endereço não revelado, em algum lugar da Noruega.

Nascido em 1970, perto de Detroit, em uma família de classe média cujo pai alcoólatra administrava uma pequena loja de ferramentas, Stephen **Grant** se tornou um sujeito que corria riscos, com traços de delírio de grandeza e psicopatia, muito ousado, que foi preso muitas vezes por direção imprudente, excesso de velocidade e dirigir sem habilitação. Na escola, era um fanfarrão arrogante que fingia saber tudo, mas na verdade era um aluno indiferente que não concluiria a faculdade, embora se gabasse do contrário. Destemido durante a adolescência, ele furtou muitas lojas e sentia que era capaz de se safar de qualquer desafio aos seus caprichos. Considerado basicamente amoral, ele criava racionalizações para fazer o que quisesse, por mais imprudente ou ilegal que fosse. Ele tinha o "charme superficial" típico do psicopata e se envolveu em uma série de casos antes de se casar com uma garota que conheceu na faculdade. Tara Destrampe, da Península Superior de Michigan, se formou em negócios e era dinâmica e ambiciosa. Se sentia atraída por Stephen porque ele era da cidade grande, em contraste com a origem rural dela. A família da garota era saudável e trabalhadora, enquanto Stephen vinha de uma família disfuncional em que os pais se separavam e reatavam de maneira imprevisível. Stephen tentou a sorte em vários empregos — de um deles, foi demitido porque roubou da caixa registradora

— e ganhava muito pouco. Tara era bem diferente. Exibia grandes habilidades administrativas e viajava pelo mundo inteiro para a grande empresa em que trabalhava, ganhando um belo salário. Eles tiveram dois filhos em 2002 e 2004, mas Tara raramente ficava em casa, o que fez com que Stephen se tornasse do lar, cada vez mais rancoroso com as ausências da esposa. Ele começou um caso com a *au pair* que vivia na casa, Verena Dierkes. Tara voltou de San Juan em uma noite de 2007 e disse que precisaria retornar à cidade a trabalho antes do que esperava. Essa foi a "gota d'água" para Stephen. Eles discutiram e, em um acesso de raiva, ele a estrangulou. Stephen fingiu que Tara simplesmente havia abandonado a família, como se tivesse fugido com um amante. Então, ele usou os equipamentos da loja do pai para serrar e desmembrar o corpo da esposa em quatorze pedaços, que descartou em um matagal não muito longe de onde residiam. Uma mulher encontrou um dos sacos de lixo com uma parte do corpo enquanto Stephen voltava para casa para pegar o pedaço maior — o torso da esposa — que ele esperava enterrar em algum lugar onde não fosse encontrado. A polícia localizou Stephen e o interrogou. Ele confessou e chegou a sentir uma pontada de remorso. Considerado culpado de assassinato e desmembramento, ele foi condenado a cinquenta anos de prisão.[1038] No julgamento, o juiz o chamou de "demoníaco", bem como "manipulador, bárbaro, desonesto e covarde"; o promotor o chamou de "o mal personificado".[1039] Ele seria classificado no **Padrão II** do Índice da Maldade.

Com relação ao aspecto neuroanatômico nos "bastidores" de atos violentos, aqueles que causam em nós a percepção do "mal", estudos de ressonância magnética funcional (FMRI) nas últimas duas décadas apontaram para diferenças importantes nos cérebros do que tem sido chamado de agressão "reativa" em contraste a agressão "proativa". Em um livro recente do dr. Adrian Raine, intitulado *The Anatomy of Violence: The Biological Roots of Crime* (A Anatomia da Violência: As Raízes Biológicas da Criminalidade), há um capítulo esclarecedor que explica e demonstra essas distinções. A agressão reativa diz respeito a pessoas "esquentadas" que "reagem emocionalmente diante de um estímulo provocativo. Alguém as insultou. Elas foram ameaçadas verbalmente. Então, revidam com raiva".[1040] Isso contrasta com indivíduos predatórios, os "proativos", que planejam as atitudes cuidadosamente e agem de maneira metódica, lógica e calculista — e que são "comedidos, controlados e impulsionados por recompensa... são sangue-frio e impassíveis".[1041] Robert Rowe, o advogado que espancou a família até a morte em um acesso de fraqueza e raiva, exemplifica o tipo "reativo".[1042] Rowe, depois de passar vários anos em um hospital forense, onde foi capaz de superar a depressão, se casou novamente, voltou a trabalhar e teve uma vida exemplar. Ele havia cometido um ato violento na vida, mas não seria considerado um homem "maligno". Stephen Grant era uma pessoa bem diferente: um assassino do tipo "proativo". Com seu jeito metódico e de sangue-frio, retalhou a esposa, mãe de seus filhos, como se ela não passasse de um pedaço de carne. Os assassinos psicopatas que planejam com cuidado maneiras inteligentes e "à prova de falhas" de dar um sumiço nas esposas são claramente do tipo proativo, como a maioria dos homens que cometem homicídio com motivação sexual praticado em série. A palavra "maligno" é regularmente usada para descrevê-los, bem como os crimes repugnantes que cometem. Raine destaca homens como Randy Kraft e Leonard Lake. Não faltam outros. Entre eles estão Charles Albright, Ian Brady, Mike DeBardeleben (o mais articulado deles), Ed Kemper, David Parker Ray (que planejou as torturas mais astutas) e os acima mencionados Fred e Rose West. Nas pesquisas de vários neurocientistas, incluindo o dr. Henrik Söderström, da Suécia, e o dr. Kent Kiehl, dos Estados Unidos, Raine chama a atenção para a função anormal de certas áreas-chave do cérebro em psicopatas,[1043] incluindo o hipocampo, o giro para-hipocampal e o giro cingulado posterior. O livro de Raine fornece placas pictóricas que representam essas regiões cerebrais.[1044] Essas descobertas devem ser entendidas, até o momento, como fatores correlacionais, em vez de fatores causais na psicopatia. Ainda não sabemos se anormalidades nessas áreas — se detectadas, digamos, na infância de filhos de pessoas como Stephen Grant, ou de algumas das pessoas que exibem os traços e comportamentos psicopáticos que acabamos de mencionar, ou de Ted Bundy, que gerou um filho ao ter permissão para receber "visitas conjugais" na prisão — tornariam essas crianças "predestinadas" a se tornar psicopatas, mesmo se criadas em famílias mais harmoniosas. Esta é uma tarefa para futuras pesquisas.

Thomas **Hose** era um segurança escolar sem capacitação específica em uma escola em McKeesport, Pensilvânia, uma pequena cidade de cerca de 20 mil habitantes, ao sul de Pittsburgh. Uma das alunas era Tanya Kach, uma garota de 13 anos de uma família disfuncional. O pai era completamente indiferente em relação a ela; a mãe era supostamente alcoólatra e psicótica e, antes de se divorciar do marido, brigava com Tanya de forma agressiva ou batia na filha várias vezes. Por causa de todos os maus-tratos, Tanya fugiu de casa em muitas ocasiões. O segurança percebeu que Tanya era uma garota problemática e, aos poucos, fez amizade com ela, a atraiu e, por fim, a seduziu. Hose, três vezes a idade da garota — ele tinha 39 anos, tendo nascido em 1957 —, a convidou para ficar na casa onde morava com os pais. Tanya foi dada como desaparecida, embora estivesse a apenas alguns quarteirões de onde morava antes. Hose manteve Tanya presa em um quarto pequeno, onde ela foi alertada de que deveria manter silêncio para que os pais dele, que moravam no andar de baixo, não percebessem a existência da prisioneira. Ela não podia mais ir à escola e tinha que esvaziar os excrementos em um balde. Tanya não podia fazer nada, exceto assistir televisão. Em dado momento, ele permitiu que ela tivesse um gato. Hose ameaçou matá-la se ela ousasse tentar ir embora. Tanya desenvolveu uma espécie de síndrome de Estocolmo, e se tornou apegada ao sequestrador, embora ao mesmo tempo o odiasse. Quando ela completou 18 anos, Hose a obrigou a mudar de nome para que, nas raras ocasiões em que permitia que ela fosse ao supermercado, as pessoas não a reconhecessem — naquela altura, a notícia do desaparecimento havia sido amplamente divulgada. O nome de Tanya chegou a ser colocado em caixas de leite, como foi o caso de outras crianças desaparecidas, como Etan Patz, sequestrado e morto em 1979, e Adam Walsh, cuja cabeça decepada foi encontrada por pescadores duas semanas depois do sequestro. Os dois meninos tinham 6 anos quando foram sequestrados. Tanya, com 13 anos, era uma vítima muito mais difícil de ser contida, portanto, o fato de Hose ter sido capaz de mantê-la cativa por dez anos serve de espécie de testemunho da destreza do criminoso. Ele a transformou em escrava sexual e a obrigava a praticar apenas sexo anal e oral. Não está claro se eram preferências particulares ou se ele desejava evitar que ela engravidasse. Ele também a proibiu de ir ao médico, o que fez com que ela desenvolvesse psoríase e visão turva em decorrência de uma conjuntivite não tratada. Tanya finalmente conseguiu escapar em 2006, aos 23 anos. Ao que tudo indica, a polícia não se esforçou para encontrar Tanya, que estava próxima da casa dos pais — o que é uma nódoa para a instituição. O juiz do caso também não se saiu melhor quando, no momento da prisão de Hose, alegou que a polícia estava protegida de acusações de má conduta e culpa, já que ocorreu a "prescrição" do crime. É um absurdo a lei ter considerado que, nos casos em que uma criança foi ilegalmente detida e transformada em escrava sexual, o tempo da prescrição é contado a partir do desaparecimento, e não a partir do momento em que a criança conseguiu escapar.* Tanya não demorou três ou quatro anos até processar a polícia: ela tomou providências imediatamente. Foi pura esperteza respeitar meramente as regras, e não o espírito da Lei, sustentando que, no sequestro de uma década de uma jovem inocente, ela havia "esperado muito" para abrir o processo. A malignidade neste caso foi além das atitudes de Thomas Hose, que incluem estupro e subjugação sem assassinato. Por esses crimes, ele seria classificado no **Padrão 19** do Índice da Maldade — uma categoria com poucos habitantes. A sentença que Hose recebeu após o julgamento, meros quinze anos, foi absurdamente leve, visto que ele obrigou Tanya a se tornar uma pessoa desaparecida por mais de sete anos; ela chegou a ser declarada *legalmente morta*.[1045] Com isso, Tanya se junta aos grupos de outras crianças que, no "novo mal" pós-1960, foram mantidas como escravas sexuais por períodos prolongados. Algumas, como Jaycee Dugard na Califórnia e Elizabeth Fritzl na Áustria, geraram os filhos dos sequestradores. Felizmente, Tanya teve uma boa recuperação: ela terminou o ensino médio, foi para a faculdade, se casou e escreveu um livro sobre a captura e a fuga.[1046]

Steven Roy **Harper** nasceu em 1953 em uma família de classe média em Nebraska. Aos 9 anos, sofreu queimaduras graves em dois terços do corpo quando brincava com fogo junto de alguns amigos. Depois, passou por várias operações, mas as cicatrizes lhe causavam repulsa sempre que olhava para o espelho. A autoconfiança de Harper foi despedaçada e ele se afastou dos outros e se tornou um solitário. Ele amava

---

* No Brasil, diferentemente, o prazo para prescrição contra menores só começa a contar depois do aniversário de 18 anos.

animais e esperava um dia se tornar veterinário. Ao concluir o ensino médio, as cicatrizes faciais eram menos proeminentes. Tímido e inexperiente com mulheres, Harper conheceu uma garota do colégio, Sandra "Sandy" Betten, da mesma idade. Ela era uma jovem difícil que já havia se casado, aos 17 anos. Sandra era irritadiça e conflituosa: jogava fora, uma após outra, as alianças de casamento que o marido, James Murphy, continuava a comprar para ela. Quebrava pratos, partia os móveis e uma vez atingiu James com uma perna de mesa. O casamento não durou, e ela seduziu Steven — que ficou feliz por ser iniciado no sexo por uma mulher atraente. Ambos tinham 20 anos na época. Ele se recusava a se casar com ela antes de concluir a escola de veterinária, o que demoraria cerca de quatro anos. Ela passou a ameaçar Steven, dizendo que o abandonaria por outro homem. Em uma ocasião, incitado pelas constantes provocações de ciúme, ele a sufocou em um acesso de raiva. Sandy cumpriu a ameaça e abandonou Steven por Duane Johnson. Steven começou a perseguir Sandy e Duane — com quem ela se casou —, enviou cartas ameaçadoras e atirou em membros da família de Sandy com munição de chumbo. Ele fugiu para a casa de um tio em Oklahoma, mas foi preso aos 23 anos e sentenciado de um a cinco anos de trabalhos forçados. Ao receber liberdade condicional depois de um breve período, Harper estava livre para planejar uma vingança mais séria. Depois de brincar com fogo literal aos 9, ele começou a brincar com fogo metafórico — por meio de uma associação criminosa para matar Sandy e a família. Após ser rejeitado pela escola veterinária por causa da condenação, Harper conseguiu um emprego em um laboratório. Ele também se juntou a uma seita envolvida com satanismo. No laboratório, conseguiu um veneno que supostamente causa câncer em galinhas: metil nitrosamina, um composto de metilação que se liga e altera o DNA da pessoa. Ele testou a droga em um gato e um cachorro, que morreram, conforme o esperado, mas de sangramento, não de câncer. A droga ataca o fígado e danifica o sistema de coagulação, o que causa sangramento intenso e predispõe ao câncer com o passar do tempo. Em 1978, Steven invadiu a casa de Johnson e misturou um pouco de leite e limonada com o veneno. Mais tarde naquele dia, o marido e a filha de Sandy, Sherrie, beberam um pouco do leite. A irmã de Sandy, o marido dela e Chad, bebê de onze meses do casal, também tomaram um pouco do leite e da limonada. Todos os cinco adoeceram rapidamente. O marido de Sandy, Duane, e o sobrinho, Chad, morreram em poucos dias em decorrência de extensos danos ao fígado e sangramento profundo no corpo inteiro, porque a droga reduz a contagem de plaquetas para quase zero.[1047] Steven se orgulhava de ter criado o "assassinato perfeito" — com o uso de um agente que causaria câncer algum tempo depois, um câncer que ninguém suspeitaria ter sido desencadeado por um composto cancerígeno ingerido anos antes. Quando a polícia percebeu que cinco pessoas da família Johnson adoeceram gravemente e que duas morreram em poucos dias, suspeitaram que fosse um crime e não demoraram a verificar a casa de Steven Harper, pois sabiam do histórico do indivíduo e da animosidade que sentia em relação a Sandy e Duane; além disso, a autópsia revelou que uma toxina química havia causado as mortes. Na casa de Harper, encontraram frascos de dimetilnitrosamina, e também descobriram que ele havia trabalhado em um laboratório onde o composto era feito. A polícia prendeu Steven e o autuou com duas acusações de assassinato e três acusações de envenenamento com intenção de matar. Era um caso de pena de morte. Steven aguardou a execução durante doze anos e apresentou um recurso depois do outro. Depois de um período, Harper foi considerado mentalmente instável e medicado com um antipsicótico, clorpromazina (Thorazine); em vez de engolir os comprimidos, foi acumulando-os para consumir de uma só vez, em um ato de suicídio.[1048] O que torna o caso de Steven Harper especial não é o aspecto do ciúme. Assassinatos por ciúme são comuns. Os crimes de Harper tiveram outras características incomuns. Ele não desejava matar uma cônjuge infiel ou parceira; a principal vítima era a ex-amante. Além disso, ele não utilizou um veneno comum, como o cianeto — como no caso de James Cahill, que matou a esposa quando ela estava prestes a divorciar-se dele e se casar com outro homem. Harper esperava induzir algum tipo de câncer, uma doença que poderia se manifestar em qualquer pessoa — e apenas anos depois, de forma que ele não poderia se tornar suspeito. Ele visava um assassinato "perfeito", embora não imediato. Além disso, Harper escolheu um veneno que nunca havia sido usado como arma do crime. Essa foi a parte "nova" de um mal que, em outras circunstâncias, seria antigo: o assassinato por ciúme. Harper, um assassino múltiplo de sangue-frio, seria classificado no **Padrão 15** do índice.

Outro veneno inédito, raro fora da Ásia, é o acônito, da planta Aconitum, que ataca o coração e os nervos. Uma mulher ciumenta da comunidade Sikh na Inglaterra, Lakhvir Singh, 45 anos, havia sido amante de Lakhvinder Cheema por muitos anos, mas o rapaz estava querendo começar vida nova e ter filhos, e para isso estava prestes a se casar com uma mulher de 21 anos, Gurjeet Choong. Conforme o dia do casamento se aproximava, Lakhvir colocou curry na geladeira do casal, misturado com acônito. Mais tarde naquele dia, o ex-amante e a noiva comeram um pouco do curry e adoeceram. Lakhvinder ficou desconfiado de que Lakhvir desejava envenená-los e chamou uma ambulância. Ele morreu em poucas horas; Gurjeet sobreviveu. Acônito foi encontrado na bolsa de Lakhvir. Ela foi presa e sentenciada a 23 anos de prisão.[1049]

O taxista de Long Island Sal **Inghilleri** tinha 31 anos em 1994, quando foi acusado de abusar sexualmente de Katie Beers, de 11 anos. O abuso aconteceu anos antes, mas ele não foi acusado do crime na época. Os maus-tratos em relação à menina contaram com um agravante: Inghilleri havia pegado o gato de Katie e batido a cabeça do animal contra a parede, enquanto Katie observava.[1050] Inghilleri, que nunca cometeu assassinato, provavelmente seria melhor classificado no **Padrão 16** do Índice. Ele cumpriu doze anos pelo abuso sexual de Katie, que depois do abuso, aos 9 anos, foi sequestrada novamente por outro homem de Long Island, John Esposito, amigo da família Inghilleri. Esposito havia criado uma masmorra sob a casa onde morava, onde manteve Katie como escrava sexual por duas semanas e meia em 1991, até que finalmente foi capturado e preso. Embora tenha recebido liberdade condicional em 2006, Inghilleri foi preso novamente por não notificar as autoridades de que havia se mudado para outro local, na Carolina do Norte. Esposito foi condenado de quinze anos a prisão perpétua. O caso de Esposito foi um dos primeiros casos de sequestro com escravidão sexual antes dos casos mais prolongados de Ariel Castro, os supracitados Thomas Hose e Phillip Garrido, e, na Áustria, Wolfgang Priklopil e Josef Fritzl. Inghilleri morreu na prisão em 2018.[1051]

Felizmente, Katie Beers era feita de aço. Aos trinta e poucos anos, se casou, teve dois filhos e se tornou uma palestrante inspiradora. Ela contou sua história no livro *Buried Memories: Katie Beers' Story*.[1052] Na época em que foi aprisionada por Esposito, ela já havia sofrido abusos físicos e sexuais nas mãos do marido da madrinha, de Inghilleri, e, segundo as palavras dela, foi "abusada fisicamente, emocionalmente e verbalmente por todos os adultos que deveriam cuidar de mim". Apesar da depravação que experimentou, ela tentou manter um grão de esperança, e disse: "Eu sabia desde cedo que nem todas as pessoas eram más". Katie teve a sorte de, após ser libertada por Esposito, ter sido entregue a uma família adotiva que a apoiava e, depois disso, foi tratada por uma excelente terapeuta em East Hampton, Mary Bromley.[1053] Katie expressou a esperança de que "um dia, quando um número suficiente de sobreviventes tiverem coragem de falar sobre os abusos que sofreram, não haverá mais um 'estigma' associado à sobrevivência".[1054] Sabemos que algumas coisas ajudaram Katie Beers a superar as influências malignas que a sufocaram durante sua juventude: os bons pais adotivos, a boa terapeuta — porém, sabemos pouco sobre a constituição básica das pessoas que suportaram um passado como o dela e que foram capazes de superar os traumas. Muitas garotas que passaram pelo que Katie Beers passou não vivem tão bem. Algumas tornam-se promíscuas, algumas desenvolvem ciúmes mórbidos, algumas evitam totalmente o sexo, algumas desenvolvem transtorno de personalidade limítrofe e algumas ficam gravemente deprimidas e até cometem suicídio. Outras podem ter sido presenteadas desde o nascimento com resiliência diante da ameaça extrema, talvez até por questões genéticas — cuja natureza não compreendemos de forma aprofundada. Katie Beers é um exemplo daquilo que a psiquiatria infantil chama de "criança invulnerável".[1055]

Outro caso de "assassinato perfeito" imperfeito é a história do conspirador do **Padrão 14** do Índice da Maldade, Mel **Ignatow**, e o assassinato da namorada, Brenda Sue Schaefer, em 1988. Ela havia reclamado do comportamento abusivo de Ignatow e planejado romper o relacionamento. Ele não aceitou a rejeição e, com a ajuda de Mary Ann Shore, uma ex-namorada, planejou atrair Brenda para a casa de Mary Ann. Todos moravam em Louisville, Kentucky. Quando Brenda apareceu, para devolver algumas joias que Mel tinha dado a ela, este, armado, trancou Brenda em casa, vendou e amordaçou a garota e amarrou suas mãos e pés. Mel despiu Brenda e tirou fotos dela em posições sugestivas; depois, estuprou, sodomizou, espancou e matou a garota com clorofórmio. Ele e Mary Ann a enterraram atrás da casa. Embora Mel fosse suspeito, não havia testemunhas ou evidências — apenas o misterioso desaparecimento de Brenda. Mesmo assim, a polícia o interrogou, e ele mencionou o nome de Mary Ann. Isso deu motivos para que as autoridades falassem com ela, que confessou não apenas o assassinato que haviam planejado de forma meticulosa, mas também as fotos que Mel tirou durante o crime. Com a promessa de que ela seria acusada apenas de adulteração de provas, as autoridades a convenceram a usar uma escuta e falar com Mel. Ele garantiu à cúmplice que as autoridades nunca encontrariam o corpo de Brenda, pois estava "enterrado muito fundo". Na verdade, a cova não era tão "funda" a ponto de impedir que a polícia escavasse e encontrasse o cadáver, já decomposto. Houve um julgamento, mas a acusação teve dificuldades, pois a principal testemunha, Mary Ann, se vestiu como uma *vamp* e riu durante o depoimento. O júri achou que talvez ela pudesse ser a assassina e absolveu Ignatow. Porém, meio ano depois, trabalhadores na casa de Ignatow descobriram um saco plástico sob uma abertura no chão. O saco continha rolos de filme, que, ao serem revelados, mostraram as fotos de Mel violentando Brenda Schaefer. Por causa das leis relativas à dupla penalidade, Mel não poderia ser julgado pelo assassinato, que decidira confessar. Em vez disso, foi condenado à prisão em duas ocasiões distintas, sob a acusação de perjúrio. Solto em 2006, morreu acidentalmente em casa dois anos depois — ele caiu e bateu a cabeça contra uma mesinha de centro de vidro e sangrou até a morte, o que poderia ser interpretado como justiça divina tardia.[1056] O que confere o tom de "novo mal" ao crime são as preliminares grotescas e totalmente desnecessárias para o assassinato. Além disso, o homicídio não foi resposta a um ato de crueldade infligido por Brenda. Ela apenas disse que queria romper o namoro. O assassinato foi muito diferente — apontava mais para um ato de egoísmo insensível — daquele do marido de Ruth Snyder, cometido pela esposa e o novo amante, pelo qual ambos foram executados em 1928. Eles estrangularam o marido apenas para que pudessem ficar juntos. Sem prolongamento da dor, sem fotos de nudez. Com o passar dos anos, pessoas que foram cruelmente injustiçadas por alguém são propensas a elaborar fantasias cruéis de vingança. Fantasias raramente executadas. No último meio século, testemunhamos pessoas para quem as barreiras morais e restrições contra a prática de atos torturantes de vingança não estão mais em vigor. Se pensam na ideia, podem executá-la — como o mencionado Ben Sifrit, que fez sexo com a cabeça de uma mulher que decapitou depois de convidá-la para sua casa.

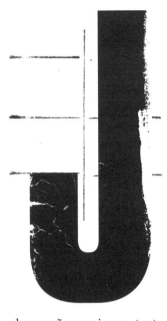

O sadismo é encontrado com muito mais frequência em homens do que em mulheres, mas há algumas exceções. Lois **Jurgens** (nascida Zerwas) era uma de dezesseis irmãos divididos igualmente — oito meninos, oito meninas —, filhos de um pai indiferente, quase sempre desempregado, alcoólatra e sem dinheiro, conhecido por ser brutalmente abusivo com a esposa e os filhos, incluindo Lois. Ela foi enurética até os 13 anos e era obcecada por ordem e arrumação, tinha medo de câncer e da morte, e sofria com pesadelos frequentes. Lois se casou com Harold Jurgens e morava em White Bear Lake, um subúrbio de Saint Paul, Minnesota. Sendo Harold estéril, o casal tentou adotar uma criança, mas o pedido foi negado devido ao histórico de duas hospitalizações psiquiátricas de Lois por depressão e psicose, tratadas com eletroconvulsoterapia (ECT). Então, Lois e o marido optaram pelo caminho informal e adotaram primeiro um menino, Robert, em 1960, e depois, em 1962, outro, Dennis, que já tinha passado um ano em um lar adotivo. Robert, mais obediente e tranquilo, não incomodava Lois. Dennis era um menino mais típico, ativo e agitado. Isso deixou Lois, uma mulher raivosa com um temperamento explosivo, estressada além do que era capaz de controlar. Ela se tornou extremamente punitiva em relação a Dennis e batia nele por coisas triviais. Praticando uma espécie de sadismo sexual, muito raro em mulheres, fazia coisas como derramar água fervente no pênis do menino caso ele molhasse a fralda com muita frequência, colocar um prendedor de roupa na ponta do pênis dele ou, ainda, morder o pênis ou testículos — o que deixou cicatrizes por toda a área genital do garoto. Ela amarrava os membros de Dennis na cabeceira da cama para garantir que ele não saísse de lá, ou o amarrava ao banheiro até que ele enfim evacuasse. Ela justificava essas crueldades se dizendo católica convicta, que realizava a obra de Deus para que Dennis fosse "perfeito". Ela obrigava Dennis a rezar e recitar o rosário ajoelhado em uma vassoura. Em outras ocasiões, obrigava o menino a comer alimentos amargos e cobria a boca e o nariz dele, até que Denis passasse mal e vomitasse; ela, então, o obrigava a comer o vômito. Dois anos e meio depois da chegada do garoto à família Jurgens, Lois o acertou no abdômen com um instrumento contundente. O golpe causou uma ruptura no intestino, que levou a uma peritonite fecal e causou a morte de Dennis em 1965. Lois disse que a criança tinha "caído da escada" — embora houvesse hematomas pelo corpo inteiro, alguns novos, alguns antigos. Em meados da década de 1960, casos de abuso infantil desse tipo nem sempre eram reconhecidos e identificados como tais. O diagnóstico na autópsia não foi de homicídio; a única palavra fornecida foi "deferido". Sem a identificação do homicídio, Lois e Harold estavam livres para adotar mais quatro meninos e voltar a cometer formas repugnantes de abuso, como bater com a cabeça de uma criança em um prego na parede ou esfregar absorventes usados no rosto de outra. Anos depois, quando Jerry Sherwood, a mãe biológica de Dennis, descobriu que o filho havia sofrido abuso, ela conseguiu persuadir a polícia a investigar o caso — 21 anos após a morte do garoto. Depois que o corpo foi exumado, os legistas perceberam que o menino tinha sofrido vários hematomas e identificaram a perfuração do intestino responsável pela peritonite fatal. Visto que não havia prescrição por homicídio, Lois foi julgada pelo assassinato e sentenciada a 25 anos em 1987. Ela cumpriu apenas oito e morreu em 2013.[1057] Lois, uma torturadora assassina, seria designada ao **Padrão 18** do Índice da Maldade.

O caso chamou atenção nacional e ajudou a pavimentar o caminho para um reconhecimento mais amplo do abuso infantil, especificamente do que veio a ser conhecido como a síndrome da criança espancada.[1058] Uma vasta literatura, tanto acadêmica quanto governamental, sobre abuso infantil em geral e abuso sexual de crianças começou a surgir nas décadas de 1960 e 1970, como a Lei de Prevenção e Tratamento do Abuso Infantil[1059] e artigos sobre como apurar a veracidade de alegações de abuso sexual em disputas de guarda[1060].

Jerry **Jenkins** e Ron Kennedy eram dois homens no início dos 20 anos, de famílias da classe operária em Casper, Wyoming. Ambos eram delinquentes juvenis. O pai de Ron era alcoólatra e morrera em 1969. O pai de Jerry era motorista de caminhão e espancava Jerry e os outros três filhos sem piedade. Jerry e Ron se uniram para cortar os pneus do carro de uma jovem a quem depois "ajudariam" a consertar os danos. Eles, então, sequestrariam e estuprariam a garota. Em 1973, eles fizeram isso com Rebecca "Becky" Thompson e a meia-irmã mais nova, Amy Burridge. A dupla dirigiu com as meninas, como se fossem ajudar Becky com o carro, até uma área remota perto da ponte Fremont Canyon. Depois de torturar e estuprar Becky, jogaram as duas da ponte — uma queda de 33 metros. Amy, de 11 anos, morreu na hora. Becky, 18 anos, sobreviveu, com ferimentos graves.[1061]

Jerry tinha o histórico de delinquência juvenil mais sério. Ele havia sido preso e solto inúmeras vezes. Aos 28 anos, se casou com uma garota de 16. Eles tiveram dois filhos, mas ele a maltratava e ela decidiu se divorciar — ao que parece, no mesmo dia em que ocorreu o assassinato na ponte. Jerry e Ron foram julgados pelo assassinato e condenados à pena de morte, que mais tarde se tornou prisão perpétua sem liberdade condicional, já que naquela época a pena de morte era considerada inconstitucional. Jerry, cujos crimes o classificariam no **Padrão 18** do Índice, morreu na prisão aos 54 anos.[1062]

Quanto a Becky, é difícil imaginar que sua vida pudesse piorar, mas piorou. Mais tarde, ela foi estuprada pelo psiquiatra. Depois, se casou e se divorciou após ficar profundamente deprimida. Duas décadas depois do incidente na ponte, ela foi com outro namorado e a filha pequena ao local do ataque. Desta vez, cometeu suicídio, se jogando da ponte.[1063] O conhecido escritor de crimes reais Vincent Bugliosi, ao comentar um livro sobre o assassinato, disse que esse era um "tipo de mal que nem sempre é bem-sucedido". Uma semana antes de retornar à ponte, talvez como forma de profecia, Becky comprou um filme chamado *A Ponte do Desejo*, que assistiu várias vezes. O filme é sobre um menino que não conseguia lidar com a memória de ter sido abusado sexualmente por um homem mais velho e, logo em seguida, comete suicídio — saltando da ponte Tallahatchie no Mississippi.[1064]

Sarah **Kolb**, adolescente de uma família instável em Moline, Illinois, era confusa em relação a sua orientação sexual: às vezes fazia sexo com meninos, mas se considerava lésbica. Ela fazia parte de um grupo de jovens que haviam abandonado o ensino médio e eram viciados em drogas, mas Sarah era a mais dominadora, cruel e sádica do grupo. Quando Adrianne chegou à cidade, Sarah sentiu atração por ela, e o sentimento era recíproco. Ambas tinham 16 anos. Adrianne não usava drogas e fazia sexo com muitos meninos diferentes, incluindo Cory Gregory, que se considerava bissexual e era amigo próximo de Sarah. A gangue se ornamentava com piercings de metal e abusava de maconha, Ecstasy (3,4-metilenodioximetanfetamina), metanfetamina regular, cocaína e Xanax. Em dado momento, Sarah ficou furiosa pelo fato de Adrianne ter feito sexo com um rapaz. Então atraiu Adrianne para um carro, como se quisesse reatar a amizade. Em vez disso, Sarah agrediu Adrianne e, com a ajuda de Cory, estrangulou a garota. Ao perceber que Adrianne estava morta, ela considerou que a melhor coisa a fazer seria derramar acelerador no cadáver e queimar até que virasse cinzas. Mas era o inverno de 2005, e a temperatura de 1500 graus adequada não poderia ser gerada. Então, Sarah e Cory decidiram usar a serra de um amigo para cortar o corpo volumoso de Adrianne em pedaços manejáveis, que poderiam ser enterrados na floresta ou depositados no esgoto. Cory teve um colapso e contou ao pai e às autoridades o que havia acontecido. Os participantes foram condenados: Sarah foi condenada à prisão perpétua, Cory a quarenta anos. Em retrospecto, pode-se dizer que todo o grupo de Sarah era composto por desistentes da escola e viciados em drogas de famílias instáveis — rejeitados sociais que tentavam compensar suas inadequações agindo como "valentões". Sarah exibia evidentes traços psicopáticos: insensibilidade, manipulação, falta de remorso e mentira patológica. Antes do assassinato, ela havia sido medicada para tratar sua agressividade. Vários anos antes do assassinato, ela fantasiava a respeito de matar alguém, desmembrar o corpo e escapar impune do crime. O caso foi descrito como um ato "repleto de maldade".[1065] O crime de Sarah, que visava eliminar alguém que "atrapalhava", corresponde ao **Padrão 11** do Índice da Maldade.

Até os 15 anos, Alec **Kreider** viveu sob o olhar das autoridades como o segundo de três filhos em uma família de pais divorciados perto de Lancaster, Pensilvânia. Ele dividia o tempo entre os pais, passando uma semana com um e a semana seguinte com outro. Era aparentemente normal e tinha um amigo próximo, Kevin Haines. Sob essa fachada, Alec era o que nos últimos anos tem sido chamado de "jovem insensível e sem emoção" ou então, de tipo antissocial que permanece como tal ao longo da vida, ao contrário dos casos em que as características desaparecem passada a adolescência. Em todo caso, Alec e Kevin eram alunos nota dez e pareciam ter uma ligação forte. Porém, em maio de 2007, Alec entrou furtivamente na casa dos Haines e, armado com uma faca, esfaqueou os pais de Kevin até a morte. Depois, mutilou brutalmente o amigo, o que deixou o corpo de Kevin com vários ferimentos. A crueldade do ataque parecia compatível com alguém que teve um acesso de raiva, mas não parecia haver motivo identificável, além do desejo de matar pessoas, latente em Alec havia muito tempo. Pouco depois dos assassinatos, que, a princípio, eram impossíveis de solucionar, Alec se apaixonou por uma garota chamada Caroline. Ele ameaçou suicídio se ela não aceitasse namorar com ele. Como resultado da tendência suicida, ele foi internado em um hospital psiquiátrico. Apesar de detestar o hospital, ele surpreendeu a todos ao confessar os assassinatos ao final da internação de duas semanas. Alec não demonstrou remorso. Ele foi preso, se declarou culpado e foi condenado à prisão perpétua sem liberdade condicional. Alec mantinha um diário, que foi disponibilizado ao público. Havia comentários que demonstravam arrogância e egoísmo, desprezo pelas convenções sociais e desejo intenso de matar pessoas indiscriminadamente. Havia comentários que sugeriam que ele se identificava com os nazistas. O diário foi descrito como um "retrato do mal". Na prisão, dizia aos colegas de cela que mataria novamente se fosse libertado. Nenhum motivo coerente veio à tona. Não houve resposta para o "porquê" das atitudes, que pareciam reflexo de puro ódio à humanidade e desejo irresistível de assassinar pessoas, até mesmo o melhor amigo e a família dele, de uma forma que lembra Raskólnikov em *Crime e Castigo,* de Dostoiévski. Alec, que seria classificado no **Padrão 14** do Índice da Maldade, nunca foi abusado física ou verbalmente por nenhum dos pais. Ele pode ser apenas o exemplo de uma "semente ruim" — alguém com predisposição genética para a "indiferença e insensibilidade", características, em si, que servem de prelúdio para traços psicopáticos.[1066]

Sabrina **Limon** morava com o marido, Robert, e os dois filhos pequenos do casal, Robbie e Leanna, na região de Tehachapi/Silver Lakes, no sudeste da Califórnia, perto de Bakersfield. Pouco depois do nascimento dos filhos, eles começaram a fazer sexo com outros casais e a beber muito. Entediada com o marido, Sabrina conheceu um homem onze anos mais novo, Jonathan Hearn, médico e bombeiro. O caso começou em 2012 e, no ano seguinte, ambos estavam ansiosos para se casar. Eles partilhavam de uma espécie de religiosidade piegas com muito sentimentalismo que se traduzia na ideia de que Deus "desejava" que ficassem juntos e estava ansioso para vê-los unidos — tudo declarado nas incontáveis ligações feitas em telefones "descartáveis" para evitar a detecção. Eles combinavam encontros clandestinos para relações sexuais enquanto Robert ainda estava vivo, mas muitos telefonemas eram realizados para planejar a melhor forma de se livrar do marido, para que o casal pudesse finalmente se casar e viver feliz para sempre. A princípio, pensaram em veneno, mas, visto que era um caminho repleto de incertezas, optaram por um atentado a tiros, pois era o método mais seguro, além do fato de Jonathan possuir muitas pistolas (inclusive semiautomáticas) e rifles. Sabrina o convenceu a matar Robert enquanto este trabalhava — Robert consertava trens com problemas mecânicos. A missão foi cumprida em 2014; Sabrina, claro, era cúmplice e co-conspiradora. Os detetives logo começaram a suspeitar que Jonathan fosse o responsável pelo assassinato — e que Sabrina sabia. O detetive Meyer, um investigador obstinado, obteve permissão para grampear o telefone do casal. Ele ouviu as muitas conversas entre os dois cúmplices. A polícia também obteve a imagem de uma câmera de vídeo que mostrava um homem próximo à cena do crime em uma motocicleta semelhante à de Jonathan. Aos poucos, os detetives reuniram material suficiente para prender o casal. Eles também descobriram que um dos casais do clube de swing, os Bernatene, sabia sobre o crime. A esposa, Kelly Bernatene, que era a melhor amiga de Sabrina, contou à polícia sobre o plano de assassinato. Conforme as evidências se tornavam mais convincentes, os dois membros do triângulo amoroso que haviam cometido o assassinato foram julgados pelo crime. O juiz deu a

Jonathan uma sentença de 25 anos e a Sabrina uma sentença de prisão perpétua sem liberdade condicional. Pouco se sabe sobre os primeiros anos dos conspiradores, embora Sabrina apresentasse vários traços psicopáticos: charme superficial, mentira patológica e manipulação. No Índice da Maldade, o **Padrão 10** parece ser a classificação mais adequada. Jonathan não exibia traços psicopáticos; era apenas um jovem apaixonado pela amante sensual.[1067] Ambos eram protestantes devotos que conheciam a Bíblia por completo, com todas as passagens sobre amor e moralidade. Na era atual, quando a instituição do casamento, embora ainda considerada sagrada, encontra formas de se fortalecer na violação dos laços de fidelidade mais do que antes dos anos 1960, atos de natureza maligna talvez ocorram no domínio conjugal com mais frequência do que antigamente.

A palavra "mal" tem sido usada com frequência, até de modo rotineiro, para descrever os atos de muitos dos assassinos, estupradores e outros vilões que se destacam nas páginas deste livro. Porém, em muitos casos, os pais dessas pessoas se encontram no mesmo padrão, ou chegam até a superar os filhos na forma bárbara como se comportam em relação a eles: mães e pais que são mais serpentes do que parentes. Esse foi o caso na família de Melinda e suas duas irmãs, que compartilhavam um sobrenome sinistro — **Loveless** (sem amor). Nascida em 1975, Melinda era a filha mais nova de uma família de Indiana. Com a ajuda de três amigas, Melinda esfaqueou, espancou e queimou Shanda Sharer, de 12 anos, em 1992, pelo fato de Shanda ter feito amor com Amanda, a amante lésbica de Melinda. Shanda foi queimada viva depois que uma das garotas foi até um posto de gasolina e encheu uma garrafa de dois litros de Pepsi com gasolina, usada para atear fogo à garota. Os pulsos e tornozelos de Shanda foram amarrados. Ela havia sido espancada várias vezes na cabeça com um objeto contundente e sodomizada com um objeto estranho, antes de ser queimada a ponto de ficar irreconhecível.

O **Padrão 7** provavelmente seria a classificação adequada para Melinda no Índice da Maldade. Porém, talvez o verdadeiro vilão nesta história de ciúme e assassinato tenha sido o pai, Larry — supostamente um fanático pentecostal e psicopata, que usava as roupas íntimas e a maquiagem da esposa e das filhas. Ele era conhecido por exibir ciúme patológico, além de ser mulherengo, hipersexual, viciado em armas e adorava espancar a esposa e ter relações incestuosas, durante anos, com suas sobrinhas e todas as três filhas. Alega-se, ainda, que ele enfiava armas na vagina das filhas e uma vez sufocou a filha do meio, Michelle, até a menina desmaiar quando ela tentou dissuadi-lo de espancar a mãe. Larry negava que Melinda fosse sua filha e acusava a mãe de "se prostituir", embora exames de sangue consecutivos tivessem provado que a menina era realmente sua filha biológica. Marjorie, a mãe, era supostamente uma mulher masoquista, que negligenciava as filhas e teve vários casos, como forma de se vingar de Larry — porém, em 25 anos, não foi capaz de se divorciar do marido, até que, um dia, realmente flagrou Larry fazendo sexo com a sobrinha. Porém, os dois não demoraram a se reconciliar. Isso enfureceu Melinda que, com apenas 15 anos e ainda enurética, ficou deprimida e desenvolveu transtorno de estresse pós-traumático e transtorno de personalidade limítrofe. Todas as três filhas eram lésbicas. Melinda continuou extremamente ligada ao pai, apesar do abuso e do fato de ele ter matado os animais de estimação das garotas. Foi nesse contexto que Melinda, junto das três amigas — Laurine, Hope e Toni —, matou Shanda. No julgamento pelo assassinato de Shanda, Melinda e Laurine receberam sentenças de sessenta anos; as outras duas receberam sentenças mais brandas.[1068]

Nesse caso, encontramos mal em cima de mal, em parte, sob a forma de injustiças cometidas pelo sistema legal. As meninas foram punidas com sentenças rígidas pela maneira depravada com que torturaram e assassinaram Shanda Sharer, de 12 anos. Larry Loveless, que até então era considerado herói do Vietnã e depois, ao voltar para casa, um pregador secular na Igreja Batista, tendo chegado até a ser conselheiro matrimonial, foi finalmente preso por incesto, estupro, sodomia e agressão sexual em 1993 — crimes cometidos principalmente entre 1968 e 1977. Larry passou dois anos na prisão enquanto aguardava julgamento, até ser poupado por uma das injustiças peculiares do sistema: o prazo de prescrição para tais crimes era de apenas cinco anos em Indiana, portanto, ele foi libertado. Ainda pior, Larry era — devido ao impacto dos incontáveis atos de depravação que cometeu contra todas as mulheres da família — o verdadeiro autor dos crimes ainda mais perversos de tortura e assassinato de Shanda pelas mãos da filha, Melinda, e das amigas. Larry era o professor, Melinda, a aluna. A prescrição do crime não é, obviamente, essencialmente "injusta". Em muitos casos, é bastante sensata. Porém, talvez a prescrição deva ser alterada no caso de crimes sexuais graves, cuja natureza vem à tona só muitos anos depois e que podem afetar profundamente as vítimas, de modo a não isentar autores cujos delitos, aparentemente raros ou inimagináveis, não foram descobertos no ato.

Em um crime que teve todos os ingredientes de um assassinato em massa, exceto pelo fato de ninguém ter morrido, Edward Leary, analista de computação de 50 anos que havia sido despedido da Merrill Lynch, levou duas bombas incendiárias, feitas de potes de maionese Hellmann's, cronômetros de cozinha, baterias e lâmpadas, para dois trens do metrô de Manhattan. Uma das bombas explodiu inesperadamente nas mãos de Leary, que ficou queimado em mais de 40% do corpo; a bomba também feriu quatro dúzias de pessoas. A mentalidade por trás dos atentados era típica de assassinos em massa em geral: um homem descontente e zangado, reagindo à perda de um emprego ou de um relacionamento amoroso. Quando Leary foi preso e julgado, o juiz o chamou de "homem vingativo e egomaníaco", acrescentando que "o mal existe no mundo: não há motivo, ele simplesmente existe".[1069] O juiz sentenciou Leary, que seria designado para o **Padrão 13** do Índice da Maldade, a 94 anos de prisão. Os advogados de defesa no caso tentaram argumentar que Leary havia "enlouquecido devido a uma mistura incompatível de drogas para tratar a depressão" — Prozac, Effexor e um ansiolítico leve, Buspar. Essa forma de defesa absurda tem um toque moderno, remanescente da "defesa Twinkie" usada no julgamento de 1979 do policial Dan White, que assassinou o prefeito de São Francisco George Moscone e o político Harvey Milk. A ideia era que a ingestão de guloseimas teria piorado as oscilações de humor de White e de alguma forma incapacitado o agente para a premeditação necessária para o pensamento racional. Ao que tudo indica, os jurados engoliram o argumento tolo, e White foi condenado por homicídio culposo, em vez de ser considerado culpado de um homicídio qualificado. "Defesa Twinkie" se tornou uma palavra-código para defesas legais improváveis elaboradas por advogados de defesa talvez mais comprometidos com a vitória do que com a justiça.

Martin **MacNeill** veio de uma família caótica, extremamente disfuncional e empobrecida em Camden, New Jersey. Os pais eram divorciados, e o pai, que havia abandonado a família, era alcoólatra. A mãe sustentava os seis filhos por meio da prostituição, e os filhos ouviam os gemidos dos clientes. Dos cinco irmãos de Martin, dois se suicidaram, um morreu de overdose de heroína e outro morreu de alcoolismo. Martin, bonito e inteligente, foi diagnosticado com transtorno bipolar. Ele fez parte do Exército por um breve período, mas foi dispensado devido a um diagnóstico de doença mental, que Martin conseguiu transformar em benefício para veteranos, fazendo com que o sistema continuasse a pagá-lo pelo resto da vida. Aos 19 anos, Martin deixou o catolicismo e foi para a Igreja de Jesus Cristo dos Santos dos Últimos Dias, estabelecendo-se em Utah como membro da comunidade Mórmon. Dois anos depois, cometeu uma grande fraude em cheque de cerca de 35 mil dólares, mas foi pego e passou seis meses na prisão. Então, foi para o México e de alguma forma conseguiu entrar na faculdade de medicina em Guadalajara. De lá, foi para a Califórnia e entrou em uma escola de osteopatia, onde conseguiu um diploma de forma desonesta. Em seguida, voltou a usar métodos escusos — desta vez na faculdade de direito, onde conseguiu outro diploma, além daquele que já possuía em osteopatia, o que lhe permitiu acrescentar um doutorado em direito ao seu currículo que incluía um título de mestre em medicina. As pessoas que o conheciam o consideravam um fanfarrão frio, rude, arrogante, desonesto, narcisista, intimidador, que deixava a desejar nas habilidades médicas. Esses eram os aspectos positivos. O negativo se manifestou quando, em Utah, conheceu uma mulher de uma família mórmon muito respeitada. Ex-modelo, ela era muito bonita e se apaixonou completamente por Martin, sem dar ouvidos àqueles que não confiavam nele. Ele ameaçou cometer suicídio se ela o deixasse — um truque consagrado que geralmente funciona com indivíduos ingênuos com a personalidade que ela exibia: doce, confiante e facilmente persuadida à submissão. O casamento aconteceu. Michele, cujo nome de solteira era Somers, tinha

seis irmãos. Os pais se divorciaram quando ela estava com 20 anos. Martin e Michele viviam no luxo, em uma casa enorme, e ele se estabeleceu como "médico". Em casa, ele era grosseiro e ofendia Michele assistindo pornografia, proibida entre os mórmons. Martin era um mulherengo inveterado que também fez sexo com uma paciente, além de ter estuprado outras mulheres. Ele e Michele tiveram quatro filhos em rápida sucessão: Rachel, que tinha transtorno bipolar, como o pai; Vanessa, viciada em heroína; Alexis, que se tornou médica; e Damian, que também tinha transtorno bipolar e mais tarde se suicidou. Vanessa engravidou de um homem que conheceu no final da adolescência. A filha, Ada, também morava com os MacNeill. Além disso, Martin e Michele adotaram quatro meninas da Ucrânia: Noel, Elle, Giselle e Sabrina. Para enriquecer, Martin continuou a arquitetar vários golpes, que levaram anos até serem descobertos. Nesse ínterim, a família de onze pessoas vivia no luxo. Houve momentos em que Michele suspeitou que Martin a traísse e, por causa da natureza hipercrítica e intimidadora do marido, considerou que, à medida que o casamento se deteriorava, ela poderia ser assassinada. Ela disse a alguns amigos que, se fosse morta, Martin seria o responsável. Depois de trinta anos de casamento, Martin se cansou da esposa e se apaixonou por uma mulher sexy e impetuosa, Gypsy Jill Willis, vinte anos mais jovem que Michele. Willis havia desonrado a família mórmon ao ter um filho fora do casamento, criado pelos pais dela, que não queriam mais saber da filha. Martin passou a tramar uma conspiração para matar Michele, a fim de evitar os incômodos do divórcio e da pensão alimentícia, ao mesmo tempo em que adquiria uma apólice de seguro de "morte acidental" — que paga o dobro em casos de morte por acidente.[1070]

A partir de então, Martin começou a reclamar de pequenas imperfeições faciais em Michele, como pés de galinha perto dos olhos, e insistia para que ela se submetesse a cinco tipos diferentes de cirurgia estética facial, todos ao mesmo tempo. Martin encontrou um cirurgião que aceitou realizar os procedimentos e o convenceu a prescrever comprimidos ansiolíticos e analgésicos opiáceos. Em casa, Michele se sentiu tonta devido à cirurgia; Martin esmagou todos os comprimidos e administrou a mistura via enema, supondo que os opiáceos a matariam. Não foi o que aconteceu, então, ele a afogou na banheira. Fingindo que ela ainda estava viva, Martin telefonou para a emergência, simulando aplicar manobras de ressuscitação e dizendo que não podia tirá-la da banheira devido a uma lesão no pé que o impedia de levantá-la sozinho — a lesão, claro, era falsa. A equipe de emergência chegou, percebeu que ela provavelmente estava morta, contudo, por formalidade, levou Michele até o hospital, caso ela pudesse ser ressuscitada. Martin, então, "contratou" a amante, Gypsy, como babá dos filhos. Ele deu a ela o nome de Jillian Giselle Mac-Neill, o mesmo de uma das filhas adotivas, que voltara para a Ucrânia. O sobrenome compartilhado dava a impressão de que estavam casados.[1071] Gypsy também passou a ser descrita como uma enfermeira que Martin conheceu no hospital. Linda, irmã de Michele, estava convencida de que Martin havia matado Michele e se dedicou a reunir evidências nos anos seguintes, que levaram à prisão e condenação de Martin.[1072]

Antes da captura, Martin havia começado a molestar duas das filhas. A verdade não seria revelada pelos seis anos seguintes. Martin foi preso em 2012, e aguardava julgamento. Na prisão, admitiu ao companheiro de cela que havia segurado a cabeça de Michele debaixo d'água — o colega de cela delatou e testemunhou contra Martin no julgamento.[1073]

O júri condenou Martin por assassinato, bem como pelo abuso sexual das duas filhas. O tribunal o condenou a duas sentenças de quinze anos, acrescentando que "o mal prevaleceu".[1074] Alexis, a filha que se tornou médica, disse: "O mal de meu pai não começou nem terminou com o assassinato de minha mãe. Pouco depois da morte dela, meu pai me agrediu sexualmente em duas ocasiões diferentes. Ele destruiu meu mundo e criou um pesadelo vivo". Em 2017, três anos após a prisão, Martin, então com 60 anos, foi encontrado morto na Prisão Estadual de Utah, talvez por suicídio.[1075]

O caso de Martin, que seria classificado no **Padrão 14** do Índice da Maldade, chama a atenção pela maestria pura e malévola que ele traz ao domínio do crime. Sempre houve fraudadores, charlatões e homens que enganam o público com venda de panaceias falsas. Poucos são os que obtiveram sucesso ao se passar por homens bem-sucedidos, que enganaram mulheres ricas para se casar e cometeram assassinato em dado momento. Outro exemplo foi o igualmente inteligente Gerhard Gerhartsreiter, de origem alemã, que se mudou para os Estados Unidos e usou pseudônimos como Chris Crowe, Chip Smith e Clark Rockefeller. Ele enganou principalmente mulheres abastadas para que se casassem com ele, porém, assassinou Jonathan e Linda Sohus, o que resultou — depois de muita dificuldade em identificar quem Gerhartsreiter realmente era — na sua captura. Hoje Gerhard cumpre sentença de 27 anos em uma prisão da Califórnia.[1076] MacNeill era um impostor de habilidade ainda maior, pelo menos inicialmente. Durante uma carreira de quarenta anos, ele enganou outros como falso mórmon, falso advogado e falso médico, fez ressuscitação cardiopulmonar falsa na esposa que havia acabado de assassinar, era um marido traidor e pai incestuoso. MacNeill nunca foi honesto com ninguém. Ao cometer assassinato, MacNeill e Gerhartsreiter também passam a se diferenciar de muitos dos *con artists* (vigaristas ou, literalmente, "artistas do engano") anteriores — alcunha nascida, acredito, com o livro de Herman Melville, *O Homem de Confiança*, publicado em 1º de abril de 1857[1077] —, que arrancavam dinheiro das pessoas, mas raramente cometiam assassinato. Existem outros vigaristas na atual era pós-1960 que matam, não por dinheiro, mas para escapar da humilhação das mentiras que criaram, como no caso de Mark Hacking, que matou a esposa em 2004 quando ela descobriu que ele se fazia passar por médico.[1078]

Anthony **Morley**, nascido em 1972 em Leeds, uma cidade grande na região do Condado de West Yorkshire, na Inglaterra, se tornou modelo e dançarino, e venceu o prêmio Mr. Gay aos 21 anos. Mais tarde, cursou culinária e se tornou *sous chef* em um restaurante de peixe. Esse detalhe a respeito de sua carreira é relevante para nossa análise do que aconteceu posteriormente. Ele era bissexual. Cerca de dois terços dos relacionamentos que teve eram com homens, e um terço com mulheres. O primeiro relacionamento homossexual ocorreu na adolescência, e Anthony se sentiu confuso em relação a sua orientação, porém, tendia a chamar os momentos íntimos com homens de "aventuras", como se não fossem indícios de sua verdadeira natureza. Ele desenvolveu um sério problema com o álcool na época em que se tornou *sous chef*. Em dado momento, teve uma discussão séria a respeito de dinheiro com Shaun Wood, ao fim de um relacionamento de cinco anos. Anthony foi atrás de Wood com um cutelo, mas tropeçou e caiu antes de ferir o ex-amante. Algum tempo depois, ele convidou outro amante, Damian Oldfield, para um jantar em casa, onde usou habilidades culinárias para preparar peixe para os dois. Depois, foram para a cama. Anthony logo adormeceu, mas foi acordado pelo amigo, que tentava forçar uma situação sexual para a qual Anthony ainda não estava pronto. Enfurecido, Anthony esfaqueou Oldfield até a morte e, retomando sua ocupação principal, cortou pedaços da perna e do peito do cadáver, que, então, temperou, untou e cozinhou. Ele tentou comer um pouco, mas acabou por deixar o prato de lado. Anthony cambaleou até um restaurante próximo, com manchas de sangue pelo corpo inteiro, e pediu que alguém telefonasse para a polícia. Ele foi preso, condenado e sentenciado à pena mínima de trinta anos de prisão.[1079] Anthony difere do canibal mais famoso, Armin

Meiwes, discutido em detalhes anteriormente. Meiwes era frio, ponderado e paciente no hábito da ingestão de cadáveres, que demoravam meses para serem consumidos, enquanto a tentativa de canibalismo de Anthony aconteceu durante um impulso estimulado por embriaguez e raiva, sem planejamento. Ele corresponderia ao **Padrão 6** do Índice da Maldade. É interessante perceber que, em nossa análise de 53 casos de canibalismo, todos, exceto dois, eram do sexo masculino. Entre os homens, 24 eram heterossexuais, 23 eram homossexuais (incluindo três bissexuais, mas que se identificavam como gays), dois travestis e dois de orientação sexual incerta. Isso sugere uma forte preponderância de homens entre os canibais, e, dentre eles, a predominância da homossexualidade — a um nível quase dez vezes maior do que seria esperado na população em geral. Se essa distribuição fosse corroborada em uma pesquisa maior, sugeriria algo estranho e ainda não totalmente compreendido em relação ao canibalismo patológico. Sem dúvida, o canibalismo de Anthony é totalmente distinto do canibalismo compreensível e aceito cometido pelos poucos sobreviventes da queda de um avião uruguaio nos Andes em 1972, que tomaram a angustiante decisão de sobreviver consumindo a carne dos passageiros mortos, até serem finalmente resgatados.[1080]

 Stella Strong **Nickell**, nascida em 1943 com o nome de Stephenson, era uma de oito filhos. Ela foi criada em uma família caótica e negligente, tendo sido supostamente abusada tanto física quanto sexualmente pelo pai alcoólatra. A mãe, Alva, era de família Cherokee e havia se casado três vezes antes, também com homens alcoólatras. O caos continuou na vida adulta de Stella. Não era raro ela tentar fugir de casa, onde se queimou seriamente em duas ocasiões, depois de jogar querosene na lareira pensando que era água. Aos 18 anos, depois de um caso com um soldado, teve um filho que foi entregue para adoção; ela já tivera uma filha, Cindy, com outro homem, quando tinha 16 anos e, mais tarde, ganhou uma segunda filha com o primeiro marido, Bob Strong. Stella passou um breve período na prisão por roubar os cheques da previdência de um primo, e tentou, sem sucesso, contratar alguém para matar Strong. Ao se casar outra vez, com um homem chamado Bruce Nickell, com quem se mudou para o estado de Washington, Stella voltou a sonhar com uma vida tranquila, e passou a planejar a morte do marido, depois de adquirir 175 mil dólares em apólices de seguro de vida no nome dele — ela era a beneficiária. O dinheiro não era o motivo principal. Bruce era alcoólatra, mas se recuperou e passou a preferir ficar em casa e assistir televisão, em vez de ir aos bares onde Stella poderia se divertir. Bruce tinha perdido a graça. A ideia era dar a ele uma cápsula de Excedrin para as dores de cabeça, que ela havia misturado com cianeto e colocado em uma farmácia. No inteligente plano de "homicídio perfeito", ela também imaginou envenenar alguns outros usuários de Excedrin com cianeto, para que os parentes das vítimas mortas e a polícia pensassem que os homicídios haviam sido causados por um criminoso que não conhecia e não guardava rancor em relação a nenhuma das vítimas em particular, incluindo o marido. Durante esse período, ela passou a abusar fisicamente da filha Cindy, que complementava a renda de casa com prostituição. Em junho de 1986, Bruce morreu devido à cápsula com cianeto, assim como uma mulher que comprou outro frasco de Excedrin na mesma farmácia. Foi difícil descobrir que Stella era a assassina. Assim que ela se tornou suspeita, foi convidada a fazer um teste de polígrafo. No início, recusou, mas depois

fez o teste — e falhou. A polícia descobriu que ela havia retirado livros sobre venenos da biblioteca local. Um estava atrasado, pois ela nunca havia devolvido. As impressões digitais dela foram encontradas em outros livros sobre envenenamento do acervo da biblioteca — em páginas que tratavam de cianeto. Stella foi presa em 1987, considerada culpada dos dois assassinatos e sentenciada a duas penas de noventa anos.[1081]

Observamos um grau incomum de malignidade no plano de Nickell para matar uma pessoa ou mais com o mesmo veneno usado para matar o marido, na tentativa de ser arrolada entre as viúvas "aleatórias" ou os sobreviventes de algum suposto assassino em massa, que não tinha problemas com nenhuma vítima em particular. Ela seria classificada no **Padrão 14** do Índice da Maldade. Se tivesse sido um pouco mais cruel, teria colocado cianeto em cápsulas de Excedrin em diferentes cidades, para matar dúzias de pessoas. Isso a tornaria uma figura ainda mais trágica, alguém que havia perdido um ente querido, mas que, na verdade, *era* a autora do crime.

O que torna Stella não apenas uma representante de um mal incomum, mas também de um *novo* mal, é o fato de ela ter sido a primeira pessoa *presa* por envenenamento múltiplo usado para desviar as suspeitas do verdadeiro criminoso. Ela pode ser considerada uma assassina *copycat*, pois provavelmente foi inspirada pelos envenenamentos de setembro de 1982 em Chicago, um caso em que o cianeto foi colocado em cápsulas de Tylenol. Sete pessoas foram assassinadas nesse episódio. O assassino nunca foi capturado, mas novos métodos foram desenvolvidos pela Johnson & Johnson e outros fabricantes de medicamentos para proteger contra a adulteração dos produtos, métodos que hoje são usados para todos os medicamentos de venda livre.[1082] Apesar de ser um método inovador, assassinatos por cápsulas com cianeto são, felizmente, raros. No entanto, um episódio de 1991, também no estado de Washington, parece corresponder a um caso de *copycat* baseado no caso Nickell. Joseph Meling havia misturado cápsulas de Sudafed (pseudoefedrina) com cianeto na tentativa de matar a esposa e receber o pagamento do seguro de vida, em valor ainda maior, de 700 mil dólares. O corretor de seguros de 31 anos havia colocado frascos de Sudafed envenenados nas prateleiras de várias farmácias locais, para que as autoridades não identificassem a vítima e o verdadeiro criminoso. Meling perdia um emprego após o outro e muitas vezes menosprezava a esposa em público. A esposa sobreviveu, mas duas pessoas morreram — um homem e uma mulher na casa dos 40 anos. Meling foi identificado e preso. Durante o julgamento, ele foi descrito como um "homem abusivo, desprovido de valores morais e sociais". Ele foi condenado à prisão perpétua.[1083]

A mãe de Narcisa **Novack** (cujo nome de batismo era Veliz) sem dúvida não fazia ideia que o nome que deu à filha um dia ajudaria a defini-la como uma psicopata absurdamente narcisista. No início da vida adulta, Narcisa, nascida no Equador, era prostituta e dançarina de *pole dance* que havia imigrado para Miami e viria a seduzir e se casar com Ben Novack Jr., filho do proprietário do Fontainebleau Hotel. Ela já havia se casado ou morado junto de vários homens e tinha uma filha, May. Narcisa era uma mulher ciumenta e gananciosa, totalmente desprovida de escrúpulos. Ben também era um sujeito peculiar: possuía uma gagueira tão forte que mal conseguia se fazer entender, até que um fonoaudiólogo corrigiu o problema. Também era intensamente narcisista: arrogante, abrasivo, rude, desdenhoso — porém, bem-sucedido como organizador e prestador de serviços de catering para grandes convenções. Ele também tinha alguns hábitos sexuais estranhos, como assistir pornografia estrelada por pessoas amputadas, ou fazer sexo com mulheres amputadas (bem como com mulheres sem amputações), e manteve vários casos durante os dezenove anos de seu casamento com Narcisa. Ele havia insistido em um acordo pré-nupcial, e Narcisa não receberia nada, exceto um pequeno pagamento, caso se divorciassem em menos de dez anos. Ele tentou se divorciar dela nesse período, e Narcisa contratou assassinos para espancá-lo. Os capangas nunca foram pegos. Em 2002, aos 47 anos, Narcisa conspirou para matar Bernice Novack, a sogra de 85, para que esta não herdasse o dinheiro. O assassinato, cometido por dois bandidos que Narcisa contratou, foi indevidamente considerado acidente. Sete anos depois, Ben ameaçou o divórcio novamente e Narcisa contratou os mesmos dois bandidos para espancarem Ben até a morte, e foi o que fizeram, além de arrancarem os olhos dele, por sugestão de Narcisa. Ela planejou para que o crime acontecesse em Nova York, onde não existia pena de morte, ao contrário da Flórida. No início, ela não foi implicada e, portanto, estava livre para desfrutar dos milhões herdados, porém, um ano depois, foram encontradas novas evidências e ela foi presa, apesar das lágrimas de crocodilo que exibiu nos funerais. Ela falhou em vários testes de polígrafo. Narcisa seria classificada no **Padrão 16** do Índice da Maldade, pelos vários atos de crueldade que cometeu. Ela e o irmão, Cristobal, foram condenados à prisão perpétua sem liberdade condicional. Sem dúvida, a virtude era escassa em ambos os lados do casamento. Ironicamente, Letitia, irmã de Narcisa, era tão religiosa e moralmente correta quanto a irmã e Ben eram devassos. Letitia chegou a escrever uma carta, onde condena Narcisa pelo assassinato de Ben, porém, a declaração — infelizmente não assinada — não foi levada a sério até a época do julgamento em Nova York. Ben, por sua vez, traía Narcisa com a mesma frequência com que ela o traía; ele mantinha um prostíbulo e ali fazia sexo pervertido com as mulheres, além de possuir uma ampla coleção de pornografia com amputados, que Narcisa usava para chantageá-lo. Ele não ousou tentar se divorciar, até que voltou a arriscar uma tentativa em 2009, independentemente das consequências. Narcisa, por sua vez, elevou a hipocrisia a novas alturas ao declarar, depois de encomendar o assassinato de Ben: "Só um monstro faria uma coisa tão má!".[1084]

A maioria das pessoas está ciente de que o corpo precisa de certas quantidades de substâncias de ocorrência natural, como sódio, potássio, cloro, zinco, magnésio, lítio e manganês. Poucos sabem que também precisamos de selênio, em pequenas quantidades, e que existem sintomas tanto de deficiência quanto de excesso. Richard **Overton** sabia. Em 1988, o psicólogo de Orange County, Califórnia, envenenou fatalmente a terceira esposa, Janet, com cianeto. Ao contrário de Joseph Meling e Stella Nickell, Overton limitou o uso da droga à esposa. Anteriormente, ele havia tentado envenenar a primeira esposa, Dorothy, com selênio, depois que ela descobriu que ele era bígamo, estando casado na mesma época com Caroline Hutcheson. O selênio é usado no corpo para converter o hormônio tireoidiano tiroxina no composto ativo tri-iodo-tironina e tem outras funções, como na síntese de DNA. O excesso pode ser fatal. Overton admitiu a tentativa, mas Dorothy não prestou queixa, portanto, ele não foi preso. Overton tinha profunda desconfiança das mulheres e era propenso ao ciúme. Por exemplo, ele estava convencido de que Janet o traía. Ela teve um caso depois de ser antagonizada exaustivamente pelo marido. Ele fingia ser contratado por alguma organização governamental secreta que exigia que ele "viajasse" para lugares remotos, como a Costa Rica, mas, na verdade, ia para Los Angeles, onde tinha casos com outras mulheres. Ele mostrou toda a panóplia de traços narcisistas, incluindo arrogância, delírio de grandeza e desprezo, junto de trapaça e outros traços psicopáticos. Ele chegou a se casar pela quarta vez, depois de ser preso por matar Janet, presumivelmente porque supunha que seria capaz de escapar impune do crime. Foi condenado em 1995 e sentenciado à prisão perpétua. Overton morreu aos 81 anos, cerca de quatorze anos depois.[1085] Na época do julgamento, o então procurador-geral adjunto Christopher Evans chamou Overton de "o mentiroso mais incontestável, arrogante, porém, curiosamente eficaz e manipulador da verdade" que já tinha conhecido, e um "sociopata perigoso da mais baixa ordem".[1086] Overton, um assassino que buscava eliminar cônjuges que "atrapalhavam", seria designado para o **Padrão 11** do Índice da Maldade.

Em um caso descrito como "um dos crimes mais hediondos da cidade em tempos recentes", uma babá contratada por Kevin e Marina Krim do Upper West Side de Manhattan esfaqueou e afogou em uma banheira o filho de 2 anos e a filha de 6 do casal. A mãe estava com o terceiro filho na ocasião, e descobriu os assassinatos ao voltar para casa. A babá, Yoselyn **Ortega**, tinha 49 anos na época do incidente de 2012.[1087] No julgamento, o pai das crianças chamou Ortega de "uma narcisista maligna e extremamente perigosa".[1088] Ela foi condenada por homicídio doloso e qualificado, e ela e a própria família foram criticadas por enganar a família Krim, ao se fazer passar por uma "babá experiente", o que não era o caso.[1089] O máximo que se pode determinar é que os assassinatos premeditados de Ortega foram motivados por rancor e inveja em relação ao fato de que Marina Krim tinha recursos para dar aos filhos o que ela própria não podia dar ao próprio filho, que ela havia deixado para ser criado pela irmã na República Dominicana.[1090] Na ausência de informações adicionais sobre os antecedentes de babá assassina, parece que o crime seria melhor classificado no **Padrão 8** do Índice da Maldade, para indivíduos com nenhum ou poucos sinais de psicopatia, que matam quando uma raiva subjetiva e latente é provocada.

Felizmente, assassinatos cometidos por babás são raros. Aqueles divulgados pela mídia ocorreram nos últimos vinte anos. Em 2016, por exemplo, a babá de 66 anos Oluremi Oyindasola foi presa em Maryland pela morte de uma menina cujo choro ela afogou, literalmente, ao despejar duas garrafas de leite em sua garganta. A babá foi condenada a 15 anos de prisão por homicídio doloso.[1091] Ao norte de Londres,

O alfabeto da maldade .497

uma babá húngara de 34 anos, Viktoria Tautz, supostamente causou a morte de um bebê de dez meses, Joshua Paul, em 2014, por sacudi-lo excessivamente, o que causou lesões cerebrais e hematomas na medula espinhal.[1092] Uma publicidade considerável cercou o caso de uma babá de 19 anos, Louise Woodward, que, em 1997, foi condenada pelo homicídio culposo de Matthew Eappen, de oito meses, em Newton, Massachusetts. O caso também foi considerado morte por meio da síndrome do "bebê sacudido". O juiz do caso reduziu a acusação de homicídio doloso para homicídio culposo, tendo considerado que a *au pair* britânica agiu movida por "confusão, inexperiência, frustração, imaturidade e um pouco de raiva, mas não houve malignidade no sentido legal".[1093] Talvez os assassinatos cometidos por babás nos últimos anos, por mais raros que sejam, estejam relacionados ao fato de as mulheres estarem emancipadas do antigo lema alemão *Kinder, Kirche, Küche* (Crianças, Igreja, Cozinha). Mulheres ricas e nobres sempre tiveram governantas e babás — porém, na maioria das vezes, ainda ficavam em casa (ou no castelo). O maior número de mulheres na força de trabalho desde a década de 1960 significa maior dependência de babás e *au pairs.* Nem todas são bem-preparadas; a minoria recorre à violência.

 Pouco se sabe a respeito das origens do cruel assassino, que poderia ser classificado no **Padrão 16** do Índice da Maldade, Victor **Paleologus**, exceto que ele nasceu em 1962, filho de um imigrante grego que era chef em um restaurante da Filadélfia. Paleologus alegou ter obtido diploma de bacharel em uma instituição e o mestrado em administração em outra, porém, nenhum dos diplomas pôde ser verificado. Parece que esteve casado no início dos vinte anos de idade, mas se divorciou. Victor era um mentiroso inveterado e vigarista cujo modus operandi era se vestir com roupas elegantes e atrair garotas bonitas com promessas de que, por terem "a aparência certa", seriam escaladas para o próximo filme de James Bond com Sean Connery — e talvez ganhassem 100 mil dólares. Ah, mas primeiro a garota tinha que aparecer em uma certa casa em uma região remota em determinado horário, vestida apenas com minissaia preta, camisa branca e sapatos de salto de agulha pretos. Algumas caíram no golpe; outras, mais astutas, iam até o local acompanhadas por um homem musculoso, do tipo segurança, o que assustava Victor. Em fevereiro de 2003, uma garota, Kristi Johnson, mordeu a isca e encontrou Paleologus no local designado — e desapareceu. Victor a estuprou e a matou; então, jogou o cadáver do topo de uma colina, onde foi descoberto algum tempo depois por dois meninos. Victor foi preso várias vezes por vários golpes, e usou todos os tipos de mentiras para escapar da prisão. Para uma certa mulher, ele fingiu, assim como o assassino de esposas Donnie Rudd, que estava morrendo de câncer e só queria vê-la uma última vez. Ou enganava corretores de imóveis, ao fazê-los pensar que poderia pagar por certas casas luxuosas em Los Angeles e, enquanto inspecionava as propriedades, roubava cheques e carteiras de identidade dos proprietários, se passando por "sr. Morton Robert" ou o nome de qualquer outra pessoa nas cédulas de identidade. Mais tarde, quando foi preso por assassinato, a detetive Obenchain descreveu as ações de Victor como uma crônica do comportamento maligno de um dos vigaristas mais diabólicos que ela já havia conhecido. Outro detetive disse que Victor era o mentiroso mais ultrajante que alguém poderia imaginar. Poucos dias após o desaparecimento de Kristi, outra jovem se

manifestou e disse que havia sido abordada com o mesmo golpe sobre o filme de James Bond, a obrigação de usar salto agulha e uma minissaia preta — portanto, ficou claro para o tribunal que era o mesmo vigarista que havia atraído Kristi. No julgamento, a promotoria pediu pena de morte, mas Victor foi condenado a apenas 25 anos. Paleologus foi um dos golpistas mais malignos de Hollywood, que enganou aspirantes a atrizes e depois as estuprou ou matou.[1094] Outro exemplo é o de Charles Rathbun que, em 1995, atraiu Linda Sobek, modelo loira de 27 anos e atriz em ascensão; Rathbun abusou sexualmente de Sobek e a matou. Ele foi condenado à prisão perpétua pelo crime.[1095] Há muito tempo, Hollywood tem sido um terreno fértil para predadores do sexo masculino, que muitas vezes se passam por fotógrafos e prometem a jovens atraentes que as fotos serão o tíquete para vidas fabulosas no cinema. Em meados da década de 1950, um desses casos foi o de Harvey Glatman, que visitava agências de modelos e persuadia garotas a ir até o apartamento onde residia, as amarrava, estuprava violentamente e as estrangulava, e depois as enterrava em lugares remotos em terrenos desertos perto de Los Angeles. Glatman foi preso e executado em San Quentin em 1959, aos 32 anos.[1096]

Recentemente, um caso de incesto incomum veio à tona — o de Steven **Pladl** e a filha, Katie Rose. Em 1998, Steven e a esposa, Alyssa, deram à luz uma filha que se sentiram incapazes de cuidar sozinhos, portanto, o bebê foi entregue para adoção. Anthony e Kelly Fusco se tornaram os pais adotivos da criança e a chamaram de Katie. Originalmente, Denise era o nome que Steven, então com 20 anos, e Alyssa, com 15, tinham escolhido quando se tornaram pais. Quando Katie completou 18 anos, decidiu procurar os pais biológicos, como muitos adotados fizeram nas últimas décadas, visto que as leis mudaram a ponto de tornar a busca possível e praticável. Katie finalmente encontrou os Pladl, com quem se reconectou. Curiosamente, ela e Steven, o pai biológico, se sentiram mais do que próximos: eles se apaixonaram. Steven e Alyssa se divorciaram e ele e Katie se casaram. Katie engravidou e deu à luz um filho, Bennett, em setembro de 2017. Porém, quatro meses depois, Steven, então com 42 anos, e a nova sra. Pladl, com 20 anos, foram presos na Virgínia em acusações de incesto e adultério. A história parecia destinada a um final trágico, assim como o da saga de *Édipo* de Sófocles. A analogia não é perfeita: Édipo se casa com Jocasta, sua mãe, não filha. Então, quando descobrem a verdade, Jocasta se enforca e Édipo cega a si próprio com dois alfinetes do vestido da mãe. A história de Steven Pladl termina de forma diferente. Depois de um tempo, Katie disse ao pai/marido que queria romper o relacionamento. Steven, então, matou o filho, Bennett, e dirigiu até Nova York, onde matou Katie e o pai adotivo, Tony Fusco, antes de cometer suicídio.[1097] O incesto não é menos tabu hoje do que era na época de Sófocles, 2500 anos atrás, então, é difícil imaginar como a vida do novo casal poderia ter sido feliz. Steven Pladl seria classificado no **Padrão 7** do Índice da Maldade.

Christine **Paolilla**, uma de duas filhas de uma família de uma cidade do Texas perto de Houston, perdeu o pai aos 2 anos de idade, aparentemente devido ao abuso de álcool e do vício em drogas. Ela nasceu com alopecia total e sempre teve que usar perucas. Por causa da calvície, ela sofria bullying constantemente dos colegas de classe. Duas garotas fizeram amizade com ela no colégio: Rachel Koloroutis e Tiffany Rowell, ambas bonitas e de famílias abastadas. As duas meninas eram muito gentis com Christine e a ajudavam com a aparência, mas ela era impetuosa e consumia drogas e, quando namorava, era pegajosa, enraivecida e morbidamente ciumenta. Um namorado, Chris Snider, era antissocial e já tinha ficha por crimes menores. Aos 17 anos, Christina e Chris, com armas que Chris havia roubado do pai, invadiram a casa de Tiffany, onde ela, Rachel e dois amigos, Marcus Precella e Adelbert Sanchez, estavam se divertindo. Christine e Chris mataram os quatro a tiros e fugiram. As meninas foram baleadas várias vezes na virilha, um ato sugestivo de intensa inveja sexual e ódio pessoal. A dupla foi capturada apenas em 2006, três anos após o massacre. Eles haviam disparado quarenta tiros, em um ato exagerado de homicídio que sugere ter sido instigado por ódio extremo. Nesse ínterim, Christine se casou com um homem de 27 anos, Justin Rott. Os dois viviam da herança de 400 mil dólares de Christine e consumiam enormes quantidades de heroína e cocaína. Eles ficaram enfurnados em um hotel durante um ano, quando, em dado momento, Christine insinuou que ela e o ex-namorado, Chris, haviam matado os quatro jovens. A polícia finalmente encontrou os assassinos, e Chris cometeu suicídio. Christine foi condenada e sentenciada a quarenta anos de prisão, mas, se tivesse 18, e não 17 na ocasião do crime, teria recebido a pena de morte.[1098] Alguns que sabiam dos detalhes do crime descreveram a sensação de que "encaravam o rosto do puro mal".[1099] Ela seria designada para o **Padrão 6** do Índice da Maldade, a classificação para assassinos impetuosos sem traços de psicopatia.

Um dos motivos para a demora para que Christine se tornasse suspeita e fosse presa decorre do fato de que mulheres, sobretudo as adolescentes, são menos propensas a cometer assassinatos do que homens. Assassinato em massa por mulheres é incomum.[1100] Por exemplo, em minha compilação de 330 assassinos em massa no mundo inteiro desde 1900, fui capaz de identificar dez mulheres; a mais antiga é Priscilla Joyce Ford, professora esquizofrênica paranoica que matou seis pessoas ao avançar com seu carro no meio da multidão em 1980. Todas as dez mulheres assassinas sofriam de um transtorno psicótico, como esquizofrenia, transtorno bipolar ou, no caso mais conhecido, depressão psicótica. Este último foi o de Andrea Yates, que, em 2001, afogou os cinco filhos ao ser obrigada pelo marido, um fanático religioso, a viver em um ônibus Greyhound convertido, onde ela deveria educar e doutrinar religiosamente as crianças.[1101]

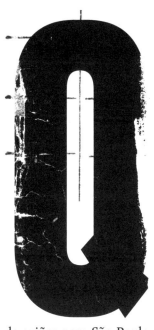

Na primavera de 2011, Matthew **Quesada** estava sentado em um café em Londres com a filha de 3 anos; em uma mesa próxima estava Alan Smith, motorista de ônibus aposentado de 63 anos, acompanhado da família. A menina chorava, e Smith perguntou se ela estava "bem". Quesada respondeu com raiva: "Vai cuidar da tua vida, caralho!"; em seguida, foi para casa, pegou uma faca, voltou ao café e esfaqueou Smith cinco vezes no peito. Smith teve o coração e os pulmões perfurados, e morreu no local. Quesada estava obcecado havia algum tempo pelo personagem fictício de Robert Ludlum, Jason Bourne, e havia estudado os movimentos de combate que o espião executava ao lidar com adversários. Ele agiu como se fosse um espião heroico. Quesada fugiu do café e pesquisou os horários de voos de aviões para São Paulo, Brasil, onde não havia acordos de extradição que o obrigassem a retornar à Inglaterra para enfrentar as autoridades. Porém, foi rapidamente detido e tentou fingir uma doença mental, para evitar a responsabilidade pelo assassinato. O juiz, durante o julgamento, disse a Quesada que ele havia cometido um ato desprovido de qualquer motivação na frente dos parentes da vítima e todas as outras pessoas no café. Foi descoberto que, no breve período em que foi para casa buscar a faca, Quesada queimou as roupas que vestia e pediu à mãe que lhe raspasse o cabelo, para ficar diferente do assassino. Quesada tinha registro de prisões anteriores por agressões e comportamento ameaçador. Um psiquiatra do tribunal expressou a opinião de que Quesada era esquizofrênico ou tinha algum outro tipo de doença paranoica; um sinal dessa hipótese foi o fato de que, quando Smith perguntou inocentemente sobre o bem-estar da filha, Quesada concluiu que ele devia ser um "pedófilo". Embora tenha feito tentativas inteligentes para se esconder após o crime, Quesada tem a atitude de um assassino de "sangue quente" e impulsivo, que se encaixaria no **Padrão 6** do Índice da Maldade. Seu ato maligno foi esfaquear um homem inofensivo diante dos clientes do café e dos próprios familiares da vítima. Ele tentou fingir insanidade e, caso isso falhasse, pegaria um avião para o Brasil. Um homem que realmente fosse insano provavelmente teria ficado ao lado do cadáver e contado com orgulho à polícia como livrou o mundo de um pedófilo perigoso.[1102]

 As taxas de divórcio aumentaram muito nos Estados Unidos e na Inglaterra desde o final dos anos 1960 e início dos anos 1970.[1103] Como vimos nas páginas deste livro, muitos dos homens e mulheres que cometeram os tipos de atos violentos que consideramos "malignos" vieram de famílias fragmentadas. Em muitos desses casos, não é possível traçar uma árvore genealógica tradicional, com avós e pais que permaneceram juntos, tendo os filhos crescido sabendo quem eram seus pais e se sentindo, em geral, genuinamente amados e cuidados pelos pais e avós, e tios e tias e primos também. Em vez disso, o diagrama da árvore genealógica se torna uma confusão de linhas que se cruzam em todas as direções e, às vezes, como no caso dos Pladl, analisado acima, com linhas de casamento que retornam para mostrar como uma filha se tornou uma das esposas do próprio pai. Meninos que crescem sem pai apresentam maior propensão a ter problemas com a lei.[1104] Muitas pessoas, tanto homens quanto mulheres, que crescem em famílias fragmentadas tendem a sofrer com maiores problemas emocionais, incluindo dificuldades para se empenhar em estabelecer relacionamentos sólidos.

Jack Wayne **Reeves** é um exemplo de alguém com essas desvantagens, visto que cresceu em uma família em que os pais se divorciaram quando ele tinha 7 anos. Depois, Reeves viveu uma vida ainda mais fragmentada e violenta do que aquela em que foi criado. Ele tinha 56 anos quando a esposa na época, Emelita, uma mulher de apenas 26 anos — uma noiva "por encomenda" das Filipinas, com quem ele tinha um filho de 3 anos, Jeff —, aparentemente desapareceu. Ela se revelara uma noiva um tanto "pau-mandado", visto que Jack a humilhava de várias maneiras e a obrigava a executar uma série de perversões sexuais, além de maltratá-la com crueldade física. Absorto na ideia de subjugação total das mulheres, ele também tirava fotos de Emelita em posições obscenas; contudo, naquela época ele já havia se tornado sexualmente impotente, embora ainda fosse controlador. Ele andava pela casa com uma pistola, além de dormir com uma. O desaparecimento de Emelita ocorreu porque ela finalmente tentou obter o divórcio — e Jack a matou. Cerca de oito anos antes, Jack tivera uma esposa coreana, Myong Hui Chong, que se afogou de forma tão misteriosa quanto Emelita havia desaparecido. Mais tarde ficou claro que Jack havia afogado a esposa e encenado a morte para que parecesse um acidente. Ao ser interrogado, disse à polícia que a mulher caiu de um bote de borracha e se afogou enquanto ele apanhava insetos para isca de pesca, o que deixou os familiares de Myong desconfiados, pois ela não sabia nadar, tinha medo de água e nunca entraria em um bote. Jack insistiu que seu corpo fosse cremado. Oito anos antes desse incidente, a segunda esposa de Jack, Sharon, cujo nome de batismo era Vaughn, morreu no que foi considerado um suicídio com espingarda. Porém, quando as autoridades suspeitaram da situação, ela foi exumada, e o legista declarou que a morte havia sido homicídio adulterado para parecer um suicídio. Antes do fim do casamento, Jack não comia com os sogros, os Vaughn, se estes não provassem a comida primeiro — queria ter certeza de que não tentavam envenená-lo. Ao ser interrogado pelos detetives, Jack se gabou das façanhas que cometera no Vietnã, onde matou muitos vietcongues, às vezes ao disparar em buracos cobertos que o inimigo havia cavado para emboscar tropas norte-americanas. Ele parece ter incorporado essas habilidades, pois, mais tarde, cavou um desses buracos em um matagal, onde enterrou Emelita. Nos primeiros anos de vida, Jack raramente via o pai, mesmo antes do divórcio. O pai era militar e viajava com frequência. Embora a mãe fosse uma mulher bondosa, a avó materna o punia com chicotadas. Aliás, ela chegou a matar um dos próprios filhos com esse método. Aos 17 anos, Jack se casou com uma garota de 15, mas o casamento foi anulado por insistência da mãe dela. Ele já era possessivo, sexualmente perverso e dominador em relação à primeira esposa — um padrão que se manteve com todas as outras esposas e conhecidas. Por exemplo, depois de matar a terceira esposa, Myong, ele estuprou a irmã dela no funeral. Após o assassinato de Emelita, tentou comprar outra noiva por encomenda das Filipinas. Jack não demonstrou emoção ao ser interrogado pelos detetives após o desaparecimento de Emelita, mesmo quando foi informado de que suspeitavam que ela tivesse sido morta. No entanto, Jack conversou com os detetives sobre sua obsessão por vídeos pornográficos, sexo anal, sexo oral forçado e assim por diante, a ponto de os investigadores se convencerem de que ele havia matado Myong. Jack se recusou a ser submetido ao polígrafo, mas contratou um advogado e fez o teste, porém, não passou. Por fim, Jack foi preso e condenado a cinquenta anos de prisão, o que equivalia a uma sentença de prisão perpétua, visto que ele já tinha 56 anos.[1105] Devido aos vários atos de crueldade, Jack seria classificado no **Padrão 16** do Índice da Maldade.

Nascido em 1938, no mesmo ano em que Jack Reeves, mencionado na entrada anterior, Gerald **Robinson** era um padre católico romano de Toledo, Ohio, de ascendência polonesa por parte de mãe. Era um homem hostil e pouco comunicativo, e alguns suspeitavam que, ao lado de outros padres, fazia parte de uma seita satânica que supostamente sequestrava, torturava e estuprava garotas. Quando fazia sermões em polonês, era considerado carismático; fora isso, era visto como tímido e malsucedido. Tornou-se capelão no Hospital Mercy de Toledo. Lá, teve problemas com uma sacristã trinta anos mais velha, a irmã Annunciata, cujo nome de batismo era Margaret Ann Pahl. Mulher meticulosa, ela o criticava pelos maus hábitos de trabalho. Isso o deixou furioso e, no período da Páscoa de 1980, aos 42 anos, Robinson entrou escondido na sacristia, estrangulou a irmã, esfaqueou-a 31 vezes com um abridor de cartas e inseriu um pequeno crucifixo na vagina dela, além de cravar uma cruz de cabeça para baixo no abdômen dela. Outro padre percebeu imediatamente que ele era o assassino, mas a igreja e a polícia supostamente encobriram o assassinato, que permaneceu arquivado por 24 anos. Provas suficientes foram enfim reunidas para justificar a prisão. Robinson foi condenado e sentenciado a vinte anos por um crime que nega até hoje. Ao ser interrogado pela primeira vez, não passou no teste do polígrafo, mas nada foi feito na época.[1106] Ele seria designado para o **Padrão 22** do Índice da Maldade, devido à maneira brutal e perversa com que torturou a irmã Annunciata até a morte.

Esta foi a segunda vez na história dos Estados Unidos em que um padre foi condenado por homicídio. O primeiro caso diz respeito a um padre nascido na Alemanha, Hans Schmidt, que imigrou para a América em 1909. Havia casos de doença mental em ambos os lados de sua família. Ele tinha fantasias estranhas com sangue e desmembramento. Ele se identificava como bissexual e molestou coroinhas, mas também teve casos com várias mulheres. Em 1912, assumiu um cargo em uma igreja da cidade de Nova York, onde conheceu a governanta da reitoria, Anna Aumüller. Schmidt afirmou ter ouvido a voz de Deus, que comandava que "amasse" Anna. Eles iniciaram um relacionamento sexual secreto, ao mesmo tempo em que ele mantinha uma relação homossexual com um dentista. Schmidt e Anna "se casaram" em uma cerimônia secreta, e ele escreveu os nomes do casal na certidão de casamento. Pouco tempo depois, ele ouviu a voz de Deus novamente, porém, ela dizia para "sacrificar" Anna. Consequentemente, ele cortou a garganta da mulher, bebeu o sangue dela, desmembrou o corpo e jogou os pedaços no East River. Ao fazer uma busca meticulosa nos pertences de Schmidt, a polícia foi capaz de relacioná-lo ao assassinato de 1913. As autoridades também descobriram que Anna estava grávida, o que pode tê-lo influenciado a abortar Anna, e não apenas o bebê. Isso faz do caso um eco do homicídio cometido por Chester Gillette, que matou a namorada grávida, Grace Brown, em um caso descrito anteriormente neste livro. Isso foi em 1906, apenas sete anos antes do assassinato de Anna. Schmidt fingiu insanidade durante o primeiro julgamento, que terminou com um júri empatado. No segundo julgamento, foi declarado culpado de homicídio qualificado e executado em Sing Sing em 1916. Quando confrontado pela polícia, ele disse: "Eu a matei porque a amava!".[1107]

O caso do padre Robinson tem um ar mais moderno do que o do predecessor, padre Schmidt. O assassinato da freira cometido por Robinson cheirava a narcisismo e sadismo extremos, como percebemos com maior frequência em assassinatos pós-1960: ele desejava degradar e humilhar a irmã Annunciata, além de zombar de sua fé ao inserir o crucifixo na vagina. Pelo menos Schmidt disse: "Eu a matei porque a amava" — uma desculpa incompreensível, mas, pelo menos, afável.

Clara **Schwartz**, nascida em 1982, era a caçula de três filhas de Robert Schwartz, célebre cientista da área da biometria e do DNA, e de uma mãe que sofria de transtorno bipolar, pelo qual era hospitalizada com frequência. A família morava em Leesburg, Virgínia, não muito longe de Washington, DC. A avó materna de Clara também sofria de doença maníaco-depressiva. O pai e os parentes pareciam todos psiquiatricamente normais. Quando Clara tinha cerca de 18 anos, a mãe morreu de câncer. Depois desse evento, as notas de Clara na faculdade caíram e ela perdeu o interesse acadêmico. Nesse ínterim, ela se envolveu com a subcultura gótica e desenvolveu um mundo sombrio de fantasia. Tornou-se obcecada por vampiros, assassinos, magia maléfica e jogos de RPG. Realidade e ilusão passaram a se confundir. Começou a odiar o pai, que estaria tentando envenená-la ao colocar algo na costeleta de porco ou em um limão no jantar e se queixando aos outros de que ele batia nela ou puxava o seu cabelo. Clara se esforçava para que conhecidos simpatizassem com a situação que ela relatava. Kyle Hulbert, um garoto da mesma idade, 18 anos, acreditou em Clara. Kyle tinha uma origem problemática. Havia sido uma criança "incorrigível", entrou e saiu de lares adotivos, prisões e hospitais psiquiátricos, onde — a depender dos sintomas que exibia em determinado momento — era diagnosticado como bipolar ou esquizofrênico. Ao completar 18 anos, um juiz — ao que tudo indica de forma imprudente — concedeu a emancipação a Hulbert, que, a partir de então — como acontece com frequência —, parou de tomar os medicamentos antipsicóticos e regrediu à psicose, em que fantasia e realidade trocavam de lugar. Ele aceitou a história de Clara e sucumbiu às manipulações da garota, a ponto de lhe dizer que mataria de bom grado o pai pela maneira como, supostamente, ele a tratava. Em dezembro de 2001, Kyle foi à casa do dr. Schwartz, que então morava sozinho. É preciso esclarecer que Clara alimentava a ideia de matar o pai fazia algum tempo, e inicialmente havia estudado ervas venenosas, para que a morte parecesse "natural". Ela também mencionou para amigos quanto dinheiro herdaria com a morte do pai, embora temesse que pudesse ser deserdada. Em todo caso, Kyle usou uma espada, um

instrumento de morte certa, e golpeou o médico até a morte. Clara e Kyle também abusavam de várias drogas: LSD, "cogumelos" (ou seja, cogumelos com a substância alucinógena psilocibina), pó de anjo (fenciclidina, que muitas vezes causa alucinações e comportamento violento) e maconha. Essas drogas acrescentavam uma psicose quimicamente induzida à psicose hereditária da qual Clara e Kyle sofriam — uma péssima combinação. Clara imaginou que herdaria um terço de 1,2 milhão de dólares, visto que teria que dividir a quantia com as duas irmãs. Ao ordenar que alguém matasse o pai, Clara presumiu que escaparia impune do assassinato. De certa forma, quase acertou. Os dois foram presos e, no julgamento, Clara, que seria classificada no **Padrão 14** do Índice da Maldade, foi condenada a apenas 48 anos, enquanto Kyle foi condenado à prisão perpétua sem condicional.[1108]

Dada a forma diabólica com que Clara manipulou Kyle, que era mais perturbado emocionalmente e mais vulnerável à psicose do que ela, pode-se pensar que ela é mais culpada pelo assassinato do pai do que Kyle. Sem dúvida, ele nunca teria pensado em matar o homem sem a influência e controle de Clara. A lei não está preparada para fazer distinções desse tipo. Afinal, ele quem golpeou o homem. Kyle está na prisão há quinze anos e começou a perceber que, se o pai quisesse envenenar Clara, como ela falou, um homem com sua perspicácia científica saberia como executar o plano. Na época, Kyle estava escravizado pela influência maligna da garota. A própria Clara foi influenciada pela subcultura gótica que, inspirada em parte pelo romantismo do início do século XIX — recordamos de *Frankenstein*, de Mary Shelley, de 1818 —, foi iniciada no final dos anos 1970 e início dos anos 1980, e se tornou, em certo nível, parte do "novo mal" do pós-1960. O movimento abraçou a música punk, vestidos pretos, filmes de terror, fascínio pela morte e a divergência da cultura dominante. O novo uso do termo "gótico" foi cunhado, ou pelo menos popularizado, pela jovem vocalista da banda britânica Siouxsie and the Banshees. Nascida em 1957, o nome de batismo era Susan Janet Ballion, mas, fazendo um trocadilho com o nome, passou a se chamar Siouxsie Sioux (ou seja, Suzie Sue).[1109]

Samantha **Scott** foi o nome mais duradouro que Andrea Claire usou quando começou a trabalhar, no início dos 20 anos, como modelo, dançarina exótica, pinup, participante de programas de TV e filmes, incluindo *M * A * S * H* e *De Volta ao Vale das Bonecas* — além de estrela em "*nudie cuties*", como *Horny Hobo* e *Nude Django*. Ela trabalhou sob muitos pseudônimos, como Donna Duzzit e Sarah Stunning, mas Samantha Scott foi o principal. Nascida em 1941, ela cresceu em New Jersey e, aos 15 anos, a mãe a obrigou a se casar com um amigo de 22 anos da irmã, que supostamente a estuprou. Eles ficaram casados por dois anos, embora o rapaz a espancasse violentamente, e tiveram um segundo filho, além daquele concebido como consequência da alegada agressão sexual. Ela cursou apenas até a nona série na escola. O segundo casamento de Samantha foi com um homem que não gostava da ideia de ficar com dois filhos que não eram dele e insistia para que ela abandonasse as crianças. O casamento durou três dias. O terceiro casamento foi com um estudante jordaniano, que precisava de uma esposa americana para ficar nos Estados Unidos, porém, abandonou Samantha depois de alguns anos para se casar com a namorada do colégio. A carreira de atriz não progrediu, então, ela começou a trabalhar como garota de programa de luxo — uma profissão facilitada pela beleza que possuía. Certa vez, caiu de um cavalo e sofreu lesão nas costas, o que resultou no uso de morfina, além de barbitúricos, maconha e cocaína. Em 1980, com quase 40 anos de idade, ela se casou pela quarta vez, após um namoro de dez dias, mas o casamento durou apenas alguns dias a mais do que o namoro — devido ao ciúme do homem. Ao perceber que a beleza não duraria para sempre, ela procurou um "coroa ricaço" e se envolveu com um homem trinta anos mais velho, Robert Sand, um magnata da indústria madeireira que estava confinado a uma cadeira de rodas devido a esclerose múltipla. O homem se envolvia frequentemente com prostitutas e, no início, Samantha era seu "hábito" semanal de 800 dólares. Ela oferecia sexo e massagens, mas a despesa levou o contador do empresário a sugerir que ele simplesmente se casasse com ela. Então, em uma união incomum, Samantha se casou para ter dinheiro; Sand se casou para economizar dinheiro. Essa parecia ser a resposta aos sonhos de Samantha — mas Robert era um voyeur que a obrigava a posar nua em sessões de fotos e a andar nua pelo apartamento chique no Rancho Mirage. Ele também a obrigava a ficar em casa como sua bela escrava sexual, que era quase tudo o que ela havia sido desde os 15 anos. Um dia, em maio de 1981, ele exigiu que ela fosse até o quarto para cumprir "deveres" sexuais, e Samantha finalmente se rebelou. Ela pegou uma faca e esfaqueou o marido 27 vezes; o coração e a aorta foram perfurados. O ato foi considerado um assassinato motivado por ódio e raiva reprimidos. Ela tentou fingir que alguém havia invadido a casa e matado Robert, mas a polícia rapidamente descobriu a verdade. Ela foi acusada de homicídio qualificado e sentenciada a 26 anos de prisão. Samantha saiu sob fiança por um tempo e conheceu outro homem mais velho, Joe Mims, que a achou irresistível e se tornou o sexto marido, em março de 1982. Mims pediu anulação do casamento, porém, ainda apaixonado por ela, foi até o presídio quatro anos depois, para se casar novamente com Samantha. No entanto, sofreu um ataque cardíaco fatal.[1110]

Na prisão, Samantha — que então voltou a se chamar Andrea — se converteu ao budismo. Ganhou prêmios pelo trabalho artístico que realizava e se casou pela sétima vez, com Rick Jackson, com quem havia feito amizade, e teve permissão para visitas conjugais por um breve período. A união durou cerca de sete anos. Jackson escreveu uma carta ao Conselho Prisional da Califórnia, em que solicitava a liberdade condicional de Andrea. Ela estava com 71 anos na época. Jackson mencionou os dois filhos de Andrea, um em Los Angeles e outro no Havaí, dos quais ela ainda era próxima, além dos vários netos. Graças em parte à carta de Jackson, Andrea recebeu liberdade condicional em 2012. Ela morreu mais tarde de câncer de ovário em um hospital de convalescença.[1111] Andrea, também conhecida como Samantha Sand, não é um exemplo de uma pessoa com o hábito de cometer atos de natureza maligna, mas, sim, um exemplo de como alguém que tinha a capacidade e os atributos de levar uma vida normal e socialmente aceitável pode ser prejudicado pela crueldade de outros e, em algum momento, alterada por um acesso de desespero e raiva, pode ceder ao impulso homicida, sem premeditação. Ela sofreu mais mal, nas mãos do primeiro e quinto maridos, do que causou a qualquer um. Sendo assim, ela seria designada para o **Padrão 6** do Índice da Maldade.

Nascido em 1941, no mesmo ano que Andrea/Samantha Sand, Joel **Steinberg**, devido ao assassinato de Lisa, sua filha de 6 anos adotada ilegalmente, se tornou a "face definitiva do mal".[1112] Michele Launders, mãe solteira, desejava que a filha fosse adotada por uma família adequada e contratou o advogado Joel Steinberg para tomar as providências. Em vez disso, ele levou a criança para casa, onde foi criada por Steinberg e pela companheira, Hedda Nussbaum. Steinberg abusava fisicamente de Hedda havia muito tempo; ele feriu o rosto dela a tal ponto que mal era reconhecida por amigos antigos. Hedda tinha cicatrizes, crostas e vergões por todo o corpo devido aos espancamentos do companheiro. Steinberg estava fortemente sob a influência de crack na época em que bateu na cabeça de Lisa, de 6 anos, e saiu do apartamento para ir até uma festa com amigos. Enquanto Hedda ficou no apartamento, sem fazer nada por horas, a criança morria no chão do banheiro devido a lesões cerebrais. Ao ser levada para o hospital, já estava com morte cerebral, não demorando a ser retirada do respirador artificial e declarada falecida. Hedda havia sido vítima de violência doméstica elevada ao nível do que viria a ser chamado de síndrome da mulher espancada. A sentença de Steinberg, ao ser preso e julgado, foi de apenas oito anos e meio a 25 anos na prisão estadual, uma vez que o júri foi incapaz de condená-lo por homicídio doloso.[1113] Na época, ele não expressou remorso pelo que havia feito a Lisa ou Hedda — ou a Michele Launders, cujo bebê pegou ilegalmente e destruiu. Podemos nos perguntar o que uma menina de 6 anos poderia ter feito para causar tamanha fúria, a ponto de um homem de 80 kg esmagar o crânio dela com o punho? Existem atos que identificamos imediatamente como malignos, mas as raízes, as fontes do transtorno de personalidade que predispõem indivíduos a atos como esse muitas vezes permanecem insondáveis, como no caso Steinberg. Não podemos esperar que um homem na casa dos setenta e tantos anos finalmente revele os motivos que permaneceram ocultos por tanto tempo. Por matar alguém que representava impedimento para um objetivo pessoal, Steinberg seria classificado no **Padrão 10** do Índice da Maldade. Na noite do assassinato, a pequena Lisa teria "encarado" o pai adotivo e, ao perguntar inocentemente se poderia jantar com ele, atrapalhado seus planos.

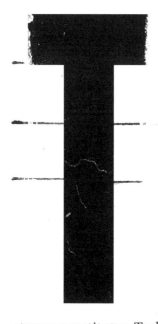O assassino-torturador do **Padrão 22** do Índice da Maldade, Gary <u>Taylor</u>, mesmo em fotos normais em artigos ou livros, tem um ar de insolência e desprezo. Seu comportamento era ainda mais assustador do que parecia. Nascido em uma família operária de Detroit em 1936, praticou bullying desde os primeiros dias na escola. Aos 11 anos, era violento com os colegas. Quando tinha 13 ou 14 anos, agredia mulheres verbalmente ou jogava objetos nelas. Em algumas, atirava com chumbinhos de sua arma de pressão enquanto elas esperavam os ônibus. Ele alegou que a mãe tentava seduzi-lo e que o pai o punia fisicamente. Ele teria quase assassinado uma mulher aos 18 anos, porém, no julgamento, foi liberado pelo júri por causa de um álibi, ao que parece, falso. Ele também atacava prostitutas. Taylor tinha contatos homossexuais e heterossexuais e parecia ambivalente em relação à própria sexualidade. Aos 21 anos, foi declarado "louco" em Michigan pelo que, naquele estado, era estranhamente considerado "impulso irresistível" — ou seja, o impulso de atacar a tiros e estuprar vítimas femininas. Ele foi enviado para o Hospital Estadual de Ionia para criminosos insanos e, dois anos depois, transferido para a Clínica Lafayette. Ao receber liberdade para frequentar um curso de soldagem como parte da "terapia ocupacional", ele se passou por um agente do FBI e estuprou uma mulher, sendo enviado de volta para Ionia. Ele abusava do álcool, que parecia ampliar os impulsos assassinos. Aos 34 anos, foi reavaliado e declarado "são". Três anos depois, após novos atos de agressão, Taylor foi enviado para o Centro de Psiquiatria Forense em Ypsilanti. Dois anos depois, o diretor do hospital considerou Taylor "sociopata", mas de baixo risco se devolvido à sociedade, desde que ele tomasse Dissulfiram, um medicamento para desencorajar o consumo de álcool, e visitasse o hospital periodicamente. É claro que Taylor não fez nada disso. Ele se casou com Helen Mueller, a secretária do advogado de defesa, e montou uma câmara de tortura à prova de som em casa, sem que a esposa soubesse. Naquele espaço secreto, passou a estuprar, mutilar e matar mulheres que sabia ou acreditava que eram prostitutas. Ele enterrou algumas das mulheres no quintal. Taylor era um vigarista sem traço

de compaixão ou remorso. Enfim, foi condenado à prisão perpétua em Wyoming. A esposa o deixou em 1974.[1114] A criação de uma sala ou câmara de tortura na própria casa é um fenômeno relativamente novo. Houve a "farmácia" do dr. Herman Mudgett em Chicago na década de 1890, mas a maioria dos exemplos surgiu nos últimos cinquenta anos, principalmente entre assassinos em série, como Westley Dodd, Robert Berdella, Leonard Lake e David Parker Ray. No livro, analisamos homicídio com motivação sexual praticado em série, que, em muitos casos, representa uma reação contra a "ousadia" das mulheres nos anos pós-1960, que hoje desfrutam de mais oportunidades de trabalho e têm direito ao aborto e acesso a métodos anticoncepcionais. Isso costuma diminuir o poder de certos homens controladores e abusivos, principalmente da classe operária, sobre as companheiras.[1115] Gary Taylor, sem dúvida, se encaixaria nesse grupo.

Fred **Tokars** nasceu em 1957 em uma família húngaro-americana privilegiada. O pai era médico, e Fred se tornou advogado. Ele se formou em uma faculdade de direito qualquer e, em seguida, obteve um PhD em uma fábrica de diplomas na Costa Oeste, passando a se autodenominar dr. Tokars. Em 1985, se casou com Sara, cujo nome de batismo era Ambrusko, filha de um cirurgião de Buffalo. Eles tiveram dois filhos, Rick e Mike. Fred era um homem controlador, que impedia que a esposa tivesse cartões de crédito ou uma conta corrente. Ele pagava tudo em dinheiro, para driblar o Imposto de Renda. Com frequência abusava de Sara fisicamente, fez uma vasectomia secreta após o nascimento do segundo filho e contratou um seguro de vida de 250 mil dólares no nome da esposa, sendo ele o beneficiário. Fred se tornou um advogado "desonesto" e defendia traficantes — ele mesmo abusava de cocaína — e criminosos em acordos duvidosos que rendiam enormes quantias de dinheiro. Tinha explosões de raiva imprevisíveis e gritava frequentemente com Sara, que, então, contratou um investigador particular para confirmar se Fred a traía. Ao descobrir a combinação do cofre do marido, Sara descobriu atividades ilícitas de lavagem de dinheiro além de outra apólice de seguro de vida, no valor de 1,750 milhões de dólares, da qual, novamente, era o beneficiário. Duas forças convergiram: Sara tentou se divorciar e expor os negócios ilegais e Fred contratou um assassino profissional em 1992, que atirou em Sara assim que ela abriu a porta de casa; Sara morreu na frente dos filhos. Porém, ela havia enviado cópias dos documentos incriminadores às autoridades. Fred foi detido por assassinato e, no julgamento, os documentos foram disponibilizados, o que auxiliou na condenação. O veredicto foi proferido cinco anos depois, em 1997: prisão perpétua sem liberdade condicional. Talvez ele ainda irradiasse um pouco de charme: dez membros do júri votaram pela pena de morte, mas duas mulheres recusaram.[1116] Ele seria classificado no **Padrão 14** do Índice da Maldade — pelo menos, se considerado o período em que estava engajado no crime. Em retrospecto, a atitude das duas mulheres pode ter sido mais relevante do que parece, pois a história termina de modo mais positivo do que começou. Hoje, vinte anos depois da condenação, Tokars usa as habilidades jurídicas para o bem, ao invés de empreendimentos malignos. Ele ajudou a resolver seis casos de assassinato e prestou testemunho que levou um homem ao corredor da morte e outro à prisão perpétua. Está no programa de proteção a testemunhas do governo federal, e seu nome foi apagado dos registros da prisão. Mora sozinho em uma cela, acompanha as notícias e se comunica com amigos em algumas ocasiões. Ele se tornou religioso e, ao ajudar o governo a processar assassinos difíceis de condenar, espera deixar um legado benéfico aos filhos, para compensar o fato de ter tirado a vida da mãe deles.[1117]

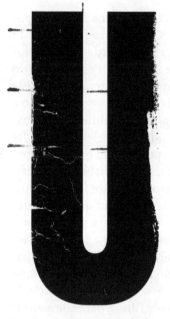

Jack **Unterweger** nasceu na Áustria em 1950, pouco depois da Segunda Guerra Mundial, filho de um soldado americano — talvez Jack Becker ou Donald van Blarcom; a paternidade nunca foi confirmada — e de uma garçonete vienense. Ela foi presa por fraude e roubo, e Jack foi enviado para morar com o avô materno, Ferdinand Wieser. Wieser morou por vinte anos com Maria Springer; a ajudou a criar Jack até os 7 anos. Durante a adolescência, Jack cometeu furto, fraude e roubo; aos 20 anos, pressionou uma garota a se prostituir. Aos 24 anos, cometeu o primeiro homicídio ao matar Margaret Schäfer, e foi condenado inicialmente à prisão perpétua. Porém, a sentença foi rebaixada para quinze anos, depois que ele alcançou certa notoriedade com um livro que escreveu na prisão, intitulado *Fegefeuer oder die Reise ins Zuchthaus* [Purgatório, ou Jornada na Prisão]. O livro era cheio de mentiras e omissões. Não havia referência ao assassinato, apenas ao roubo, como se fosse o motivo de ele ter sido preso. Unterweger foi celebrado pela imprensa esquerdista, pela contracultura e por jornalistas de tendência socialista. O livro ganhou uma adaptação cinematográfica e várias pessoas defenderam a causa, como se ele fosse um homem reformado sem inclinações assassinas. Havia insistência e pressão social pela libertação de Unterweger, concedida em maio de 1990. Ele imediatamente usou o carisma para conquistar simpatizantes e namoradas jovens, e iniciou a carreira de homicida com motivação sexual praticado em série. Sequestrou, sodomizou, amarrou com ataduras, estrangulou e assassinou mais seis prostitutas nos Bosques de Viena. Então, com a justificativa de que desejava estudar os distritos da luz vermelha da América, como se fosse um psicólogo social com "interesse científico" em mulheres decaídas, ele assassinou mais três prostitutas em Los Angeles. Graças ao charme e à facilidade para mentir, dois de seus vários traços psicopáticos, ele foi capaz de enganar muitas pessoas em cargos importantes na Áustria, incluindo psiquiatras, que garantiram ao público que Unterweger desenvolvera remorso genuíno durante os quinze anos na prisão. Diziam que, aos 39 anos — idade que tinha quando foi solto, em parte graças aos argumentos persuasivos do público —, ele havia "superado"

a hostilidade em relação às mulheres, provavelmente um resultado do ódio à mãe. Portanto, continuavam, Unterweger nunca mais voltaria a matar. Vários jornalistas, alguns do sexo feminino, também defenderam a causa até o fim. Unterweger estava livre para levar uma vida dupla, em que conquistava namoradas jovens, uma depois da outra, com quem fazia sexo — muitas vezes sexo pervertido que envolvia servidão. Dizem que ele teve relações sexuais com literalmente dezenas de mulheres, talvez cinquenta, durante o primeiro ano após a libertação, em 1990. Enquanto isso, caçava prostitutas nos bairros de luz vermelha de Viena, Graz e outros lugares. Ele assassinou seis mulheres, até ser finalmente preso — sem contar as três em Los Angeles, durante o mês que passou lá. Por fim fugiu para Los Angeles porque ficou preocupado com o fato de a polícia de Viena suspeitar que ele era o "Assassino dos Bosques de Viena". Isso porque ele estrangulou cada prostituta com o próprio sutiã, amarrado de uma forma intrincada e incomum, que equivalia a uma "assinatura" do assassino, conceito descrito anteriormente neste livro. Pessoas do meio literário pagavam grandes quantias a Unterweger por seus livros, histórias e artigos para revistas. Isso permitia que vivesse uma vida de luxo — embora gastasse muito mais do que recebia. Ele se vestia de forma chamativa, como um cowboy ou dândi, e dirigia um carro esporte. Em seu livro mais célebre, descreveu o avô como alguém extremamente abusivo. A madrasta Charlotte, então, o acusou publicamente de mentir; ele fingiu que não a reconheceu e a expulsou. Unterweger começou a coagir as namoradas a se prostituírem, com a alegação de que estava sem dinheiro — o que provavelmente era verdade — e, portanto, precisava que elas se tornassem "acompanhantes" ou dançarinas "go-go" para que pudessem sobreviver. Uma das garotas passou a dançar com relutância quando o casal partiu para Miami. Foi quando Unterweger começou a sentir que a "pressão" das suspeitas havia aumentado. A garota era Blanca Mrak, eslava, 17 anos, que havia sido seduzida por Unterweger. Ele a isolou da família, sugeriu que praticassem servidão sexual e pediu a garota em casamento. Ela aceitou, mas nunca se casaram; talvez a proposta fizesse parte de uma artimanha, visto que, como esposa, ela não poderia testemunhar contra ele. Unterweger teve uma filha aos 20 anos, Claudia, depois de engravidar uma menina de 16. Finalmente foi preso e, na época, Claudia tinha dois filhos. Em 1990, houve uma tentativa de assassinato — de uma prostituta que amarrou e sodomizou na floresta de Graz. Quando ela gritou, Unterweger, contra seus hábitos, deixou que fugisse. A mulher contou a história aos investigadores em 1992, o que aumentou as suspeitas de que

Unterweger era realmente o Assassino dos Bosques de Viena. Quando a polícia de Viena finalmente obteve mandados de busca, encontraram vários tipos de parafernália de assassinato no apartamento dele, junto de uma lista de endereços de quarenta mulheres com quem ele fez sexo após a libertação — sem contar as namoradas e jornalistas que seduziu, mas não feriu — com descrições das relações com cada uma. Quando Unterweger foi levado à justiça, as pessoas que o haviam defendido ficaram espantadas com a forma como foram traídas e enganadas, embora alguns ainda se recusassem a acreditar que ele era culpado. Na cela, fez um laço com tiras das roupas de presidiário e se enforcou no primeiro dia da sentença. Unterweger era um psicopata clássico do tipo charmoso/vigarista, e também um sádico sexual, que experimentava prazer orgástico ao estrangular e matar as vítimas. Algumas mulheres ele estrangulava, soltava e estrangulava novamente — como forma de tortura, ao deixá-las sem fôlego por um tempo antes de finalmente eliminá-las.[1118] Visto que Unterweger era um assassino em série que praticava tortura não prolongada, a classificação mais apropriada no Índice da Maldade seria o **Padrão 18**.

Nascido em 1955 em Eugene, Oregon, Allen William **Van Houte** mudou legalmente o nome trinta anos depois, enquanto morava no Havaí, para disfarçar suas práticas ilegais. Tornou-se Allen Blackthorne, se mudou para San Antonio e deixou 300 mil dólares em dívidas.[1119] Uma década depois, foi preso por encomendar o assassinato da ex-esposa, Sheila Bellush. Allen e Sheila tiveram duas filhas, Stevie e Daryl, que foram adotadas pelo segundo marido de Sheila, Jamie Bellush, com quem ela se casou após se divorciar de Allen. Na época, Allen havia desistido da requerer a guarda das duas meninas. Sob o novo nome, Allen gastou 54 mil dólares para contratar assassinos para matarem Sheila, que, na época, tinha dado à luz quadrigêmeos. Ela foi morta em 1997, deixando um total de seis filhos. Allen foi preso pelo assassinato, e no julgamento, a filha Stevie, com 13 anos na época, testemunhou que havia encontrado a mãe morta no chão da cozinha em uma poça de sangue.[1120] Susan havia levado um tiro na bochecha e a garganta havia sido cortada. Em casos em que um assassino é contratado para "fazer um serviço", não é raro existir uma longa cadeia de comando. Allen pediu ao colega com quem jogava golfe, Daniel Rocha, que o ajudasse a encontrar a pessoa certa. Rocha teria pedido ajuda a Sammy Gonzales. Sammy procurou o primo, Jose Luis Del Toro, para que cometesse o assassinato. Del Toro confessou e implorou por misericórdia, mas recebeu sentença de prisão perpétua. Allen também recebeu sentença de prisão perpétua e foi preso em Terre Haute, Indiana, onde morreu em 2014 aos 59 anos. A causa da morte não foi divulgada. Os dezessete anos que passou na prisão foram os únicos em sua vida isentos de turbulência. Os primeiros anos foram tão terríveis que ninguém teria ficado surpreso se ele tivesse levado uma vida de crimes violentos de forma integral e cometido muitos mais atos malignos além de encomendar o assassinato da ex-esposa. Também precisamos levar em consideração certos fatores atenuantes que serviram de contrapeso ao resultado de outra forma "esperado". Os pais, Guy e Karen, foram namorados de colégio e se casaram depois da formatura, mas se divorciaram enquanto Karen estava grávida. O pai de Allen desapareceu por dezesseis anos. Certa vez,

Karen supostamente segurou o braço de Allen sobre a boca do fogão e, em outra ocasião, teria jogado gasolina nele e ameaçado atear fogo. Depois de supostamente sofrer muitos espancamentos da mãe, Allen foi morar com os avós na fazenda no Oregon; os avós o consideravam perturbador e manipulador. Às vezes, ele passava algum tempo na casa da mãe, mas ela o espancava a ponto de ele ter sido hospitalizado várias vezes, como quando ela o golpeou na cabeça com uma tábua depois que ele deixou o triciclo atrás do carro. Quando Allen tinha 21 anos, a mãe tentou suicídio com uma espingarda. Ela sobreviveu, mas perdeu um braço — ao acordar da anestesia, disse ao filho que ele era o culpado por todos os problemas dela. Allen raramente viu a mãe depois disso. Mais tarde, voltou para a casa do pai, porém, os dois se tornaram rivais, ao invés de desenvolver uma boa relação pai-filho. Aos 18 anos, Allen ingressou no Exército, depois de se casar pela primeira vez. Foi dispensado alguns meses depois. Allen se divorciou em 1982, aos 27 anos, e, no ano seguinte, se casou com Sheila, a mulher que mataria. Durante a vida, Allen iniciou vários negócios, alguns bem-sucedidos, mas enfrentou desafios em várias ocasiões devido a transações ilegais. Chegou a ser rico, depois faliu, enriqueceu novamente; na época do julgamento, era milionário. Ele mudou o nome para Blackthorne aos 31 anos, em parte para despistar os credores.[1121] Houve ocasiões em que espancou Sheila. Foi condenado por agredi-la em 1987; na época do divórcio, passou um ano em liberdade condicional pelo crime. Allen se casou novamente em 1994, com Mary Weingeist, com quem teve mais dois filhos, antes de ser preso três anos e meio depois. Esse casamento foi mais harmonioso.[1122] Pelo fato de ter matado alguém "que atrapalhava", Allen seria classificado no **Padrão 10** do Índice da Maldade.

Em retrospectiva, é possível que alguma combinação de elevado nível de inteligência *e* dotes genéticos — que pode ser simplesmente pouca predisposição a um nível baixo de empatia e a outros traços psicopáticos — tenha permitido que Van Houte/Blackthorne tivesse uma "vida ruim" melhor do que, digamos, a do assassino em série Lawrence Bittaker. Lawrence também era inteligente, com QI muito elevado de 138,[1123] e ambos os homens tiveram pais biológicos com vidas claramente antissociais e personalidades psicopáticas, portanto, talvez Allen possuísse algum traço genético obscuro que explicasse a diferença.

 Rachelle **Waterman** nasceu na pequena cidade de Craig, no Alasca, em 1989, filha do corretor de imóveis Carl e de Lauri, auxiliar de professora. A mãe desapareceu em novembro de 2004, quando Rachelle tinha 15 anos, e foi encontrada por policiais estaduais, morta dentro de um carro, com o corpo completamente queimado. Ela foi identificada na autópsia por odontologistas forenses, que tiveram acesso aos prontuários dentais. A suspeita recaiu sobre dois homens: Jason Arrant, zelador da escola de Rachelle, e Brian Radel. Ambos estavam na casa dos 20 anos e haviam dormido com Rachelle em várias ocasiões. Jason estava profundamente apaixonado por Rachelle, o que inspirou o título de um livro sobre o caso, *Love You Madly* (Te amo loucamente), de Michael Fleeman.[1124] Jason era considerado pouco atraente e acima do peso, o que provavelmente o tornava mais vulnerável à afeição de uma garota jovem e bonita que lhe dava muita atenção. Ela se queixava com Jason de que a mãe era muito rígida — mas ia além e inventava histórias sobre abusos cometidos por ela. Rachelle queria usar um vestido japonês de veludo preto no baile de primavera do colégio, mas Lauri teria dito que ela era "muito gorda e feia" para usar um traje como aquele e teria vetado a ideia. Dizia haver sido "mordida" pela mãe e pressionada a ir a um "acampamento de gordos" para perder peso. Em geral, era excelente aluna, mas, caso tirasse nota baixa em alguma matéria, sofria fortes críticas de Lauri. É claro que estamos à mercê das alegações de Rachelle. A mãe está morta e não resta ninguém para confirmar ou refutar as acusações. É válido mencionar que as fotos de Rachelle ao lado da mãe deixam claro que ela era uma jovem saudável, nem um pouco "gorda" ou "feia". Em meados de junho de 2004, Lauri brigou com a filha por algo que não foi mencionado no livro de Fleeman. Ela chamou a mãe de "vadia psicopata" e fugiu para a casa de uma amiga durante a noite. Rachelle ficou de castigo por três dias e passou a odiar a mãe ainda mais. Ela disse às pessoas que havia sido empurrada escada abaixo por sua mãe. Depois que o corpo da mulher foi identificado, a polícia confiscou o computador de Rachelle para procurar qualquer indício de possível cumplicidade.

Nenhuma mensagem incriminadora foi encontrada. No ano anterior, as pessoas perceberam que Rachelle havia começado a usar roupas pretas e a pintar as unhas de preto; ela desenvolveu interesse em Wicca, uma forma de paganismo moderno, encontrada com frequência na supramencionada subcultura gótica, que encoraja os praticantes a colocar "feitiços" em pessoas de quem não gostam. Jason acreditava em tudo o que Rachelle dizia — mentiras, exageros, verdades, qualquer coisa. Ele disse ter visto hematomas no corpo de Rachelle, como se a mãe a tivesse empurrado escada abaixo. É provável que Rachelle tenha inventado essa história para estimular a fúria de Jason com a "maldade" de Lauri, para que o assassinato fosse justificado. Ele acreditou mesmo quando Rachelle comentou que os pais desejavam vendê-la como escrava. Brian, que também era enganado pelas histórias de Rachelle, concordou em matar Lauri, mas sentiu que deveria ser o principal responsável pelo plano, pois, na opinião dele, Jason não tinha a "firmeza" (ou seja, "colhões") para cometer assassinato. Então, uma noite, quando o sr. Waterman estava em uma viagem de negócios, Brian invadiu a casa, entrou no quarto de Lauri e imobilizou-a com fita adesiva. Ele a carregou até o carro, colocou-a no banco traseiro e disse para Jason dirigir até um local remoto. A dupla jogou gasolina na mulher e ateou fogo. Brian obrigou Lauri a beber uma garrafa inteira de vinho antes de levá-la até o carro, para que o assassinato parecesse um acidente causado por embriaguez. Ele não levou em consideração que, se o corpo fosse carbonizado a ponto de restar apenas ossos, não haveria evidência de intoxicação por álcool. Por fim, a polícia percebeu a probabilidade de Jason e Brian estarem envolvidos. A princípio, Jason negou ter desempenhado qualquer papel no assassinato, mas, enfim, confessou e admitiu que, sim, ele sentia que Lauri precisava morrer. Então, Brian finalmente reconheceu que desempenhou um papel importante no assassinato. No julgamento, Jason foi condenado a cinquenta anos de prisão; Brian, como principal instrumento do assassinato, recebeu 99 anos. Rachelle ficou detida durante o intervalo da captura e a conclusão do julgamento — um período de dois anos e meio. O juiz não considerou a situação como caso de homicídio doloso, mas como "homicídio culposo em razão da negligência". Rachelle foi libertada por tempo servido. Ela, enfim, desapareceu — alguns pensam que tenha ido para a Flórida. Isso representa um sério erro da justiça. A lei parece não ter alcançado os novos tempos: por exemplo, assassinatos que foram planejados, induzidos ou causados pela influência de alguém sobre outra pessoa, que mata em nome do próprio "autor", para eliminar a vítima. Foi o caso de Clara Schwartz, já mencionada, que convenceu um jovem a matar o pai dela.

Crimes desse tipo são bastante novos e muitas vezes dependem de internet e mensagens de texto em telefones celulares, sendo fácil preservar o anonimato ou inventar boatos maldosos, de modo a induzir a crença de que o alvo realmente merece morrer, como se o indivíduo prestasse um serviço valioso ao livrar a comunidade de uma pessoa "terrível" e "má". As mulheres são mais propensas a induzir esses sentimentos em um homem crédulo, ao se passar por membros do "sexo frágil", "vulneráveis" às influências maléficas de um indivíduo cruel — como a mãe de Rachelle ou o pai de Clara — e "incapazes" de lidar com os agressores sozinhas. São raras as ocasiões em que um homem consegue influenciar uma mulher para que ela faça o trabalho sujo, como no caso de Joey Buttafuoco, em 1992, que supostamente manipulou Amy Fisher, de 16 anos, a adquirir uma arma e atirar na esposa dele, Mary Jo, que sobreviveu.[1125] A questão é que o caso Waterman envolveu uma jovem que influenciou um homem — na verdade, dois homens — a fazer algo que poucas mulheres conseguiriam fazer por conta própria: subjugar a mãe, amarrá-la, carregá-la até o carro e colocá-la no banco de trás. Isso pode ser interpretado como "coisa de homem", já que erguer peso exige força física considerável. Basta pensar no balé. Quantas vezes você viu um dançarino erguer uma bailarina sobre a cabeça? E quantas vezes viu uma bailarina erguer o parceiro sobre a cabeça? Quanto a Rachelle, como ela poderia matar a mãe e escapar impune? Aos 15 anos, onde ela compraria uma arma, mesmo no Alasca? Ou como poderia adquirir um galão de gasolina, ou dirigir um carro e colocar o corpo da mãe dentro? Em vez disso, ela confiou na influência que poderia exercer por meio de favores sexuais — a um homem pouco atraente e sem traquejo social, vários níveis abaixo do status social dela — para ver seu intento executado. Rachelle provavelmente seria melhor classificada no **Padrão 10** do Índice da Maldade. Ela não exibia sinais incontroláveis de psicopatia, mas desejava urgentemente se livrar de alguém que "atrapalhava". O leitor lembrará que a décima posição no índice também coube a Susan Smith. Ela é a mulher que prendeu os filhos dentro do carro e empurrou o veículo para um lago, para que pudesse se casar com o filho do patrão que administrava a fábrica onde ela trabalhava. Pode-se argumentar que matar os filhos por um motivo egoísta é mais repugnante do que matar a mãe. Se não fosse pela manipulação de Jason e Brian, Lauri não seria assassinada, portanto parece um mero sofisma considerar Rachelle "menos culpada" do que os homens apenas porque não foi ela quem ateou fogo à mãe.

Existem alguns homens — é comum que sejam homens — que pertencem ao grupo de assassinos com sadismo extremo, cujos primeiros anos de vida pareciam comuns e banais. Esse foi o caso de Eric **Williams**, que concluiu a faculdade de direito e se tornou juiz de paz no condado de Kaufman, perto de Dallas, Texas. Ele esperava se tornar juiz e ficou aborrecido por ter que se contentar com o cargo de menor prestígio. Porém, mesmo como juiz de paz e advogado, a renda era substancial; ele e a esposa, Kim, viviam luxuosamente. Eric sentia orgulho, a ponto de ser arrogante, de pertencer à Mensa, uma sociedade para indivíduos com QI alto de pelo menos 138, o que representa 2% da população em geral. Kim desenvolveu artrite reumatoide, tratada (de forma inadequada) com opiáceos, e se tornou viciada. Eric deixou claro que não queria filhos, e avisou Kim que se divorciaria se ela engravidasse. Kim estava ciente de um hábito desagradável do marido: o prazer em matar gatos. Ela também estava preocupada com a obsessão dele por armas. Ele tinha 47 pistolas e rifles em casa — mais um arsenal do que uma coleção. As ambições de Eric chegaram ao fim quando, aos 44 anos, em 2011, ele foi flagrado ao roubar três monitores de computador do escritório do juizado. Ele foi preso pelo crime. Eric não podia mais exercer a advocacia e teve que abrir mão do título. Mark Hasse e Mike McLelland, promotores no caso, se tornaram inimigos jurados de Eric. No julgamento, Hasse descreveu Eric como narcisista com delírio de grandeza. Para ele, um homem que ocupava um cargo público e cometia um crime deveria ser considerado "maligno".[1126] Eric começou a tramar um complô para matar Mark Hasse, convencido de que poderia executar o plano e não ser descoberto. Ele precisava da ajuda de Kim, que, no início, recusou, mas foi ameaçada por Eric, que disse: "Você é minha esposa. Você vai me ajudar. Senão, eu vou matar sua mãe, seu pai, e depois te dou um tiro".[1127] Eric também planejou matar Mike McLelland e a esposa dele como parte da conspiração, que, acreditava, não seria descoberta. Ele alugou um compartimento enorme para guardar as suas 47 armas de fogo, bem como o carro de fuga que comprou para a ocasião, que depois poderia ser armazenado e, portanto, jamais encontrado. Eric usou camuflagem e atirou primeiro em Mark, que seguia a pé para o trabalho. As pessoas estavam cientes do ódio que Eric nutria por ambos os promotores, portanto, Eric foi interrogado em casa. Afinal, Mike havia chamado Eric de "psicopata narcisista". A artimanha de Eric foi atender a porta com o braço direito em uma tipoia — feita especialmente para a ocasião — na tentativa de se fazer passar por alguém que não poderia ter disparado uma arma. Nenhum registro foi encontrado de que Eric havia sofrido lesão no braço ou de que havia ido a um ortopedista, mas recebeu o benefício da dúvida. Então, um dia, pela manhã, Eric foi até a casa de McLelland — a esposa dirigiu o carro. Mike havia se preparado para a fúria assassina de Eric, estava armado e tinha espalhado armas por toda a casa, porém, foi pego de surpresa por Eric e assassinado.[1128] Eric também atirou na esposa, Cynthia, com vários disparos no torso e, enquanto ela sangrava no chão, atirou na cabeça dela, como golpe de misericórdia. Como costuma acontecer com "crimes perfeitos", houve falhas. A instalação onde Eric guardou as armas foi descoberta, e fragmentos de bala no local do crime combinavam com armas que Eric possuía. Eric e Kim foram presos. No julgamento, Eric, que seria classificado no **Padrão 15** do Índice da Maldade, foi condenado e sentenciado à pena de morte — pelos múltiplos assassinatos a sangue-frio. Kim, que havia sido cúmplice, apesar de relutante, finalmente deu início ao processo de divórcio e poderia testemunhar contra Eric. Ela não tinha ousado contar às autoridades sobre os planos assassinos de Eric porque ele não lhe permitia ficar sozinha e monitorava todos os telefonemas e atividades no computador dela. Kim foi condenada a quarenta anos de prisão.

Nesta altura cabe revisar os critérios diagnósticos para transtorno de personalidade sádica (TPS). Embora a condição não esteja incluída nas últimas edições do *Manual Diagnóstico e Estatístico de Transtornos Mentais* da American Psychiatric Association, a terceira edição revista de 1987 (*DSM-III-R*) registra as seguintes características:[1129] (a) Uso de crueldade física para estabelecer domínio nos relacionamentos; (b) humilhação ou menosprezo de pessoas na presença de terceiros; (c) tratamento ou disciplina de alguém sob seu controle com agressividade incomum; (d) prazer com o sofrimento psicológico ou físico de outrem, incluindo animais; (e) prática de mentir com o propósito de prejudicar ou infligir dor a terceiros; (f) fascínio por violência, armas, artes marciais, ferimentos ou tortura; (g) manipulação de pessoas para que façam a vontade do indivíduo, seja por meio de intimidação ou terror, e (h) restrição da autonomia das pessoas com quem o indivíduo tem uma relação próxima, por exemplo, não permitir que o cônjuge saia de casa desacompanhado.

A presença de pelo menos quatro dessas características basta para o diagnóstico. O motivo para a remoção do sadismo do *DSM* foi político. Mulheres que foram espancadas sentiam medo de que um advogado de defesa argumentasse: "Meritíssimo, meu cliente sofre de transtorno de personalidade sádica!", como se fosse de alguma forma uma desculpa. Infelizmente, o sadismo não desapareceu da sociedade. O TPS permanece relevante e útil em trabalhos acadêmicos sobre sadismo.[1130] De qualquer maneira, Eric Williams exibia todos os oito critérios — bem como outras das características mencionadas, exibidas frequentemente por homens que cometem assassinatos em massa: amargura, rancor, falta de resignação por ter sido "injustiçado" e mentalidade paranoica.

George **Woldt** cometeu um dos crimes mais horríveis da era atual. Ele era o mais velho de dois filhos de um veterano americano, William Woldt, e da esposa coreana, Song Hui. A família sempre havia sido disfuncional. William era alcoólatra e costumava abusar de George. Song Hui era esquizofrênica paranoica, e esperava que George fosse "perfeito". Ela ficava furiosa quando ele não atingia as exigências impossíveis. George era muito inteligente e tinha muitos amigos, mas era arrogante e exibia delírio de grandeza; dizia aos outros que era um "assassino contratado" ou alegava ter feito sexo com dezenas de mulheres. Na época da conclusão do ensino médio, engravidou a namorada, mas abandonou a garota antes do nascimento da criança. George ficou viciado em filmes pornográficos com foco em tortura e assassinato. A maioria das mulheres com quem namorou o considerava abusivo. Ele tinha uma fantasia dominante: ele encurralaria uma garota, ou encontraria um casal estacionado em uma parte remota do Colorado — onde ele morava — e sequestraria e estupraria a mulher, ou, se fosse um casal, estupraria a garota na frente do namorado e depois mataria os dois a pedradas. George passou a consumir um cardápio de drogas nessa época, incluindo maconha, álcool e LSD. Quando convidou os amigos a participar do uso de drogas e eles se recusaram, ele decidiu passar mais tempo com um sujeito que era bastante tímido e inexperiente com mulheres. Tratava-se de um conhecido do colégio, Lucas Salmon, um rapaz de uma família evangélica rígida cuja vida girava em torno da igreja. Lucas tinha vergonha de ser virgem aos 22 anos e se apegou a George com afinco; ele esperava que George arranjasse uma garota para que pudesse, enfim, fazer sexo, de preferência por estupro, já que lhe faltava confiança para seduzir uma garota para começar um relacionamento sexual. Uma noite em 1997, quando George tinha completado 21 anos, ele e Lucas de propósito avançaram com o carro na direção de uma motociclista, com a intenção de sequestrá-la e estuprá-la, mas ela percebeu o perigo e correu para um lugar seguro. Poucos meses depois, eles encontraram Jacine Gielinski, uma jovem de 23 anos que estava prestes a entrar em casa. Eles sequestraram a garota e a empurraram para dentro do carro de George, onde passaram a estuprá-la e torturá-la. George a estuprou primeiro. Lucas não conseguiu ter uma ereção. George o convenceu a se masturbar até ficar com o pênis ereto e, então, penetrar a mulher para que, enfim, perdesse a virgindade. Em seguida, eles tentaram assassinar a vítima com facas: de forma desajeitada, cortaram a garganta dela e a apunhalaram na área do coração. Mesmo assim, ela não morreu. A dupla, então, passou a pisar no estômago até Jacine sangrar e morrer. Eles enfiaram lama na vagina da vítima na tentativa de ocultar o sêmen, presumindo que, dessa forma, a polícia não poderia ser capaz de encontrar evidências de DNA para prendê-los. O "assassinato perfeito" fracassou quando várias testemunhas anotaram o número da placa do carro e telefonaram para a polícia. George e Lucas foram imediatamente capturados e presos; o QI de 134 de Lucas não foi o suficiente para enganar as autoridades. Foi descoberto que Lucas tinha fantasias pedofílicas. É curioso que o pai, sempre com a Bíblia debaixo do braço e divorciado da mãe de Lucas, era supostamente um pedófilo. No livro de Steve Jackson sobre a dupla[1131], a palavra "mal" aparece inúmeras vezes, sobretudo em relação a George. A natureza hedionda do assassinato foi usada para justificar a pena de morte. Os pais de Jacine eram a favor, assim como a maioria dos habitantes da cidade de Colorado Springs, onde o julgamento foi realizado. A maldade premeditada dos criminosos favorecia a ideia da pena de morte. George era visto como um predador sexual e psicopata. Por exemplo, ao cometer o crime, George perguntou a Lucas: "Você quer arrancar a buceta dela?". Isso foi antes da "ideia brilhante" da lama. A acusação alegou que George tinha "livre-arbítrio". A defesa argumentou que George sofria de "doença mental" por causa das "fantasias obsessivas de estupro" — além disso, um exame de imagem do cérebro de George revelou um pequeno depósito de cálcio. O júri votou a favor da pena de morte, mas o Colorado prevê um segundo julgamento para os casos de pena de morte, em que três juízes devem estar de acordo. Um juiz recomendou apenas uma sentença de prisão perpétua. Ao contrário de ganância ou vingança, motivos que estão por trás de vários casos de assassinato, esse estupro-assassinato foi cometido apenas para a satisfação momentânea de causar intensa dor e sofrimento a uma pessoa indefesa, o que justifica a classificação no **Padrão 22** do Índice da Maldade. A violação do corpo e da individualidade de Jacine Gielinski por George e Lucas está entre os piores exemplos de sadismo sexual na literatura — uma literatura que era escassa antes dos anos 1960. Uma das obras com a exposição mais completa — em imagens e palavras — sobre sadismo e assassinato sexualmente sádico é a do consultor de homicídios Vernon Geberth, tenente comandante aposentado do Departamento de Polícia de Nova York.[1132] O crime também se encaixa na definição de "mal" do filósofo Roger Scruton, que iguala o termo à desumanização da vítima.[1133]

Entre o povo Hmong, que fugiu do Laos após a conquista comunista de 1975, estava Kao **Xiong**, que foi para Sacramento com a esposa, Mai Thao. A situação da família era difícil: moravam em um apartamento de um quarto com cinco filhos pequenos, de 1 a 7 anos, e dois enteados mais velhos, de 9 e 14 anos. Xiong raramente trabalhava e tinha grande dificuldade de ganhar o suficiente para sustentar a enorme família. Em uma noite de dezembro de 1999, Xiong disse à esposa que queria comprar uma jaqueta de caça nova que custava 400 dólares. A esposa queria usar o dinheiro para comprar jaquetas para os filhos. O casal discutiu de forma agressiva, ao que tudo indica, e a esposa saiu de casa após a briga. Quando ela voltou, descobriu que Xiong havia matado todos os cinco filhos. Os dois enteados conseguiram fugir pela janela do banheiro. Xiong não tinha histórico de crimes violentos e nenhum registro criminal — embora fosse conhecido por ter temperamento explosivo. Ao que tudo indica, foi um assassinato impulsivo, não planejado.[1134] Xiong seria classificado no **Padrão 6** do Índice da Maldade, a designação para assassinos impetuosos e sem traços de psicopatia.

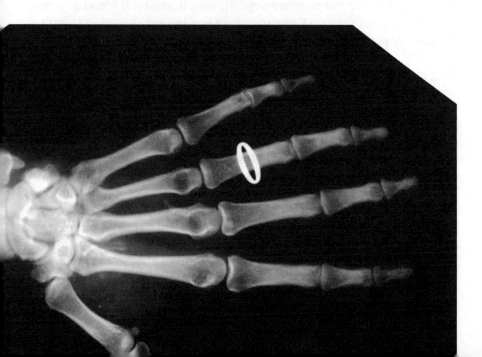

Graham **Young** nasceu em uma família de classe média em Londres, em 1947. A mãe morreu logo depois do parto e, três anos depois, o pai se casou outra vez. Young cresceu com ódio de Molly, a madrasta. Aos 9 anos, começou a ler sobre nazismo, magia maléfica e venenos. Young era esquizoide solitário, além de — embora isso só tenha ficado claro mais tarde — psicopata.[1135] Embora a expressão ainda não fizesse parte do vocabulário psiquiátrico durante os primeiros anos de vida de Young, ele provavelmente seria considerado um "jovem insensível e sem emoção".[1136] Ele se tornou fascinado por venenos e começou a matar gatos com toxinas diferentes para ver como funcionavam. Ele "se promoveu", por assim dizer, com o envenenamento de conhecidos — não tinha amigos — utilizando venenos que comprava em várias farmácias, com nomes falsos. Os venenos incluíam antimônio, atropina e tálio. Ele usou a atropina na irmã mais velha, Winifred, em 1961, quando tinha 14 anos. O pai suspeitou de Graham, mas não tomou nenhuma providência. Um ano depois, ele usou tálio para envenenar a odiada madrasta, depois de tentar agentes de ação mais lenta. Ela foi encontrada se contorcendo no jardim da casa, enquanto Graham olhava. Molly foi levada para o hospital, onde morreu algumas horas depois. Não houve suspeita de envenenamento. A morte foi atribuída a um colapso vertebral, e ela foi cremada, de forma que não seriam possíveis novas investigações. Graham também fez experiências com o pai, que também foi internado no hospital, onde os médicos puderam verificar que ele havia sido envenenado com antimônio. Novamente, o pai não tomou nenhuma atitude. Na verdade, foi o professor de química de Graham que denunciou o garoto. Ele informou a polícia quando descobriu vários venenos e artigos sobre o assunto na carteira de Graham na escola. Em maio de 1962 a polícia prendeu o rapaz, que admitiu ter envenenado a irmã e o pai, mas não a madrasta. Graham foi considerado um "criminoso com distúrbios mentais" e, aos 15 anos, foi enviado ao Broadmoor Forensic Hospital, supostamente por um período de quinze anos. Durante esse período, ele decorou a cela com fotos dos líderes nazistas. Pouco depois, outro prisioneiro morreu por envenenamento por cianeto. Graham havia perguntado ao pessoal do hospital como extrair cianeto das folhas do louro. Nenhuma providência foi tomada, e a morte do prisioneiro foi considerada "suicídio". Graham foi considerado "curado" e foi liberado aos 23 anos em 1971 — embora tenha dito a uma enfermeira que pretendia matar uma pessoa para cada um dos oito anos que esteve em Broadmoor. Ele realmente foi acusado de oito suspeitas de envenenamento no ano seguinte. Em 1971, Graham conseguiu um emprego, matou dois colegas de trabalho e envenenou outros. Graham via as pessoas como cobaias em potencial para seus experimentos. Uma das vítimas foi cremada, e, quando Graham finalmente se tornou suspeito, as cinzas do homem foram analisadas e testaram positivo para tálio. Foi a primeira vez que isso aconteceu na história da patologia forense. No final das contas, ele foi derrotado pelo próprio narcisismo, ostentação e arrogância, ao se gabar para vários policiais sobre o conhecimento que possuía sobre venenos e antídotos. Ao ser preso, foi enviado a Parkhurst, uma prisão normal de segurança máxima, na Ilha de Wight, reservada para os criminosos mais perigosos. Lá, Graham fez amigos, provavelmente pela primeira vez na vida. Um deles foi Ian Brady, o "Assassino das Charnecas" da Inglaterra, que, conforme mencionado brevemente em nossa discussão do Padrão 22 no Índice da Maldade, sequestrou e estrangulou várias crianças com a ajuda da companheira, Myra Hindley. Os dois se tornaram amigos, jogavam xadrez e compartilhavam a paixão pelos líderes nazistas. Graham passou a usar um bigode de Hitler. Ele morreu na cela em Parkhurst em 1990, aos 52 anos, talvez por suicídio, ao se envenenar — ou talvez envenenado por algum dos outros presos.[1137] Ian Brady, que desprezava a maioria dos seres humanos, principalmente aqueles que considerava assassinos em série de segunda categoria, como Arthur Shawcross e Richard Ramirez, admirava muito Graham Young.[1138] O dr. Jeremy Coid, proeminente psiquiatra forense de Londres, que entrevistou Brady, o chamou de "a pessoa mais narcisista que já conheci".[1139] Talvez Graham Young possa ser considerado o "gêmeo idêntico" de Brady — ambos eram narcisistas implacáveis por excelência, embora Young fosse classificado em uma posição inferior no Índice da Maldade, no **Padrão 16**, reservado para pessoas psicopatas que praticam múltiplos atos de violência.

Charles W. **Yukl** era filho de tcheco-americanos, nascido em 1935. O pai, que também se chamava Charles W., era trompetista, a mãe, Dorothea, pianista. Charles tinha um irmão, Tex, três anos mais novo. Os pais se divorciaram quando Charles tinha 7 anos, e ele e o irmão se mudaram para a Califórnia com o pai, que se casou novamente quando Charles tinha 13 anos. Charles tinha talentos musicais, como os pais. Com 4 anos, tocava piano e lia partituras ao mesmo tempo, e se tornou um pianista de ragtime na cidade de Nova York.[1140] Ele vinha de origens favoráveis — pais talentosos, bons recursos financeiros — porém, dois anos após o divórcio dos pais, começou a provocar incêndios, foi espancado e sofreu outras crueldades pelas mãos dos pais "perfeccionistas e exigentes".[1141] Aos 26 anos, ele se casou com uma estudante de fotografia dinamarquesa chamada Enken. Uma noite, cinco anos depois, quando morava no bairro de Greenwich Village em Manhattan, ele ligou para a polícia e disse que voltando de um passeio com o cachorro havia "encontrado" o corpo nu de sua pupila, Suzanne Reynolds, de 25 anos, em um apartamento vago no prédio. Charles foi interrogado na delegacia local, onde um dos detetives percebeu manchas nos sapatos e nas calças de Charles. Depois de horas de interrogatório, Charles admitiu ter discutido com a mulher e mais tarde acrescentou que sodomizou o cadáver ao descobri-lo. Enfim, ele confessou ter estrangulado a moça com uma gravata e mutilado o corpo com uma faca. Por não ter sido notificado de seus direitos antes do interrogatório, Charles foi condenado apenas por homicídio culposo e sentenciado de sete anos e meio a quinze anos. Por ter sido um "presidiário modelo", ele cumpriu apenas cinco anos e quatro meses, foi libertado em 1973 e voltou ao apartamento da esposa no Village. O promotor achou que a sentença havia sido muito branda; um psiquiatra disse que Charles estava "reabilitado". Ele aparentemente permaneceu "reabilitado" — as aspas agora se tornam mais irônicas do que genuínas — visto que, quatorze meses depois, outra jovem foi encontrada morta no telhado do prédio onde residia. O corpo, que havia sido estrangulado, despido e mutilado, era de Karin Schlegel, de 23 anos. Isso aconteceu depois de Charles ter publicado um anúncio em busca de uma atriz ou modelo fotográfica para trabalhar em um filme de que, apesar de não ter experiência, ele seria o "diretor". Charles foi preso e, depois de se declarar culpado, recebeu uma sentença inferior à máxima de quinze anos a prisão perpétua. Em 21 de agosto de 1982, o oitavo aniversário do assassinato de Schlegel, Charles se enforcou na cela da prisão.[1142] Ele seria classificado no **Padrão 17** do Índice da Maldade, ao lado de outros assassinos em série sexualmente pervertidos que não torturam as vítimas.

O que torna o caso intrigante é que Yukl veio de um contexto que parecia melhor do que o da maioria dos assassinos em série. Ele tinha talento musical e vinha de uma família com talentos musicais; tinha bom nível de instrução, era casado e vivia em boas circunstâncias — e,

O alfabeto da maldade .531

mesmo assim, se tornou um assassino em série. Apesar de ter estuprado, matado e mutilado apenas duas vítimas, o modus operandi de Yukl era consistente com homicídio com motivação sexual praticado em série. Se não tivesse sido preso e encarcerado depois de assassinar a segunda mulher, teria matado novamente. Então, surge a pergunta: o que fez com que Charles se desviasse da vida civil convencional em direção a um caminho sádico e assassino? O psiquiatra que avaliou o caso sugeriu que, sob a superfície, Charles odiava mulheres, que o lembravam da mãe severa, crítica e exigente.[143] Por exemplo, a fúria contida foi desencadeada quando a primeira vítima, Suzanne Reynolds, deixou em casa canções que deveria ter levado para a aula. Ele ficou furioso e gritou: "Você é uma desleixada! Você não passa de uma preguiçosa!". Então, a empurrou contra o piano e tentou arrancar a blusa da garota. Foi quando pegou a gravata e sufocou Suzanne até a morte; depois, arrastou o corpo para o apartamento vazio no andar de baixo, onde se sentiu frenético e sexualmente excitado. Ele sodomizou o cadáver e mutilou o corpo com uma faca. Tudo isso antes da esposa voltar para casa. Foi a pedido dela que Charles, depois de ser interrogado pelos detetives, parou de fingir que era inocente e confessou. Então, de certa forma, Charles cometeu um homicídio sexual e experimentou orgasmo durante a violação do cadáver em um impulso de fúria psicótica. Isso é diferente do comportamento típico de um assassino em série organizado que, conforme discutimos neste livro, *caçaria* a vítima em potencial com calma e com planejamento prévio — geralmente alguma vítima desconhecida —, como foi o caso de assassinos como Jack Unterweger, Ted Bundy, Ed Kemper, Derrick Todd Lee e David Parker Ray, e violaria a vítima da mesma maneira. O psiquiatra poderia estar correto ao sugerir que Charles expressou o ódio pela mãe durante a "breve fúria psicótica" desencadeada quando a aluna fez algo que o irritou, da mesma forma que os defeitos de Charles irritavam a mãe. No entanto, Charles não tinha doenças mentais crônicas e sem dúvida não era legalmente "louco". Psicose crônica, como esquizofrenia ou transtorno bipolar com características psicóticas, é bastante rara em homens culpados de homicídio em série com motivação sexual. Richard Chase, o assassino "vampiro" em Sacramento, e o canibal Hadden Clark eram provavelmente esquizofrênicos, e os sintomas de Chase podem ter piorado em parte pelo abuso de LSD.

 As histórias das famílias de quase todas as pessoas apresentadas neste alfabeto são caracterizadas por divórcio, abandono, adoção, desarmonia e instabilidade. Suspeito que pessoas criadas em ambientes com tamanha incerteza e insegurança duvidem da estabilidade dos relacionamentos humanos. A ideia dos votos matrimoniais "até que a morte nos separe" deve parecer um conto de fadas dos tempos medievais, e não algo com que se possa contar nos dias de hoje. O assassinato de Jeff Zack cometido por John **Zaffino** em 2001 envolve um elenco de personagens cujas vidas foram misturadas em um emaranhado desconcertante de casamentos, divórcios, adultérios, casos, filhos fora do casamento e, finalmente, o assassinato de um dos vértices de um triângulo amoroso. A história é contada em vários livros e artigos.[1144] Em resumo, Cynthia George, cujo nome de batismo era Rohr, nascida em 1954, era casada com um restaurateur milionário em Akron, Ohio, chamado Ed George. Eles tinham seis filhos, e Cynthia teve uma filha, Ruby, resultado de um caso de uma década com o empresário israelense e ex-paraquedista Jeff Zack, que se casou com Bonnie Cook depois de se mudar para os Estados Unidos. Os George e os Zack se tornaram amigos, e Jeff costumava ir à casa dos George para levar a amante a passeios de bicicleta ou caminhadas. Contudo ela rompeu o caso com Jeff. Porém, ainda apaixonado por Cynthia, ele tentou reatar o relacionamento, embora ainda estivesse ligado a Bonnie e ao filho. Enquanto isso, a mulher de Ed George iniciou um caso extraconjugal com um caminhoneiro chamado John Zaffino, que, como Jeff, era doze anos mais novo do que ela. Zaffino havia se divorciado duas vezes: a primeira, de Nancy Bonadio; a segunda, de Christine Todaro. Ele teve um filho com cada esposa. A tentativa de Jeff de se reconectar com Cynthia foi interrompida em meados de junho de 2001, quando, ao parar em um posto de gasolina, ele foi morto a tiros por um homem vestido de preto, que dirigia uma motocicleta ninja com acabamento verde. O caso ficou quinze meses sem solução, até que Zaffino foi preso e acusado pelo assassinato. Em 2003, Zaffino, que seria classificado no **Padrão 10** do Índice da Maldade — tendo em vista o assassinato de alguém que "atrapalhava" —,

foi condenado à prisão perpétua. Dois anos depois, Cynthia foi acusada de associação para o crime e cumplicidade para cometer assassinato. O juiz a absolveu da associação para o crime, mas a considerou culpada de cumplicidade, e ela foi sentenciada a 23 anos. Cynthia foi libertada em uma apelação em 2007, quando o tribunal decidiu que não havia provas suficientes para condenação. Ela permanece livre.

Elizabeth **Zehnder** nasceu em 1966 e foi adotada por uma família na Virgínia, que mais tarde se mudou para Kentucky. Desde o início, a família a considerou rebelde, incorrigível e com tendência a mentir constantemente. Ela foi considerada um exemplo de "semente ruim", como se fosse geneticamente predisposta a um comportamento amoral. Muitas vezes ela conseguia o que queria ao censurar a mãe e o pai com declarações como "vocês não me amam de verdade, não são meus pais!". Ela manipulava os outros com mentiras destinadas a provocar sentimento de pena ou chocar. Aos 19 anos, ela seduziu um universitário de 20 anos, Mike Turpin, e se casou com ele, aparentemente por insistência do rapaz, apesar do menosprezo com que Elizabeth o tratava e da antipatia da mãe de Mike pela garota. Elizabeth se tornou cada vez mais promíscua na Universidade de Kentucky, onde traía Mike e abusava de maconha, álcool e cocaína. Em dado momento, se envolveu com uma mulher gay, Karen Brown, que imitava drag queens em bares de quinta categoria e vendia cocaína. Ela usou mentiras para manipular Karen e Keith Bouchard, um jovem mecânico, relatando o suposto abuso que sofria nas mãos de Mike. Elizabeth convenceu ambos a matar Mike, e Keith e Karen esfaquearam o rapaz até a morte em fevereiro de 1986. Antes disso, durante o namoro turbulento, Elizabeth havia convencido Mike a ficar com ela (após um breve rompimento, motivado pela agressividade de Elizabeth). Ela tomou uma overdose de Fiorinal, um analgésico leve, simulando um suicídio. Mike, com sentimento de culpa, aceitou reatar o namoro, apesar dos protestos da mãe. Os promotores sugeriram que o motivo era a apólice de seguro de vida de 60 mil dólares de Mike, que Elizabeth estava ansiosa para receber. Após o assassinato, o corpo de Mike foi encontrado em um lago perto de um campo de golfe. O caso tomou as manchetes do estado inteiro. Os Zehnder foram considerados bons pais, nada abusivos — testemunho corroborado pelo outro filho adotivo, Mel Jr. No julgamento, Elizabeth foi sentenciada a 25 anos sem liberdade condicional em uma prisão de Kentucky, embora mais tarde a sentença tenha sido alterada para "prisão perpétua com a possibilidade de liberdade condicional após 25 anos". A personalidade dela era impetuosa, desrespeitosa, amoral e ávida por estímulos, atendendo aos critérios para transtorno de personalidade limítrofe.[1145] O advogado Ray Larson declarou que ela era "provavelmente a mulher mais maligna e manipuladora que já processei".[1146] Depois de 25 anos de detenção, foi marcada uma audiência para tratar da liberdade condicional de Elizabeth, que seria classificada no **Padrão 13** do Índice da Maldade. No entanto, quase cinco mil pessoas assinaram uma petição contra a liberdade condicional para Elizabeth e Karen Brown. Ambas permanecem encarceradas.[1147]

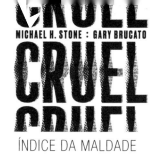

ÍNDICE DA MALDADE

ANÁLISE FINAL

Gary Brucato, PhD, e Michael Stone, MD

Chegamos ao final da nossa corajosa jornada às entranhas do *Inferno* moderno — uma extensa pesquisa de crimes nos séculos xx e xxi em tempos pacíficos que podem ser chamados de "malignos". Do início ao fim, enfrentamos uma série de verdades desconfortáveis: em primeiro lugar, embora fosse mais agradável pensar que esses atos não passaram de sonhos sombrios e terríveis, realmente aconteceram — e, sem dúvida, continuarão a acontecer por muito tempo depois da publicação deste livro. Por mais que nos agrade acreditar que as pessoas que cometem esses crimes são abominações monstruosas e aleatórias da natureza, a verdade é que compartilham do nosso DNA e se comportam e se parecem conosco na maior parte do tempo. Como vimos, a maioria dos assassinos em série, torturadores, estupradores, assassinos em massa e outros criminosos graves não são "doentes", no sentido psiquiátrico e legal, mas psicóticos e moralmente depravados.

Também nos deparamos com estatísticas incontestáveis que revelam aumentos evidentes, desde a década de 1960, nos assassinatos em massa, tiroteios escolares, homicídios em série e estupros, que, conforme observamos, não podem ser considerados meros reflexos de relatórios e registros otimizados nas últimas seis décadas. Embora tenhamos observado nos últimos anos o declínio de algumas formas de crimes violentos, incluindo estupro e assassinato em série, nem de longe os números se reduziram a ponto de se aproximar dos níveis registrados em tempos anteriores à década divisora de águas. Além disso, essas atrocidades foram cometidas nos Estados Unidos em desproporção chocante — embora não sejam limitadas ao nosso país. Assim, acreditamos que a causa seja — pelo menos em parte — cultural, o que exige alguma explicação, além de, provavelmente, momentos angustiantes e introspectivos. O fato de quase todos os crimes violentos serem cometidos por homens tem um precedente mais antigo e pode representar diferença biológica entre os sexos, um fenômeno sociológico ou alguma combinação dos dois.

Não estamos sozinhos nessa observação. O argumento a respeito da nossa cultura foi apresentado de forma mais eloquente pela supracitada Peggy Noonan, que escreveu no *Wall Street Journal* uma semana depois que Stephen Paddock usou semiautomáticas para cometer o maior tiroteio em massa da história americana, no qual deixou 58 mortos e 581 feridos. Depois de analisar trechos de manchetes contemporâneas típicas relacionadas a crimes de todos os tipos — "foi encontrado estrangulado e acredita-se que tenha sido molestado sexualmente", "que dizem ter ido além da violência e chegado ao sadismo", "não mostrou remorso" — Noonan resumiu: "Este é o oceano em que nossos filhos nadam. Este é o som da nossa cultura. Vem de todas as partes da nossa cultura e atinge todas as partes da nossa cultura, e todas as pessoas inseridas nela... Criamos nossos filhos em uma atmosfera negativa, que os afeta e deturpa".[148]

A justificativa para a inegável intensificação e diversificação de atitudes cruéis na década de 1960 está aberta a debate. O cerne da segunda parte deste livro foi a hipótese de que, em algum momento em meados daquela década, a sociedade ocidental —principalmente a americana — transgrediu um limiar crítico. Daí em diante, profundas mudanças filosóficas, culturais e psicológicas nos indivíduos e na população em geral se refletiram cada vez mais em crimes hediondos e absurdos. Antes, estes eram quase inexistentes ao longo da história, excetuados os tempos de guerra. Além disso, novas tecnologias de comunicação, como a internet e telefones celulares, e o acesso civil em larga escala a armamentos projetados para uso militar de ponta, como o AK-47, deram origem a várias novas formas de agressão, que catalogamos ao longo do nosso debate.

Uma exposição exaustiva a respeito de todos os vários fatores que contribuíram, de alguma forma, para a era do "novo mal" que descrevemos, seria volumosa e ultrapassaria o escopo deste livro. Observamos, de forma superficial, que, na primeira metade do século XX, o fascismo e o comunismo em várias nações contribuíram para a redução do indivíduo a uma entidade sem sentido dentro da massa maior ou do "partido", marginalizando, de muitas maneiras, a responsabilidade pessoal, bem como a moralidade enraizada em princípios religiosos antigos. Também vale mencionar que a psicanálise, que, na década de 1960, vinha enfatizando a liberação sexual e a eliminação de velhos tabus havia meio século, com o propósito de reduzir o estresse neurótico dos cidadãos comuns, teve a consequência imprevista de implicar que deveríamos inibir muito pouco de nossas emoções, e que todos os sentimentos são dignos de expressão. É fácil esquecer que, no seu apogeu, mais ou menos entre 1900 e 1960, a psicanálise foi condenada por algumas autoridades religiosas ocidentais como uma escola de pensamento perigosa exatamente por esse motivo. Afinal, foi desenvolvida por Sigmund Freud, ateu fervoroso. Embora libertadora para muitos, a psicanálise teve um impacto problemático sobre a maneira como as pessoas lidam com questões de culpa, impulsos sexuais, agressão e moralidade, o que pode não ter sido o objetivo inicial.

Existe uma literatura abundante que demonstra que, após o advento dessas escolas de pensamento e da Segunda Guerra Mundial, a cultura ocidental abandonou aos poucos as normas enraizadas em antigas tradições e ensinamentos religiosos e as substituiu por um "relativismo moral" em constante evolução, em que o senso de certo e errado é visto como uma decisão pessoal, ou como uma construção social e histórica, em vez de depender de costumes antigos ou verdades objetivas.

É possível argumentar com bases sólidas que houve abuso das novas liberdades que surgiram após essas mudanças sociais, o que deu origem a um período de narcisismo, responsabilidade reduzida em relação ao próximo, hedonismo desenfreado e escapismo. Por exemplo, alguns acadêmicos propõem que as atuais tensões entre as nações islâmicas e ocidentais derivam do desejo dos povos muçulmanos fundamentalistas de restabelecer valores absolutos que divergem profundamente do pensamento relativista.

Com o colapso de modos claros de pensamento filosófico, a década de 1960 se tornou uma espécie de mistura de princípios muitas vezes conflitantes, que, por sua vez, corroeu profundamente elementos básicos de identidade pessoal e propósito existencial. Além disso, a reviravolta dos papéis sociais antigamente impostos às mulheres — sem dúvida, um aspecto positivo — teve alguns efeitos colaterais indesejados e imprevistos, incluindo o "contra-ataque" de homens enfurecidos, na forma de crimes graves contra as mulheres, que passaram a ser vistas na forma de seres capazes de rejeitá-los como opções românticas. Ao longo deste livro, afirmamos que o homicídio com motivação sexual praticado em série — a forma mais comum de assassinato em série, cometido exclusivamente por homens — se tornou evidentemente mais comum dos anos 1960 aos 1990 como resultado direto da revolução sexual. Também interpretamos esse fato como a raiz da

Análise Final .539

atual onda de homens famosos que têm seu passado como predadores sexuais exposto. Entendemos que essa proposta merece mais pesquisas e debates.

Havia uma metáfora, às vezes empregada por filósofos e comentaristas sociais do século xix, a respeito de um sapo colocado em uma panela com água fervente: se você jogar um sapo em uma panela com água fervente, ele logo tentará escapar. Porém, se colocar o sapo em água fria e aquecer aos poucos, o animal vai se sentir confortável no ambiente, mesmo que o calor aumente de forma sutil, e permanecerá complacente até o fim. Embora cientistas que tentaram confirmar a teoria tenham descoberto que ela não procede, a história fornece uma perspectiva do perigo de uma cultura que embrutece aos poucos, desinibida, amoral e egoísta. Sugerimos que a água esteja aquecendo e borbulhando desde 1960 e ferverá em breve.

Além de tentar explicar o "novo mal" na era pós-1960 em termos de desenvolvimentos socioculturais, propusemos que o "mal" do homicídio e outras atitudes graves de violência podem, de alguma forma, ser quantificados ao longo de um continuum dos níveis de perversidade, relacionados às motivações específicas que impulsionam o homicídio e outros crimes hediondos. Com essa finalidade, descrevemos e exemplificamos cuidadosamente, com mais detalhes do que nunca, os 22 Padrões do Índice da Maldade do dr. Stone e, além disso, fornecemos um algoritmo a fim de facilitar a classificação adequada, que, com autenticação e desenvolvimento adicional, pode ser útil em pesquisas forenses futuras.

Como vimos, existem homicídios e outros crimes violentos cometidos de forma impetuosa, sob pressão extrema, por indivíduos com personalidades não psicopáticas; alguns são realizados por pessoas egoístas e frágeis cujo rancor acumulado acaba por explodir em grotescas demonstrações de raiva; existem indivíduos que cometem crimes no contexto de uma doença psicótica; e há psicopatas sedentos de poder e conspiradores egocêntricos, que matam qualquer um que atrapalhe seus planos. No extremo do espectro, estão pessoas que são ainda mais amorais e sádicas, que não roubam ou matam para fins "práticos", de forma rápida, mas obtêm prazer na tortura prolongada, na subjugação, na violência sexual, no hábito de matar e no abuso perverso de restos humanos. Acreditamos que considerar separadamente os crimes violentos em termos de motivações específicas e graus de narcisismo, psicopatia e sadismo constitui uma contribuição significativa para a literatura forense.

Acima de tudo, acreditamos ter argumentado de maneira convincente que o Mal — com M maiúsculo — não é apenas um fenômeno autêntico, universalmente compreendido em algum nível difícil de ser articulado, mas também um tópico digno de discussão acadêmica séria. Enquanto isso, as pessoas do mundo continuarão, como sempre, a fazer escolhas de matar, mutilar, roubar, sequestrar, estuprar, abusar e odiar, ou então de curar, doar, compartilhar, respeitar e amar. Como vimos, embora vários fatores demográficos, psicológicos, situacionais e genéticos possam influenciar alguns indivíduos mais do que outros a se comportar de forma criminosa, parece que a maior parte das más atitudes é resultado de escolhas egoístas feitas por indivíduos plenamente conscientes. Na era do "novo mal", testemunhamos o surgimento de uma espécie de "falsa compaixão", em que as pessoas mais implacáveis e psicopatas, às vezes, são vistas como "vítimas" — "levadas" ao crime por circunstâncias terríveis que "assumiram o controle" do sistema de inibição. Há uma ênfase mínima no papel da vontade pessoal e nas consequências das ações do indivíduo. Essa tendência crescente de culpar forças externas é, na verdade, marca registrada do narcisismo, hoje encontrado em escala social.

Para muitos dos criminosos em nosso terrível catálogo, o problema está relacionado a poder e controle, como triste substituto para o amor básico e estável que jamais conheceram ou compreenderam. É nossa sincera esperança que, após um período de terríveis dificuldades de desenvolvimento, nossa cultura consiga aprender que o verdadeiro poder e controle vem apenas depois de muita persistência — às vezes vitalícia — no exercício de autodomínio, autoinibição e da compreensão de si como uma pequena, mas importante, gota em um vasto oceano de outras pessoas — nunca mais valiosa do que as outras, e jamais capaz de ficar sozinha. Ao fazer isso, talvez nos elevemos acima dos aspectos horrendos e animalescos da era pós-1960 do "novo mal" e adentremos em um período de "nova bondade". Talvez, como primeiro passo, devêssemos admitir que a água em nossa panela coletiva está prestes a ferver.

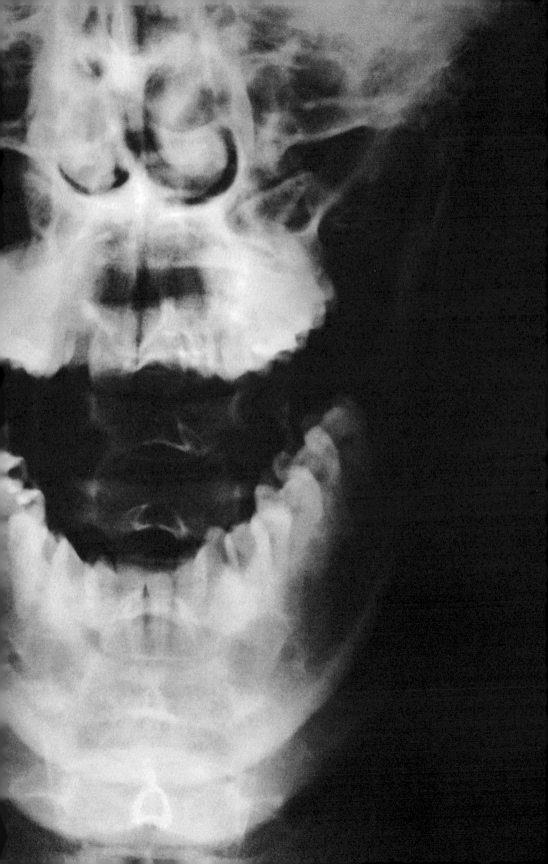

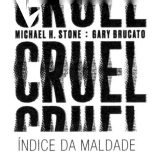

ÍNDICE DA MALDADE

POSFÁCIO

Ann W. Burgess, DNSc., APRN

Cruel é um livro inovador, escrito no momento em que os Estados Unidos enfrentam tiroteios em massa, ameaças de bomba e assassinatos. Violência e mal como sua contraparte são manchete constante na mídia. Como o assassino em série Sean Vincent Gillis, que perseguiu, estuprou, matou e mutilou oito mulheres, disse a respeito dos crimes que cometeu: "Eu estava numa situação péssima. Eu era pura maldade. Sem amor, sem compaixão, sem fé, sem misericórdia, sem esperança".[1149]

Filósofos apresentaram um amplo conceito de mal durante séculos e tentaram explicar os vários horrores que ocorrem em uma sociedade. Recentemente, a comunidade psiquiátrica tem estudado o tipo de pessoa que comete atos malignos. Um livro divisor de águas foi escrito em 1941, quando o psiquiatra dr. Hervey Cleckley publicou *The Mask of Sanity* (A máscara da sanidade), sobre a personalidade psicopática. Em seguida, tivemos *Sem Consciência*, em 1993, do dr. Robert Hare. Agora temos mais um livro a se tornar referência, *Cruel*, do psiquiatra dr. Stone e do psicólogo dr. Gary Brucato.

Este livro abrangente e intrigante a respeito de assassinatos e crimes violentos oferece uma maneira organizada de aprender e aplicar um Índice contendo diferentes categorias e padrões para cada um dos vários crimes graves, com ênfase no homicídio. Não apenas há conteúdo prático sobre a psicodinâmica do assassinato, mas, ainda mais importante, a estrutura é baseada nas mudanças culturais da segunda metade do século xx. No livro, os drs. Stone e Brucato identificam as tendências sociais emergentes responsáveis pelo aumento de certas formas de violência que desencadeiam a palavra "mal". Os autores apresentam argumentos poderosos para lidar com esse tópico sério e cada vez mais recorrente do crime violento moderno.

Mas, antes, por trás de cada livro importante está uma história de sua gênese. A ideia de *Cruel* começou há mais de uma década, com o interesse do dr. Michael Stone em pesquisar e escrever um livro a respeito do mal.

Entre 2003 e 2004, o dr. Stone escreveu artigos para revistas forenses e livros, onde dissertava a respeito do "mal" e do sadismo. A motivação para desenvolver um Índice da Maldade surgiu depois de ter sido convidado pelo romancista policial Joe McGinniss e advogados para servir de testemunha especialista quando Joe foi processado por Jeffrey MacDonald por quebra de contrato. Na época, MacDonald estava na prisão, condenado pelo assassinato da esposa grávida, Colette, e das duas filhas pequenas, quando a família morava na Carolina do Norte (depois que MacDonald voltou do Vietnã na década de 1970). MacDonald foi considerado inocente após o primeiro julgamento. Mais tarde, o padrasto de Colette encontrou provas que haviam sido ignoradas e, no segundo julgamento, MacDonald foi considerado culpado e condenado à prisão.[1150]

McGinniss e MacDonald haviam começado a escrever um livro juntos após o primeiro julgamento, porém, depois da condenação do segundo julgamento, McGinniss reescreveu o livro e declarou que MacDonald era um assassino psicopata. O dr. Stone testemunhou em nome de McGinniss no julgamento na Califórnia, onde MacDonald moveu um processo pelos direitos autorais. Um acordo foi celebrado três meses depois de um júri acerbamente dividido frustrar o veredicto ao fim de sete meses de julgamento. Durante esse período, vários executivos editoriais testemunharam sobre a necessidade de preservar a independência de um escritor para determinar o propósito de um livro.[1151]

O dr. Stone queria que o júri entendesse onde o crime de MacDonald se encaixa em um hipotético Índice da Maldade. Ele começou a ler livros sobre crimes reais, a fim de buscar um meio de situar o crime de MacDonald no sistema que começara a desenvolver. Claramente, o crime de MacDonald foi pior do que o assassinato cometido por Jean Harris, que matou o médico da dieta Scarsdale (Tarnower) quando descobriu que havia sido traída (um "crime passional"), porém, não tão ruim quanto o crime de Ian Brady: assassinato em série após tortura de crianças na região das charnecas inglesas. Por fim, o dr. Stone leu centenas de livros sobre crimes verdadeiros (mais de oitocentos desde então) e criou um índice, que no julgamento de MacDonald tinha apenas alguns padrões.[1152]

O dr. Stone continuou a trabalhar no Índice, que se transformou em 22 Padrões. Então, Ben Carey, jornalista do *New York Times*, leu o trabalho e escreveu um artigo para a seção científica do jornal — a respeito do trabalho sobre o mal. Psiquiatras não costumavam escrever sobre o mal, portanto, o dr. Stone iniciava um novo assunto. O Discovery Channel se interessou pelo tema e convidou o dr. Stone para viajar pelo país e entrevistar prisioneiros cujos crimes ele considerava que ilustravam o conceito de mal. O dr. Stone apresentou o programa entre 2006 e 2007. Essa experiência aumentou o entusiasmo para escrever um livro sobre o mal, considerando os homens e mulheres que entrevistou e sobre os quais havia pesquisado nos livros sobre crimes reais.

De certa forma, este livro se concentra no declínio e embrutecimento de nossa cultura desde 1960 — quando certos crimes extremamente repugnantes se tornaram mais comuns. Esses crimes incluem homicídio com motivação sexual praticado em série, assassinato em massa, tiroteios escolares, desmembramento de cônjuges, pessoas que matam os vizinhos e os transformam em churrasco, canibalismo e muitos outros exemplos contidos no livro.

O dr. Gary Brucato também tinha interesse de longa data em crimes violentos. Ambos avaliaram e trataram assassinos, estupradores e outros criminosos violentos em seus respectivos trabalhos em ambientes clínicos, penitenciários e jurídicos. A pesquisa e o trabalho clínico do dr. Brucato na última década se concentraram na psicose precoce e, há dois anos, em como esse fator se relaciona à violência. Com sua equipe no Departamento de Psiquiatria da Columbia University, no Instituto Psiquiátrico do Estado de Nova York, ele estuda a agressão no contexto da psicose e desenvolve novos métodos inovadores de previsão, que podem, algum dia — a partir de estudos mais aprofundados — auxiliar na forma como profissionais examinam o risco de violência.

Enquanto o dr. Brucato buscava a melhor forma de chegar às raízes da violência para esse propósito, ele começou a refletir sobre suas interações com criminosos perigosos ao longo dos anos. Mais categoricamente, ele se interessou pelos fatores que distinguem a agressão entre indivíduos com motivos habituais com características "humanas" — e entre pessoas com problemas psiquiátricos, como esquizofrenia ou obsessão —, das ações realizadas por agressores psicopatas — que vão além de cometer violência para propósitos "práticos" ou delirantes, realizando perturbadoras necessidades psicológicas e fantasias de tortura e outras formas de brutalidade.

Ao considerar que a ideia poderia resultar em um livro interessante, o dr. Brucato começou a pesquisar com afinco todas as informações possíveis sobre a relação entre psicopatia e violência. A pesquisa o levou a dois indivíduos — eles solicitaram anonimato — que forneceram grandes quantidades de escritos e obras de arte de assassinos em série e outros criminosos violentos, adquiridos principalmente por correspondência com prisioneiros. O dr. Brucato percebeu que seria útil expor essas peças em um manuscrito, como forma de demonstrar os temas e fantasias que pareciam comuns entre essas pessoas — e que não costumam surgir em indivíduos com doenças mentais.

Uma colega psicanalista da Columbia, dra. Clarice Kestenbaum, sugeriu que o dr. Brucato mostrasse a arte e os escritos ao dr. Stone, que poderia se interessar em trabalhar no projeto proposto por ele. Então, o dr. Stone foi abordado por seu editor para fazer outro livro — e assim nasceu a ideia da colaboração para o manuscrito.

Eles começaram a analisar vários casos, sobretudo os registros do dr. Stone sobre criminosos violentos, que, em alguns casos, datam de séculos atrás, bem como as obras de arte e textos, e perceberam que havia algo "novo" nesses assassinos. Em primeiro lugar, antes da década de 1960, alguns dos crimes simplesmente não aconteciam, ou eram raros, e em segundo lugar, os crimes — bem como os temas observados nas obras de arte e textos — eram "novos" em relação à natureza hedionda, narcisista e sádica. Eram, de fato, crimes que refletiam motivações psicológicas mais perversas, em contraste às motivações "práticas" dos infratores de décadas anteriores. Os drs. Brucato e Stone também discutiram a literatura existente sobre assassinato em série e outras formas de violência e perceberam que as conclusões eram semelhantes: a sociedade, sobretudo a sociedade americana, estava mudando, e se tornava mais embrutecida desde os anos 1960 — e o mesmo acontecia com os crimes violentos.

Logo ficou claro que o Índice da Maldade constituído por 22 Padrões criado pelo dr. Stone oferecia a estrutura ideal para discutir a frequência crescente e a barbárie do "mal". Assim, decidiram oferecer esclarecimentos a respeito do Índice na primeira parte do livro e, na segunda parte, trouxeram reflexões a respeito das mudanças culturais. Além disso, os autores consideraram que algumas das obras de arte examinadas, que retratam cenas de estupro e assassinato, cometidas ou fantasiadas por criminosos condenados, eram perturbadoras demais para serem publicadas.

E assim, os drs. Stone e Brucato entretecem os componentes dos Padrões do Índice da Maldade e das mudanças culturais desde 1960 com precisão. As descrições de casos dos tipos de assassinos em cada um dos

22 Padrões do mal oferecem uma compreensão aguda do surgimento do crime violento moderno. Os temas de debate incluem: Alguns atos são mais malignos do que outros? As atitudes podem ser classificadas em categorias relevantes e subdivididas por gravidade? O que determina que criminosos sejam classificados em padrões distintos pelos respectivos assassinatos que cometem? O fato de os Estados Unidos terem muitos assassinos em série, em comparação a outros países, é um fator cultural? A violência nos tornou dessensibilizados?

Há algo para todos neste livro intrigante e escrito com tanto esmero. Aqueles que gostam de dados atuais descobrirão que as estatísticas dos vários crimes violentos informam sobre mudanças ao longo das décadas. A rica análise da literatura informa sobre os avanços do conhecimento sobre a natureza da pesquisa a respeito de um crime específico. Aqueles que se concentram na psicodinâmica de um crime descobrirão que os casos detalhados ilustram o abuso infantil e os sinais de alerta que foram ignorados.

Para aqueles que desejam aprender a forma correta de categorizar assassinos, esta obra inclui um algoritmo desenvolvido com a intenção de determinar a classificação de um criminoso no Índice da Maldade. Os autores descrevem vários outros sistemas de categorização de crimes violentos, incluindo os subtipos de estupro e assassinato que descrevi, ao lado de John Douglas, Allen Burgess e Robert Ressler, nos livros *Sexual Homicide: Patterns and Motives* (Homicídio sexual: padrões e motivações) e *Crime Classification Manual* (Manual de classificação de crimes).

Na primeira parte deste livro, caminhamos pelos 22 Padrões, indo de homicídio justificável e assassinatos impulsivos em pessoas sem sinais de psicopatia até assassinatos com criminosos de um tipo mais grave, passamos por assassinatos relâmpagos ou múltiplos em que a psicopatia é perceptível e, por fim, chegamos aos assassinos em série, torturadores e sádicos. Os pontos didáticos nos Padrões 9-22 são diferenciados entre conceitos psicológicos de psicopatia, psicose e sadismo e incluem os critérios de diagnóstico da quinta edição do *Manual Diagnóstico e Estatístico de Transtornos Mentais (DSM-5)* para transtorno de personalidade antissocial. Demonstra-se como esse transtorno não captura algumas das características de psicopatia descritas pelo dr. Hare.

Uma grande contribuição para o livro é um Alfabeto da Maldade, em que uma ampla gama de casos é analisada, pela ordem do sobrenome do criminoso, trazendo a posição em que ele está inserido no Índice da Maldade. Os históricos de casos analisados de forma minuciosa incluem detalhes intrigantes.

A segunda parte analisa algumas tendências culturais (controle da natalidade, aumento nas taxas de divórcio, infidelidade conjugal, aumento no número de mães solteiras) no período do "novo mal" da década de 1960 ao século XXI e incluem bullying, abuso infantil, tiroteios em massa, rapto de feto, crimes relacionados à internet, assassinatos com stalking, cyberstalking, atiradores escolares, crueldade gratuita, invasão domiciliar, assassinatos de cônjuges, inclusive com desmembramento, e assassinatos por gangues, como os cometidos por membros da MS-13. Formas contemporâneas de mal que não envolvem violência também são descritas no livro, incluindo casos de disputas pela guarda de filhos e o modo como os tribunais lidam com elas, orfanatos, divórcios, crianças que cometem atos malignos, pessoas acusadas injustamente e predadores sexuais.

Embora todos os capítulos tenham seu grande valor, alguns tópicos e pontos específicos são particularmente esclarecedores:

• O capítulo sobre *atiradores escolares* traz novas informações a respeito dos elementos da inveja e misoginia, desenvolvimento cerebral do adolescente, detalhes da premeditação e assassinato--suicídio (doze dos dezesseis casos acabam em suicídio).

• Embora o assassinato em massa cometido por mulheres seja incomum (o livro cita dez mulheres, que sofriam de algum transtorno psicótico), o crime de *rapto de feto* envolve principalmente infratoras do sexo feminino e inclui sadismo. Para citar um exemplo, uma mulher de Dakota do Norte admitiu ter extraído o feto do ventre da vizinha enquanto ela ainda estava viva.

• Há uma literatura crescente sobre a *neurobiologia da violência e do trauma infantil* com foco na resposta ao estresse do eixo HPA.

• O ato de *desmembramento* pós-morte tem uma longa história na época medieval e contemporânea, mas não entre os civis. Na era do "novo mal", tivemos mais desmembramentos de vítimas cometidos por assassinos, que muitas vezes servem ao propósito de dar um sumiço no cadáver, embora também possam servir para outros fins, como canibalismo e atos sexuais necrófilos. Os drs. Stone, Brucato e eu colaboramos para definir *desmembramento* de forma sistemática e distingui-lo do ato de *mutilação,* visto que esses termos, às vezes, são usados de forma indistinta. Nossas definições estão registradas na discussão do Padrão 13 do Índice da Maldade.

Este livro, que por certo virá a se tornar uma referência, é imensamente esclarecedor. Nele, os drs. Stone e Brucato explicam a era do "novo mal" no pós-1960 em termos de desenvolvimentos socioculturais ao longo de um continuum dos níveis de mal/perversão relacionados aos motivos que impulsionam atitudes violentas de homicídio. A análise e a categorização de 22 Padrões de maldade são provocativas e profundas. Os drs. Stone e Brucato mostram que nesta era pós-1960 mais crimes são caracterizados por extrema indiferença, maior crueldade e total desprezo pelos sentimentos humanos e propensão a saborear essa crueldade — a essência do sadismo. Isso foi observado não apenas em crimes violentos, mas também em tribunais onde o divórcio e a guarda dos filhos foram decididos com base em considerações financeiras, e não por um processo justo de avaliação do cônjuge mais merecedor.

Em conclusão, os drs. Stone e Brucato propõem que a "necessidade de poder e controle de um agressor sobre a vítima é um triste substituto para o amor básico e estável nunca conhecido ou compreendido". O objetivo é elevar a cultura acima desse "novo mal" e em direção a um período de "nova bondade". Este livro inovador deve constar na estante de todos os profissionais jurídicos e de saúde mental, e é leitura obrigatória para estudantes, enfermeiras, educadores, forças policiais, pesquisadores, líderes religiosos e funcionários do serviço social que trabalham diretamente em contato com vítimas de crimes e criminosos.

Dra. Ann Wolbert Burgess é enfermeira forense e psiquiátrica. Por mais de duas décadas, atuou no FBI junto de John E. Douglas e Robert Ressler no desenvolvimento de perfis psicológicos de assassinos em série.

AGRADECIMENTOS

DR. MICHAEL STONE:

A seção de agradecimentos é a única parte feliz de um livro dedicado ao lado mais sombrio da humanidade — o lado cruel. Aqui, tenho a oportunidade de agradecer àqueles que residem no lado mais iluminado da humanidade: as boas pessoas — realmente boas — que inspiraram meu trabalho nesta área. Ao prestigioso jornalista do *New York Times,* Ben Carey, profunda gratidão pela publicação do meu artigo sobre o mal na seção científica do jornal em 2005. Foi esse artigo que chamou a atenção do Discovery Channel, responsável por me fazer percorrer todo o país a fim de que eu entrevistasse prisioneiros culpados de assassinatos em série, assassinato em massa, tortura, canibalismo e outras formas de crimes violentos que o público, e a comunidade legal, rotulam de forma inequívoca e sem hesitação como "malignos". Conhecer esses prisioneiros pessoalmente ajudou na publicação dos meus livros. Muitas das pessoas mencionadas mereciam o diagnóstico de "psicopatia" — que, junto do sadismo, está na extremidade do espectro da personalidade anormal. Aprendi sobre a natureza da psicopatia com o principal autor sobre o assunto, o dr. Robert Hare, que conheci durante meus anos na psiquiatria forense. Quanto ao meu conhecimento sobre transtornos de personalidade em geral, fui beneficiado por meus colegas nos Estados Unidos, principalmente os drs. Otto Kernberg, John Gunderson, Thomas McGlashan, Theodore Millon, Adrian Raine e Bessel Van der Kolk. Tive muitos professores de muitos países quando comecei a me concentrar na psiquiatria forense. Entre eles: os drs. Reid Meloy, Katherine Ramsland, Paul Ciolino nos Estados Unidos; do Canadá, os drs. John Livesley, Marnie Rice, Christopher Perry; da Inglaterra, os drs. Jeremy Coid, Sheila Hodgins, Conor Duggan; e da Escócia, o dr. David Cooke, que, com seus colegas em Glasgow, desenvolveu outra medida importante de psicopatia. Também devo gratidão a muitos no continente europeu, incluindo os drs. Wolfgang Berner, Norbert Nedopil, Maya Krischer, Friedemann Pfäffelin, Horst Kächele e Thomas Bronisch da Alemanha; da Holanda, os drs. Henk-Jan Dalewijk, Thomas Rinne e Hjalmar van Marle; da Suíça, os drs. Jules Angst, Gerhard Dammann e Luc Ciompi; da Suécia, as dras. Maria Åstberg e Kristina Hillgren; da Noruega, os drs. Bjørn Østberg e Alv Dahl; da Dinamarca, os drs. Tove Aarkrog, Eric Simonsen e Fini Schulsinger; dr. Mikhail Reshetnikov da Rússia, que me esclareceu sobre o assassino em série Andrei Chikatilo; os drs. Mario Iannucci e Sergio Dazzi na Itália; o dr. José Carrasco-Perez da Espanha; os drs. Winfred Huber e Charles Hershkowitz da Bélgica; e o dr. Jean Bergeret na França. Também tive trocas produtivas sobre transtornos de personalidade — incluindo aqueles relevantes para a perícia e o tópico do mal — com colegas em lugares mais distantes: os drs. Paul Mullen e Alan Unwin na Austrália; os drs. Tsuyoshi Ishii e Yutaka Ono no Japão; os drs. Chantima Ongkosit e Sritham Thanaphum na Tailândia; o dr. Xiao Ze-Ping na China; os drs. Michael Bond e Patrick Leung em Hong Kong; e o dr. Vedat Şar na Turquia; o dr. Francisco Vallejo no Equador; a dra. Hilda Morana, com quem visitei assassinos em série presos no Brasil; os drs. Nestor Koldobsky, Jorge Folino e Javier Didia-Attas na Argentina; o dr. Andres Heerlein no Chile; e no México, o dr. Manuel Esparza, que me apresentou ao laboratório forense avançado em Juárez.

As pessoas costumam me perguntar se meus 35 anos como psicanalista e psiquiatra forense — parte desse tempo foi dedicada ao estudo de crimes violentos e casos que tendemos a considerar como malignos — não acabaram com minha fé na humanidade e me deixaram um pouco deprimido. Não. Porque tive a sorte de estar rodeado por familiares, amigos e colegas que personificam o *bem* em nossa espécie — que, felizmente, superam em muito as pessoas que consideramos cruéis. E, acima de tudo, minha esposa Beth, cuja beleza, tanto espiritual quanto física, serve como constante lembrete — a nível pessoal — não apenas do bom, mas do melhor, que nossa espécie tem a oferecer. Graças aos meus amigos e colegas, e principalmente a ela, fui capaz de ver o mal como algo fascinante e dramático, porém, distante — algo "que está lá fora" e bem longe, como se visto de um planeta diferente. O dr. Brucato e eu esperamos que nosso livro sobre o que consideramos o "novo mal" — e o embrutecimento da cultura no último meio século — possa estimular aqueles em posições de poder a efetuar mudanças benéficas em nossa cultura. Para que, talvez, o mal seja — se não erradicado —, pelo menos, considerado uma raridade e um tópico mais apropriado a historiadores, não mais uma preocupação para pessoas boas que precisam permanecer alertas diante de um indivíduo cruel.

Seriam necessárias mais palavras do que o espaço permite para expressar minha gratidão ao coautor, dr. Gary Brucato. Entre as muitas contribuições: o refinamento das definições do Índice da Maldade, que permite que outros entendam melhor as várias distinções e cheguem a um rápido acordo sobre a classificação apropriada do criminoso no Índice. O dr. Brucato investigou mais profundamente do que eu a vida de muitos dos arquicriminosos, sobretudo os homens que cometeram homicídios sexuais em série. O resultado: conhecemos mais detalhes assustadores a respeito de muitos desses homens, o que faz com que o leitor tenha ainda mais certeza de que o estupro, a tortura e os assassinatos dos quais esses homens foram culpados realmente nos fazem evocar a ideia de "mal". O dr. Brucato também obteve acesso a uma grande coleção de textos e obras de arte (muitas delas incrivelmente perturbadoras) de dezenas de assassinos famosos. Este livro comprova o velho ditado: "Duas cabeças pensam melhor do que uma" — sobretudo quando uma das "cabeças" é a do dr. Brucato.

DR. GARY BRUCATO:

Para mim, *Cruel* representa a culminação de duas décadas de estudo, avaliação, tratamento e contemplação de psicopatologia grave e violência na minha formação, no trabalho clínico e na pesquisa em seis hospitais na cidade de Nova York, bem como no meu trabalho profissional e voluntário com pacientes psiquiátricos forenses e indivíduos encarcerados. Ao longo da minha carreira, tive muitos professores brilhantes e altruístas. Sou grato pelos meus anos no Cathedral Preparatory Seminary, onde encontrei a alegria de ajudar outras pessoas, incluindo prisioneiros e doentes mentais. Foi lá que descobri os escritos de Sir Arthur Conan Doyle, que me ensinaram a prestar atenção ao motivo e aos "mínimos" detalhes ao considerar casos de crimes violentos, bem como as obras de Soren Kierkegaard e do Venerável Fulton J. Sheen, que tiveram grande peso no meu pensamento a respeito do "mal" e da moralidade. Sou grato aos meus mentores, dr. John D. Hogan da St. John's University e, na New School for Social Research, os drs. David Shapiro, Herbert Schlesinger, Marcel Kinsbourne, McWelling Todman, Jeremy Safran e, principalmente, o psicólogo forense dr. Ali Khadivi, com quem trabalhei por quase dois anos no Bronx Lebanon Hospital Center, ensinando como avaliar e tratar doenças psiquiátricas graves e comportamentos violentos. Sou profundamente grato ao dr. Albert Dreisinger, que me ensinou a conduzir avaliações psicológicas para propósitos legais; ao dr. Thomas M. Pabon, que, na Unidade Forense Feminina no Mount Sinai Services/Elmhurst Hospital Center, supervisionou minhas avaliações e tratamento de várias pessoas que cometeram crimes indescritíveis; à dra. Barbara Cornblatt, do Zucker Hillside Hospital, que me apresentou ao campo das doenças psicóticas precoces, no qual trabalho há mais de uma década; e àqueles que me ajudaram a me envolver na condução de avaliações psicológicas e de risco para as várias faculdades do sistema da City University of New York (cuny), principalmente Ryan Camire.

Muito obrigado aos meus talentosos colegas do Departamento de Psiquiatria da Columbia University e do New York State Psychiatric Institute, principalmente ao dr. Ragy Girgis e à equipe do nosso Centro de Prevenção e Avaliação, onde atuo como diretor assistente desde 2013. O trabalho que faço lá, tratando, estudando, ensinando e escrevendo sobre psicose e violência, tem sido uma das grandes bênçãos de minha vida. Agradecimentos especiais ao dr. Jeffrey Lieberman, presidente de psiquiatria do Columbia University College of Physicians and Surgeons, bem como aos drs. Paul Appelbaum e Michael B. Em primeiro lugar, pela inestimável orientação em vários projetos relacionados à violência e doenças psicóticas. Muito obrigado à dra. Clarice Kestenbaum, que me apresentou ao dr. Stone com o propósito de uma colaboração e, é claro, ao meu amigo e coautor por seu conhecimento infinito, discernimento, humor e bondade. Ao ler e reler sua obra ao longo dos anos, jamais imaginaria que um dia ele me convidaria para coescrever *Cruel*.

Agradeço profundamente à Prometheus Books por nos convidar a escrever sobre o tema difícil e oportuno do mal e à equipe de especialistas, que tornou todos os aspectos da escrita deste livro — espero que o primeiro de muitos — suaves e infinitamente agradáveis. Agradeço a Steven L. Mitchell, Bruce Carle, Jeffrey Curry, Hanna Etu, Mark Hall, Jill Maxick, Lisa Michalski, Cate Roberts-Abel e Nicole Sommer-Lecht.

Todos foram incrivelmente pacientes, generosos e indispensáveis para dar vida a *Cruel.* Muito obrigado àqueles que ajudaram com informações históricas e imagens, incluindo Vernon J. Geberth, tenente-comandante aposentado do Departamento de Polícia da Cidade de Nova York; o autor Kevin M. Sullivan; e a duas pessoas civis que desejam permanecer anônimas. Agradeço, em particular, a Aboud Mounayerdji, não apenas por fornecer obras de arte e escritos, mas também por muitos debates produtivos sobre o conteúdo, e a Justin Segovia, que revisou os primeiros rascunhos dos meus capítulos do livro.

Muito obrigado aos drs. Terry Leary e Larry Southard, da Florida Gulf Coast University, e ao dr. Michael G. Aamodt, da Radford University, pelos valiosos dados estatísticos de seu excelente Serial Killer Database. Sou infinitamente grato ao dr. Otto Kernberg, John Douglas, Vernon J. Geberth, dra. Katherine Ramsland, Diane Fanning, Kevin M. Sullivan, dr. Michael B. First e dr. Ali Khadivi, que escreveram os *blurbs* para o livro, e à dra. Ann W. Burgess, que escreveu o maravilhoso posfácio. A dra. Burgess também colaborou conosco na definição sistemática das palavras *mutilação* e *desmembramento* para uso em nosso manuscrito. Esses termos costumam ser usados de forma indistinta na linguagem popular e acadêmica. Foi uma grande honra ter minha escrita avaliada e tão bem recebida por mestres que contribuíram para minhas ideias sobre transtornos de personalidade, doenças psicóticas, assassinatos em série, crimes sexuais, classificação criminal e motivações para crimes violentos.

Finalmente, meus mais profundos agradecimentos àqueles que mais amo: minha família e amigos, sobretudo meus pais, Gary e Patricia; meu irmão, Mark, a esposa dele, Janice, e meu sobrinho, Marco; meus avós, Elena, Michael, Julia e Andolpho; meu querido amigo Attila; e Kathleen, cujo apoio e afeto inabaláveis significaram muito para mim ao longo deste projeto incrivelmente desafiador. Sua generosidade e bondade ilimitadas representam o que há de melhor na humanidade — o oposto do mal descrito neste livro. Realmente sou alguém privilegiado. Essas pessoas constituem uma chama brilhante de esperança, que sombra alguma, por mais terrível que seja, pode extinguir.

MICHAEL H. STONE : GARY BRUCATO

CRUEL

ÍNDICE
REMISSIVO

A

Aamodt, dr. Michael G. 158, 555
abandonados pelas esposas ou
    companheiras 432
abandonar os maridos 164
abandono 35, 60, 81, 227,
    313, 314, 363, 533
Abbotsford, Canadá 135, 136
Abe, Gloria 55
Abrams, Norma 200
abundância 53, 247
abuso de drogas 201, 245, 277,
    391, 451, 454, 457, 459
abuso de substâncias ilícitas 72
abuso infantil 215, 234, 254, 260,
    286, 436, 480, 547, 548
abuso psicológico 452, 525
abuso sexual 47, 83, 84, 133,
    137, 158, 174, 178, 201,
    213, 258, 358, 365,
    403, 414, 417, 418, 421,
    467, 476, 480, 490
acesso a armas 347,
    387, 398, 439
acesso aos anticoncepcionais 278
acesso ao sexo na internet
    58, 283
acidente de avião
    Germanwings 277
Adam Lanza 276
Adams, Agnes 225
adoção 130, 347, 392, 403, 424,
    426, 427, 493, 500, 533
adolescentes 23, 35, 62, 168,
    191, 231, 242, 269, 285,
    309, 313, 316, 318, 352,
    354, 355, 361, 364, 387,
    388, 390, 391, 393, 409,
    418, 419, 442, 451, 452,
    453, 462, 463, 502, 594
Afeganistão, invasão
    dos EUA 275
afogamento 159, 320
afro-americanos 36, 62, 98,
    99, 158, 198, 223, 358
Agency, Montana 351, 354
Agnew, Spiro 130
agressão proativa 470
agressão reativa 470
agressão sexual 22, 69, 144,
    167, 169, 170, 214, 219,
    239, 246, 253, 259,
    300, 431, 486, 510
Ahmed, Syed Bilal 113
ak-47 357, 398, 538
Albright, Charles 471
Alcala, Rodney 434
alcoolismo 165, 214, 222,
    227, 364, 488

Alfândega e Proteção
    de Fronteiras dos
    EUA (CBP) 39
algoritmo para o Índice da
    Maldade 24, 249,
    250, 259, 540, 547
aliados, usados por pessoas
    no Padrão 14 111
alienação parental 414, 418
Alighieri, Dante 25
Allen, Henry 278
Allen, James 338
Allitt, Beverley 447
Allred, Rulon 92, 94
Al-Qaeda 275
alto risco clínico (CHR) 191
alucinações 100, 190, 191,
    195, 196, 199, 260,
    360, 396, 509
alucinações auditivas
    195, 196, 361
alucinógenos 36, 54, 171,
    218, 245, 272, 276,
    451, 509, 526, 532
Alunos TGQN (transgênero,
    genderqueer, non
    conforming) 170
alvos estranhos, escolhidos
    ao acaso 96
Ambrusko, Sara 514
América Central 90, 292
American Beauty [Beleza
    Americana] (filme) 326
American Equal Rights
    Association 267
amoralidade 158, 316, 469
amor obsessivo 333, 334, 336,
    337, 339, 342, 343
amor romântico rejeitado 33
Anatomy of Evil, The
    (Stone) 577, 598
Anatomy of Violence, The – The
    Biological Roots of Crime
    [Anatomia da Violência
    – As Raízes Biológicas
    da Criminalidade]
    (Raine) 470
Andrews, William 297
anfetaminas 192, 272, 296
animais 57, 83, 104, 133,
    145, 166, 171, 177, 178,
    219, 222, 227, 229, 239,
    245, 254, 259, 260, 302,
    313, 359, 368, 385, 416,
    436, 474, 486, 525
Annunciata, irmã 506, 507
anos de pico de nascimento para
    os assassinos em série 308
ânsia pela admiração alheia 52
Anthoney, Kirby 442, 443
Anthony, Casey Marie 459
Anthony, Susan B. 267, 278
anticongelante 102, 327
antidepressivos 371

aparência física 96, 106,
    127, 285, 392
Apocalipse (Novo
    Testamento) 36
apólice de seguro 324, 325,
    327, 489, 514, 534
Apsche, Jack A 226
armas semiautomáticas 24, 63,
    294, 295, 358, 359, 362,
    370, 374, 378, 380, 383,
    398, 399, 402, 484, 538
Arnold, China 449
Arrant, Jason 521
Arrington, Willie 32
As Aventuras do Barão
    Munchausen 448
asfixia 183, 219, 290, 299, 466
asfixiofilia 299
asiáticos 98, 99, 158, 357, 380
Askins, Jacqueline 225
Asperger, Hans 374
assassinato cometido por
    parceiros 319, 325
assassinato em massa 45, 83,
    256, 257, 273, 277, 294,
    295, 296, 337, 346, 361,
    366, 374, 386, 395, 396,
    441, 487, 545, 548, 551
assassinato em retaliação
    73, 85, 86, 164, 206,
    219, 281, 380, 395
assassinato sádico 402
Assassinatos das Quatro
    Horas 95
Assassinatos em Santa
    Bárbara (2014) 377
assassinatos sob encomenda 315
Assassino de Golden State 153
Assassino do Zodíaco 139, 141,
    142, 144, 145, 146, 147,
    149, 150, 151, 152, 153
assassino em série 218, 227, 245,
    299, 305, 314, 460, 543
Assassinos do "Anjo da
    Morte" 305, 364
assassinos em série 532
assassinos "imitadores" 139, 322
assassinos por conforto 162
assassinos por estímulo 162
assassinos por luxúria 162
Assawahem, Chitat 175
assédio sexual 81, 83, 84, 434
Associação de Advogados
    de Illinois 98
atear fogo 83, 197, 326, 485, 520
atentado de 11 de setembro
    165, 275
atiradores escolares 346, 347,
    359, 364, 369, 383,
    385, 387, 388, 389,
    390, 392, 394, 395, 396,
    397, 398, 399, 400, 401,
    402, 441, 548, 593

atividades espirituais
    alternativas 202
Atkins, Susan 36
Atlanta 187, 450
atos canibais 58, 202
atos de terrorismo 23, 249
atos malignos 20, 21, 67, 73,
    78, 95, 177, 247, 248,
    323, 377, 403, 446,
    448, 451, 454, 500, 504,
    512, 515, 519, 537, 543,
    547, 548, 551, 552
atos violentos 67, 87, 194, 195,
    248, 249, 250, 251, 258,
    260, 437, 446, 470, 504
atropelamento 159
Aumüller, Anna 506
ausência de remorso ou
    sentimento de culpa
    (psicopatas) 22, 29, 31, 34,
    35, 38, 42, 44, 47, 60, 68,
    70, 71, 72, 74, 78, 95, 110,
    113, 114, 117, 131, 132,
    176, 183, 190, 193, 226,
    233, 234, 236, 245, 246,
    248, 249, 252, 309, 316,
    329, 342, 343, 354, 362,
    365, 399, 440, 455, 470,
    482, 483, 512, 514, 516, 538
Austrália 201, 312, 332,
    398, 402, 591
Áustria 293, 344, 473, 476, 516
auxiliar de enfermagem 130, 137
Avery, Paul 151

B

babás assassinas 497, 498
Badlands [Terra de Ninguém]
    (filme) 152
Baja California, México
    91, 92, 93
Baker, Delvoyd 463
Ballard, Kelli, 461
Ballion, Susan Janet 509
banimento de armas 398
Baniszewski, Gertrude 297
Barber, April 323
Barber, Justin 323, 324
Bardo, Robert 336
Barer, Burl 443, 591
Bar-Jonah, Nathan 434
Barnes, Keryn 455
Barnes, Suzan 454, 455
Barrios, Angela 172
Bartkey, Valerie 287, 587
Barton, Debra Spivey 450
Barton, Mark O., 450
Barton, Mychelle 450
Base naval de Bremerton 81

Batalha de Stonewall 273
Bates, Cheri Jo 139, 152
Bates, Kelly Anne 19, 21
Báthory de Ecsed, Elizabeth 107
Battani, Juíza Marianne 338
Baty, Jessica 370
Baum, Jerrod 451, 452
Beam, Christopher 165
Bear, Michael 455
Beatles 36, 53, 54
Becker, Jack 516
Becket, Thomas 300
Beerle, Monica 456
Beers, Katie 476, 477, 598
Beets, Betty Lou 451
Behl, Taylor 466, 467
Belli, Melvin 148, 330
Bellush, Sheila 519
Bennell, Barry 430
Bennett, Richard 451
Bennett, Whitney 174
Berdella, Robert 217, 233,
    243, 314, 514, 584
Berdella, Robert – Açougueiro
    de Kansas City 217, 220
Berkowitz, David 310
Bernatene, Kelly 484
Berndt, Mark 286
Bernheim, Hippolyte 266
Berryessa, lago 150, 151
Berry, Jeremiah 108
Betten, Sandra "Sandy" 474
bipolar, transtorno ou distúrbio
    70, 191, 193, 370,
    378, 391, 453, 488,
    489, 502, 508, 532
Bishop's School 125
Black Cat, The [O Gato
    Preto] (Poe) 292
Black, Laura 114, 115,
    117, 337, 343
Blackthorne, Allen (Allen
    William Van Houte) 519
Blair House 112
Blatty, William Peter 152
Bleuler, Eugen 266
Bloch, Robert 102
Bloomington, Indiana 98, 583
blue movies 289
Bob's Bazaar Bizarre, Mercado de
    Pulgas de Westport 218
Bogdanovich, Peter 76, 77
Bolstad, Orin 360
bombas 165, 359, 362, 370, 487
Bonadio, Nancy 533
Bonaparte, condessa Marie 266
Bonn, Scott 309, 579, 589
Book of the New Covenants
    [Livro das Novas Alianças,
    O] (Ervil LeBaron) 95
Booth, John Wilkes 97
Borukhova, Mazoltuv 315
Bouchard, Karen 182, 519,
    520, 534, 535
Bouchard, Keith 534

Bourgoin, Stéphane 215
Bowers, Robert Gregory 277
Bowlby, John 266
Boyette, Grant 355, 356
Boy Jones 332
Brady, Ian 212, 465, 471,
    530, 544, 601
Braid, James 266
Branch Davidian (Seita) 275
Brandes, Bernd 58, 59
Brasil 312, 335, 503, 552
Braswell, Maurice 435
Bravo, Florence 325
Brennan, Murray 338, 339,
    340, 341, 343
Bridges, Danny 463
Brien, Nancy 174
Broadmoor Forensic
    Hospital 529
Brocket, Donald 316
brometo de rocurônio 326
Browne, Robert 430
Brown, Grace 319
Browning, Nicholas 439
Brucato, Gary 19, 251, 537,
    545, 553, 581, 605, 607
Brutus 97
Bryant, Martin 398
Bryson, Christopher 217
Budd, Grace 198, 199
Buenoano, Judith 451
Buff, Charlotte 339
Bugliosi, Vincent 481
bullycídio 394, 595
bullying 54, 217, 241, 283,
    285, 338, 361, 364, 378,
    394, 501, 513, 548
Bundy, Ted 222, 245, 279,
    311, 371, 434, 471,
    532, 586, 587
Burgess, Allen 547
Burgess, drª. Ann 106, 226, 227,
    549, 555, 579, 582, 585
Burgess, Roger 453
Burridge, Amy 480
busca por atenção 56,
    192, 252, 447
Bush, Elizabeth 387
Buttafuoco, Joey 523
Buttafuoco, Mary Jo 523
Byrdsong, Ricky 98

cadeira elétrica 200, 292
cães (comem partes do corpo
    da vítima) 225, 298
Cahill, James, III 291, 475
caixa de madeira, caso
    Collen Stan 205

calçados 230
Caldwell, Christina 172
Caldwell, Mary 172
Califórnia 62, 91, 92, 111,
112, 113, 114, 118, 126,
127, 137, 152, 153,
159, 172, 186, 204, 205,
213, 214, 216, 291, 313,
320, 326, 329, 331, 334,
337, 350, 357, 359, 372,
455, 473, 484, 488, 490,
496, 511, 530, 544
Calígula (imperador
romano) 269, 300
Calley, William L. 273
Canadá 75, 76, 183, 272, 302,
312, 346, 436, 551, 591
canibalismo 101, 109, 201,
202, 203, 248, 290, 299,
300, 456, 457, 458,
492, 545, 548, 551
forçado 203
Cannibal Corpse 438
Cannon, Mary Louise 174
Cantor, Stacey 451
Caputo, Philip 281, 282
característica quase universal
entre assassinos em
série (psicopatia) 166
características dos criminosos 21,
24, 31, 68, 71, 75, 77, 125,
139, 141, 146, 147, 151,
166, 188, 191, 196, 212,
227, 235, 245, 248, 249,
252, 256, 279, 281, 321,
356, 361, 362, 374, 401,
442, 465, 475, 483, 525,
526, 532, 545, 547, 591
Carey, Ben 545, 551
Carignan, Harvey 459
Carnegie, Dale 36
Carns, Bill 175
Carpenter, Leona 132
Carson City, Nevada 111
Carson, James 454
Carson, Johnny 455
cartas para a polícia e imprensa
(Zodíaco) 116, 139, 142,
144, 150, 153, 217, 226
Casa de repouso Alpine
Manor, Grand Rapids,
Michigan 137, 138
Casa noturna Punto 3 39
Caso Albert Fish 196, 201,
245, 270, 457, 458, 459
Caso Alec Kreider 483
Caso Allen William Van
Houte 519
Caso Andrew Golden e Mitchell
Johnson 358, 592
Caso Anthony Morley 491
Caso Ariel Castro 293, 476
Caso Armin Meiwes 290,
492, 574
Caso Ben Fawley 466, 467

Caso Ben Sifrit 299, 478
Caso Bruno Fernandes 298
Caso Cameron Hooker 204
Caso Charles Starkweather 152
Caso Christine Paolilla 501
Caso Clara Schwartz 508, 522
Caso Coy Wayne "Elvis"
Wesbrook 45, 46, 47, 573
Caso Craig Price 442
Caso David Parker Ray 237, 308,
452, 471, 514, 532, 586
Caso Dorothea Puente 23, 130
Caso Edward Leary 487
Caso Elizabeth Zehnder 534
Caso Eric Williams 524, 525
Caso Ervil LeBaron 89, 95
Caso Franklin Delano Floyd
464, 465, 597
Caso Gary Heidnik 222,
223, 224, 225, 226,
227, 228, 243, 244
Caso Gary Steven Krist 186, 187
Caso George Woldt 526
Caso Gordon Northcott 270, 459
Caso Graham Young 530
Caso Gwendolyn Graham e
Cathy Wood 137
Caso Issei Sagawa 202
Caso Jack Unterweger 516,
517, 518, 532
Caso Jack Wayne Reeves 504
Caso Jared Loughner 296
Caso Jeffrey Dahmer 202,
371, 434, 583
Caso Jerry Brudos 179
Caso Jerry Jenkins e Ron
Kennedy 480
Caso Joanna Dennehy 459
Caso Joel Steinberg 511
Caso John Wayne Gacy 23,
229, 244, 311
Caso John Zaffino 533
Caso Joseph Meling 494
Caso Justin Painter 443
Caso Kao Xiong 528
Caso Kelly Cochran 456, 457
Caso Kenneth Kimes
112, 113, 576
Caso Larry Bittaker 310
Caso Larry Eyler 314, 463
Caso Lois Jurgens 479
Caso Lugo e Doorbal 294
Caso Luka Magnotta 301
Caso Martin MacNeill 488
Caso Matthew Quesada 503
Caso Mel Ignatow 477, 478
Caso Melinda Loveless/Shanda
Sharer 485, 486
Caso Nancy Lanza 373
Caso Narcisa Novack 495
Caso Nikolas Cruz 277, 347, 351,
369, 384, 386, 392, 401
Caso Norman Roderick
Harrell 134
Caso One L. Goh 372

Caso Patrick Purdy 357
Caso Paul Snider 74, 279
Caso Paul Stine/Dorothy
Stratten 74, 76
Caso Phil Skipper 298
Caso Rachelle Waterman 521
Caso Richard Chase 245,
434, 532, 586
Caso Richard Marc Evonitz 461
Caso Richard Overton 496
Caso Ronald Gene Simmons 81
Caso Sabrina Limon 484
Caso Sal Inghilleri 476, 477
Caso Samantha Scott 509
Caso Sarah Kolb 482
casos de assistência
social 405, 424
casos de doença mental 361, 506
Caso Sedley Alley 304
Caso Spencer Lee King 439
casos pré-1960 196,
308, 443, 451
Caso Stella Strong Nickell
493, 494, 496
Caso Stephen Grant 469, 471
Caso Steven Kazmierczak
369, 391
Caso Steven Pladl 500, 501
Caso Steven Roy Harper 473
Caso Terry Driver 135
Caso Thomas Hose 292,
472, 473, 476
Caso Tommy Lynn Sells 211,
212, 216, 244, 308, 314
Caso Victor Paleologus 499, 500
Caso Westley Allan Dodd
457, 458, 459, 514
castração 106, 197, 458
Catcher in the Rye, The
[O Apanhador no
Campo de Centeio]
(Salinger) 53, 54, 573
Cauffiel, Lowell 139
Caulfield, Holden (Catcher in
the Rye [O Apanhador no
Campo de Centeio]) 53
cefaloepicoinofilia 300
celebridades 127, 129, 130,
134, 190, 333, 334,
335, 429, 430
Centro Médico Valley Forge 223
centro psiquiátrico 376
Centros de Controle e Prevenção
de Doenças 319
cérebro 72, 136, 191, 216, 235,
246, 293, 303, 310, 326,
342, 344, 388, 390, 391,
422, 456, 462, 471, 527
Chafee, John 398
Chambers, Sandra (ou
Santee) 111
Chapman, Mark David 52, 53,
54, 55, 114, 129, 335
charme superficial 22, 69, 123,
234, 250, 469, 485

Índice Remissivo   .559

Chastenet, Amand-Marie-Jacques de 266
Cheema, Lakhvinder 475
Chicago, Illinois 81, 98, 127, 229, 230, 231, 269, 273, 306, 308, 347, 351, 438, 463, 494, 514, 572, 576, 582, 584, 585, 587, 590, 597, 599
Chicago Tribune (jornal) 32
Chihuahua, México 91
China 288, 346, 356, 428, 449, 552, 597
Chin, Li 377
Chong, Myong Hui 504
Choong, Gurjeet 475
Cho, Seung-Hui 295
Chronicle e o Examiner (jornais) 144
Chynoweth, Duane 95
Chynoweth, Mark 95
Chynoweth, Naomi Zarate 93
Chynoweth, Rena 95
cianeto 291, 475, 493, 494, 496, 529, 530
ciberbullying 285
Cidade de Oklahoma 94, 111, 241, 361, 465, 474
Cisneros, Ismael Juarez 86
ciúme 22, 23, 29, 33, 34, 45, 51, 52, 73, 74, 80, 101, 124, 127, 129, 164, 190, 248, 249, 251, 253, 255, 291, 320, 325, 339, 344, 347, 348, 352, 378, 474, 477, 485, 496, 510
Claire, Andrea (ver Caso Samantha Scott)
Clark, Diane 43
Clark, Graham 43
Clark, Hadden 532
Clark, Raymond 291
Clark, Ryan 369
Cleckley, Hervey 543
Clementi, Tyler 285
Clérambault, Gaetan Gatian de 333
Clérambault (tipo de perseguição) 344
Cleveland Elementary School 357, 592, 594
Clinton, Hillary 435
Clottemans, Els "Babs" 34
Cloudcroft, Novo México 81
cocaína 54, 87, 172, 188, 192, 272, 275, 288, 296, 442, 459, 482, 501, 510, 514, 534
Cockerill, Misty 135, 137
Coe, Fred 315
Coe, sra. 316
Coid, Jeremy 195, 551, 582
Coit, Jill 451
cola, cheirar 54
Cole, Carroll 451

Collector, The [Colecionador, O] (filme), 217
Collins, Darnell 337
Collins, Don 302
Collins, Samuel 33, 34
Collins, Suzane 305
Colonia Juárez, México 90
Colorado 94, 171, 302, 333, 353, 361, 526
Columbia University 545, 554, 607
combinação de ódio e arma 400
compaixão 22, 52, 57, 68, 71, 125, 215, 234, 303, 514, 541, 543
comportamento antissocial 69, 70, 72, 367, 396
comportamento obsessivo 339
comportamento obsessivo-compulsivo 194, 220, 371, 374, 392
comportamento violento 20, 45, 194, 195, 227, 310, 354, 355, 359, 388, 509
comprar armas 368, 370, 385
comunidade nativa americana Tulalip 383
comunismo 538
cônjuge 42, 168, 190, 235, 256, 283, 292, 296, 315, 322, 328, 406, 451, 475, 525, 549
Connell, Richard 145
Conso Products 80
consumo de urina e fezes 196
contato paterno diminuído 389
contraceptivos 164, 404
controle de natalidade 314
controle sobre os outros 231
Cook, Bonnie 533
Coons, Gloria 46, 47
Cooper, Anderson 585
Coppolino, Carl 326
coprofagia 196
coprolalia 199
Corll, Dean 212, 314
Cornett, Natasha Wallen 453, 454
Cornett, Stephen 453
corpo, desaparecimentos de 233, 328, 330, 331, 451, 477
Córtex orbitofrontal masculino 72, 303, 388
Couey, John Evander 303
Coutts, Graham 299
crack (ver cocaína) 275, 511
Crafts, Helle 328
Crafts, Richard 328
crenças religiosas 99, 125, 404
criança 40, 57, 82, 94, 97, 169, 174, 175, 187, 196, 198, 199, 222, 229, 259, 292, 293, 298, 302, 309, 363, 370, 375, 403, 406, 414,

422, 424, 425, 440, 449, 461, 473, 477, 479, 480, 500, 508, 511, 526
crianças mortas pela mãe 289
crianças que matam os pais 360
Crime and Punishment [Crime e Castigo] (Dostoiévski) 483
Crime Classification Manual [Manual de classificação dos crimes] (Douglas, Burgess e Ressler) 106, 547
Crimeia 276
crime organizado 23, 162, 294
crimes cometidos em tempos de paz 269, 276
crimes do Século 269
crimes passionais 33
crime violento 251, 454, 537, 543, 547
criminosos encarcerados por homicídio 194
criptogramas 139, 144, 148
cristianismo 356
Crockett, Steven 463
crueldade gratuita 188, 548
Cruise, Tom 127
Crutchley, John Brennan 202
Cruz, Antonio 46
Cruz, Lynda 392
Cruz, Nikolas 398
Cruz, Roger 392
Cruz, Zachary 384, 401
Cullen, Dave 361, 362, 393
Cultura do Narcisismo, A [Culture of Narcissism, The] (Lasch) 274, 279
Cummings, Irma 40
Cummings, Samuel 40
Cummings, Susan 40
Cunanan, Andrew 125, 129, 577
cyberbullying 285
cyberstalking 338, 548, 590

Dafydd (príncipe de Gales) 303
danos ao cérebro 168, 192, 216, 229, 343
Dardeen, Keith 215
Darrow, Clarence 438
Davidson, Anjeanette 224
DeBardeleben, Mike 401, 471
De Burger, James 161
decapitação 106, 109, 304
Decatur, Geórgia 54
declínio de mortes nos anos 1990 164
defesa Twinkie 487

deficiência 69, 97, 98, 102,
103, 132, 168, 197, 198,
220, 223, 224, 226, 246,
256, 257, 259, 357, 368,
375, 394, 400, 496, 591
deficiências cognitivas 198, 224
déficit de atenção 135, 391
definição de assassinato
em massa 45
definição de assassinato
em série 22
definição de estupro 167
definição de stalking 334
delinquência juvenil 69,
331, 481, 591
delírio de grandeza 22, 52, 190,
195, 323, 336, 362, 379,
401, 469, 497, 524, 526
delírio de referência 190
delírios 190, 191, 195, 260,
342, 360, 396
delírio somático 190
Del Toro, Jose Luis 519
demência 138, 191
Dennis, Rocky 77
Departamento de Justiça
dos EUA 319
Departamento de Parques do
Novo México 241
Departamento de Recursos
Humanos 116
depressão psicótica 502
derrame (morte) 81, 101
Deschamps, Rocxanne 401
DeSilva, Andrew 125, 128
desmembramento 106, 107,
109, 221, 248, 329, 470,
506, 545, 548, 555
dessensibilização 282
Destrampe, Tara 469
desvendando o caso criptográfico
do Zodíaco 145
Deutsch, Helene 269
de Villers, Greg 326
Dew, Lydia Kaye 355
Diamond Bar, Califórnia 175
Diaz, Joaquim 86
Di Chiara, Gaetano 391
Dierkes, Verena 470
diferenciando narcisismo,
psicose, e sadismo de
psicológicos, como
psicopatia, narcisismo,
psicose e sadismo 24
Dinamarca 312, 420, 552
Dirty Harry [Perseguidor
Implacável] (filme) 139
Discovery Channel 293,
442, 545, 551, 607
disputas de guarda 403, 406,
408, 422, 424, 480
DNA (exame) 134, 153, 240,
298, 405, 422, 449, 465,
474, 496, 508, 527, 537
doença de Alzheimer 137, 191

doença de Huntington 191
doença mental 185, 223, 226,
245, 335, 338, 340, 352,
359, 369, 371, 373, 396,
435, 488, 503, 527
doença psicótica 189, 196,
249, 260, 540
Doorbal, Noel 293, 294, 304
Dopamina 391
Dover, Arkansas 81
Doyle, Sir Arthur Conan
29, 553, 572
Drano 297, 370
Dreiser, Theodore 320
drogas opioides 192, 277
Drummond, Nonie 439
DSM-III 281, 308
Dudley, Deborah 224,
225, 226, 228
Dugard, Jaycee 293, 432,
462, 473, 596
Duncan, Elizabeth Ann 320, 321
Duncan, Frank 320

E

Eappen, Matthew 498
Eastwood, Clint 130
ecstasy 276, 482
Eddy, Shelia 290
Edifício Dakota 53
Édipo (Sófocles) 173
efeitos desinibitórios do uso
de drogas no cérebro
do adolescente 391
egocentrismo 71, 84, 141,
176, 249, 252, 256
Eig, Jonathan 278
Eisemann-Schier, Ruth 187
Elbogen, Eric B. 194
eleição presidencial de 2016 435
eliminação de testemunhas 129
Elizondo, Jose Rodriguez
39, 40, 573
El Paso, Texas 171
El Petiso Orejudo 437, 596
Elysian Park, Los Angeles 174
encenação de acidente 322, 505
enfermeiras 160, 273,
448, 468, 549
enforcamento, pena de
morte por 330, 394
enucleação (arrancar os
olhos) 20, 199, 202
enurese (urinar na cama)
225, 227, 228, 243
envenenamento 123, 259,
325, 475, 494, 529
epilepsia 191
Erickson, Inez 175, 176

Erotischer Wahnsinn 333
erotomania 334, 335, 337, 339
limítrofe 337
escatologia 332
esfaqueamento, morte por 169,
235, 319, 320, 380
esfolamento 106, 107,
108, 222, 248
ESL Incorporated 115
espancamento 511
morte por 450
Esparza, Manuel 552
Esposito, John 292, 293, 476, 477
Esquirol, Jean-Étienne
Dominique 332
esquizofrenia 70, 104, 132,
191, 192, 193, 194, 245,
260, 360, 362, 378,
391, 502, 532, 545
paranoide 234, 335
esquizoide 192, 194, 220,
223, 288, 308, 310,
337, 357, 529
estatísticas de estupro ou
ataques sexuais 170
estatísticas de uxoricídio 324
estatísticas sobre assassinatos
em série 306, 319
estrangulamento 215, 235,
290, 297, 299
estudo de Brucato 543, 545,
546, 548, 549, 553
estupradores recorrentes 71
estupro 24, 31, 133, 137, 158, 167,
168, 169, 170, 172, 174, 176,
178, 181, 186, 202, 206, 213,
215, 219, 227, 229, 241, 248,
249, 254, 260, 283, 300, 301,
302, 304, 305, 310, 311, 313,
336, 388, 390, 403, 412, 419,
423, 429, 431, 432, 433, 434,
443, 457, 461, 462, 473, 486,
526, 537, 546, 547, 553
coletivo 168, 169
como intenção inicial do
ato criminoso 168
conjugal 433
de meninos praticados por
Gordon Northcott 270
por estranhos 433
etilenoglicol 327
Eugene, Rudy 201
Evans, Christopher 497
evisceração (remoção dos
órgãos internos) 106
Excedrin 493, 494
excitação sexual 137, 166, 178,
308, 416, 418, 437
exemplos de extremo sadismo
pós-1965 304
Exército dos EUA 223
exibicionismo 416, 457
Exorcist III, The [Exorcista
III, O] (filme) 139

Índice Remissivo .561

Exorcist, The [Exorcista,
O] (filme) 152
expansão da indústria
pornográficos nos
anos 1970 274
expiação por sangue (Igreja
Mórmon) 92, 95
extorsão 186, 293, 294, 338, 362
extrema violência 51, 68,
90, 133, 193
extremistas islâmicos 275
Eyler, Larry 597

F

fábrica de bebês 224
Fallon, James 216
família Avery 304, 442
família Clutter 288
família Johnson (caso Steven
Roy Harper) 475
família Romero 175
famílias desestruturadas 459
famílias intactas 282
Fanning, Diane 216, 555,
583, 584, 597
fantasias 54, 58, 161, 162, 166,
167, 169, 172, 177, 178,
180, 202, 220, 227, 235,
241, 282, 309, 375, 462,
478, 506, 527, 545, 546
fantasia sexual 167
Faraday, David 143
Farley, Richard Wade 114,
115, 116, 117, 118,
337, 343, 577
Farrar, Michael 288
fascismo 538
fatores biológicos e genéticos
166, 247, 388
fatores que contribuem para o
crime 443, 471, 538
fatores sociais e ambientais
69, 388, 390
fazer xixi na cama 228
Federal Bureau of Investigation
(FBI) 22
Fegefeuer oder die Reise ins
Zuchthaus [Purgatório,
ou Jornada na Prisão]
(Unterweger) 516
Feinstein, Dianne 175
feminismo 312
fentanil 326
Fentress, Albert 394,
395, 458, 597
ferimentos na cabeça
229, 246, 322
Ferrand, Jacques 332
Ferrell, Roderick 202

Ferrin, Darlene 143, 144
ferrovia Santa Fé 171
fetiche por pés 179
fetichismo 180, 332, 416
F Ford, Gerald R. 112
Filho de Sam 310
Filipinas 126, 224, 373, 504
filmes das vítimas
moribundas 311
filmes pornográficos 126, 128,
202, 274, 302, 462, 526
Fincher, David 139
Finder, Larry 236
Findlay, Tom 79, 80
Finlândia 312
Finley, Laura 394, 595
Fisher, Amy 523
Fisher King, The [Pescador de
Ilusões, O] (filme) 62
Fisher, Shana 441
Fitch, Janet 425
Flanagan, Vester 382
Flashman, Joshua 376
Fleeman, Michael 521, 598, 600
Flores, Robert 362
Floyd, Della 464
foco principal da psiquiatria
no século xix
psicose 266
Folger, Abigail 36
Forbes, Travis 302
Ford, Priscilla Joyce 502
Forel, Auguste 266
forjar a cena de um crime 78
Formas erotomaníacas 336
Fortuna, Linda 174
Foster, Jodie 336, 337, 590
fotografia de nudez 75, 76
fotografias 179, 181, 203
Fowles, John 217
Frankenstein 102, 509
Franks, Robert "Bobby" 269, 438
franquia Chippendales 76
fraude de erário 488
frequência crescente do
mal 192, 279
Freud, Sigmund 266, 267, 539
Frey, Amber 330
Friedkin, William 152
Fritzl, Elizabeth 473
Fritzl, Josef 293
Fromm, Erich 245
Fromm-Reichmann, Frieda 269
Fryberg, Andrew 384
Fryberg, Jaylen 383
Fryberg, Ray 383
Frykowski, Wojciech 36
Fugate, Caril Ann 152
funções anormais em/de
psicopatas 471
furto 440, 454, 516
Fusco, Anthony 500
Fusco, Kelly 500
Fuselier, Dwayne 397
Fu Sheng 107

G

Gacy, John Wayne 23, 229,
244, 311, 314, 434,
462, 585, 586
Gaffney, Billy 199
Galasso, Zoe 384
Galaxina, A Mulher do Ano
3000 (filme) 76
ganância 158, 316, 325,
411, 422, 451, 527
gangue Mara Salvatrucha
85, 86, 548, 575
Gao Heng 107
Garcia-Orellana, Oscar
Alexander 86
Gardner, Richard 414, 575, 595
Garrido, Phillip 293, 432,
443, 462, 476, 588
Gates, April 337
gays e homossexualidade 58, 62,
125, 128, 217, 221, 229,
231, 232, 242, 277, 285,
314, 385, 394, 429, 458,
463, 486, 491, 492, 534
Geberth, Vernon 237, 527,
555, 586, 600
Gein, Ed 23, 100, 101, 102, 103,
104, 106, 108, 189, 222
Açougueiro de Plainfield 104
mãe de 101
gênero 161, 162, 169, 170
George, Cynthia 237, 525,
533, 534, 589
George, Ed 533
George, Ruby 533
Gerhartsreiter, Gerhard
490, 491, 599
germofobia (fobia de
germes) 374
Gharbi, Gamil (Marc
Lépine) 312
Gibson, Mary 326
Giedd, Jay 388, 390, 594
Gielinski, Jacine 526, 527
Giffords, Gabrielle 296
Gilbert, Glenn 468
Gilbert, Kristen 468
Gilbert, W. S. 151
Gillette, Chester 319, 320,
321, 507, 589
Gilliam, Terry 62
Gillis, Sean Vincent, 543
Gillmouth, Everson 131, 132
Gilmore, Gary 443
Gilmore, Mikal 443
Glass, Robert 290
Glatman, Harvey 500, 599
Godino, Cayetano 437
Goethe, Johann Wolfgang
von 265, 339
Gomez, Maria 87

562.   CRUEL : Índice da Maldade

gonorreia 224
Gonzales, Sammy 519
Gough, Jaimie 438
Gower, Bonnie Lou 461
gratificação instantânea
    do psicopata 72
gratificação sexual 22, 59
Greenacre, Phyllis 269
Green, Debra 288
Greenlease, Bobby 292
Gregory, Cory 482
Greig, Rodney 320
Griesinger, Wilhelm 266
Grogan, Steve 37
Grote, Jeff 316
guarda de criança 404
Guarda Nacional de Ohio 274
Guerra do Vietnã 272, 281, 357
Guglielmi, Rodolfo 431
Guillory, Genore 298
Gunness, Belle 451

Haarmann, Fritz 58, 457, 597
Hacking, Mark 491
Haines, Kevin 483
Hale, Matthew 98, 99
halitose 173
Halloran, John 330
Hamilton, Thomas Watt
    196, 395, 413
Hans, Kristofer 354, 400
Harden, Donald Gene 144
Harding, Warren G. 281
Hare, Robert 69, 71, 241, 308,
    362, 435, 440, 441, 443,
    465, 543, 547, 551, 574,
    589, 592, 595, 596, 605
Harper, Laurel 381
Harper-Mercer, Christopher
    380, 381, 382, 393,
    400, 401, 593
Harrelson, Sharon 451
Harris, Eric 275, 352, 361,
    369, 386, 393, 397, 399,
    400, 401, 544, 593
Harris, Katrina Denise 134
Harris, Kaylene "Katy" 212
Harris, Terry 212
Harris, Thomas 222
Hartley, Evelyn 103
Hartnell, Bryan 146
Hasse, Mark 524
Hawkins, Diane Magdeline 134
Hawkins, Robert 376
Hayes, Steven 288
Hazelwood, Roy 235
Hazlip, Kelly 46, 47
Hearn, Jonathan 484

hebefilia 418, 462
Hefner, Hugh 76
Heimann, Jerry 316
Hellyar, Jon 455
Helpern, Milton 326
Helter Skelter 36, 124, 572
Henderson, Morgan 451
Hendy, Cindy 237, 240, 242, 243
Hennard, George "Jo Jo"
    61, 62, 63, 574
Henrique II, rei da
    Inglaterra 300
Henry, Dr. Patrick 451
Henthorn, Harold 451
hereditariedade 401
Hernandez, Michael 438
heroína 54, 213, 242,
    244, 488, 501
hibristofilia 177
Hickock, Dick 288
Higgins, Patty Elaine 174
Higgs, Gregg 465
Hillbilly Elegy [Era Uma Vez
    Um Sonho] (Vance) 453
Hill, John 321
Hilscher, Emily 368
Hinckley, John 336, 337, 590
Hindley, Myra 212, 530
hipnose 36, 239, 266
hipnossedativos 192
hispânicos 62, 85, 158
história de "João e Maria" 58
histórico familiar dos assassinos
    em série 165
Hitchcock, Alfred 102
Hitler, Adolf 269, 313, 328,
    362, 363, 364, 369,
    371, 460, 530
HIV 126, 129, 191
Hodel, George 270
Hogan, Mary 102
    103
Hogg, David 398
Holmes, H. H. 305, 437
Holmes, Ronald 580
Homem de Confiança, O
    (Melville) 491
homens-bomba 276
homens castrados 266
homens dominadores 416
homens e sadismo 308
homicídio com motivação sexual
    praticado em série 164,
    165, 231, 273, 301, 312,
    390, 396, 429, 433, 436,
    459, 460, 462, 471, 514,
    532, 539, 545, 595
homicídios cometidos pela
    família Manson 35,
    36, 37, 38, 124, 125,
    245, 273, 572
Hoogstraten, Dorothy
    Ruth 75, 76
Hooker, Cameron 583
Hooker, Janice 583

Hora da Crise - Dia da Vingança
    (Ervil LeBaron) 93
Hospedeira da Casa da
    Morte 130
hospitais forenses 434, 435
Hospital Central Estadual 103
Hospital Geral da Filadélfia 223
How 1965 Transformed America
    (Patterson) 281
Howard, Frank 198
Howell, Jerry 218
Hricko, Kimberly 325
Huberty, James 62
Huffine, John 454
Hui, Song 526
Hulbert, Kyle 508
humilhação 22, 45, 166,
    227, 228, 235, 290,
    296, 302, 393, 394,
    413, 418, 491, 525
Hupp, Suzanna Gratia 63
Hussein, Saddam 275, 304
Hutcheson, Caroline 496

idade dos atiradores 353
idade, sexo, gênero, raça,
    etnia 167
ideação violenta 191
ideias/comportamentos
    "micropsicóticos"
    com estruturas de
    personalidade 192
ideologia como força motriz
    por trás do assassinato
    em série 250
Iglesias, Julio 129
Igreja de Jesus Cristo dos
    Santos dos Últimos
    Dias (SUD) 475
Igreja de Satã 172
Igreja do Cordeiro de Deus 92
Igreja do Primogênito da
    Plenitude dos Tempos 90
Igreja Mundial do Criador 98
imigrantes sem documentos 112
imitação 441
impulsividade 23, 34, 47, 51,
    69, 72, 74, 235, 279,
    359, 388, 390, 442
inaptidão social 393, 402
incêndio criminoso 228,
    254, 388, 400
incesto 81, 82, 293, 320, 412,
    413, 414, 421, 422, 423,
    465, 486, 500, 501
    suspeitas de 422
incitação 315
Índia 111, 288, 334, 428

Índice Remissivo .563

infância 53, 54, 56, 68, 70, 75, 90, 96, 101, 114, 125, 130, 135, 159, 162, 165, 171, 179, 213, 214, 216, 217, 222, 225, 227, 228, 229, 235, 243, 247, 310, 347, 348, 357, 366, 370, 379, 381, 392, 395, 437, 459, 462, 471
infanticídio 288, 439
Inferno (Dante) 25, 237
infidelidade 74, 80, 278, 548
influência de drogas 459
influências culturais/sociais e ambientais 69, 172, 477, 523
infratores 249, 269, 341, 434, 467, 546
inibição na era Freud 266
inibição sexual 267
insanidade (alegação de) 183, 200, 226, 286, 320, 360, 386, 503, 507
insensibilidade 211, 215, 234, 283, 316, 343, 362, 442, 482, 483
Instituto de Arte de Kansas City 218
Instituto Elwyn 223
intensificação no período de 1960 até 1969 (serial killer) 163
internet 24, 165, 283, 285, 289, 290, 337, 338, 341, 376, 382, 390, 422, 439, 466, 523, 538, 548, 588, 593
intolerância 96, 358
invasão domiciliar 288, 548
inveja 348
  do pênis 266
invenção da máquina de escrever 300
Iseli, Lee 458
It [It - A Coisa] (King) 585

J

Jackson, Arthur 335, 337, 340
Jackson, Rick 511
Jackson, Steve 527
Jacobson, Edith 269
Jean, Isaah 398
Jelick, Paul 351
Jensen, Betty Lou 143
jihadistas 276, 277, 283
Johansson, Axel 130
Johansson, Ingemar 130
Johns, Kathleen 149
Johnson, Amanda 287
Johnson, Dan 430

Johnson, Duane 474
Johnson, Esther 90
Johnson, Kristi 499
Johnson, Lyndon B 272
Johnson, Sally C. 195
Jonesboro, Arkansas 358
Jorgensen, Christine 101
Judd, Winnie Ruth 329, 330, 590
judeus 74, 89, 97, 98, 99, 269, 385
judiciário 408, 426
Jurgens, Dennis 598
Jurgens, Harold 479

K

Kach, Tanya 472
Kaczynski, Ted "The Unabomber" 153
Kamel, John Pierre 355
Kampusch, Natascha 293
Kane, Lawrence 117
Kasabian, Linda 37
Kimes, Sante 111, 112, 123, 576, 577
Kinkel, Kip (tiroteios escolar), 391, 399
Knorr, Theresa 298, 304

L

lago John D. Long 79
Leary, Terry 158, 555, 579, 582
LeBaron, Ervil 575
legítima defesa 22, 23, 29, 31, 32, 39, 40, 41, 45, 51, 251, 255, 291, 330
Lei de Prevenção e Tratamento do Abuso Infantil 480
Lei dos direitos civis (1964) 112, 272
liberdade das mulheres 278
liberdade sexual 282, 317
licencioso/lascivo 281
Liga Nacional Leal da Mulher 267
Likens, Sylvia 297
limítrofe (boderline) 159, 477
lista de verificação da psicopatia revisada (PCL-R) 69
livre-arbítrio 244, 246, 527
livre associação 266
livros sobre crimes reais 544
Luff, Ron 442
Lu, Gang 356, 399, 400

machos dominantes/alfa 415, 416, 417
Madonna 129
mal (conceito utilizado pelos autores do livro) 20
mal (livros escritos a respeito do tema) 543
mal (quatro características fundamentais) 21
Manual Diagnóstico e Estatístico de Transtornos Mentais (DSM-5) 547
Marinha dos EUA 61, 81, 115, 125, 305, 411, 458, 461
Marjory Stoneman Douglas High School 384
Massacre da Torre do Texas (1966) 273, 351
Massacre de Columbine 352, 353, 361, 364, 367, 369, 375, 393, 397, 400, 401, 441, 593
Massacre do Charlie Hebdo 277
matadores de Bruxas 454
matar os pais/família 439
medicamento antipsicótico 218
medicamento curariforme 325
mentira patológica 234, 343, 362, 400, 482, 485
misoginia 61, 96, 141, 143, 313, 548
mitos a respeito dos assassinos em série 158
mormonismo 88, 89, 93
Mórmons 89, 91, 304, 442, 488, 489, 490
mortes em tiroteios em escolas dos EUA (1840 - Maio de 2018 350
motim racial 272, 273
motivação do assassino em série 162
movimento de libertação gay 273
MS-13 (ver Gangue Mara Salvatrucha) 85
mudanças culturais 398, 428, 429, 543, 546
Mudgett, Herman (ver Holmes, H. H.)
mulheres amputadas 495
mulheres assassinas e transtorno psicótico 502
mulheres que mataram maridos 451
mutilação (diferente de desmembramento) 106, 107, 133, 141, 147, 162, 167, 169, 174, 179, 197, 227, 245, 259, 433, 548, 555
mutilação pós-morte 167

N

narcisismo 24, 34, 52, 75,
 193, 245, 249, 250, 252,
 256, 279, 281, 283,
 293, 298, 302, 312, 315,
 316, 321, 324, 343, 362,
 397, 401, 417, 469, 507,
 530, 539, 540, 541
 novo 281, 283, 345
nazismo/nazistas 101,
 362, 368, 369, 385,
 483, 529, 530
necrofilia 22, 102, 133,
 172, 179, 233, 254,
 259, 260, 299, 302
necrófilo 202, 222, 298, 299
Neer, Billy 458
Neer, Cole 458
Neese, Skylar 290, 588
Nelson, Earle 459
Nelson, Joyce Lucille 174
neonazistas/neonazismo
 98, 296, 364
Nero (imperador romano) 269
Nesbit, Evelyn 431
Nesset, Arnfinn 469
neurobiologia da violência e
 do trauma infantil 548
neuroses 266
Newman, Eric Clinton (Luka
 Magnotta) 302
Newton, Huey 273
Newton-John, Olivia 337
Newtown, Connecticut, tiroteios
 escolares (2012) 348
New Yorker (revista) 377
New York Post (jornal) 398
New York Times (jornal)
 545, 551
Ng, Charles 212
Nicarágua 92
Nickell, Bruce 493
Nickell, Cindy 493
Nickell, Stella Strong 493
Nietzsche, Friedrich 438
Nilsen, Dennis 299
Nixon, Pat 112
Nixon, Richard M. 187, 273, 274
Noonan, Peggy 431, 432,
 538, 596, 601
Northlake, Illinois 353
Northridge, Califórnia 175
Northwestern Memorial
 Hospital 97
Noruega 312, 420, 469, 552
Novack, Ben Jr. 495
Novack, Bernice 495
NSA 144
Nussbaum, Hedda 511

O

Obama, Barack 276
objetivos pessoais egoístas
 (psicopatia) 24
Obsessed [Presença de
 Ellena] (filme) 339
O'Connor, Mary 200, 574
O'Connor, Sandra Day 337
ódio 62, 72, 96, 98, 99, 108, 109,
 160, 178, 180, 221, 308,
 313, 357, 362, 365, 368,
 375, 379, 380, 397, 398,
 400, 404, 456, 483, 501,
 510, 517, 524, 529, 532
 à humanidade 160, 178, 483
oficiais da inteligência Naval 144
Oikos University 372
Okazaki, Dayle 173
Oldfield, Damian 491
Oliver Twist (Dickens) 425
Olshaker, Mark 305
Olson, Clifford 436
Onassis, Jackie 130
Ono, Yoko 53
Opel, Barbara 316
Opel, Heather 316
opiáceos 288, 393, 489, 524
Orbin, Marjorie 329
ordem judicial 116,
 117, 337, 463
Oregon State (hospital) 180
orfanatos 111, 130, 196,
 197, 224, 392, 548
orgasmo durante um
 assassinato 299
orgasmo (necrofilia) 532
Orion, Doreen 333
Ortega, Yoselyn 497
Ostrowski, Joseph 338
Otteson, Brelynne 451
overdose de drogas 80, 131, 159,
 219, 370, 371, 488, 534
Overton, Dorothy 496
Overton, Janet 496
Oyindasola, Oluremi 497

Pacific Union College 146
Paddock, Stephen 277, 538
padres, assassinado por 506, 507
Page, Wade 296
Pagourtzis, Dimitrios 441
Pahlavi, Xá Reza 274
Pahl, Margaret Ann (irmã
 Annunciata) 506

países de ocorrência 312
países escandinavos 312
pais menos merecedores
 da guarda 413
pais que matam os filhos 501
Pan, Barbara 175
Pan, Peter 175
Panteras Negras 273
Panzram, Carl 458
Paquistão 288, 312, 591
parafilias 176, 299, 300, 308, 311
 de natureza extrema
 (características) 299
 sexuais 416
paranoia 36, 75, 88,
 194, 368, 381
Parent, Steven 36
Parkland, Flórida, tiroteio
 escolar 347, 361, 384
Parque Blue Rock Springs 143
Parsons, Rehtaeh 285
Pascal, Blaise 95
Patterson, James T. 281
Patz, Etan 472
Paul Brown, David 456, 465
Paul, Joshua 498
Paz, Brenda "Smiley" 86
Pearl, Mississippi 355
Pearson, Larry 219, 220
pedofilia 332, 412, 413,
 419, 429, 458, 462
Pelasara, Janet 466
pena de morte 87, 113, 132,
 207, 292, 303, 305, 331,
 356, 358, 373, 386, 414,
 437, 438, 441, 452, 458,
 463, 465, 475, 481, 495,
 500, 501, 515, 525, 527
pensamento relativista 539
pensamentos delirantes 52
pensamentos violentos 191
pensão alimentícia 318, 363, 489
pensão (pequeno hotel) 23,
 130, 131, 132
pensão (previdência social) 132
Perfil de Carreira Criminal (ccp,
 na sigla em inglês) 435
períodos culturais 265
permissividade sexual
 exagerada 273
Perón, Juan 304
Perrault, James 468
Perry, Michael 337
perseguição 99, 114, 115,
 116, 118, 141, 190,
 195, 252, 332, 333,
 335, 338, 344, 440
Peters, Justin 352
Peterson, Christopher 175
Peterson, Drew 451
Peterson, Laci 590
Peterson, Scott 330
Peterson, Virginia 175
Petit, William 288
Phillips, Stone 203

Índice Remissivo .565

Pierce, Darci 287
Pierre, Dale 297, 304, 355, 598
Piest, Rob 233
pílula/liberdade sexual 278
Pine Grove, Wisconsin 102
pioneiros psicanalistas 266, 268
Pisarski, Michael 353, 400, 591
Pladl, Alyssa 500, 598
Pladl, Bennett 500
Pladl, Steven 500
Plainfield, Wisconsin 100
Plato's Retreat 273, 317
Playboy (revista) 74, 75, 76
pobreza 75, 85, 387, 389, 453
Poddar, Prosenjit 334, 335
pó de anjo (ver fenciclidina)
podofilia/podolatria 179
Poe, Edgar Allan 292
poema (Zodíaco) 142
Polanski, Roman 36
poliandria 89
poligamia 89, 90
Pomerance, Bernard 77
Pomeroy, Jesse 437
Pontolillo, John 31
população dos EUA (1840 – Maio de 2018) 349
pornografia 58, 165, 235, 241, 243, 289, 299, 338, 357, 414, 416, 423, 460, 466, 467, 489, 495
  infantil 289, 338, 423, 466, 467
Pott, Audrie 285
Powell, Riley 451
Powers, Lee 111
praticantes de swing 317, 318, 484
prazer do domínio sobre outra pessoa 402
Precella, Marcus 501
predadores 25, 172, 378, 428, 429, 431, 432, 434, 500, 540, 548
  que se aproveitavam sexualmente das vítimas 429
Presidio Heights 147
Press-Enterprise (jornal) 142
presunçosa 293, 337, 340, 343
Price, Craig 440, 441, 596
Priklopil, Wolfgang 293
primeira metade do século xx 164
Primetime Live (programa de televisão) 354
Primogênitos (Mórmons) 91, 92, 94
Prince, Phoebe 285
princípios anarquistas 96
problemas emocionais de pessoas comuns 266, 504
proibição de armas 399
proporção de sexo para crimes violentos 288

Propriedade Ashland Farm, Warrenton, Virgínia 40
prostituição 75, 111, 126, 161, 411, 464, 488, 493
protestos pelo Dakota Access Pipeline 277
psicanálise 267, 268, 538
psicopatia 73, 308, 547, 551, 552
  e atiradores escolares 441
  e violência 546
  primária 72
  secundária 72, 246
  tipo primário vs. secundário 72
psicose 20, 24, 100, 162, 163, 166, 189, 190, 191, 193, 194, 196, 199, 245, 249, 256, 257, 259, 334, 335, 342, 361, 370, 396, 479, 508, 509, 545, 547, 554, 607
  crônica 532
  esquizofreniforme induzida por drogas 296
psicoterapia 38, 55, 71, 397
Puente, Robert Jose 131

QI 54, 159, 222, 244, 313, 426, 520, 524, 527
qualidades do "novo narcisismo" 281
quatro categorias de assassinos em série 160
queda de avião 34, 241, 492, 503
queda de confiança no governo 282

racistas 98, 385
Rader, Dennis 332
Radetich, Richard 149
Radford University 555
rádio 90, 136, 147, 181, 190, 327, 387
Rafferty, Michael 303
Raine, Adrian 470, 471, 551, 598
rainha Vitória (vítima de stalker) 332
raiva 29, 47, 62, 63, 96, 97, 99, 100, 104, 125, 147, 162, 163, 169, 180, 187,

195, 213, 214, 215, 216, 220, 227, 234, 246, 248, 249, 250, 252, 253, 257, 288, 297, 309, 313, 319, 320, 335, 351, 352, 354, 359, 362, 363, 364, 365, 367, 372, 375, 378, 381, 397, 400, 409, 419, 425, 459, 470, 474, 483, 492, 497, 498, 503, 510, 511, 514, 540
Rakowitz, Daniel 456
Ramirez, Ricardo Leyva Muñoz 171
Ramirez, Richard 171, 530, 579, 580
rancor 42, 51, 61, 78, 123, 127, 129, 215, 227, 229, 335, 351, 379, 395, 413, 415, 493, 497, 526, 540
rapto de feto 287, 548
Raspe, Rudolf Erich 448
Ravi, Dharun 285
Ray, Cecil 241
Ray, Ethan 241
Ray, Nettie 241
reação dos homens contra maiores liberdades das mulheres 404
Reagan, Ronald 130, 336, 455
rebeliões estudantis 273
redes sociais 275, 285, 338, 466
Red Lake High School 363
Redlands, Califórnia 130
Reese, William 128, 129
Reeves, Emelita 504, 505
Reeves, Sharon (Vaughn) 505
reféns 187, 395, 591
Reformatório Masculino do Estado em Anamosa, Iowa 230
Regan, Christopher 456
Reich, Annie 269
reincidência e psicopatia 434
relação de sangue com os pais/assassinato 298
Reserva Indígena Crow de Montana 591
resgate, sequestro por 186, 187, 269, 292, 293
resposta ao estresse do eixo HPA 548
Ressler, Robert 547, 579, 582
Reynolds, Suzanne 531
Rhode Island 440
Rice, Donald 31
Richards, Gary 460
Richardson, Seth 444
Rifkin, Joel 310
rio Vedder 136
Rivera, Denis "Rabbit" 86
Rivera, Josefina 224
Riverside, Califórnia 142
Riverside City College 139, 142
Riverton, Califórnia 180

Roberts, Charles C. 364
Roberts, Marie 365
Robertson, Michael 326
Robinson, Ash 322
Robinson, Gerald (Padre) 506, 507
Rocha, Daniel 519
Rocha, Jason 353
Rodger, Elliot 295, 381
Rodger, Peter 377
Roe v. Wade (1973) 274
Rogers, Anthony 46
Rogers, Robin 363
Rohr, Cynthia (George), 533
Rohypnol 433
Rommel, Erwin 97
Roof, Dylann 277
Roseburg, Oregon, comunidade Umpqua 381
Rose, Katie 500
Ross, Charley 269, 292
Rossum, Kristin 326
Rothenburg, Alemanha 57
Roth, Randolf 451
Rott, Justin 501
roubo 31, 37, 69, 71, 139, 143, 144, 168, 171, 172, 197, 213, 214, 227, 270, 288, 293, 358, 359, 388, 435, 436, 440, 442, 444, 466, 516
Rowell, Tiffany 501
Rowe, Robert 470
Rudd, Donnie 499
Rumor of War, A (Caputo) 281
Russell, Beverly C. Jr 80
Ryan, Michael 107

S

Sacramento, Califórnia 434
sadismo 22, 24, 57, 59, 67, 73, 162, 170, 211, 212, 221, 227, 231, 243, 245, 247, 249, 269, 282, 283, 299, 303, 308, 362, 379, 401, 434, 460, 479, 507, 525, 527, 538, 540, 544, 547, 548, 549, 551
sadismo antes da metade do século 20 268
sadismo e o novo narcisismo 298
sadismo institucional 303
sadomasoquismo 242, 460
sala de tortura 237, 238
Saldana, Theresa 335, 336, 337, 590
Salee, Linda 182

Salem, Oregon 179
Salinger, J. D. 53
Salmon, Lucas 526
Salomé, Lou Andreas 266
Samudio, Eliza 298
Sanchez, Adelbert 501
San Diego, Califórnia 125
Sand, Robert 510
Sandusky, Jerry 429
Sandy Hook Elementary School 276, 373, 591, 593
sangue de coelho (injetado no corpo humano) 245
Santa Comunhão (Cristianismo) 202
Santa Rosa Community College 115
São Bartolomeu 107
São Francisco 126, 144, 147, 153, 171, 172, 175, 272, 330, 455, 487
Satã/Satanismo 101, 171, 172, 174, 175, 176, 191, 474
Saulles, John 430, 431
Savader, Adam 338
Sayre, Pensilvânia 61
Schaefer, Brenda Sue 477
Schaefer, Diane 338, 339, 340, 341, 342, 343
Schaeffer, Rebecca 118, 334, 336, 337, 341
Schäfer, Margaret 516
Schlegel, Karin 531
Schmideberg, Melitta 269
Schmidt, Hans 506
Schwartz, Robert 508
Schwarz, Jessica 286
Scott, Samantha 510
Scruton, Roger 527
Seale, Bobby 527
Sebring, Jay 36
séculos passados 164
Seda, Heriberto 139
Sedgwick, Edie 414
Segunda Guerra Mundial 56, 130, 268, 269, 389, 516, 539
a psicanálise 268
Seibel, Lynn 429
seitas/líderes de seitas 35, 36, 37, 88, 89, 92, 95, 107, 124, 202, 275, 355, 365, 442, 474, 506
selênio 496
Sells, Nina 213
Sells, Tammy Jean 213
sentenças 38, 183, 220, 341, 354, 356, 373, 435, 438, 439, 448, 455, 468, 486, 490
separação 131, 224, 310, 405, 420

sequestro 79, 169, 182, 186, 188, 238, 241, 254, 269, 283, 292, 293, 374, 388, 403, 423, 472, 476, 591
por estuprador 432, 462, 464
Serial Killer Database (skd) 158
serial killers/assassinos em série caucasianos 158, 235
Serviços de Proteção à Criança 357
sexo necrófilo 299
Sex-Related Homicide and Death Investigation Pratical and Clinical Perspectives (Geberth) 237
Simpson, Amanda 443
sinagoga Tree of Life 277
síndrome da criança espancada 480
síndrome da mulher espancada 512
síndrome de Asperger 295, 374, 378, 380, 381, 394
síndrome de Estocolmo 207, 472
síndrome de Munchausen 57, 447
por procuração 163
síndrome de psicose atenuada 191
síndrome do "bebê sacudido" 498
sintomas listados em DSM 69, 191, 192, 193
sintomas psicóticos 194, 195, 607
sistema legal 359, 432, 434, 435, 486
Smith, Benjamin Nathaniel 97, 100, 576
Smith, James Patterson 19
Smith, Susan 79, 84, 523, 575
Snider, Paul 74
sobrecarga de casos 420
sociopata em contraste com o psicopata 497
sociopatia 69
Söderström, Henrik 471
sodomia 133, 217, 486
Sohus, Jonathan 490
Sohus, Linda 490
Solomon, Andrew 377
Somers, Marcel 34
Sorrows of Young Werther, The - Sofrimentos do Jovem Werther (Goethe) 265, 339
Southard, Larry 555
Spannhake, Marliz 205
Spartan College of Aeronautics and Technology 241
Speck, Richard 273
Spencer, Brenda 387
Spencer, Rebecca 440

Índice Remissivo .567

Spinelli, Count Marco 152
Spivey, Eloise 450
Springer, Maria 516
Springfield, Illinois 230
Sprinker, Karen 182, 183
Squires, Thomas 351
Stafford, Victoria 303
stalker 333, 577, 579, 580
  buscador de intimidade 332
  parafílico 332
  predatório 332
  pretendente incompetente
    332
  rancoroso 332
  rejeitado 332
Stan, Colleen 205, 583
Stanton, Elizabeth 267
Staudte, Mark 327
Staudte, Rachel 327
Staudte, Sarah 327
Stefano, Joseph 102
Steinberg, Laurence 390
Steinberg, Lisa 512
Stephens, Clark 455
Steyn, Mark 397
Stice, Luke 107
Stine, Paul 147
Stone, Michael H. 251, 572,
    573, 575, 577, 578, 583,
    584, 588, 591, 594, 595,
    599, 600, 601, 607
Stratten, Dorothy Ruth
    (Hoogstraten) 76, 77, 279
Strickland, Kristen
    (Gilbert) 468
striptease 464
Strong, Bob 493
Stuart, Charles 323
subcultura gótica 453,
    508, 509, 522
succinilcolina 326, 469
Sudafed 494, 599
Suécia 312, 346, 420, 471, 552
sufocamento 159, 169
  de bebês 447
suicídio 33, 34, 55, 61, 80,
    90, 117, 118, 130, 131,
    153, 222, 223, 236, 241,
    245, 265, 279, 285, 290,
    294, 320, 326, 327, 329,
    335, 347, 352, 353, 357,
    363, 365, 366, 371, 375,
    380, 382, 387, 393, 395,
    399, 401, 402, 414, 423,
    430, 443, 462, 475, 477,
    481, 483, 488, 490, 501,
    505, 520, 530, 534, 548
  de atiradores 395, 402, 481
Sullivan, Arthur 151
Suméria 428
Sun Hao 107
Sunnyvale, Califórnia 115
Sun Valley, Idaho 175
supremacia branca 97, 99, 382
Surles, Krystal 212

T

Tadlock, Tonya 464, 465, 594
Tarasoff, Tatiana 335
Tate, Sharon 36, 37, 38, 572, 598
Tautz, Viktoria 498
taxa de divórcio 272, 278,
    312, 388, 389
taxa de reincidência 342,
    434, 435
Taylor, Elizabeth 111
Taylor, Gary 513
TDAH 391
tecnologia usada por
    criminosos 180, 244
Terceiro Conselho Internacional
    de Mulheres 267
Tesdale, Benjamin 90
teste do polígrafo 79, 322,
    412, 426, 440, 466,
    493, 495, 505, 506
Testemunha de Jeová 453
testosterona 303, 388, 434
Thao, Mai 528
Thaw, Harry 431
They All Laughed [Muito Riso e
    Muita Alegria] (filme) 76
Thimm, James 107
Thomas, Lisa 224
Thompson, Rebecca "Becky" 480
Three Essays On The Theory
    Of Sexuality [Três
    Ensaios Sobre a Teoria da
    Sexualidade] (Freud) 266
Tiffany (celebridade) 334
Tighe, Audrey 137
Tillman, Lydia 302
Times-Herald (jornal) 144
Tinning, Barbara 56
Tinning, Jennifer 56
Tinning, Joe 56
Tinning, Jonathan 56
Tinning, Joseph Jr 56
Tinning, Mary 56
Tinning, Marybeth (Roe)
    56, 448, 573
Tinning, Michael 56
Tinning, Nathan 56
Tinning, Tami Lynne 57
Tinning, Timothy 56
tiroteio com muitas mortes 398
tiroteio como parte do
    "novo mal" 509
tiroteio em Columbine High
    School 275, 361
tiroteio em faculdade 381
tiroteio em massa de
    Luby (1991) 62
tiroteio envolvendo poucas
    mortes 353

tiroteios escolares 296, 346,
    348, 349, 351, 352,
    361, 387, 390, 396, 398,
    401, 402, 537, 545
Todd, Amanda 285
Tokars, Fred 514
Tokars, Mike 514
Tokars, Rick 514
Tokars, Sara 514
Toppan, Jane 299
torniquete 232
Torrey, E. Fuller 396
tortura 21, 22, 88, 107, 108, 109,
    133, 157, 167, 170, 178,
    179, 185, 186, 189, 196,
    201, 204, 206, 217, 218,
    219, 221, 225, 227, 229,
    232, 233, 237, 240, 241,
    242, 246, 248, 249, 254,
    258, 259, 260, 297, 304,
    305, 308, 365, 370, 403,
    436, 444, 452, 458, 461,
    486, 513, 518, 525, 526,
    540, 544, 545, 551, 553
Trail, Jeffrey 126, 127, 129, 577
transtorno de conduta 70
transtorno delirante
    erotomaníaco 336
transtorno de personalidade
    antissocial 69, 193
transtorno de personalidade
    do Grupo A 192
transtorno de personalidade
    esquiva 193
transtorno de personalidade
    esquizoide 192
transtorno de personalidade
    histriônica 192
transtorno de personalidade
    limítrofe 193, 356
transtorno de personalidade
    narcísica 192
transtorno de personalidade
    paranoica 192
transtorno de personalidade
    sádica 525
transtorno psicótico 502, 548
transtornos de pensamento 190
transtornos de personalidade
    70, 71, 159, 180, 192, 194,
    234, 245, 246, 281, 288,
    308, 343, 356, 396, 414,
    425, 447, 453, 459, 477,
    486, 535, 547, 551, 555
transtornos de personalidade
    esquizotípica 192
transtornos do espectro autista
    203, 295, 366, 367, 373,
    374, 377, 378, 381
transtornos psiquiátricos 348
trapaceiros 110, 323
travestismo 416
Trilby (Maurier) 114
trotes telefônicos (obscenos)
    168, 332

Trump, Donald J. 277, 398, 435
truque da corda de John Wayne
   Gacy 232, 234, 236
tumores/cistos cerebrais 191
Turner, Julia "Lynn" 327
Turpin, Mike 534
Tyler, Texas 137

Ulibarri, Bersabe Rebecca
   "Becky" 81
Ullrich, Simone 195
Umberger, Joseph 326
Umpqua Community
   College 381
Unidade de Ciências
   Comportamentais 235
Universidade da Califórnia 377
Universidade de Illinois
   (tiroteio) 97
Universidade de Indiana 98, 99
Universidade Florida
   Gulf Coast 158
Universidade Johns Hopkins 31
Universidade Portland State 182
urofagia 196
uso de PCP 172, 202
USS Cole 275
USS Stark 275
Utah 93, 94, 186, 187, 297,
   451, 488, 490, 597, 598
uxoricídio/uxoricidas 319,
   321, 324, 325, 390

V

Valentino, Rudolph 431
Vallejo, Califórnia 143
vampirismo 201, 202, 203
Vampiro de Hanover (Fritz
   Haarmann) 58
Vampiro de Sacramento
   (Richard Chase) 245
Vampiro Estuprador (John
   Brennan Crutchley) 202
Van Blarcom, Donald 516
Vance, J. D. 453
Vancouver, Columbia
   Britânica 74
Van Doren, Els 34
Van Houten, Leslie 35,
   37, 38, 572
Van Vugt, Mark 388
Vela, Manuel 394

Vergara, Blanca Errázuriz 430
Versace, Gianni 126, 128, 129
Vest, Dean 93, 94, 95, 314, 588
vidas duplas 21, 313
videogame 31
Viens, David 329
Viens, Dawn 329
vigaristas de Hollywood 500
Vigil, Cynthia 237
Vikko, Stephanie 182
Villegas, Roberto 40, 41
Vincow, Jennie 172
violência da imprensa 282
violência doméstica 512
violência e psicopatia 432
Virginia Tech 366
vírus Ebola 276
visionário (serial killer) 161
Vlught, Leona 320
vorarefilia 59
voyeurismo 168, 299,
   332, 416, 434

Walker, Kent 111
Walk-in Killer 173
Wallen, Ed 453
Wall Street Journal 538, 587,
   593, 595, 596, 601
Walsh, Adam 472
Ward, Arkansas 81
Warhol, Andy 402
Wasserman-Dann, Laurie 347
Waterman, Carl 521
Waterman, Lauri 521
Watson, Charles "Tex"
   29, 36, 37, 38
Weckler, Georgia Jean 103
Weingeist, Mary 520
Weisberg, Larry 329
Wente, Margaret 278
Wertham, Fredric 199
Wesbecker, Joseph T. 395
West, Fred 460, 462
West Nickel Mines School 365
West Palm Beach, Flórida 354
West, Rose 460, 471
White Album (Beatles) 36
White, Dan 487
White Oleander (Fitch) 425
White, Stanford 431
White, Vonda 93
Whitman, Charles 273,
   351, 395, 591
Whitney, Jan 182
Wicca 522
Wieser, Ferdinand 516
Wildgans, Edgar 174
Wilensky, Gary 430

Wilkerson, David 356
Williams, Eric 525
Williams, Kim 111, 524, 525
Williamsport, Pensilvânia 387
Williams, Russell 311
Williams, Wayne 117
Willis, Gypsy Jill 489
Wilmette, Illinois 97
Wilson, Colin 415
Wilson, Jeffrey 317
Wilson, Ruth 173
Winterstein, Ralph 320
Woldt, William 526
Wolfe, Blanche 173
Woodham, Luke 355, 394,
   400, 591, 595
Wood, Shaun 491
Woodward, Louise 498
Worden, Bernice 102
Wordsworth, William 129
World of Warcraft 444
Wright, Jeremiah 286
Wright, Susan 297
Wu, Harold 173
Wu, Jean 173
Wuornos, Aileen 460
Wyler, William 217

Yancy, Dennis Roy 242
Yang, Ka 289
Yates, Andrea 502
Yoon, Won-Joon 98
Young, Brigham 91
Yukl, Charles W. 530, 531, 532
Yukl, Charles W. Sênior 530
Yukl, Dorothea 530

Índice Remissivo .569

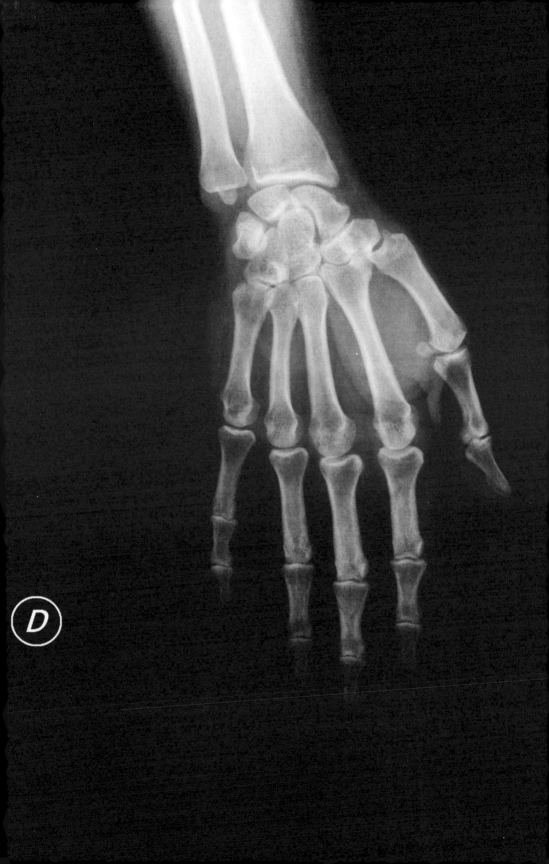

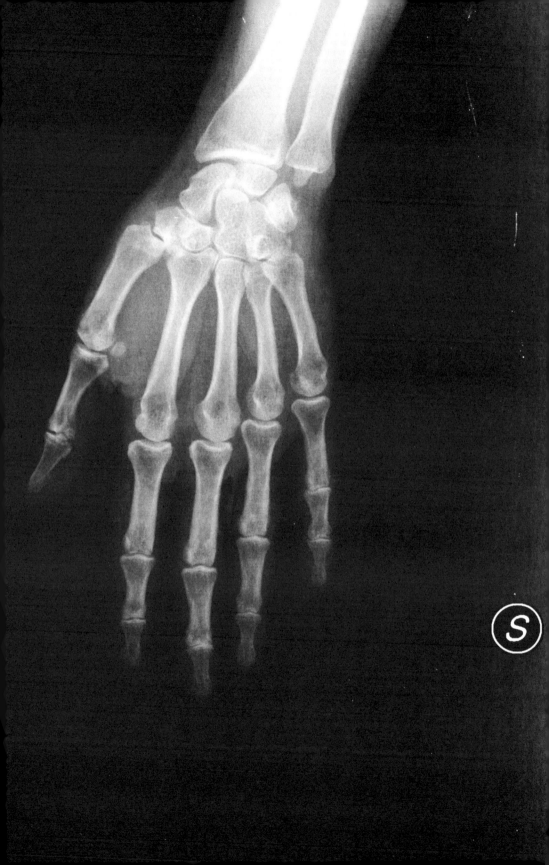

ÍNDICE DA MALDADE

NOTAS

1 Arthur Conan Doyle, "The Adventure of the Devil's Foot", em *The Complete Sherlock Holmes*. Nova York, NY: Barnes & Noble Books, p. 970.

2 "Hopkins Student with Samurai Sword Kills Burglary Suspect", *Washington Post*, 16 de setembro de 2009, http://www.washingtonpost.com/wp-dyn/content/article/ 2009/09/15/AR2009091503930.html; "Md. Samurai Sword Death Not Homicide", *Washington Times*, 18 de setembro de 2009, https://www.washingtontimes.com/news/2009/ sep/18/samurai-sword-death-not-homicide/.

3 Clifford Ward, "Aurora Woman Acquitted of Murder in Boyfriend's Stabbing Death", *Chicago Tribune*, 26 de junho de 2012, http://articles.chicagotribune.com/2012-06-26/ news / ct-met-martin-trial -0626-20120626_1_aurora-woman-willie-arrington-kitchen-knife.

4 *Most Evil*, temporada 2, episódio 1, "Jealousy", com Dr. Michael H. Stone e Neil Dudgeon, de 12 de agosto de 2007, em *Investigation Discovery*, https://www.investigationdiscovery.com/tv-shows/most-evil/full-episodes/ jealousy; "Collins Guilty in Stabbing", *Lewiston Sun Journal* (Lewiston, ME), 24 de julho de 1998.

5 Philip Caulfield, "Belgian Woman Skydiver Gets 30 Years for Murder after Sabotaging Rival's Parachute", *Daily News* (Nova York), 21 de outubro de 2010, http://www.nydailynews.com/news/world/ belgian-woman-skydiver-30-years-kill-sabotaging-rival-parachute-article-1.190947; "Belgian Skydiver 'Murdered Love Rival' During Jump", BBC News, 24 de setembro de 2010, http://www.bbc.com/news/world-europe-11404581.

6 Steven V. Roberts, "Charlie Manson: One Man's Family", *New York Times*, 4 de janeiro de 1970.

7 Sherryl Connelly, "'Manson: The Life and Times of Charles Manson' Draws Portrait of Psychopath as a Young Man", *Daily News*, 28 de julho de 2013, http://www.nydailynews.com/entertainment/music-arts/hedline-article-1.1410785.

8 Jeff Guinn, *Manson: The Life and Times of Charles Manson*. Nova York: Simon & Schuster, 2014, p. 86. Edição brasileira: *Manson: a biografia*. Trad. Daniel Alves da Cruz. Rio de Janeiro: DarkSide® Books, 2014.

9 Vincent Bugliosi e Curt Gentry, *Helter Skelter*. Nova York: W. W. Norton, 1974, p. 15.

10 Alice B. Lloyd, "Charles Manson's Infectious Evil", *Weekly Standard*, 20 de novembro de 2017, http://www.weeklystandard.com/charles-mansons-infectious-evil/article/2010557.

11 Michael Newton, *The Encyclopedia of Serial Killers*. 2 ed. Nova York: Checkmark, 2006, p. 173. Edição brasileira: *A enciclopédia dos serial killers*. Trad. Ana Lúcia Mantovani Ferreira. São Paulo: Madras, 2008; Charles Manson e Nuel Emmons, *Charles Manson in His Own Words: The Shocking Confessions of 'the Most Dangerous Man Alive'*. Nova York: Grove, 1986, pp. 5-6.

12 Bugliosi and Gentry, *Helter Skelter*, pp. 320-321.

13 Guinn, Manson, pp. 66-67.

14 Jon Blistein, "Charles Manson, Cult Leader behind Tate-LaBianca Murders, Dead at 83", *Rolling Stone*, 20 de novembro de 2017, https://www.rollingstone.com/culture/news/charles-manson-dead-at-83-w458873.

15 Bugliosi and Gentry, *Helter Skelter*, pp. 240-244.

16 Christopher Sandford, *Polanski: A Biography*. Nova York: St. Martin's, 2008, p. 156. Edição brasileira: *Polanski: uma vida*. Trad. Roberto Muggiati. Rio de Janeiro: Nova Fronteira, 2011.

17 Ibid., p. 141.

18 Bugliosi e Gentry, *Helter Skelter*, p. 244.

19 Jay Robert Nash, *World Encyclopedia of 20th Century Murder*. Lanham, MD: Rowman & Littlefield, 2004, p. 388.

20 George C. Kohn (org.), *The New Encyclopedia of American Scandal*. Nova York: Facts on File, 2000, p. 371.

21 Vickie Jensen (org.), *Women Criminals: An Encyclopedia of People and Issues*, vol. 1. Santa Bárbara, CA: ABC-CLIO, LLC, 2012, p. 625; "Leslie Van Houten, Ex-Manson Follower, Approved for Parole", *NBC News*, 17 de setembro de 2017, https://www.nbcnews.com/news/us-news/leslie-van-houten-ex-manson-follower-approver-parole-n799431.

22 Kohn, *New Encyclopedia of American Scandal*, p. 388.

23 Bugliosi e Gentry, *Helter Skelter*, p. 432; Jensen, *Women Criminals*, p. 625.

24 Ibid., p. 626.

25 Linda Deutsch, "Release Leslie Van Houten. If She Hadn't Been a Manson Follower, She Would Have Left Prison Long Ago", *Los Angeles Times*, 17 de setembro de 2017, http://www.latimes.com/opinion/op-ed/la-oe-deutsch-van-houten-release-20170917-story.html.

26 Lorenzo Zazueta-Castro, "Former CBP Officer Convicted of Murder to Get New Trial", *Monitor* (McAllen, TX), 9 de abril de 2016, http://www.themonitor.com/news/local/article_dcf992ce-fea0-11e5-8564-8b476b46edbb.html;

Greg Pickett, "Former CBP Officer Jose Rodriguez-Elizondo Pleads Guilty to Murder", *Mimesis Law,* 31 de janeiro de 2017, http://mimesislaw.com/fault-lines/former-cbp-officer-jose-rodriguez-elizondo-pleads-guilty-to-murder/ 15809.

27 Tim Weiner, "Samuel Cummings, 71, Trader in Weapons on a Grand Scale", *New York Times,* 5 de maio de 1998; Ian Shapira, "Fauquier Heiress Selling Ashland Farm Estate", *Washington Post,* 7 de setembro de 2003.

28 Ian Shapira, "Slain Polo Player's Son Sues Heiress", *Washington Post,* 14 de janeiro de 2003.

29 Lisa Pulitzer, *A Woman Scorned: The Shocking Real-Life Case of Billionairess Killer Susan Cummings.* Nova York: St. Martin's, 1999, p. 119.

30 Gini Graham Scott, *Homicide by the Rich and Famous: A Century of Prominent Killers.* Westport, CT: Praeger, 2005, p. 88.

31 Vicky Moon, *The Middleburg Mystique: A Peek Inside the Gates of Middleburg, Virginia.* Sterling, VA: Capital Books, 2001, p. 121.

32 Jennifer Ordonez, "Va. Heiress to Claim Self-Defense", *Washington Post,* 5 de maio de 1998.

33 Andrew Marshall, "Wealthy Daughter of Arms Dealer Shot Her 'Violent' Lover", *Independent,* 8 de maio de 1998, https://www.independent.co.uk/news/wealthy-daughter-of-arms-dealer-shot-her-violent-lover-1160720.html.

34 Associated Press, "Arms Heiress Convicted of Killing Boyfriend", *New York Times,* 14 de maio de 1998, https://www.nytimes.com/1998/05/14/us/arms-heiress-convicted-of-killing-boyfriend.html.

35 Cathy Comerford, "Woman 'Driven' to Kill Husband", *Independent,* 10 de agosto de 1998, https://www.independent.co.uk/news/woman-driven-to-kill-husband-1170893.html.

36 "Judge Frees Wife Who Was Driven to Kill Husband", *Herald,* 10 de agosto de 1998, http://www.heraldscotland.com/news/12252325.Judge_frees_wife_who_was_driven_to_kill_husband/.

37 "'Severe Conduct' Led Man to Stab Partner of 30 Years to Death, Judge Rules", *Guardian,* 7 de outubro de 2010, https://www.theguardian.com/uk/2010/oct/07/severe-conduct-stab-partner; "'Nagged' Man Jailed for Stab Death", *Powys County Times,* 7 de outubro de 2010, http://www.countytimes.co.uk/news/8439705._Nagged man_jailed_for_stab_death/; "Hen-Pecked Man Who Killed Partner after 30 Years of Abuse Is Cleared of Murder", *Daily Mail,* 8 de outubro de 2010, http://www.dailymail.co.uk/news/article-1318754/Hen-pecked-man-killed-partner-30-years-abuse-jailed-years-months.html.

38 Scott A. Bonn, "How Mass Murder and Serial Murder Differ: Mass Murder Is a Catastrophic, One-Time Event", *Psychology Today,* 23 de fevereiro de 2015, https://www.psychologytoday.com/us/blog/wicked-deeds/201502/how-mass-kill-and-serial-murder-difer.

39 David Carson, "Execution Report: Coy Wesbrook", Texas Execution Information Center, 9 de março de 2016, http://www.txexecutions.org/reports/535-Coy-Wesbrook.htm; Allan Turner, "Schedule to Die, Killer Says It's Better than Most on Death Row", *Houston Chronicle,* 7 de março de 2016, https://www.houstonchronicle.com/news/houston-texas/houston/article/Scheduled-to-die-killer-says-he-s-better-than-6875968.php.

40 Jolie McCullough, "Man Who Killed 5 Executed Wednesday", *Texas Tribune,* 9 de março de 2016, https://www.texastribune.org/2016/03/09/man-who-killed-5-faces-execution-wednesday/.

41 Carson, "Execution Report".

42 Ibid.

PADRÕES 7 E 8

43 Bryan Ethier, *True Crime: New York City — The City's Most Notorious Criminal Cases.* Machanicsburg, PA: Stackpole, 2010, p. 65.

44 J. D. Salinger, *The Catcher in the Rye.* Nova York: Little Brown, 1951. Edição brasileira: *O Apanhador no Campo de Centeio.* Trad. Caetano W. Galindo. São Paulo: Todavia, 2019.

45 Ethier, *True Crime,* p. 66.

46 Paul Alexander, *Salinger: A Biography.* Nova York: St. Martin's, 1999, p. 270.

47 Ethier, *True Crime,* p. 66.

48 Alexander, *Salinger,* p. 270.

49 Ethier, *True Crime,* p. 66.

50 Alexander, *Salinger,* p. 270.

51 *Wikipedia,* s.v. "Mark David Chapman", última edição em 22 de outubro de 2018, https://en.wikipedia.org/wiki/Mark_David_Chapman; James R. Gaines, "Mark David Chapman: The Man Who Shot John Lennon", *People,* 23 de fevereiro de 1987.

52 Gaines, "Mark David Chapman".

53 Ibid.; *Wikipedia,* c.v. "Mark David Chapman".

54 Ibid.

55 Ibid.

56 Ibid.

57 Ibid.

58 Jeremy Meyer, "Lennon Assassin Mark David Chapman Says He Did It to Get Attention", The Know, 29 de agosto de 2012, https://theknow.denverpost.com/2012/08/29/ mark-david-chapman-parole-interview/54812/.

59 Peter Vronsky, *Female Serial Killers: How and Why Women Become Monsters.* Londres: Penguin, 2007, p. 281.

60 Ibid., p. 282.

61 Michael Newton, *The Encyclopedia of Serial Killers.* 2 ed. Nova York: Checkmark, 2006, p. 255.

62 Ibid.

63 Steven Cook e Bill Buell, "Convicted Child Killer Marybeth Tinning Released", *Daily Gazette,* 21 de agosto de 2018, https://dailygazette.com/article/2018/08/21/marybeth-tinning-release.

64 Keith Dovkants, "The Boy Who Became a Cannibal", *Evening Standard,* 5 de janeiro de 2004, https://www.standard.co.uk/news/the-boy-who-became-a-cannibal-6976790.html; *Most Evil,* temporada 2, episódio 14, "Vampires/Cannibals", com Dr. Michael H. Stone e Tim Hopper, exibido em 21 de fevereiro de 2008, em *Investigation Discovery,* https://www.investigationdiscovery.com/tv-shows/most evil/ full-episodes/ vampire-cannibal; "The German Cannibal Files", *Crime & Investigation,* http://www.crimeandinvestigation.co.uk/crime-files/armin-meiwes-german-cannibal.

Notas .573

65 Ibid.

66 Roisin O'Connor, "Armin Meiwes: Interview with a Cannibal Documentary Sheds New Light on One of Germany's Most Infamous Murders", *Independent*, 6 de fevereiro de 2016, https://www.independent.co.uk/news/world / europe/ armin-meiwes-interview-with-a-canibal--documentary-sheds-new-light-on-one-of--germany-s-most-infamous-a6863201.html.

67 *Most Evil*, "Vampires/Cannibals"; *Wikipedia*, s.v. "Armin Meiwes", editado pela última vez em 28 de outubro de 2018, https://en.wikipedia.org/wiki/Armin_Meiwes.

68 *Wikipedia*, s.v. "Armin Meiwes"; O'Connor, "Armin Meiwes"; "The German Cannibal Files", Crime & Investigation; "Cannibal's Video of 'Victim's' Final Hours Played to Court", *Scotsman*, 9 de dezembro de 2003, https://www.scotsman.com/news/world/ cannibal-s-video-of-Victim-s-final-hours -played-to-court-1-497095.

69 "Cannibal's Video of' Victim's 'Final Hours"; O'Connor, "Armin Meiwes"; *Most Evil*, "Vampires/ Cannibals"; *Wikipedia*, s.v. "Armin Meiwes".

70 *Criminal Minds Wiki*, s.v. "George Hennard", http://criminalminds.wikia.com/ wiki / George_Hennard.

71 Don Terry, "Portrait of Texas Killer: Impatient and Troubled", *New York Times*, 18 de outubro de 1991.

72 Mara Bovsun, "Luby's Massacre in Texas Has Eerie Link to Robin Williams' Movie *The Fisher King*", *Daily News* (Nova York), 20 de setembro de 2014.

73 H. Thomas Milhorn, *Crime: Computer Viruses to Twin Towers*. Boca Raton, FL: Universal, 2005, p. 179.

74 Bovsun, "Luby's Massacre"; Ron Franscell, *Delivered from Evil: True Stories of Ordinary People Who Faced Monstrous Mass Killers and Survived*. Beverly, MA: Fair Winds, 2011, p. 102.

75 William Booth, "Texas Killer Said to Have 'Problem with Women'", *Washington Post*, 18 de outubro de 1991, https://www.washingtonpost.com/archive/politics/1991/10/18/texas-killer-said-have-problem--with-women/0af79d27-5ed2-4a1a--afb2 -f6a38e9c32c2/?utm_term =.cf56a0399e80.

76 Paula Chin, "A Texas Massacre", *People*, 4 de novembro de 1991, http://people.com/archive/a-texas-massacre--vol-36-no-17/.

77 J. Michael Kennedy e Richard A. Serrano, "Police May Never Learn What Motivated Gunman Massacre: Hennard Was Seen as Reclusive, Belligerent. Officials Are Looking into Possibility He Hated Women", *Los Angeles Times*, 18 de outubro de 1991.

78 Franscell, *Delivered from Evil*, pp. 102-103.

79 Bovsun, "Luby's Massacre".

80 Bovsun, "Luby's Massacre "; *Criminal Minds Wiki*, s.v. "George Hennard".

81 Chin, "A Texas Massacre".

82 Milhorn, Crime, p. 179

83 *Criminal Minds Wiki*, s.v. "George Hennard".

84 Lawrence Wright, "Taking Cover in Texas", *New Yorker*, 14 de maio de 2013, https://www.newyorker.com/news/daily-comment/taking-cover-in-texas.

PADRÕES 9, 10, 11, 12, 13 E 14

85 Hervey M. Cleckley, *The Mask of Sanity*. Maryland Heights, MO: C.V. Mosby, 1941.

86 *Encyclopedia.com*, c.v. "Hare Psychopathy Checklist", última atualização em 2 de novembro de 2018, https://www.encyclopedia.com/psychology/encyclopedias-almanacs-transcripts-and-maps/hare-psychopathy-checklist; Robert D. Hare, *Without Conscience: The Disturbing World of the Psychopaths Among Us*. Nova York: Guilford, 1993. Edição brasileira: *Sem consciência: o mundo perturbador dos psicopatas que vivem entre nós*. Trad. Denise Regina de Sales. São Paulo: Artmed, 2013.

87 Robert Siciliano, "Psychopath vs. Sociopath: What's the Difference?", *Huffington Post*, atualizado pela última vez em 24 de novembro de 2014, https://www.huffingtonpost.com/robert-siciliano/what-is-a-sociopath_b_5877160.html.

88 American Psychiatric Association, *Manual Diagnóstico e Estatístico de Transtornos Mentais: DSM-5*. Arlington, VA: American Psychiatric Press, 2013, pp. 659-663.

89 Ibid., pp. 469-471.

90 *Wikipedia*, s.v. "Psychopathy Checklist", última atualização em 16 de outubro de 2018, https:// en.wikipedia.org/wiki/Psychopathy_Checklist.

91 M. J. Rutherford, J. S. Cacciola e A. I. Alterman, "Antisocial Personality Disorder and Psychopathy in Cocaine-Dependent Women", *American Journal of Psychiatry* 156, n. 6, 1999, pp. 849-56.

92 *Wikipedia*, s.v. "Psychopathy Checklist".

93 Danielle Egan, "Into the Mind of a Psychopath", *Discover*, 4 de maio de 2016, http:// discovermagazine.com/2016/june/12-psychopath-and-the-hare.

94 Julian C. Motzkin, Joseph P. Newman, Kent A. Kiehl e Michael Koenigs, "Reduced Prefrontal Connectivity in Psychopathy", *Journal of Neuroscience* 31, n. 48, 2011, pp. 17348-17357.

95 Jay G. Hosking, Erik K. Kastman, Hayley M. Dorfman et al., "Disrupted Prefrontal Regulation of Striatal Subjective Value Signals in Psychopathy", *Neuron* 95, n.1, 2017, pp. 221-231.

96 Cleckley, *The Mask of Sanity*; B. Karpman, "The Myth of the Psychopathic Personality", *American Journal of Psychiatry* 104, 1948, pp. 523-534.

97 Hare, *Without Conscience*, pp. 192-206.

98 George C. Kohn (org.), *The New Encyclopedia of American Scandal*. Nova York: Facts on File, 2000, p. 364; Teresa Carpenter, "Death of a Playmate", *Village Voice* 25, n. 45, 5-11 de novembro de 1980, pp. 1, 12-17.

99 Carpenter, "Death of a Playmate".

100 Ibid.; Kohn, *New Encyclopedia of American Scandal*, p. 364.

101 Kohn, *New Encyclopedia of American Scandal*.

102 Ibid.; Carpenter, "Death of Playmate".

103 Carpenter, "Death of Playmate".

104 Ibid.

105 Jane Caputi, *The Age of Sex Crime*. Bowling Green, OH: Bowling Green University Popular Press, 1987, p. 175.

106 Dariel Figueroa, "The Pimp, the Playmate, and Peter: How a Famous Hollywood Director Lost the Love of His Life to Jealousy", UPROXX, https://uproxx.com/movies/story-behind-dorothy-stratten-tragic-murder/.

107 John Gardner, "'I Am Not the Monster Society Thinks I Am': Child Killer Susan Smith Who Murdered Her Young Sons and Feigned their Kidnap by a Black Man Tries to Explain Herself on 20th Anniversary of Her Life Sentence", *Daily Mail,* 22 de julho de 2015, http://www.dailymail.co.uk/news/article-3171009/I-not-monster-society-thinks-Child-killer-Susan-Smith-murdered-young-sons-feigned-kidnap-black-man-tries-explain-20th-anniversary-life-sentence.html; Charles Montaldo, "Profile of Child Killer Susan Smith: The Tragic South Carolina Case of the Murders of Michael and Alexander Smith", Thought Co., 1º de abril de 2018, https://www.thoughtco.com/susan-smith-profile-of-child-killer-972686.

108 Montaldo, "Profile of Child Killer".

109 Ibid.; Rick Bragg, "Mother in South Carolina Guilty of Murder in Drowning 2 Sons", *New York Times,* 23 de julho de 1995; Gardner, "'I Am Not the Monster Society Thinks I Am'".

110 Rick Bragg, "Arguments Begin in Susan Smith Trial", *New York Times,* 19 de julho de 1995. Hannah Parry, "Child Killer Susan Smith's Secret Life of Sex and Drugs Behind Bars While She Serves Life for Drowning Her Two Sons", *Daily Mail,* 26 de setembro de 2017, http://www.dailymail.co.uk/news/article-4923748/Susan-Smith-s-secret-life-sex-drugs-bars.html.

111 Elizabeth Gleick, "Sex, Betrayal and Murder", *Time,* 24 de junho de 2001, http://content.time.com/time/magazine/article/0,9171,134423,00.html; Montaldo, "Profile of Child Killer".

112 Montaldo, "Profile of Child Killer".

113 Gleick, "Sex, Betrayal and Murder".

114 Parry, "Child Killer Susan Smith's Secret Life"; Montaldo, "Profile of Child Killer".

115 *The Encyclopedia of Arkansas History & Culture,* s.v. "Ronald Gene Simmons", última atualização em 21 de dezembro de 2017, http://www.encyclopediaofarkansas.net/encyclopedia/entry-detail.aspx? EntryID = 3731.

116 Ibid.

117 "Incest, Abuse Dark Background of Killings", *Bangor Daily News,* 31 de dezembro de 1987; "The Father from Hell", *New York Daily News,* 13 de dezembro de 2008, https://www.nydailynews.com/news/crime/father-hell-article-1.354501.

118 Ibid.

119 "Twenty-Seven Years Later: The Horrific Story of 16 Murders", *Red River Leader,* 29 de dezembro de 2014, http://www.rivervalleyleader.com/life_in_the_river_valley/ article_3fab88f0-8fda-11e4-9c08-b3bd14fc427a.html.

120 Ibid.

121 *Wikipedia,* s.v. "Ronald Gene Simmons", última atualização em 18 de outubro de 2018, https:// en.wikipedia.org/wiki/Ronald_Gene_Simmons; Michael Buchanan, "December 28, 1987, Ronald Simmons Kills 2, Later 14 Bodies of Relatives Discovered, Today in Crime History", 27 de dezembro de 2011, https://reasonabledoubt.org/criminallawblog/entry/december-28-1987-ronald-gene-simmons-kills-2-later-14-bodies-of-relatives-discovered-today-in-crime-history.

122 "Twenty-Seven Years Later ", *Red River Leader.*

123 *Encyclopedia of Arkansas History,* s.v. "Ronald Gene Simmons".

124 Scott A. Bonn, "Why Spree Killers Are Not Serial Killers", *Psychology Today,* 21 de julho de 2014, https://www.psychologytoday.com/us/blog/wicked-deeds/201407/why-spree-killers-are-not-serial-killers.

125 "Twenty Seven Years Later", *Red River Leader.*

126 Promotor do Condado de Clark, "Ronald Gene Simmons: Executed June 25, 1990 by Lethal Injection in Arkansas", http://www.clarkprosecutor.org/html/death/US/ simmons131.htm.

127 Terry Frieden, "Two Convicted, Two Acquitted in Suburban Virginia Street Gang Trial", CNN, 17 de maio de 2005, http://www.cnn.com/2005/LAW/05/17/ms13.trial.verdicts /index.html? _s = PM: LAW; Matthew Brzezinski, "Hillbangers", *New York Times Magazine,* 15 de agosto de 2004.

128 Brzezinski, "Hillbangers".

129 Maria Glod, "Prosecutors Describe Gang-Style Execution", *Washington Post,* 6 de novembro de 2003.

130 Brzezinski, "Hillbangers".

131 Associated Press, "2 MS-13 Gang Members Guilty of Murder", NBC News, 17 de maio de 2005, https://www.nbc-news.com/id/wbna7889812#.%20WssR4ojwb7k.

132 "MS-13 Jurors Told Not to Seek Advice", *Washington Times,* 9 de junho de 2005, https://www.washingtontimes.com/news/2005/jun/9/20050609-105044-1525r/.

133 *Most Evil,* temporada 2, episódio 17, "Gangs", com Dr. Michael H. Stone e Neil Dudgeon, exibido em 13 de março de 2008, em Investigation Discovery, https://www.investigationdiscovery.com/tv-shows /most-evil/full-episodes/gangs; "Background on Ismael Cisneros (26 Years Old)" (Austin, TX: Briscoe Center for American History), https://danratherjournalist.org/investigative-journalist/60-minutes/ms-13/document-ms-13-ismael-cisneros-background.

134 Jamie Stockwell, "In MS-13, a Culture of Brutality and Begging", *Washington Post,* 2 de maio de 2005; Jerry Markon, "Gang Trial Witness Flees but Is Caught", *Washington Post,* 29 de março de 2005; "Background on Ismael Cisneros".

135 "Background on Ismael Cisneros".

136 Jamie Stockwell, "Convicted Gang Members Urged to Help Teens", *Washington Post,* 10 de setembro de 2005.

137 Dan Harris, "What Do Mormons Believe?" ABC News, 22 de agosto de 2012, http://abcnews.go.com/US/mormons-/story?id=17057679.

138 "The Fourteen Fundamental Articles or Beliefs of Mormons", Index Page of Mormonism, http://main.nc.us/sp-churchofchrist/fourteenfund.htm.

139 Laurie Goodstein, "It's Official: Mormon Founder Had Up to 40 Wives", *New York Times,* 10 de novembro de 2014.

140 Janet Bennion, *Desert Patriarchy: Mormon and Mennonite Communities in the Chihuahua Valley.* Tucson: University of Arizona Press, 2004, pp. 55-57.

141 Ibid.; Julia Scheeres, "Killing for God: Ervil LeBaron Story", Cult Education Institute, 15 de agosto de 2006, https://www.culteducation.com/group/1099-polygamist-groups/16860-kill-for-god.html.

142 Scheeres, "Killing for God".
143 Ibid.
144 Ibid.
145 Ibid.
146 *Wikipedia*, s.v. "Rulon C. Allred", última edição em 11 de outubro de 2018, https://en.wikipedia.org / wiki / Rulon_C._Allred.
147 Scheeres, "Killing for God".
148 Ibid.
149 Ibid.
150 Scott Anderson, *The Four O'Clock Murders: The True Story of a Mormon Family's Vengeance*. Nova York: Doubleday, 1993, p. 129.
151 Scheeres, "Killing for God"; Lee Davidson, "Ervil's Followers Murder Routinely in 20 Years, 18 Ex-Associates Have Been Slain or Reported Missing", *Deseret News*. Salt Lake City, UT, 28 de junho de 1988.
152 "Grisley Tale of Polygamist Cults and Killers", *Washington Post*, 12 de janeiro de 1982, https://www.washingtonpost.com/archive/lifestyle/1982/01/12/grisley-tale-of-polygamist-cults-and-killers/1278869d-425c-4ce3-8cf2-a37ddc6d78a8/; Scheeres, "Killing for God".
153 Scheeres, "Killing for God"; Brooke Adams, "Polygamous Murderer Denied Parole", *Salt Lake Tribune*, 3 de fevereiro de 2007.
154 Scheeres, "Killing for God"; "The Nation: A Deadly Messenger of God", *Time* 110, n. 9 (29 de agosto de 1977), http://content.time.com/time/magazine/0,9263, 7601770829,00.html; Davidson, "Ervil' Followers Murdered Routinely"; James Coates, "Polygamy, Slayings Link Mormon Cults", *Chicago Tribune*, 6 de dezembro de 1987.
155 Scheeres, "Killing for God"; *Wikipedia*, s.v. "Rulon C. Allred."
156 Joel Campbell e Lee Davidson, "4 Murders in Texas Linked to LeBarons", *Deseret News* (Salt Lake City, UT), 28 de junho de 1988.
157 Kirsten Scharnberg, Evan Osnos e David Mendell, "The Making of a Racist", *Chicago Tribune*, 25 de julho de 1999.
158 "Suspected Shooter Said His Hate-Filled Leaflets Spoke' The Truth'", CNN, 6 de julho de 1999, http://www.cnn.com/US/9907/06/smith.profile.01/.

159 Scharnberg, Osnos e Mendell, "Making of a Racist", *Chicago Tribune*.
160 Ibid.
161 "Suspected Shooter".
162 Bill Dedman, "Midwest Gunman Had Engaged in Racist Acts at 2 Universities", *New York Times*, 6 de julho de 1999; Jeff Elliott, "Benjamin 'August' Smith: Poised to Kill", *Albion Monitor*, 26 de julho de 1999, http://www.albion-monitor.com/9907a/wcotc.html.
163 *Wikipedia*, s.v. "Benjamin Nathaniel Smith", última edição em 24 de maio de 2018, https:// en.wikipedia.org/wiki/Benjamin_Nathaniel_Smith.
164 Dedman, "Midwest Gunman".
165 Elliott, "Benjamin' August 'Smith".
166 Kirsten Scharnberg e Ray Long, "Killer's Parents: We Didn't Teach Hate", *Chicago Tribune*, 27 de agosto de 1999.
167 Elliott, "Benjamin' August 'Smith".
168 Scharnberg, Osnos e Mendell, "Making of a Racist".
169 Michael Newton, *The Encyclopedia of Serial Killers*. 2 ed. Nova York: Checkmark, 2006, p. 93.; *Criminal Minds Wiki*, s.v. "Ed Gein", http://criminalminds.wikia.com/wiki/ Ed_Gein.
170 *Criminal Minds Wiki*, s.v. "Ed Gein"; Newton, *The Encyclopedia of Serial Killers*; Anil Aggrawal, *Necrophilia: Forensic and Medico-Legal Aspects*. Boca Raton, FL: CRC Press, 2011, p. 133.
171 Newton, *Encyclopedia of Serial Killers*.
172 Devan Sagliani, "The Mad Butcher Who Inspired Silence of the Lambs & Psycho", *Escapist*, 6 de novembro de 2015, http://www.escapistmagazine.com/articles/view/comicsandcosplay/columns/darkdreams/14936-Who-Estava-Ed-Gein-The-Mad-Butcher-of-Plainfield.
173 Newton, *Encyclopedia of Serial Killers*; Aggrawal, *Necrophilia*, p. 134.
174 Newton, *Encyclopedia of Serial Killers*, p. 94; Aggrawal, *Necrofilia*.
175 Ibid.
176 Ibid.; *Criminal Minds Wiki*, s.v. "Ed Gein".
177 Newton, *Encyclopedia of Serial Killers*, p. 94-95.
178 Ibid., p. 94.
179 *Criminal Minds Wiki*, s.v. "Ed Gein".

180 *Wikipedia*, s.v. "flaying", última edição em 20 de novembro de 2018, https://en.wikipedia.org /wiki/Flaying.
181 *New World Encyclopedia*, s.v. "Saint Bartholomew", última edição em 5 de agosto de 2015, http://www.newworldencyclopedia.org/entry/Saint_Bartholomew.
182 Ernst G. Jung (org.), *Kleine Kulturgeschichte der Haut*. Darmstadt, Alemanha: Steinkopff-Verlag Darmstadt, 2007, p. 69.
183 Martin Gilman Wolcott, *The Evil 100*. Nova York: Citadel Press, 2002, pp. 61-63.
184 State v. Ryan, 444 N.W.2d 610, 1989; "State vs. Ryan", *Justia*, https://law.justia.com/cases/nebraska/supreme-court/1989/946-0.html.
185 "Report: Son Dismembered Dad After Being Raped", *Denver 7 & The Denver Channel*, 16 de maio de 2008, https://www.thedenverchannel.com/news/report-son-dismembered-dad-after-being-raped.
186 *Criminal Minds Wiki*, s.v. "Sante Kimes" http://criminalminds.wikia.com/wiki/ Sante_Kimes.
187 *Criminal Minds Wiki*, s.v. "Sante Kimes".
188 Ibid.
189 Kent Walker e Mark Schone, *Son of a Grifter: The Twisted Tale of Sante and Kenny Kimes, the Most Notorious Con Artists in America*. Nova York: Avon, 2001, p. 14.
190 *Criminal Minds Wiki*, s.v. "Sante Kimes".
191 Adrian Havill, *The Mother, the Son, and the Socialite: The True Story of a Mother-Son Crime Spree*. Nova York: St. Martin's, 1999, p. 98; *Mysteries of the Criminal Mind: The Secrets Behind the World's Most Notorious Crimes*. Nova York: Time Life Books, 2015, pp. 98-99.
192 Jeanne King, *Dead End: The Crime Story of the Decade; Murder, Incest and High-Tech Thievery*. Nova York: M. Evans, 2002, p. 324.
193 Leanne Phillips, "Modern Day Grifters: The Sante and Kenneth Kimes Story", LegalZoom, https://www.legalzoom.com/articles/modern-day-grifters-the-sante-and-kenneth-kimes-story.

576. CRUEL : Índice da Maldade

194 *Criminal Minds Wiki*, s.v. "Sante Kimes"; Annie Groer e Ann Gerhart, "The Reliable Source", *Washington Post*, 21 de julho de 1998, https://www.washingtonpost.com/archive/lifestyle/1998/07/21/the-trusted-source/585b64c6-dd63-4b5e-8993-f6cbeed84432/?utm_term=.3cded33d9bd0.

195 *Wikipedia*, s.v. "Sante Kimes", última edição em 10 de novembro de 2018, https://en.wikipedia.org/wiki/Sante_Kimes; *Wiki Criminal Minds*, s.v. "Sante Kimes."

196 Phillips, "Modern Day Grifters".

197 Ibid.; *Wikipedia*, s.v. "Santa Kimes"; "Son against Mother in Murder Trial", *Los Angeles Times*, 15 de junho de 2004, http://articles.latimes.com/2004/jun/15/local/me-kimes15.

198 Larry McShane, "Murder, Grifting Mastermind Sante Kimes Dead in Prison at 79", *Daily News* (Nova York), 20 de maio de 2014; Thomas J. Lueck, "Murderer Reveals New Details in Slaying of Socialite in 1998", *New York Times*, 24 de junho de 2004.

199 *Criminal Minds Wiki*, s.v. "Sante Kimes"; Phillips, "Modern Day Grifters".

200 Phillips, "Modern Day Grifters".

201 *Criminal Minds Wiki*, s.v. "Sante Kimes".

202 Phillips, "Modern Day Grifters".

203 King, *Dead End*, pp. 250-251.

204 *Criminal Minds Wiki*, s.v. "Richard Farley", http://criminalminds.wikia.com/wiki/Richard_Farley; *Most Evil*, temporada 2, episódio 2, "Stalker", com Dr. Michael H. Stone e Neil Dudgeon, exibido em 19 de agosto de 2007, em *Investigation Discovery*, https://www.investigationdiscovery.com/tv-shows/most-evil/full-episodes/stalker.

205 John Douglas e Mark Olshaker, *Obsession: The FBI's Legendary Profiler Probes the Psyches of Killers, Rapists, and Stalkers and Their Victims and Tells How to Fight Back*. Nova York: Pocket, 1998, p. 309. Edição brasileira: *Mindhunter: o primeiro caçador de serial killers americano*. Trad. Lucas Peterson. São Paulo: Intrínseca, 2017.

206 *Most Evil*, "Stalker".

207 *Criminal Minds Wiki*, s.v. "Richard Farley".

208 *Most Evil*, "Stalker".

209 Douglas e Olshaker, *Obsession*, pp. 295-296; *Criminal Minds Wiki*, s.v. "Richard Farley".

210 *Criminal Minds Wiki*, s.v. "Richard Farley"; Douglas e Olshaker, *Obsession*, p. 296.

211 Douglas e Olshaker, *Obsession*, p. 299 e 301; *Criminal Minds Wiki*, s.v. "Richard Farley"; Charles Montaldo, "Mass Murderer Richard Wade: Stalking and Workplace Violence", Thought Co., 1 de abril de 2017, https://www.thoughtco.com/mass-killer-richard-wade-farley-973100.

212 *Criminal Minds Wiki*, s.v. "Richard Farley"; Douglas e Olshaker, *Obsession*, pp. 301-304.

213 Douglas e Olshaker, *Obsession*, pp. 301-304.

214 Ibid., pp. 305-306.

215 Ibid., pp. 306-308; *Criminal Minds Wiki*, s.v. "Richard Farley".

216 Montaldo, "Mass Murderer Richard Wade Farley".

217 Ibid.; Douglas e Olshaker, *Obsession*, pp. 308-309; Michael D. Kelleher, *Profiling the Lethal Employee: Case Studies of Violence in the Workplace*. Westport, CT: Praeger, 1997, p. 46.

218 Michael Molinski, "Witnesses Describe Shooting Rampage", *United Press International*, 21 de julho de 1988, https://www.upi.com/Archives/1988/07/21/Witnesses-describe-shooting-rampage/8450585460800/.

219 *Criminal Minds Wiki*, s.v. "Richard Farley".

220 Kelleher, *Profiling the Lethal Employee*, p. 46.

221 *Criminal Minds Wiki*, s.v. "Richard Farley".

222 Ibid.

223 *Wikipedia*, s.v. "Robert John Bardo", última edição em 30 de outubro de 2018, https://en.wikipedia.org/wiki/Robert_John_Bardo.

224 *Criminal Minds Wiki*, s.v. "Richard Farley".

PADRÕES 15 E 16

225 *Criminal Minds Wiki*, s.v. "Andrew Cunanan", http://criminalminds.wikia.com/wiki/Andrew_Cunanan; *Most Evil*, temporada 2, episódio 1, "Jealousy",

com Dr. Michael H. Stone e Tim Hopper, exibido em 12 de agosto de 2007, em Investigation Discovery, https://www.investigationdiscovery.com/tv-shows/most-evil/full-episodes/jealousy; John Douglas e Mark Olshaker, *Anatomy of Motive: The FBI's Legendary Mindhunter Explores the Key to Understanding and Catching Violent Criminals*. Nova York: Pocket, 1999, p. 241.

226 Douglas e Olshaker, *Anatomy of Motive*, p. 242; *Criminal Minds Wiki*, s.v. "Andrew Cunanan".

227 *Criminal Minds Wiki*, s.v. "Andrew Cunanan"; *Most Evil*, "Jealousy"; Douglas e Olshaker, *Anatomy of Motive*, pp. 243-244.

228 Douglas e Olshaker, *Anatomy of Motive*, p. 245; *Criminal Minds Wiki*, s.v. "Andrew Cunanan".

229 Douglas e Olshaker, *Anatomy of Motive*, pp. 246-247; *Criminal Minds Wiki*, s.v. "Andrew Cunanan".

230 Douglas e Olshaker, *Anatomy of Motive*, pp. 247-252.

231 Ibid., p. 250; *Criminal Minds Wiki*, s.v. "Andrew Cunanan".

232 Ibid.; Douglas e Olshaker, *Anatomy of Motive*, pp. 252-253; Maureen Orth, "The Killer's Trail", *Vanity Fair*, setembro de 1997.

233 Dave Saltonstall, "A Nice Guy Caught in a Tortuous Tale", *Daily News*, 20 de julho de 1997, http://www.nydailynews.com/archives/news/nice-guy-caught-tortuous-tale-article-1.774258; "Cunanan Left a Trail of Lies and Deception", *Journal Times*, 19 de julho de 1997, http://journaltimes.com/news/national/cunanan-left-a-trail-of-lies-and-deception/article_5223b7a6-76eb-5f57-b46b-048fa3aa5a24.html; Douglas e Olshaker, *Anatomy of Motive*, pp. 256-257.

234 *Criminal Minds Wiki*, s.v. "Andrew Cunanan".

235 Ibid.; Douglas e Olshaker, *Anatomy of Motive*, pp. 260-261.

236 Douglas e Olshaker, *Anatomy of Motive*, p. 261.

237 Ibid., p. 264.

238 Associated Press, "Cunanan Was HIV Negative, Paper Says", *Los Angeles Times*, 1 de agosto de 1997, http://articles.latimes.com/1997/aug/01/news/mn-18398.

239 Rich Connell, "Dorothea Puente Dies at 82; Boarding House Operator Who Killed Tenants", *Los Angeles Times*, 28 de março de 2011; *Wikipedia*, s.v. "Dorothea Puente", editado pela última vez em 7 de novembro de 2018, https://en.wikipedia.org/wiki/Dorothea_Puente.

240 *Wikipedia*, s.v. "Dorothea Puente"; "Background of Serial Killer Dorothea Puente", *World History*, 24 de julho de 2017, https://worldhistory.us/american-history/ background-of-serial-killer-dorothea-puente.php.

241 Martin Kuz, "The Life and Deaths of Dorothea Puente", *Sactown Magazine*, http://www.sactownmag.com/August-September-2009/The-Life-and-Morte-of-Dorothea-Puente /.

242 Ibid.; "Background de Serial Killer Dorothea Puente".

243 Kuz, "The Life and Deaths of Dorothea Puente".

244 *Wikipedia*, s.v. "Dorothea Puente".

245 Ibid.

246 Ibid.; Sheree R. Curry, "Serial Killer's California Home Is to Die For", *AOL News*, 1 de março de 2010, https://www.aol.com/2010/03/01/serial-killers-california-home-is-to-die-for/.

247 Paul Duggan, "Ex-Boyfriend Convicted in Slaying-Mutilation of Mother, Daughter", *Washington Post*, 16 de agosto de 1994; Henri E. Cauvin, "Aftermath of a Savage Scene", *Washington Post*, 6 de março de 2007.

248 Stanley Semrau e Judy Gale, *Murderous Minds on Trial: Terrible Tales from a Forensic Psychiatrist's Case Book*. Toronto: Dundurn, 2002, p. 59; *Most Evil*, temporada 3, episódio 9, "Attention Seekers", com Dr. Michael H. Stone e Neil Dudgeon, exibido em 30 de janeiro de 2015, em *Investigation Discovery*, https://www.investigationdiscovery.com/tv-shows/most-evil/full-episodes/attention-seekers.

249 *Most Evil*, "Attention Seekers"; "One Woman's Journey from Horror to Helping", *Oliver Chronicle* (Oliver, British Columbia), 16 de abril de 2014.

250 Semrau e Gale, *Murderous Minds on Trial*, pp. 56-57; *Most Evil*, "Attention Seekers".

251 Semrau e Gale, *Murderous Minds on Trial*, p. 58.

252 Ibid., p. 58; "One Woman's Journey".

253 Michael Newton, *The Encyclopedia of Serial Killers*. 2 ed. Nova York: Checkmark, 2006, p. 99.

254 Ibid.

255 Ibid., p. 100; *Wikipedia*, s.v. "Gwendolyn Graham and Cathy Wood", editado pela última vez em 27 de outubro de 2018, https://en.wikipedia.org/wiki/Gwendolyn_Graham_and_Cathy_Wood.

256 *Wikipedia*, s.v. "Gwendolyn Graham"; Newton, *Encyclopedia of Serial Killers*, p. 100.

257 Newton, *Encyclopedia of Serial Killers*, pp. 100-101.

258 Lowell Cauffiel, *Forever and Five Days*. Nova York: Pinnacle, 1992.

259 *Criminal Minds Wiki*, s.v. "Heriberto Seda", http://criminalminds.wikia.com/wiki/ Heriberto_Seda.

260 *Wikipedia*, s.v. "Kobe Child Murders", editado pela última vez em 17 de julho de 2018, https:// en.wikipedia.org/wiki/Kobe_child_murders.

261 Tom Voigt, "Zodiac Suspects", ZodiacKiller.com, http://zodiackiller.com/ Suspects.html; Robert Graysmith, *Zodiac: The Shocking True Story of the Hunt for Nation's Most Elusive Serial Killer*. Nova York: St. Martin's, 1976. Ed. bras.: *Zodíaco. A história real da caçada ao serial killer mais misterioso dos Estados Unidos*. Trad. Samuel Dirceu. Ribeirão Preto (SP): Novo Conceito, 2007.

262 Graysmith, *Zodiac*; Tom Voigt, "Zodiac Letters and Ciphers", ZodiacKiller.com, http://zodiackiller.com/ Letters.html.

263 Graysmith, *Zodiac*, pp. 168-69.

264 Ibid., pp. 175-176.

265 Ibid., pp. 170-171.

266 Ibid., p. 170.

267 Ibid., pp. 171-172.

268 Ibid., pp. 1-12.

269 Ibid., pp. 22-23.

270 Ibid.

271 Ibid., p. 34.

272 Ibid., pp. 47-49.

273 Ibid., pp. 51-55.

274 Ibid., pp. 60-61.

275 Ibid., pp. 56-57.

276 Ibid., pp. 62-73.

277 "Zodiac the Killer", *Tuscaloosa News*, 27 de outubro de 1969.

278 Graysmith, *Zodiac*, pp. 76-77.

279 "Girl Dies of Stabbing at Berryessa", *San Francisco Chronicle*, 30 de setembro de 1969.

280 Graysmith, *Zodiac*, pp. 77-78.

281 Ibid., pp. 82-92.

282 Ibid., p. 102.

283 Ibid., p. 121.

284 Ibid., pp. 122-126.

285 John Douglas e Mark Olshaker, *The Cases That Haunt Us*. Nova York: Lisa Drew / Scribner, 2000, pp. 219-221.

286 Graysmith, *Zodiac*, p. 126.

287 Ibid., pp. 127-128.

288 Douglas e Olshaker, *Cases That Haunt Us*, p. 224.

289 Graysmith, *Zodiac*, pp. 144-145.

290 Ibid., p. 150.

291 Jim Herron Zamora, "1967-1971 — A Bloody Period for S.F. Police", *SF Gate*, 27 de janeiro de 2007, https://www.sfgate.com/news/article/1967-71-a-bloody-period-for-S-F-police-2654263.php.

292 Graysmith, *Zodiac*, p. 147-148.

293 Ibid., p. 152.

294 Ibid., pp. 134-140.

295 Ibid., pp. 152-153.

296 Ibid., pp. 158-162.

297 Ibid., p. 176.

298 Ibid., p. 183.

299 Ibid., p. 196.

300 "Theodore Kaczynski 'The Unabomber'", Zodiac Ciphers, https://www.zodiacciphers.com/ theodore-kaczynski.html.

301 *Wikipedia*, s.v. "Zodiac Killer", editado pela última vez em 2 de novembro de 2018, https://en.wikipedia.org/wiki/Zodiac_Killer.

302 Kiki Intarasuwan e Jodi Hernandez, "Investigators Renew Hope in Finding Zodiac Killer with DNA: Report", NBC Bay Area, 3 de maio de 2018, https://www.nbcbayarea.com/news/local/ Investigators-Renew-Hope-in-Finding-Zodiac-Killer-With-DNA-Report-481639931.html.

303 Douglas e Olshaker, *Cases That Haunt Us*, p. 232.

PADRÕES 17 E 18

304 R. J. Morton, *Serial Murder: Multi-Disciplinary Perspectives for Investigators*. Washington, DC: Federal Bureau of Investigation, 2005, pp. 4-5.

305 Ibid., p. 3.

306 Ibid., p. 4.

307 Michael G. Aamodt, Terry Leary e Larry Southard, *Radford/FGCU Annual Report on Serial Killer Statistics: 2018*. Radford, VA: Radford University, 2018, p. 5.

308 Ibid., p. 36.

309 Michael G. Aamodt, "Serial Killer Statistics". Radford, VA: Radford University/FGCU Serial Killer Database, 4 de setembro de 2016, p. 10, http: // maamodt.asp.radford.edu/serial killer information center/project.

310 Morton, *Serial Murder*, p. 5.

311 Ibid., p. 5-6; Scott Bonn, "5 Myths about Serial Killers and Why They Persist [Excerpt]: A Criminologist Contrasts the Stories Surrounding Serial Homicide with Real Data to Help Explain Society's Macabre Fascination with These Tales", *Scientific American*, 24 de outubro de 2014, https://www.scientificamerican.com/ article/5-myths-about-serial-killers-and-why-they persist-excerpt/.

312 Aamodt, Leary e Southard, *Radford / FGCU Annual Report*, p. 48.

313 Morton, *Serial Murder*, pp. 5-6.

314 Ibid., p. 6; Stephanie Slifer, "Serial Killers: Rare in Real Life, Prominent in Pop Culture", CBS News, 22 de outubro de 2014, https://www.cbsnews.com/news/serial-killers-rare-in-real-life-proeminent--in-pop-culture/.

315 Aamodt, Leary e Southard, *Radford / FGCU Annual Report*, pp. 28-29.

316 Ibid., p. 24.

317 Ibid., p. 67.

318 Ibid., p. 68-69.

319 Ibid., p. 66.

320 Ibid.

321 Ibid., pp. 73-74.

322 Ibid., p. 70.

323 Morton, *Serial Murder*, p. 17.

324 Ibid., pp. 17-18.

325 John E. Douglas, Ann W. Burgess, Allen G. Burgess e Robert K. Ressler, *Crime Classification Model: A Standard System for Investigating and Classifying Violent Crimes*, 3 ed. Hoboken, NJ: John Wiley & Sons, 2013.

326 Peter Vronsky, *Serial Killers: The Method and Madness of Monsters*. Nova York: Berkley, 2004, pp. 100-101.

327 Ibid., p. 101.

328 Ibid., p. 102.

329 Vronsky, *Serial Killers*, pp. 147-201.

330 Morton, *Serial Murder*, p. 18.

331 Ibid.

332 Aamodt, Leary e Southard, *Radford / FGCU Annual Report*, p. 77.

333 Ibid., p. 15.

334 Ibid., p. 18.

335 Ibid., p. 15.

336 Christopher Beam, "Blood Loss: The Decline of the Serial Killer", *Slate*, 5 de janeiro de 2011, http://www.slate.com/articles/news_and_politics/crime/2011/01/blood_loss.html.

337 Vronsky, *Serial Killers*, pp. 269-285.

338 Aamodt, Leary e Southard, *Radford / FGCU Annual Report*, p. 54.

339 Morton, *Serial Murder*, pp. 10-11.

340 Vronsky, *Serial Killers*, pp. 269-285.

341 John M. MacDonald, "The Threat to Kill", *American Journal of Psychiatry* 120, n. 2 (agosto de 1963): 125-130.

342 Katherine Ramsland, "Triad of Evil: Do Three Simple Behaviors Predict the Murder-Prone Child?", *Psychology Today*, 16 de maio de 2012, https://www.psychologytoday.com/us/blog/ shadow-boxing/201203/triad-evil.

343 Jennifer L. Murray, "The Role of Sexual, Sadistic, and Misogynistic Fantasy in Mass and Serial Killing", *Deviant Behavior* 38, n. 7, 2017, pp. 735-743; Scott A. Bonn, "Serial Killers and the Essential Role of Fantasy: Obsessive Fantasies Drive Serial Killers to Murder Repeatedly", *Psychology Today*, 13 de outubro de 2014, https://www.psychologytoday.com/us/blog/wicked--deeds/201410/serial-killers-and-the--essential-role-fantasy.

344 Catherine E. Purcell e Bruce A. Arrigo, *The Psychology of Lust Murder*. Burlington, MA; San Diego, CA; Londres, UK: Academic Press, 2006, pp. 3-7.

PADRÃO 17

345 Federal Bureau of Investigation, Criminal Justice Information Services Division, "2016 Crime in the United States: Rape", https://ucr.fbi.gov/crime-in--the-u.s/2016/crime-in-the-u.s.-2016/ topic-pages/rape.

346 John E. Douglas, Ann W. Burgess, Allen G. Burgess e Robert K. Ressler, *Crime Classification Manual: A Standard System for Investigating and Classifying Violent Crimes*, 3 ed. Hoboken, NJ: John Wiley & Sons, 2013; Ann Wolbert Burgess e Robert R. Hazelwood, "The Victim's Perspective", em *Practical Aspects of Rape Investigation: A Multidisciplinary Approach*, 3 ed. Boca Raton, FL: CRC Press, 2001; Ann Wolbert Burgess e Carrie M. Carretta, "Rape and Its Impact on the Victim", em R. R. Hazelwood e A. W. Burgess, *Practical Aspects of Rape Investigation: A Multidisciplinary Approach*, 5 ed. Boca Raton, FL: CRC Press, 2001, pp. 3-18.

347 Federal Bureau of Investigation, "2016 Crime in the United States: Rape".

348 United States Crime Rates 1960–2016, Disaster Center, 2018, http://www.disastercenter.com/ crime/uscrime.htm.

349 Alanna Vagianos, "30 Alarming Statistics That Show the Reality of Sexual Violence in America", *Huffington Post*, 5 de abril de 2017, https://www.huffingtonpost.com/entry/sexual-assault-statistics_us_58e24c14e4b0c777f788d24f; Rape, Abuse, and Incest National Network, "Victims of Sexual Violence Statistics", 2018, https://www.rainn.org/statistics/violent-sexual-violent.

350 Rape, Abuse, and Incest National Network, "Victims of Sexual Violence".

351 Vagianos, "30 Alarming Statistics".

352 *Criminal Minds Wiki*, s.v. "Richard Ramirez", http://criminalminds.wikia.com/wiki/ Richard_Ramirez; Stav Dimitropoulos, "Was a Bad Childhood to Blame for 'Night Stalker' Richard Ramirez Becoming a Serial Killer?" *A&E Real Crime*, 1 de novembro de 2017, https://www.aetv.com/real-crime/was-a-bad-childhood-to-culpar-blame--for-night-stalker-richard-ramirez-becoming-a-serial-killer.

353 Ibid.; *Criminal Minds Wiki*, s.v. "Richard Ramirez".

354 Versão padrão em inglês.

355 *Criminal Minds Wiki*, s.v. "Richard Ramirez"; Dimitropoulos, "Bad Childhood".

356 Ibid.

357 Michael Newton, *The Encyclopedia of Serial Killers*, 2 ed. Nova York: Checkmark, 2006, p. 218; *Criminal Minds Wiki*, s.v. "Richard Ramirez".

358 David Freed, "Night Stalker Suspect Tied to '84 Killing: Fingerprint on Screen Where Glassell Park Woman, 79, Was Slain", *Los Angeles Times*, 5 de setembro de 1985.

359 Newton, *Encyclopedia of Serial Killers*; "Alleged Night Stalker Victm: L.A. Deputy Describes Mutilation of Woman", *Los Angeles Times*, 20 de março de 1986; Philip Carlo, *The Night Stalker: The Life and Crimes of Richard Ramirez*. Nova York: Citadel, 2016, pp. 49-52.

360 Carlo, *Night Stalker*, p. 64.

361 Ibid., pp. 69-79; Newton, *Encyclopedia of Serial Killers*; *Criminal Minds Wiki*, s.v. "Richard Ramirez".

362 Carlo, *Night Stalker*, pp. 72-76.

363 *Wikipedia*, s.v. "Richard Ramirez", editado pela última vez em 2 de novembro de 2018, https:// en.wikipedia.org/wiki/Richard_Ramirez.

364 Carlo, *Night Stalker*, pp. 90-91.

365 Newton, *Encyclopedia of Serial Killers*; Wikipedia, s.v. "Richard Ramirez".

366 Carlo, *Night Stalker*, pp. 95-98.

367 Ibid., p. 101.

368 Ibid., pp. 105-108.

369 Ibid., pp. 120-121.

370 *Wikipedia*, s.v. "Richard Ramirez".

371 Carlo, *Night Stalker*, pp. 135-137.

372 Ibid., pp. 139-147.

373 Ibid., pp. 154-155.

374 Ibid., pp. 157-158.

375 Paul Buchanan, "How a 13-Year--Old Boy Brought Down L.A.'s Most Notorious Serial Killer", *Los Angeles*, 15 de maio de 2017, http://www.lamag.com/citythinkblog/13-year-old-boy-brought--down-notorious-serial-killer-richard--ramirez-night-stalker/.

376 Keith Sharon, "After 3 Bullets in the Head, He Still Can't Escape the 'Night Stalker'", *Orange County Register*, 30 de setembro de 2012, https://www.ocregister.com/2012/09/30/after-3--bullets-in-the-head-he-still-cant-escape-the-night-stalker/.

377 Carlo, *Night Stalker*, pp. 160-164.

378 *Wikipedia*, s.v. "Richard Ramirez".

379 Carlo, *Night Stalker*, pp. 245-252.

380 *Wikipedia*, s.v. "Richard Ramirez"; "U.S. Killer Richard Ramirez Dies in Prison", *Guardian*, 7 de junho de 2013, https://www.theguardian.com/world/2013/jun/07/richard-ramirez-night-stalker-dies.

381 Newton, *Encyclopedia of Serial Killers*, p. 219.

382 "U.S. Killer Richard Ramirez Dies in Prison"; *Wikipedia*, s.v. "Richard Ramirez".

PADRÃO 18

383 Peter Vronsky, *Serial Killers: The Method and Madness of Monsters*. Nova York: Berkley, 2004, p. 169.

384 John Douglas, *Mindhunter*. Nova York: Pocket, 1995, p. 132.

385 Vronsky, *Serial Killers*, p. 170.

386 Ibid., pp. 173-174.

387 Anil Aggrawal, *Necrophilia: Forensic and Medico-Legal Aspects*. Boca Raton, FL: CRC Press, 2011, p. 113.

388 Ronald M. Holmes e Stephen T. Holmes, *Serial Murder*, 3 ed. Thousand Oaks, CA: SAGE Publications, 2010, p. 109.

389 Brian A. Sharpless (org.), *Unusual and Rare Psychological Disorders: A Handbook for Clinical Practice and Research*. Nova York: Oxford University Press, 2017, p. 127.

390 R. J. Parker, *Serial Killers Unabridged*. Toronto: R. J. Parker Publishing, 2014, p. 143.

391 Michael Newton, *The Encyclopedia of Serial Killers*, 2 ed. Nova York: Checkmark, 2006, p. 27.

392 Ibid.; Sharpless, *Unusual and Rare Psychological Disorders*, p. 127.

393 Vronsky, *Serial Killers*, p. 177.

394 *Criminal Minds Wiki*, s.v. "Jerry Brudos", http://criminalminds.wikia.com/wiki/Jerry_Brudos; Mara Bovsun, "Sicko Shoe Fetishist Goes on a Killing Spree", *New York Daily News*, 14 de junho de 2014, http://www.nydailynews.com/news/crime/ sicko-shoe-fetishist--killing-spree-article-1.1829333.

395 *Criminal Minds Wiki*, s.v. "Jerry Brudos".

396 Newton, *Encyclopedia of Serial Killers*, p. 27.

397 Vronsky, *Serial Killers*, p. 177.

398 Ibid., p. 182; *Biography*, "Jerome Brudos", dirigido por Jeff Woods, exibido em 2008, na A&E Network, https://www.biography.com/video/jerome-brudos-full-biography-15259715875.

399 Gini Graham Scott, *American Murder*. Westport, CT: Praeger, 2007, p. 34.

400 *Biography*, "Jerome Brudos".

401 Ibid.; Aggrawal, *Necrophilia*, p. 115.

402 *Biography*, "Jerome Brudos".

403 Ibid.

404 Ibid.; Bovsun, "Sicko Shoe Fetishist", *New York Daily News*.

405 *Biography*, "Jerome Brudos".

PADRÕES 19, 20 E 21

406 Michael Newton, *The Encyclopedia of Kidnappings*. Nova York: Checkmark, 2002, p. 179.

407 Michael Thomas Barry, "Buried Alive: The Kidnapping of Barbara Jane Mackle; 1968", *Crime Magazine*, 17 de dezembro de 2012, http://www.crimemagazine.com/buried-alive-kidnapping-barbara-jane-mackle-1968; Jay Robert Nash, *The Great Pictorial History of World Crime*, vol. 2. Lanham, MD: Rowman & Littlefield, 2004, p. 708; "The Daring Kidnapping of Barbara Mackle: Part 1 of 3", *Coastal Breeze News* (Marco Island, FL), 13 de janeiro de 2010, https://www.coastalbreezenews.com/articles/ the-daring-kidnapping-of-barbara -mackle-part-1-of-3/.

408 Barbara Stepko, "Barbara Jane Mackle: Kidnap Victim Spent More Than Three Days in a Box Buried Underground", *Vintage News*, 9 de maio de 2018, https://www.thevintagenews.com/2018/05/09/ barbara-jane-mackle/.

409 "Daring Kidnapping of Barbara Mackle."

410 Michael Newton, *The FBI Encyclopedia*. Jefferson, NC: McFarland, 2003, p. 105.

411 "The Nerve-Wracking Rescue of Kidnapped Heiress Barbara Mackle: Part 2 of 3", *Coastal Breeze News* (Marco Island, FL), 28 de janeiro de 2010, https://www.coastalbreezenews.com/articles/the-nerv-wracking-rescue-of-kidnapped-heiress-barbara-mackle-part-2-of-3/.

412 Newton, *The FBI Encyclopedia*, p. 105.

413 Newton, *Encyclopedia of Kidnapping*, pp. 179-180.

414 "Man Who Buried Girl Alive Becomes Doctor", ABC News, 15 de novembro de 2002, http://abcnews.go.com/US/story?id=91055&page=1; Barry, "Buried Alive."

415 "Cocaine Lab Found Under Auburn Home", *Gwinnet Daily Post* (Gwinnet County, GA), 16 de março de 2006, http://www.gwinnettdailypost.com/archive/cocaine-lab-found-under-auburn-home/article_d0962728-8ecb-5d6c-9602-d3eb3e50c889.html.

416 Frank Schmalleger, *Criminology Today: An Integrative Introduction*, 5 ed. Colombo, OH: Pearson/Prentice Hall, 2008, p. 158.

417 American Psychiatric Association, *Manual Diagnóstico e Estatístico de Transtornos Mentais: DSM-5*. Arlington, VA: American Psychiatric Press, 2013, pp. 87-122.

418 Ibid., pp. 783–86.

419 P. Fusar-Poli, I. Bonoldi, A.R. Yung et al., "Predicting Psychosis: Meta-analysis of Transition Outcomes in Individuals at High Clinical Risk", *Archives of General Psychiatry* 69, n. 3, 2012, pp. 220-229; Gary Brucato, Michael D. Masucci, Leigh Y. Arndt et al., "Baseline Demographics, Clinical Features and Predictors of Conversion Between 200 Individuals in a Longitudinal Prospective Psychosis-Risk Cohort", *Psychological Medicine* 47, n. 11, 2017, pp. 1923-1935.

420 Gary Brucato, Paul S. Appelbaum, Jeffrey A. Lieberman et al., "A Longitudinal Study of Violent Behavior in a Psychosis-Risk Cohort", *Neuropsychopharmacology* 45, n. 2, 2018, pp. 264-271.

421 APA, *DSM-5*, pp. 110-118.

422 Ibid., pp. 649-652.

423 Ibid., pp. 652-655.

424 Ibid., pp. 655-659.

425 Ibid., pp. 667-669.

426 Ibid., pp. 669-672.

427 Ibid., pp. 663-666.

428 Ibid., pp. 659-663.

429 Ibid., pp. 672-675.

430 Ibid., pp. 675-678.

431 Ibid., pp. 678-682.

432 P. Lindqvist e P. Allebeck, "A Longitudinal Follow-Up of 644 Schizophrenics in Stockholm", *British Journal of Psychiatry* 157, 1990, pp. 345-350; S. Hodgins, S. A. Mednick, P. A. Brennan, F. Schulsinger e M. Engberg, "Mental Disorder and Crime: Evidence from a Danish Birth Cohort", *Archives of General Psychiatry* 53, n. 6, 1996, pp. 489-496; J. W. Swanson, M. S. Swartz, S. M. Essock et al., "The Social-Environment Context of Violent Behavior in Persons Treated for Severe Mental Illness", *American Journal of Public Health* 92, 2002, pp. 1523-1531; P. J. Taylor, "Psychosis and Violence: Stories, Fears, And Reality", *Canadian Journal of Psychiatry* 53, n. 10, 2009, pp. 647-659; P. Gottlieb, G. Gabrielson e P. Kramp, "Psychotic Homicides in Copenhagen from 1959 to 1983", *Acta Psychiatrica Scandinavica* 76, 1987, pp. 285-292; Swanson et al., "The Social-Environmental Context of Violent Behavior", *American Journal of Public Health*; S. Fazel, P. Buxrud, V. Ruchkin e M. Grann, "Homicide in Discharged Patients with Schizophrenia and Other Psychoses: A National Case-Control Study", *Schizophrenia Research* 123, 2010, pp. 263-269; K. S. Douglas, L. S. Guy e S. D. Hart, "Psychosis as a Risk Factor for Violence to Others: A Meta-Analysis", *Psychological Bulletin* 135, n. 5, 2009, pp. 679-706.

433 J. Shaw, I. M. Hunt, S. Flynn et al., "Rates of Mental Disorder in People Convicted of Homicide: National Clinical Survey", *British Journal of Psychiatry* 188, 2006, pp. 143-147; M. Large, G. Smith e O. Nielssen, "The Relationship between the Rate of Homicide by Those with Schizophrenia and the Overall Homicide Rate: A Systematic Review and Meta-Analysis", *Schizophrenia Research* 112, 2009, pp. 123-129.

434 Douglas, Guy e Hart, "Psychosis as a Risk Factor".

435 J. A. Yesavage, "Inpatient Violence and the Schizophrenic Patient: An Inverse Correlation between Danger-Related Events and Neuroleptic Levels", *Biological Psychiatry* 17, 1982, pp. 1331-1337; E. B. Elbogen, R. A. Van Dorn, J. W. Swanson et al., "Treatment Engagement and Violence Risk in Mental Disorders", *British Journal of Psychiatry* 189, 2006, pp. 354-360; E. B. Elbogen, S. Mustillo, R. Van Dorn et al., "The Impact of Perceived Need for Treatment on Risk of Arrest and Violence Among People with Severe Mental Illness", *Criminal Justice and Behavior* 34, 2007, pp. 197-210.

436 C. C. Joyal, J. L. Dubreucq, C. Gendron e F. Millaud, "Major Mental Disorders and Violence: A Critical Update", *Current Psychiatry Reviews* 3, 2007, pp. 33-50.

437 M. Eronen, J. Tiihonen e P. Hakola, "Schizophrenia and Homicidal Behavior", *Schizophrenia Bulletin* 22, 1996, pp. 83-89; P. Rasanen, J. Tiihonen, M. Isohanni et al., "Schizophrenia, Alcohol Abuse, and Violent Behavior: A 26-Year Follow-Up Study of an Unselected Birth Cohort", *Schizophrenia Bulletin* 24, 1998, pp. 437-441; M. S. Swartz, J. W. Swanson, V. A. Hiday et al., "Violence and Severe Mental Illness: The Effects of Substance Abuse and Nonadherence to Medication", *American Journal of Psychiatry* 155, 1998, pp. 226-231; L. Arseneault, T. E. Moffitt, A. Caspi et al., "Mental Disorders and Violence in a Total Birth Cohort", *Archives of General Psychiatry* 57, n. 10, 2000, pp. 979-86; E. B. Elbogen e S. C. Johnson, "The Intricate Link between Violence and Mental Disorder", *Archives of General Psychiatry* 66, n. 2, 2009, pp. 152-161.

438 S. Fazel, N. Langstrom, A. Hjern et al., "Schizophrenia, Substance Abuse, and Violent Crime", *Journal of the American Medical Association* 301, n. 19, 2009, pp. 2016-2023; H. J. Steadman, E. P. Mulvey, J. Monahan et al., "Violence by People Discharged from Acute Psychiatric Inpatient Facilities and by Others in the Same Neighborhoods", *Archives of General Psychiatry* 55, n. 5, 1999, pp. 393-401; P. Appelbaum, P. Robbins e J. Monahan, "Violence and

Delusions: Data from the MacArthur Violence Risk Assessment Study", *American Journal of Psychiatry* 157, 2000, pp. 566-572.

439 Elbogen e Johnson, "Intricate Link".

440 Appelbaum, Robbins and Monahan, "Violence and Delusions".

441 Bruce J. Link e Ann Stueve, "Psychotic Symptoms and the Violent/Illegal Behavior of Mental Patients Compared to Community Controls". In: John Monahan e Henry J. Steadman (orgs.), *Violence and Mental Disorder*. Chicago: University of Chicago Press, 1994, pp. 137-159.

442 S. Ullrich, R. Keers e J. W. Coid, "Delusions, Anger, and Serious Violence: New Findings from the MacArthur Violence Risk Assessment Study", *Schizophrenia Bulletin* 40, n. 5, 2014, pp. 1174-1181.

443 J. W. Coid, S. Ulrich, C. Kallis et al., "The Relationship between Delusions and Violence: Findings from the East London First Episode Psychosis Study", *Journal of the American Medical Association Psychiatry* 71, n. 5, 2013, pp. 465-471.

444 D. E. McNeil, J. P. Eisner e R. L. Binder, "The Relationship between Command Hallucinations and Violence", *Psychiatric Services* 51, n. 10, 2000, pp. 1288-1292.

445 P. J. Taylor, M. Leese, D. Williams et al., "Mental Disorder and Violence", *British Journal of Psychiatry* 172, 1998, pp. 218-226; R. Keers, S. Ullrich, B. L. DeStavola e J. Coid, "Association of Violence with Emergence of Persecutory Delusions in Untreated Schizophrenia", *American Journal of Psychiatry* 171, n. 3, 2013, pp. 332-339.

446 J. Bartels, R. E. Drake, M. A. Wallach e D. H. Freeman, "Characteristic Hostility in Schizophrenic Outpatients", *Schizophrenia Bulletin* 17, 1991, pp. 163-171.

447 Michael G. Aamodt, Terry Leary e Larry Southard, *Radford / FGCU Annual Report on Serial Killer Statistics: 2018*. Radford, VA: Radford University, 2018, p. 77.

448 "Randall Fish", Find a Grave, adicionado em 28 de julho de 2011, https://www.findagrave.com/ memorial/74073798/randall-fish; *Criminal*

Minds Wiki, s.v. "Albert Fish", http://criminalminds.wikia.com/wiki/Albert_Fish; Moira Martingale, *Cannibal Killers*. Nova York: St. Martin's, 1993, p. 44.

449 Martingale, *Cannibal Killers*.

450 *Criminal Minds Wiki*, s.v. "Albert Fish".

451 Ibid.

452 Michael Newton, *The Encyclopedia of Serial Killers*, 2 ed. Nova York: Checkmark, 2006, p. 77.

453 Christopher Berry-Dee e Victoria Redstall, *Cannibal Serial Killers: Profiles of Depraved Flesh-Eating Murderers*. Berkeley, CA: Ulysses, 2011, p. 158.

454 Ibid.

455 John Borowski, *Albert Fish in His Own Words: The Shocking Confessions of the Child Killing Cannibal*. Chicago: Waterfront Productions, 2014, p. 314.

456 Nash, *Great Pictorial History of World Crime*, p. 303.

457 Berry-Dee e Redstall, *Cannibal Serial Killers*, p. 158.

458 Harold Schechter, *The Serial Killer Files: The Who, What, Where, How, and Why of the World's Most Terrifying Murderers*. Nova York: Ballantine, 2003, p. 185. Edição brasileira: *Serial Killers: Anatomia do Mal*. Trad. Lucas Magdiel. Rio de Janeiro: DarkSide° Books, 2013.

459 Newton, *Encyclopedia of Serial Killers*, p. 77.

460 *Criminal Minds Wiki*, "Albert Fish".

461 John E. Douglas, Ann W. Burgess, Allen G. Burgess e Robert K. Ressler, *The Crime Classification Manual: A Standard System for Investigating and Classifying Violent Crimes*, 2 ed. São Francisco, CA: John Wiley & Sons, 2006, p. 462.

462 Tim Unkenholz, "Read This Twisted Letter from an Infamous Cannibal to the Mother of His Victim", Viralnova, 15 de janeiro de 2016, http://www.viralnova.com/ fish-letter/.

463 Douglas, Burgess, Burgess e Ressler, *Crime Classification Manual*, p. 462.

464 Berry-Dee e Redstall, *Cannibal Serial Killers*, p. 163.

465 Michael L. Birzer e Cliff Roberson (orgs.), *Introduction to Criminal Investigation*. Boca Raton, FL: CRC Press, 2012, p. 5.

466 Douglas, Burgess, Burgess e Ressler, *Crime Classification Manual*, p. 463; *Criminal Minds Wiki*, "Albert Fish"; Berry-Dee e Redstall, *Cannibal Serial Killers*, pp. 161-163.

467 Bart Beaty, *Fredric Wertham and the Critique of Mass Culture*. Jackson: University Press of Mississippi, 2005, p. 30.

468 Katherine Ramsland, *The Mind of a Murderer: Privileged Access to the Demons That Drive Extreme Violence*. Santa Bárbara, CA: Praeger, 2011, p. 45.

469 Colin Wilson e Donald Seaman, *The Serial Killers: A Study in the Psychology of Violence*. Londres: Virgin, 2007, p. 172.

470 *Criminal Minds Wiki*, "Albert Fish".

471 Newton, *Encyclopedia of Serial Killers*, p. 77.

472 Berry-Dee e Redstall, *Cannibal Serial Killers*, p. 174.

473 Mark Pulham, "The Werewolf of Wisteria", *Crime Magazine*, 1º de agosto de 2011, http://www.crimemagazine.com/werewolf-wisteria.

474 Bruce M. Knauft, *From Primitive to Post-Colonial in Melanesia and Anthropology*. Ann Arbor: University of Michigan Press, 1999, p. 104; W. D. Rubinstein, *Genocide: A History*. Londres: Pearson Education, pp. 17-18; *Encyclopædia Britannica*, s.v. "Canibalism", última edição em 2018, https://www.britannica.com/topic/cannibalism-human-behaviour.

475 Elizabeth Culotta, "Neanderthals Were Cannibals, Bones Show", *Science* 286, n. 5437, 1999, pp. 18-19.

476 Jason Thompson, *A History of Egypt: From Earliest Times to the Present*. Cairo, Egito; Nova York: American University in Cairo Press, 2008.

477 Richard Luscombe, "Miami Face-Chewing Victim: Attacker Rudy Eugene 'Ripped Me to Ribbons'", *Guardian*, 9 de agosto de 2012, https://www.theguardian.com/world/2012/ago/ 09/miami-face-chewing-victim-attack.

478 "Dad Ate My Eyes, Boy Tells Cops", CBS News, 19 de maio de 2009, https://www.cbsnews.com/ news/dad-ate-my-eyes-boy-tell-cops/.

479 *Wikipedia*, s.v. "Rod Ferrell", editado pela última vez em 29 de outubro de 2018, https://en.wikipedia.org/wiki/Rod_Ferrell.
480 Michael Kaplan, "Meet the Cannibal Who Became a Folk Hero in Japan", *New York Post*, 20 de outubro de 2018, https://nypost.com/2018/10/20/issei-sagawa-the-cannibal-who-became-a-folk-hero-in-Japan/.
481 *Wikipedia*, s.v. "John Brennan Crutchley", editado pela última vez em 16 de setembro de 2018, https://en.wikipedia.org/wiki/John_Brennan_Crutchley.
482 Don Davis, *The Jeffrey Dahmer Story: An American Nightmare*. Nova York: St. Martin's, 1991; Brian Masters, *The Shrine of Jeffrey Dahmer*. Londres: Hodder & Stoughton, 1993.
483 *Jeffrey Dahmer: Confessions of a Serial Killer*, documentário, com Stone Phillips. Nova York: MSNBC Network, 2012.
484 NewsCore, "3 Sentenced in Russian Case of Human Meat Sold at a Kebab Stall", Fox News, 23 de junho de 2010, https://www.foxnews.com/world/3-sentenced-in-russian-case-of-human-meat-sold-to-kebab-stall.
485 Crystal Bonvillian, "Five Charged with Keep Autistic Relative in Cage, Forcing Her to Eat Dead Mom's Ashes", *Atlanta Journal-Constitution*, 27 de julho de 2018, https://www.ajc.com/news/national/charged-with-keeping-autistic-relative-cage-forcing-her-eat-dead-mom-ashes/9w86O1kXtCnF8oKK2N4zTI/.
486 *Criminal Minds Wiki*, s.v. "Cameron and Janice Hooker", http://criminalminds.wikia.com/wiki/Cameron_and_Janice_Hooker.
487 Ibid.; Wilson e Seaman, *Serial Killers*, pp. 144-145.
488 Nicole Weisensee Egan, "The 'Girl in the Box' Speaks: How I Survived Being Held Captive for 7 Years", *People*, 7 de setembro de 2016, http://people.com/crime/girl-in-the-box-speaks-how-i-survived-my-seven-year-ordeal/.
489 *Criminal Minds Wiki*, s.v. "Cameron e Janice Hooker".
490 *Wikipedia*, s.v. "Kidnapping of Colleen Stan", editado pela última vez em 3 de novembro de 2018, https://en.wikipedia.org/wiki/Kidnapping_of_Colleen_Stan.

491 Catherine Townsend, "Raped, Tortured, and Locked in a Coffin for Seven Years: The True Story of Colleen Stan", *Investigation Discovery Crime Feed*, 9 de setembro de 2016, http://crimefeed.com/2016/09/bound-in-a-box-a-the-true-story-of-colleen-stan/.
492 Newton, *Encyclopedia of Kidnappings*, p. 294.
493 Hannah Parry, "'Girl in the Box' Psycho Cameron Hooker Who Kept Kidnapped Hitchhiker in a Tiny Box 23 hours a Day for Seven Years is Denied Parole and Told: 'You'll Spend At Least 15 More Years in Jail'", *Daily Mail*, http://www.dailymail.co.uk/news/article-3043291/Cameron-Hooker-kidnapped-young-hitchhiker-held-SEVEN-years-denied-parole.html.
494 *Wikipedia*, s.v. "Kidnapping of Colleen Stan".
495 Newton, *Encyclopedia of Kidnappings*, pp. 294-295.
496 Townsend, "Raped, Tortured, and Locked in a Coffin".
497 Newton, *Encyclopedia of Kidnappings*, p. 295.
498 Lucia Binding, "Shocking Story of a Woman Held Hostage in Coffin for Seven Years Made into Documentary", *International Business Times*, 9 de setembro de 2016, https://www.ibtimes.co.uk/shocking-true-account-woman-held-hostage-coffin-seven-years-made-into-documentary-1580568.
499 "104-Year Sentence Given Man in Sex-Slavery Case", *Los Angeles Times*, 24 de novembro de 1985.
500 Newton, *Encyclopedia of Kidnappings*, p. 295; *Criminal Minds Wiki*, s.v. "Cameron e Janice Hooker".

PADRÃO 22

501 Joseph Sguigna e Sharon Sguigna, *Of Pathics and Evil*. Bloomington, IN: iUniverse, 2009, p. 104.
502 Emlyn Williams, *Beyond Belief: A Chronicle of Murder and Its Detection*. Nova York: Random House, 1968.
503 Jack Olsen, *The Man with the Candy: The Story of the Houston Mass Murders*. Nova York: Simon & Schuster, 1974.
504 Don Lasseter, *Die for Me: The Terrifying True Story of Charles Ng*

& Leonard Lake Torture Murders. Nova York: Pinnacle, 2000.
505 John MacCormack, "Killer Smile", *Dallas Observer*, 28 de setembro de 2000.
506 Barbara Necek e Laurent Abellard, *Dans la Tête d'un Tueur em Série avec Stéphane Bourgoin*. Boulogne-Billancourt, França: Patrick Spica Productions, 2010.
507 Ken Paxton, Promotor-Geral do Texas, "Media Advisory: Tommy Lynn Sells Scheduled for Execution", comunicado à imprensa, 3 de abril de 2014, https://www.texasattorneygeneral.gov/oagnews/release.php?print=1&i=4700.
508 Michael Newton, *The Encyclopedia of Serial Killers*. 2 ed. Nova York: Checkmark, 2006, p. 237.
509 Michael Graczyk, "April Execution for Inmate Tied to Multiple Deaths", *Statesman*, 3 de janeiro de 2014, https://www.statesman.com/news/april-execution-for-inmate-tied-multiple-deaths/MQlCjyu8ylLkHTfTjFPflI/.
510 Newton, *Encyclopedia of Serial Killers*, p. 234.
511 Diane Fanning, *Through the Window: The Terrifying True Story of Tommy Lynn Sells*. Nova York: St. Martin's True Crime Library, 2007, pp. 21-23.
512 Newton, *Encyclopedia of Serial Killers*, p. 235.
513 Necek e Abellard, *Dans la Tête d'un Tueur em Série avec Stéphane Bourgoin*.
514 Katherine Ramsland, *The Mind of a Murderer: Privileged Access to the Demons That Drive Extreme Violence*. Santa Bárbara, CA: Praeger, 2011, p. 172.
515 *Most Evil*, temporada 1, episódio 2, "Cold-Blooded Killers", com Dr. Michael H. Stone e Tim Hopper, exibido em 20 de julho de 2006, em *Investigation Discovery*, https://www.investigationdiscovery.com/tv-shows/most-evil/full-episodes/cold-blooded-killers.
516 Newton, *Encyclopedia of Serial Killers*, p. 235.
517 Ibid.
518 Necek e Abellard, *Dans la Tête d'un Tueur em Série avec Stéphane Bourgoin*.
519 Newton, *Encyclopedia of Serial Killers*, p. 235.

520 Becky Malkovich, "Interview with a Murderer", *Southern Illinoisan* (Carbondale), 16 de maio de 2010.

521 Newton, *Encyclopedia of Serial Killers*, p. 235.

522 Kevin M. Sullivan, *Through an Unlocked Door: In Walks Murder*. Jefferson, NC: McFarland, 2018, p. 115.

523 Newton, *Encyclopedia of Serial Killers*, p. 235.

524 Jim Suhr, "Unsolved 1987 Slaying of Illinois Family Haunting", *Northwest Herald* (Crystal Lake, IL), 13 de abril de 2014.

525 Necek e Abellard, *Dans la Tête d'un Tueur en Série avec Stéphane Bourgoin*.

526 *Most Evil*, "Cold-Blooded Killers".

527 Necek e Abellard, *Dans la Tête d'un Tueur en Série avec Stéphane Bourgoin*; Diane Fanning, "Conversations with a Serial Killer", *USA Today*, 18 de abril de 2014.

528 *Most Evil*, "Cold-Blooded Killers".

529 Victoria Kim, "The Link Between Serial Killers and Addicts", The Fix, 14 de abril de 2014, https://www.thefix.com/content/link-between-serial-killers-and-addicts.

530 Fanning, "Conversations with a Serial Killer".

531 Tom Jackman e Troy Cole, *Rites of Burial*. Londres: Pinnacle, 1992, pp. 24-25.

532 Mara Bovsun, "Kansas City Sicko Kept Detailed Diary, Photos of Sex Torture, Bondage and Murder", *New York Daily News*, 23 de julho de 2016.

533 Ibid.

534 Jackman e Cole, *Rites of Burial*, pp. 46-47 e 183.

535 Jack Rosewood, *Robert Berdella: The True Story of the Kansas City Butcher*. Norte Charleston, SC: CreateSpace, 2015, p. 8.

536 Bovsun, "Kansas City Sicko".

537 *O Colecionador*, dirigido por William Wyler. Culver City, CA: Columbia Pictures, 1965; John Fowles, The Collector. Boston, MA: Little, Brown, 1963. Edição brasileira: *O Colecionador*. Trad. Antônio Tibau. Rio de Janeiro: DarkSide® Books, 2018.

538 *Criminal Minds Wiki*, s.v. "Robert Berdella", http://criminalminds.wikia.com/wiki/ Robert_Berdella.

539 R. J. Parker, *Serial Killers Abridged*. Toronto: R. J. Parker Publishing, 2014, p. 219.

540 Jackman e Cole, *Rites of Burial*, p. 231; Orrin Gray, "Robert Berdella, the Butcher of Kansas City", *The Lineup* (Huffington Post blog), 29 de outubro de 2015, https://www.huffingtonpost.com/the-lineup/robert-berdella-the-butch_b_8426374.html.

541 Jackman e Cole, *Rites of Burial*, pp. 78-79; 259-261.

542 *Criminal Minds Wiki*, s.v. "Robert Berdella".

543 Bovsun, "Kansas City Sicko".

544 Ibid.

545 *Criminal Minds Wiki*, s.v. "Robert Berdella"; Helen Morrison e Harold Goldberg, *My Life among the Serial Killers: Inside the Minds of the World's Most Notorious Murderers*. Nova York: Avon, 2005, pp. 196-99.

546 Jackman e Cole, *Rites of Burial*, p. 300.

547 Bovsun, "Kansas City Sicko"; Jackman e Cole, *Rites of Burial*, pp. 268, 271, 289 e 311.

548 Cyril Wecht, Greg Saitz e Mark Curriden, *Mortal Evidence: The Forensics Behind Nine Shocking Cases*. Nova York: Prometheus Books, 2007, p. 272.

549 Grover Maurice Godwin, *Hunting Serial Predators: A Multivariate Classification Approach to Profiling Violent Behavior*. Boca Raton, FL: CRC Press, 2000, p. 203.

550 Morrison e Goldberg, *My Life among the Serial Killers*, pp. 200-201.

551 Bovsun, "Kansas City Sicko"; Rogers Worthington, "House of Horrors Shocks Residents of a Quiet Neighbourhood", *Chicago Tribune*, 31 de julho de 1988.

552 William Robbins, "Macabre Mystery Surrounding Death of 2 Men in Kansas City", *New York Times*, 25 de junho de 1988.

553 Jackman e Cole, *Rites of Burial*, p. 44.

554 Worthington, "House of Horrors".

555 Bovsun, "Kansas City Sicko".

556 William Robbins, "From Bizarre Case, a Bizarre Auction", *New York Times*, 12 de novembro de 1988.

557 Richard LeComte, "Pastor Tells of Ministering to Berdella", *Examiner* (Independence, MO), 1 de abril de 1989.

558 Bovsun, "Kansas City Sicko".

559 Gray, "Butcher of Kansas City".

560 Morrison e Goldberg, *My Life among the Serial Killers*, pp. 205-206.

561 Thomas Harris, *The Silence of the Lambs* (Nova York: St. Martin's, 1988). Edição brasileira: *O silêncio dos inocentes*. Trad. Antonio Gonçalves Penna. 16 ed. Rio de Janeiro: Record, 2018.

562 David Bowman, "Profiler: The Real-Life Model for Thomas Harris; Serial- Killer Expert Psychs Out the O.J., Ramsey and Dahmer Cases — and David Byrne, Too", *Salon*, 8 de julho de 1999, https://www.salon.com/1999/07/08/profiler/.

563 R. Barri Flowers e H. Loraine Flowers, *Murders in the United States: Crimes, Killers and Victims of the Twentieth Century*. Jefferson, NC: McFarland, 2004, p. 97.

564 Newton, *Encyclopedia of Serial Killers*, p. 112.

565 Ken Englade, *Cellar of Horror*. Nova York: St. Martin's, 1992, p. 19. Edição brasileira: *Heidnik Profile: Cordeiro Assassino*. Trad. Diego Gerlach. Rio de Janeiro: DarkSide® Books, 2021.

566 Colin Wilson e Donald Seaman, *The Serial Killers: A Study in the Psychology of Violence*. Londres: Virgin, 2007, p. 198.

567 Frank Stone, *Silence of the Lambs: The True Story of Gary Heidnik*. North Charleston, SC: CreateSpace, 2016, p. 3.

568 *Most Evil*, temporada 1, episódio 5, "Psychotic Killers", com Dr. Michael H. Stone e Tim Hopper, exibido em 17 de agosto de 2006, em *Investigation Discovery*, https://www.investigationdiscovery.com/tv-shows/ most evil/full episodes/psychotic killers.

569 R. J. Parker, *The Basement*. Toronto: R. J. Parker Publishing, 2016, pp. 12-16.

570 Joe B. Warrick, "The Judge in Gary Heidnik's 'House of Horrors' Murder-Torture", *United Press International*, 24 de junho de 1988, https://www.upi.com/Archives/1988/06/24/The-judge-in-Gary-Heidniks-House-of-Horrors-murder-torture/9996583128000/.

571 Parker, *The Basement*, p. 18.

572 Newton, *Encyclopedia of Serial Killers*, pp. 113-114.

573 Parker, *The Basement*, p. 34.

574 Harold Schechter, *The Serial Killer Files: The Who, What, Where, How, and Why of the World's Most Terrifying Murderers*. Nova York: Ballantine, 2003, p. 199.

575 Newton, *Encyclopedia of Serial Killers*, p. 114.

576 Ibid.; Parker, *Basement*, pp. 33-34.

577 *Killer Profile*, temporada 1, episódio 2, "Gary Heidnik: House of Horrors", com Christine Nelson, exibido em 20 de outubro de 2013 em LMN, http://crimedocumentary.com/killer-profile-season-1-2013/.

578 Parker, *The Basement*, p. 35.

579 Newton, *Encyclopedia of Serial Killers*, p. 114.

580 *Killer Profile*, "Gary Heidnik".

581 Tom Philbin e Michael Philbin, *The Killer Book of Serial Killers*. Naperville, IL: Sourcebook, 2009, p. 58; Victor Fiorillo, "Inside the House of Heidnik", *Philadelfia*, 23 de julho de 2007, https://www.phillymag.com/articles/2007/07/23/inside-the-house-of-heidnik/.

582 Philip Lentz, "Few Hints of Horror in House Next Door", *Chicago Tribune*, março 29, 1987.

583 Newton, *Encyclopedia of Serial Killers*, p. 114.

584 "Kidnap Victim Jackie Askins Describes Her Struggles Nearly 30 Years after Being Held Captive", *Huffington Post*, 5 de agosto de 2014, https://www.huffingtonpost.com/2014/08/05/lisa-ling-kidnapping-victim-jackie-askins_n_5648939.html.

585 *Killer Profile*, "Gary Heidnik".

586 Schechter, *Serial Killer Files*, p. 200.

587 Bill Peterson, "Captives, Body Parts Found in Philadelphia", *Washington Post*, 26 de março de 1987.

588 *Killer Profile*, "Gary Heidnik".

589 Martin Gilman Wolcott, *The Evil 100: Fascinating True-Life Tales of Terror, Mayhem and Savagery*. Nova York: Citadel, 2002, p. 287.

590 Parker, *The Basement*, pp. 54-55.

591 Nick Vadala, "Philly Woman Recalls Her Terrifying' Silence of the Lambs 'Past for the First Time", *Inquirer* (Philadelfia), 2 de abril de 2014.

592 Parker, *The Basement*, pp. 54-55.

593 *Criminal Minds Wiki*, s.v. "Gary", https://criminalminds.fandom.com/wiki/Gary.

594 *Killer Profile*, "Gary Heidnik".

595 Newton, *Encyclopedia of Serial Killers*, p. 115; John Douglas e Mark Olshaker, *Obsession: The Legendary Profiler Probes the Psyches of Killers, Rapists, and Stalkers and Their Victims and Tells How to Fight Back*. Nova York: Pocket, 1998, p. 397.

596 Douglas e Olshaker, *Obsession*.

597 Ibid., pp. 398-399.

598 Com. v. Heidnik, 526 Pa. 458, 1991.

599 Jordan Smith, "In Killer's Mind, Counselor Found the Roots of a New Way to Treat Troubled Youth", *Washington Post*, 21 de outubro de 2012.

600 *Killer Profile*, "Gary Heidnik".

601 Newton, *Encyclopedia of Serial Killers*, p. 115.

602 Schechter, *Serial Killer Files*, p. 200.

603 A. W. Burgess, C. R. Hartman, R. K. Russler et al., "Sexual Homicide: A Motivational Model", *Journal of Interpersonal Violence* 1, n. 3, 1986, pp. 251-272.

604 Heather Mitchell e Michael G. Aamodt, "The Incidence of Child Abuse in Serial Killers", *Journal of Police and Criminal Psychology* 20, n. 1, 2005, pp. 40-47.

605 John M. MacDonald, "The Threat to Kill", *American Journal of Psychiatry* 120, n. 2, 1963, pp. 125-130.

606 Stephen D. Singer, "Applying Social Learning Theory to Childhood and Adolescent Firesetting: Can It Lead to Serial Murder?", *International Journal of Offender Therapy and Comparative Criminology* 48, n. 4, 2004, pp. 461-476.

607 Vadala, "Philly Woman Recalls".

608 Stephen King, *It*. Nova York: Viking, 1986. Edição brasileira: *It. A coisa*. Trad. Regiane Winarski. Rio de Janeiro: Suma, 2014.

609 Terry Sullivan e Peter T. Maiken, *Killer Clown: The John Wayne Gacy Murders*. Nova York: Pinnacle, 1983, pp. 256–257.

610 Tim Cahill, *Buried Dreams: Inside the Mind of a Serial Killer*. Nova York: Bantam, 1986, p. 40.

611 Ibid., p. 21.

612 *Monster in My Family*, temporada 1, episódio 6, "Killer Clown: John Wayne Gacy", com Melissa Moore, exibido em 5 de agosto de 2015, em LMN, http://crimedocumentary.com/karen-kuzma-killer-clown-john-wayne-gacy/.

613 Jonah Lehrer, *How We Decide*. Nova York: Houghton Mifflin Harcourt, 2009, p. 167. Edição brasileira: *O Momento Decisivo*. Trad. Marcelo Schild. Rio de Janeiro: Best Business, 2010.

614 Sam L. Amirante e Danny Broderick, *John Wayne Gacy: Defending a Monster*. Nova York: Skyhorse, 2011, p. 218; Sullivan e Maiken, *Killer Clown*, p. 257.

615 Lehrer, *How We Decide*, p. 167.

616 Newton, *Encyclopedia of Serial Killers*, p. 85.

617 *Criminal Minds Wiki*, s.v. "John Wayne Gacy", http://criminalminds.wikia.com/wiki/John_Wayne_Gacy.

618 Cahill, *Buried Dreams*, pp. 46 e 346-347.

619 Ibid., p. 47.

620 Thomas J. Jurkanin e Terry G. Hilliard, *Chicago Police: An Inside View; The Story of Superintendent Terry G. Hilliard*. Springfield, IL: Charles C. Thomas, 2006, p. 22.

621 Newton, *Encyclopedia of Serial Killers*, p. 85.

622 "John Wayne Gacy Crime Files", Crime & Investigation, http://www.crimeandinvestigation.co.uk/crime-files/john-wayne-gacy-killer-clown.

623 Jurkanin e Hilliard, *Chicago Police*, p. 22.

624 *Monster in My Family*, "Killer Clown".

625 Newton, *Encyclopedia of Serial Killers*, p. 85.

626 *Monster in My Family*, "Killer Clown".

627 Newton, *Encyclopedia of Serial Killers*, p. 85.

628 Sullivan e Maiken, *Killer Clown*, pp. 272-273.

629 Newton, *Encyclopedia of Serial Killers*, p. 85.

630 *Monster in My Family*, "Killer Clown".

631 Sullivan e Maiken, *Killer Clown*, pp. 275-276.

632 Newton, *Encyclopedia of Serial Killers*, p. 85.

633 Wolcott, *Evil 100*, p. 151.

634 Newton, *Encyclopedia of Serial Killers*, p. 85.

635 Michael Fitting Karagiozis e Richard Sgaglio, *Forensic Investigation Handbook: An Introduction to the Collection, Preservation, Analysis and Presentation of Evidence*. Springfield, IL: Charles C. Thomas, 2005, p. 157.

636 Newton, *Encyclopedia of Serial Killers*, p. 85.

637 Cahill, *Buried Dreams*, pp. 123-124.

638 Newton, *Encyclopedia of Serial Killers*, p. 85.

639 Clifford L. Linedecker, *The Man Who Killed Boys*. Nova York: St. Martin's, 1980, pp. 65-66.

640 Karagiozis e Sgaglio, *Forensic Investigation*, p. 157.

641 Newton, *Encyclopedia of Serial Killers*, p. 86.

642 Morrison e Goldberg, *My Life among the Serial Killers*, p. 93.

643 *Criminal Minds Wiki*, s.v. "John Wayne Gacy".

644 Ibid.

645 Linedecker, *Man Who Killed Boys*, p. 222.

646 Eric W. Hickey, *Serial Murderers and their Victims*. 3 ed. Belmont, CA: Wadsworth, 2001, p. 174.

647 David Lohr, "Boy Killer: John Wayne Gacy", *Crime Magazine*, 14 de outubro de 2009, http://www.crimemagazine.com/boy-killer-john-wayne-gacy.

648 Newton, *Encyclopedia of Serial Killers*, p. 86.

649 Sullivan e Maiken, *Killer Clown*, p. 301.

650 Newton, *Encyclopedia of Serial Killers*, p. 86.

651 Ibid.

652 Alex Horton, "One of John Wayne Gacy's Seven Unidentified Victims Finally Has a Name", *Washington Post*, 19 de julho de 2017, https://www.washingtonpost.com/news/true-crime/wp/2017/07/19/one-of-john-wayne-gacys-remaining-seven-unidentified-victims-finally-has-a-name/?utm_term=.24927f894b3f.

653 Cahill, *Buried Dreams*, p. 333

654 Newton, *Encyclopedia of Serial Killers*, p. 87.

655 *Criminal Minds Wiki*, s.v. "John Wayne Gacy".

656 Sullivan e Maiken, *Killer Clown*, pp. 252-256.

657 Sharon Cohen, "Doctor Wants to Unravel Serial Killer Mystery", *Los Angeles Times*, 23 de maio de 2004.

658 Stephen G. Michaud e Roy Hazelwood, *The Evil That Men Do: FBI Profiler Roy Hazelwood's Journey into the Minds of Sexual Predators*. Nova York: St. Martin's True Crime Library, 1999; Janet Warren, Roy Hazelwood e Park E. Dietz, "The Sexually Sadistic Serial Killer", *Journal of Forensic Sciences* 41, n. 6, 1996, pp. 970-974.

659 Christopher Berry-Dee, *Serial Killers: Up Close and Personal*. Berkeley, CA: Ulysses, 2007, p. 356.

660 Laura Higgins, "In the Hands of the Father", *Riverfront Times*, 1º de março de 2000, https://www.riverfronttimes.com/stlouis/in-the-hands-of-the-father/Content?oid=2474998.

661 Linedecker, *Man Who Killed Boys*, p. 226.

662 Vernon J. Geberth, *Sex-Related Homicide and Death Investigation: Practical and Clinical Perspectives*. 2 ed. Boca Raton, FL: CRC Press, 2010, p. 557.

663 Jim Fiedler, *Slow Death: The Sickest Serial Torture-Slayer Ever to Stalk the Southwest*. Nova York: Pinnacle, 2003, pp. 13-16; J. E. Sparks, *Consequences: The Criminal Case of David Parker Ray*. Roswell, NM: Yellow Jacket, 2007, pp. 1-4.

664 Geberth, *Sex-Related Homicide*, pp. 570-578.

665 Ibid.

666 Ibid.

667 Ibid.

668 Fiedler, *Slow Death*, p. 19.

669 Geberth, *Sex-Related Homicide*, p. 581.

670 Ibid., p. 560; Sparks, *Consequences*, p. 34.

671 Fiedler, *Slow Death*, p. 16.

672 Jessica Pacheco-Semenyuk, "FBI Crime Scene Processor Speaks Unvarnished Truth", *I Am New Mexico* (blog), 7 de maio de 2016, https://iamnm.com/fbi-crime-scene-processor-speak-truth/.

673 Geberth, *Sex-Related Homicide*, pp. 564-567; Fiedler, *Slow Death*, pp. 40-45; Sparks, *Consequences*, pp. 55-62.

674 Geberth, *Sex-Related Homicide*, p. 568; Fiedler, *Slow Death*, p. 38.

675 John Glatt, *Cries in the Desert*. Nova York: St. Martin's, 2007, pp. 7-14.

676 Charlotte Greig, *Serial Killers*. Londres: Arcturus, 2018, p. 75.

677 Glatt, *Cries in the Desert*, p. 12.

678 Paul H. Blaney e Theodore Millon (orgs.), *Oxford Textbook of Psychopathology*. 2 ed. Nova York: Oxford University Press, 2009, p. 659.

679 Glatt, *Cries in the Desert*, pp. 13-20; Geberth, *Sex-Related Homicide*, p. 557.

680 Geberth, *Sex-Related Homicide*, pp. 557-558.

681 Ibid., p. 557.

682 Sparks, *Consequences*, pp. 65-68.

683 Geberth, *Sex-Related Homicide*, p. 557.

684 Sparks, *Consequences*, pp. 65-68.

685 Charles Montaldo, "Profile of Serial Rapist David Parker Ray", Thought Co., 15 de dezembro de 2017, https://www.thoughtco.com/profile-of-serial-rapist-david-parker-ray-973147.

686 Ibid.

687 "David Parker Ray: New Mexico's Toy Box Killer", *Mountain Voice*, 21 de julho de 2017, https://themountainvoice.com/2017/07/21/david-parker-ray-new-mexicos-toy-box-killer/.

688 Montaldo, "Profile of Serial Rapist".

689 191. Ann Rule, *The Stranger Beside Me*. Nova York: Signet, 2001. Edição brasileira: *Ted Bundy. Um Estranho ao Meu Lado*. Trad. Eduardo Alves. Rio de Janeiro: DarkSide® Books, 2019; "Lost Skeleton Could Be That of '74 Bundy Victim", *Desert News*, 28 de fevereiro de 1998, https://www.deseretnews.com/article/616090/Lost-skeleton-could-be-that-of-74-Bundy-victima.html.

690 *Wikipedia*, s.v. "Richard Chase", editado pela última vez em 10 de novembro de 2018, https://en.wikipedia.org/wiki/Richard_Chase.

691 S. S. Hoppenbrouwers, D. R. De Jesus, T. Stirpe et al., "Inhibitory Deficits in the Dorsolateral Prefrontal Cortex in Psychopathic Offenders", *Cortex* 49, n. 5, 2013, pp. 1377-1385.

692 R. James R. Blair, "The Cognitive Neuroscience of Psychopathy and Implications for Judgments of Responsibility", *Neuroethics* 1, n. 3, 2008, pp. 149-157.

MUDANÇAS CULTURAIS QUE AFETAM O NOSSO COMPORTAMENTO

693 *Encyclopædia Britannica*, s.v. "World War I", 2018, https://www.britannica.com/evento/ World-War-I/ Killed-wounded-and-missing.

694 *Wikipedia*, s.v. "Charley Ross", atualizado pela última vez em 12 de novembro de 2018, https://en.wikipedia.org/wiki/Charley_Ross.

695 Simon Baatz, *For the Thrill of It: Leopold, Loeb and the Murder That Shocked Chicago*. Nova York: HarperCollins, 2008.

696 *Wikipedia*, s.v. "Lindbergh kidnapping", última atualização em 2 de dezembro de 2018, https:// en.wikipedia.org/wiki/Lindbergh_kidnapping.

697 *Wikipedia*, s.v. "Bobby Greenlease", última atualização em 19 de novembro de 2018, https:// en.wikipedia.org/wiki/Bobby_Greenlease.

698 Becky Little, "The 1927 Murder That Became a Media Circus — and a Famous Movie", *History*, 24 de setembro de 2018, https://www.history.com/news/double-indemnity-1920s-kill-crime-tabloids.

699 Mel Heimer, *Cannibal: The Case of Albert Fish*. Nova York: Lyle Stuart, 1971.

700 *Criminal Minds Wiki*, s.v. "Gordon Northcott", https://criminalminds.fandom.com/wiki/ Gordon_Northcott.

701 John Gilmore, *Severed: The True Story of the Black Dahlia Murder*. 2 ed. Los Angeles: Amok Books, 2006.

702 Alexis Sobel Fitts, "I Know Who Killed the Black Dahlia: My Own Father", *Guardian*, 26 de maio de 2016, https://www.theguardian.com/us-news/2016/may/26/ black-dahlia-murder-steve-hodel-elizabeth-short.

703 *Wikipedia*, s.v. "Charles Starkweather", última atualização em 22 de novembro de 2018, https://en.wikipedia.org/wiki/Charles_Starkweather.

704 *Wikipedia*, s.v. "List of countries by international homicide rate by decade", última atualização em 13 de dezembro de 2018, https://en.wikipedia.org/wiki/List_of_countries_by_intentional_homicide_rate.

705 Ibid.

706 Henry Allen, "Book Review: 'The Birth of the Pill', de Jonathan Eig", *Wall Street Journal*, 10 de outubro de 2014, https://www.wsj.com/articles/book-review-the-birth-of-the-pill-by-jonathan-eig-1412974873.

707 Allen, "Book Review: 'The Birth of the Pill', de Jonathan.

708 Natalie Corner, "Serial Killer Ted Bundy Was Motivated by Rejection after He Was Dumped By His First Girlfriend, Expert Claims — and Even Chose Victims Who Were 'Carbon Copies' of the Woman Who Broke His Heart", *Daily Mail*, 1 de dezembro de 2017, https://www.dailymail.co.uk/femail/article-5125215/Serial-killer-Ted-Bundy-motivated-rejection.html.

709 Christopher Lasch, *The Culture of Narcissism: American Life in an Age of Diminishing Expectations*. Nova York: W. W. Norton, 1979. Edição brasileira: *A Cultura do Narcisismo: A Vida Americana Numa Era de Esperanças em Declínio*. Trad. Ernani Pavaneli. Rio de Janeiro: Imago, 1983.

710 Lee Siegel, "The Book of Self-Love: Narcissism", *New York Times*, 5 de fevereiro, 2010, https://www.nytimes.com/2010/02/07/books/review/Siegel-t.html?mtrref=www.google.com&gwh=AE2A872AA7D0BCE4B76FF66607B65C85&gwt=pay.

711 James T. Patterson, *The Eve of Destruction: How 1965 Transformed America*. Nova York: Basic Books, 2012.

712 Philip Caputo, *A Rumor of War*. Nova York: Holt, Rinehart e Winston, 1977.

713 Patterson, *The Eve of Destruction*.

714 Ibid., p. 246.

715 William Glaberson, "Parolee Charged with the Killing of 6 in New York", *New York Times*, 5 de agosto de 1992, https://www.nytimes.com/1992/08/05/nyregion/parolee-charged-with-the-killing-og-6-in-new-york.html.

TIPOS DE VIOLÊNCIA NA ERA DO NOVO MAL

716 Alison Gendar, Edgar Sandoval e Larry McShane, "Rutgers Freshman Kills Self after Classmates Use Hidden Camera to Watch His Sexual Activity", *Daily News*, 30 de setembro de 2010, http://www.nydailynews.com/news/crime/ rutgers-freshman-kills-classmates-hidden-camera-watch-sexual-activity-sources-article-1.438225.

717 *Wikipedia*, s.v. "Suicide of Audrie Pott", última atualização em 17 de novembro de 2018, https://en.wikipedia.org/wiki/Suicide_of_Audrie_Pott.

718 *Wikipedia*, s.v. "Suicide of Amanda Todd", última atualização em 21 de novembro de 2018, https://en.wikipedia.org/wiki/Suicide_of_Amanda_Todd.

719 Ian Lovett e Adam Nagourney, "Photos Led to Arrest in Abuse of Pupils", *New York Times*, 31 de janeiro de 2012, https://www.nytimes.com/2012/02/01/education/former-teacher-61-arrested-in-california-on-abuse-charges.html?Mtrref=www.google.com&gwh=5A0084BBBDF9BF9FC440699877CEDA41 &gwt=pay.

720 Carol J. Rothgeb e Scott H. Cupp, *No One Can Hurt Him Anymore: The Worst Kind of Murder, the Worst Kind of Mother*. Nova York: Pinnacle, 2005.

721 Gerald Herbert, "La. Father Found Not Guilty of Decapitating Disabled Son", CBS News, 14 de fevereiro de 2014, https://www.cbsnews.com/news/louisiana-father-found-not-guilty-of-decapitating-disabled-son/.

722 D. T. Hughes, *Lullaby and Good Night*. Nova York: Pocket, 1992.

723 David Lohr, "Amanda Johnson, Valerie Bartkey Allegedly Sexually Assaulted High School Student with Pliers", *Huffington Post*, 2 de fevereiro de 2012, https://www.huffingtonpost.com/ 2012/02/02/valerie-bartkey-amanda-johnson_n_1248510.html.

724 Keith Edwards, "Woman Sentenced in Bizarre Sexual Assault Case", WQOW, 17 de julho de 2013, http://www.wqow.com/story/22870624/2013/07/Wed Wednesday/woman-sentenced-in-bizarre-sexual-assault-case.

Notas .587

725 Truman Capote, *In Cold Blood*. Nova York: New American Library, 1965. Edição brasileira: *A sangue frio*. Trad. Sergio Flaksman. São Paulo: Companhia das Letras, 2003.

726 Michael Benson, *Murder in Connecticut*. Guilford, CT: Lyons, 2008.

727 Ann Rule, *Bitter Harvest*. Nova York: Simon & Schuster, 1997.

728 "California Mother Gets Life Term in Baby's Microwave Death", CBS News, 22 de dezembro de 2015, https://www.cbsnews.com/news/california-mother-gets--life-term-in-babys-microwave-death/.

729 Rachael Bell, "Internet Assisted Suicide: The Story of Sharon Lopatka", *Daily Dot*, 4 de fevereiro de 2013, https://www.dailydot.com/society/internet-assisted-suicide-sharon-lopatka/.

730 Lois Jones, *Cannibal: The True Story of the Maneater from Rotenburg*. Nova York: Berkley, 2005.

731 *Wikipedia*, s.v. "Murder of Skylar Neese", editado pela última vez em 12 de novembro de 2018, https://en.wikipedia.org/wiki/Murder_of_Skylar_Neese.

732 Marion Collins, *While She Slept: A Husband, a Wife, a Brutal Murder*. Nova York: St. Martin's, 2005.

733 *Wikipedia*, s.v. "Murder of Annie Le", atualizado pela última vez em 12 de novembro de 2018, https://en.wikipedia.org/wiki/Murder_of_Annie_Le.

734 Pat Ready, "Elizabeth Smart Describes 'Nine months of Hell' in Captivity with Brian David Mitchell", *Desert News*, 9 de novembro de 2010, https://www.deseretnews.com/article/700080018/Elizabeth-Smart-describes--nine months-of-hell-in-captivity-with--Brian-David-Mitchell.html.

735 Natascha Kampusch, *3,096 Days in Captivity: The True Story of My Abduction, Eight Years of Enslavement, and Escape* (Nova York: Berkley, Inc., 2010). Edição brasileira: *3096 Dias*. Trad. Ana Resende. Rio de Janeiro: Verus, 2010.

736 Andrew Snell, "Who Was Josef Fritzl? Ten Years on from Capture of Monster Who Kept Daughter as Sex Slave in Basement for Decades", *Mirror*, 26 de abril de 2018, https://www.mirror.co.uk/news/world-news/who-josef-fritzl-ten-years-12431239.

737 *Biography*, s.v. "Phillip Garrido", 2018, https://www.biography.com/people/ phillip-garrido-20995807.

738 *Wikipedia*, s.v. "Ariel Castro kidnappings", atualizado pela última vez em 4 de dezembro de 2018, https://en.wikipedia.org/wiki/Ariel_Castro_kidnappings.

739 Peter Davidson, *Homicide Miami: The Millionaire Killers*. Nova York: Penguin, 2009.

740 "Relative Says Virginia Tech Shooter Was Autistic", *Fox News*, 20 de abril de 2007 (atualizado em 13 de janeiro de 2015), https://www.foxnews.com/story/relative-says-virginia-tech-shooter-was-autistic.

741 Christine Hsu, "Adam Lanza's Asperger's, Autism Cannot Be Blamed for CT School Shooting, Experts", *Medical Daily*, 17 de dezembro de 2012, https://www.medicaldaily.com/adam-lanzas-aspergers-autism-cannot-be-blamed-ct-school-shooting--experts-243927.

742 Adam Nagourney, Michael Cieply, Alan Feuer e Ian Lovett, "Before Brief, Deadly Spree, Trouble Since 8 Age", *New York Times*, 1 de junho de 2014, https://www.nytimes.com/2014/06/02/us/elliot-rodger-killings-in-california--followed-years-of-withdrawal.html.

743 Michael H. Stone, "Mass Murder, Mental Illness, and Men", *Violence and Gender* 2, n. 1, 2015, pp. 51-86.

744 John Cloud, "The Troubled Life of Jared Loughner", *Time*, 15 de janeiro de 2011, http://content.time.com/time/magazine/article/0,9171,2042358,00.html.

745 "Sikh Temple Shooting Suspect Wade Michael Page Was White Supremacist", *CBS News*, 6 de agosto de 2012, https://www.cbsnews.com/news/sikh--temple-shooting-suspect-wade-michael-page-was-white-supremacist/; "Wade Michael Page's Acquaintances Recall a Troubled Man Guided by Hate", *Guardian*, 7 de agosto de 2012, https://www.theguardian.com/world/2012/aug/07/wade-michael-page-wis Wisconsin-shooting; *Wikipedia*, s.v. "Wisconsin Sikh temple shooting", atualizado pela última vez em 3 de novembro de 2018, https://en.wikipedia.org/wiki/Wisconsin_Sikh_temple_shooting.

746 Eric Francis, *A Wife's Revenge*. Nova York: St. Martin's, 2005.

747 Gary Kinder, *Victim: The Other Side of Murder*. Nova York: Atlantic Monthly, 1982.

748 John Dean, *House of Evil*. Nova York: St. Martin's, 2008.

749 Martin Daly e Margo Wilson, *Homicide*. Nova York: Aldine De Gruyter, 1988.

750 Wensley Clarkson, *Whatever Mother Says…: A True Story of a Mother, Madness and Murder*. Nova York: St. Martin's, 1995.

751 Charles Hustmyre, *An Act of Kindness*. Nova York: Berkley, 2007.

752 Rob Preece, "Football Star 'Tortured and Killed Model Who Had His Love Child and Fed Her Dismembered Body to His Pet Rottweilers'", *Daily Mail*, 9 de setembro, 2012, http://www.dailymail.co.uk/news/article-2200537/Football-star--Bruno-tortured-killed-model-love-child--fed-dismembered-body-pet-dogs.html.

753 Alejandra Pizarnik, "The Bloody Countess", em Chris Baldick (org.), *The Oxford Book of Gothic Tales*. Oxford: Oxford UP, 1992, pp. 466-477; Valentine Penrose, *The Bloody Countess: Atrocities of Erzsébet Báthory*. Londres: Creation Books, 2000. Ed. bras.: *A Condessa Sanguinária*. Trad. Maria Paula Gurgel Ribeiro. São Paulo: Tordesilhas, 2011.

754 Katherine Ramsland, "Women Aroused by Murder", *Psychology Today*, dezembro 12 de 2017, https://www.psychologytoday.com/us/blog/shadow-boxing/201712/women-aroused-murder.

755 Christopher Berry-Dee e Steven Morris, *Online Killers: Portraits of Murderers, Cannibals and Sex Predators Who Stalked the Web for Their Victims*. Berkeley, CA: Ulysses Press, 2010.

756 Brian Masters, *Killing for Company: The Case of Dennis Nilsen*. Nova York: Pinnacle, 1985.

757 M. William Phelps, *Cruel Death*. Nova York: Pinnacle Books, 2009, p. 121.

758 *Wikipedia*, s.v. "Erika and Benjamin Sifrit", última atualização em 9 de novembro de 2018, https://en.wikipedia.org/wiki/Erika_and_Benjamin_Sifrit.

759 Desmond Seward, *The Demon's Brood: A History of the Plantagenet Dynasty*. Nova York: Pegasus, 2014, p. 22.

760 "United States Crime Rates 1960-2016", Disaster Center, 2018, http://www.disastercenter.com/crime/uscrime.htm.

761 Iris Chang, *The Rape of Nanking: The Forgotten Holocaust of World War II*. Nova York: Basic Books, 1997.

762 *Wikipedia*, s.v. "Luke Magnotta", atualizado pela última vez em 31 de outubro de 2018, https://en.wikipedia.org/wiki/Luka_Magnotta.

763 "A Criminal Timeline of Travis Forbes, Admitted Killer of 19-Year-Old Kenia Monge", *Denver Post*, 26 de setembro de 2011, https://www.denverpost.com/2011/09/26/a-criminal-timeline-of-travis-forbes-admitted-killer-os-19-year-old-kenia-monge/.

764 Louise Boyle, "Texas Man Who Raped Boy and Set Him on Fire Causing Horrific Burns to 99 Percent of His Body Found Guilty of Capital Murder", *Daily Mail*, 9 de fevereiro de 2015, http://www.dailymail.co.uk/news/article-2946738/Don-Collins-raped-boy-set-fire-cause-horrific-burns-GUILTY-capital-murder.html.

765 *Wikipedia*, s.v. "John Couey", editado pela última vez em 15 de julho de 2018, https://en.wikipedia.org/wiki/John_Couey.

766 *Wikipedia*, s.v. "Murder of Tori Stafford", editado pela última vez em 12 de novembro de 2018, https://en.wikipedia.org/wiki/Murder_of_Tori_Stafford.

767 Annett Schirmer, "Sex Differences in Emotion", em Jorge Armony e Patrik Vuilleumier (orgs.), *The Cambridge Handbook of Human Affective Neuroscience*. Nova York: Cambridge University Press, 2013, pp. 591-610.

768 Cynthia Stalter Sasse e Peggy Murphy Widder, *The Kirtland Massacre: The True and Terrible Story of the Mormon Cult Murders*. Nova York: Donald I. Fine, 1991.

769 Ronald C. Naso e Jon Mills (orgs.), *Humanizing Evil: Psychoanalytic, Philosophical and Clinical Perspectives*. Londres: Routledge, 2016, p. 149.

770 John Douglas e Mark Olshaker, *Law and Disorder: Inside the Dark Heart of Murder*. Nova York: Kensington, 2013, pp. 118-162.

771 Richard von Krafft-Ebing, *Lehrbuch der gerichtlichen Psychopathologie*. Stuttgart, Alemanha: Ferdinand Enke, 1881.

772 John Borowski, *The Strange Case of Dr. H. H. Holmes*. West Hollywood, CA: Waterfront Productions, 2005; Adam Selzer, *H. H. Holmes: The True History of the White City Devil*. Nova York: Skyhorse Publishing, 2017.

773 Stephen D. Hart, "Psychopathy and Risk for Violence", em D. J. Cooke, A. E. Forth e R. D. Hare (orgs.), *Psychopathy: Theory, Research and Implications for Society*. Dordrecht, Holanda: Kluwer Academic, 1998, pp. 355-373.

774 Scott Bonn, *Why We Love Serial Killers*. Nova York: Skyhorse, 2014, p. 68.

775 Ronald Markman e Dominick Bosco, *Alone with the Devil: Famous Cases of a Courtroom Psychiatrist*. Nova York: Bantam, 1989.

776 David A. Gibb, *The Camouflaged Killer: The Shocking Double Life of Colonel Russell Williams*. Nova York: Berkley, 2012.

777 Bonn, *Why We Love Serial Killers*, p. 225.

778 *Wikipedia*, s.v. "Marc Lépine", editado pela última vez em 29 de outubro de 2018, https://en.wikipedia.org/wiki/Marc_Lépine.

779 Margaret Cheney, *Why?: The Serial Killer in America*. Saratoga, CA: R & E Publishing, 1992.

780 Jack Olsen, *I: The Creation of a Serial Killer*. Nova York: St. Martin's, 2002.

781 Melissa Moore, *Shattered Silence: The Untold Story of a Serial Killer's Daughter*. Springville, UT: Cedar Fort, 2009.

782 *Wikipedia*, s.v. "Murder, Inc.", última edição em 6 de dezembro de 2018, https://en.wikipedia.org/wiki/Murder,_Inc.

783 Anne Barnard, "Queens Doctor and Cousin Are Guilty in Murder", *New York Times*, 10 de março de 2009, https://www.nytimes.com/2009/03/11/nyregion/11dentist.html?pagewanted=all.

784 *Wikipedia*, s.v. "Kevin Coe", última edição em 11 de julho de 2018, https://en.wikipedia.org/wiki/Kevin_Coe.

785 David J. Krajicek, "She Made Them Killers", *Daily News*, 16 de agosto de 2008, http://www.nydailynews.com/news/crime/made-killers-article-1.319258.

786 "Shannon Found Guilty in Death or Army Husband/ Sentenced to Life", WRAL, 31 de agosto de 2005, https://www.wral.com/news/local/story/119635/.

787 Camila Domonoske, "CDC: Half of All Female Homicide Victims Are Killed by Intimate Partners", NPR, 21 de julho de 2017, https://www.npr.org/ seções/thetwo-way/2017/07/21/538518569/cdc-half-of-all-female-murder-victims-are-killed-by-intimate-partners.

788 Alexia Cooper e Erica L. Smith, "*Homicide Trends in the United States, 1980–2008: Annual Rates for 2009 and 2010*". Washington, DC: US Department of Justice, Bureau of Justice Statistics, novembro de 2011, https://www.bjs.gov/content/pub/pdf/htus8008.pdf.

789 A. L. Kellermann, F. P. Rivara, N. B. Rushforth et al., "Gun Ownership as a Risk Factor for Homicide in the Home", *New England Journal of Medicine* 329, n. 15, 1993, pp. 1084-1091.

790 *Wikipedia*, s.v. "Chester Gillette", última edição em 22 de setembro de 2018, https://en.wikipedia.org/wiki/Chester_Gillette.

791 Jay Robert Nash, *Murder, America: Homicide in the United States from the Revolution to the Present*. Lanham, MD: M. Evans, 1980, p. 415.

792 *Wikipedia*, s.v. "Elizabeth Ann Duncan", última edição em 30 de outubro de 2018, https://en.wikipedia.org/wiki/Elizabeth_Ann_Duncan.

793 Thomas Thompson, *Blood and Money*. Garden City, NY: Doubleday, 1976.

794 Bill McClellan, *Evidence of Murder: The Perfect Marriage — and the Almost Perfect Murder*. Nova York: Penguin, 1993.

795 Joe McGinniss, *Blind Faith*. Nova York: Putnam, 1989.

796 Joe Sharkey, *Deadly Greed: The Riveting True Story of the Stuart*

Notas .589

Murder Case. Nova York: Prentiss Hill, 1991.

797 Lee Butcher, *To Love, Honor and Kill*. Nova York: Pinnacle, 2008.

798 James Ruddick, *Death at the Priory: Sex, Love, and Murder in Victorian England*. Nova York: Atlantic Monthly, 2001.

799 Linda Rosencrance, *An Act of Murder*. Nova York: Pinnacle, 2006.

800 John Glatt, *Playing with Fire*. Nova York: St. Martin's, 2010.

801 *Murderpedia*, s.v. "Carl Coppolino", http://murderpedia.org/male.C/c/coppolino-carl.htm.

802 John Glatt, *Deadly American Beauty*. Nova York: St. Martin's, 2004.

803 Marion Collins, *Black Widow: The True Story of a Beautiful Woman, Two Lovers, and Two Murders*. Nova York: St. Martin's, 2007.

804 "Man Guilty of Killing Wife with Antifreeze", CBS News, 2 de julho de 2008, https://www.cbsnews.com/news/man-guilty-of-killing-wife-with-antifreeze/.

805 Valerie Edwards, "Missouri Woman, 25, Sentenced to at Least 42 Years for Helping Her Mom Poison Their Family: Killing Her Dad and Brother and Leaving Her Sister with Brain Injuries", *Daily Mail*, 2 de março de 2016, http://www.dailymail.co.uk/news/ article-3472941 / Missouri-woman-25-sentenced-two-life-prison-terms-fatally-poisoningl-dad-brother-antifreeze.html.

806 Arthur Herzog Jr., *The Woodchipper Murder*. Nova York: Henry Holt, 1989.

807 John Glatt, *To Have and to Kill: A Loving Wife… With a Deadly Plot*. Nova York: St. Martin's, 2008.

808 "Chef Reveals How He Slowly Cooked His Wife for Four Days and Then Hid Her Skull at Mother's House after Killing Her in a Fit of Rage", *Daily Mail*, 27 de setembro de 2012, http://www.dailymail.co.uk/news/article-2205371/Dawn-Viens-kill-Chef-slow-cook-wifes-dead-body-4-days-skull-left.html.

809 *Wikipedia*, s.v. "Marjorie Ann Orbin", última edição em 27 de julho de 2018, https:// en.wikipedia.org/wiki/Marjorie_Ann_Orbin.

810 *Wikipedia*, s.v. "Winnie Ruth Judd", última edição em 29 de outubro de 2018, https://en.wikipedia.org/wiki/Winnie_Ruth_Judd; Jana Bommersbach, *The Trunk Murderess*. Nova York: Simon & Schuster, 1992.

811 Clifford L. Linedecker, *The Murder of Laci Peterson: She Looked Forward to a Child; He Looked for a Way Out*. Boca Raton, FL: American Media, 2003.

812 Kieran Crowley, *The Surgeon's Wife*. Nova York: St. Martin's, 2001.

813 Linedecker, *The Murder of Laci Peterson*.

814 "Story of the Boy Jones Who Stole Queen Victoria's Underwear", *BBC*, 2 de fevereiro de 2011, https://www.bbc.com/news/uk-wales-12342921.

815 Paul E. Mullen, Michele Pathé e Rosemary Purcell, *Stalkers and their Victims*. Cambridge, Inglaterra: Cambridge University Press, 2000.

816 Robert Beattie, *Nightmare in Wichita: The Hunt for the BTK Strangler*. Nova York: New American Library, 2005.

817 Doreen Orion, *I Knew You Really Loved Me: A Psychiatrist's Account of Stalking and Obsessive Love*. Nova York: Dell / Random House, 1997.

818 Samantha Gluck, "Stalking and Obsessive Love", Healthy Place, última atualização em 30 de março de 2017, https://www.healthyplace.com/abuse/transcripts/ stalking-and-obsessive-love.

819 Wikipedia, s.v. "Robert John Bardo", última edição em 30 de outubro de 2018, https://en.wikipedia.org/wiki/Robert_John_Bardo.

820 Deborah Blum, *Bad Karma: A True Story of Obsession and Murder*. Nova York: Atheneum, 1986.

821 Ronald Markman e Ron LaBrecque, *Obsessed: The Stalking of Theresa Saldana*. Nova York: William Morrow, 1994.

822 J. Reid Meloy, *Violent Attachments*. Northvale, NJ: Aronson, 1992.

823 "John Hinckley's Last Love Letter, to Jodie Foster", *Newsweek*, 27 de julho de 2017, https://www.newsweek.com/john-hinckley-love-letter-jodie-foster-reagan-assassination-484716.

824 *Wikipedia*, s.v. "Perry v. Louisiana", última atualização em 26 de agosto de 2018, https:// en.wikipedia.org/wiki/Perry_v._Louisiana.

825 *Murderpedia*, s.v. "Darnell Collins", http://murderpedia.org/male.C/c/collins-darnell.htm.

826 United States Attorney's Office, Middle District of Pennsylvania, "Former Wilkes-Barre, PA. Football Coach Stentenced to 25 Years for Producing Child Pornography, Interestate Extortion, and Cyber Stalking", comunicado à imprensa, 15 de maio de 2013, https://www.justice.gov/usao-mdpa/pr/former-wilkes-barre-pa-football-coach-sentenced-25-years-producing-child-pornography.

827 Joseph Cox, "Convicted Child Pornographer Held Victims' Email, Facebook Accounts for Ransom", *Motherboard* (Vice blog), 15 de setembro de 2015, https://motherboard.vice.com/en_us/article/9akxn7/convicted-child-pornographer-held-vixtims-email-facebook-accounts-for-ransom.

828 Ed White, "Adam Savader Gets 30 months in Prison in Cyberstalking Case", *Newsday*, 24 de abril de 2014, https://www.newsday.com/long-island/nassau/adam-savader-gets-30-months-in-prison-in-cyberstalking-case-1.7811974.

829 Andy Newman, "Stalked: A Decade on the Run", *New York Times*, 31 de julho de 2008, https://www.nytimes.com/2008/07/31/fashion/31stalk.html?mtrref=www. Google.co &gwh =8E58E4939D74E38A6FDFC1F4492 4B828 & gwt=pay.

830 S. C. Anderson, "Anti-Stalking Laws: Will They Curb the Erotomanic's Obsessive Pursuit?" *Law and Psychology Review* 17, 1993, pp.171-192.

831 Ibid.; Robert L. Snow, *Stopping a Stalker: A Cop's Guide to Making the System Work for You*. Cambridge, MA: Perseus, 1998.

832 Sharon Lerner, "Stalking the Stalkers: New York Begins to Prosecute", *Village Voice*. Nova York, 3 de julho de 2001.

MASSACRES EM ESCOLAS

833 Sara Tenenbaum, "Laurie Dann: Timeline of 1988 Fires, Winnetka School Shooting, Standoff", *ABC7 Chicago*, 17 de maio de 2018, https://abc7chicago.com/laurie-dann-school-shooting-timeline-of-1988-crime-spree/3483715/.

834 Michael H. Stone, "Mass Murder, Mental Illness, and Men", *Violence and Gender* 2, n. 1, 2015, pp. 51-86.

835 Rosa Flores, "Stoneman Douglas' Resource Officer Recommended Committing Nikolas Cruz for Mental Health Issues", CNN, 19 de março de 2018, https://www.cnn.com/2018/03/19/us/florida-school-shooting-cruz-psychiatric-records/ index.html.

836 Mia De Graaf, "Florida Shooter, 19, May Have Had Fetal Alcohol Syndrome That Causes Memory, Learning, and Behavioral Issues, Expert Says", *Daily Mail*, 15 de fevereiro de 2018, http://www.dailymail.co.uk/health/article-5396665/Florida-shooter-19-fetal-alcohol-syndrome; Lynda Cruz, mãe adotiva de Nikolas Cruz, alegou que a mãe biológica do menino era viciada em drogas. Ver: Max Jaeger, "Alleged School Shooter's Mom Paid $50,000 to Adopt Him from 'Drug Addict'", *New York Post*, 27 de fevereiro de 2018, https://nypost.com/2018/02/27/alleged-school-shooters-mom-paid-50k-to-adopt-him-from-drug-addict/.

837 FASD desempenhou um papel no caso de Richard M. Clark, um delinquente juvenil que estuprou e assassinou uma menina de 7 anos no estado de Washington. Ver: Burl Barer, *Broken Doll*. Nova York: Pinnacle, 2004; Outro caso que envolve FASD é o de Dimarzio Sanchez, de 20 anos, que estrangulou Roy Lynn Rides Horse, uma jovem da Reserva Indígena Crow de Montana, e a queimou até a morte. A mãe de Sanchez havia abusado do álcool durante a gravidez, o que levou ao FASD. Entre características típicas estão deficiência de coordenação, comportamento hiperativo, crânio pequeno e baixo desempenho escolar.

838 Carl C. Bell, "Fetal Alcohol Spectrum Disorders and Suicidality", *Clinical Psychiatry News*, 28 de dezembro de 2017, https://www.mdedge.com/psychiatry/article/ 155222/addiction-medicine/fetal-alcohol-spectrum-disorders-and-suicidality.

839 *Wikipedia*, s.v. "Sandy Hook Elementary School Shooting", editado pela última vez em 13 de novembro de 2018, https://en.wikipedia.org/wiki/Sandy_Hook_Elementary_School_shooting.

840 *Wikipedia*, s.v. "Seung-Hui Cho", última edição em 12 de novembro de 2018, https:// en.wikipedia.org/wiki/Seung-Hui_Cho; Windrem, "Va. Tech Killer's Strange Manifesto."

841 "Schoolmaster Murdered", *Daily Dispatch* (Richmond, VA) 10, no. 41 (16 de agosto, 1856): 2.

842 "Terrible Shooting Affray at Knight's Ferry", *Daily Alta California* (São Francisco) 19, n. 7084 (17 de fevereiro de 1867): 1.

843 "One Day Last Week", *Nebraska Advertiser* (Brownville, Nemaha County, N.T. [NE]) 18, n. 35 (26 de fevereiro de 1875): 2.

844 "Tragedy Ends Rivalry for Schoolgirls' Love", *San Francisco Call* 95, n. 129 (7 de abril de 1904): 4.

845 *Wikipedia*, s.v. "Charles Whitman", atualizado pela última vez em 12 de dezembro de 2018, https://en.wikipedia.org/wiki/Charles_Whitman.

846 *Wikipedia*, s.v. "List of School Shootings in the United States", atualizado pela última vez em 12 de novembro de 2018, https://en.wikipedia.org/wiki/List_of_school_shootings_in_the_United_States. Outra pesquisa na *Wikipedia* cobre tiroteios em escolas e faculdades em outros países, como Canadá, Austrália e Nova Zelândia, e nações da Europa, América do Sul, Oriente Médio e Ásia. Ver: *Wikipedia*, s.v. "School Shooting", atualizado pela última vez em 13 de novembro de 2018, https://en.wikipedia.org/wiki/School_shooting. Quanto à escola primária, em contraste aos tiroteios em faculdades, tiroteios têm origem no terrorismo islâmico. Entre eles está o massacre de Beslan, em 2004, na Ossétia do Norte, parte da Rússia, onde terroristas invadiram a escola, fizeram 1200 crianças e adultos como reféns e mataram 330 crianças. Ver: "Beslan School Siege Fast Facts", CNN, 9 de setembro de 2013, https://www.cnn.com/2013/09/09/world/europe/beslan-school-siege-fast-facts/index.html. Dez anos depois, militantes do Talibã invadiram a Escola Militar Pública em Peshawar, Paquistão, e mataram 145 alunos. Em relação ao sequestro em massa de meninas pelo

jihadista Boko Haram no nordeste da Nigéria em 2014, as informações sobre o número de vítimas fatais são escassas e não confiáveis. Pouco depois, em 2015, o grupo jihadista somali al-Shabaab matou 147 alunos na Garissa University College. Ver: Michael Pearson, Lillian Leposo e David McKenz, "Inside Garissa University College Dorm's Scene of Slaughter", CNN, 3 de abril de 2015, http:///edition.cnn.com/ 2015/04/03/africa/kenya-garissa-university-attack-witnesses.

847 Malcolm Gladwell, "Thresholds of Violence: How School Shootings Catch On", *New Yorker*, 19 de outubro de 2015, https://www.newyorker.com/magazine/2015/10/19/ thresholds-of-violent.

848 Justin Peters, "Everything You Think You Know About Mass Murder Is Wrong", *Slate*, 19 de dezembro de 2013, http://www.slate.com/blogs/crime/2013/12/19/mass_shootings_in_america_northeastern_criminologists_james_alan_fox_monica.html.

849 People v. Pisarski, 285 N.E.2d 551 (Ill. App. Ct. 1972), disponível em Leagle, https://www.leagle.com/decision/19722416illapp3d2351185.

850 Rocha v. People, 713 P.2d 350, 1986, disponível em Justia, https://law.justia.com/cases/colorado/supreme-court/1986/84sc100-0.html.

851 Vince Devlin, "1986 Lewistown School Shooting Victim, Family Know Lasting Impact of Gun Violence", *Missoulian*, 28 de janeiro de 2013, http://missoulian.com/news/local/lewistown-school-shooting-Victim-family- know-duration-impact-of-gun/article_11699798-683b-11e2-9f62-001a4bcf887a.html; "Failing Grade Is Linked to Shooting of Teacher", *New York Times*, 6 de dezembro de 1986.

852 *Murderpedia*, s.v. "Tronneal L. Mangum", http://murderpedia.org/male.M/m/mangum-tronneal.htm.

853 *Murderpedia*, s.v. "Luke Woodham", http://murderpedia.org/male.W/w/woodham-luke.htm; "Luke Woodham", Criminal Justice, http: // criminal-justice.iresearchnet.com/crime/ school-violence/luke-woodham/; C. A. Davis, "Dare to Be Different", em

Notas .591

Children Who Kill: Profiles of Teen and Pre-teen Killers. Londres: Allison & Busby, 2003, pp. 67-79.

854 Edwin Chen, *Deadly Scholarship: The True Story of Lu Gang and Mass Murder in America's Heartland.* Nova York: Birch Lane Press/Carol Publishing, 1995.

855 "Slaughter in a Schoolyard", *Time,* 30 de janeiro de 1989; *Wikipedia,* s.v. "Cleveland Elementary School Shooting (Stockton)", atualizado pela última vez em 11 de novembro de 2018, https:// en.wikipedia.org/wiki/Cleveland_Elementary_School_shooting_(Stockton); *Murderpedia,* s.v. "Patrick Edward Purdy", http://murderpedia.org/male.P/p/purdy-patrick.htm.

856 David Peisner, "The Ghosts of Jonesboro: Fifteen Years after a School Shooting, a Small Town Is Still Recovering", *BuzzFeed,* 25 de março de 2013, https://www.buzzfeed.com/djpeisner/the-ghosts-of-jonesboro-fifteen-years-after-a-um-notorious-scho? utm_term=. xe0NYa5pE # .xyrW03l6Z; *Wikipedia,* s.v. "Mitchell Johnson and Andrew Golden", última edição em 13 de novembro de 2018, https://en.wikipedia.org/wiki/Mitchell_Johnson_and_Andrew_Golden.

857 David Peisner, "The Ghosts of Jonesboro: Fifteen Years after a School Shooting, a Small Town Is Still Recovering", *BuzzFeed,* 25 de março de 2013, https://www.buzzfeed.com/djpeisner/ the-ghosts-of-jonesboro-fifteen-years-after-a-um-notorious-scho? utm_term=.xe0NYa5pE # .xyrW03l6Z; *Wikipedia,* s.v. "Mitchell Johnson and Andrew Golden", última edição em 13 de novembro de 2018, https://en.wikipedia. org/wiki/ Mitchell_Johnson_and_Andrew_Golden.

858 *Frontline,* "The Killer at Thurston High: 111 Years without Parole", produzido por Miri Navasky, escrito por Michael Kirk e Peter Boyer, exibido em 18 de janeiro de 2000, na PBS, http://www. pbs.org/wgbh/pages/frontline/ shows/ kinkel/trial.

859 *Wikipedia,* s.v. "Stoneman Douglas High School Shooting", atualizado pela última vez em 14 de dezembro de 2018, https://en.wikipedia.org/wiki/Stoneman_Douglas_High_School_shooting.

860 Larry McShane, "Sue Klebold, Mother of Columbine High School Shooter Dylan Klebold, Reveals She Prayed for Son's Death in New Book 'A Mother's Reckoning'", *Daily News* (Nova York), 13 de fevereiro de 2016.

861 Dave Cullen, *Columbine.* Nova York: Twelve/Hachette, 2010. Edição brasileira: *Columbine.* Trad. Eduardo Alves. Rio de Janeiro: DarkSide® Books, 2019.

862 Robert D. Hare, *Without Conscience: The Disturbing World of the Psychopaths Among Us.* Nova York: Pocket, 1993.

863 Cullen, *Columbine.*

864 John M. Broder, "Student Kills Three Instructors and Himself at U. of Arizona", *New York Times,* 29 de outubro de 2002; *Murderpedia,* s.v. "Robert Stewart Flores", http://murderpedia.org/ male.F/f/flores-robert-stewart.htm.

865 Sarah Left, "A Neo-Nazi' Angel of Death'", *Guardian,* 25 de março de 2005, https:// www.theguardian.com/ world/2005/mar/22/usa.usgunviolence1; *Wikipedia,* s.v. "Jeff Weise", editado pela última vez em 12 de novembro de 2018, https://en.wikipedia.org/wiki/Jeff_Weise.

866 David Kocieniewski e Shaila Dewan, "Police Describe Gunman's Plan in School Siege", *New York Times,* 4 de outubro de 2006; *Wikipedia,* s.v. "West Nickel Mines School Shooting", atualizado pela última vez em 28 de outubro de 2018, https://en.wikipedia.org/wiki/West_Nickel_Mines_School_shooting.

867 John Podhoretz, "Hating a Child Killer", *National Review,* 5 de outubro de 2006, https://www.nationalreview. com/corner/hating-child-killer-john--podhoretz/; Jeff Jacoby, "Undeserved Forgiveness", *Boston Globe,* 8 de outubro de 2006, http://archive.boston.com/ news/globe/editorial_opinion/oped/articles/ 2006/10/08/undeserved_forgiveness/; Dovid Gottlieb, "Not Always Divine", Cross Currents (blog), 17 de outubro de 2006, https://cross-currents. com/2006/10/17/not-always-divine/.

868 "Report: Cho Hired an Escort Before Rampage", ABC News, 24 de abril de 2007, https://abcnews.go.com/US/ VATech/story?id=3071730&page=1.

869 "Massacre Gunman's Deadly Infatuation with Emily", *Evening Standard,* 17 de abril de 2007, https:// www.standard.co.uk/news/massacre--gunmans-deadly-infatuation-with--emily-7238319.html.

870 Robert Windrem, "Va. Tech Killer's Strange Manifesto", NBC News, 19 de abril de 2007, http://www.nbcnews.com/ id/18187368/ns/us_news-crime_and_courts/t/ va-tech-killers-odd-manifesto #.WvuxQWgvz7k.

871 *Wikipedia,* s.v. "Seung-Hui Cho".

872 David Vann, "Portrait of the Shooter as a Young Man", *Esquire,* 12 de fevereiro de 2009.

873 Ibid.

874 David Vann, *Last Day on Earth: A Portrait of the NIU School Shooter.* Atenas, GA: University of Georgia Press, 2011, p. 58.

875 Lisa Wade, *American Hookup: The New Culture of Sex on Campus.* Nova York: W. W. Norton, 2017, p. 19.

876 *Wikipedia,* s.v. "Northern Illinois University shooting", atualizado pela última vez em 11 de dezembro de 2018, https://en.wikipedia.org/wiki/Northern_Illinois_University_shooting.

877 Jodi S. Cohen e Stacy St. Clair, "Gunman Wanted to Punish Illinois University", *Los Angeles,* 22 de março de 2010, http://articles.latimes.com/2010/mar/22/nation/la-na-illinois-shooter22-2010mar22.

878 Abbie Boudreau e Scott Zamost, "CNN Exclusive: Secret Files Reveal NIU Killer's Past", CNN, 13 de fevereiro de 2009, http://www.cnn.com/2009/CRIME/02/13/ niu.shooting.investigation/index.html.

879 Associated Press, "NIU Gunman's Girlfriend: 'I Still Love Him'", CBS News, 17 de fevereiro de 2008, https://www. cbsnews.com/news/niu-gunmans-girlfriendi-still-love-him/.

880 *Wikipedia,* s.v. "Oikos University Shooting", editado pela última vez em 2 de novembro de 2018, https://en.wikipedia.org/wiki/ Oikos_University_shooting.

881 Miva, "Mugshot: Oakland University Shooter One L. Goh First Picture Emerged!!!", FanDaily, 4 de abril de 2012, http://fandaily.info/news/oakland-university-shooter-one-l-goh-first-picture-emerged/.

882 Terry McSweeney, Katie Marzullo, Mark Matthews et al., "Shooting Rampage Suspect's Motive Was Revenge", ABC, 3 de abril de 2012, http://a.abclocal.go.com/kabc/story?Section=news/loca/east_bay&id=8605985.

883 Uta Frith, *Autistic Psychopathy in Childhood: Autism and Asperger Syndrome*. Cambridge: Cambridge University Press, 1991, pp. 37-92.

884 *Wikipedia*, s.v. "Sandy Hook Elementary School Shooting".

885 Maya Salam, "Adam Lanza Threatened Sandy Hook Killings Years Earlier, Records Show", *New York Times*, 26 de outubro de 2017, https://www.nytimes.com/2017/10/26/u/adam-lanza-sandy-hook.html.

886 Brian Fung, "People Thought Adam Lanza Posted About Newtown on 4Chan. The Official Report Debunks That", *Switch*, 25 de novembro de 2013, https://www.washingtonpost.com/news/the-switch/wp/2013/11/25/people-thinking-adam-lanza-posted-about-newtown-on-4chan-the-official-report-debunks-that/?noredirect=on & utm_term=.815ffcc53b60.

887 Timberly Ross, "Mom of Mall Shooter Says She's Responsible", *Lincoln Journal Star*, 7 de janeiro de 2009, http://journalstar.com/news/state-and-regional/govt-and-politics/mom-of-mall-shooter-says-she-s-responsible/article_50377e0d-10ca-5118-8d7d-2e41b45349b6.html.

888 David Kopel, "Guns, Mental Illness and Newtown", *Wall Street Journal*, 18 de dezembro de 2012, https://www.wsj.com/articles/SB10001424127887323723104578185271857424036.

889 Jana Winter, "EXCLUSIVE: Fear of Being Committed May Have Cause Connecticut Gunman to Snap", *Fox News*, 18 de dezembro de 2012, http://www.foxnews.com/us/2012/12/18/fear-being-commited-may-have-ter-caused-connecticut-madman-to-snap.html#ixzz2FRwgXsC3.

890 James Barron, "Nation Reels after Gunman Massacres 20 Children at School in Connecticut", *New York Times*, 14 de dezembro de 2012, https://www.nytimes.com/2012/12/15/nyregion/ shooting-Reporting-at-connecticut-elementary-school.html.

891 Andrew Solomon, "The Reckoning: The Father of the Sandy Hook Killer Searches for Answers", *New Yorker*, 17 de março de 2014, pp. 34-45.

892 Ibid., p. 37.

893 Kashmir Hill, "The Disturbing Internet Footprint of Santa Barbara Shooter Elliot Rodger", *Forbes*, 24 de maio de 2014, https://www.forbes.com/sites/kashmirhill/ 2014/05/24/the-disturbing-internet-footprint-of-santa-barbara-shooter-elliot-rodger/.

894 Elliot Rodgers, *My Twisted World*. CreateSpace, 2014.

895 Laura Shortridge, "In the Mind of a Killer: Not for Sensitive Readers", W24, 27 de maio de 2014, https://www.w24.co.za/Archive/Summary-of-Elliot-Rodgers-manifesto-20140527.

896 *Wikipedia*, s.v. "2014 Isla Vista Killings", última edição em 12 de novembro de 2018, https://en.wikipedia.org/wiki/2014_Isla_Vista_killings.

897 Rick Anderson, "'Here I Am, 26, No Friends, No Job, No Girlfriend': Shooter's Manifesto Offers Clues to 2015 Oregon College Rampage", *Los Angeles Times*, 23 de setembro de 2017, http://www.latimes.com/nation/la-na-school-shootings-2017-story.html.

898 Jack Healy e Ian Lovett, "Oregon Killer Described as a Man of Few Words, Except on the Topic of Guns", *New York Times*, 2 de outubro de 2015, https://www.nytimes.com/2015/10/03/us/chris-harper-mercer-umpqua-community-college-shooting.html.

899 Anderson, "Here I Am".

900 Dado o conhecimento de Harper-Mercer a respeito de atiradores escolares, é possível que ele tenha imitado um dos atiradores de Columbine. Ou, talvez, acreditasse nisso. Segundo uma das histórias divulgadas sobre o massacre de Columbine, um dos atiradores teria perguntado a Cassie Bernall, uma das vítimas, "Você acredita em Deus?". Ela foi morta com um tiro

ao responder que "Sim, acredito em Deus". Porém, concluiu-se que essa história era provavelmente apócrifa. O ateu Eric Harris tem mais chances de ter sido o atirador do que o religioso Dylan Klebold, mas não há como ter certeza. David Cullen, "Why Does the Columbine Myth about 'Martyr' Cassie Bernall Persist?", *New Republic*, 16 de setembro de 2015, https://newrepublic.com/article/122832/why-does-columbine-myth-about-martir-cassie-bernall-persist.

901 Max Kutner, "What Led Jaylen Fryberg to Commit the Deadliest High School Shooting in a Decade?", *Newsweek*, 16 de setembro de 2015, http://www.newsweek.com/2015/09/25/jaylen-ray-fryberg-marysville-pilchuck-high-school-shooting-372669.html.

902 *Wikipedia*, s.v. "Marysville Pilchuck High School Shooting", editado pela última vez em 11 de novembro de 2018, https://en.wikipedia.org/wiki/Marysville_Pilchuck_High_School_shooting.

903 Lindsey Bever, "'I Needed to Do This': A School Shooter's Final Texts Before Gunning Down His Friends", *Washington Post*, 2 de setembro de 2015, https://www.washingtonpost.com/news/ post-nation/wp/2015/09/02/moments-before-massacre-seattle-area-school-shooter-texted-i-needed-to-do-this-and-i-need-my-crew-with-me-too/?utm_term=.a048c672f358.

904 Max Kutner, "Ray Fryberg, Father of Marysville-Pilchuck Shooter, Guilty on Gun Charges", *Newsweek*, 30 de setembro de 2015, https://www.newsweek.com/ray-fryberg-jaylen-father-sentenced-unlawful-possession-guns-378517.

905 Jaeger, "Alleged School Shooter's Mom".

906 Max Jaeger, "Alleged School Shooter's Mom Paid $50K to Adopt Him from 'Drug Addict'", *New York Post*, 27 de fevereiro de 2018, https://nypost.com/2018/02/27/alleg-school-shooters-mom-paid-50k-to-adopt-him-from-drug-addict/.

907 Dakin Andone, "The Warning Signs Almost Everyone Missed", CNN, 26 de fevereiro de 2018, https://www.cnn.com/2018/02/25/us/nikolas-cruz-warning-signs/index.html.

908 Terry Spencer e Kelli Kennedy, "Florida School Shooting Suspect Belonged to White Nationalist Group", *Northwest Herald,* 15 de fevereiro de 2018, http://www.nwherald.com/2018/02/15/florida-school-shooting-suspect-belonged-to-white-nacionalist-group/asqjulw/? fb_comment_id=160376979 3074622_1603940556390879.

909 Eric Levenson e Joe Sterling, "These Are the Victims of the Florida School Shooting", CNN, 21 de fevereiro de 2018, https://www.cnn.com/2018/02/15/us/florida-shooting-violent-school/index.html.

910 Paula McMahon, Tonya Alanez e Lisa J. Huriash, "Parkland Shooter Nikolas Cruz During Confession: 'Kill Me'", *Sun Sentinel,* 6 de agosto de 2018, https://www.sun-sentinel.com/local/broward/parkland/florida-school-shooting/fl-florida-school-shooting-nikolas-cruz--confession-20180806-story.html.

911 Paula McMahon, "Odds Are Against Nikolas Cruz Insanity Defense", *Sun Sentinel,* 15 de dezembro de 2018, https://www.sun-sentinel.com/local/broward/parkland/florida-school-shooting/fl-florida--school-shooting-nikolas-cruz-video--insanity-defence-20180810-story.html; Nicole Chavez e Ralph Ellis, "Nikolas Cruz Waives Right to Speedy Trial", CNN, 27 de abril de 2018, https://www.cnn.com/2018/04/27/us/nikolas-cruz--listening/index.html; Jeremy B. White, "Florida Shooting Suspect, Nikolas Cruz, Willing to Plead Guilty to Avoid Death Penalty, Attorney Howard Finkelstein Says", *Independent,* 17 de fevereiro de 2018, https://www.independent.co.uk/news/world/ americas/florida-shooter--nikolas-cruz-guilty-plea-murder-charges-death-penalty-a8215911.html.

912 McMahon, "Odds Are Against", *Sun Sentinel.*

913 Zoe Szathmary, "School Shootings with Female Shooters", Fox News, 8 de fevereiro de 2018, http://www.foxnews.com/us/2018/02/04/school-shootings--with-female-shooters.html.

914 Timothy D. May, "Girl Admits Catholic School Shooting", *ABC News,* 4 de abril de 2001, https://abcnews.go.com/US/story?id=93650&page=1.

915 *Wikipedia,* s.v. "Cleveland Elementary School Shooting (San Diego)", última edição em 12 de novembro de 2018, https://en.wikipedia.org/wiki/Cleveland_Elementary_School_shooting_(San_Diego); Jonathan Fast, "Unforgiven and Alone: Brenda Spencer and Secret Shame", em Nils Bökler (org.), *School Shootings: International Research, Case Studies, and Concepts for Prevention.* Nova York: Springer, 2012, p. 251.

916 Mark van Vugt, "Gender Differences in Cooperation and Competition: The Male-Warrior Hypothesis", *Psychological Science* 18, 2006, pp. 19-23.

917 V. L. Quinsey, "Evolutionary Theory and Criminal Behavior", *Legal and Criminological Psychology* 7, 2002, pp. 1-13.

918 *Wikipedia,* s.v. "Sex Differences in Crime", última edição em 25 de setembro de 2018, https://en.wikipedia.org/wiki/Sex_differences_in_crime.

919 J. N. Giedd, "The Amazing Teen Brain", *Scientific American* 312, 2015, pp. 32-37; J. N. Giedd, "The Digital Revolution and Adolescent Brain Evolution", *Journal of Adolescent Health* 51, 2012, pp. 101-105.

920 US Census Bureau, *Statistical Abstract of the United States, No. 70: Live Births, Deaths, Marriages, and Divorces 1950-2002.*

921 David T. Lykken, *The Antisocial Personalities.* Hillside, NJ: Lawrence Erlbaum Associates, 1995, p. 102.

922 Ibid., p. 202.

923 B. D. Whitehead, "Dan Quayle Was Right", *Atlantic Magazine,* abril de 1993, pp. 47-84.

924 Os casos do dr. Richard Sharpe, James Cahill, Joseph Pikul e George Skiadopoulos são ilustrativos.

925 Com relação ao rap, é significativo que Jeff Weise, o atirador escolar Ojibwe de Minnesota, tenha criticado a "mistura inter-racial" na reserva de Red Lake e seus colegas adolescentes nativos americanos por ouvirem música desse gênero, declarando que "garotos da minha idade se matam... por causa da influência do rap". Ver: *Wikipedia,* s.v. "Jeff Weise".

926 Malcolm Ritter, "Experts Link Teen Brains' Immaturity, Juvenile Crime", *ABC News,* n.d., https://abcnews.go.com/Technology/story?id=3943187 &page=1.

927 G. Di Chiara, "Reward System and Addiction: What Dopamine Does and Don't Do", *Current Opinion in Pharmacology* 7, 2007, pp. 69-76.

928 Giedd, "Digital Revolution".

929 Ibid.

930 Eric MacLaren, "The Effects of PCP Use", DrugAbuse.com, última atualização em 5 de setembro de 2018, https://drugabuse.com/library/the-effects-of-pcp-use/.

931 Kathleen David, "Methamphetamine: Facts, Effects and Health Risks", *Medical News Today,* última atualização em 28 de junho de 2018, https://www.medicalnewstoday.com/articles/309287.php.

932 L. Anderson, "Bath Salts Drug: Effects, Abuse & Health Warnings", Drugs.com, 18 de setembro de 2018, https://www.drugs.com/illicit/bath-salts.html.

933 A. Serretti e C. Fabbri, "Shared Genetics Among Major Psychiatric Disorders", *Lancet,* 371, n. 9875, 20 de abril de 2013, pp. 1339-1341.

934 Michael H. Stone, "A New Look At Borderline Personality Disorder and Related Disorders: Hyper-Reactivity in the Limbic System and Lower Centers", *Psychodynamic Psychiatry* 41, 2013, pp. 437-466.

935 Brittany Wallman, Paula McMahon, Megan O'Matz e Susannah Bryan, "School Shooter Nikolas Cruz: A Lost and Lonely Child", *Sun Sentinel,* 24 de fevereiro de 2018, http://www.sun-sentinel.com/local/broward/parkland/florida-school--shooting/ fl-florida-school-shooting--nikolas-cruz-life-20180220-story.html.

936 Charles A. Nelson, Nathan A. Fox e Charles H. Zeanah, *Romania's Abandoned Children: Deprivation, Brain Development, and the Struggle for Recovery.* Cambridge, MA: Harvard University Press, 2014.

937 Cullen, *Columbine,* p. 7.

938 *Wikipedia,* s.v. "2014 Isla Vista Killings".

939 Jennifer Shrum e Digital News Desk, "Feline Fun House: Man with Asperger's Builds Ultimate Cat Maze", CW33, 10 de setembro de 2014, http://

cw33.com/ 2014/09/10/aspergers-traits-help-man-build-dream-house-for-cats/.

940 Sandra Gall Urban, "Luke Woodham", em Laura L. Finley (org.), *Encyclopedia of School Crime and Violence*. vol. 1. Santa Bárbara, CA: ABC-CLIO, 2011, pp. 529-533.

941 Laura Finley, "Barry Loukaitis", em Laura L. Finley (org.), *Encyclopedia of School Crime and Violence*. vol. 1. Santa Bárbara, CA: ABC-CLIO, 2011, pp. 273-274.

942 Laura Finley, "Bullycide", em Laura L. Finley (org.), *Encyclopedia of School Crime and Violence*. vol. 1. Santa Bárbara, CA: ABC-CLIO, 2011, pp. 69-71.

943 Peter Davidson, *Death by Cannibal*. Nova York: Berkley, 2015.

944 *Wikipedia*, s.v. "Dunblane Massacre", última edição em 8 de novembro de 2018, https://en.wikipedia.org/wiki/Dunblane_massacre.

945 Entre as oitocentas biografias de "crimes reais" que analisei, os assassinos em massa somam apenas treze, em contraste com 168 homens que cometem homicídio com motivação sexual praticado em série e 127 culpados de "uxoricídio" (assassinato da esposas).

946 Cullen, *Columbine*, p. 70.

947 F. Perry Wilson, "'Deaths of Despair' on the Rise in US", Med Page Today, 13 de março de 2018, https://www.medpagetoday.com/blogs/themethodsman/71730? Xid=NL_breakingnews_2018-03-13&eun=g8819790d0r.

948 E. Fuller-Torrey, "Stop the Madness", *Wall Street Journal*, 18 de julho de 1997, https://www.wsj.com/articles/SB869178650852046000.

949 Cullen, *Columbine*, p. 239.

950 Ibid., p. 169.

951 Ibid., p. 119.

952 Mark Steyn, "Seeking Meaning in the Void", *Steyn Online* (blog), 16 de fevereiro, 2018, https://www.steynonline.com/8462/seeking-meaning-in-the-void.

953 "Mr. President, It's Time to Do Something about Guns", *New York Post*, 15 de fevereiro de 2018, https://nypost.com/2018/02/15/mr-president-its-time-to-do-something-about-guns/.

954 "Quotes on Gun Control", Gun Facts, 2018, http://www.gunfacts.info/gun-control-myths/quotes-on-gun-control/.

955 Nick Allen, "Blood Is Being Spilled on the Floors of American Classrooms: Fed-Up Students Criticize Politicians behind Gun Control Laws", *National Post*, 17 de fevereiro de 2018, http://nationalpost.com/news/world/blood-is-being-spilled-on-the-floors-of-american-classrooms-fed-up-students-criticize-politicians-behind-gun-control-laws.

956 Katie Dangerfield, "Australia Banned Semi-Automatic Weapons after a Mass Murder: Here's What Happened Next", Global News, 4 de outubro de 2017, https://globalnews.ca/news/3784603/australia-gun-control-ban/.

957 Hare, *Without Conscience*, p. 242.

958 "Brother of Florida School Shooting Suspect Held $500,000 Bail", Reuters, 20 de março de 2018, https://www.reuters.com/article/us-usa-guns-florida-cruz/brother-of-florida-school-shooting-suspect-held-on 500000-bail-idUSKBN1GW2S7.

959 Cullen, *Columbine*, p. 327.

960 Roy Hazelwood e Stephen Michaud, *Dark Dreams: Sexual Violence, Homicide, and the Criminal Mind*. Nova York: St. Martin's, 2001, p. 88.

QUE A JUSTIÇA PREVALEÇA: FORMAS CONTEMPORÂNEAS DA MALDADE

961 *Wikipedia*, s.v. "Mens rea", última atualização em 2 de setembro de 2018, https://en.wikipedia.org/wiki/Mens_rea.

962 Lord Kinross, *The Ottoman Centuries: The Rise and Fall of the Turkish Empire*. Nova York: William Morrow, 1977; Leslie Peirce, *Empress of the East: How a European Slave Girl Became Queen of the Ottoman Empire*. Nova York: Basic Books, 2017.

963 Kerry McDermott, "'It's Never Too Late to Right Your Wrong': US Daughter Who Send Her Own Father to Prison for 40 Years after Lying That He Raped Her Pleads for His Release", *Daily Mail*, 19 de agosto de 2013, http://www.dailymail.co.uk/news/article-2397002/

Daughter-sent-father-prison-40-years-lying-raped-pleads-release.html.

964 Jennifer Gonnerman, "Has Daryl Kelly Spent Twenty Years in Prison for a Crime That Never Happened?", *New Yorker*, 14 de dezembro de 2017, https://www.newyorker.com/section/news/why-has-daryl-Kelly-been-imprisoned-for-the-last-twenty-years-for-a-crime-that-likely-never-happened.

965 *Wikipedia*, s.v. "Dunblane Massacre", última edição em 8 de novembro de 2018, https://en.wikipedia.org/wiki/Dunblane_massacre.

966 Michael H. Stone, *The Fate of Borderlines*. Nova York: Guilford, 1990.

967 Stuart Lavietes, "Richard Gardner, 72, Dies; Cast Doubt on Abuse Claims", *New York Times*, 9 de junho de 2003, https://www.nytimes.com/2003/06/09/nyregion/richard-gardner-72-dies-cast-doubt-on-abuse-claims.html.

968 Colin Wilson, *Rogue Messiahs: Tales of Self-Proclaimed Saviors*. Charlottesville, VA: Hampton Roads, 2000, p. 180.

969 Annett Schirmer, "Sex Differences in Emotion", em Jorge Armony e Patrik Vuilleumier (orgs.), *The Cambridge Handbook of Human Affective Neuroscience*. Nova York: Cambridge University Press, 2013, pp. 591-610.

970 *Wikipedia*, s.v. "Jerry Sandusky", última edição em 11 de dezembro de 2018, https://en.wikipedia.org/wiki/Jerry_Sandusky.

971 "Ex-Teacher Gets Over 4 Years on Sex Abuse Charges", MPR News, 4 de outubro de 2013, https://www.mprnews.org/story/2013/10/04/lynn-seibel-sentenced-to-four-years.

972 Daniel Taylor, "Barry Bennell Branded 'Sheer Evil' As He Is Sentenced to 30 Years", *Guardian*, 19 de fevereiro de 2018, https://www.theguardian.com/football/2018/feb/19/barry-bennell-branded-sheer-evil-as-he-is-sentenced-to-31.year.

973 Fred Barbash, "Decades of Monstrous Sexual Abuse by Psychiatrist Costs Famous Hawaiian School $80 Million", *Washington Post*, 17 de fevereiro de 2018, https://www.washingtonpost.com/news/morning-mix/wp/2018/02/16/

decades-of-monstruous-sexual-abuse-hawaiis-famous-kamehameha-school-settles-suit-for-80-million/.

974 Douglas Martin, "Attempted Kidnapping by Coach Stuns Pupils", *New York Times*, 27 de abril de 1993, https://www.nytimes.com/1993/04/27/nyregion/attempted-kidnapping-by-coach-stuns-pupils.html.

975 Darran Simon e Faith Karimi, "Kentucky Lawmaker Killed Himself After Sexual Abuse Allegations", *CNN*, 14 de dezembro de 2007, https://www.cnn.com/2017/us/kentucky-state-lawmaker-death/index.html.

976 Colin Evans, *The Valentino Affair*. Nova York: Rowman e Littlefield, 2014.

977 *Wikipedia*, s.v. "Stanford White", última edição em 28 de outubro de 2018, https://en.wikipedia.org/wiki/Stanford_White.

978 Peggy Noonan, "Declarations", *Wall Street Journal* (New York), 20 de janeiro de 2018, p. A-13.

979 Eliana Dockterman, "'I'm not Going to Let Him Intimidate Me Anymore'. Kate Upton Speaks Out on Alleged Harassment by Guess Co-Founder Paul Marciano", *Time*, 7 de fevereiro de 2018, http://time.com/5137456/kate-upton-paul-marciano-interview/.

980 Noonan, "Declarations", *Wall Street Journal*.

981 *Wikipedia*, s.v. "Kidnapping of Jaycee Dugard", última edição em 10 de outubro de 2018, https://en.wikipedia.org/wiki/Kidnapping_of_Jaycee_Dugard.

982 *Wikipedia*, s.v. "Rape Statistics", última edição em 10 de novembro de 2018, https://en.wikipedia.org/wiki/Rape_statistics.

983 J. P. Hemphill, R. Templeman, S. Wong e R. D. Hare, "Psychopathy and Crime: Recidivism and Criminal Careers", em D. J. Cooke, A. E. Forth e R. D. Hare (orgs.), *Psychopathy: Theory, Research and Implications for Society*. Dordrecht, Holanda: Kluwer Academic, 1995, pp. 375-399.

984 Rocco Parascandola, Ryan Sit, Ellen Moynihan e Stephen Rex Brown, "Brooklyn Man Attacks Family Members with Meat Cleaver after Brawl Over 2016 Presidential Election", *Daily News*, 14 de novembro de 2016, http://www.

nydailynews.com/new-york/nyc-crime/brooklyn-man-attacks-family-knife-fight-election-article-1.2871358.

985 "Serial Killer Clifford Olson Dies: Canada's Most Notorious Dangerous Offender Dead from Cancer", CBC, 30 de setembro de 2011, http://www.cbc.ca/news/canada/serial-killer-clifford-olson-dies-1.1110039.

UM NOVO DESAFIO PARA A JUSTIÇA: CRIANÇAS QUE COMETEM MALDADES

986 Harold Schechter, *Fiend: The Shoking True Story of America's Youngest Serial Killer*. Nova York: Pocket, 2000.

987 Sol Amaya, "El Petiso Orejudo: La Historia Real Detrás del Mito Que Causó Terror a Principios del Siglo XX", *La Nación*, 17 de fevereiro de 2018, https://www.lanacion.com.ar/2107666-el-petiso-orejudo-la-historia-real-detras-del-mito-que-causo-terror-a-principios-del-siglo-xx.

988 *Wikipedia*, s.v. "Leopold and Loeb", última edição em 14 de novembro de 2018, https://en.wikipedia.org/wiki/Leopold_and_Loeb.

989 David Ovalle, "Life in Prison Again for Southwood Middle Killer Michael Hernandez", *Miami Herald*, 22 de fevereiro de 2016, http://www.miamiherald.com/news/local/crime/article61743422.html.

990 *Murderpedia*, s.v. "Nicholas Wagoner Browning", http://murderpedia.org/ male.B/ b/ browning-nicholas.htm.

991 Andrew Jacobs, "After Telephone Courtship, A First Date Ends in Death", *New York Times*, 17 de agosto de 2002, https://www.nytimes.com/2002/08/17/nyregion/after-telephone-courtship-a-first-date-ends-in-death.html.

992 *Criminal Minds Wiki*, s.v. "Craig Price", http://criminalminds.wikia.com/wiki/Craig_Price.

993 Katie Mulvaney, "Craig Price Refuses to Plead to Attempted Murder Charges", *Providence Journal*, 12 de outubro de 2017, http://www.providencejournal.com/news/ 20171012/craig-price-refuses-to-plead-to – attempted-murder-charges;

Murderpedia, s.v. "Craig Chandler Price", http://murderpedia.org/male.P/p/price-craig.htm.

994 "Citizens' Group Warns Public of Convict's Release from Prison", *New York Times*, 21 de agosto de 1994, p. A-44.

995 Jeff Horwitz, Sarah Zimmerman e Juan A. Lozano, "In Deadly School Shooting, a Confession But No Clear Motive", *AP News*, 20 de maio de 2018, https://www.apnews.com/cb5e0dca766e4845acf02b6bff8b62c7.

996 David Lohr, "Kirtland Cult Killings Were 'Mandated by God', Former Member Says", *Huffington Post*, 17 de abril de 2015, https://www.huffingtonpost.com/2015/04/17/ kirtland-cult-killings_n_7088210.html.

997 Burl Barer, *Murder in the Family*. Nova York: Kensington, 2000.

998 Norman Mailer, *Executioner's Song*. Boston: Little, Brown, 1979. Edição brasileira: *A Canção do Carrasco*. Trad. Lya Luft. Rio de Janeiro: Nova Fronteira, 1980.

999 Melissa Jeltsen, "There Were Two Mass Shootings in Texas Last Week, but Only One on TV", *Huffington Post*, 26 de maio de 2018, https://www.huffingtonpost.com/entry/texas-amanda-painter-mass-shooting_us_5b081ab4e4b0802d69caad89.

1000 Dana Branham e Sara Coello, "Family's Killer Filed for Divorce, Sought Restraining Order Against Ex-Wife, the Sole Survivor of His Rampage", *Dallas News*, 17 de maio de 2018, https://www.dallasnews.com/news/crime/ 2018/05/17/familys-killer-filed-divorce-sought-restraining-order-ex-wife-sole-survivor-rampage.

1001 Jeltsen, "There Were Two Mass Shootings", *Huffington Post*.

1002 "Dr. Michael Stone: The Einstein of Evil", *National Profile Plus* (Uniondale, N.Y.), 2018, p. 36.

ALFABETO DA MALDADE

1003 *Biography*, s.v. "Beverley Allitt", última atualização em 2 de abril de 2014, https://www.biography.com/people/beverley-allitt-17162398; *Wikipedia*, s.v. "Beverley Allitt", última edição em 17 de outubro de 2018, https://en.wikipedia.org/wiki/Beverley_Allitt.

1004 John Money e June Werlwas, "Folie à Deux in the Parents of Psychosocial Dwarfs: Two Cases", *Bulletin of the American Academy of Psychiatry and the Law* 4, 1976, pp. 351-362.

1005 H. D. Symonds e J. Owen, *A Sequel to the Adventures of Baron Munchausen: With 20 Copper Plates, Including the Baron's Portrait.* Londres: H. D. Symonds & J. Owen, 1792.

1006 *Murderpedia*, s.v. "China Arnold", http://murderpedia.org/female.A/a/arnold-china.htm; *Wikipedia*, s.v. "China P. Arnold", última edição em 24 de setembro de 2018, https://en.wikipedia.org/wiki/China_P._Arnold.

1007 Brent Doonan, *Murder at the Office.* Far Hill, NJ: Expanding Horizon, 2006.

1008 *Wikipedia*, s.v. "Belle Gunness", última edição em 17 de novembro de 2018, https://en.wikipedia.org/wiki/Belle_Gunness.

1009 Meagan Flynn, "Heinous and Depraved: Man Accused of Brutally Killing Utah Teens, Dumping Bodies in Mine Shaft", *Washington Post,* 5 de abril de 2018, https://www. washingtonpost.com/news/morning-mix/wp/2018/04/05/heinous-and-depraved-man-accused--of-brutally-killing-utah-teens-dumping--bodies-in-mine-shaft-because-they-socialized-with-his-girlfriend/; "Utah Man Forced Girl to Watch Killing of Boyfriend Before She Was Slain, Prosecutors Say", *CBS News,* 4 de abril de 2018, https://www.cbsnews.com/news/utah-teens-killed-jerrod-baum-forced-girl-to-watch--killing-of-boyfriend-prosecutors; Crystal Hill, "Couple Visited Man's Girlfriend. He Said It Was 'Too Bad' He Had to Kill Them, Utah Cops Say", *Miami Herald,* 29 de março de 2018, http://www.miamiherald.com/ news/nation-world/national/ article207379279.html.

1010 J. D. Vance, *Hillbilly Elegy: A Memoir of a Family and Culture in Crisis.* Nova York: HarperCollins, 2016. Edição brasileira: *Era uma vez um sonho. A história de uma família da classe operária e da crise da sociedade americana.* Trad. Léa Viveiros de Castro, Rita Süssekind. Rio de Janeiro: Leya, 2017.

1011 *Murderpedia*, s.v. "Natasha Wallen Cornett", http://murderpedia.org/female.C/c/cornett-natasha.htm.

1012 Alyse Wax, "The Bizarre Story of the San Francisco Witch Killers", *13th floor,* 25 de maio de 2017, http://www.the13thfloor.tv/2017/05/25/the-bizarre-story-of-the-san-francisco-witch--killers/; Paul Elias, "Board Denies Parole to 'San Francisco Witch Killer'", *Orange County Register,* 2 de dezembro de 2015, https://www.ocregister.com/ 2015/12/02/board-denies-parole--to-san -francisco-witch-killer/; *Wikipedia*, s.v. "Michael Bear Carson and Suzan Carson", última edição em 22 de outubro de 2018, https://en.wikipedia.org/ wiki/Michael_Bear_Carson_and_Suzan_Carson.

1013 Michelle Gallardo, "Hobart Woman Suspected of Being Serial Killer Gets 65 Years for Husband's Murder", *ABC,* 16 de maio de 2018, http://abc-7chicago.com/hobart-woman-suspected-of-being-serial-killer-gets-65-years--for-husbands-murder/3483351/.

1014 Joseph S. Pete, "Documentary: Indiana Woman May Have Fed Dismembered Lover to Neighbours at Barbecue, Killed Up to Nine People", *Globe Gazette,* 14 de maio de 2018, http:// globegazette.com/news/national/documentary -indiana-woman-may-have--fed-dismembered-lover-to-neighbours/article_912279f3-2e54-5cf7-a2ea-979739f1d953.html.

1015 Wikipedia, s.v. "Daniel Rakowitz", última edição em 25 de outubro de 2018, https://en.wikipedia.org/wiki/Daniel_Rakowitz

1016 *Wikipedia*, s.v. "Nathaniel Bar--Jonah", última edição em 21 de setembro de 2018, https://en.wikipedia.org/wiki/Nathaniel_Bar-Jonah.

1017 Mel Heimer, *Cannibal: The Case of Albert Fish.* Nova York: Lyle Stuart, 1971.

1018 *Wikipedia*, s.v. "Fritz Haarmann", última edição em 14 de novembro de 2018, https://en.wikipedia.org/wiki/Fritz_Haarmann.

1019 *Murderpedia* s.v. "Albert Fentress", http://murderpedia.org/male.F/f/fentress-albert.htm.

1020 Gary C. King, *Driven to Kill: The Terrifying True Account of Sex-Killer, Westley Allan Dodd.* Nova York: Windsor, 1993.

1021 Thomas E. Gaddis e James O. Long, *Killer: A Journal of Murder.* Nova York: Macmillan, 1970.

1022 Gary C. King, *Out for Blood: 18 Authentic True Crime Stories of Murder and Mayhem.* Washington, DC: Bleak House Publishing e Gary King Enterprises, 2016.

1023 Howard Sounes, *Fred and Rose: The Full Story.* Londres: Warner, 1995.

1024 Christopher Berry-Dee, *Monster: My True Story.* Londres: John Blake, 2004. Cf. também o filme *Monster. Desejo Assassino,* de 2003, sobre a vida de Wuornos, papel interpretado por Charlize Theron. *Monster,* dirigido por Patty Jenkins (Los Angeles, CA: Media 8 Entertainment, 2003).

1025 Diane Fanning, *Into the Water.* Nova York: St. Martin's, 2004; *Wikipedia,* s.v. "Richard Evonitz", última edição em 21 de junho de 2018, https://en.wikipedia.org/wiki/Richard_Evonitz; Lauren Burnette, Barbara Cannon, Kim Childers e Jacob Jones, "Richard Marc Evonitz", (biological summary) (Radford, VA: Radford University Department of Psychology), http://maamodt.asp.radford.edu/Psyc%20 405/serial%20killers/Evonitz,%20Richard% 20Marc% 20-% 202005.pdf.

1026 John Glatt, *Lost and Found.* Nova York: St. Martin's, 2010.

1027 Gera-Lind Kolarik e Wayne Klatt, *Freed to Kill: The True Story of Larry Eyler.* Chicago: Chicago Review Press, 1990; *Murderpedia,* s.v. "Larry Eyler", http://killpedia.org/male.E/e/eyler-larry.htm.

1028 Matt Birkbeck, *A Beautiful Child.* Nova York: Berkley/Penguin, 2004; *Wikipedia,* s.v. "Franklin Delano Floyd", última edição em 1º de dezembro de 2018, https://en.wikipedia.org/wiki/Franklin_Delano_Floyd.

1029 Birkbeck, *A Beautiful Child.*

1030 Janet Pelasara, *The Taylor Behl Story: Love You More.* Nova York: HarperCollins/Regan, 2006.

1031 R. Tyler, "Child Pornography: Perpetuating the Sexual Victimization of Children", *Child Abuse and Neglect* 9, 1985, pp. 313-318.

1032 Richard Wortley e Stephen Smallbone, *Child Pornography on the Internet, Problem-Specific Guide Series, no. 41* (Washington, DC: US Department of Justice, Office of Community Oriented Policing Services, maio de 2006), http://www.popcenter.org/problems/pdfs/ ChildPorn.pdf.

1033 John Crewdson, *By Silence Betrayed: Sexual Abuse of Children in America*. Boston: Little Brown, 1998.

1034 Jérôme Endrass, Frank Urbaniok, Lea C. Hammermeister et al., "The Consumption of Internet Child Pornography and Violent and Sex Offending", *BMC Psychiatry* 9, 2009, pp. 43.

1035 M. William Phelps, *Perfect Poison: A Female Serial Killer's Deadly Medicine*. Nova York: Pinnacle, 2003.

1036 *Wikipedia*, s.v. "Kristen Gilbert", última edição em 17 de julho de 2018, https://en.wikipedia.org/ wiki/ Kristen_Gilbert.

1037 *Wikipedia*, s.v. "Arnfinn Nesset", última edição em 30 de janeiro de 2018, https://en.wikipedia.org/wiki/ Arnfinn_Nesset.

1038 Steven Miller, *A Slaying in the Suburbs*. Nova York: Berkley, 2009.

1039 *Murderpedia*, s.v. "Stephen Grant", http://murderpedia.org/ male.G/g/grant-stephen.htm.

1040 Adrian Raine, *The Anatomy of Violence: The Biological Roots of Crime*. Nova York: Pantheon, 2013, p. 77. Edição brasileira: *A Anatomia da Violência: As Raízes Biológicas da Criminalidade*. Trad. Pedro Antônio Schmidt do Prado-Lima. Porto Alegre: Artmed, 2015.

1041 Ibid., p. 76.

1042 Julie Salamon, *Facing the Wind: A True Story of Tragedy and Reconciliation*. Nova York: Random House, 2001.

1043 Raine, *The Anatomy of Violence*, pp.82-83.

1044 Ibid., pp. 238-239.

1045 Tanya Kach e Lawrence Fisher, *Memoir of a Milk Carton Kid*. Mustang, OK: Tate, 2011.

1046 Lynne Hayes-Freeland, "Tanya Kach Tells about Her Time in Captivity in a New Book", *CBS News*, 12 de outubro de 2011, http://pittsburgh.cbslocal.com/2011/10/12/ tanya-kach-tells-about--her-time-in-captivity-in-new-book/.

1047 Thomas Guillen, *Toxic Love: The Chilling True Story of Twisted Passion in the 'Murder by Cancer' Case*. Nova York: Dell, 1995.

1048 "The Dark Side of Nebraska: Steven Harper", *Dark Side of America*, https://222.thedarksideofamerica.com/ harper-steven-ne.html.

1049 "Jealous Woman Killed Lover with Poisoned Curry", *Telegraph*, 10 de fevereiro, 2010, https://www.telegraph.co.uk/news/uknews/crime/7205046/ Jealous-woman-killed-lover-with-poisoned-curry.html.

1050 Kieran Crowley, "Sal Killed Katie's Kitty and Made Her Watch", *New York Post*, 23 de junho de 1994.

1051 "Infamous Child Molester Dies in Jail", *NBC News*, 16 de julho de 2009, https://www.nbcnewyork.com/news/ local/ Infamous-Child-Molester-Dies--in-Jail.html.

1052 Katie Beers, *Buried Memories: Katie Beers' Story*. Green Bay, WI: TitleTown, 2012.

1053 Michael Mendelsohn e Alyssa Newcomb, "Katie Beers: Abduction, Abuse Led to Present Happiness", *ABC News*, 8 de fevereiro de 2013, https://abcnews.go.com/US/dungeons-katie-beers-girls-holding/story?id=18222603.

1054 Jessica Schladebeck e Katie Honan, "Woman Kidnapped and Hidden in Underground Bunker in 1992 Reveals Long History of Sexual Abuse", *Daily News*, 29 de dezembro de 2017, http:// www.nydailynews.com/news/national/ katie-beers-reveals-history-sexual-abuse-article-1.3726315.

1055 E. James Anthony e Bertram J. Cohler, *The Invulnerable Child*. Nova York: Guilford, 1987.

1056 Bob Hill, *Double Jeopardy*. Nova York: Avon/HarperCollins, 1995.

1057 Barry Siegel, *A Death in White Bear Lake*. Nova York: Ballantine, 1990; *Wikipedia*, s.v. "Murder of Dennis Jurgens", última edição em 13 de setembro de 2018, https://en.wikipedia.org/wiki/ Murder_of_Dennis_Jurgens.

1058 Ibid.

1059 *"The Child Abuse Prevention and Treatment Act: 40 Years of Safeguarding America's Children"* (Arlington, VA: Children's Bureau: An Office of the Administration for Children & Family Services, 11 de março de 2015), https://www.acf.hhs.gov/cb/resource/capta-40-years.

1060 Arthur Green, "True and False Allegations of Sexual Abuse in Child Custody Disputes", *Journal of the American Academy of Child Psychiatry* 25, 1986, pp. 449-456.

1061 Ron Franscell, *Fall: The Rape and Murder of Innocence in a Small Town*. Far Hills, NJ: New Horizon, 2007.

1062 Ibid.

1063 Ibid.

1064 Julia Prodis, "Raped and Murdered 19 Years Ago, Women Returns to Death", *Los Angeles Times*, 23 de agosto de 1992, http://articles.latimes.com/1992-08-23/news/ mn-7229_1_years-ago.

1065 M. William Phelps, *Too Young to Kill*. Nova York: Pinnacle / Kensington, 2011.

1066 Michael W. Cuneo, *A Need to Kill*. Nova York: St. Martin's, 2011.

1067 Michael Fleeman, *Better Off Dead: A Sordid Story of Sex, Sin, and Murder*. Denver, CO: Wild Blue, 2017.

1068 Aphrodite Jones, *Cruel Sacrifice: Four Teenage Girls; One Gruesome Murder*. Nova York: Pinnacle/Windsor, 1994; *Murderpedia*, s.v. "Melinda Loveless", http://murderpedia.org/ female.L /l/loveless-melinda.htm.

1069 Garry Pierre-Pierre, "94-Year Term in Firebombing in the Subway", *New York Times*, 3 de maio de 1996, https://www.nytimes.com/1996/05/03/nyregion/94--year-term-in-firebombing-in-the-subway.html.

1070 Shanna Hogan, *The Stranger She Loved*. Nova York: St. Martin's, 2015.

1071 Janice Peterson, "Martin MacNeill Sentenced to 4 Years in Prison for Identity Theft", *Herald Extra*, 13 de agosto de 2009, https://www.heraldextra.com/news/local/martin-macneill-sentenced-to-years-in-prisão-for-id-theft/ article_3a9954c6-2062-54b2-9221-4af-9b7aa836a.html.

1072 Hogan, *The Stranger She Loved*.

1073 Ibid.

1074 Ibid.

1075 Mark Green, "Convicted Murderer Dr. Martin MacNeill Found Dead at Utah State Prison", *Fox News*, 9 de abril de 2017, http://fox13now.com/2017/04/09/ convicted-murder-dr-martin- macneill-found-dead-at-utah-state-prison/.

1076 *Wikipedia,* s.v. "Christian Gerhartsreiter", última edição em 10 de novembro de 2018, https://en.wikipedia.org/wiki/Christian_Gerhartsreiter.

1077 Herman Melville, *The Confidence Man.* Nova York: Dix, Edwards, 1857.

1078 Steven Long, *Every Woman's Nightmare.* Nova York: St. Martin's, 2006.

1079 "The Violent Past of the Cannibal Chef", *BBC News,* 20 de outubro de 2008, http://news.bbc.co.uk/2/hi/uk_news/england/7680244.stm.

1080 Lindsey Bever, "Cannibalism: Survivor of the 1972 Andes Plane Crash Describes the 'Terrible' Decision He Had to Make to Stay Alive", *Independent,* 25 de fevereiro de 2016, https://www.independent.co.uk/news/world/ americas/cannibalism-andes-plane-crash-1972-survivors-terrible-decision-stay-alive-a6895781.html.

1081 Gregg Olson, *Bitter Almonds: The True Story of Mothers, Daughters, and the Seattle Cyanide Murders.* Nova York: Time Warner, 1993.

1082 Howard Markel, "How the Tylenol Murders of 1982 Changed the Way We Consume Medication", *PBS,* 29 de setembro de 2014, https://www.pbs.org/newshour/health/tylenol-murders-1982.

1083 "Man Guilty of Killing Two in Sudafed Tampering", *New York Times,* 4 de abril, 1993, https://www.nytimes.com/1993/04/04/us/man-guilty-of-killing-two-in-sudafed-tampering.html.

1084 John Glatt, *The Prince of Paradise: The True Story of a Hotel Heir, His Seductive Wife, and a Ruthless Murder.* Nova York: St. Martin's, 2013.

1085 Frank McAdams e Timothy Carney, *Final Affair: The Shocking True Story of Marriage and Murder.* Nova York: Berkley, 2002; Rong-Gong Lin II, "Richard K. Overton Dies at 81; Convicted of Fatally Poisoning His Wife", *Los Angeles Times,* http://www.latimes.com/local/obituaries/la-me-richard-overton7-2009jun07-story.html.

1086 Jit Fong Chin, "Richard Overton, Convicted of Poisoning Wife in 1988, Dies", *Orange County Register,* 7 de junho de 2009, https://www.ocregister.com/2009/06/07/richard-overton-convicted-of-poisoning-wife-in-1988-dies/.

1087 Deborah Hastings, "'Killer Nanny' Yoselyn Ortega Found Guilty on All Counts in Stabbing Deaths of 2 Children", *Inside Edition,* 18 de abril de 2018, https://www.insideedition.com/killer-nanny-yoselyn-ortega-found-guilty-all-counts-stabbing-deaths-2-children-42586.

1088 "The Latest: Dad of 2 Slain Children Says Killer Nanny 'Evil'", *AP News,* 14 de maio de 2018, https://www.apnews.com/138bbdce6e6b4876b7ab76f4d3520daa.

1089 Jan Ransom, "Yoselyn Ortega, Nanny Who Killed 2 Children, Is Sentenced to Life in Prison", *New York Times,* 14 de maio de 2018, https://www.nytimes.com/2018/05/14/nyregion/manhattan-nanny-sentenced-life.html.

1090 Elizabeth Rosner, "'Killer Nanny' Carefully Planned Children's Murder: Prosecutor", *NY Post,* 16 de agosto de 2018, https://nypost.com/2018/04/16/killer-nanny-carefully-planned-childrens-murder-prosecutor/.

1091 Lynh Bui, "A Crying Baby Woke Up a Napping Nanny So She Force-Fed Her Until the Child Died, Police Say", *Washington Post,* 26 de outubro de 2016, https://www.washingtonpost.com/local/public-safety/a-crying-baby-woke-up-a-napping-nanny-so-she=force-fee-her-until-the-child-died-police-say/2016/10/26/efee4b74-9b8d-11e6-9980-50913d68eacb_story.html? Utm_term=.7af6b9969261.

1092 "Nanny Viktoria Tautz Guilty of Shaking 10-month-old baby to Death", *Sky News,* 1 de junho de 2017, https://news.sky.com/story/nanny-viktoria-tautz-guilty-of-shaking-10-month-old-baby=-boy-to-death-10901081.

1093 "Au Pair's Conviction Reduced to Involuntary Manslaughter", *CNN,* 10 de novembro de 2017, http://www.cnn.com/US/9711/10/au.pair.short/.

1094 Don Lasseter e Ronald E. Bowers, *Meet Me for Murder: Young Beauties with Hollywood Dreams — a Predator's Deadly Trap.* Nova York: Pinnacle, 2006.

1095 Clifford Linedecker, *Death of a Model.* Nova York: St. Martin's, 1997.

1096 Michael Newton, *Rope: The Twisted Life and Crimes of Harvey Glatman.* Nova York: Pocket, 1998.

1097 Dave Collins e Denise Lavoie, "A Joyful Reunion with Birth Parents Leads to Incest and Murder", *Chicago Tribune,* 22 de abril de 2018, http://www.chicagotribune.com/news/ nationworld/ct-katie-fusco-pladl-incest-kill-20180422-story.html.

1098 M. William Phelps, *Never See Them Again.* Nova York: Kensington, 2012; *Murderpedia,* s.v. "Christine Marie Paolilla", http://murderpedia.org/female.P/p/paolilla-christine.htm.

1099 Phelps, *Never See Them Again,* p. 182.

1100 Michael H. Stone, "Mass Murder, Mental Illness, and Men", *Violence & Gender* 2, 2014, pp. 51-86.

1101 Suzy Spencer, *Breaking Point.* Nova York: St. Martin's, 2002.

1102 Matt Nicholls, "Matthew Quesada: The Jason Bourne Fantasies of the Cafe Killer", *Court News UK,* http://courtnewsuk.co.uk/matthew-quesada-the-jason-bourne-killer/; "Killer Obsessed with Bourne Trilogy Stabbed Pensioner to Death for Asking If His Crying Daughter Was Okay Before Going on the Run", *Daily Mail,* 14 de julho de 2012, http://www.dailymail.co.uk/news/article-2173571/Killer-obsessed-Bourne-trilogy-stabbed-pensioner-death-ask-crying-daughter-okay-going-run.html.

1103 "Divorce Rates Data, 1858 to Now: How Has It Changed?", *Guardian,* 28 de janeiro de 2010, https://www.theguardian.com/news/datablog/2010/jan/28/divorce-rates-wedding-ons; Ana Swanson, "144 Years of Marriage and Divorce in the United States, in One Chart", *Washington Post,* 23 de junho de 2015.

1104 David T. Lykken, *The Antisocial Personalities.* Hillside, NJ: Lawrence Erlbaum Associates, 1995.

1105 Patricia Springer, *Mail Order Murder.* Nova York: Pinnacle, 1999.

1106 John Glatt, *Forgive Me, Father.* Nova York: St. Martin's, 2008.

1107 *Wikipedia,* s.v. "Hans Schmidt (priest)", última edição em 20 de setembro de 2018, https://en.wikipedia.org/wiki/Hans_Schmidt_(priest).

1108 M. William Phelps, *I'd Kill for You.* Nova York: Pinnacle, 2015.

1109 *Biography,* s.v. "Siouxsie Sioux", última atualização em 11 de março de 2016, https:// www.biography.com/people/siouxsie-sioux-17178808.

1110 Dale Crowell, "Pin-Up Queen Killer: The True Story of Samantha Scott", em Larry Maravich (org.), *The Spoiled Brat Killer*. Middletown, DE: CreateSpace, 2018; Aram Saroyan, *Rancho Mirage*. Fort Lee, NJ, Barricade, 1993.
1111 Ibid.
1112 Reuven Fenton, Elizabeth Rosner e Bruce Golding, "Notorious Child-Killer Still Living in Harlem — and Shows No Remorse", *New York Post*, 1º de novembro de 2017, https://nypost.com/2017/11/01/notorious-child-killer-still-living-in-harlem-and-shows-no-remorse/.
1113 Sam Ehrlich, *Lisa, Hedda & Joel: The Steinberg Murder Case*. Nova York: St. Martin's, 1989.
1114 Ann E. Imbrie, *Spoken in Darkness*. Nova York: Plume, 1993.
1115 Michael H. Stone, "Serial Sexual Homicide: Biological, Psychological and Sociological Aspects", *Journal of Personality Disorders* 15, n. 1, 2001, pp. 1-19.
1116 R. Ronin McDonald, *Secrets Never Lie*. Nova York: Avon, 1998.
1117 Rufus-Jenny Triplett, "Fred Tokars — Where Is he Now — Prison Snitch?" *Cherokee Tribune* (Canton, GA), 13 de abril de 2013.
1118 John Leake, *Entering Hades: The Double Life of a Serial Killer*. Nova York: Sarah Crichton/Farrar Straus Giroux, 2007.
1119 Ann Rule, *Every Breath You Take: A True Story of Obsession, Revenge, and Murder*. Nova York: Pocket, 2001.
1120 "Texas Man Guilty in Murder-for-Hire", CBS News, 6 de julho de 2000, https://www.cbsnews.com/news/texas-man-guilty-in-murder-for-hire/.
1121 John Tedesco, "Another Trial", John Tedesco (blog), 9 de janeiro de 2000, https://johntedesco.net/blog/another-trial/.
1122 Ibid.
1123 Phil Hager, "Death Sentence Upheld for Killer Who Showed 'Astonishing Cruelty'", *Los Angeles Times*, 23 de junho de 1989, http://articles.latimes.com/1989-06-23/news/mn-2460_1_lawrence-sigmond-bittaker-conviction-and-sentence-and-fair-trial; *Wikipedia*, s.v. "Lawrence Bittaker and Roy Norris", última edição em 8 de dezembro de 2018, https://en.wikipedia.org/wiki/Lawrence_Bittaker_and_Roy_Norris.
1124 Michael Fleeman, *Love You Madly: The True Story of a Small Town Girl, the Young Men Who Would Do Anything for Her, and the Murder of Her Mother*. Nova York: St. Martin's, 2011.
1125 *Wikipedia*, s.v. "Joey Buttafuoco", última edição em 17 de dezembro de 2018, https://en.wikipedia.org/wiki/Joey_Buttafuoco.
1126 Kathryn Casey, *In Plain Sight: The Kaufman County Prosecutor Murders*. Nova York: William Morrow, 2018, p. 178.
1127 Ibid., p. 208.
1128 Ibid., p. 424.
1129 American Psychiatric Association, *Diagnostic and Statistical Manual of Mental Disorders*, 3 ed., revisado. Washington, DC: American Psychiatric Association, 1987, p. 371.
1130 Theodore Millon, Erik Simonsen e Morten Birket-Smith, "Historical Conceptions of Psychopathy in the United States and Europe", em T. Millon, E. Simonsen, M. Birket-Smith e R. D. Davis, *Psychopathy: Antisocial, Criminal and Violent Behavior*. Nova York: Guilford, 1998, pp. 9-31.
1131 Steve Jackson, *A Clockwork Murder: The Night a Twisted Fantasy Became a Demented Reality*. Denver, CO: Wildblue, 2017.
1132 Vernon J. Geberth, *Sex-Related Homicide and Death Investigation: Practical and Clinical Perspectives*. 2 ed. Nova York: CRC Press, 2014, pp. 703-739.
1133 Roger Scruton, *On Human Nature*. Princeton, NJ: Princeton University Press, 2017. Edição brasileira: *Sobre a Natureza Humana*. Trad. Lya Luft. Rio de Janeiro: Record, 2020.
1134 *Murderpedia*, s.v. "Kao Xiong", http://murderpedia.org/male.X/x/xiong-kao.htm.

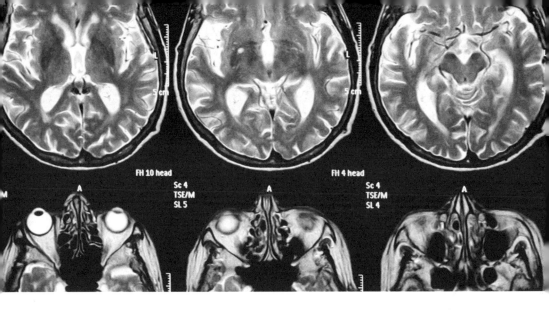

1135 Anthony Holden, *St. Alban's Poisoner: Life and Crimes of Graham Young*. Londres: Black Swan, 1995.
1136 H. Andershed, O. F. Collins, R. T. Salekin et al., "Callous-Unemotional Traits Only Versus the Multidimensional Psychopathy Construct as Predictors of Various Antisocial Outcomes during Early Adolescence", *Journal of Psychopathology and Behavioral Assessment* 40, n. 1, 2018, pp. 16-25; P. J. Frick e J. V. Ray, "Evaluating Callous-Unemotional Traits as a Personality Construct", *Journal of Personality* 83, n. 6, 2015, pp. 710-722; S. Pisano, P. Muratori, C. Gorga et al., "Conduct Disorders and Psychopathology in Children and Adolescents: Aetiology, Clinical Presentation and Treatment Strategies of Callous-Unemotional Traits", *Italian Journal of Pediatrics* 43, n. 1, 2017, p. 84; L. Arsenault, T. E. Moffit, A. Caspi e A. Taylor, "The Targets of Violence Committed by Young Offenders with Alcohol Dependence, Marijuana Dependence and Schizophrenia- Spectrum Disorders: Findings from a Birth Cohort", *Criminal Behavior and Mental Health* 12, n. 2, 2002, pp. 155-168; T. E. Moffitt e A. Caspi, "Childhood Predictors Differentiate Life-Course Persistent and Adolescent-Limited Pathways Among Males and Females", *Development and Psychopathology* 13, n. 2, 2001, pp. 355-375; Michael Stone, "The Psychodynamics of Evil: Motives Behind Acts of Extreme Violence in Peacetime", em Ronald Naso e Jon Mills (orgs.), *Humanizing Evil: Psychoanalytic, Philosophical and Clinical Perspectives*. Londres: Routledge, 2016, pp. 129-68.
1137 *Murderpedia*, s.v. "Graham Young", http://murderpedia.org/male.Y/y/young-graham.htm.
1138 Ian Brady, *The Gates of Janus: Serial Killing and Its Analysis, by the 'Moors Murderer'*. Port Townsend, WA: Feral House, 2015.
1139 Personal Communication mencionado em Michael H. Stone, "Narcissism and Criminality", *Psychiatric Annals* 39, n. 4, abr. 2009, pp. 194-201.
1140 *Wikipedia*, s.v. "Charles Yukl", última edição em 7 de dezembro de 2017, https://en.wikipedia.org/wiki/Charles_Yukl.
1141 Robert K. Tanenbaum, *The Piano Teacher*; Nova York: New American Library, 1987, p. 108.
1142 *Murderpedia*, s.v. "Charles William Yukl", http://murderpedia.org/male.Y/y/yukl-charles.htm.
1143 Ibid.
1144 Keith Elliot Greenberg e Det. Vincent Felber, *Perfect Beauty*. Nova York: St. Martin's, 2008; M. William Phelps, *If Looks Could Kill: Money, Marriage, Adultery and Murder*. Nova York: Pinnacle / Kensington, 2008.
1145 Rena Vicini, *Fatal Seduction: Two Women, One Man, and a Shocking True Story of Sex and Drugs, Lesbianism and Murder*. Nova York: Pinnacle / Kensington, 1994.
1146 Jennifer Hewlett, "Family Fights Parole in '86 Slaying, Among Ky.'s Most Infamous", *Lexington Herald Leader*, 1 de fevereiro de 2011, atualizado em 10 de novembro de 2015, https://www.kentucky.com/news/local/counties/franklin-county/article44077404.html.
1147 Jennifer Hewlett, "Board Denies Parole for Elizabeth Turpin in Husband's Murder", *Lexington Herald Leader*, 22 de fevereiro de 2011, https://www.kentucky.com/news/article44080656.html.

ANÁLISE FINAL

1148 Peggy Noonan, "The Culture of Death", *Wall Street Journal* (Nova York), 7 de dezembro de 2017, p. A-13.

POSFÁCIO DE ANN W. BURGESS, DNSC., APRN

1149 Susan D. Mustafa e Sue Israel, *Dismembered*. Nova York: Pinnacle Books, 2011.
1150 Michael H. Stone, *The Anatomy of Evil*. Amherst, NY: Prometheus Books, 2009), p. 29; Seth Ferranti, "Having These Personality Traits Might Mean You're Evil," Vice, 20 de novembro de 2017, https://www.vice.com/en_us/article/3kv7gw/having-these-personality-traits-might-mean-youre-evil.
1151 Ibid.
1152 Ibid.

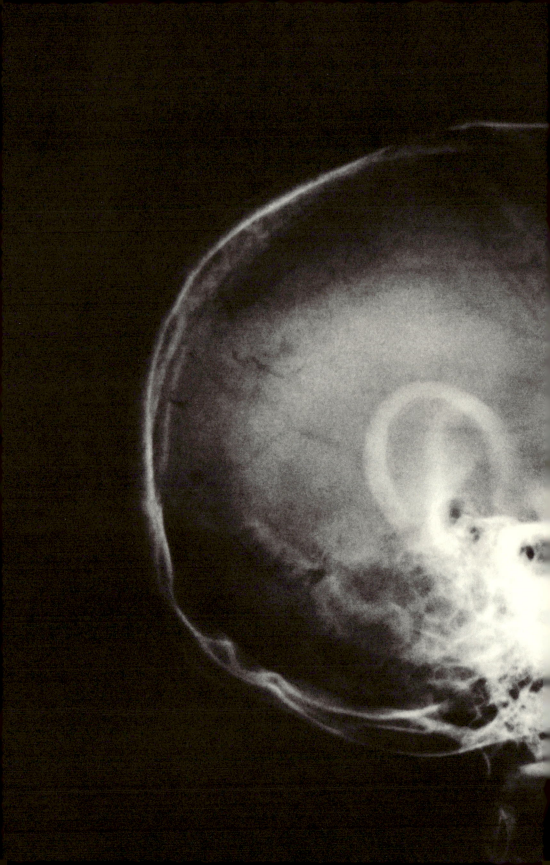

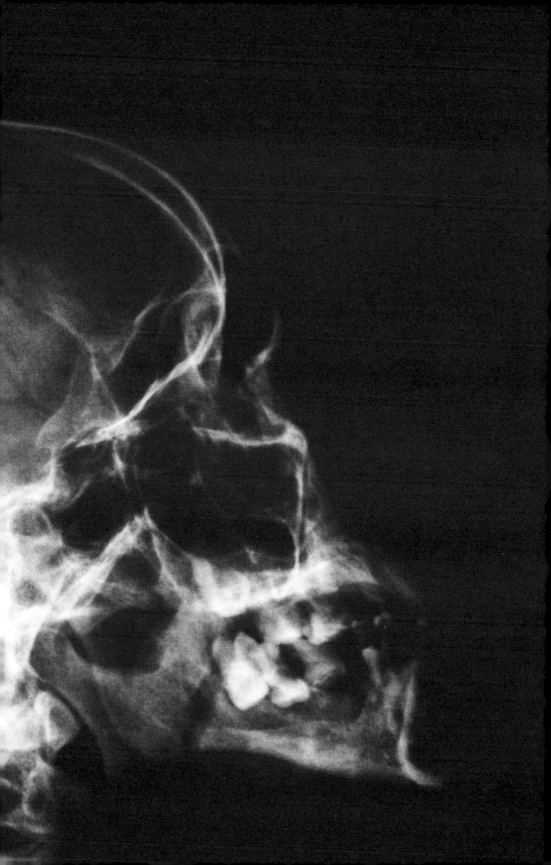

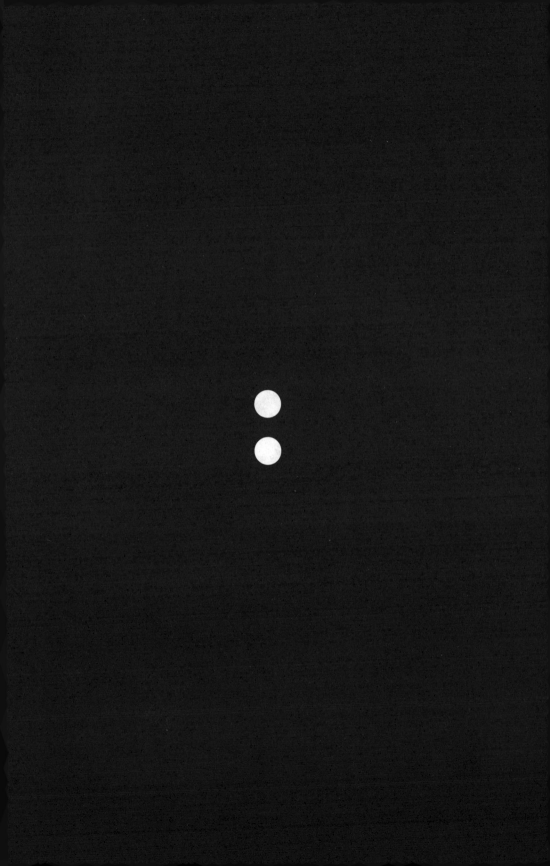

DR. MICHAEL STONE:
dedicado ao Dr. Robert Hare

DR. GARY BRUCATO:
dedicado a meu falecido pai, que,
tenho certeza, estaria muito orgulhoso:

Rompe-se o nobre coração
Durma bem, Doce Príncipe,
Que o canto dos anjos
te carregue ao repouso.

William Shakespeare
Hamlet, ato 5, cena 2

MICHAEL H. STONE, MD, é professor de psiquiatria clínica no Columbia College of Physicians and Surgeons. Autor de dez livros e de mais de duzentos artigos profissionais e capítulos de livros. Ex-apresentador da série *Most Evil* do Discovery Channel, o Dr. Stone aparece com regularidade em meios de comunicação como o New York Times, Psychology Today, CNN, ABC News, NBC News e BBC.

GARY BRUCATO, PHD, psicólogo clínico e pesquisador nas áreas de violência, psicose e outras psicopatologias graves, é o diretor assistente do Center of Prevention and Evaluation no New York State Psychiatric Center / Columbia University Medical Center. Colaborador regular da literatura acadêmica, é consultado por profissionais e pacientes do país inteiro. Seu grupo de pesquisa recebeu apoio do Institute of Mental Health para estudar a relação entre os primeiros sintomas psicóticos e pensamentos e comportamentos violentos.

CRIME SCENE
DARKSIDE

"O mundo não está ameaçado pelas pessoas más,
mas por aquelas que permitem a maldade."
— **ALBERT EINSTEIN** —

DARKSIDEBOOKS.COM

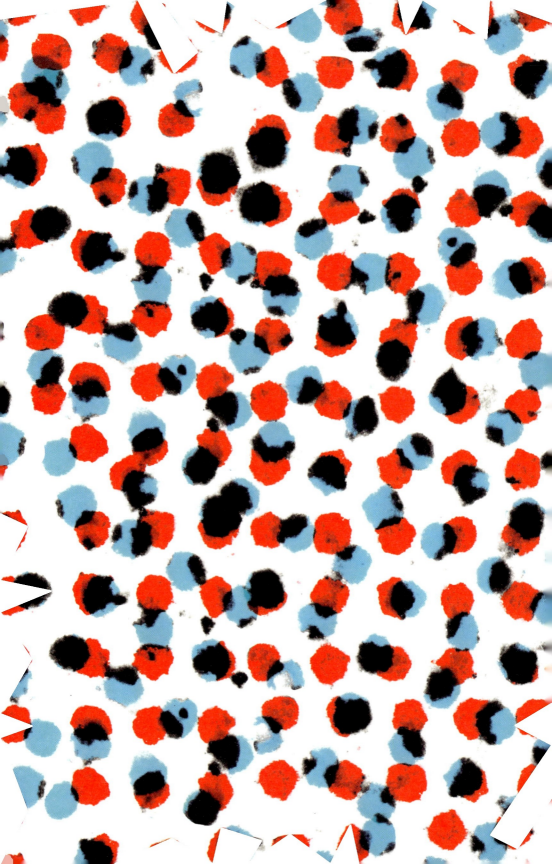